安全运行中的金温铁路

有关领导到金温线检查安全工作

金（华）温（州）铁路是浙江省和铁道部合资建设的铁路。全长252公里，全线地形复杂，桥隧涵和小半径曲线地段众多，属典型的山区铁路。为了确保铁路运输安全，金温铁路公司坚持贯彻党中央、国务院关于安全生产的一系列重要指示，提出了“运行一天，整治一天，严管一天，安全一天”和“科学防洪，全员防洪，常年防洪”的工作方针。几年来，累计投入资金2.26亿元，分5期对全线路基病害进行了全面整治。整治工艺上除采用传统的圬工挡护对线路进行加固外，还采用先进的预应力锚索、挂网喷混凝土、抗滑桩、桩板墙及SNS柔性防护网进行了加固，对自然危石边坡则采用电子监控预警防护。在防汛抗洪工作中形成了具有金温铁路特色的管理体系：全线建有雨量监测系统并实行微机联网，根据雨量的警戒值实行三级加班巡道制度；对全线路基和桥隧的危险处所实行了分类看守管理制度；组织了一支由300多人组成的“立体三巡”队伍，专门从事巡道、巡守和巡山工作。同时，金温铁路公司高度重视行车、道口、施工和劳动人员人身等安全管理。至2004年底，金温铁路公司已实现了连续安全1891天和第5个行车、人身安全年，并连续3年获得了全国“安康杯”竞赛活动优胜企业的称号。

有关领导在金温列车上研究金温线改造问题

法人代表：冒康夫

联系电话：0577-88253193

浙江金温铁道开发有限公司

背景图为经过综合整治的金温线边坡，目前金温线每日开行列车14对、货车12对

中国安全生产年鉴

CHINA'S WORK SAFETY YEARBOOK

(2004)

煤 炭 工 业 出 版 社

编辑委员会成员

编辑部成员

特约撰稿人名单

（以姓氏笔划为序）

丁建东　乃成龙　于　捷　马　恒　方　俊　毛德智　牛东农
牛金杰　王　娴　王升玉　王文怀　王兆贵　王群力　邓　谦
邓文荣　韦会武　付　翔　左秀庆　白　磊　白秋艳　白瑞理
刘力强　刘士义　刘小琳　刘晓延　刘衢立　朱智峰　毕湘薇
何　宇　吴　林　张　沉　张　敏　张　强　张生华　张保红
张恩惠　张锡强　李永红　李发祥　李仲刚　李洪良　李炳荣
李德龙　杜红岩　杨　辉　杨　霞　杨以民　杨建新　杨春雪
杨舞社　陈　锐　陈伟文　陈建辉　陈春杰　陈章华　陈福庆
周启华　周金忠　林书成　郑　军　郑晓辉　胡　明　胡希臣
费洪澄　贺青华　赵　坤　赵　怡　赵同刚　赵晓宁　侯计根
姚　斌　容　静　徐克生　徐德蜀　殷　莉　耿　凤　耿凤翔
袁伯华　郭　力　郭玉波　郭奎建　郭喜林　钱宜伟　宿政荣
曹宗理　章　焱　章云龙　喻丽娜　惠宇雷　韩有先　韩晓鹏
韩维力　戴　洁

全国安全生产工作会 1 月 17 日至 18 日在北京召开

全国安全生产工作会主席台（从左至右，尤权、黄菊、华建敏、王显政）

黄菊副总理与全国安全生产监督管理和煤矿安全监督系统先进工作者合影

2004 年 2 月 24 日，国务院新闻办在京召开记者招待会，介绍全国安全生产情况

2004年2月20日，经国务院同意，国务院安全生产委员会办公室在京召开全国安全生产电视电话会议，贯彻落实国务院第40次常务会议、全国安全生产工作会议精神和国办《紧急通知》，通报安全生产情况。

2004年8月5日至6日，中央企业安全生产工作会议在江苏扬州召开。

2004 年 6 月 13 日，“安全生产万里行”活动出发仪式在北京朝阳公园举行。

2004 年 7 月 5 日，安全万里行采访团完成任务胜利返京。

2004年9月1日至4日，第二届中国国际安全生产论坛在北京昆仑饭店召开，同期在北京国贸中心展览馆举办“第二届中国国际安全生产及职业健康展览会”。

2004年8月31日至9月3日，第20届亚太地区职业安全健康组织年会在北京长城饭店召开。

中钢集团武汉安全环保研究院

院长　赵振起

中钢集团武汉安全环保研究院创建于1959年，是我国安全环保领域的综合性研究院所之一。建院以来共取得科研成果460余项，其中243项分别获国家发明奖、科技进步奖及部省级科技进步奖，获得专利授权61项，并通过了ISO9001工程咨询、工程设计质量体系认证，被湖北省科技部门评定为“高新技术企业”。我院具有甲级设计、甲级工程总承包、甲级工程咨询、劳动安全卫生预评价（A级）、爆破与拆除工程专业承包一级、无损检测工程专业承包二级、职业安全健康管理体系认证及国家一级安全培训机构等资质。

2004年国家安全生产监督管理部门正式批准在我院成立“冶金安全工程技术研究中心”。该“中心”的建立，为我院更好地服务于冶金行业的安全生产，服务于国家安全生产技术支撑体系建设搭建了良好的服务平台。

2004年我院参加了国家安全生产技术支撑体系专业中心建设项目的论证，国家安全生产监督管理部门拟在我院设立“矿山尘毒及辐射灾害检测技术实验室”。该项目的立项审批及筹建工作正在顺利进行中。

积极开展“国家矿山救援技术研究中心”的建设工作，“国家矿山救援技术研究中心”即将在我院挂牌成立。

受国家安全生产监督管理部门委托，我院参加了2004年11月20日河北沙河铁矿重大火灾事故的应急救援和事故调查工作，所做工作得到了国家安全生产监督管理部门领导的肯定和赞扬。我院还配合国家和地方安全生产监督管理部门进行了10余项安全专项整治工作。

2004年由我院组织的全国大钢安全协作会及中国金属学会冶金安全分会，分别在北海、马鞍山和吉林召开了全国大钢安全生产统计会、安全协作会年会，并组织了第三次全国大钢安全协作会安全生产互检活动，取得了良好的效果。

2004年我院积极开展各种安全生产学术活动，组织召开了中国人类工效学会第六次学术交流会，参会代表85人，交流论文70余篇，会议取得了圆满成功。

2004年我院新增科研课题8项，其中安全领域的国家重点课题4项。

2004年我院科研项目“固体材料声发射技术开发应用研究”通过了省部级鉴定。鉴定组专家评委一致认为：该项研究成果整体具有国内领先水平，其中在三轴向声发射探头技术研究及应用方面达到了国际先进水平。“工伤保险相关技术研究”项目获第二届安全生产科技成果三等奖。

2004年我院申报专利9项，获得授权7项。

2004年我院进一步开拓了安全技术工程与服务项目，包括：安全预评价、危险化学品专项安全评价、非煤矿山专项安全评价、安全培训及安全检测检验等，完成200余项合同，金额达到8000余万元。

2004年我院完成了《金属非金属露天矿山安全规程》、《金属非金属地下矿山安全规程》、《专用安全、防护和职业用鞋靴》等国家标准的修订、制定工作。

有关领导视察我院

科研成果鉴定会

地址：中国武汉市青山区建设一路　　邮编：430081

电话：027-86545562　　传真：027-86545567

http://www.sepri.com　　E-mail：zf@sepri.com

江苏天能集团公司

集团公司总经理　李乃钊

集团领导班子成员

江苏天能集团公司是徐州市地方国有煤矿基础上发展起来的企业，其前身为徐州地区矿务局、徐州市煤炭工业公司。1994年经江苏省体改委批准为江苏天能集团公司，1998年经江苏省现代企业制度建设领导小组批准为国有独资公司。1999年3月，集团公司获自营进出口经营权。

江苏天能集团公司为国家大型二级企业，主要产品为煤炭，年产300万吨。下辖8个煤矿、12个直属生产经营、3个事业单位和3个合资控股企业。职工总数14064人，总资产12亿元。2004年销售收入11亿元，利润4296万元，利税1129万元。集团公司十分注重安全生产，2004年实现安全年，至2005年7月实现安全生产2周年。

在发展煤炭产业的同时，集团注重发展多种经营。现有热电厂三座，其中龙固坑口电厂年发电量6亿元。同时办有白水泥厂、复合肥厂、服装厂、刺绣厂等一批非煤企业。非煤企业年销售收入近5亿元，利润2500万元。

经过几年努力，集团公司发展方向、发展目标已经明确。集团公司以煤电为主，逐步建成大型现代化的能源集团。煤炭板块以徐州为主，逐步建成包括贵州、内蒙古、陕西等四个基地，向年产量1000万吨的目标迈进。电力以龙固坑口电厂和徐州西区热电厂为依托，逐步收购徐州东区、南区热电厂、新建徐州新城区热电厂。目前，集团公司正在引进大规模的战略投资伙伴进行改制，预计改制后企业将有一个跨越式的发展。

集团公司为部质量标准化公司、徐州市精神文明单位、全国100家较大煤炭采选企业；集团公司党委书记兼总经理李乃钊先生先后被评为江苏省优秀企业经营者、煤炭行业优秀企业家。

龙固坑口电厂签字仪式

地址：江苏省徐州市淮海西路182号

电话：0516-5735500(总机)

传真：0516-5738067

安全重于泰山

省局领导深入综采工作面视察工作

省局领导视察三级安全培训中心

原煤炭部副部长濮洪九同志视察新庄矿大沙河果园

峰峰集团有限公司

董事长、党委书记
张文学

总经理　张汝海

峰峰集团有限公司的前身是峰峰矿务局，1949年9月建局，自1977年以来，年产原煤维持在1000万吨以上规模。2003年7月改制为由河北省国资委、中国信达资产管理公司和华融资产管理公司共同持股的有限责任公司，8月8日正式挂牌。张文学同志任董事长、党委书记，张汝海同志任总经理。

经过50多年的发展，目前峰峰集团有限公司已成为国有特大型煤炭企业，国家520家重点企业之一。现有9个生产矿井，3个资源枯竭、报废注销生产能力矿井。有2座大型洗煤厂，年产精煤400万吨左右。有3座焦化厂，年产冶金焦35万吨；4座煤矸石发电厂和1个煤气热电厂，总装机容量5.4万千瓦。另外还有5个多种经营地面厂，3个施工企业，7个经营性公司，共有下属40个二级核算单位。企业总资产59.7亿元。共有全民在册职工5.2万人，离退休3万人，集体企业职工1.4万人。自建局以来共生产原煤4.39亿吨，精煤1.43亿吨，累计向国家上缴利税27亿元。2004年生产原煤1202万吨，百万吨死亡率0.6。

集团公司按照董事长提出的“五个一切”（一切为了安全，一切服从安全，一切服务安全，一切优先安全，一切保证安全）安全理念的要求，更新安全理念，提高管理水平，坚持把落实企业长期安全规划与职业安全健康管理体系认证，安全管理信息系统建设，安全生产普法活动，事故案例教育和安全大讨论，“6S”管理，危险源管理，安全确认管理，隐患责任追究、管理责任追究、事故责任追究等新的管理方法、手段等有机结合起来，依靠科技进步，加大安全投入，有效地增强了矿井的防灾抗灾能力。坚持安全目标管理，强化落实安全责任，集团公司与包括所属40个二级单位安全第一责任者签订了《2004年安全生产目标管理责任书》，各矿（处、厂、公司）与230多个基层区科、各区科与所属1100多个班组均签订了安全生产目标管理责任状，为41000多名职工制定了安全保证书，层层落实责任。做到了安全目标分解纵向到底，横向到边，形成了一个层层有目标，条块有指标，人人有责任的全方位、全过程控制体系，不断把安全工作引导到规范化、科学化的轨道上来，促进了集团公司安全生产的持续、稳定、健康发展。

团结奋进的领导班子

中国神华神东煤炭分公司

扎实工作　持续推进
努力建设本质安全型企业

中国神华神东煤炭分公司自1998年成立以来，原煤产量连续6年实现了千万吨级跨越。到2004年底，累计完成投资168亿元，建成8个现代化矿井及配套项目，形成1亿吨的生产能力。2004年，完成原煤产量8575万吨，全员工效达105吨/工，回采工效达495吨/工，百万吨死亡率为0.0116，其他经济技术指标位居前列。

在神东矿区现代化建设的过程中，公司始终把安全生产摆在了一切工作的首位。

一是把抓好安全生产作为体现“煤炭工业先进生产力代表”的实际行动。2004年6月11日，黄菊副总理在神东煤炭公司井下视察的过程中讲到：“神东煤炭公司是煤炭工业先进生产力的代表”。安全生产是先进生产力的最高形式，是先进生产力的代表，对于煤矿来说，就是要建设现代化新型矿区，将煤矿升华为安全型企业。神东成为行业先进生产力的代表，安全生产是保持其先进的主要内容之一。

二是把实现安全生产作为建设世界一流煤炭企业的重要标准。神东矿区的开发建设，瞄准的是世界一流水平。要把神东煤炭公司建设成为真正意义上的世界一流煤炭企业，不仅要有一流的经济技术指标，更要有一流的安全指标。公司把安全指标定位为建设世界一流煤炭企业的首要标准，并且长期坚持下去。

三是把实现安全生产作为神东在煤炭行业体现示范和带动作用的重要成果。由于煤炭行业事故频发，伤亡人数多，因此普遍认为煤炭生产是高危行业。神东煤炭公司站在振兴行业发展的高度，自觉地肩负起为改善煤炭行业安全状况发挥积极作用的重任，以实际行动和成效向世人证实：只要通过不断努力，煤炭行业也可以做到安全生产。

四是把落实安全生产作为提升“神东煤、神东矿、神东人”形象的重要体现。“神东煤”是安全生产的产品；“神东矿”是安全有保障的矿井；“神东人”是以人为本的团队。“三个形象”都浸透着神东的安全理念。

多年来，神东煤炭公司的安全生产工作融入了集团公司领导的大量心血。陈董事长提出，要把安全工作作为各项工作的重中之重，把安全工作当作神东压倒一切的大事抓好。张总经理要求把安全作为送给员工最大的福利工程来抓。吴总要求我们创新安全管理理念，抓好安全管理。神东公司坚决贯彻了国家和集团对安全工作的一系列指示精神。2005年提出了“产量过亿吨，亿吨零死亡”两大奋斗目标，这是基于企业实际自我加压提出的工作要求，是实现安全生产更高层次的追求和建设“以人为本”安全文化的具体体现，表明了我们抓好安全工作的信心与决心。

一、以科技进步为先导，为安全生产提供有力的技术支撑

神东公司依靠科技进步，从矿井设计模式、开采工艺选择、装备选型、自动化改造和技术创新等几个方面为矿井安全生产保驾护航。

一是优化矿井及盘区设计，为安全生产奠定基础。创新矿井设计理念，采用了斜硐开拓，矿井的井筒与布置在煤层中的大巷直接相连，使其适应无轨胶轮辅助运输，成为矿井设计、生产经营的一项革命性技术。无轨胶轮化的应用，提高了矿井辅助运输效率，简化了辅助运输环节，降低了工人劳动强度，为综采工作面实现快速搬家创造了条件。几年来，矿区杜绝了辅助运输事故。在盘区大巷两侧条带式布置综采工作面，井田边界就是切眼位置，尽可能地将综采工作面走向长度延长，为矿井大型化创造条件的同时，最大限度地简化了生产系统，减少了生产、运输、转载环节和作业人员，减少了事故发生点和人员伤亡概率，改变了传统的多盘区、多采区格局，从根本上保障了安全生产。

二是应用先进的生产工艺，为安全生产提供保证。坚持长短壁结合的回采工艺，尽最大可能多布置长壁工作面，综采工作面走向长度由传统的1000多米加长至最长的6000多米，工作面长度最长达到300米，最大限度地提高了回采效率，降低了万吨煤掘进率，减少了掘进工作面数量，提高了安全保障系数。探索了“连续采煤机、连续运输机、履带行走式液压支架短壁机械化开采工艺”，实现了短壁开采综合机械化，使不宜布置长壁工作面的边角块段煤层得到高效安全回采。独创了综采工作面辅巷多通道快速搬家工艺，缩短了工作面搬家时间，工作面搬家时间控制在一周之内，并使搬家全过程的安全系数大为提高，为矿井高产高效提供了保障。

三是采用先进的装备，为安全生产提供先决条件。按地质条件和矿区特征，在国外加工了具有国际先进水平的采掘装备，并充分发挥设备生产能力大、自动化程度高、安全可靠性高的特点，大幅度提升了矿井装备水平和生产能力，提高了设备开机率，提高了矿井单产水平和生产效率，改善了生产条件，减轻了工人的劳动强度，保证了安全生产。在引进设备的同时，根据煤层赋存条件和产量要求，不断提出设备升级和改进意见，使单产单进水平不断创出新纪录，从而间接地改善了安全管理的效果。

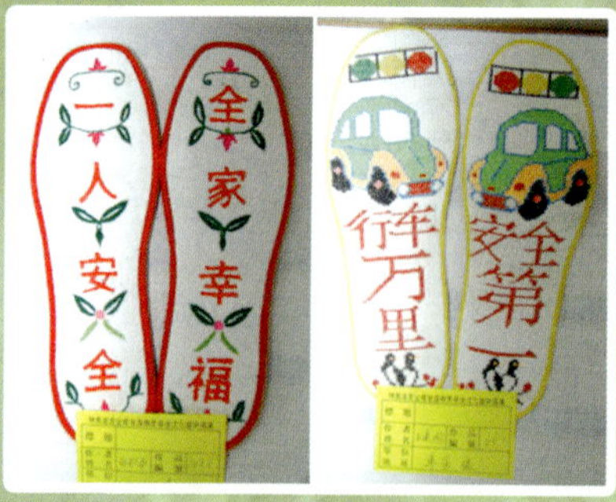

四是不断提升信息化、自动化水平，为安全生产提供保障。应用先进的信息技术和自动化设备，建成了覆盖8矿9井、7个洗选厂、11个装车站，具有国际领先水平的特大型矿井群综合自动化系统，除井下移动设备以外，所有设备高度集中控制，实现了远程控制、监测、维护和诊断。井上下运输、供电、通风、供排水、洗选加工及装车系统实现了集中控制，固定岗位无人值守，矿井人员减少了36%，全员工效提高了22%，降低了员工的劳动强度，改善了作业环境，减少了事故点和事故发生概率。矿井装备了先进的安全监测监控系统，对所有采掘工作面和作业地点、机房硐室的有害气体实施监测和监控，保证了安全生产。

五是技术和管理创新，成为安全生产的重要途径。针对神东矿区地质条件、开拓系统、采煤工艺、设备装备的特殊性，从实际出发制定了神东矿区安全生产技术管理若干规定，使矿区成熟的技术管理得到固化。同时针对矿区属Ⅰ级自然发火矿井、浅地表开采的具体情况，制定了防治自然发火的有关规定，成功研究了山砂注浆技术，遏制了自然发火灾害的发生。针对矿区覆岩移动规律和水文地质特征，通过理论分析，采用疏、排、固、支、堵等综合措施，有效防止了薄基岩、厚风积沙、厚含水层下开采的突水溃沙。通过对各矿井煤层赋存情况、矿压规律和围岩特性进行分析，优化了支护工艺和支护参数，不仅实现了及时支护，而且达到一次紧固，有效防止了顶板事故的发生。成功实施了“五大科技工程”，建成了6个千万吨矿井、2个千万吨综采队、300米长工作面和自动化工作面，进一步提高了矿井科技保安水平。

二、夯实基础，不断提高安全管理水平

一是始终把质量标准化建设作为安全管理的基础工作来抓。结合矿区实际，修订完善了采掘机运通等各个系统的质量标准和考核办法，对工作要求、责任划分、考核奖罚进行了详细规定，按月检查，按季考核验收。在全公司开展以上湾煤矿为“标杆单位”的达标创建活动，形成了比学赶超的良好局面，建成了一批高水准的质量标准化单位。安全质量标准化工作向纵深发展，呈现出“三个转变”，即：由动态达标向持续达标转变，由形象达标向本质达标转变，由局部达标向全方位、全过程达标转变。上湾矿被集团公司树为安全质量标准化样板单位，公司12个单位达到和保持了神华特级质量标准化水平，其余单位全部达到神华一级水平。

二是应用先进理念，提升安全综合管理水平。公司十分注重安全管理理念的创新与发展，坚持用先进理念来改进安全管理。几年来，先后推行了ISO9001质量管理体系、ISO14001环境管理体系、OHSAS18001职业安全健康管理体系认证，并形成SDIMS一体化体系，充分发挥了一体化的管理功能。2003年6月，引入和推广了NOSA五星安健环管理体系，在补连塔矿、维修中心进行试点，补连塔矿成为中国率先通过NOSA认证的煤矿企业。按照体系运行要求，公司各单位进行了安健环标准的制定和审核，完善了作业场所风险评估。通过推广先进的管理体系，应用管理体系对照检查安全工作，进行危险因素辨识与控制，排查安全隐患，持续改进，进一步推进了管理规范化。

三是不断健全管理制度，强化安全管理责任落实。坚持从强化管理机制入手，按照“谁主管，谁负责”的原则，逐级落实安全生产责任制，层层签订安全责任状。建立了“三个一票否决”制度，即：安全超控制指标取消干部提拔、风险年薪和奖励资格。实行安全责任量化考核，建立了基层领导集体、业务部门安全管理工作业绩考核制度，对考核不合格的单位和人员实行警示制度。对班组长推行了安全风险抵押制度，进一步增强了班组长的安全管理责任。这些新的管理举措，为安全生产工作提供了强有力的制度保障，增强了各级领导干部抓安全生产的自觉性和紧迫感。

四是全面强化教育培训，提高全员安全素质。我们始终把提高员工安全素质作为预防事故的根本措施。近年来，采取多种形式，强化员工教育培训，大力开展安全培训、技能培训以及职业道德和爱岗敬业教育，分层次对企业安全第一责任者、主管生产副职、二级单位行政正职、安监系统人员进行系统的安全培训，提高员工的操作技能和防范事故的能力，减少不安全行为的发生。特别是对新入企人员全部进行了岗位技能、安全资格上岗培训。通过全方位的教育培训，培养造就了一支一专多能、技术精湛、反应迅速、适应矿区快速发展的员工队伍。

五是坚持关口前移、重心下移，对安全生产做到有效监控。通过深化改革，对全公司基层安全生产管理机构、人员及工资实行了专业化集中统一管理，配齐了管理人员和专业化队伍，建立了安监管理体系。坚持狠抓现场安全管理，不断加大动态检查力度。业务部门狠抓业务保安工作，坚持深入生产现场，及时指导和服务基层安全生产。安全督查小分队每周安全检查覆盖率达到80%，每月达到100%。安监、生产、机电等管理部门坚持实施安全生产跟踪管理，加大了职能部门联合检查力度，狠抓了安全技术措施在生产现场的贯彻落实。另外，不断强化安监队伍的思想、作风、业务建设，建立了基层安监处、站业绩考核体系，推动了安监队伍整体素质的提高和责任落实。

三、以人为本，培育先进安全文化，构建安全生产有效机制

本质安全型矿井的建设，是神东建设世界一流企业的追求。无论是由传统煤矿的劳动密集型向现代化矿井技术密集型的转变，还是从传统矿井的安全观念向现代化矿井的理念转变，都经历了观念上的蜕变和思想上的冲撞。长期的生产实践培育了神东特有的安全文化。神东的安全文化经由矿区开发建设快速发展的历程揭示出来，也被普遍地渗透到生产管理的一切活动之中。

神东文化建立在“以人为本”这一最高宗旨上，建立在全新的理念和高远的目标之上。采用先进的生产工艺和高可靠性的装备，形成良好的生产作业环境，是神东安全文化在设计理念上的具体体现；利用自动化和信息化技术改造矿井生产系统，从而有效避免安全风险，是神东安全文化在技术思想上的具体体现；借助高素质员工的自律和强有力的监管机制，形成自保互保的安全秩序，是神东安全文化在行为规范上的具体体现；利用严格的规章制度和严肃的奖惩法则，构建安全生产约束机制，是神东安全文化在管理机制上的具体体现。神东的安全文化是一个体系，这个体系就是我们多年来高唱“环境、素质、责任”三部曲所依从的文化基础。

神东的安全文化是“神东矿、神东煤、神东人”三个形象重要的精神内涵，融入了神东人的价值观和使命感。这种文化提升了神东的安全管理水平，深化了神东对安全生产的再认识。神东秉承的安全文化既体现着时代的要求，也体现着世界煤炭行业的先进理念。神东的安全文化，需要不断完善，不断丰富，唯其如此，才能长久性地构筑安全管理的有效机制，才能建设本质安全型的矿井。当然，实现这一目标，任重而道远。

神东煤炭公司将全力践行“三个代表”重要思想，认真落实科学发展观，牢固树立“安全第一”的思想，全面贯彻国家和国家煤矿安全监察局的安全政策法规，继续唱响“环境、责任、素质”三部曲，全力推行NOSA安健环管理体系，深入开展安全质量标准化建设和安全生产专项整治，强化安全责任、业务保安和队伍培训，构筑“以技术进步为先导，以环境建设为基础，以提高素质为根本，以制度建设为关键，以安全监管为手段”的安全生产机制，建设本质安全型矿井，为实现神东矿区安全生产的长治久安，为神华“做大做强，打造辉煌”、成为世界500强，为开创煤炭行业安全生产新纪元作出积极的贡献！

（集团）公司

潞安矿业（集团）公司是一个以煤炭为基础产业，煤电化、煤焦化、煤油化综合发展的大型现代化能化企业集团。公司现有7对生产矿井，3对在建、改扩建矿井，12个子公司，6个分公司和8个地面辅助生产单位，职工45000余人。其中拟上市的潞安环保能源开发股份有限公司以煤炭生产为主，并控股了一个年产业200万吨焦炭的大型煤焦化工公司。集团公司拥有资产总额110亿元，年产煤炭2000多万吨，年销售收入60多亿元，是全国500家大型工业企业，山西省12户国有资产授权经营单位和五大煤炭企业集团之一，艰苦奋斗的石圪节精神闻名全国。

潞安集团环境优美，交通便利。国铁太焦线、邯长线纵贯全境，208、309国道和长太、长邯高速公路与矿区交通连为一体。矿区煤炭品质优良，储量丰富，可均衡开采82年以上，知名品牌产品“潞安煤”享誉全国，在发展煤炭、电力、煤化工等方面，具有突出的比较优势。

依托优越的区位优势和雄厚的发展基础，通过实施战略管理，近几年，潞安集团发展迅速，技术装备、管理水平、效率效益、安全状况均居全国同行业前列。目前，在全国500家大型工业企业中排名344位，比2000年前移146位。在中国企业联合会、中国企业家协会组织举办的年度“中国企业十大新闻”系列评选活动中，董事长、总经理任润厚被评为2003年全国十大“最受关注企业家”之一，潞安集团被评为2004年全国十大“最具影响力企业”之一。

安全是企业发展的根本保证。长期以来，潞安集团始终把安全生产作为维护生产力和企业稳定发展的最大政治，各级领导的最大责任，广大职工群众的最根本利益，在实践中不断探索和创

潞安矿业

新煤矿企业安全管理的新理念、新思路、新方法。公司确立了系统管理抓安全、以人为本抓安全、超越安全抓安全、源头治理抓安全的安全管理新理念，创造性实施"坚定一个信念，突出一个重点；夯实两项基础，提高两个能力；实施三项创新，强化四无管理；树立五个观念，狠抓五项落实；坚持五个到位，实施六项激励"的"安全系统管理法"，努力构建了自我约束、持续改进的安全生产长效机制，实现了安全生产的长治久安。"九五"以来的九年间，潞安集团生产煤炭1亿两千多万吨，平均百万吨死亡率控制在0.099，其中，1996年、1998年、2000年、2002年和2003年5年实现事故为零，2003年，全公司实现了无重伤以上事故。

2004年，全公司紧紧围绕"中国潞安"能化大集团建设核心任务，突出建立稳定的安全生产秩序和安全生产长效机制两大主题，创新管理、强化责任，狠抓落实，做了大量卓有成效的工作，取得了安全生产好成绩。特别公司针对生产任务重，开采条件复杂，瓦斯增多等因素制约，在未扩大矿井规模的前提下，通过技术改造与挖潜，全年煤炭产量突破2000万吨，达到2052万吨，在比2003年增产近300万吨，比2002年增产近700万吨，比2000年将近翻一番的情况下，全公司杜绝了重大事故，百万吨死亡率控制在0.049人，比省局下达的0.4的安全奋斗目标降幅88%。截至2004年12月31日，漳村矿安全生产周期突破2000天大关，达到2175天。公司连续五年荣获"全国'安康杯'竞赛优胜企业"称号，并获"连胜杯"和全国"五一"劳动奖状。

（集团）公司

公司组织的系列活动

兖矿集团

——主业突出、核心竞争力强

公司董事局主席、党委书记耿加怀

公司董事局副主席、总经理王信

兖矿集团有限公司（以下简称兖矿集团）是华东地区的煤炭生产和出口企业，是全国100家现代企业制度试点单位和120家企业集团试点单位之一。矿区开发始于20世纪60年代末期，1976年成立兖州矿务局，1996年3月兖州矿务局整体改制为国有独资公司，1999年5月成立兖矿集团。截至2004年末，企业总资产372.84亿元，在册职工98933人。

经过多年的发展，已经初步形成以煤炭、煤化工、煤电铝为主导产业，矿井基建、建筑建材、机械加工、外经外贸等综合经营的格局。目前，拥有全资及控股子公司37家。控股子公司兖州煤业股份公司，是我国煤炭行业第一个同时境内外发行股票并在香港、纽约和上海三地成功上市的企业，累计发行股票5次、融资58亿元，占整个煤炭行业证券市场融资总额的36.2%。

先后获得全国优秀企业（金马奖），中国质量效益型先进企业特别奖，"五一"劳动奖状。被授予"全国重合同守信用企业"的称号，全国首批转机建制先进企业，全国国有企业领导班子建设先进单位，全国先进基层党组织，被大公国际评估公司评估为"AAA"级信用企业。兖矿煤业公司获得了"全国质量管理奖"和"中国质量鼎"的荣誉，被美国标准普尔指数推为2005年最有投资价值的30只股票之一，被新浪网和《大众证券》评为中国2004年度最具投资价值的十佳上市公司，入选第二届CCTV2004年度中国最具价值十佳上市公司，上市以来连年名列我国上市公司50强。

兖矿集团历来高度重视安全生产工作，认真贯彻落实"安全第一、预防为主"的工作方针，从讲政治、讲大局的高度，从贯彻"三个代表"的重要思想、维护职工群众切身利益的高度，充分认识加强安全生产的重要性、紧迫性，牢固树立安全就是政治、安全就是效益、安全就是职工最大福利的思想，牢固树立安全生产人命关天、生命至高无上、责任重于泰山的思想，正确处理安全与改革、安全与生产、安全与效益、安全与稳定的关系，始终把安全生产摆在高于一切、重于一切、先于一切的位置。树立和落实科学发展观，坚持"管理、装备、培训并重"的原则，依靠科技进步，全面强化安全生产管理，深入开展安全质量标准化建设，精心培育企业安全文化，确保了安全生产的持续稳定，主要安全生产技术指标多年来一直保持全国领先水平，受到党和国家领导人的高度称赞。2001年至2004年，原煤生产百万吨死亡率分别为0.219、0.150、0.066、0.072，接近国际先进水平。

兖矿集团在安全管理实践中，坚持"以人为本，安全第一，预防为主"的科学理念和安全生产方针，大胆创新，积极探索安全生产长效机制，建立了系统、严格、科学的安全管理模式。

实行三化管理：即实行工作流程制度化，提高制度的科学性和可操作性；推行安全行为准军事化管理，提高各级组织的执行力和服从力；实行安全管理精细化，实现安全无漏洞，管理无空当。

突出三个重点：即突出重大隐患的排查治理，实施超前预防，努力将事故消灭在萌芽状态；突出重大危险源的监控，强化措施，重点防范；突出矿井重大灾害的防治，制定完善应急预案，提高应对突发事故的快速反应能力。

完善三个体系：即完善安全责任体系，强化领导干部和专业部门的安全责任；完善安全保障体系，提高生产系统安全保障能力；完善安全监控网络体系，建立全公司联网的矿井安全监测监控网络，实现安全生产集中控制、分级管理、应急预警和安全系统上下兼容、资源共享。

强化四种手段：即强化安全培训，整顿培训纪律，提高培训质量；强化安全投入，整治安全环境，提高安全装备水平；强化绩效考核，健全激励约束机制，调动各方面的积极性；强化现场安全监察，突出重点领域和重点环节，实行依法从严监管。

加强企业安全文化建设。提炼升华独具兖矿特色的安全理念，坚持环境育人，实施亲情化教育，营造"关爱生命、关注安全"的浓厚氛围，引导职工实现由要我安全向我要安全、我能安全的转变。安全生产始终保持行业领先水平。

有限公司

具有国际化水平的大型企业集团

兖矿集团是华东地区较大的煤炭生产和出口企业，是全国100家现代企业制度和120家企业集团试点企业之一。矿区开发始于20世纪60年代末期，1976年成立兖州矿务局，1996年3月兖州矿务局整体改制为国有独资公司，1999年5月成立兖矿集团。经过30余年的不懈努力，已形成了以煤炭生产为主，煤化工、煤电铝、矿井基建、机械加工、外经外贸等多产业综合发展的格局。主要经济技术指标连续多年保持同行业领先水平。在2003年全国500强企业中排名第121位，在全国纳税百强中排名第57位。截止2004年末，企业总资产372.84亿元，在册职工98933人。

2004年，完成原煤产量4143万吨，降低9.14%；实现销售收入231.90亿元，增长57.21 %；实现利税51.12亿元，增长124%；原煤百万吨死亡率0.072，继续保持行业前列。

■做强做大煤炭产业，提高煤炭生产的集约化、大型化、现代化水平

精心打造最具创新力的煤矿。集团现有生产矿井8对，设计生产能力2155万吨，核定生产能力4100万吨。2004年，1对矿井年产超过800万吨，3对矿井年产超过700万吨。济三煤矿、享有“中国矿井排头兵”荣誉称号的兴隆庄煤矿、正在组织实施“年产800万吨高效集约化综放工作面”的东滩煤矿，均属兖矿集团骨干矿井。依靠质量信誉谋发展。兖矿精煤万吨含杂量稳定在1.1公斤以下，被日本、韩国等多家企业列为免检产品。

加快推进战略资源开发。充分发挥兖矿的技术、管理、人才、资金优势，坚持地企双赢、综合开发，先后在贵州、山西等省区控股开发了9对矿井，另外取得了4个井田的探矿权。

■落实科学发展观，大力发展接续产业

充分发挥兖矿比较优势，以煤炭产业为依托，拉长产业链，提高附加值，形成了以煤炭生产为主，煤化工、煤电铝、矿井基建、机械加工、外经外贸等多产业综合发展的

即将投产的国泰化工

高效综放工作面

日 照 港

兖矿集团

——主业突出、核心竞争力强

兖矿全景

济三煤矿

年产 14 万吨的电解铝厂

格局。2004年非煤产业收入105.74亿元，占集团公司销售总收入的45%。

煤电铝产业：在完成国家“七五”重点攻关项目“流化床锅炉发电技术”的基础上，先后建成煤矸石、煤泥综合利用电厂。目前建成低热值燃料综合利用电厂7座，装机容量60万千瓦，成为全国综合利用的典范企业。

与澳大利亚龙澳集团合资成立兖矿科澳铝业有限公司。项目总投资35.8亿元，包括一座年产14万吨电解铝厂、8.2 万吨铝用阳极厂、1.5 万吨阴极厂以及两座总装机370MW的电厂。2004年，生产铝锭9万吨。

煤化工产业：兖矿拥有兖矿鲁南化肥厂等5个生产企业，现拥有60万吨尿素、17万吨甲醇、18万吨焦炭的生产能力。投资28亿元的20万吨醋酸和1000吨新型气化炉项目，将于2005年7月份建成投产。投资26亿元的200万吨焦炭及20万吨甲醇项目将于2005年12月份建成投产。投资21亿元的50万吨甲醇项目将于2005年5月开工建设。

■推进技术创新，培育企业核心竞争力

兖矿拥有国家级技术中心、水煤浆气化及煤化工国家工程中心和博士后工作站，形成了以企业为主体的技术创新体系。拥有厚煤层综放开采技术、煤炭间接液化技术、低压羰基醋酸合成技术等多项自主知识产权和核心技术。“九五”以来，获得国家科技进步奖5项，省部级奖励99项，承担国家“863”计划、国家科技攻关项目12项。煤炭建设施工技术获得国家科技进步特等奖，煤炭综合生产技术研究和开发、水煤浆加压气化及气体交换制合成氨新工艺分别获得国家科技进步一等奖。煤炭间接液化等3项技术列入国家“863”计划。

兖矿拥有世界一流水平的综采放顶煤工作面。承担的国家“十五”攻关项目“年产600万吨综放工作面配套与技术研究”取得成功，进一步提高了兖矿综放开采水平，综放单产保持了全行业立井开采领先水平。

自主研发的煤炭间接液化技术中试成功，建成一套低温费托合成煤制油万吨级中试装置，连续运行194天，生

产强度优于国外同类装置，生产出高质量的柴油、汽油和液化石油气。汽油达到98号标准，柴油十六烷值高达83(中国标准46，欧洲III标准51)，不含硫，不含芳烃（欧洲III标准硫350PPM，芳烃不高于11%），是高度洁净、动力性能极好的燃料。申请注册9项专利。

■坚持以人为本，推行安全准军事化、精细化管理，精心培育企业安全文化

按照“十个必需，十个坚持”的安全工作整体思路，强化“以人为本”的安全理念，坚持“安全第一，生产第二，不安全不生产”的安全生产方针，强化职工“自主保安”意识，改善作业环境，减少职业危害，努力为职工创造本质安全型工作环境。实行“三化”管理：即实行工作流程制度化，提高制度的科学性和可操作性；推行安全行为准军事化管理，提高各级组织的执行力和服从力；实行安全管理精细化，实现安全无漏洞，管理无空当。

突出三个重点：即突出重大隐患的排查治理，实施超前预防，努力将事故消灭在萌芽状态；突出重大危险源的监控，强化措施，重点防范；突出矿井重大灾害的防治，制定完善应急预案，提高应对突发事故的快速反应能力。

完善三个体系：即完善安全责任体系，强化领导干部和专业部门的安全责任；完善安全保障体系，提高生产系统安全保障能力；完善安全监控网络体系，建立全公司联网的矿井安全监测监控网络，实现安全生产集中控制、分级管理，应急预警和安全系统上下兼容、资源共享。

强化四种手段：即强化安全培训，整顿培训纪律，提高培训质量；强化安全投入，整治安全环境，提高安全装备水平；强化绩效考核，健全激励约束机制，调动各方面的积极性；强化现场安全监察，突出重点领域和重点环节，实行依法从严监管。

加强企业安全文化建设。提炼升华独具兖矿特色的安全理念，坚持环境育人，实施亲情化教育，营造“关爱生命、关注安全”的浓厚氛围，引导职工实现由要我安全向我要安全、我能安全的转变。

■多方式筹集资金，解决“钱从哪里来”的问题

兖矿集团控股子公司兖州煤业公司，是同时在境内外发行股票的企业。1998年3月和7月，兖州煤业分别在香港、纽约和上海股票上市。2004年7月8日，又成功增发2.04亿H股，融资17.96亿人民币。累计发行股票5次，从资本市场融资58亿元，占煤炭行业从股票市场融资总额的36.2%。

利用自身信誉，与银行等金融机构建立了良好的合作关系。2002年获得国家开发银行140亿的综合授信贷款。2004年12月，兖矿集团成功发行10亿元企业债券，开辟了新的低成本融资渠道。

■大力发展外经外贸，提高企业的国际化水平

2004年5月15日，兖矿集团承揽的投资1.88亿美元的委内瑞拉铁路项目开工建设。委内瑞拉总统出席了开工仪式。

在澳大利亚注册了综采放顶煤技术专利，成立兖州煤业澳洲公司，收购了南田煤矿，正在开展恢复生产工作，将于2006年上半年投产。

2005年5月1日，兖矿集团与DBT公司签订了“两柱式综采放顶煤液压支架”专利技术转让的使用合同，实现了中国煤炭行业从引进人才、引进技术、引进资金为主到向海外输出技术的历史性突破。

■抓住机遇，精心规划，实现企业跨越式快速发展

兖矿集团“十一五”规划目标概括为“**142613**”：

1—煤炭产能1亿吨/年以上，丙稀产能100万吨/年；

4—甲醇产能400万吨/年，焦炭产能400万吨/年，醋酸产能40万吨/年，电解铝及系列产品产能40万吨/年；

2—煤炭液化油品产能200万吨/年，化肥产能200万吨/年；

26—规划期内总投资600亿元，实现年销售收入600亿元；

13—实现利税130亿元。

中国无烟煤生产基地

山西阳泉煤业（集

成立于1950年的中国山西阳泉煤业（集团）有限责任公司，前身是山西阳泉矿务局，1998年改制为有限责任公司，是中国企业500强中的强势煤炭企业。

建企55年来，阳泉煤业集团公司始终贯彻落实党和国家“安全第一，预防为主”的安全生产方针，累计为国家贡献优质无烟煤6亿吨。55年的历史长河中，阳泉集团在安全生产上坚持“管理、装备、培训”三并重原则，面对属于全国煤炭行业超级瓦斯矿井的安全隐患，牢固树立“安全第一、瓦斯为天”的观念，树立“只认瓦斯不认人”、“瓦斯超限作业就是事故的”宗旨，不断探索出一套治理矿井瓦斯的有效方法，为全国煤矿治理矿井瓦斯提供了宝贵的经验。在常规的安全生产管理方面，认真落实了以安全生产责任制为核心的十几项安全管理制度，提出了企业安全宣传教育“十二法”，促进了企业安全生产状况的稳定好转。

阳煤集团回顾走过的安全生产历程，感到光荣和自豪，展望安全生产的前景，更加信心百倍。阳煤集团要以科学发展观统领企业安全生产，逐步建成本质安全型的特大型煤炭企业。

坚强的安全生产领导班子

公司始终把“安全第一，预防为主”的方针贯彻落实到生产的全过程

党委书记、副董事长 石盛奎

安全生产第一责任者、董事长兼总经理 王体轩

团）有限责任公司

安全生产带动了其他产业的发展，形成了煤、电、铝、化一体的产业链，为实现全公司“以大搏强、十年三百亿”战略目标奠定了基础

集团有全国最大的高瓦斯矿井。集团始终坚持“安全第一、瓦斯为天”的理念，坚持“一通三防”的装备投入，有最大功率的瓦斯抽放泵站、最大功率的主要通风机和最先进的瓦斯抽放系统

集团矿山救护大队是一支素质高、作风硬、能战好胜的矿山救护队伍

安全文化深入井下，营造了浓厚的安全教育氛围，提出了煤矿安全宣传教育“十二法”

中美安全合作项目中国示范样板矿—阳煤集团新景矿

職業安全健康局
OCCUPATIONAL SAFETY & HEALTH COUNCIL

香港职业安全健康局于1988年成立，作为一个法定机构，职安局透过各项服务，致力改善工作环境，提高企业安全管理水平，从而保障宝贵的人力资源。

宣传推广

职安局的其中一项首要工作，是在社区广泛宣传职业安全健康，培养大众的安全文化。职安局针对不同主题举办大型的推广项目，包括香港职安健大奖、职业健康日、建造业安全日、良好工场整理日等等。另外，本局作为世界卫生组织的安全社区支援中心，致力在社区层面推动安全社区计划。为加强青少年推广，我们在香港科学馆设立『职安健展览廊』，通过互动展品，将安全文化从小灌输予青少年。

训练

职安局致力提供多元化及高质素的训练课程，我们亦会因应机构的需求度身订造内部训练课程；另外，我们亦制作多套自学训练套件，免费给予公司进行员工培训。

顾问服务

职安局为公营及私营机构提供优质的顾问服务。职安局亦获工务局及香港房屋委员会委托，管理一个独立的安全审核计划，专责发展及监察安全审核系统，以改善香港的工地安全。职安局并推出『持续进步安全管理确认计划』，协助企业达至世界级的安全管理水平。

研究

职安局针对重要课题进行探讨，这些研究有助本局掌握各行业的职安健现状以及时代转变带来的职安健问题，并作为本局制定策略，厘订方针的基础，有效提升香港的工作安全健康标准。

资讯服务

职安局的职安健资讯中心，收藏数以千计的书刊、录影带、唯读光碟、视像光碟及教材套件，欢迎公众免费借阅。此外，职安局亦制作期刊、小册子、海报及定期通讯等，免费派发。市民亦可浏览职安局网址 www.oshc.org.hk ，取得最新资讯。

建立国际网络

职安局与各地职安健组织保持紧密联系，以确保香港在预防及控制职业意外及疾病上紧随世界步伐。本局为国际社会保障协会(ISSA)及亚太职业安全健康组织(APOSHO)的成员，并与海内外的有关组织结盟，促进各地职安健知识的交流。

中国香港北角马宝道28号华汇中心19楼
电话：(852) 2739 9377　传真：(852) 2739 9779　电子邮件：oshc@oshc.org.hk　网址：www.oshc.org.hk

上海市劳动保护科学研究所

SHANGHAI LABOR PROTECTION SCIENCE INSTITUTE

上海市劳动保护科学研究所（以下简称“上海劳保所”）是上海市安全生产监督管理部门下属的专门从事安全生产技术服务的公益性事业单位。现设有5个综合管理部门、10个业务部门。

经过二十多年的开拓创新，上海劳保所已经发展成为国内有影响的安全生产科研机构之一。集安全生产科研、教育培训考核、检测检验、咨询中介和体系认证服务于一体。现有高中级专业技术人员约50人。

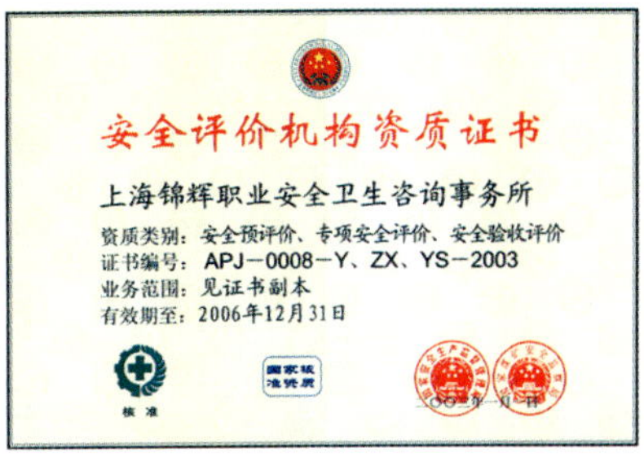

客观、公正、科学、经济的优质服务

培训办证大厅

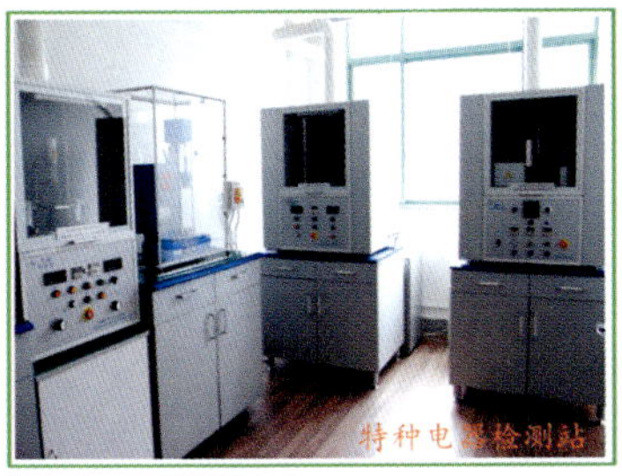
特种电器检测站

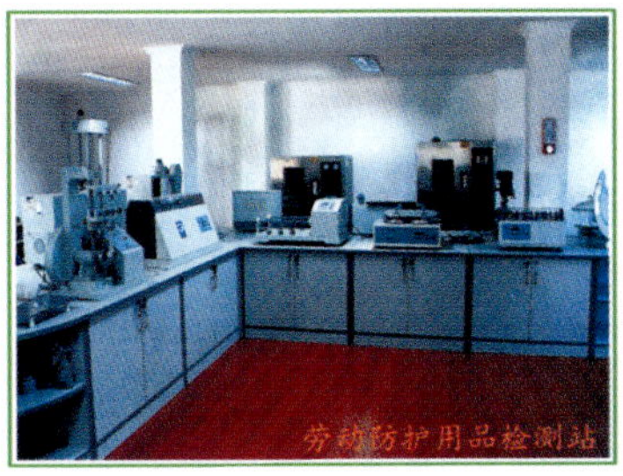
劳动防护用品检测站

劳保所主要职能

* 从事安全生产科研项目的研究，开展安全生产新产品、新技术、新工艺、新装备的研究开发。

* 负责本市特种作业人员、外来务工人员、生产经营单位主要负责人、专职安全生产管理人员、注册安全工程师和培训教师的安全生产培训考核管理。

* 开展建设项目（工程）安全预评价和安全验收评价、危险化学品专项评价等服务。

* 开展对职业健康安全管理体系第三方认证；开展国家注册审核员、内审员培训工作。

* 承担劳动防护用品和安全生产装置的检测检验。

* 承担低压电器产品的安全认证和质量监督，特种电器的安全监察及检验。

* 主办《上海安全生产》杂志，宣传党和政府有关安全生产方针政策，传递安全信息，报道安全生产科研成果，普及职业安全卫生知识。

* 为企业提供安全生产法规文件、宣传资料、安全生产培训教材、读物资料等，举办安全生产展览。

* 收集有关安全生产领域国内外信息和资料，开展安全生产科研方面的国际交流和合作。

地　址：中国上海市田林路191号　　邮　编：200233
电　话：021－64855322　　传　真：021－64852278
网　址：www.51safe.com.cn

淮北矿业集团公司

2004年，淮北矿业集团公司认真贯彻落实全国安全工作会议和国务院关于进一步加强安全生产工作的决定》精神，牢固树立科学发展观，坚定不移地走安全高效发展之路，按照“抓住一条主线、突出两个重点、健全三项机制、完善四个保障体系”的工作思路，强基础，除隐患，攻难题，矿区安全生产状况明显改善，全公司杜绝了重、特大事故，百万吨死亡率控制在0.5，重伤事故同比下降11%，创历史最好水平；全公司原煤产量、原煤工效、经济效益都创出了历史新高。

强化安全责任，实现安全生产闭合管理。强化基层矿（厂）安全责任主体，细化部门职能、落实岗位职责，形成发现问题、确认原因、解决问题、制定防范措施、责任追究落实的安全生产管理规范程序，实现闭合管理。建立健全各项安全管理制度，理顺管理体制，逐级落实安全生产责任，做到有章可循、按章办事，实现安全管理制度化、程序化、规范化。

始终坚持以“一通三防”和防治水为重点，杜绝重大事故发生。认真贯彻落实“先抽后采，监测监控，以风定产”方针，突出抓好瓦斯治理工作，2004年全公司累计抽排采煤工作面42个、掘进工作面32个，开采保护层工作面2个，抽放瓦斯6000万立方米。严格瓦斯监测监控，对15对矿井的安全生产监控系统进行了更新改造，实现了瓦斯实时监控。严格执行“有疑必探，先探后掘”的防治水原则，认真开展四含水、灰岩水防治和老塘水、顶板砂岩裂隙水探放等工作。大力推进安全质量标准化建设，夯实安全生产基础。坚持安全质量标准化建设主线，制定安全质量准化建设的实施意见、考核验收办法，确立安全质量标准化建设目标。坚持季度开展达标验收检查与考核，严格奖罚，促进

安全生产从我做起

安全质量标准化的稳步推进。坚持科技兴安，共投入4亿元，用于完善通风系统、瓦斯治理、机电装备及系统更新改造、防治水、综采支架更新等，改善了安全生产基础条件，提升了矿井安全装备水平，增强了防灾抗灾能力。

加强安全文化建设，提高职工队伍素质。坚持以人为本，加强安全文化建设，不断提高职工素质。认真组织开展安全生产论坛、安全演讲、安全宣传月、百日安全等活动，举办各类安全培训，大力弘扬和倡导“安全第一，生产第二”、“生命第一，效益第二”安全理念，提高职工技能，规范安全行为，营造良好的安全生产氛围，为集团公司跨越式发展战略的顺利实施提供了良好、稳定的安全条件。

安全生产论坛

安全实用技术交流会

综采机械化

实施系统工程

党委书记、董事长赵德勤

磁县六合工业有限公司位于河北省磁县观台镇境内，现有总资产4.95亿元，职工3000人，年创利税2.6亿元，为市、县骨干企业，财政支柱。

六合公司原为观台镇办煤矿，1980年曾发生重大瓦斯爆炸事故，死亡29人，一度陷于困境。1987年以来，公司新一届党政工领导集体，乘改革春风，带领全体员工牢固坚持“以人为本，安全为天”的指导思想，强化安全管理，实施科技兴企，大力提高安全保障能力，实现多年安全生产无事故。

十几年来，六合公司始终把安全工作作为扎实践行“三个代表”的主要内容，视安全为责任，效益为能力，探索和遵循安全规律，总结提炼了1、2、3、4安全系统工程工作法。

首先是贯彻一个原则，强化两个意识。坚持“安全为天”、“安全责任重于泰山”的指导原则，大力开展形式多样的安全教育活动，使安全为天深入人心，各级领导干部的安全责任和全体职工自我保安意识进一步增强。其次是突出“管理、装备、培训”三项并重，先后制定完善了适应企业自身安全特点的各类管理制度标准1183条，建立了安全责任保证体系。投资6000多万元，对矿井实行三次大的技术改造和三次工艺革新，实现了采、掘、运、通全方位装备水平的跨越式提高，始终做到安全保障能力满足于生产需要。在提高安全装备的同时，大力加强职工安全培训，使关键岗位、特殊工种作业人员全部考试合格，持证上岗。三是结合本矿实际，打好以“一通三防”为主要内容的提升运输、顶板管理、机电设备管理等四个硬仗。坚持以风定产原则，矿井有效风量从1200m^3/分提高到4100m^3/分，采、掘、运实现“三专两闭锁”，建立了瓦斯集中监控系统，荣获部颁甲级通风和行业特级质量标准化矿井；准备掘进巷道采用锚网梁、U型钢支护，回采工作面实行轻放支架，提升运输实现皮带机轨合一运输，机电设备三率达90.5.1，防爆率达100%。通过实施安全系统工程工作法，实现高沼气矿井连续20年没有瓦斯事故，8年无顶板事故，6年无工亡。我公司先后荣获“河北省安全生产先进单位”、“质量效益型先进企业”、“文明单位”等称号。

地址：河北省磁县观台镇东　电话：0310-2456359　传真：0310-2456536

实现安全生产

——河北省磁县六合工业有限公司

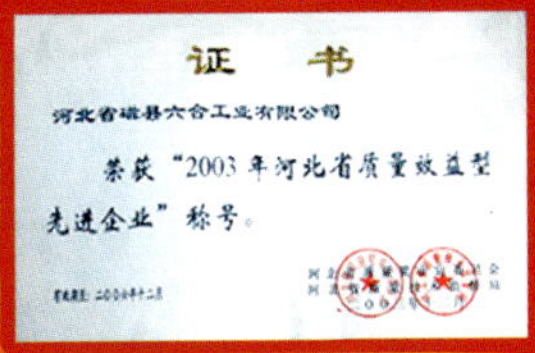

证 书

河北省磁县六合工业有限公司

荣获"2003年河北省质量效益型先进企业"称号。

证 书

河北省磁县六合工业有限公司

中国重质量 讲诚信 守规则企业

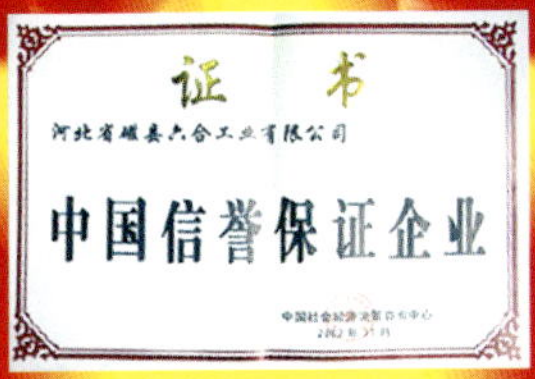

证 书

河北省磁县六合工业有限公司

中国信誉保证企业

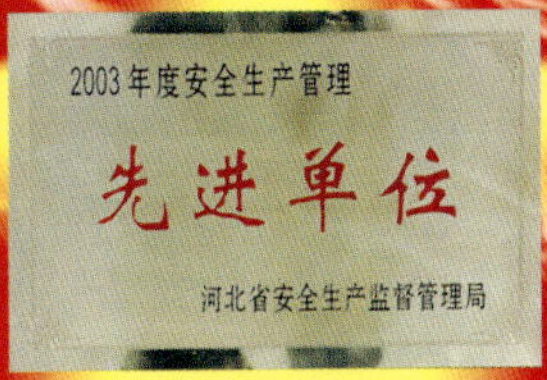

2003年度安全生产管理

先进单位

河北省安全生产监督管理局

安全为天

安全责任重于泰山

董事长在井下检查工作

轻放支架

安全警示栏

矿 井

井 口

焦化厂

电 厂

大同煤矿集团公司

集团公司董事长、党委书记彭建勋在井下指导工作

集团公司副董事长、总经理刘随生在井下调研

大同煤矿集团公司的前身是大同矿务局，成立于1949年8月30日，2000年7月改制为大同煤矿集团有限责任公司。2003年12月，山西省委、省政府按照现代企业制度要求，将山西省北部的省属煤炭生产和运销企业重组为新的大同煤矿集团公司。初步形成了地跨大同、朔州、忻州三市，拥有煤田面积6157平方公里，总储量892亿吨，总资产272亿元，20万员工，70万员工家属，年产运能力近亿吨的特大型煤炭企业集团。企业成立50多年来，累计为国家贡献优质煤炭13亿吨，上缴利税156亿元。注册生产的“大友”牌煤炭系列产品，连续5年被评为国家信得过产品。企业曾获国家企业管理最高奖“金马奖”、“中国煤炭采选大王”、全国“五一”劳动奖状等多项荣誉。

大力建设企业安全文化。安全文化是安全生产的根本，公司坚持在安全工作中以先进的理念为引导，提出并落实“安全第一,生产第二”的安全理念，坚持以人为本，注重员工素质培养，推行人性化管理，开展以亲情教育为主线的安全文化活动，“带着感情抓安全”，使安全意识牢牢扎根在员工心中。

大力加强安全制度建设。安全法制是保障安全生产的最有力武器，2004年，根据《安全生产法》等法律法规，公司进一步整章建制，完善了安全生产责任制度、安全质量标准化管理制度、安全投入保障制度、煤矿事故应急救援制度等管理规章、制度43个，实现了安全管理有章可循，推进了安全生产工作从人治向法治的转变。

大力落实全员安全生产责任。安全责任是安全生产的灵魂，公司建立了横向到边、纵向到底的全员安全责任体系，执行安全风险个人抵押制。推行“井下班组群防群治，党政工团齐抓共管，筑牢安全防线”的安全管理，构建“人人都是安全员”的管理模式。同时，执行领导干部下井带班作业，向各矿派驻安全监察员，加强了井下现场的安全管理和对安全工作的监督。

大力实施“科技兴安”战略。安全科技是实现安全生产的可靠手段，公司建立了山西省首家企业博士后科研流动站，积极开展科技研究和创新工作。不断提高装备科技水平，加快了信息化、自动化、数字

明亮整洁的集团公司办公大楼

具有世界领先水平的年入洗煤炭 315 万吨的晋华宫洗煤厂

集团公司副总经理吴永平在井下现场指挥

化技术步伐，所有矿井全部安装了安全监测监控系统，部分矿井采煤机械化程度达到 99.85%，高于全国大型煤炭企业平均水平 15 个百分点；综掘机械化程度达到 56.7%，高于国有重点煤矿平均水平 35 个百分点。大采高和薄煤层刨煤机生产技术分别达到国际、国内先进水平。

不断加大安全投入。安全投入是安全生产的基本保障，公司实行吨煤提取 15 元安全费用制度，2004 年共投入安全费用 4.139 亿元，用于通风系统改造、瓦斯治理、顶板管理、防灭火工程、防治水工程的建设，提高了矿井本质安全水平，安全生产工作稳定发展。

安全生产是煤矿永恒的主题。大同煤矿集团公司将以安全促生产、保效益、求发展，全面树立科学的发展观，向建设具有国际竞争力的特大型煤电化能源集团，进入世界煤炭企业“十强”行列的目标不懈奋斗，为国民经济的发展作出新的、更大的贡献！

具有世界先进水平的大采高综采技术，实现了安全高效生产

山西晋城煤业集团凤凰山矿

矿长　李苏龙

党委书记　王中一

山西晋城煤业集团凤凰山矿是一座年设计生产、洗选能力为400万吨的特大型现代化矿井，地处优质无烟煤资源储量丰富的沁水煤田东南边缘。该矿占地面积1.9平方公里，固定资产6.3亿元，现有职工6000人。

“安全是一切工作的最优环境”是凤凰山矿的安全观。面对优势资源日趋枯竭、井下地质条件恶化、水患严重、瓦斯涌出异常的严峻形势，凤凰山人发扬“艰苦求实，奉献创新”的凤矿精神，坚持“安全第一，预防为主”的方针，强化安全主体责任，突出以“一通三防”为重点的综合治理，完善职业健康安全管理体系，狠抓安全质量标准化工作，使安全生产保持良好的发展势头。坚持以人为本，以安全、健康、文化为目标，推行双因素管理法，积极营造健康向上的安全文化氛围，开创了安全生产新局面，为打造平安、生态、和谐的矿山打下了坚实基础。

深入现场指导工作

国际领先的刨煤机工作面

全国安全文明小区

凤凰文化广场

把隐患排除在萌芽状态

晋城煤业集团古书院矿

jinchengmeiyejituangushuyuankuang

矿长　王茂盛

党委书记　魏坤林

古书院矿是晋城煤业集团所属的一座大型现代化矿井，矿井始建于1958年，经过两次改扩建，设计生产能力由90万吨/年提高到300万吨/年，建有一座年入洗能力为300万吨的选煤厂，综采、综掘机械化水平分别达到100%、99.36%。

该矿坚持“安全第一、预防为主”的方针，大力推进科技兴安战略，强化领导班子安全能力建设，深化职业安全健康管理体系规范运行，坚持安全质量标准化动态达标，狠抓安全管理创新和员工安全培训，曾实现连续安全生产2505天的长周期，并连续17年将百万吨死亡率控制在0.5以下，先后获得“全国首批现代化矿井”、“煤炭行业一级企业”、“安全生产先进单位”等省部级荣誉称号百余项。近年来，面对矿井衰老带来的种种困难和挑战，该矿党政领导从实践“三个代表”重要思想出发，适时提出“完成三大任务，实现两大转移”的发展战略，煤炭主业与非煤产业齐头并进，老矿抢抓市场机遇，挖掘生产潜力；接替矿井郑庄煤矿和樊庄煤矿的建设已经起步；万德福超市、晋城菲利普斯公司、煤矸石砖厂、商饮服务等多经三产项目已显成效。目前，按照“建设发展、繁荣、和谐的新型矿山”的远景目标，勤劳的古书院矿人正以饱满的热情和昂扬的斗志，投入到新的创业中！

矿党政领导在井下现场检查标准化工作

充分发挥女工家属安全协管作用

用科学的安全文化理念规范干部员工的行为

中国南方电网公司

2004年，中国南方电网公司认真贯彻党中央、国务院的决策部署及全国安全生产工作会议精神，努力实践“对中央负责、为五省区服务”的宗旨，广大干部员工共同努力，克服了负荷增长过快、新增装机容量不足、电煤供应紧张、来水偏少、电网卡脖子问题严重等困难，把保证电网安全和做好电力供应作为重中之重，最大限度地保证了五省（区）电力供应。公司安全生产经受住严峻的考验，取得了丰硕成果，主要体现在三个方面：一是保证了复杂大电网的安全稳定，特别是扎实地开展了二次系统管理年活动，对保证电网安全发挥了重要的作用；二是在电力供应十分紧张的情况下，充分发挥了南方电网平台的作用，通过大电网资源的优化配置，落实保供电的各项措施，圆满完成了迎峰度夏和全年保供电任务，做到了“限电不拉路、错峰不减产”，满足了五省（区）经济社会发展和人民生活的用电需求，得到五省（区）党委、政府和社会各界的充分肯定；三是颁布实施了12项安全生产管理和技术标准，制定了一系列反事故技术措施，深入开展了安全性评价工作，进一步夯实了安全生产基础。

全年公司系统没有发生对社会和公司造成重大不良影响、对资产造成重大损失的生产安全事故，杜绝了特大人身、电网、设备事故，杜绝了有责任的重大电网事故，杜绝了电厂垮坝事故，实现

上级领导参加西电东送新增1000万千瓦项目竣工仪式

董事长袁懋振视察广州换流站

中国南方电网公司

了电力生产人员"零死亡"目标，事故总数同比减少，误操作事故次数总数下降，主要经济技术指标普遍高于年初预定的目标，全年安全生产形势平稳。

南方电网公司在安全生产管理上突出了五个注重：注重基础管理，安全生产管理规范化、标准化工作再上新台阶；注重系统安全，保证了复杂大电网的安全稳定运行；注重统筹兼顾，保证了电网迎峰度夏和全年安全可靠供电；注重科技兴网，重点研究课题取得阶段性成果；注重安全文化，大力开展安全生产宣教系列活动。公司安全生产工作的主要体会：一是公司党组高度重视安全生产，层层落实责任制，有效地保障了电力安全生产；二是加强基础管理，促进了生产系统的"一体化、现代化"，创造了安全生产的良好局面；三是坚定不移地实施"科教兴网"发展战略，依靠科技进步，为电网安全稳定运行提供了有力的科技支撑和技术储备；四是公司上下同欲，服从大局，发挥了南方电网资源优化配置的重要作用。

为做好2005年安全生产工作，公司系统准备重点抓好六个方面的工作：一是完善基础管理，提高安全工作执行力；二是完善设备运行和专业技术管理，提高技术装备水平；三是完善安稳措施，提高电网安全稳定水平；四是完善迎峰度夏措施，提高安全供电水平；五是完善科技进步机制，提高驾驭大电网能力；六是完善宣传教育培训体系，提高安全文化影响力。

王野平总经理亲临安顺换流站事故现场

线路架设施工现场

深圳市人民政府答谢南方电网公司

科大立安

合肥科大立安

HEFEI KDLIAN SAF

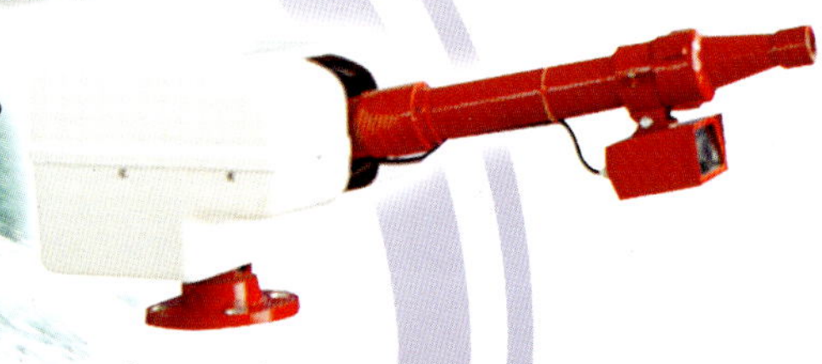

自动消防炮系列

科技创造现代安全

自动消防炮系列

合肥科大立安安全技术有限责任公司位于环境幽雅的合肥国家高新技术园区内，公司主要领导都是具有博士、硕士学位的中青年科技人员，同时也是火灾科学国家重点实验室的科研技术骨干。

公司依托于中国科学技术大学，以火灾科学国家重点实验室为技术背景，致力于高大空间和其他特殊空间场所的火灾探测、自动灭火和安全监控一体化技术等多方面的研究开发、产品制造和工程施工，并积极拓展工业消防和热安全评估等相关安全新领域，是安徽省科委认定的高新技术企业，具有国家一级消防工程施工资质、消防专项设计乙级资质和安徽省一级安全技术防范设计施工资质。

公司主要生产LA100型火灾安全监控系统及自动消防炮系统。LA100型火灾安全监控系统采用实时视频影像分析技术，分析火灾现象在视频影像上的表现和特征，以“双波段图像火灾探测技术”和“光截面图像感烟火灾探测技术”为核心，解决了大空间火灾报警和扑救这一世界性难题。“关键技术属国际首创，整体处于国际先进水平”。2001年，该系统的源头技术“大空间早期火灾智能监测与电气火灾隐患检测系统”获得了国家科技进步二等奖。LA100型火灾安全监控系统适用于各种高大空间、恶劣环境、开放空间等场所的防火防盗安全监控，在这些场所该系统是集防火、防盗、监控为一体的高技术产品。自动消防炮系统具有自动定位，定点喷水灭火扑救等独有的技术优势，与LA100型火灾安全监控系统联合使用，形成了火灾早期探测和自动定位扑救的主动式火灾防治系统。

光截面图像感烟火灾探测器

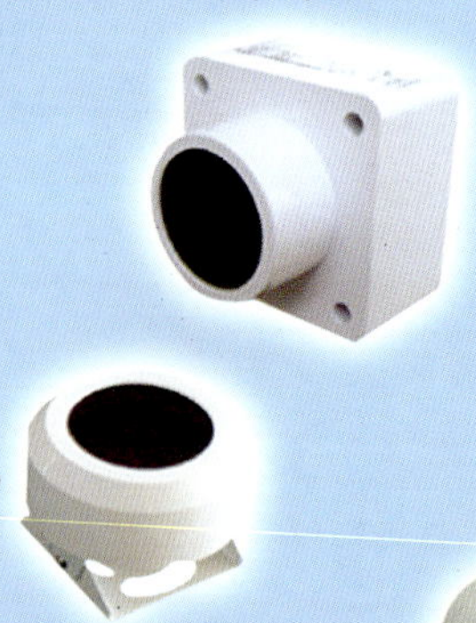

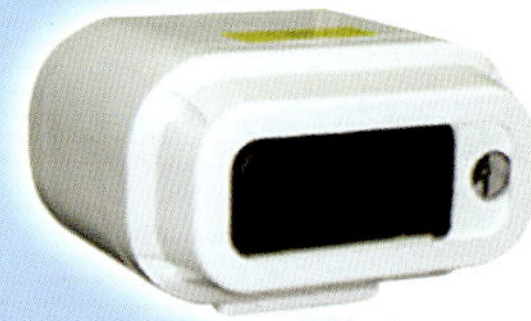

双波段火灾探测器

广东省安全生产监督管理局

中共广东省委、广东省人民政府牢固树立“责任重于泰山”的政治意识，高度重视安全生产工作，在2003年机构改革中，把省安全监管局正式独立出来，成为省政府直属正厅级单位，从人、财、物方面予以了大力扶持，进一步加大了对安全生产的监管力度。

2004年，全省紧紧围绕“打好基础，抓住重点，落实责任，依法监管”的工作思路，建立安全生产控制目标，落实安全生产责任制，深入开展安全生产各项专项整治，认真贯彻《安全生产法》，以建立安全生产长效机制为重点，深入开展安全生产检查督查，积极探索非公有制企业安全生产监管的有效手段和途径，开展并推广了企业安全质量标准化工作，促进安全文化建设，进一步夯实了全省安全生产基础。在全省经济持续快速发展的同时，实现了各类生产安全事故的持续下降。在2003年全省安全生产事故起数、死亡人数比2002年大幅度下降的基础上，2004年全省各类安全事故起数、死亡人数分别比上年同期下降0.63%和3.84%，比上年少死亡486人；工矿企业、道路交通事故死亡人数大幅度下降，尤其是特大事故得到了有效的遏制，一次死亡10人以上的事故，同比减少5起，比上年减少108人。在经济快速发展的同时，全省安全生产事故呈稳中有降的趋势，为全省经济社会发展创造了良好的安全环境。

2004年11月22日至23日，“第十二届海峡两岸及香港、澳门地区职业安全健康学术研讨会”暨首届“粤港澳安全知识竞赛”在香港湾仔博览道香港会议展览中心举行。图为广东省安全生产监督管理局局长陈建辉（左）与香港职业安全健康局主席伍达伦博士在研讨会上合影留念。

2005年3月4日，省安监局局长陈建辉（右二）率领安全生产督导组在煤矿生产集中、安全监管任务较重的清远连州市进行督导。

2004年4月20日，广东省安全生产监督管理局局长陈建辉（中）在珠海碧阳化工有限公司进行调研。

2004年12月28日，广东省安全标准化管理试点工作现场会在深圳市安宝区召开期间，省安监局局长陈建辉（前右）在宝安区姚世华副区长（前左）陪同下深入试点企业进行安全标准化管理工作考察。

亚美大陆

亚美大陆煤炭有限公司总部设在美国弗吉尼亚州的首府里士满市，致力于在中国和亚洲其它国家开采、加工、以及销售低硫的洁净煤，特别是将投资的煤矿项目与火力电厂的建设紧密结合起来。我公司具有丰富的煤炭开采、加工、和国际贸易经验，在煤炭行业拥有无可比拟的全方位优势，包括对国际市场上用户的了解，对先进采煤技术的运用，对现代化矿山的经营管理和对贸易运输的组织等等。

亚美大陆煤炭有限公司的主要股东公司来自于美国、欧洲及亚洲，它们都是能源，特别是煤炭及电力行业的杰出代表。这些在煤炭行业拥有累计超过250多年丰富经验的股东公司每年的煤炭产量达一亿吨，在南美洲、澳洲、南非、印度尼西亚等地拥有大量的露天和井工煤矿。亚美大陆煤炭公司的主要股东为美国埃文能源／摩根·买西、能源资本基金、班普公司和美国第一储量投资公司。亚美大陆煤炭公司采用美国煤炭工业先进的矿山管理模式和采煤技术在中国及亚洲其它地区进行煤炭资源的开采和销售，致力于为电力、冶金、化肥等行业的用户提供优质的产品和系统化的解决方案。

自1994年以来，亚美大陆和其主要股东公司已在山西的煤炭和煤层气项目中投入了约5000万美元的资金，而自1998年以来向煤炭项目的投资已超过3500万美元。亚美大陆持56%股份的大宁煤矿为亚美大陆在中国投资的第一个煤矿项目，该项目也是目前中国一个中外合作煤矿建设项目，已连续两年成为在山西省投资金额较大的外商合营企业。

除大宁无烟煤采矿项目外，亚美大陆中国项目人员还同时调查和开发了其它煤炭开采、煤炭洗选和煤层气项目，包括高河半无烟煤采矿项目，焦煤洗选加工出口项目和沁南煤层气项目。

亚美大陆在中国的快速发展表明我们在中国及亚洲其它国家开采和洗选加工低硫煤，向国内及国际市场包括电厂、化肥厂、钢铁厂及其它客户提供优质产品的承诺。我们也承诺在中国及亚洲其它国家开发煤层气资源，以向我们的煤矿企业引进更加安全的生产条件、为当地社区提供更好的生活环境，为项目所在国提供清洁能源。

主要股东公司介绍

美国埃文能源／摩根·买西(EVAN ENERGY / MORGAN MASSEY)

美国大型能源投资公司之一，美国煤炭工业改革的先驱。买西能源公司前任董事长兼首席执行官，亚美大陆的创始人，曾任位于弗吉尼亚州里士满的A. T. Massey煤炭公司的总裁。他负责煤矿安全设施的推广和开发，以及生产效率的改进。这些安全设施和生产率改进措施都在美国煤矿业得到应用和推广。Evan Energy是私人投资公司，在中国，委内瑞拉和美国田纳西州拥有项目和投资。

能源资本基金(RESOURCE CAPITAL FUND)

能源资本基金为世界矿业银行洛希尔银行的分支机构，总部位于美国科罗拉多州丹佛市，是专门投资于处于开发及成长期的采矿业项目的风险基金。能源资本基金目前投资的项目主要包括在澳大利亚、罗马尼亚、智利、俄罗斯、布基纳法索、毛里塔尼亚和老挝的金矿，在澳大利亚和中国的煤矿，在美国、墨西哥、澳大利亚和泰国的青铜矿，在葡萄牙的锌矿，在澳大利亚的镍矿和铀矿等。能源资本基金目前在以上矿业项目上的投资超过三亿六千万美元。

班普公司 (BANPU PLC)

班普公司是东南亚地区大型的能源公司之一，总部位于泰国首都曼谷。公司投资于电力和煤炭项目，目前为泰国大型的煤炭公司及私有电力公司，印度尼西亚第四大煤炭生产商。

美国第一储量投资公司 (FIRST RESERVE)

领先的美国私人资产管理公司，专门从事能源产业的开发．First Reserve目前通过四支基金管理达47亿美元的资产，同时通过对Alpha Natural Resources，Foundation Coal，Natural Resource Partners的投资积累了煤炭产业的重要经验。

ASIAN AMERICAN COAL, INC.

Corporate Office:
Unit 18, Mill Mall
Wickham Cay - RoadTown
Tortola - British Virgin Island

Main Office:
10/F, West Tower, Suite 1001,
World Trade Center,
No.69 Fuxi Street, Taiyuan
Shanxi , 030002, PRC
Tel: (0351) 868-9080/1/2/3
Fax: (0351) 868-9070

U.S. Office:
4 North 4th Street, Suite 100,
Richmond, Virginia 23219
U.S.A.
Tel: (1-804) 648-1611
Fax: (1-804) 648-4126

煤炭有限公司

■ 大宁煤矿项目

亚美大陆煤炭有限公司作为控股股东与晋城大宁煤炭有限公司和山西省煤炭运销公司晋城分公司在中国的优质无烟煤生产基地合作成立了山西亚美大宁能源有限公司，旨在开发、经营年产四百万吨的大型现代化煤矿－大宁煤矿，向国内大型化肥厂供应低硫、低灰、高发热量的无烟块煤，同时向距煤矿23公里的6X35万千瓦的火力电厂阳城电厂及附近其他电厂提供长期稳定的电煤。按照项目建设计划，大宁项目于2005年8月正式投产。针对当地煤炭开采中的实际问题，例如：高瓦斯、低回采率等等，大宁煤矿合作双方决定引进国外成功的瓦斯治理及通风技术、煤矿管理技术以及主要的采煤设备。通过全面引入美国现代管理机制和先进的采煤技术和设备，结合当地的资源和市场优势，大宁煤矿将被建设成为安全、先进的，注重环境保护的现代化煤矿企业。

■ 高河煤矿项目

自1998年以来，亚美大陆煤炭公司与潞安矿业集团就高河煤矿项目的开发进行了大量的前期准备工作。从2002年年底起，亚美大陆与潞安矿业集团就高河项目进行了详细的考察，高河煤矿项目产品为优质动力煤及冶金喷吹煤，在国内及国际市场上拥有很强的竞争力。目前，亚美大陆公司与山西潞安矿业集团在联合完成井田最终的地质勘探工作及项目的可行性研究后，成立合营公司高河煤矿，并将安全第一作为矿井建设的首要任务。亚美大陆公司希望通过高河项目的开发，充分发挥煤矿开采及管理的优势，为国内和国际电力、冶金及化肥用户提供满意的产品和服务。

■ 煤层气项目

山西省沁水盆地南部煤层气田是中国煤层气勘探开发最具潜力的地区。该区煤层气资源丰富、勘探集中、储量落实，下游市场也相对成熟，因而开发风险小，前景非常广阔。亚美大陆煤炭有限公司具有较早在中国进行煤层气勘探的经验，现正在该地区进行大型煤矿开采作业，计划中的煤层气地面开发不仅可以使大量优质洁净能源得到利用，而且将从根本上解除采煤中的瓦斯压力，这种集采煤采气一体化的发展战略将使该区成为中国联合发展煤炭和煤层气产业新模式的典范。目前亚美大陆煤炭有限公司在该区拥有约3000平方公里的意向勘探开发区块，总资源量5400亿立方米。其东南部约350平方公里范围内已经获得了经中国政府认证的约700亿立方米的煤层气探明地质储量，亚美计划直接投资并利用自身的勘探开发技术优势，与中方合作者一起将这里建设成为中国煤层气商业开发基地。

■ 项目开发

自1994年以来，亚美大陆煤炭有限公司对中国，特别是山西省的煤炭及煤层气资源进行了详细的考察，建立了详尽的煤炭及煤层气资源数据库。亚美大陆煤炭有限公司所有的项目开发均基于对资源的详细考察及项目的技术先进性、资源利用合理性和投资收益的综合分析。

亚美大陆煤炭公司理念和使命

公司理念：与中国煤炭工业携手合作，建立安全、高效、对环境负责的能源企业

公司使命：坚持诚信为本，求同存异，用户至尊的原则

致力于在中国建立和经营世界级安全、高效且对环境及社区负责的能源企业

为投资人创造最佳回报，并为中国煤炭工业的改革做出贡献。

四川航空股

为增强新乘务员的使命感和责任感，在培训结束后上岗前，都要举行隆重的新乘务员宣誓仪式

2004年，四川航空股份有限公司全面落实国务院和民航总局、四川省政府《关于进一步加强安全生产工作的决定》和一系列安全会议精神，按照总局的严在组织领导、严在规章标准、严在监督检查、严在教育培训、严在系统完善的“五严”要求和公司年初确定的“转变观念，狠抓管理，优化结构，强化培训，重反违章，夯实基础，上新台阶，连创安全年”的航空安全工作总体思路，全力以赴狠抓航空安全管理工作，全年共安全飞行53796小时，保持了连续16年飞行安全，首次获得民航总局航空安全最高荣誉“金雁杯”。全年完成运输总周转量4.91亿吨公里，运送旅客365.5万人次，货邮运输量7.54万吨，创川航历史最高水平。航班正常率在西南地区和全民航系统名列前茅。公司曾荣获全国“五·一”劳动奖状、全国“安康杯”优胜企业和全国企业文化优秀奖，被四川省评为“四川省交通旅游行业安全生产先进单位”，飞行部被授予全国民航“先进集体”。

“安全第一”是川航永恒的主题，也是川航的硬指标。2004年，川航人坚持创新手段、创新思维、创新管理，科学制定发展目标，在一年打基础的前提下，二年保稳定、三年求发展的思路把公司的航空安全工作提高到一个新的水平。同时强调各级领导围绕“四抓”和10项安全管理工作原则及12项安全管理工作制度，从严务实抓好安全管理工作。认真落实安全生产责任制，严格安全目标考核。公司与生产一线单位和机关职能部门的13个单位签定“航空安全管理责任书”，各所属部门又层层签定安全责任书。同时，把安全工作与经济利益挂钩，每月组织对签订安全生产责任书单位的安全工作进行考评。2004年，还推行了飞行人员安全“星级”考核方案和标准，每个飞行人员的安全业绩将直接与工资、薪酬挂钩。完善安全运行规章，推进安全规范化管理。编写、修订《航空安全管理手册》和《飞行运行手册》。针对干部发生问题的特点，专门制定了《干部飞行若干规定》。为确保航班运行安全、正点和优质服务，又专门制定了《四川航空股份有限公司航班正常保障方案》，并专门下发了“关于建立长效工作机制提高航班正常性措施”的通知，使航班的运行工作更加严密。坚持“以人为本”理念，狠抓安全教育培训。公司十分注重加大业务技术培训，包括新员工的岗前安全培训等工作，并加大投入力度；每年科学制定业务培训计划，拓宽培训渠道。公司始终坚持把抓好EMB145机队建设和飞行教员、机长队伍建设列为重点，针对发生人为差错问题和安全管理问题，专门组织处级以上干部进行了“发挥干部核心作用，加强安全管理工作”的专题会议。针对高原机场特点，创新思路、从严管理。公司自2003年9月28日九黄高原机场正式开航以来，以对国家和人民高度负责的态度，扎扎实实地工作，克服了公司、飞机、飞行人员首次营运和飞行九黄高原机场航班任务过程中的一个又一个困难，保证了航班运行安全，探索出一条安全运行管理的新路子。积极开展安全评估，提升安全管理水平。局方安全评估组对我公司的安全评估工作进行了全面的检查评估，并将安全评估系统规定的五种检查方式和500余条、项获得的近百万个数据信息全部录入系统，通过计算，得出我公司的总体安全状况和安全机队评估基本要素符合规定要求，获得局方“安全评估合格”的认证，使公司的安全管理水平迈上一个新台阶。加大安全监察力度，积极开展安全检查。围绕国务院《关于进一步加强安全生产工作的决定》及全国安全生产电视电话会议、民航总局紧急安

为深入做好安全工作，每年在召开工作总结大会时，公司领导都要分别与有关单位签署安全责任书。图为公司总经理蓝新国分别与飞行部、机务部等单位负责人签定《2005年航空安全责任书》

份有限公司

2004年10月22日，川航顺利通过民航西南管理局组织的安全评估，公司副总经理王刘章、杨建新从沈泽江副局长手中接过《安全评估合格》牌

每当节假日、春运和暑运等繁忙时节，公司领导都到要深入到生产一线，看望慰问广大员工，检查安全措施落实情况。图为公司总经理蓝新国冒着烈日与现场员工亲切交谈

在2005年1月10日召开的全国民航安全工作会议上，川航获我国民航系统安全工作的最高荣誉——“金雁杯”。10日下午，当载誉归来的公司副总经理杨建新手捧金灿灿的奖杯走下飞机时，受到公司总经理蓝新国等领导和各部门负责人的热烈欢迎

全工作会议精神，提出在公司范围内普遍开展揭短亮丑、全面整顿，提高工作质量，确保安全运行的安全大检查和整顿活动。尤其在兄弟单位发生“11 . 21”空难事故后，公司及时组织查隐患、找问题，提出改进办法，收到了效果。由于坚持了有效的自我监察、自我评估、自我完善机制，较好地掌握了安全管理工作的主动权。积极开展安全“活动”，大力营造安全氛围。公司积极主动参加全国“安康杯”、全国“安全生产月”活动，参加民航总局的“争创安全飞行500万小时，实现2004安全年”活动，认真组织公司“美丽川航，安全至上”演讲会等安全活动，大力营造浓厚的安全生产氛围。建立健全激励机制，严格做到赏罚分明。公司专门制定了《航空安全奖惩规定细则》，开展了“十佳机长”和“优秀副驾驶”评比活动。对安全飞行1万小时以上并获得中国民航总局安全飞行奖章的飞行人员给予奖励。全年拿出450万元来奖励在安全生产中作出贡献的先进机组、先进集体、先进中队和个人并兑现年度安全目标管理责任奖。对违规、违章操作导致严重差错以上安全问题的人员，严格按照“四不放过”原则给予通报批评和经济处罚，从而形成人人守纪、按章操作的浓厚氛围。

树立员工利益为上，调动全员积极因素。公司各级领导和部门转变观念，坚持“以人为本”，把员工利益放在第一位，围绕员工关心的热点、难点、焦点问题开展工作。今年来，着力解决员工的子女就业，实行工薪改革，推行工作午餐制和交通费补贴等举措，受到员工的欢迎和赞誉，从而激发了全体员工做好本职工作、确保飞行安全的责任感和使命感。

2004年国庆节，公司副总经理杨建新和工会主席、纪委书记施志新在九寨黄龙机场，与川航驻九黄机场员工冒雪迎送旅客

2004年9月28日，有关领导在川航总经理蓝新国的陪同下视察川航

蓝新国总经理个人简历

蓝新国，男，1949年11月出生，汉族，山东莱阳人，1967年9月入党，文化程度大专。1965年7月入伍，先后任飞行学员、飞行教员，飞行中队长、副大队长、大队长、副团长、团长，空军第二行校副校长、空军第二飞行学院副院长、成空政治部秘书处处长；1993年12月转业到川航，先后任工会主席、实业公司副总经理、总经理，1996年6月任四川航空公司总经理（2000年3月任党委书记至今）；2002年8月任四川航空集团公司党委书记、总裁，四川航空股份有限公司董事长、总经理。

蓝新国同志任四川航空公司总经理以来，创新经营模式，强化内部管理，使川航连年保持飞行安全，连续8年盈利，实现了持续快速健康稳定发展，先后获得“四川省先进单位”、全国民航“安全飞行先进单位”、“全国五一劳动奖状”、“全国企业文化优秀奖”、“全国安康杯”优胜企业和中国航空安全最高荣誉“金雁杯”等。1995年末至2004年底，公司总资产由9.56亿元增至51.21亿元，增长435.7％；净资产由2.74亿元增至5.47亿元，增长99.6％；年销售收入由5.34亿元增至26.9亿元，增长403.7%；利润由负4341.5万元增至1.32亿元，增长404%；上缴税金由6166.6万元增至13679.5万元，增长121.8%，成为四川省连续多年的“纳税大户”。他先后被评为“全国优秀工会积极分子”、“空军优秀复转退伍军人标兵”、“四川省依靠职工办企业好厂长（经理）”、“2002年四川十大财经风云人物”，2005年分别被评为全国和四川省劳动模范等，并被推选为第九、第十届全国人大代表。

拓滚滚"乌金"

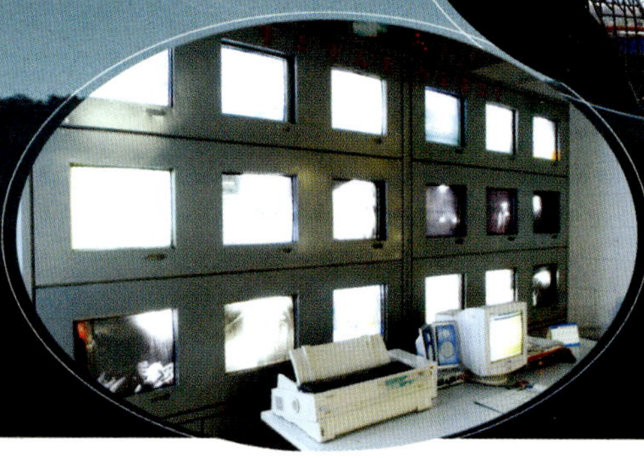

2003年，河南省新密市锦华煤矿生产原煤15万吨，实现销售年收入2500万元，实现利润1200万元，杜绝了重伤以上事故，百万吨死亡率为零。十五项工作创新密市煤炭新高。锦华煤矿先后获"部级质量标准化矿井"、"郑州市安全生产先进单位"、"中国优秀企业"等荣誉称号。锦华煤矿取得今天的成绩与锦华矿长司国臣的努力是分不开的。

1995年以来，司国臣历任厂长、矿长、新密市政协常委、郑州市人大代表，现任新密市锦华煤矿矿长。近十年来，司国臣同志从贫穷的乡镇企业起步，用辛勤的劳动和汗水，带领全矿干部职工举债起步，艰苦创业，使锦华煤矿迅速成为郑州市明星企业。

为把安全生产工作落到实处，司国臣矿长与矿领导班子成员一起精心制订了一套完整的安全生产责任制，对井上井下的五大系统设立了32个安全控制点，实行安全、生产、效益"三同步"，责、权、利"三挂钩"，对安全工作实行全方位、全过程的监控。司国臣提出："安全生产是煤炭企业铁的法规。"他要求领导班子成员"下井三班倒，班班有领导，下井啥都抓，升井再分家。"他严于律己，率先垂范，每月要求自己必须有三分之二的时间在矿上现场办公，每月下井10次以上，为煤矿安全管理掌握第一手资料。

在安全管理中，他推行"一个中心"、"三个不变"、"五个坚持"。"一个中心"：即以"一通三防"为中心；"三个不变"：即时间再紧，班前安全动员会不变，任务再和理，每日安全调度会不变，人员再少，参加安全培训的比例不变；"五个坚持"：即坚持重金投入安全制度，坚持五职矿长跟班制度、坚持事故隐患报告制度、坚持责任追究制度，坚持工人工资按时发放制度。2003年，乘借全国乡镇煤矿整顿的东风，在全矿迅速掀起了自查自纠的整改高潮。他亲自带领全矿干部职工兵分五路：从机电设备到安全设施，从职工整体素质到安全技术培训，从平地整修到矿区美化，按照标准，全面整改。在这次整改中，投入资金100多万元，增添10号主要通风机一台，风井建起了封闭式风塔，新增一趟2公里的备用高压输电线路及200KVA变压器一台，改造了主要通风机房，井下更新2架带式输送机和7架刮板运输机，更换阻燃电缆1500米，增加防爆开关10台，改造风门10道，新增降尘管道500米，建起了3个标准化测风站，井上下全部采用了电视

济一方黄土

——河南省新密市锦华煤矿

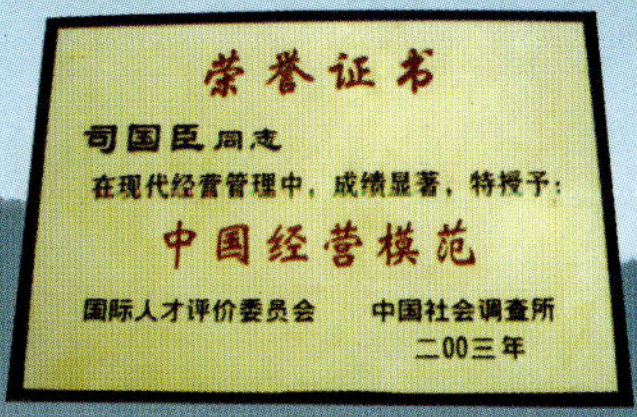

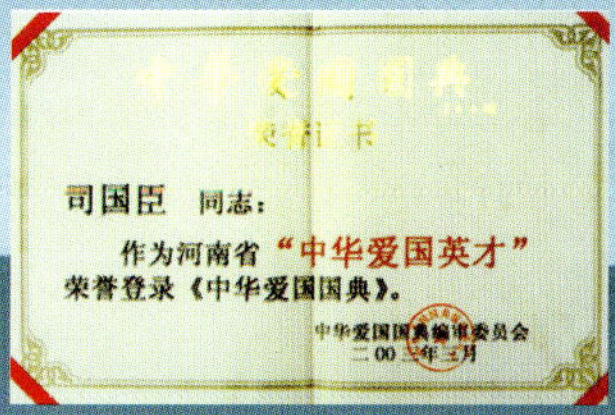

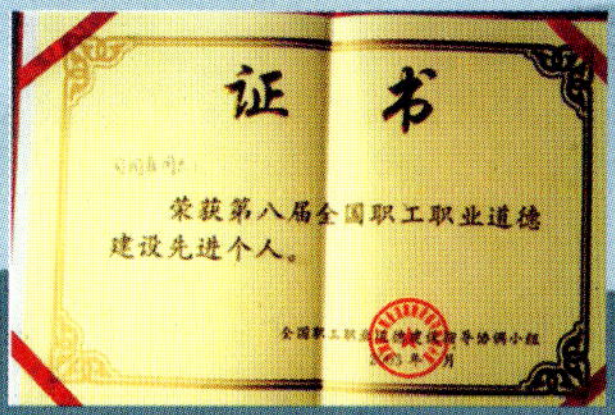

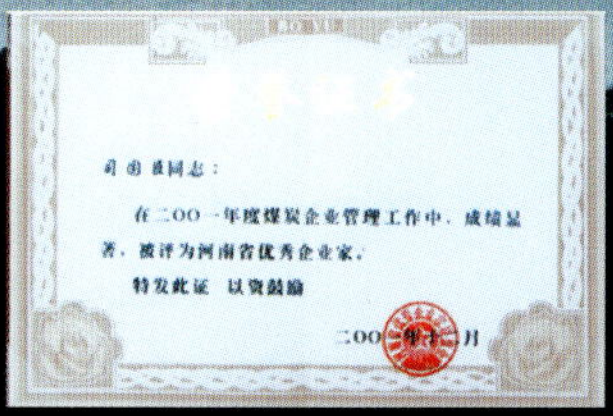

监控系统，在采掘工作面安装了3个瓦斯探头和6个了防爆录像探头，将瓦斯数据和井下安全情况24小时不间断向地面传递，为地面安全调度提供了可靠的决策依据。

艰辛的工作，高度的责任，使司国臣在企业界有了很高的声誉，得到了社会各界的好评。《中国煤炭企业管理》杂志以“全煤行业整改的典范”为题，全文介绍了锦华煤矿整顿工作的先进经验；《中国能源》以“全煤整改的排头兵”为题，专题报道了锦华煤矿的整改事迹；中国企业联合会授予锦华煤矿“中国优秀企业”称号。中国企业家协会授予司国臣同志“中国优秀企业家”称号；国家体制改革委员会授予司国臣同志“中国百名改革人物”称号；河南省煤炭协会授予司国臣“优秀矿长”的殊荣。2003年12月在第八届全国职工职业道德评奖会上，司国臣被评为“全国职工道德先进个人”、2004年2月被中国保护消费者基金会授予“保护消费者杯”的奖励。司国臣没有满足，没有裹足不前，而是以更加昂扬的斗志，更加饱满的热情，为全面建设小康社会，埋头苦干，再创佳绩！

2003年在新密煤炭行业实现五个突破、创造五个辉煌。

五个突破：

1.2003年生产原煤15万吨，突破本矿历史最好水平。

2.2003年职工培训共4期，合格率达100%，突破建矿以来的最好成绩。

3.2003年引进大中专煤炭专业技术人才5名，突破历史新记录。

4.2003年井下瓦斯测报数据未出现一次瓦斯超限，突破历史最好水平。

5.2003年实现工人住宿公寓化、澡堂淋浴化、食堂餐厅化、突破本矿有史以来最好条件。

五个辉煌：

1.井下设立32个安全防范控制点，防患未然，实现安全生产和安全防范的新辉煌。

2.井下实现瓦斯监测微机化，五大系统标准化，实现科技兴矿新辉煌。

3.增加工人福利设施2500平方米，实行住宿免费，劳保免费，外工探家免费，开创建矿以来新辉煌。

4.为全矿工人投人身意外伤害保险，设立了困难职工救助基金，创造了安全文明生产新辉煌。

5.为社会公益事业捐款156万元，捐助新密西北贫困山区和古角村困难户12家，再创本矿扶贫济困新辉煌。

南方航空股份公司

2004 年，南航始终坚持以邓小平理论和“三个代表”重要思想为指导，全面贯彻十六大精神，按照国务院、国资委、国家安全生产监督管理局、民航总局对南航安全生产工作的要求，认真贯彻“安全第一，预防为主”的工作方针，不断巩固安全生产基础，全面开始一体化运作，在册飞机 219 架，完成运输飞行 74.8 万小时，事故征候万时率为 0.13，杜绝了飞行等级事故，连续 127 个月保持了空防安全，实现了南航 2004 航空安全年。

2004 年 8 月 4 日，广州新白云国际机场正式转场，南航地面设备和 31 架飞机一夜间顺利搬迁至新机场。

2004 年 9 月 30 日，南航股份公司连续保持了 120 个月的空防安全记录，顺利实现了空防安全 10 周年。

2004 年 10 月 12 日，南航北方公司黑龙江分公司实现飞行安全 26 周年。

2004 年 12 月 31 日，南航全年共飞行 74.8 万小时，年承运旅客达 4000 万人次，进入世界年客运量十强航空公司之列，顺利实现 2004 年安全年，连续 2 次共第 4 次荣获中国民航航空安全最高荣誉“金鹏杯”。

2004 年 12 月 31 日，南航新疆公司实现运输飞行安全 50 周年，创造了国内民航安全飞行的最新纪录。

南航先后于1995年、2003年、2004年，3次荣获中国民航安全最高奖“金鹏杯”。

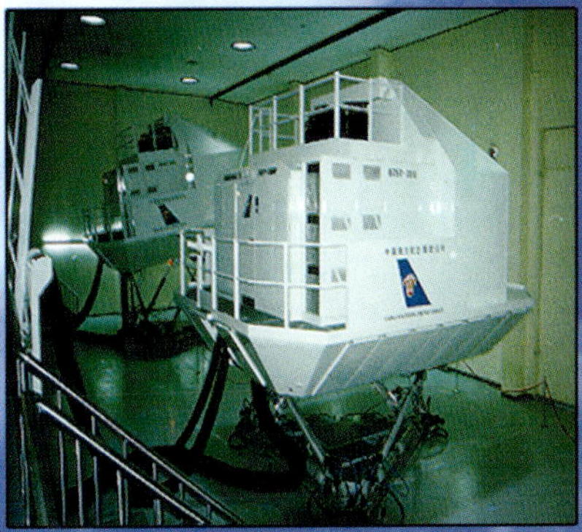

为了不断提高飞行机组技术水平，南航建立了具有世界先进水平的飞行员训练中心。该中心拥有：

全动模拟机(FFS)

- A320-200 FFS
- A320 #2 FFS
- B737-300 #1 FFS
- B737-300 #2 FFS
- B737NG FFS
- B757-200 FFS
- B777-200 FFS

新汶矿业集团

加大安全生产科研投入　提升安全保障科技能力

董事长、党委书记郎庆田

新办公楼正面

新汶矿业集团公司的前身为新汶矿务局，建企于1956年，1988年成为山东省第一家年产原煤过千万吨的煤炭企业，1998年3月改制为新汶矿业集团有限责任公司，现已发展成一个以煤为主、多种产业共同发展的特大型企业集团。

——经济实力雄厚。新矿集团公司现有煤炭生产矿井10个、在建矿井3个，生产矿井核定能力1135万吨/年，实际年产原煤1400万吨。年设计生产能力600万吨的井工矿井——巨野龙固煤矿正在开发建设中，预计2006年底建成投产。所辖煤田主要煤种有气煤、气肥煤、肥煤等，煤炭产品有冶炼精煤、动力精煤、洗混煤、块煤等；非煤产品和业务主要有水泥（400万吨/年）、电力（386MW）、石膏（45万吨/年）、铁矿（50万吨/年），另外还有化工、轻纺、建筑建材、机械制修、育林造纸等。企业员工总数8万人。集团公司现有资产总额192亿元，2004年企业销售总收入107亿元，2005年总收入突破150亿元。现位列中国煤炭企业100强第10位。企业信贷信誉AAA级。

——区位优势突出。集团公司总部位于山东泰安市，北依五岳独尊泰山，南临孔子故里曲阜，东接青岛、日照两大海港，京沪铁路、高速公路穿越矿区。新矿集团不仅处在山东半岛边沿和苏沪杭辐射带上，而且分布在京沪城市带上。总部所在的山东省泰安市，具有发展多元化可利用的各种优势条件和良好的合作伙伴。

2004年以来，新矿集团坚持党的安全生产方针，认真贯彻落实上级一系列安全工作会议和指示精神，注重依靠科技进步发展先进生产力，把实施“科技兴安”战略作为保证企业改革、发展、稳定的重要基础，作为维护和保障职工生存发展权利的根本措施来抓，加大科技投入，强化科研攻关，推进管理创新，深化“双基”建设，企业呈现出科技驱动势头强劲、安全生产持续稳定、产量不增效益递增的良好态势。2004年，共生产原煤1234万吨，发生死亡事故3起，死亡3人，百万吨死亡率为0.24，安全工作创出了建企以来历史最好水平，集团公司所属10个矿井有4个安全周期超过1000天。

山西三元煤业股份有限公司

不断追求新跨越的董事长　马健全

勇于创新的总经理　孔祥惠

现代化的综采低位放顶煤工作面

高耸入云的主、副井井架

花园式矿区鸟瞰

山西三元煤业股份有限公司主营原煤、洗精煤、块精煤和中煤，2001年1月被山西省煤运总公司控股兼并。公司设董事会、党委会、监事会、经理层，下设16个职能科室、4队、3厂、一个分公司。现有职工1077人，大中专毕业生296人，占职工总数的27%，高级职称7人，中级职称36人，初级职称94人。

公司矿井井田面积22.935平方公里，地质储量4.12亿吨，可采储量2.05亿吨。可采煤层分别有3号、9号、15号3层。现开采的3号煤层为优质瘦煤，具有低硫、低磷、高发热量等特点，低位发热量为6300大卡以上，是优质动力煤和配焦煤。现矿井综合生产能力150万吨/年，矿井采煤方法为综采低位放顶煤工艺，机械化程度达95%以上。精煤生产能力为80万吨/年，洗煤为跳汰浮选联合生产工艺。

2004年，山西三元煤业股份有限公司紧紧围绕"0120"安全控制目标，认真落实年初制定的"抓好三个环节、落实四个凡事、坚持六个不变"的工作总体思路，以贯彻《安全生产法》为主线，抓好基层打基础，转变作风抓一线，团结拼搏勇争先，积极主动创造性地开展工作，现场安全管理得到进一步加强，各项规章制度更加完善，职业健康安全管理体系运行良好，安全宣传教育和培训工作稳步提高，煤矿安全质量标准化工作取得成效，安全再创新水平，公司全年仅发生4起轻伤事故，较2003年下降了33%，且杜绝了重伤事故，安全工作呈现出稳定好转的局面，为公司进一步提升安全管理水平，实现更快更高的发展积聚了充足的能量，2004年全年共生产原煤150.13万吨，洗精煤79.98万吨。

厦門航空
XIAMEN AIRLINES

从严务实细化管理 规范运行确保安全

厦航吴荣南总经理和宋成仁副总经理捧着金灿灿的"金鹰杯"。

IATA北亚地区副总裁、驻中国首席代表张保健先生为厦航颁发"国际航协运行安全审计"证书。

2004年，厦门航空有限公司坚持"安全第一，预防为主"的安全生产指导方针，认真贯彻落实全国民航工作会议精神和《民航总局关于进一步加强航空安全工作的决定》，围绕"机长是保证安全的核心，飞机是保证安全的重要物质基础"，重点从组织领导、安全基础管理、系统完善、人员培训等多方面入手，从严务实细化安全管理，共同营造保证安全的良好环境，继续保持了较好的安全态势，全年安全飞行102,788小时、65117架次，运输总周转量7.15亿吨公里，旅客运输量623万人次，货邮运输量8.78万吨，杜绝了飞行事故、空防事故、重大航空地面事故和重大航空器维修事故，事故征候万时率为0，实现了公司与民航华东管理局和南航签订的安全责任目标，实现了2004安全年，实现了连续18年盈利，再次捧回民航总局授予的航空安全"金鹰杯"， 至此，厦航获得"金雁杯"三连冠和"金鹰杯"三次，成为获民航总局颁发的航空安全最高荣誉次数最多的航空公司。年内，公司依靠自己的技术力量顺利完成B757-200/ B-2819和B-2828飞机C8检和发动机吊架改装，标志着公司的机务维修水平迈上新的台阶；公司通过了国际航协运行安全审计（简称IOSA），获得了国际航空运输协会颁发的"IOSA运营人"注册证书，成为中国第二家、全球第十七家实施IOSA的航空公司，而且是全球首家审计后不需要等待整改即颁证的航空公司，为厦航创立20周年献上了一份厚礼。

安全是厦航生存、运行的基础，安全管理任重道远。面对新的机遇和挑战，厦航将继续从严务实细化管理，强化培训稳健发展，为创造更长、更好的安全周期而努力奋斗。

精心维护

严格按规范程序飞行

安全 优质 诚信

中国厦门市埭辽路22号 22 Dailiao Road,Xiamen,China 邮编(P.C.):361006
电话(Tel):86-592-5739888 传真(Fax):86-592-5739777 E-mail:info@xiamenair.com.cn http://www.xiamenair.com.cn

编辑说明

《中国安全生产年鉴》(2004 中文版) 是由国家安全生产监督管理总局组织各省、自治区、直辖市安全生产监管机构和国务院有关部门编写的。它全面反映了2004 年全国安全生产工作的情况，是一本资料性工具书。

本年鉴共分十二部分，即党和国家领导关于安全生产工作的讲话，国家安全生产监督管理局领导部分讲话，综述，有关领域的安全生产工作，行业安全生产工作，各省、自治区、直辖市安全生产工作，安全生产宣传教育与培训工作，安全科学技术研究与职业安全健康工作，重大事故案例选编，全国事故统计资料，安全生产法律、法规、规章及文件，安全生产大事记。

有关事故及职业病统计资料部分，以国家安全生产监督管理总局和有关部门发布的数据为准。

坚定安全生产工作的信心

（代序言）

全国人大常委会关于安全生产法执法检查的报告指出：目前我国的安全生产形势依然十分严峻，煤矿等行业和领域重特大事故多发。2004 年全国平均每天发生 7 起一次死亡 3 人以上的重大事故，每 3 天发生一起一次死亡 10 人以上的特大事故，每个月发生一起一次死亡 30 人以上的特别重大事故。2004 年四季度以来，先后发生了 4 起一次死亡百人以上的矿难，给人民生命财产造成巨大损失。

导致安全生产形势严峻、重特大事故多发的原因是多方面的。既有历史的积淀，也有新形势下出现的新问题；既有一些地方和单位认识不足、重视不够，监管不扎实、执法不严格、责任不落实、措施不到位等主观因素，也与经济社会发展阶段和生产力发展水平有着密切关联，有经济增长方式粗放、能源消费和产业结构不合理、行业管理弱化、企业安全生产基础薄弱、农村劳动力大量转移，以及事故背后的腐败问题等深层次原因。

最近，有关研究机构依据世界银行关于经济发展的划分标准，选择四类、27 个国家为样本，进行了较为系统的研究。总结他国的发展历程，国内生产总值人均 1000～3000 美元这个区间，是生产安全事故的“易发期”。一方面，经济持续快速发展，工业产品的产量和交通运输的规模等急剧扩大，以高投入、高耗能、低产出、低效率为特征的传统的粗放型经济增长方式尚未根本转变，能源、原材料等需求大幅度上升，企业扩大生产甚至不顾安全条件盲目增产超产的冲动很强烈。另一方面，生产力发展水平仍然较低，不少企业技术装备落后，安全保障能力低下，2004 年底仅国有重点煤矿的安全欠账就高达 505 亿元，大量小煤矿不具备安全生产条件，属于停产整顿和关闭取缔对象；农村、农业人口向城市和工业大量转移，而企业和政府的培训教育相对滞后。加之安全生产法制尚不够健全，企业安全生产责任主体不到位，政府安全监管机制不尽完善等多方面原因，特别是一些政府机关工作人员在矿权配置转让、行政审批、事故查处和责任追究等环节存在的腐败现象，以及官商不分、“官煤勾结”等，给安全生产带来了严重挑战。

对安全生产领域的各种深层次矛盾和问题进行分析，有助于我们认清安全生产的长期性、艰巨性和复杂性。同时更要看到，工业化进程中影响安全生产的因素固然较多，但所有这些因素通过努力都是可以控制和解决的，“易发”

并不必然等于高发、多发和频发。现阶段安全领域出现的一些问题，也都是安全生产工作事业前进中、发展中的问题，随着安全整治的深化和安全工作的不断加强，必定得到解决。与西方国家相比，我们不仅有明显的后发优势，可以学习借鉴国外先进技术和成熟经验；同时还具有特殊的制度优势、政治优势。只要我们坚持和依靠党的领导，充分调动广大人民群众的积极性，思路对头，真抓实干，就能够遏制重特大事故多发势头，缩短西方国家所普遍经历过的安全周期，用几年、十几年时间走过西方国家几十年走过的路，尽快实现我国安全生产状况的好转。

党十六大以来，党和政府从法制、体制、机制和投入等方面相继采取一系列措施，使安全生产工作不断得到加强。从2003年起事故总量开始下降。2005年上半年，在国民经济快速发展、“煤电油运”持续紧张的情况下，全国事故起数和事故死亡人数同比分别下降16.2%和7.7%，煤炭生产百万吨死亡率同比也有所下降。因此，任何悲观失望情绪和无所作为的思想，都是不应该的，也是没有根据的。“以人为本”的科学发展观的确立和构建社会主义和谐社会重大任务的提出，为进一步加强安全生产工作提供了明确的指导方针、强大的精神动力和有利的舆论环境。“以人为本”首先要以人的生命为本，科学发展首先要安全发展，和谐社会首先要关爱生命。只有加强安全生产工作，才能实现节约发展、清洁发展、安全发展和可持续发展。我们要认清肩负的历史使命，强化紧迫感、危机感和责任感，面对现实，迎接挑战，着眼长远，立足当前，扎扎实实抓好工作，推动安全生产与经济社会的同步协调发展。

我国是一个大国，安全生产摊子大、任务重；同时又是一个正在工业化的国家，安全生产科学技术水平较低，安全投入不足、基础薄弱。要从国情和安全生产领域的实际出发，审视全国安全生产工作的大格局，谋划安全生产工作的思路方略，完善安全生产工作的对策举措。要坚持以科学发展观统领安全工作的全局，加快安全监管监察职能、工作方式和工作作风“三个转变”，努力推动安全文化、安全法制、安全责任、安全科技和安全投入“五要素”落实到位。要着力解决好影响安全生产的突出矛盾和主要问题，紧紧抓住煤矿安全这个重点，集中精力打好瓦斯治理、整顿关闭不具备安全生产条件和非法煤矿两个攻坚战，坚决遏制重特大事故，带动各个行业和领域安全状况的稳定好转，为构建社会主义和谐社会和全面建设小康社会，创造一个基本稳定的安全生产环境。

我坚信，在党中央、国务院的正确领导下，依靠各地政府、各部门、各类企业以及广大职工群众和全社会的共同努力，按照目前已经明确的路子，坚定不移地走下去，我国煤矿和全国安全生产状况势必逐年改善，全国人大常委会提出的煤矿安全两个阶段性目标（力争用两年左右的时间，使煤矿重特大瓦斯爆炸事故有较大幅度的下降；争取用3年左右的时间，解决小煤矿问题），以及《国务院关于进一步加强安全生产工作的决定》提出的安全生产中长期发展目标，一定能够实现。

是为《中国安全生产年鉴》2004年卷序言。

李毅中

2005年9月10日

目　录

第六部分　各省、自治区、直辖市安全生产工作

第十部分　全国事故统计资料

第十一部分　安全生产法律、法规、规章及文件

第十二部分　安全生产大事记

第一部分

党和国家领导关于安全生产工作的讲话

黄菊副总理在全国安全生产工作会议上的讲话（摘要）

（2004年1月17日）

这次全国安全生产工作会议，十分重要。会议的主要任务是，认真学习贯彻党的十六大、十六届三中全会和中央经济工作会议精神，贯彻落实《国务院关于进一步加强安全生产工作的决定》，分析当前安全生产形势，总结经验，明确任务，部署工作，努力推动全国安全生产状况的进一步好转。

刚才，尤权同志就《国务院关于进一步加强安全生产工作的决定》作了说明。下面，我讲几点意见。

一、以求真务实的精神认真总结安全生产工作的经验

安全生产关系人民群众生命和财产安全，关系改革发展稳定大局。党中央、国务院一贯高度重视安全生产问题，近年来采取一系列重大措施，不断加强安全生产工作。新的中央领导集体和新一届政府把安全生产工作摆在十分重要的位置。党的十六大、十六届三中全会和中央经济工作会议，对安全生产工作提出了新的要求。胡锦涛总书记强调：各级党委和政府要牢牢树立"责任重于泰山"的观点，坚持把人民群众的生命安全放在第一位，进一步完善和落实安全生产的各项政策措施，努力提高安全生产水平。温家宝总理多次做出重要指示，要求进一步做好安全生产工作。新一届国务院组成后，在不到一年的时间里，先后在5次常务会议上研究安全生产问题；去年4月8日和12月15日，两次召开全国安全生产电视电话会议，部署安全生产工作；国务院办公厅发出了4个关于加强安全生产工作的通知和7个关于研究安全生产工作的会议纪要，相继采取了一系列重要措施。最近，国务院又作出了《关于进一步加强安全生产工作的决定》，进一步明确了安全生产工作的指导思想、目标任务、工作重点和政策措施，对做好新时期的安全生产工作具有十分重要的指导意义。

去年以来，安全生产工作得到进一步加强，各方面做了大量工作。一是加强了对安全生产工作的组织领导。改革和完善国家安全生产监管体制，将国家安全生产监管局调整为国务院直属机构强化了国家安全生产综合监管机构的职责。国务院成立了安全生产委员会，加大了统筹协调力度。各地区、各有关部门也建立相应的机构，普遍加强了对这项工作的领导。二是加快了安全生产法制建设步伐。认真贯彻实施《安全生产法》，加快配套法规规章的制定，有关部门先后出台了16个部门规章，各地也制定出台了一些地方性法规规章。《道路交通安全法》已经全国人大颁布，将于今年5月1日起施行。这些法规的颁布实施，将安全生产工作逐步纳入法制化和规范化的轨道。三是继续开展了安全生产专项整治。紧紧抓住关系人民群众生命财产安全的重点行业和领域，如事故多发的矿山、道路和水上交通、危险化学品、民用爆破器材和烟花爆竹、人员密集场所消防安全等，进行了专项整治。四是强化了安全生产检查和专项督察。在全国先后组织开展了安全生产大检查和煤矿安全、危险化学品安全等专项督察，及时发现和消除了一些安全隐患，促进了各级安全生产责任制的落实。五是增加了安全投入。国家近两年安排40亿元国债资金，支持国有重点煤矿用于瓦斯治理和监控等安全技术改造，安全生产条件得到明显改善。建设了一批安全生产基地、安全培训基地，积极筹建一批矿山应急救援基地，安全生产支撑体系正在逐步形成。六是加强了安全生产宣传教育和培训。组织开展了第二个全国“安全生产月”和“安全生产万里行”活动。采取多种形式开展安全生产教育培训。并通过国际交流与合作，学习先进管理经验。七是加大了安全监管、监察行政执法力度。认真查处重特大事故，依法追究事故责任，严肃处理事故责任人，起到了警示作用。

由于各地区、各部门认真贯彻党中央、国务院的部署，2003年生产经营秩序和安全生产条件有所改善，全国安全生产状况总体上趋于稳定好转。2003年全年事故总起数比上年减少11万多起，下降10.4%；死亡人数减少3291人，下降2.4%。特别是煤矿、道路交通、火灾等几个过去事故多发的领域，事故起数和死亡人数都有明显下降。其中，煤炭行业在增产较多的情况下，死亡人数减少293人，下降4.2%；道路交通在车辆大量增加的情况下，死亡人数减少4853人，下降4.4%；火灾死亡人数减少112人，下降4.7%。铁路、民航、电力、电信、军工运行平稳，没有发生重特大事故。在抗击非典时期，以及元旦、春节、“两会”和“五一”、国庆节黄金周期间，全国安全生产形势基本稳定。这些成绩是在党中央、国务院正确领导下，在各地区、各部门以及广大干部职工的共同努力下取得的，确实来之不易。在安全生产工作中，各地也创造了一些新鲜经验。这次会上，黑龙江、山东、河南、广东4省将作大会发言，还印发了9个单位的书面材料，交流了他们的经验和做法。如厦门市重视政策导向，促进安全生产；深圳市大力加强安全文化建设，强化全社会安全意识；南阳市和张家港市注重加强安全监管机构和队伍建设等。这些单位的经验和做法各有特点，值得学习借鉴，要认真总结推广。

经过一个时期以来的安全生产工作实践，我们对社会主义市场经济条件下安全生产规律和特点，有了比较深刻的认识，社会各方面对安全生产工作的地位、意义、目标和任务等逐步取得了共识。集中表现在：

第一，必须自觉以“三个代表”重要思想为指导，坚持以人为本，树立安全生产“责任重于泰山”的思想观念。

第二，必须树立科学的发展观，坚持统筹兼顾、协调发展，把安全生产纳入经济、社会发展的总体布局，做到同步规划、同步实施、同步发展。

第三，必须强化法制观念，坚持依法规范、依法监管，把安全生产和监管工作纳入法制化轨道。

第四，必须充分发挥各方面的积极性，坚持齐抓共管，努力构建“政府统一领导、部门依法监管、企业全面负责、群众参与监督、全社会广泛支持”的安全生产工作格局。

第五，必须重视做好基层和基础工作，坚持标本兼治，促使各类企业建立自我约束、不断完善的安全生产长效机制。

第六，必须实施“科技兴安”战略，坚持技术、装备和培训并重，把安全生产状况的根本好转，建立在依靠科技进步、加强科学管理、提高劳动者素质的基础之上。

安全生产工作取得的成绩应倍加珍惜，存在的问题绝不能忽视，我们在实践中获得的经验和认识更是弥足珍贵。在今后的安全生产工作中，以上这些重要指导思想和原则应该长期坚持下去，并不断加以完善。

二、进一步提高对安全生产工作重要意义的认识

在认真总结经验，肯定取得成绩的同时，我们也要清醒地看到存在的问题，正确认识当前我国安全生产面临的形势，进一步提高对安全生产极端重要性的认识，把思想统一到中央的决策和部署上来。

（一）充分认识目前我国安全生产问题的严重性，增强做好这项工作的紧迫感和责任感

目前，全国安全生产形势依然严峻，不容乐观。安全生产事故数量仍然很大，全国每年因安全事故死亡13万多人，伤残70多万人，造成的直接经济损失超过2500亿元，相当于国内生产总值的

2.5%左右；煤矿、道路交通、建筑等领域伤亡事故多发状况尚未根本扭转，非煤矿山、非矿山企业等生产安全事故呈上升势头；重特大事故时有发生，特别是去年12月23日中石油四川管理局重庆钻探公司西北气矿发生特大井喷事故，12月30日辽宁铁岭市昌图县发生烟花爆竹爆炸事件，伤亡惨重，损失巨大；事故隐患在一些地方和企业还大量存在，如果监控、整改不力，随时可能发生事故甚至重特大事故；职业危害严重，全国每年约70多万人患职业病，严重影响职工身心健康。与一些国家相比，我国安全生产状况还存在着较大差距。如煤矿安全，据国际劳工组织公布的数据，美国煤矿百万吨死亡率为0.039人，南非为0.13人，波兰为0.26人，印度为0.42人，而我国高达4.17人。这种状况应当尽快改变。我们必须认识到，搞好安全生产，保障人民群众的生命和财产安全，是“三个代表”重要思想的具体体现，是坚持以人为本，全面建设小康社会的内在要求，是维护改革发展稳定大局的重要保证。我们一定要以对党和人民高度负责的精神，充分认识做好安全生产工作的重要性和紧迫性，认真实践“三个代表”重要思想，努力改善安全生产状况，切实维护好人民群众的根本利益。

（二）充分认识新形势下安全生产工作的长期性、艰巨性和复杂性，牢固树立常抓不懈的思想

应当看到，我国尚处于社会主义初级阶段，生产力水平还比较低，发展很不平衡，安全生产基础薄弱，劳动保护能力低下，做好安全生产工作，是一项长期而艰巨的任务。许多行业、企业从业人员素质较低，安全生产意识淡薄，自我保护能力差，是直接影响安全生产的重要因素，目前进城务工农民已成为事故高发的主要群体。改革开放以来，个体、私营等非公有制经济迅速发展，中小企业大量增加，在给我国经济发展带来活力的同时，也给安全生产提出了新的课题，增加了安全生产监管工作的难度。

在体制转轨和经济快速增长时期，安全生产监管体系还不够适应，法律法规也有待进一步完善。在这种情况下，安全生产事故容易频发高发，加大了安全生产工作的压力。全面建设小康社会，坚持以人为本、树立全面、协调、可持续的科学发展观，以及加入世界贸易组织，不断扩大对外开放，都对安全生产工作提出了新的更高的要求。所有这一切，都决定了新形势下安全生产工作的长期性、艰巨性和复杂性，要求我们必须牢固树立安全生产常抓不懈的思想，任何时候、任何情况下都要绷紧安全生产这根弦，绝不能有一丝一毫的放松。

（三）充分认识安全生产的特点和规律，增强做好这项工作的决心和信心

科学认识和正确把握安全生产的特点和规律，是做好安全生产工作的重要前提。从世界工业化进程看，发达国家一般经历了事故多发、趋于稳定、根本好转这样一个发展过程。安全生产事故的大幅度下降，取决于多种因素。总体上看，我国现在尚处于工业化中期阶段，处在安全事故多发期，做好安全生产工作面临着很大的困难。同时也要看到，做好安全生产工作，我们具有许多有利条件。我们可以借鉴发达国家的成功经验和做法，吸取他们的教训，采取先进的安全生产技术和有针对性的政策措施，充分发挥后发优势，尽可能缩短这个周期。我国是社会主义国家，这是做好安全生产工作的制度保证；党中央、国务院和各级领导高度重视，是做好这项工作的政治保证；科技进步，经济发展，综合国力不断增强，是做好这项工作的物质技术保证；全社会安全意识不断提高，各地区、各部门和企业安全生产工作逐步加强，是搞好安全生产的思想和工作保证。我们要坚定信心，坚持按客观规律办事，充分发挥社会主义制度的优越性，扎实做好各项工作，努力减少安全生产事故的发生，加快实现安全生产形势的根本好转。

适应新形势的要求，做好新时期的安全生产工作，尽快实现我国安全生产状况的稳定好转，必须加快推进“五个转变”：一要推进安全生产工作从人治向法治转变，依法规范，依法监管，建立和完善安全生产法制秩序。二要推进安全生产工作从被动防范向源头管理转变，建立安全生产行政许可制度，严格市场准入，管住源头，防止不具备安全生产条件的单位进入生产领域。三要推进安全生产工作从集中开展安全生产专项整治向规范化、经常化、制度化管理转变，建立安全生产长效管理机制。四要推进安全生产工作从事后查处向强化基础转变，在各类企业普遍开展安全质量标准化活动，夯实安全生产工作基础。五要推进安全生产工作从以控制伤亡事故为主向全面做好职业安全健康工作

转变，把职工安全健康放在第一位。通过政府、企业和广大从业人员等各个方面的共同努力，把安全生产工作推向一个新的发展阶段。

三、扎扎实实做好2004年的安全生产工作

根据党中央、国务院的部署，今年全国安全生产工作的总体要求是：认真贯彻“三个代表”重要思想，全面落实《国务院关于进一步加强安全生产工作的决定》，适应全面建设小康社会的要求和完善社会主义市场经济体制的新形势，坚持“安全第一，预防为主”的基本方针，进一步强化政府对安全工作的领导，大力推进安全生产各项工作，落实安全生产主体责任，加强安全生产监督管理，大力推进安全生产监管体制、安全生产法制和执法队伍“三项建设”，建立安全生产长效机制，实施“科技兴安”战略，积极采用先进的安全生产管理方法和安全生产技术，努力实现全国安全生产状况的进一步好转。全国安全生产的目标是，各类事故死亡人数比去年降低2.5%；重点行业和领域安全状况继续好转，煤炭百万吨死亡率、道路交通万车死亡率等指标有较大幅度下降；重特大事故有所减少。

做好2004年的安全生产工作，实现预定目标，重点要抓好以下几个方面：

（一）加快建立健全安全生产控制指标体系，进一步强化地方政府责任

《国务院关于进一步加强安全生产工作的决定》中明确，要建立健全安全生产控制指标体系，对安全生产工作进度进行量化评价。这样做有助于强化地方政府的责任，调动各级干部抓好安全生产工作的积极性。这也是先进工业化国家比较成熟的做法。美国、澳大利亚、英国等都在职业安全5年计划或10年计划中规定了具体的控制指标，对本国的安全生产起到了促进作用。这次会议之后，将把2004年的安全生产控制指标分解落实到各省区市政府，对安全生产情况实行定量控制和考核。地方各级政府要将安全生产纳入经济发展和社会进步总体规划，纳入干部政绩考核内容，统一部署，同步推进，同时考核。要建立严格的安全生产责任制，一级抓一级，逐级抓落实；加强监督检查，及时发现和解决工作中出现的问题；建立安全生产奖惩制度，形成强有力的激励约束机制。

（二）继续深化安全生产专项整治，着力解决事故多发行业和领域的突出问题

坚持把矿山、道路和水上交通、危险化学品、民用爆破器材和烟花爆竹、人员密集场所消防安全等专项整治，持续不懈地抓下去。要努力做到“三个结合”：一是把专项整治与落实安全生产保障制度结合起来，督促企业建立预防为主、持续改进的安全生产自我约束机制。二是把专项整治与日常监督管理结合起来，不断完善安全生产监管机制。三是把专项整治与全面做好安全生产工作结合起来，致力于建立安全生产的长效机制。煤矿要切实加强“一通三防”工作，提高整体素质和综合防范能力；继续关闭、取缔非法和不具备安全生产条件的小矿小厂与经营网点，遏制低水平重复建设。非煤矿山的安全生产整治要突出油气田这个重点，认真吸取“12·23”特大井喷事故的教训，加强对硫化氢等有害气体的监测监控，制定完善油气生产事故抢险救灾预案。认真宣传贯彻《道路交通安全法》，增强全社会道路交通安全意识。加大道路交通违章查纠力度，依法取缔非法运输。开展公路货车超限超载治理，做好对危险路段、事故多发点段交通安全隐患的排查整治。以渤海湾、舟山水域、琼州海峡、西南山区和长江干线航运安全为重点，做好水上交通安全工作。认真执行《危险化学品安全管理条例》，严格市场准入，规范生产经营和运输秩序，强化从业单位、从业人员的安全防范意识，落实安全管理责任制，严防发生危险化学品泄漏、污染和伤害事故。建筑施工、民航、铁路、旅游、军工、冶金、机械、森工、纺织、农机、渔业、教育等行业和领域，也要从各自实际出发，针对前一阶段整治工作中存在的薄弱环节和危及安全的突出问题，采取切实有效措施，继续深入开展安全生产整治。

（三）全面开展安全质量标准化活动，强化企业安全生产基础工作

企业是安全生产的主体，必须落实和强化企业在安全生产工作中的责任。在企业整个生产流程中，每个环节、每个岗位都要高度重视做好安全生产工作。要从生产环节和岗位的标准化抓起，在做好企业安全状况评估工作的基础上，在全国各类企业普遍开展安全质量标准化活动。推广煤矿开展安全质量标准化建设的经验，制定颁布各行业的安全质量标准规定，引导各类企业建立健全各环节、各岗位的安全质量工作标准，规范安全生产行为，推动企业安全质量管理上等级、创水平。小企业是安

全生产管理的薄弱环节。在鼓励、支持和引导非公有制经济发展的同时，必须切实加强对个体、私营企业安全生产的监督管理，逐步探索出一套行之有效的监管办法。

（四）大力实施“科技兴安”战略，依靠科技进步提升安全生产水平

做好安全生产工作，必须充分发挥科学技术的重要作用。要全面启动“科技兴安”战略。针对重点行业和领域亟待解决的共性、关键性技术难题，组织开展安全科研攻关。及时淘汰危及安全的落后技术、工艺和产品，引导企业采用新技术、新设备、新工艺和新材料，提高安全装备水平。在全国煤矿普遍推广瓦斯监控网络系统。加强安全技术培训，提高企业主要负责人、管理人员和从业人员的安全科技素质。加强安全生产领域的国际交流与合作。

（五）加强安全生产法制建设，加大监管监察行政执法力度

依法加强对安全生产的监督管理，是做好安全生产工作的根本保障。一要继续加大对《安全生产法》等法律法规的学习、宣传和贯彻力度，普及安全生产法律知识，提高全民安全生产的法律素质。二要加快规范伤亡事故的应急救援和调查处理、加强小企业安全生产监管等方面的配套法规建设，继续推动地方加快立法步伐，尽快形成完善的安全生产法规体系。《安全生产许可证条例》已经国务院常务会议原则通过，即将颁布实施，要认真贯彻落实。三要依法加强安全生产的行政执法工作。严格依照法律法规的各项规定，指导督促各类生产经营单位建立健全责任制，保障安全投入，落实各项安全措施。按照“四不放过”的原则，认真查处各类事故。

（六）加快全国生产安全应急救援体系建设，建立预警救援机制

应急救援是提高政府应对重特大事故能力，减少事故损失的有效手段。要尽快建立国家生产安全应急救援指挥中心，充分利用现有的应急救援资源，建设具有快速反应能力的专业化救援队伍，提高救援装备水平，增强特大生产安全事故的抢险救援能力，把事故损失控制在最低程度。加强区域性生产安全应急救援基地建设。切实加强对重大危险源的监控，进行普查登记，制定应急救援预案，提高政府对重大危险源的管理效率和应急反应能力。

四、切实加强安全生产工作的组织领导

安全生产，事关全局，意义重大。各地区、各部门一定要高度重视，认真履行职责，加大工作力度，真正把中央关于安全生产的部署和要求落到实处。

（一）加强领导，落实责任

各地区、各有关部门要把安全生产工作真正摆上重要议事日程。政府一把手作为本地区安全生产工作的第一责任人，要亲自抓这项工作。分管领导要集中精力抓，切实负起责任。要认真落实各级领导干部特别是县乡两级领导干部安全生产责任制。要认真查处安全生产事故，对存在失职、渎职行为，或对事故发生负有领导责任的地方政府、有关部门和企业领导人，要依照有关法律法规严格追究责任。

（二）密切配合，齐抓共管

安全生产涉及面广，工作复杂，需要各方面通力合作，形成齐抓共管的工作格局。各级安全生产委员会及其办公室要积极发挥综合协调作用。安全生产综合监管及其他负有安全生产监督管理职责的部门，要各负其责，密切配合，切实履行安全监管职能。各级工会、共青团组织要围绕安全生产，发挥各自优势，开展群众性安全生产活动。有关协会、学会、中心等、中介机构和社团组织，也要在做好安全生产工作中积极发挥作用。

（三）求真务实，转变作风

各级领导要弘扬求真务实精神，大兴求真务实之风，深入基层，深入实际，加强调查研究，切实转变作风，查实情，讲真话，办实事，求实效。要狠抓安全生产各项措施的落实，加强检查督促，从严管理，严格要求，切实做到安全生产工作层层落实，责任到人。要注意发现安全生产工作中出现的新情况、新问题，及时采取有针对性的政策措施。

（四）搞好宣传，加强引导

继续深入开展“安全生产月”、“安全生产万里行”以及城市安全社区建设等活动，进一步完善形式，丰富内容，增强实效。充分发挥电视、网络、报刊等大众媒介的作用，坚持正确的舆论导向，大力宣传党和国家安全生产的方针、政策、法律法规和加强安全生产的重大举措，宣传推广先进典型和经验，对严重忽视安全生产、导致重特大事故发生的典型案例，要予以曝光。加强安全文化建设，强化全民安全意识。认真总结群众性安全文化建设和

发展经验，引导和启发全社会重视人的生命价值，营造“关爱生命、关注安全”的舆论氛围。

（五）强化培训，提高素质

要努力建设一支适应市场经济发展要求，政治坚定、业务精通、作风过硬的安全监察和监管队伍。要加强对各级领导干部的安全知识培训和安全生产监管人员的执法业务培训，全面提高行政能力和执法水平，做到依法行政、严格执法、秉公执法。坚持与时俱进，不断推进安全生产理论、监管体制和机制、监管方式和手段、安全科技、安全文化等方面的创新。

中华民族的传统节日春节即将来临。各地区、各部门、各单位要按照国务院安全生产委员会关于做好“两节”期间安全工作的通知要求，切实做好春节期间的安全生产工作。要进一步精心组织安排好春运工作，确保公路、铁路、水路、航空运输的安全畅通，确保广大人民群众的出行安全。要加强旅游场所、娱乐场所、大型商场、机场、车站、码头、油库等公共场所和要害部门的安全防范工作，落实各项防范措施，制定应急预案，加强安全保卫和节日值班工作，保证广大人民群众过一个安全、祥和、欢乐的新春佳节。

同志们，做好今年的安全生产工作，任务艰巨，责任重大。我们要在以胡锦涛同志为总书记的党中央领导下，以更大的决心，更有力的措施，更扎实的工作，努力实现安全生产形势的进一步好转，为改革发展稳定创造良好环境，为国民经济和社会发展做出积极贡献!

华建敏国务委员在全国安全生产电视电话会议上的讲话（摘要）

（2004年9月23日）

这次全国安全生产电视电话会议的主要任务是，贯彻党的十六届四中全会精神，认真落实以人为本、全面协调可持续的科学发展观，分析安全生产形势，部署“十一”黄金周和第四季度安全生产工作，动员各部门及地方各级人民政府进一步加强对安全生产工作的领导，落实责任，加强监管，确保今年各项安全生产控制指标的实现，促进全国安全生产形势稳定好转。

一、安全生产工作取得较好成绩，但任务仍很艰巨

党中央、国务院历来十分重视安全生产，采取了一系列重要举措，加强安全生产工作。今年以来，胡锦涛总书记、温家宝总理等中央领导同志对安全生产工作多次作出重要指示和批示。在刚刚闭幕的党的十六届四中全会上，胡锦涛总书记对安全生产工作再次提出明确要求：“切实抓好安全生产工作，坚决遏制重特大事故的发生，确保人民群众生命财产安全。”黄菊副总理等国务院领导同志多次召开会议，研究部署安全生产工作。国务院下发了一系列加强安全生产的决定、条例和通知。各地区、各部门、各单位加强领导，采取有力措施，进一步抓好安全生产各项工作，在全国煤、电、油、运供求关系紧张、安全生产难度加大的情况下，取得了较好成绩。主要体现在：一是全国安全生产形势出现了总体稳定、趋于好转的态势，初步遏制了事故上升的势头。二是特别重大事故明显减少。三是工矿商贸企业特别是煤矿安全生产状况持续好转。四是安全生产控制指标完成得较好。

这些成绩的取得，是党中央、国务院高度重视的结果，也是各地区、各部门和各生产经营单位认真贯彻落实中央关于安全生产的各项部署、扎实工作的结果。第一，各地区、各有关部门逐级分解落实安全生产控制指标，层层签订责任状，并严格考核，进一步强化了各级安全生产责任制。第二，认真落实《安全生产许可证条例》，对矿山企业、建筑施工企业和危险化学品、烟花爆竹、民用爆破器材生产企业实行了安全生产许可证制度，强化了安全生产的源头管理。第三，各地区、各有关部门全面落实国务院对安全专项整治的要求，加强对整治工作的领导，加大整治力度，消除了一批重大安全隐患，并组织力量对重大危险源进行监控。第四，各地区、各部门、各单位克服资金紧张等困难，普遍加大了对安全生产的投入，改造安全设施，整改事故隐患，提高防灾抗灾和事故防范能力。第五，加大责任追究力度，按照“四不放过”的原则严肃查处各类事故，强化了各级领导和从业人员的责任意识和安全意识。

在看到成绩的同时，我们也要清醒地认识到目前安全生产的形势依然严峻。一是我国安全生产的基础还比较薄弱，一些工作刚刚起步，面临的任务还相当繁重，特别是在宏观调控取得明显成效，经济平稳较快增长，煤、电、油、运仍然紧张的情况下，安全生产压力很大。二是事故总量和死亡人数仍居高位。前 8 个月，全国共发生各类伤亡事故 548490 起，死亡 86674 人；重特大事故仍然时有发生，一次死亡 3 人以上的重大事故起数和死亡人数同比分别增长 4% 和 1.1%。三是各地区安全生产状况发展不平衡，特别是二季度，重庆、北京、广东、江苏、浙江、江西等地相继发生危险化学品泄漏、消防火灾、爆炸等事故；一些特别重大事故，造成了非常严重的后果和影响，损失巨大。四是一些企业和单位由于投入不足，欠账较多，安全隐患仍然大量存在。

各地区、各部门、各单位要认真贯彻落实胡锦涛总书记、温家宝总理、黄菊副总理等中央领导同志关于加强安全生产工作的一系列重要指示，全面贯彻“三个代表”重要思想，牢固树立“以人为本”、“安全第一、预防为主”的理念，充分认识安全生产工作的长期性、复杂性和艰巨性，进一步增强紧迫感、责任感和使命感，做到警钟长鸣，常抓不懈，采取更加有力的措施，坚决遏制重特大事故的发生，促进安全生产形势的进一步稳定好转。

二、以对党、对人民高度负责的精神，把各项安全措施落到实处

今年初召开的全国安全生产工作会议，按照国务院关于加强安全生产工作的决定，对全年的安全生产工作进行了部署，特别对健全责任制、强化基础工作、深化专项整治、加强源头管理、加大监督执法力度、完善监管体系等方面提出了明确要求。经过全国上下的共同努力，各项工作总体进展良好。目前距年底还有 3 个多月，希望各地区、各部门、各单位继续加强领导，扎实做好安全生产工作，特别要做好以下 6 项工作。

（一）狠抓落实，确保实现全年各项安全生产控制指标

国务院安委会向各省（区、市）下达安全生产控制指标，今年是第一年。今后，每年都要下达。三季度即将过去，各地区要对照时间进度，对安全生产控制指标执行情况进行一次全面检查。实现控制指标的，要认真总结，强化措施，巩固成果；突破控制指标的，要分析原因，改进措施，迎头赶上。对工作中存在的一些带有倾向性和普遍性的问题，要进行专题研究，制订过硬措施加以解决。要强化责任制的落实，形成一级抓一级，层层抓落实的良好局面。通过各地区、各部门和各单位的共同努力，确保实现 2004 年安全生产各项控制指标。

（二）继续深化安全生产专项整治，消除事故隐患

几年来，安全专项整治已经取得较大成效，但道路交通、水上交通、危险化学品、烟花爆竹、消防火灾和煤矿仍然是事故多发的行业和领域。下一步，要在全面抓好各行业、各领域安全生产工作的同时，继续以这些行业和领域为重点，不断深化安全生产专项整治，努力消除事故隐患。要进一步加强对专项整治工作的领导，健全整治工作责任制，制订整治规划，落实整治措施；各项整治工作所涉及的部门要积极配合，建立健全安全生产专项整治通气汇报制度，及时沟通情况，协调行动，提高整治工作效率。生产经营单位要针对本单位专项整治的实际情况，采取整改措施，并在人力、财力、物力等方面给予保证，确保各项整改措施落实到位。

（三）进一步加强基础工作，提升安全管理水平

要把加强安全基础工作作为实现安全生产长治久安的重要内容，常抓不懈。一是全面落实《安全生产许可证条例》，加强安全生产的源头管理。要按照条例的要求，进一步强化矿山企业、建筑施工企业和危险化学品、烟花爆竹、民用爆破器材生产企业的市场准入制，不符合条件的一

律不准开工，在建的要进行清理，已建的要限期整改。二是加快安全生产配套政策和法规建设。《国务院关于进一步加强安全生产工作的决定》(国发［2004］2号）对加大安全生产投入、提取安全费用、依法加大对伤亡事故的经济赔偿、建立企业安全生产风险抵押金制度等，提出了明确的要求。各地区、各有关部门要抓紧制订相关的配套措施和实施办法，使各项政策措施尽快落到实处，推动安全生产工作的制度化。法制化。三是全面开展安全质量标准化活动。最近，国家安全生产监督管理局分别召开了煤矿、非煤矿山以及相关行业的安全质量标准化会议，对有关工作进行了部署。各地区和有关部门要结合实际，组织企业普遍开展安全质量标准化活动，建立和完善各环节、各岗位的安全质量责任制，使企业的生产经营活动和行为做到规范化和标准化。

（四）制订完善应急救援预案，加大对重大危险源的监测监控

今年以来，国务院组织有关部门和力量，加强了应对各类突发事件预案的制订修订工作，其中包括生产安全事故应急救援预案等。目前，这项工作正在紧张、有序地进行。各地区、各部门、各单位要高度重视、结合实际、深入分析各种可能发生的生产安全事故，从组织领导、指挥协调、事故预警、应急处置、人员物资准备等方面，制订完善的应急救援预案，并开展经常性演练。特别是对危险化学品等高危行业，要建立专业化的应急救援机构和队伍，增强应对危险化学品泄漏、爆炸等事故的能力。要加强对重大危险源的监控，对各类危险源，要建立档案，责任到人，全方位24小时进行监控，把隐患消灭在萌发阶段。

（五）保证必要的安全生产投入，积极采用先进适用可靠的安全装备

一些单位安全隐患突出，重要原因之一是安全投入不足。要进一步加大安全生产投入，努力弥补安全欠账。生产经营单位是安全生产的责任主体，必须切实承担起安全投入的主体责任。四季度各单位在制订明年工作计划时，要结合本单位安全生产的实际，在计划中保证必要的安全投入，使安全项目的资金得到安排；资金再紧张，也不能挪用或侵占这部分资金。要认真落实“三同时”原则，安全设施投资要纳入建设项目概算，新建、改建、扩建项目的安全设施必须与主体工程同时设计、同时施工、同时投入生产和使用。地方各级人民政府要重视安全基础设施建设资金的投入，积极支持企业技术改造，对国家安排的安全生产专项资金，地方人民政府要加强监督管理，确保专款专用，并安排好配套资金。

（六）加强安全生产监管，积极推进依法行政

各地区、各部门、各单位要进一步建立健全安全监管机构，充实必要的安全监管人员。各级安全生产监督监察机构要增强执法意识，做到严格、公正。文明执法。要加大对生产经营单位安全生产的执法力度，指导督促生产经营单位建立健全安全生产责任制，落实各项防范措施。组织开展好企业安全评估，搞好分类指导和重点监管。针对小企业安全管理薄弱的问题，切实加强对小企业的安全生产监管，同时，要寓监管于服务之中，积极为小企业提供安全技术、人才、政策咨询等方面的服务，加强检查指导，督促帮助小企业搞好安全生产。要进一步转变作风，大力弘扬求真务实的精神，深入生产一线，开展调查研究，认真分析解决安全生产中的突出问题；要狠抓事故的超前防范，做到安全监管的重心下移，关口前移，防患于未然。

三、加强领导，全面防范，确保“十一”黄金周期间的安全稳定

中秋佳节即将到来，今年“十一”又是国庆55周年。节日期间往往是交通和公众聚集场所等容易发生事故的时期。党中央、国务院对做好节日期间的安全生产工作高度重视，各地区、各部门、各单位要按照这次会议的部署，集中精力，抓好“十一”黄金周期间的安全生产工作以及突发事故的应急处置。

（一）加强对节日期间安全生产工作的领导和监督检查

各地区、各部门、各单位的负责同志特别是主要负责人要切实担负起安全生产的领导责任，高度重视节日期间的安全工作。要组织力量深入安全生产的重点部位，加强检查指导，研究制订过硬的安全防范措施。对重大危险源要组织力量加强监控。各级安全生产监管部门和煤矿安全监察机构，以及负有安全监管职责的部门要深入生产一线，切实抓好节日期间的安全生产监督检查工作，及时发现和消除事故隐患，严肃查处各类违法违规行为。

（二）做好安全防范工作，确保公众聚集场所安全

各地区、各部门要针对节日期间安全生产的特点，加强对重点地区、重点领域和重点单位的安全检查和督查。要组织力量对商场、影剧院、歌舞厅、饭店、车站、码头、机场、学校、公园、旅游景点、网吧、城市广场等人员密集场所，以及油库等要害部位的消防安全状况，进行全面检查。安全条件不完善的，要立即采取整改措施；存在重大安全隐患的必须马上停产、停业整顿。要层层建立、落实安全责任制，并制订应急预案。集会、庆祝等活动，必须做到谁主办，谁负责安全，确保万无一失。

（三）严格安全管理，切实保证节日期间运输安全

以落实道路交通安全法和实施条例为契机，进一步加大对道路运输安全整治力度。铁路、水路和航空运输要搞好对运输工具的检查检修，严格执行各项安全检查制度，排查、消除不安全隐患，严禁车辆、船舶带安全隐患运行，超载运营，农用车载客和疲劳驾驶等违规违章现象。有关部门要加大检查力度，发现问题，要严肃查处。严防易燃、易爆、剧毒等危险品进站上车、上船、上飞机。

（四）加强节日值班工作

黄金周期间，要安排专人24小时值班和负责同志在岗带班，确保各级人民政府、各部门、各单位之间联络的畅通。值班人员一定要坚守岗位，尽职尽责，重大问题要随时报告。一旦发生险情或事故，要及时组织力量进行排解和抢险处置，保证广大人民群众过一个平安欢乐的节日。

安全生产关系到国家和人民群众的生命财产安全，关系到人民群众的切身利益，关系到改革开放、经济发展和社会稳定的大局。各地区、各部门、各单位要认真学习贯彻党的十六届四中全会精神，从实践“三个代表”重要思想、维护改革发展稳定大局的高度，牢固树立“安全第一”、“安全生产责任重于泰山”的观念，在以胡锦涛同志为总书记的党中央领导下，进一步加大工作力度，狠抓各项措施的落实，巩固和发展当前安全生产形势总体稳定的好势头，为国民经济平稳较快发展创造一个良好的安全生产环境！

第二部分

国家安全生产监督管理局（国家煤矿安全监察局）领导关于安全生产工作的讲话

国家安全生产监督管理局(国家煤矿安全监察局)局长王显政在全国安全监管监察局长会上的讲话

（2004 年 1 月 18 日）

在全国安全生产工作会议期间，我们专门安排召开这次会议，主要是研究如何贯彻落实的问题。这次全国安全生产工作会议，规格之高，规模和声势之大，都是以往没有的，充分体现了党中央、国务院对安全生产工作的高度重视。会前，国务院专门作出《关于进一步加强安全生产工作的决定》，发布了《安全生产许可证条例》。黄菊副总理亲自接见受表彰的先进工作者，并合影留念。在昨天上午的大会上，黄菊副总理发表了重要讲话。我们所有参加会议的同志，都感到受鼓舞，受振奋。所以，要以这次国务院会议为动力，进一步统一思想，振奋精神，开拓进取，把安全生产工作推向一个新阶段。

这次会议的主要精神，可以说集中体现在“三个一”上，就是贯彻一个《决定》，实施一个《条例》，落实一个安全生产控制指标体系。局党组认为，落实“三个一”，必须抓住两个关键环节：一是要统一我们这个系统上下的思想认识，以良好的精神状态和求真务实的作风，抓好各项工作的落实，认真履行国家赋予我们的职责，依法强化安全监管和监察；二是要通过行之有效的措施，切实落实企业安全生产责任主体，真正做到重心下移，关口前移，督促企业强化安全生产的基础工作，建立企业安全生产的自我约束机制。

下面围绕“三个一”和两个关键环节，讲四点意见。

一、认真学习、深刻领会黄菊同志的重要讲话，把思想统一到讲话精神上来

在昨天的大会上，中共中央政治局常委、国务院副总理黄菊同志作了题为《以对党和人民高度负责的精神，扎扎实实做好安全生产工作》的重要讲话。回顾总结了一个时期来安全生产工作的进展情况，充分肯定了取得的成绩，实事求是地指出了存在的差距和问题；概括了市场经济条件下安全生产工作应当遵循的六条原则；抓好安全工作要提高三个认识，实现五个转变；深刻阐述了安全生产工作的重要意义；并对 2004 年的工作从六个方面作出了全面的部署，提出了明确的要求。

黄菊副总理的讲话是我们这次会议的主题报告，通篇体现了“三个代表”的重要思想和立党为公、执政为民的本质要求，体现了党的十六大和十六届三中全会精神，符合现阶段我国安全生产工作的实际，具有很强的针对性和长远的指导作用。认真学习、深刻领会黄菊同志的重要讲话，把握讲话的精神实质，用讲话精神统一全国安全生产监管、监察系统的思想，是做好 2004 年安全生产工作的基础和前提。为此，我们要从以下三个方面，加深对讲话精神的理解和把握：

（一）正确认识全国安全生产的形势，进一步坚定信心。党的十六大以来，新的中央领导集体和新一届政府把安全生产工作摆在十分重要的位置，采取一系列重大举措加强安全生产工作。各地区、各部门、各单位认真贯彻党中央、国务院的工作部署，狠抓安全生产措施的落实。在抗击非典的斗争中，也坚持做好安全生产工作。通过上下共同努力，全国安全生产工作在以下几方面取得新进展：

第一，安全生产专项整治进一步深化。国办60号文件下发后，国家局会同公安、交通、国防科工等部门，对矿山、危险化学品、道路和水上交通、烟花爆竹和民爆器材、人员密集场所消防安全等专项整治工作进行了安排部署，并加强监督检查和指导。总结推广了山西晋城依靠科技进步加强煤矿瓦斯治理工作的经验；山东招远市整顿规范矿山开采秩序、深化非煤矿山安全整治的经验；黑龙江七台河精煤集团公司开展安全质量标准化建设、建立长效机制的经验。公安部、建设部、农业部、铁道部、质检总局也对道路交通、建筑施工、城市燃气、地铁、农机等领域开展了安全整治工作，都取得了新的成效。

第二，安全生产大检查和专项督查收到实效。按照国务院统一部署，去年四月份开展了全国安全生产大检查。有关部门组成国务院安全生产检查组，对相关省区市和系统进行了重点检查，并及时下发“检查意见通知书”。之后，国家局又会同有关部门，对大检查查出的隐患问题的整改情况、国办58号文件贯彻落实情况、长江水上交通安全等，组织了专项督查。同时，组织开展了《危险化学品安全管理条例》执行情况的专项督查。通过检查和督查，及时发现和解决了一大批隐患问题，促进了各级安全生产责任制的落实。

第三，安全生产法制建设步伐加快。以实施《安全生产法》为契机，加快配套法规规章的制定。去年以来，国家先后颁布了《道路交通安全法》、《建筑施工企业安全监督管理条例》、《安全生产许可证条例》等一批法律法规；国家局先后出台了16个部门规章。各地也制定出台了一些地方性法规和规章。如广东省出台了《安全生产管理条例》；辽宁省出台了《小煤矿安全生产管理规定》等。

第四，安全监管和煤矿安全监察工作力度加大。各级安全生产监管、监察机构依法履行职责，把监管工作做实，把监察工作做到位。全国煤矿安全监察系统共计监察矿井23896处次；下达现场处理决定书41075份，行政处罚决定书11415份，罚款8000多万元；煤矿事故查处结案率95%。通过积极争取，国家安排的国有重点煤矿安全技改40亿元国债资金全部到位，围绕瓦斯治理、监控，更新完善了一些安全设施，煤矿整体防御能力有所增强，瓦斯事故有所下降。

第五，企业安全评估工作完成预定的目标任务。评估的重点是煤矿、非煤矿山和危险化学品生产、储存企业。国家局提出了分类办法、评估标准和进度要求，并加强督促指导，解决好评估机构、人员力量等方面的实际问题。到去年底，全国所有煤矿、70%的非煤矿山和危险化学品生产、储存企业完成了评估任务。通过评估，对各类企业的安全状况摸清了底数，为实施分类指导打下了基础。

第六，安全生产监管体系建设全面起步。认真贯彻落实中办15号和国办58号文件精神，去年组建了新一届国务院安全生产委员会，经过与地方政府的沟通协商和积极做工作，全国已有30个省区市（包括新疆生产建设兵团）和77%的地市、67%的县建立了专门的安全监管机构。同时，按照建立“六个支撑体系”的构想，目前已组建了安全生产科研中心、宣教中心、培训中心、矿山应急救援指挥中心，以及安全法律研究所、安全理论研究所等。建立了矿山安全科学技术研究院、安全工程技术学院等一批安全科研、培训、救援基地。

第七，安全生产宣传教育、国际合作交流等工作进一步加强。去年，国家局与中宣部、广电总局、全国总工会、团中央等部门联合开展了以“实施安全生产法，人人事事保安全”为主题的全国“安全生产月”和“安全生产万里行”活动。采取多种形式推动安全教育培训工作，经中组部同意联合举办了两期部分市、县长安全培训班。目前已与20多个国家和地区的政府部门以及相关机构，开展了安全生产领域的交流与合作。

通过上述工作，全国安全生产状况总体比较平稳。主要表现：一是各类伤亡事故死亡人数下降。据调度统计，去年全国各类事故死亡136102人，比上年减少3291人，下降2.4%。二是一些事故多发领域死亡人数明显减少。其中，煤矿事故死亡6702人，比上年减少293人，下降4.2%；百万吨死亡率为4.17，下降16.6%。道路交通事故死亡人数减少4853人，下降4.4%。火灾事故死亡人数减少112人，下降4.7%。三是部分地区安全生产状况明显好转。北京、上海、天津、江苏、新疆未发生一次死亡10人以上特大事故。

黄菊副总理在讲话中，对一个时期来安全生产工作取得的成绩给予了充分的肯定。这是各级安全监管和煤矿安全监察人员共同努力的结果。借此机会，我代表国家局党组，向大家表示衷心的感谢!

经过一个时期以来的工作实践，我们对安全生产的规律和特点也有了比较深刻的认识。正如黄菊副总理在讲话中所归纳的：一是必须自觉坚持以“三个代表”重要思想为指导，坚持以人为本，树立安全生产责任重于泰山的思想观念；二是必须树立科学的发展观，坚持统筹兼顾、协调发展，把安全生产纳入经济、社会发展的总体布局，做到同步规划、同步实施、同步发展；三是必须强化法制观念，坚持依法规范、依法监管，把安全生产和监管工作纳入法制化轨道；四是必须充分发挥各方面的积极性，坚持齐抓共管，努力构建“政府统一领导、部门依法监管、企业全面负责、群众参与监督、全社会广泛支持”的工作格局；五是必须重视做好基层和基础工作，坚持标本兼治，促使各类企业建立自我约束、不断完善的安全生产长效机制；六是必须实施“科技兴安”战略，坚持技术、装备和培训并重，把安全生产状况的根本好转，建立在依靠科技进步、加强科学管理、提高劳动者素质的基础之上。以上这些重要原则，我们要长期坚持下去，并不断加以完善。

(二) 认清安全生产工作的长期性、艰巨性和复杂性，增强责任感、使命感和紧迫感。2003年的安全生产工作虽然取得了一定的成绩，但是与党中央、国务院的要求和全国人民的期望相比，与国际先进水平之间，仍然存在较大的差距。对此黄菊副总理报告中明确提出。一是事故总量仍然过大。全国每年因事故死亡13万多人，造成的经济损失相当GDP的2.5%左右；二是重特大事故时有发生。特大事故平均三天一起，特别重大事故平均一个月一起；三是职业危害严重。全国每年约70万人患职业病；四是一些重点行业和领域事故多发的状况尚未从根本上扭转。我国安全生产的现实状况，必须尽快加以改变。

黄菊副总理在讲话中再次强调了安全生产工作的重要意义，指出搞好安全生产，保障人民群众的生命安全，是“三个代表”重要思想的具体体现，是坚持以人为本，全面建设小康社会的内在要求，是维护改革发展稳定大局的重要保证。同时，科学地阐述了社会主义初级阶段安全生产工作的长期性、艰巨性和复杂性，要求我们把安全生产作为一项长期艰巨的任务，牢固树立常抓不懈的思想。我们要认真学习、深刻领会黄菊同志的指示精神，一方面要着眼于长远，瞄准国际先进水平，从国情出发，通过持续不懈的努力，推进“五个转变”：一要推进安全生产工作从人治向法治转变，建立和完善安全生产法制秩序；二要推进安全生产工作从被动防范向源头管理转变，建立安全生产许可制度；三要推进安全生产从集中整治向规范化、经常化、制度化转变，建立长效机制；四要推进安全生产工作从事后查处向强化基础转变，加强企业安全基础建设；五要推进安全生产工作从以控制伤亡事故为主向全面做好职业安全健康工作转变，把职工安全健康放在第一位。另一方面要立足当前，紧紧抓住影响安全生产稳定好转的主要矛盾和突出问题，采取过硬的措施，扎扎实实做好专项整治、监督检查、隐患整改等各方面的具体工作，逐步向前推动。

(三) 全面掌握2004年安全生产工作的总体要求、奋斗目标和重点工作，在抓落实上狠下功夫。黄菊副总理的重要讲话，在认真分析形势任务的基础上，对2004年的工作做出了全面部署，包括指导思想、基本要求和工作重点。一是在工作指导思想上，要自觉坚持用“三个代表”重要思想统领安全生产工作全局，把维护人民群众的生命安全，始终作为安全生产工作的出发点和落脚点；二是在工作基本要求上，要适应全面建设小康社会和完善社会主义市场经济体制的新形势，通过贯彻落实“安全第一、预防为主”的方针，为国民经济的持续快速协调健康发展，创造安全稳定的良好环境；三是在工作重点上，要强化各级政府的领导责任，落实企业安全生产责任主体，加强安全监管监察执法工作，大力推进体制、法制和队伍“三项建设”，建立安全生产长效机制等。对这些总体要求，我们一定要加深理解，全面把握。对今年的六项具体工作，一定要按照黄菊副总理的要求，认真抓好落实。

黄菊同志的重要讲话内容丰富，思想深刻。概括起来讲，学习黄菊同志的讲话，就是要从“三个代表”重要思想的高度，进一步强化责任感、使命感和紧迫感；就是要从改革发展稳定的大局高度，来认识安全生产工作的重要地位和作用，推动安全生产与经济、社会的同步发展；就是要发扬求真务实的作风，采取切实有效的措施，在加强安全生产工作上真抓实干。总之，要通过学习领会黄菊副总理的重要讲话，统一安全生产监管、监察系统的思想认识，为做好下一步的工作奠定坚实的基础。

二、全面贯彻落实国务院的《决定》，把《决定》确定的各项措施落到实处

《国务院关于进一步加强安全生产工作的决定》，是建国以来第一次，是党和政府加强安全生产工作的又一重大举措，是指导新时期安全生产工作的纲领性文件。

《决定》的出台，是安全生产领域的一件大事。这个文件的酝酿、起草和修改过程，始终是在国务院领导同志的关心指导下进行的。十六届三中全会之后，国家局党组结合学习贯彻全会《决定》，深入分析了安全生产工作面临的形势任务，深感责任重大。坚持以人为本，做到“五个统筹”，实现经济社会的全面、协调和可持续发展，都对安全生产工作提出了新要求。为适应完善社会主义市场经济体制的新形势，切实解决好安全生产工作体制、机制、投入等方面的问题，迫切需要中央出台一个高规格、有权威的文件。同时，十六大以来党中央、国务院领导同志关于安全生产工作的批示、指示，国务院的一系列重要通知、会议纪要，以及相关的政策措施等，也需要通过《决定》的形式加以归纳和概括，作出完整系统的表述，以更好地贯彻落实。

基于上述考虑，国家局提出由国务院作出进一步加强安全生产工作《决定》的建议，并提交国务院安委会第一次全体会议审议，得到了与会同志的一致赞成。国务院领导同志还就《决定》的思路、框架等作出了具体指示，强调要把安全生产工作的重要意义讲透彻，把影响当前安全生产工作的关键问题找准确，把政策措施写实了，实实在在地解决问题。遵照国务院领导同志的指示精神，国办秘书二局与我们组织力量开展调研和起草工作。初稿形成后，认真征求了有关部门和地方政府的意见，反复协商沟通，多次进行修改，先后八易其稿。1月7日，温家宝总理主持召开国务院第34次常务会议，予以审议和通过。

《决定》在科学分析安全生产面临的新形势、新任务的基础上，针对安全生产工作存在的实际问题，提出了切实有效的政策措施。主要体现在以下六个方面：

（一）进一步确立了安全生产工作的重要地位。《决定》科学地阐述了安全生产与“三个代表”、安全生产与可持续发展战略的内在联系，指出：“搞好安全生产工作，切实保障人民群众生命和国家财产安全，体现了最广大人民群众的根本利益，反映了先进生产力的发展要求和先进文化的前进方向”。同时对安全生产工作的地位概括为四句话：是全面建设小康社会、统筹经济社会全面发展的重要内容；是实施可持续发展战略的组成部分；是政府履行社会管理和市场监管职能的基本任务；是企业生存发展的基本要求。这一概括，将安全生产的地位和作用提到了一个新的高度。

（二）进一步明确了安全生产工作的指导思想和奋斗目标。在对安全生产工作实践经验进行总结的基础上，强调要坚持“安全第一、预防为主”的方针，突出了政府对安全生产工作统一领导，强化企业责任主体地位，大力推进体制、机制、执法队伍“三项建设”，实施科技兴安战略等方面的内容。依据全面建设小康社会的战略部署，分别提出了本届政府任期内（2007年）、2010年、2020年安全生产工作奋斗目标，明确了努力方向。目标的设定参照了国际惯例，以相对目标和定性目标为主，是积极的和切实可行的。虽然有一定难度，但经过努力是可以实现的。

（三）出台了一系列过硬的政策措施。《决定》围绕着加强政府、企业和安全生产监管部门的工作，有针对性地提出了一些政策措施，主要有：

一是建立安全生产许可制度。国务院第34次常务会议已经原则通过了《安全生产许可证条例》，并于1月16日发布。建立这一法律制度，目的在于严格安全生产市场准入，加强对矿山、建筑施工和危险化学品、烟花爆竹等危险性较大的企业安全生产的监督管理，从源头上防止和减少生产安全事故。

二是建立安全生产控制指标体系。国外和国内一些省区的实践经验都表明，建立安全生产控制指标体系，有助于强化地方政府的责任，促使地方政府把安全生产纳入区域经济和社会发展的总体规划，实现同步发展。

三是建立安全生产风险抵押金制度。近年来，由于一些业主经济能力有限或者有意逃避责任，常常在发生重特大事故后躲藏逃匿，把抢险救灾和事故善后全部推给地方政府。为扭转这种现象，《决定》规定要依法对危险性较大的企业，收取一定数额的安全生产风险抵押金，企业生产经营期间发生生产安全事故的，转作事故抢险救灾和善后处理所需资金。

四是建立企业提取安全费用制度。借鉴煤矿提取安全费用的经验，逐步在高危行业生产企业实行提取安全费用制度，由企业自行提取，专户储存，专项用于安全生产。这一制度的全面推行，将有助于改变企业安全投入不足的现状。

五是提高企业对伤亡事故的经济赔偿标准。由于现行的工伤社会保险制度目的在于分散用人单位的事故风险，难以调动企业增加安全投入和防范事故的积极性，所以《决定》要求企业必须在执行工伤社会保险制度的同时，依据《安全生产法》等有关法律法规，向受到生产安全事故伤害的员工或家属支付赔偿金。使企业对伤亡事故赔偿成本高于安全投入成本，建立一种促使业主自觉增加安全投入、防范伤亡事故的机制。

（四）突出了企业的责任主体作用，强调要抓好基层和基础工作。企业是市场主体，也是安全生产的责任主体。安全生产工作必须坚持抓基层、打基础。《决定》依据《安全生产法》和当前实际情况，对企业安全防范工作提出了严格的要求。提出要推广煤炭行业的经验，在各类企业广泛开展安全质量标准化活动，促使企业加强安全质量管理，建立自我约束、不断改进的安全生产长效机制。

（五）对安全生产监管体系建设提出了新要求。进一步明确指出，县级以上各级地方人民政府建立健全安全生产监管机构，充实人员，加强安全生产监管队伍建设，提高安全生产监管工作的权威。要完善煤矿安全监察体制，进一步加强煤矿安全监察队伍建设和监察执法工作。特别是在生产安全应急救援体系建设方面，强调要尽快建立国家生产安全应急救援指挥中心，充分利用现有的应急救援资源，建设具有快速反应能力的专业化救援队伍，提高救援装备水平，建立应急救援预案和生产安全预警机制，增强应对特大生产安全事故的能力。

（六）强调要加强对安全生产工作的领导，建立齐抓共管的工作格局。《决定》围绕着如何建立“政府统一领导、部门依法监管、企业全面负责、群众参与监督、全社会广泛支持”的工作格局，充分调动各方面的积极性，齐心协力做好安全生产工作，提出了明确的要求。指出要落实各级领导责任制，严格责任追究；要加强宣传教育和舆论引导，形成有利于加强安全生产工作的舆论氛围。要加强调查研究，注意发现安全生产工作中出现的新情况，研究新问题，推进安全生产理论、监管体制和机制、监管方式和手段、安全科技、安全文化“五项创新”，不断增强安全生产工作的针对性和实效性。

此外，《决定》还对当前安全生产必须突出抓好的一些重点工作，提出明确要求。包括深入开展安全生产专项整治；大力推动安全生产科技进步，提高安全生产科学技术水平；加强对小企业的安全监管；搞好安全培训；加强安全生产宣传教育工作和国际合作交流等。总之，《决定》内容丰富，要求明确，针对性和指导性很强。我们一定要认真学习、深刻领会，在贯彻落实上狠下功夫，使安全生产工作得到实实在在的加强。

三、以求真务实的精神做好2004年的工作

党的十六届三中全会和中央经济工作会议后，局党组结合学习贯彻会议精神，对全国的安全生产形势进行了分析，对2004年的工作思路作了谋划。总的想法是：坚持“安全第一，预防为主”的基本方针，建立安全生产长效机制，完善安全监管体系；强化监督执法，强化基础工作；明确安全生产控制指标体系，落实企业安全责任主体；继续抓好体制、法制和执法队伍“三项建设”，遏制重特大事故多发势头，促进全国安全生产状况进一步好转。

按照这一总体思路，确定今年的重点工作主要有八项：一是建立健全安全生产控制指标体系，落实各级安全生产责任制；二是全面贯彻实施《安全生产法》，推进依法行政，强化安全监督执法工作；三是继续深化重点行业、重点领域的安全生产专项整治，消除各种事故隐患；四是全面开展企业安全质量标准化活动，强化企业安全生产基础工作；五是进一步推进安全监管体制创新，健全完善安全生产监管体系和支撑体系；六是实施“科技兴安”战略，推动科技创新，依靠科技进步提升安全生产水平；七是加强安全文化建设，强化全民安全意识，提高从业人员的安全素质；八是适应新形势、新任务的要求，切实加强执法队伍建设。

完成上述工作任务，重要的是要按照国务院《决定》精神和黄菊副总理的讲话要求，充分发挥各方面的积极性，坚持齐抓共管，努力构建“政府统一领导，部门依法监管，企业全面负责，群众监督参与，社会广泛支持”的安全生产工作格局。这一格局，是在总结借鉴历史经验的基础上，针对新形势、新任务、新要求提出来的，是在继承基础上的发展创新。

按照这一工作格局，需要从五个层面加大工作力度：第一，从国家层面，主要是制定安全生产的方针政策、法律法规、标准和安全准入条件，对全国性安全生产重大问题进行决策，并通过规划布局、结构调整，强化宏观调控，督促地方政府和企业做好安全生产工作；第二，从地方政府层面，主要是贯彻落实安全生产的方针政策和法律法规，从体制、机制和投入上加强安全生产工作的领导，落实各级安全生产责任制，督促企业搞好安全管理；第三，从企业层面，主要是搞好建章立制，抓好安全的基础建设，保障安全投入，搞好职工培训，建立自我约束、持续改进的工作机制；第四，从安全监管监察部门层面，主要是依法履行安全生产综合监管职责，搞好安全生产专项监管，加强煤矿安全监察执法；第五，从社会层面，主要是发挥舆论监督和群众监督的作用，营造“关爱生命，关注安全”的舆论氛围。以上五个层面的工作，最关键的就是要强化企业的安全责任主体，强化部门的安全监管职责。

强化企业的安全责任主体，是安全生产工作的出发点和落脚点。因为企业是生产经营活动的主体，也是安全生产的实践主体。任何生产安全事故都是发生在生产经营活动过程中，任何安全生产的措施都要落实到企业生产经营流程的各个环节、各个岗位。安全与生产一体化运行的客观规律，决定了安全生产的内动力主要在企业自身。

应该清醒地看到，近年来通过各方面的努力工作，企业的安全生产工作得到一定的加强和改进，也涌现出一批好的先进企业。但是受生产力发展水平、从业人员文化技术素质、监管监察体制以及社会舆论环境等多种因素的影响和制约，企业安全生产的基础仍然比较薄弱，事故隐患到处存在。特别是改革开放以来，个体、私营等非公有制经济迅速发展，中小企业大量增加，给安全生产提出了新的课题，增加了安全生产监管工作的难度。因此，安全监管监察工作必须在构建企业安全生产的自我约束机制上下功夫，用气力。关口前移，就是要前移到企业；重心下移，也是要下移到企业。坚持“抓基层、打基础”，实质就是要把安全生产工作的着力点放在企业，通过多种手段调动各类企业搞好安全生产的内在积极性。督促、引导各类企业建立自我约束和持续改进的安全生产工作机制。这是实现全国安全生产状况稳定好转、长治久安的关键环节和基础保障。

为此，要努力在以下四个方面取得突破性进展。

（一）通过建立安全生产控制指标体系，落实各级安全生产责任制。通过建立安全生产控制指标体系，形成强有力的激励约束机制，强化地方政府的责任，进而把安全生产的各项措施落实到企业，这是国务院《决定》所确立的加强安全生产工作的一项重要举措。当初提出建立安全生产控制指标体系的初衷，是坚持科学的发展观，促进安全生产与经济社会的协调发展。而且据我们了解，目前全国已有19个省级政府建立了安全生产控制指标体系，其中河南、河北、山东、山西、江苏等13个省级政府已经把今年的安全生产控制指标分解落实到地市，并签订了责任状。山东省在副省长中全部实行安全生产“一岗双责”目标考核；福建省制定了安全生产“行政责任追究到一把手”的制度；湖南省今年开始实行安全生产“一票否决”。河南省通过创新安全管理理念，在全国率先提出用万人死亡率、亿元产值死亡率和从业人员万人安全培训率作为控制指标，层层分解落实，严格责任考核，促使全省安全生产状况明显好转。去年全省事故死亡人数比上年减少919人，下降12.5%。

国务院安委会第一次全体会议讨论通过建立安全生产控制指标体系的建议之后，前一阶段，国家局在征求各地和有关部门意见的基础上，提出了2004年全国安全生产的指导性控制指标：一是全国事故死亡总人数，除道路交通外，大体按2.5%的降幅控制，比2003年减少900人左右；二是工矿企业事故死亡人数大体按2.5%的降幅控制，比2003年减少400人；三是煤矿企业事故死亡人数按4.0%的降幅控制，大体在6450人以内，比2003年减少300人；煤炭百万吨死亡率大体按3.8控制。

这次会议之后，将以国务院安委会的名义，把2004年安全生产控制指标的原则性方案下达给各省（区、市）政府，由各地根据实际情况提出具体的相对控制指标，报国家局备案。这项工作关键是先把指标体系建立起来，在实践中不断完善。从而促进各地将安全生产纳入经济发展和社会进步的总体规划，纳入各级干部政绩考核的内容，推动安全生产工作与经济社会的协调发展。会议之后，各地要抓紧研究制定本地区2004年度的具体控制指标，尽快报国家局。同时通过层层分解，落实到基层和企业，签订责任状，一级抓一级。要加强跟踪检查和监督考核，及时发现和解决工作中的问题。建立奖惩激励机制，充分发挥舆论监督、社会监督的作用。对各地安全生产工作进展情况和控制指标实施情况，国家局将通过新闻发布会、政府公告、简报等形式，每季度公布一次。

（二）通过贯彻实施《安全生产法》，进一步落实企业安全生产保障制度。《安全生产法》专设一章，对生产经营单位的安全生产保障问题，作出明确具体的规定，建立起一系列法律制度。这是加强企业安全生产工作的法律保障。要指导督促各类企业全面落实《安全生产法》关于生产经营单位安全保障的各项制度，落实国家局下发的《关于加强非公有制企业安全生产监督管理的意见》和《关于加强国有大中型企业安全生产工作的意见》，建立健全和严格实行企业安全生产责任制；健全完善企业内部安全生产工作机构。企业安全工作机构只能充实，不能削弱，必须保证与安全工作相适应的专门机构和专职监管队伍。矿山（采石场）、建筑施工企业和危险物品的生产经营和储存企业，无论规模大小，都必须设立专门的安全生产工作机构，或者配备专职安全工作人员。

要推动企业切实解决好安全投入问题。要把是否具备基本的安全生产条件，作为办企业的基本前提加以落实。企业新建、改建、扩建工程项目必须坚持“三同时”制度；必须依法保证企业安全生产所必需的资金投入，保证企业达到法定的安全生产条件，不得以任何借口，擅自减少安全投入；必须依法淘汰危及安全生产的工艺和设备。凡安全投入不足，工艺、设备危及安全生产的，都要限期整改。拖延整改或拒不整改的，要依法予以处罚或下达停产、停业指令。同时，要通过产业政策引导、法律约束、技术示范等措施，鼓励和引导各类企业采用安全性能可靠的技术装备和生产工艺，推动企业安全科技创新和管理创新，依靠科技进步，解决安全生产中的难点和重点。

（三）通过开展安全质量标准化活动，强化企业安全生产基础工作。实现全国安全生产状况的稳定好转，必须从生产经营单位的安全管理和基础工作抓起，落实企业安全责任主体，建立自我约束、持续改进的安全生产工作机制，提高企业本质安全水平。今年工作的一个突破口，就是在继续深入搞好煤矿和非煤矿山、道路和水上交通运输、危险化学品、民用爆破器材和烟花爆竹、人员密集场所消防安全等专项整治的基础上，引导各类企业普遍开展安全质量标准化活动。开展安全质量标准化活动，既是安全专项整治工作的继续和深化，也是对整治成果的巩固和升华。

安全质量标准化建设，最初是在煤矿搞起来的。实践中积累了许多成功的经验。去年10月份，国家局专门在黑龙江七台河煤业集团召开现场会，进行交流推广。新形势下，把安全质量标准化摆上重要位置，既是加强安全生产工作的一项重要举措，也标志着我们对安全生产规律的认识和把握上，进入一个新层次。安全质量标准化，突出了“安全第一”的方针和“以人为本”的安全理念。强调安全生产工作的规范化和标准化；强调安全和质量的统一，安全与管理的统一。

安全质量标准化建设是寓于企业生产经营活动中的一项基础建设，要在地方政府的统一领导下，在有关部门的指导帮助下，由企业自主负责地组织和进行。要学习借鉴黑龙江省的经验，在体制、机制和投入等方面，制定和采取一些行之有效的政策措施；制定颁布各行业的安全质量标准，加强安全生产的标准化工作；切实加强领导，加强督促检查，开展一些必要的考核；抓好典型，发挥典型引路作用。通过开展安全质量标准化活动，把安全生产专项整治进一步推向深入，实现从集中整治向提高企业本质安全水平转变，努力实现企业安全生产的长治久安。

在强化企业基础工作上，要继续抓好非公有制小企业这个重点。认真做好广东省的试点工作，探索对小企业安全生产实施有效监管的方法途径，适当时机召开现场会进行推广。同时，要切实加强中央管理的工矿商贸企业的安全监管工作。中央管理的企业普遍规格高、摊子大。对这类企业的安全生产如何实施有效监管，要研究制定出一套办法措施，把对中央管理企业的安全监管纳入制度化、规范化的轨道。

（四）通过落实“五项战略性起步工程”，加快实施“科技兴安”战略。企业作为科技投入的主体，必须在安全科技创新和安全技术改造上舍得下本钱，把安全生产真正建立在依靠科技进步和提高劳动者素质的基础之上。国家局确定的煤矿瓦斯综合防治、运输车辆安装监测仪、安全科技示范、安全专业人才培养等五项战略性起步工程，其着眼点也在于通过科技创新来提升企业安全生产管理水平。这“五项战略性起步工程”2004 年要全面启动，而且真正落实到企业。

一些省区建立的煤矿瓦斯监控网络系统，在预防瓦斯事故方面，效果非常明显，今年要在全国煤矿普遍推开。运输车辆安装安全监测仪问题已经提出了两年，要加快进度。省级安全生产监管机构可以选择一两个地市以及道路交通运输重点企业进行试点，取得经验后在面上推开。安全科技示范工程要抓紧起步，通过发挥示范效应，引导企业采用新技术、新设备、新工艺和新材料，提高安全防御能力。同时，要继续加强安全技术培训。今年国家局和中组部计划再举办四期市、县长安全培训班。同时与全国总工会联合，在企业职工中开展安全知识电视培训。通过培训，提高地方政府主管领导和企业主要负责人、管理人员以及从业人员的安全技术素质。要加强安全生产领域的国际合作与交流。办好第二届中国国际安全生产论坛暨职业健康展览会。

强化政府部门的安全监管，是国家赋予各级安全监管监察部门的基本职责，也是促进安全生产法律法规和各项安全防范措施落实的体制保障。在依法强化安全监管工作上，今年也要实现以下四个方面的新进展。

（一）通过实施《安全生产许可证条例》，严格企业市场安全准入的门槛。《安全生产许可证条例》的出台实施，标志着我们国家依法建立起了安全生产许可制度，这是适应完善社会主义市场经济体制、强化政府市场监管职能的必然要求。过去，企业从事生产经营活动，虽然在行政审批方面，设立了许多许可制度，但是对企业安全生产条件的审批，却没有严格的规范，致使一些不具备安全生产基本条件的企业进入市场，成为事故源。近年来的安全生产监管工作，基本上是以事中防范和事后查处为主。一些地方和单位的工作比较被动，很重要的一个原因就是不能做到事先把关，难以从源头上管住不具备安全生产条件的生产经营单位进入市场。《安全生产许可证条例》的出台实施，依法设立了市场安全准入的门槛，从而把安全生产监管的关口向前移了一大步。我们要认真学习贯彻这个《条例》，充分运用这一法律手段加强对矿山、建筑施工和危险化学品、烟花爆竹等危险性较大的企业安全监管的力度，从源头上防止和减少生产安全事故。

依据《安全生产许可证条例》，企业必须依照规定的条件取得安全生产许可证，方可从事生产活动；未取得安全生产许可证的企业，不得从事生产活动。各级安全生产监管监察部门要认真做好安全生产许可证发放的有关准备工作，用好国家赋予的行政许可权力，按照法律规定的安全生产条件，对负责审批的企业严格进行安全生产资格的审查，把好审查发证这一关。同时，要按照《条例》的要求，尽快建立健全必要的审批制度和监督检查制度，规范安全生产许可证的发放和管理，搞好这项工作的综合监管，防止出现把关不严或违规发证的现象。

（二）通过制定实施有效的经济政策，促进各类企业建立正常的安全投入机制。企业必要的安全投入，是搞好安全生产的物质保障。国务院《决定》对企业安全费用提取、加大事故赔偿和安全生产风险抵押等相关经济政策，作出了明确的规定。

下一步，要研究制定具体的实施办法，通过政策导向，建立促使企业加大安全投入的制约机制。一是在企业安全生产费用提取方面，要抓紧与财政部沟通协商，争取出台《煤矿安全费用提取办法》，并对煤炭行业实施这一制度的情况进行跟踪调研，总结经验，完善政策措施，尽快在其他高危行业和领域推开。二是在加大事故赔偿方面，要认真贯彻《决定》的精神，在执行工伤社会保险制度的同时，抓紧研究提出企业伤亡事故赔偿办法。从业人员因事故伤亡后，就可以依法从工伤社会保险机构、商业性保险公司和企业三个方面同时得到经济赔偿。这样多管齐下，建立促使企业自觉增加安全投入的制约机制。三是在安全生产风险抵押金政策方面，要通过向高危企业征收一定数额的风险抵押金，一方面解决事故抢险救灾和善后工作中的实际问题，另一方面促使企业重视做好安全工作，防止和减少伤亡事故。各类企业的提取标准以及具体管理办法，由各地政府从实际出发研究制定。

（三）通过安全生产监管体制创新，加快构建"六个支撑体系"。健全完善安全生产监管体系和应急救援机制，是做好安全生产工作的体制保障和技术支撑。按照国家局提出的构建"六个支撑体系"的思路，过去的一年，在安全监管机构、体系建设方面，取得了较大的成效。但是，最近国务院安全生产督察组在检查中发现，目前的安全监管体系还不完善，特别是市、县的安全监管机构还不健全。有的省50%的县没有安全监管机构。有的省市、县两级安全监管机构都是事业单位，不具备监督执法资格。有的地市安全监管机构只有3～4人。另外就是生产安全应急预案普遍不完善、不落实。有的虽然有预案，但缺乏具体有效的应对措施，操作性不强，也没有进行过实际演练，缺乏实际应急救援能力。

2004年要抓住机遇，进一步完善安全生产监管体系。一是进一步完善国家安全监管体制，理顺综合监管与专项监管等方面的关系。二是推动地方加快安全监管机构建设，特别是加快市县安全监管机构的组建，保证编制、人员、经费到位，并切实提高其权威性。三是加快建立国家安全生产应急救援体系，建立预警和应急机制，抓紧组建国家生产安全应急救援指挥中心，建设具有快速反应能力的专业化救援队伍，增强应对特大生产安全事故的能力。四是继续推进安全生产法律、信息、技术、宣教、培训等支撑体系的建设。

（四）通过学赶先进，进一步加强安全专业人才的培养和执法队伍的建设。安全生产监督管理工作需要强有力的人才资源支撑，要树立人才资源是第一资源的理念，下大力量加强安全专业人才的培养，搞好安全执法队伍的思想政治建设和业务建设，努力培育一支适应市场经济发展要求，"政治坚定、业务精通、作风过硬"的安全监管和煤矿监察队伍，更好地履行党和政府赋予的神圣职责。

这次会议上，表彰了39名先进工作者和一批安全监管、监察系统的先进集体、先进个人。黄菊副总理亲切接见劳模代表并合影留念，给予劳模代表很大鼓舞。先进模范是我们这支队伍的杰出代表，也是人才建设的楷模。要以他们为榜样，在安全监管监察系统广泛开展"学先进、比奉献、争一流、创佳绩"的活动，弘扬先进典型的奉献精神和思想品德，倡导求真务实的作风，推动安全监督执法队伍的建设。

四、认真做好春节期间和一季度工作，力争2004年有一个好的开局

通过这次会议，下一步安全生产工作的目标任务、工作重点和政策措施等，都已经明确。下一步关键是狠抓落实。"一年之计在于春"。落实这次会议精神，开创安全生产工作的新局面，必须立足当前，抓好一季度的工作，开好局、起好步，使2004年工作一上手，就要有新气象、新局面。

（一）认真做好会议精神的传达贯彻。首先要抓好我们自身的学习。全系统各级班子和广大监管、监察人员，要认真学习会议的有关文件。特别是黄菊副总理的重要讲话和国务院的《决定》、《条例》，一定要逐句逐字、认认真真地学习，真正领会精神实质，把握要点，指导工作实践。在这个基础上，加大宣传贯彻力度，运用多种形式，大力宣传党中央、国务院关于加强安全生产工作的一系列重大决策，宣传党和国家安全生产方针政策和法律法规，宣传国务院的《决定》和《安全生产许可证条例》，掀起新一轮的安全生产宣传热潮，进一步提高全党、全社会对安全生产工作重要性的认识，强化全民安全意识和安全生产法制观念，为加强安全生产工作创造有利的舆论氛围。

（二）紧密联系实际，安排部署好本地区、本单位的年度工作。要把黄菊同志的重要讲话和国务院《决定》精神，与本地区、本单位的实际紧密结合起来，抓住影响安全生产状况好转的关键环节、主要矛盾，有针对性地提出政策措施。要把2004年安全生产工作的目标任务分解落实下去。要善于抓重点，把主要精力集中在重点工作和主要问题上，实现重点突破，全面推进。

（三）切实做好春节期间的安全防范工作。国务院安委会专门下发了《关于做好“两节”期间的安全生产工作的通知》，召开了全国安全生产电视电话会议。对春节期间的安全生产工作，一定要高度重视，万万不能掉以轻心。安全监管部门和煤矿安全监察机构的同志，一定要转变作风，紧紧盯住那些容易出现问题的重点地区、重点行业、重点单位和重点部位，指导督促有关单位加强对重大危险源的监控，搞好对重大隐患的整改，对于安全大检查中查出的隐患问题，要进行跟踪监督检查，抓住不放，一抓到底。

节日期间，各省级安全生产监管局、各煤矿安全监察局要安排专人昼夜值班，保证一名领导干部在岗带班，一旦发生险情或事故，要及时组织力量进行抢险和妥善处置，并按程序及时、如实上报。

（四）切实转变作风，关心职工的生活。要加强党风廉政建设，落实廉洁自律的有关规定，做到为民、务实、清廉。安全生产监管、监察系统要大力弘扬艰苦奋斗的优良传统和求真务实的作风。春节期间要组织好送温暖活动，帮助工作在一线的安全监管监察人员解决实际问题，让大家过一个欢乐祥和的新春佳节。

安全生产工作是一项艰巨复杂的系统工程，必须在政府的统一领导下，实行齐抓共管。作为综合监管部门，我们要发挥好、运用好、协调好各方面的积极因素，形成齐抓共管的强大合力。这次安全生产工作会议的召开，为省级监管机构进一步加强与各部门的配合协作提供了一个很好的机会。希望大家会上会下，就安全生产工作方面的一些问题，主动与参加会议的省公安、交通、建设、质检等部门的负责同志，多一些沟通，多听取他们的意见。煤矿安全监察机构要继续保持与地方政府的密切联系，紧紧依靠地方政府及其煤炭管理部门，做好监察执法工作。

同志们，这次会议的召开，为安全生产工作提出了新要求、新任务，也提供了强大的动力。新年伊始，各方面的有利条件很多。我们要抓住机遇，乘势而上，以新的精神面貌迎接新的挑战，以求真务实的作风做好2004年的各项工作，促进全国安全生产状况进一步好转，为维护改革发展稳定的大局做出新的贡献！

国家安全生产监督管理局（国家煤矿安全监察局）副局长赵铁锤在全国煤矿安全工作座谈会上的总结讲话

（2004年11月12日）

这次煤矿安全工作座谈会的收获，主要有以下三点：

一是统一了思想，坚定了信心。大家在讨论中说，2000年以来，全国煤炭产量翻了一番，百万吨死亡率下降了一半，煤矿事故死亡人数减少了两千，这个成绩确实了不起。充分说明党中央、国务院关于煤矿安全工作的各项决策、方针政策是正确的；国家局党组贯彻中央指示精神的态度是坚决的，也是富有成效的。近年来的实践表明，只要我们坚定不移地贯彻党中央、国务院的指示精神，落实国家局党组的各项部署，就一定能够在目前的基础上，不断开创煤矿安全工作的新局面。一些企业的同志说，王显政同志提出的安全发展观，阐明了我们思考很久的一个问题，是煤炭工业科学发展理论的一个突破，反映了全行业的愿望。朝着这个方向走下去，持续不懈抓它几年、十几年，我们一定能把煤炭工业建成一个安全的行业，一个劳动者生命安全和身体健康得到切实保护的行业，一个全面协调发展、可持续发展的行业。

二是认清了形势，明确了任务。通过这次会议，使大家清醒地认识到我国煤矿安全工作的差距，进一步增强了责任感、使命感、紧迫感和光荣感。华建敏国务委员提出的近期、远期工作要求，王显政同志提出的三个阶段工作目标，即使大家受到振奋，更使大家感到肩负的担子很重。讨论中许多同志表示，一定要以这次会议为动力，着眼长远，立足当前，加倍努力做好煤矿安全工作。

三是总结了经验，交流了体会。大家普遍认为，华建敏国务委员在讲话中对成绩的充分肯定，以及对存在问题的分析，都是中肯的，实事求是的。王显政同志在报告中总结的煤矿安全工作八条基本经验，是一个时期以来煤矿安全工作实践经验的积累，应当自觉遵循和长期坚持下去。会上交流的先进经验，都很有说服力。在分组讨论中，大家相互学习、取长补短，进一步明晰了思路。一些地方政府和煤矿企业的同志表示，一定要认真学习兄弟单位的好经验和好做法，把本地区、本单位的煤矿安全工作特别是瓦斯防治工作抓上去。

四是明确了煤矿安全监管、监察责任。王显政同志提出的“四个关系”，是贯彻落实国办《意见》，明确国家、地方、企业三方职责，完善煤矿安全监察、监管工作机制的关键。正确处理和把握这四个关系，有利于各方面搞好协调，密切配合，形成工作合力。大家表示，要按照王显政同志的要求，认真贯彻落实好《意见》，尽快建立和完善“国家监察、政府监管、企业负责”的煤矿安全工作格局。

分组讨论中，大家还对国家局和面上的煤矿安全工作提出了不少宝贵意见和建议。国家局党组将认真研究借鉴，进一步加强和改进我们的工作。

下面，我就贯彻落实这次会议精神和做好下一步煤矿安全工作，讲三点意见：

一、把思想统一到这次会议精神上来

这次会议在全面总结前一阶段工作的基础上，对下一步的工作进行了全面部署。会议的内容丰富，目标明确，措施具体，指明了下一步工作的努力方向。这次会议，有不少新思想、新观点和新要求，需要同志们认真学习、加深理解，深刻领会，尽快把思想统一到这次会议精神上来。

第一，要统一对“八条基本经验”的认识。王显政同志在回顾这些年的煤矿安全工作时，概括提炼了八条基本经验。这八条基本经验，反映了煤矿安全工作的规律和特点，是实践的产物和集体智慧的结晶，反映了科学发展观的基本要求，体现了“以人为本”的思想理念。既是对过去工作的总结，更是今后工作的指导方针和指导原则。我们一定要深刻理解，在下一步的煤矿安全工作中自觉坚持。

第二，统一对煤矿安全三个阶段工作目标的认识。在本世纪的前20年，是建设小康社会的关键时期，也是煤炭工业振兴发展、再创辉煌的重要历史时期。在这一时期，必须坚决控制事故多发势头，尽快实现我国煤矿安全状况的稳定好转，为煤炭工业的协调健康发展提供良好的环境。我们使命在肩，义不容辞。在充分考虑我国现阶段煤矿安全状况及发展趋势的基础上，这次会议提出了煤矿安全工作今后三个阶段的工作目标。这三个阶段的工作目标与安全生产总体目标是一致的，是构成总体目标的重要组成部分。制定这样一个目标，可以起到激励工作、振奋人心、凝聚力量的作用，同时也有评价工作的作用。要实现这个目标，需要统一大家的思想，把各个方面的积极性调动起来，为实现这个目标共同努力。

第三，统一对安全发展观的认识。安全发展观是这次会议上提出的一个新观念，其基本内涵就是要从安全的角度去思考、谋划煤矿工业发展问题，把发展建立在煤矿安全状况不断改善、全行业职业安全健康水平不断提高的基础上。从这一层来理解，安全发展观反映了科学发展观的本质要求，是科学发展观在煤炭工业、煤矿安全领域的具体运用。树立安全发展观，就必须认真贯彻落实“安全第一”的方针，自觉坚持以人为本；就必须把安全生产纳入行业和企业发展的总体布局，做到同时规划、同时部署、同步推进；就必须着眼长远，建立煤矿安全长效机制，推动煤炭工业走一条安全环保、清洁高效的新型工业化发展道路。各地区、各单位要按照华建敏国务委员和王显政同志的讲话要求，对安全发展观进行认真思考和深入研究，在思想上形成共识，结合实际，深入探索加强煤矿安全生产工作的新路子，致力于推动煤炭工业的全面和谐、持续健康发展。

第四，统一煤矿安全以瓦斯为天的认识。瓦斯事故占煤矿事故的80%左右。瓦斯不治，矿无宁日。瓦斯为天，就是要把防治瓦斯事故摆在煤矿安全工作重中之重的位置上，作为最致命的环节来抓。同时，瓦斯为天并不一句空洞的口号，应该跟上实实在在的措施。最重要的，就是要认真贯彻落实“先抽后采、监测监控、以风定产”十二字方针。“先抽后采”着眼于从源头控制，是瓦斯防治的治本之策。“监测监控”是着眼于防范，是预防瓦斯事故的重要保障措施。“以风定产”着眼于加强管理，是从通风系统的能力上来控制瓦斯的积聚。贯彻“十二字”方针，必须三管齐下，才能有效控制瓦斯事故。所以，各煤矿企业一定提高对防治瓦斯的认识，树立瓦斯为天的观念，采取过硬措施，坚决把瓦斯事故控制住。

二、在抓落实上继续狠下功夫

这次会议明确了下一步煤矿安全工作的思路和要求，现在关键要认真抓好贯彻落实。

一是要在学习贯彻会议文件上抓落实。华建敏国务委员的重要讲话和王显政同志的工作报告，是指导当前和今后一个时期的煤矿安全工作的纲领性文件。一定要认真学习，把握要点，吃透精神实质。会后，各地区、各单位参加会的同志，要尽快向本地区、本单位党政主要负责同志汇报。组织领导班子成员，以及有关部门的同志，原原本本地学习会议的文件，主要是华建敏国务委员和王显政同志的重要讲话，切实掌握国务院和国家局关于煤矿安全工作的总体思路和要求。

二是要在组织领导上抓落实。地方各级政府要认真贯彻落实国办《意见》，按照王显政同志关于把握好“四个关系”的要求，切实加强对煤矿安全工作的领导，从机构、人员、经费三个方面保证煤矿安全监管工作的顺利进行。煤炭企业要强化责任主体意识，严格各级领导安全责任制，一级抓一级，层层抓好落实。地方政府煤矿安全监管部门要尽快进入角色，承担起监督管理职责。煤矿安全监察部门要积极发挥综合协调作用，指导协调负有煤矿安全监督管理职责的部门和有关单位，共同做好工作。有关中介机构和社团组织也要积极发挥作用，为做好煤矿安全工作提供服务。各地、各单位要坚持正确的舆论导向，保持强大的宣传声势，营造良好的舆论氛围。各方面密切配合，把煤矿安全工作抓上去。

三是要在具体措施上抓落实。各地、各单位要按照这次会议的要求，在安全发展观的指导下，统筹安全生产与煤炭工业的全面和谐发展，加快制定煤矿安全中长期工作规划，在百万吨死亡率、万元产值事故损失率、尘肺病等职业病发病率，以及资金投入、培训教育、基础建设、企业安全面貌等方面，提出具体的奋斗目标和可行的工作措施。要按照会议确定的工作步骤，在调查研究的基础上，认真谋划好明年和“十一五”期间的煤矿安全工作思路，提出切实可行的对策措施，掌握煤矿安全工作的主动权。要把会议精神贯穿于今冬明春的工作之中，用会议精神指导解决工作过程中遇到的新矛盾、新问题，巩固和发展目前煤矿安全工作的好势头。

四是在学习推广先进经验、提升煤矿安全工作水平上抓落实。一个时期以来，各地、各单位把党中央、国务院关于煤矿安全工作的指示精神和国家局的部署与各自实际紧密结合起来，创造了一些很好的做法和经验。如山西省建立省、市、县三级煤矿安全工作行政问责制，强化各级政府在煤矿安全监管方面的职责，同时改革采煤方法，淘汰落后生产力；河南省平顶山市石龙区对乡镇煤矿实行技术矿长、安全矿长、设备矿长和驻矿监管干部“四委派”制度，连续三年消除了煤矿死亡事故，煤炭生产百万吨死亡率为零；淮南矿业集团认真落实“十二字方针”，实施“可保尽保、应抽尽抽”综合治理措施；神华集团加大投入力度，推动煤矿安全科技进步；晋城、阳泉重视安全文化建设，在矿区形成“关爱生命、关注安全”的舆论氛围；兖矿集团公司重视抓好基层和基础工作，落实企业主体责任；六盘水市把煤矿安全工作摆上市委市政府重要日程，各部门联合执法，齐抓共管；济宁办事处实行主管监察员制度，强化两个责任，做好监察执法工作，等等，所有这些经验，都被实践证明是行之有效的，也为我们创新煤矿安全工作提供了有益的借鉴和启示。大家一定要把这些好经验、好做法学到手，大胆实践，大胆探索，推动思想观念、工作机制、监管监察方式方法的创新，把煤矿安全工作提高到一个新的水平。

三、转变作风，真抓实干，突出抓好今冬明春煤矿安全工作

要把这次会议精神落到实处，不断开创煤矿安全工作的新局面，就必须大力弘扬求真务实的工作作风。从近几年来的实践经验看，凡是作风深入，认真抓落实的地区和单位，工作的成效就大。反之，就会出现被动。煤矿安全生产是同大自然作斗争，必须讲究科学的态度，严谨的作风，真抓实干，必须抓细、抓实、抓严。抓细，就是要弘扬求真务实精神，大兴求真务实之风，认真细致地抓好安全工作的每一个环节、每一个细节；抓实，就是要对每一项工作落实措施、落实责任，防止形式主义，做到处处有人抓、事事有成效；抓严，就是对安全工作各个环节严格把关，对查出的问题抓住不放，落实整改措施，并一抓到底。

煤矿安全工作的内容很多。王显政同志所说的"人、机、环境"三大要素，"源头管理、过程控制、应急救援和事故查处"四个环节，涵盖了煤矿安全工作的方方面面，必须深刻领会，全面加强，共同推动。在具体工作中，要善于抓住重点，统筹兼顾。所谓重点，就是对煤矿安全工作全局性有着制约作用的主要环节。抓住了这些环节，就可以带动其他许多工作。各地、各单位的具体情况不同，煤矿安全工作的重点也应当有所不同。各地区、各单位要结合实际，确定今冬明春煤矿安全工作的重点，采取得力措施，力争在重点工作上取得突破。

一是要抓好"一通三防"集中整治，确保今冬明春煤矿安全生产。今冬明春是煤炭生产和消费旺季，也是煤矿事故高发季节。随着冬煤储存和电力需求的进一步增加，煤炭供求矛盾将进一步加大。在经济利益驱动下，煤矿企业超能力生产的问题将越来越突出，部分地区无证非法生产煤矿也可能死灰复燃。10月份，煤矿企业连续发生了6起一次死亡10人以上的特大事故，死亡234人，安全生产形势严峻。从最近发生的一系列煤矿重特大事故来看，有安全意识的问题，有设施的问题，有管理的问题，也有应急救援能力的问题，我们必须引以为戒，举一反三。集中开展煤矿"一通三防"专项整治，是防范重特大瓦斯事故的重要举措，也是当前煤矿安全工作一项紧迫任务。各地区、各单位要高度重视，加强领导，按照华建敏国务委员的讲话要求和国家局即将作出的具体安排，认真扎实地做好这项工作。要按照王显政同志"五落实"的要求，认真排查整改"一通三防"重大隐患和问题。同时，建立瓦斯事故和各类事故的预警机制和应急预案，提高应对重特大事故的能力。通过集中整治，确保今冬明春煤矿安全生产。

二是要大力开展煤矿安全质量标准化活动，夯实煤矿安全生产的基础。开展安全质量标准化活动，是强根固本、建立煤矿安全长效机制的有效途径，是在继承传统基础上、煤矿安全工作方式方法的创新和发展。得到了国务院领导的充分肯定，《国务院关于进一步加强安全生产工作的决定》也就此提出了明确的要求。目前，全国各行业都在开展安全质量标准化活动，煤矿要走在前面，探索新路子，取得新成效。要继续大力推广七煤集团公司的经验，从建立标准体系、兑标达标、考核奖惩等环节着手，把煤矿安全质量标准化活动广泛开展起来，深入持久地坚持下去。最近，国家局已组织力量，对各地开展活动情况进行抽查，准备选树表彰一批安全质量标准化样板企业。各地、各单位也要根据实际情况，选树表彰一批先进矿井、先进区队和先进班组，促进安全质量标准化活动的深入开展，夯实煤矿安全工作的基础。

三是贯彻落实《安全生产许可证条例》，加强源头管理。各类煤矿特别是国有大矿，一定要带头贯彻执行《安全生产许可证条例》和国家局下发的配套实施办法，积极申请、办理领证手续。年底前，国有大矿办证率要达到80%以上，小煤矿也要达到50%以上。凡不具备发证条件的项目，尚未建设的不准开工；在建的要进行清理；已建的要限期改造。所有无证、无照和证照不全的小煤矿，必须立即关闭；关闭取缔之后又擅自非法恢复生产的，一经发现必须从快从重查处，严防死灰复燃。凡在安全程度评估中被评为D类的矿井，以及不具备颁证条件的矿井，该关的关，该停的停，从源头上杜绝和减少煤矿事故。

四是进一步完善煤矿安全生产控制指标体系，强化责任制。今年是建立安全生产控制指标体系的第一年，明年的工作能否顺利开展，关键看年终的考核。因此，一定要严密组织，严格按程序进行考核。现在离年底还有不到四十天的时间，有关单位要立即着手组织年终考核工作。要根据年初下达的目标责任，全面细致地考核各级安全生产控制指标落实情况。同时，严格奖惩兑现，年初怎么说，年底就怎么做，该奖的奖，该罚的罚，不能含糊。通过厉行奖惩，全力促进安全生产责任制的落实，扭转煤矿安全领域“严不起来、落实不下去”的情况，扎实有效地推动煤矿安全工作。会后，各地区、各单位都要对照考核内容，认真组织自查，并将自查情况及时上报国家局，做好迎接考核准备。考核结束后，要认真总结经验，进一步完善煤矿安全生产控制指标体系，为明年实施指标控制打下基础。

同志们，煤矿安全生产工作事关改革发展稳定的大局，任重而道远。我们要以对党对人民高度负责的态度，认真学习贯彻会议精神，把思想统一到中央领导指示和国家局部署上来，以创新的精神，聚精会神地抓好各项工作，开创煤矿安全生产工作新局面，促进全国安全生产形势的稳定好转。

国家安全生产监督管理局（国家煤矿安全监察局）副局长王德学在安全生产综合监管工作座谈会上的讲话

（2004年3月25日）

这次会议的主要任务是，深入学习贯彻《国务院关于进一步加强安全生产工作的决定》和全国安全生产工作会议精神，总结交流几年来安全生产综合监管工作正反两方面的经验，深入研究探讨新形势下安全生产综合监管工作的规律特点，进一步统一思想，理清思路，理顺关系，划清职责，明确任务，改进工作，切实解决好目前存在的突出矛盾和问题，提高安全生产综合监管的效力和水平，努力开创新的局面。

一、要正视现状，切实增强做好安全生产综合监管工作自觉性

对安全生产实施综合监督管理，是法律赋予各级安全生产监督管理部门的基本职责。《安全生产法》第9条明确规定：“国务院负责安全生产监督管理的部门依照本法，对全国安全生产工作实施综合监督管理。县级以上地方各级人民政府负责安全生产监督管理的部门依照本法，对本行政区域内的安全生产工作实施综合监督管理”。国家和各级安全生产监督管理、煤矿安全监察机构组建以来，认真履行法律法规和各级人民政府赋予的职责，坚持高举邓小平理论和“三个代表”重要思想的伟大旗帜并用其统领安全生产工作，坚持认真贯彻落实“安全第一，预防为主”的方针和中央领导同志关于安全生产工作的一系列重要指示、《国务院关于进一步加强安全生产工作的决定》以及安全生产方面的法律、法规和规章、标准，坚持发扬与时俱进和开拓创新精神，以推动全国安全生产状况总体稳定好转，保障最广大人民群众的生命财产安全，保证和促进经济社会的持续、协调、快速、健康发展，维护改革发展和稳定的大局为己任，注重实践、注重探索、注重创新、注重提升；统筹谋划、周密部署、精心组织、真抓实干，较好地回答和解决了社会主义市场经济条件下安全生产工作中的一系列重大理论和实践问题，较系统地提出了以抓好“三项建设”、建立“六个支撑体系”、推进“五项创新”以及“关口前移、重心下移、狠抓双基、深化整治、强化监管，促进全国安全生产状况稳定好转”为主要内容的总体思路，并按照这个思路，做了大量具开创性的、卓有成效的工作。由于党中央、国务院的正确领导，各地区、各部门、各单位的高度重视，社会各方面和广大人民群众的参与支持，使全国的安全生产工作取得了较大成绩。

但由于种种原因，整个安全生产工作还有许多不尽如人意的地方。当前，全国的安全生产形势依然严峻，尤其是安全生产领域的一些深层次矛盾和问题还没有得到根本解决，基础设施脆弱，基础管理薄弱，基层监管虚弱的问题还十分突出。就安全生产综合监管工作而言，也还存在着一些亟待解决的问题：一是思想认识上有差距。主要是对搞好综合监管的重要性认识上有偏差，对综合监管职能的理解上有偏差，对摆正位置，发挥作用，搞好服务的理念确立上有偏差。二是在正确履行职责上有差距。主要是对综合监管职能履行的不够好，一些地方不同程度地存在缺位、错位、越位等问题。三是在理顺工作关系上有差距。主要是有些职责未完全划清，协调机制尚不完善，一些地方还存在着发挥各方面的积极性不够和扯皮、推诿、不协调以及联合执法工作不到位等问题。四是队伍建设上有差距。主要是有些地方的安全生产监管部门人员的政治素质不够高，业务能力不够强，工作作风不够实。五是体制理顺和机构强化方面有差距。一些省（区、市）特别是地（市）级以下还没有建立起完全独立的、政府直属的、权威较大的政府一级机构。作为安全生产工作的综合牵头部门，这种状况不利于指导协调和综合监管工作的更好开展。

我们必须清醒地看到当前安全生产方面的严峻形势，看到我们面临的矛盾和困难，看到我们工作中存在的差距和问题，看到安全生产工作的长期性、艰巨性、复杂性、反复性、紧迫性、重要性，看到我们综合监管工作的繁重任务，从而增强危机感、责任感、紧迫感和使命感，增强工作自觉性、积极性、主动性、创造性，下大决心、花大气力、求真务实、开拓创新、顽强拼搏、埋头苦干，扎扎实实地做好安全生产综合监管工作，为实现全国安全生产形势的进一步稳定好转做出贡献。

二、要统一认识，正确理解安全生产综合监管工作的基本职责

所谓安全生产综合监管，就是各级政府的安全生产监督管理部门依照法律法规所赋予的权限，对辖区范围内的安全生产工作进行宏观管理和指导，代表政府履行督促指导、监督检查、综合协调、行政执法等方面的职责，从而保证党和国家的各项方针政策与安全生产法律法规在各地区、各部门、各行业、各领域、各单位得到全面的贯彻落实。梗概地说，综合监管就是：较宏观的、高层面的、全局性的、全面性的、全方位的监管；其功能和内涵是：运筹谋划、引导促进、立规执法、组织部署、监督检查、指导协调、宣教培训、统计分析、通达反馈、调度综合。

从目前的实际情况看，安全生产综合监管工作应当包括以下一些主要内容：（1）在“安全第一、预防为主”的总方针指导下，根据阶段性工作的需要，研究提出开展安全生产工作应当遵循的具体方针和原则；（2）按照科学发展观的要求，依据经济社会发展的总体规划，研究制定国家、地区和重点行业安全生产发展规划和主要目标，推动安全生产与经济社会的同步发展；（3）拟定安全生产法律法规，并依据国家有关法律法规，制定安全生产的规章、规程和标准；（4）综合各地和各行业的安全生产情况，分析安全生产形势，针对薄弱环节，研究提出促进安全生产工作有力开展的政策措施和建议；（5）组织开展安全生产检查督查和作业场所职业危害的监督检查，采取有力措施，督促各级政府和有关部门及生产经营单位落实安全生产责任制，加强安全生产工作和职业危害防治工作；（6）按照中央关于整顿和规范社会主义市场经济秩序的统一部署，研究部署安全生产领域的专项整治，会同有关部门做好整治工作，督促加强对重大危险源的监控和重大隐患的整改治理；（7）对公路、水运、铁路、民航、水利、建筑、军工、邮政、电信、旅游、林业、电力、消防等有主管部门的行业和领域的安全生产工作实施检查、监督、指导、协调和综合；（8）组织开展“安全生产月”、“安全生产万里行”等全国性的安全生产宣传教育活动和培训工作，推进安全文化建设；（9）传达上级党委、政府的工作部署和指示，通报有关情况，做好信息传递和反馈工作；（10）指导协调或组织指挥重特大事故的应急救援工作；（11）按照有关法律法规赋予的职责权限，依法查处各类伤亡事故，追究事故责任人的责任，按照规定实施行政处罚；（12）推进安全监管体系建设，为搞好安全生产工作提供保证。

从不同的层面看，安全生产综合监管可以分为以下五种类型：一是对全国或地区全局性的综合监管。主要是宏观思路的谋划、发展规划和工作计划的制定、重要工作的部署、重大活动的组织、政策法规的拟定、事故及伤亡情况的统计、各行各业特大和特别重大事故的调查处理、安全生产形势的分析预测、重要信息的传递和整体情况的综合等。二是局部性的，对一些行业和领域的安全生产实施综合监管。主要是安全生产监管部门对有行业主管部门的相关行业和领域的安全生产工作的综合监管。这方面具体的、直接的、日常的、专项的安全生产监管工作主要由各级负有安全生产监管职责的有关部门来做，安全生产监管部门负责对这些部门进行监督检查、指导协调和综合。三是上级政府的安全生产监管部门对下级政府的监督检查和指导协调。主要是对下级政府贯彻落实党和国家的安全生产方针、安全生产法律法规以及上级党委、政府的重要工作部署、指示的情况以及其履行安全生产职责，落实安全生产责任制，开展安全生产工作等情况进行监督检查，对有关工作进行指导协调。四是上级安全生产监管部门对下级安全生产监管部门的指导、监督。主要是向他们下达工作计划，部署工作任务，传递重要信息，调度重要情况，指导其开展好工作以及监督检查其履行职责，开展行政执法、综合监管、具体监管工作和上级工作部署的贯彻落实情况等。五是对全国和当地社会其他各方面、层面涉及安全方面工作的综合管理。

三、要摆正位置，正确履行职责并发挥好综合监管部门的作用

大量的事实告诉我们，要搞好安全生产综合监管工作，关键是要正确把握和履行安全生产综合监管的基本职责，坚持“三个到位”和“三不”；适应形势任务需要，努力实现“四个转变”，做到“八个促进”。

“三个到位”：一是思想认识要到位。要充分认识安全生产工作的地位、作用以及做好安全生产综合监管工作的重大意义。清醒地认识到，安全生产工作事关“三个代表”重要思想的落实，事关党同人民群众的血肉联系，事关广大人民群众的根本利益，事关科学发展观的落实和经济的持续协调健康快速发展，事关社会政治稳定的大局。安全生产工作能不能搞上去，全国安全生产状况能不能尽快实现稳定好转，综合监管很关键。我们肩负的责任重大，使命光荣，任务艰巨。二是履行职责要到位。凡是法律法规已经明确的和同级政府赋予的综合监管职责，都要通过我们的努力，逐项得到落实，不能有半点犹豫，不能有半点马虎，不能有丝毫放松和懈怠。三是工作措施要到位。要按照党中央、国务院和各级地方党委、政府的统一部署和工作要求，根据不同阶段、不同行业和不同领域安全生产工作的不同特点，有针对性地采取措施，或者提出对策措施建议，并通过强有力的组织、引导、推动和加强监督检查、指导协调，促进各地区、各部门、各单位抓好落实。

在做到“三个到位”的同时，应注意做到“三不”，即：不缺位，就是该管的事一定要管好、管细、管实，管出水平、管出成效。并要努力做到超前思维、超前谋划、超前动作、主动出击、有所作为，不依赖别人、不顺水推舟、不被动应付。不越位，就是决不能把我们不该管，实际上也管不了、管不好的事揽在手里，不能超越职能权责做事。应真正做到“三放”，即：属于行业主管部门职责范围内的事，安全监管部门应该放手；属于下级部门该做的事，上级部门应该放权；属于中介机构或企业自身职责的事，安全监管部门应放开。不错位，就是我们安全生产监管部门要与其他负有安全监管职责的政府有关部门各司其职，不能取代他们直接的、具体的、日常的、专业的监管工作；要把我们负责的、直接的、具体的监管行业和领域的安全监管工作做细、做深、做实，不推诿、不扯皮；要与生产经营单位和中介机构以及企业出资人等分清职责，不能替代他们的职责和工作。

为适应新形势、新任务的需要，根据黄菊副总理和华建敏国务委员在全国安全生产工作会议上提出的要求，结合安全生产综合监管工作的实际，我们必须加快推进“四个转变”。一是要转变观念。各级安全生产监管部门的同志，应增强人本观念、增强必胜信念、增强创新观念、增强服务观念、增强全局观念、增强责任观念，淡化权力观念，树立安全就是政绩，安全有利发展，安全有利建设，安全有利大局，监管就是服务，执法就是权力等正确的安全观、政绩观、发展观、全局观、权力观和服务观，坚定信心，努力工作，做到聚精会神搞建设，一心一意促发展，扎扎实实抓安全。二是要转变职能和工作重心。要从综合监管的角度，来统筹考虑本地区安全监管工作的大事，要督促各级政府和行业主管部门落实监管责任。与此同时，要从过去重事后查处，转向重事先防范；从重治标转向重治本；从重眼前转向重长远；从重部署转向重落实；从重政府推动转向促企业自动上来，真正落实生产经营单位的安全生产主体责任，切实做到关口前移、重心下移。三是要转变工作方式和手段。要把监管方法和手段从一般性的组织开展安全生产大检查，转向依靠科技手段、提高综合监管的科技含量上来；从过去行政型管理为主转向依法监管，主要依靠法律手段，来规范各方面的安全生产行为，把各个行业和领域的安全生产纳入法制化轨道上来；从单纯依靠集中整治转向既抓集中整治又加强日常监管上来；从注重事后验收把关和监督检查转向注重事先控制，搞好安全生产许可，把住市场准入关口上来；从注重一般号召、平铺推动转向突出重点，培育典型，总结推广典型经验，以点带面，推动全局工作上来；从依靠高压看管转向建立长效机制上来。四是要转变工作作风。要发扬求真务实的工作作风，真正做到重实际、鼓实劲、做实功、办实事、求实效，深入基层、深入一线、深入实际，加强调查研究，不断研究综合监管工作中出现的新情况、新矛盾、新问题，创出新思路、新方法、新措施，把综合监管工作抓细、抓实、抓好。特别要研究治本之策，着眼于战略性、根本性、全局性、方向性、长远性问题的研究和政策措施的制定与实施，推动安全生产工作的全面发展。

综合监管工作要讲求实效，核心是要通过我们的工作，达到“八个促进”。一是促进党的安全生产方针、安全生产法律法规和《决定》以及党中央、国务院的各项工作部署、指示的全面贯彻实施，使各地区、各部门、各单位牢固树立起“安全第一、预防为主”的思想，坚持依法做好安全生产工作，把党中央、国务院的各项要求和部署贯彻落实到位。二是促进安全生产控制指标体系和安全生产责任制的落实，真正把指标认真分解细化，层层落实下去，加强跟踪考核，搞好监督检查，建立有效机制，以促进生产经营单位安全生产主体责任、有关部门的专业监管责任、各级政府的综合监管责任，以及法人代表第一责任人的责任等，真正落到实处，采取切实措施，全面加强安全生产工作，确保指标的完成。三是促进部门安全监管工作的加强，把各有关部门特别是负有安全监管职责的部门抓安全生产工作的积极性充分调动起来，认真负责地做好安全生产工作，搞好安全监管。四是促进安全生产专项整治、企业安全状况的评估和安全质量标准化工作的深入开展，尤其要把各个重点行业和领域的专项整治工作及企业安全质量标准化建设不断推向深入，夯实安全生产的微观基础，提高事故的防御能力。五是促进安全投入和科技进步力度的加大，提高本质安全程度，把安全生产真正建立在依靠科技进步和提高劳动者素质的基础上。六是促进“三项建设”、“五项创新”工作的进一步强化和整个综合监管工作的持续改进和加强，全面提升安全生产综合监管水平。七是促进全社会安全氛围的形成，安全生产工作格局的建立，安全生产监管和支撑体系的完善，形成全社会高度重视，上下各方齐抓共管的工作局面。八是促进安全生产领域深层次矛盾的解决、经济增长方式的转变、科学发展观的落实和安全生产长效机制的建立，各行各业和各个方面安全生产工作的全面加强，重特大事故得到遏制，全国安全生产形势逐步好转，实现在安全的前提下谋求发展。我们应该把能否实现上述“八个促进”作为是检验安全生产综合监管工作成效的重要标准和尺度，用其审视、衡量和考核我们自身的工作。

四、要理顺关系，为搞好安全生产综合监管工作营造良好环境

综合监管工作涉及行业多，职能交叉重叠，情况错综复杂，矛盾问题较多。在实际工作中，要妥善处理好以下“六个关系”。

一是要处理好综合监管与专业监管的关系。这是一个很重要的关系。从一定意义上说，就是要处理好安全生产监管部门与负有安全监管职责的政府有关部门的关系。在这个问题上，既要认真履行我们的职责，又要注意不能替代相关部门的安全监管职责和工作，要重视依靠和发挥有关部门的作用和积极性。如道路交通和水上交通安全的专项整治，就是要由公安和交通部门牵头进行，安全生产监管部门负责综合协调，支持配合他们开展工作。再如民航部门制定航空安全规章、标准，并据此对航空企业实施安全监管，这是民航部门职责范围里的事，而我们综合监管的任务就是促其完善和落实。但对发生的民航与地方政府之间，民航管理部门与其他部门之间的问题，就应主动地、积极地去帮助协调。我们特别应处理好与质检部门关于特种设备方面的安全监管工作的关系和与卫生部门关于作业场所职业危害监督检查方面的关系，大家一定要按规矩办事，不要争论和扯皮，属于特种设备的安全监管的具体工作应由质检部门去做，我们只对各级质检部门说话，做好属于我们该做的事情；属于职业病的防治等方面的工作应由各级卫生部门去做，我们主要进行作业场所职业危害的监督检查，查处此类事故，促进有关方面改善作业环境，做好防护工作，减少职业危害。

二是要处理好上级政府安全生产监管部门与下级地方政府的关系。《安全生产法》和国务院的《决定》明确规定了地方政府在安全生产工作上的领导责任。中编办在调整国家局的“三定”通知中也明确了国家局（安委办）与各省（区、市）人民政府的工作关系。黄菊副总理在全国安全生产工作会议上也强调指出：政府一把手是本地区安全生产的第一责任人，要进一步强化地方人民政府的安全生产责任。因此，各级安全生产监管部门要紧紧依靠同级政府的领导和上级主管部门的指导，对下级政府的安全生产工作进行指导协调和监督检查。要加强与他们的交流与沟通，取得他们的支持与配合；对重特大事故的调查处理应注重听取并尊重他们的意见；对他们在安全生产工作中的困难和问题，要及时提出意见和建议并主动帮助协调解决；对一些关乎全局的重大问题，要及时向上级政府报告，以促其改进工作。

三是要处理好安全生产监管部门与上级政府管理的企业的关系。比如，国务院授权国有资产管理委员会作为出资人的企业即我们通常所说的中央管理的企业，其中工矿商贸企业的总公司（总厂）、集团公司，按照《安全生产法》和国家局的“三定”方案及《国务院办公厅关于进一步加强中央企业安全生产工作的通知》等有关规定，应由国家局实施监管。其下属的分公司、子公司（全资和控股），按属地化管理的要求，由企业所在地的省（区、市）、地（市）两级安全生产监管部门负责监管。省以下各级政府管理的企业在地（市）、县（市）、乡（镇）的，应参照此办法，结合实际做出规定。而有行业主管部门的非工矿商贸领域的其他企业，应由各级负有安全生产监管职责的行业主管部门负责具体的直接的监管，安全生产监管部门负责综合监管。各级安全生产监管部门要认真履行职责，主动加强与上级政府管理的工矿商贸企业的工作联系，主动开展日常的安全监管工作，主动地协调解决好各方面的问题，主动地为企业提供服务和帮助他们改进加强安全生产工作，主动地与有关行业主管部门配合，做好其他领域上级政府管理企业的综合监管工作，绝不能出现断档、盲区和空白，不能缺位。

四是要处理好安全生产综合监管与煤矿安全监察的关系。煤矿安全监察依照《安全生产法》和《煤矿安全监察条例》，其职责由各级煤矿安全监察机构行使。煤矿安全监察属国家监察，其主要任务就是执法，其监察对象包括地方政府、有关部门和各类煤炭企业。各级安全生产监管部门应积极配合、支持他们的工作，让他们独立地依法搞好煤矿安全监察工作。在整个安全生产工作中，安全生产监管部门要根据国家局的部署和当地政府的统一安排，处理好监管与监察工作的关系，搞好综合监管，督促煤炭工业部门和企业搞好日常监管内部管理，为开展煤矿安全监察工作创造条件，绝不能出现“顶牛”或“两张皮”。同时，还应注意做好综合协调工作。煤矿安全监察机构也要注重依靠地方政府的领导，依靠有关方面的支持，依靠安全生产监管部门的合作与帮助，来开展自己的工作。特别是在重大问题的处理上要主动及时地向当地政府汇报，向安全生产监管部门通报和沟通。

五是要处理好宏观与微观、当前与长远的关系。在综合监管的工作实践中，我们要处理好宏观与微观的关系，统筹好当前工作和长远工作，把二者很好地结合起来。既要搞好宏观谋划、部署、指导和综合，又要搞好微观的、具体的指导，坚持抓典型，以点带面，做好具体实施工作，特别要做好我们所承担的具体的、直接监管范围如工矿商贸方面的安全监管工作；既要立足当前，抓好眼下紧迫的应急性的工作，又要着眼于长远，超前思维，运筹谋划好未来，以增强综合监管工作的前瞻性、预见性、时效性、主动性。

六是要处理好区域之间的关系。例如道路和水上交通事故，常常是跨区域发生的。而特大道路和水上交通事故一般是由安全生产监管部门牵头调查处理的。各地、各级安全生产监管部门一定要正确处理好工作关系。按照有关规定，处理事故，以事故发生地为主，事故当事单位所在地的安全生产监管部门要主动配合，帮助协调好关系，做好相关工作。尤其是各地安全生产监管部门在调查各类事故和涉及到赔偿等问题时，需到事故当事单位或相关单位（如设计单位、设备生产厂家等）所在地开展某些工作时，当地安全生产监管部门应给予支持，提供方便，帮助协调。在涉及具体问题的处理时，各方面应相互尊重、相互协商、相互支持，依法行政、秉公办事、共同努力、做好工作。

在处理好上述几个关系的基础上，各级安全生产监管部门还要努力去营造好的工作环境，如文化环境、舆论环境、法制环境、政策环境、体制环境、人际环境，等等，以使我们的综合监管工作顺利开展。

五、要着眼全局，大力推进并全面加强安全生产监管体系建设

建立并完善安全监管体系，就是建立并形成完整的、合理的、顺畅的安全监管体制架构，并在这个架构下，向横向拓展，向纵向延伸，形成由若干个完整的子系统构成的总系统。我们要树立大体系的概念，构筑大体系的格局，形成部门齐全、上下贯通、纵横交错、纵向到底、横向到边的安全监管体系。

从广义上讲，安全监管体系应包含以下一些内容：一是安全监管理论体系。主要包括基础理论、应用理论；既有综合性的，又有专业性的。应在加强基础理论研究的基础上，创立《安全生产学》，形成系统的教程、教材和宣传教育材料，建立一个完整的学科。二是安全监管政策体系。主要包括产业政策、技术政策、经济政策、投入政策、激励政策、约束政策、保障政策等。三是安全监管法规体系。主要包括综合性的、专业性的、主体性的、辅助性的、全国性的、地方性的安全生产法律、行政法规和相关规章、标准。四是安全监管宣教体系。主要包括安全生产媒体、载体，分级分行业的安全生产宣传教育工作机构，教学场所等。五是安全生产培训体系。主要包括安全生产监管系统各级培训机构、场所和其他各行业、部门、单位从事安全生产培训工作的机构、场所。六是安全技术支撑体系。包括从事安全生产科学研究方面的科研院所、大专院校、技术中心、企业研究机构以及专家库、智囊团、咨询组织等。七是安全信息传递体系。包括各级安全生产调度机构、政务办公部门、网站、信息网络、视频系统及各级政府、有关部门、单位从事安全生产信息工作的机构等。八是安全应急救援体系。包括总体救援体系、分支救援体系、综合救援体系、专业救援体系、全局救援体系、地区或局部救援体系。九是职业危害监督检查体系。包括从中央到地方各级职业危害监督检查机构以及为其服务的相关机构。十是安全监管组织机构体系。包括从中央到地方各级安全生产监管工作部门的建立、体制的理顺、系统的形成；各有关行业主管部门从中央到地方各级安全监管机构的建立、体制理顺、系统的形成；各类生产经营单位内部安全生产管理机构的建立及体系的形成；综合监管部门和专业监管部门横向的组织协调机构的建立和工作机制的形成，等等。

我们要加大安全监管工作全面创新的力度，加大安全监管理论研究、法规研究、政策研究的力度，加大安全监管组织机构体系建立、健全的力度，加大对各行业、领域、系统资源整合的力度，加大构建大安全监管体系的力度，真正形成以正确的理论为指导，以健全的法规为保障，以科学的手段为支撑，以完善的机制为动力，以完整的系统为依托，以精良的队伍为主体，体制顺畅、机构健全、功能齐备、上下贯通、纵横成网的安全监管体系。

六、要下大气力，扎扎实实地抓好安全生产监管队伍自身建设

建设一支高素质的安全生产监管队伍，是我们搞好行政执法，做好安全生产专业监管和综合监管工作的重要保证。各级安全生产监管部门和负有安全监管职责的部门及各类生产经营单位应从全局和战略的高度，重视并切实抓好安全生产监管队伍的建设，采取强有力的措施，推进安全生产监管队伍建设工作的开展。一是要认真抓好安全监管队伍的思想政治建设，组织广大安全监管人员认真学习马列主义、毛泽东思想、邓小平理论和“三个代表”重要思想，并教育和引导他们注重理论联系实际，搞好主观世界的改造，真正树立起正确的世界观、人生观、价值观和执政为民、勤政为民、廉政为民的思想，坚定不移地贯彻执行党的路线、方针、政策，认真实施安全生产方面的法律法规，努力践行“三个代表”的重要思想，高度负责地做好安全生产工作。二是要认真抓好安全生产监管队伍的组织建设，在选配好各级领导班子的基础上，把那些政治素质、业务素质较高，事业心、原则性较强，思想作风、工作作风较好的同志选调到各级安全生产监管机构中来，配好、配齐安全监管人员。三是要认真抓好安全监管队伍的作风建设，开展经常性的、针对性强、警示作用大的廉政教育，建立并完善监督约束机制，严厉查处各类违法违纪行为，不断提高各级安全监管人员的拒腐蚀能力，做到严格执法、公正执法。与此同时，要通过多种途径，锻炼培养广大安全监管人员求真务实、勇于吃苦、乐于奉献的好作风。四是要认真抓好安全监管队伍的业务建设，开展系统的培训工作，抓好法律法规和业务学习，不断提高广大安全监管人员的政策水平、执法水平和业务能力。五是要抓好安全监管队伍的制度建设，建立健全各项工作程序和规章制度，坚持用制度管人、按制度办事、用制度说话。六是要建立激励机制，开展评比选树活动，培育典型，树立样板，表彰先进，鞭策后进，并要认真解决好安全监管人员的实际困难和问题，保护和调动他们的积极性。通过一系列措施，真正建立起一支适应工作需要，政治坚定、业务精通、作风过硬的安全监管队伍，以承担起繁重的安全监管任务。

七、要突出重点，认认真真做好安全生产综合监管各项工作

按照党中央、国务院的总体要求、部署和《决定》精神及国家局党组的总体思路，当前和今后一个时期的安全生产综合监管工作，要在继续搞好思路创新、宏观导向、整体推进的基础上，重点抓好以下内容：一是大力加强安全生产法制建设，完善法规体系，强化执法工作。二是要进一步做好安全生产宣传教育培训工作，加强安全文化建设。三是要大力推进企业安全质量标准化活动，强化安全生产的微观基础，加强现场安全管理，落实企业主体责任。四是要通过安全生产控制指标体系的建立、落实及考核，进一步促进安全生产责任制的落实。五是要继续组织和协调、指导好安全生产专项整治工作，开展好安全生产专项检查与督查活动。六是要加大事故查处的力度，建立并落实安全生产问责制。七是要履行好监督检查、指导协调职责，加强对相关部门和各地的监督指导。八是要做好五项战略性起步工程的各项工作，推进安全技术创新与进步。九是要做好安全生产发展战略的研究、制定、实施与安全生产发展规划的制定工作。十是要进一步搞好安全生产调度、统计、信息反馈和分析预测及综合等工作。

我们深信，有党中央、国务院的正确领导，有各级地方党委、政府及其有关部门和广大生产经营单位的高度重视，有社会各方面和广大人民群众的大力支持；加之科学发展观的树立和落实，新型工业化道路和全面建设小康社会步伐的加快，城乡、区域等二元结构的改变和产业结构的调整，科技创新与进步力度的加大，法制建设的不断加强，全社会安全氛围的形成和全民安全意识及素质的日益提高，安全生产长效机制的建立与监管工作的加强，我国的安全生产形势一定会越来越好。我们一定要增强信心，不辱使命，恪尽职守，抓住机遇，迎接挑战，扎实工作，不断开创安全生产工作的新局面。

国家安全生产监督管理局(国家煤矿安全监察局)副局长孙华山在危险化学品安全生产监管工作高峰论坛上的讲话

（2004年8月16日）

一、安全生产工作的本质特征和重要地位

安全生产工作是一项涉及方方面面的系统工程，它由源头管理、过程控制、应急救援和事故查处四个部分所构成，包括了企业对事故风险和伤害因素所进行的识别、评价和控制过程；政府安全许可、监管监察、行政执法；相关企事业单位、社会中介机构、团体等所进行的科学技术、宣传教育、工伤保险等方面的活动。

安全生产的本质特征表现为：安全生产与“三个代表”重要思想有着密切的内在联系，搞好安全生产工作，切实保障人民群众的生命财产安全，体现了最广大人民群众的根本利益，反映了先进生产力的发展方向和先进文化的发展要求。安全生产具有以下六个特点：

一是全局性，事关改革发展和稳定大局，必须纳入经济社会发展的总体布局；正如有人所说：安全生产不是大局，但影响大局；不是政绩，但影响政绩。

二是社会性，事关广大劳动者的生命安全和社会公众利益，必须动员全社会的力量齐抓共管。

三是长期性，存在于社会主义初级阶段和工业化全部进程之中，必须作为一项长期艰巨任务来抓。

四是复杂性，安全生产是人、机、环境的系统工程，必须充分考虑到可能危及安全的各种因素，采取综合措施。

五是科学性，安全生产是同大自然作斗争，必须讲求科学态度，采取科学手段，依靠科技进步。

六是规律性，安全生产是有规律可循的，必须在实践中认识和把握这种规律。

鉴于安全生产问题越来越突出，党中央、国务院党中央、国务院围绕加强安全生产工作，从管理体制、法制建设、经济政策、责任追究等方面，相继采取了一系列措施。特别是今年年初，第一次以国务院名义召开了全国安全生产工作会议，第一次以中央人民政府的名义就安全生产工作作出决定。《决定》强调指出：安全生产关系人民群众生命财产安全，关系改革发展和社会稳定大局。搞好安全生产工作，切实保障人民群众的生命财产安全，体现了最广大人民群众的根本利益，反映了先进生产力的发展方向和先进文化的发展要求。进一步明确了在完善社会主义市场经济体制、加快小康社会建设步伐的新的历史条件下，安全生产工作的应有地位及其重要作用：

第一，是全面建设小康社会、统筹经济社会全面发展的重要内容。目前，安全生产已经成为衡量一个国家和地区经济发展、社会进步的重要标准。小康社会首先是人民群众生命安全得到保障的社会。全面建设小康社会，必须改善劳动者安全状况，大幅度提高全社会的安全水平；必须树立和落实科学发展观，坚持以人为本，促进经济、社会和人的全面发展，实现社会安宁、生活安康和生产安全。著名教育家陶行知先生曾经说过：“中国要到什么时候才能翻身？要等到人命贵于财富，人命贵于权位，人命贵于机器，只有等到那时，中国才真正站得起来。”只有人民群众的生命安全得到高度的珍视，安全和健康权益得到切实的保障，才能实现真正意义上的小康社会。

第二，是实施可持续发展战略的组成部分。人力资源的可持续性，是可持续发展的决定性因素。只有加强安全生产工作，使劳动者生命安全和身体健康得到切实的保护，才能保持经济社会发展的潜力和后劲，使可持续发展战略得到认真的贯彻实施。

第三，是政府履行社会管理和市场监管职能的基本任务。对安全生产实施监督管理，是国家和各级政府的基本职能，是各级干部的职责所在。2003年8月，胡锦涛总书记在江西瑞金革命老根据地考察工作期间，强调指出：各级党委和政府一定要以对国家和人民高度负责的精神，切实把安全生产工作摆到重要位置上来，抓紧、抓实、抓好。

第四，是企业生存发展的基本要求。企业的生存发展，必须以安全生产为前提。各行业的一些龙头企业以及一些发展较快的大公司、大集团，都非常重视安全生产工作，将安全文化作为企业文化的首要内容。通过抓好安全生产，改善了企业基础管理，促进了经济效益提高和企业发展。而一些企业的破产，除了经营不善之外，安全生产没有搞好也常常是一条直接原因。

二、危险化学品安全生产面临的形势和存在的问题

改革开放以来，我国化学工业快速发展，已形成了包括化肥、无机化学品、纯碱、氯碱、农药、涂料等多种产业，可生产大约45000余种化学产品，其中，列入危险化学品名录的有3832种，列入剧毒化学品目录的有335种。一些主要化工产品产量已位于世界前列，如化肥、染料产量居世界第一，农药、纯碱产量居世界第二，硫酸、烧碱产量位居世界第三。2003年化学工业增加值达5600亿元，占全国工业增加值的13.64%，同比增长18.43%，化工行业在国民经济中发挥越来越重要的作用。

据统计，目前我国危险化学品从业单位达371222家，其中，生产单位25373家，储存单位

4792家，经营单位210635家，运输单位6327家，使用单位123892家，废弃处置单位203家，包装定点单位1051家；剧毒化学品从业单位10773家。

按照生产力发展水平，我国的化学品生产企业大致可分为三类。第一类为大公司、大集团，以及跨国公司以独资或合资形式新建的大型化工企业，约1000多家，这类企业设备设施、工艺技术、管理理念和方式都比较先进，事故较少发生。第二类为原化工系统县以上国有企业，约6000多家，这些企业的安全管理虽然有一定基础，但多数先天不足，历史包袱沉重，现实困难多，安全隐患普遍存在，事故时有发生。第三类是乡镇和私营个体企业，约1.8万家，这些企业隐患严重，事故多发。2003年，全国发生的危险化学品事故，大约70%发生在此类企业。

国家安全生产监督管理局成立以来，把危险化学品的安全监管工作摆在重要位置，在各部门、各地区和各单位的密切配合和共同努力下，认真贯彻落实《安全生产法》和《危险化学品安全管理条例》，做了大量基础性工作。第一，不断完善危化品安全监管体系。到目前全国已有17个省级安全监管局独立设置了危化品监管处，职能明确，人员到位。建立了危化品安全监管部门联络员会议制度。进一步强化了安全监管技术支撑体系建设工作。第二，加强了法规建设。制定、修订了80多项行政规章和规范性文件，组织颁布了近600个有关危险化学品的国家标准，各地也相应出台了60多个地方性法规。第三，危险化学品安全专项整治工作取得阶段性成效。根据国务院关于整顿和规范市场经济秩序的总体部署，通过两年多的专项整治，共查出事故隐患95995处，依法关闭和取缔了19224户证照不全或事故隐患严重的危险化学品从业单位，治理整改了一大批事故隐患。今年国家局会同有关部门又联合下发了“深化危险化学品安全专项整治方案”，对下一步整治工作提出了新的要求。第四，危化品从业单位的安全生产基础工作得到加强。开展了危险化学品经营企业安全评价和生产、储存企业安全状况评估工作。截止6月30日，全国危险化学品经营企业安全评价完成了40.9%，生产、储存企业安全状况评估完成了84.9%，安全评价和评估工作，为分类指导和重点监管打下了基础。第五，安全监管关口前移，提高市场准入条件。危险化学品经营许可证已经实施一年多，截止6月30日，全国发放经营许可证74967个，占经营企业的36.62%；安全生产许可证实施的准备工作基本就绪，近期即将启动；生产、储存企业设立审查和包装物、容器定点企业审查9月份开始启动。

尽管我们做了大量工作，并取得了一定的成绩，但由于受生产力发展水平等多种因素的制约和影响，我国危化品安全生产基础还很薄弱，且化工行业属高危险行业，大多数化学品具有易燃、易爆、易腐蚀和有毒、有害等特点，危险化学品事故总量呈上升趋势，泄露、燃烧、爆炸事故时有发生，安全生产形势十分严峻，据统计：

年　份	事故起数	死亡人数	受伤人数
2000	416	1092	2156
2001	564	785	1421
2002	592	873	1551
2003	621	960	1690

今年1～7月，发生事故124起，死亡166人。特别是4月中下旬，重庆、北京、广东、江苏、浙江、江西等地连续发生危险化学品泄露、爆炸事故，造成23人死亡，349人中毒、受伤，近二十万人紧急疏散。还有一些事故，虽然达不到上报条件，但造成的社会影响和环境污染非常严重，据消防部门统计，1999～2001年，全国消防部队处置危险化学品泄漏事故达6872次，爆炸事故1570次。这些事故的发生，给人民群众生命财产造成巨大损失，同时还会引起群体性、社会性恐慌，影响社会稳定的大局。

通过分析，我们认为危险化学品事故具有以下特点。一是突发性，危险化学品事故往往是在没有先兆的情况下突然发生的，而不需要一段时间的酝酿。二是延时性，危险化学品中毒的后果，有的在当时并没有明显地表现，而是在几个小时、几天甚至更长的时间后严重起来。三是长期性，危险化学品对环境的污染有时极难消除，因而对环境和人的危害是长期的。当前危险化学品安全监管工作中存在的问题，主要表现在以下四个方面：

一是政府监管存在薄弱环节。一些市县安监部门危化品安全监管力量明显不足，专业水平偏低，监管手段缺乏。个别地方政府没有编制危化品事故应急预案，现有预案缺乏可操作性。大的化工企业与地方政府之间在事故应急救援方面缺乏沟通衔接。对社区公众缺乏必要的化学品事故应急教育。事故应急救援体系尚未健全，救援力量分散。城市燃气管道安全监管体制不顺。

二是从业单位责任主体不落实。一些单位主要负责人法治意识淡薄，责任制不落实。企业安全管理水平低，从业人员素质较差。一些国有老化工企业和乡镇小化工企业，安全投入不足，设备陈旧造成泄露问题突出，受压容器不能定期检测检验，事故隐患较多。从企业安全评估的结果来看，条件较差的C类和很差的D类企业占40%，相当多的企业带着隐患进行生产和运营。由于地方政府和企业财力有限，地处人口密集地区化工企业安全防护间距不足的问题，短期内难以彻底解决。部分企业不能正确处理安全与生产的关系，突击生产现象严重。从2002年下半年开始，国内主要化工产品价格普遍上涨。实行价格重点跟踪的149种化工产品，价格上涨的有109种，占总数的73%，个别品种如二乙二醇，涨幅超过150%。由于前几年化工市场一直低迷，市场需求转旺后大大刺激了企业。一些企业无视国家法律法规要求，单纯追求经济利益，开足马力甚至超能力生产，从而导致事故发生。

三是相关法律法规难以适应目前的实际需要。由于企业内外部环境、科技进步以及监管主体等方面的发展变化，以往制定的化学品安全法规、规章和标准，适应性和可操作性都受到影响，需要重新制定或修订。

四是化学品安全科研工作还有较大差距。对化学事故的发生机理、安全性能可靠的流程工艺等基础性研究滞后，事故防范、应急救援等实用性技术的研究和推广应用，存在较大差距。化学品安全技术标准体系中很多内容已不能满足目前安全管理的要求。

三、我国化学品安全监管的对策

为适应形势任务的要求，实现我国危险化学品安全生产状况的稳定好转，必须加快做到“五个转变”：一是从人治向法治转变，依法规范，依法监管，建立和完善安全生产法制秩序；二是从被动防范向源头管理转变，严格实行安全生产许可制度，严格市场准入，管住源头，防止不具备安全生产条件的单位进入生产领域；三是从集中整治向规范化、经常化、制度化管理转变，建立安全生产长效机制；四是从事后查处向强化基础转变，切实抓好基层和基础“双基”工作，强化企业安全生产责任主体；五是从目前的以控制伤亡事故为主，向全面做好职业安全健康工作转变，全面提高我国的职业安全健康水平。当前，要抓紧落实好以下工作：

1. 建立健全法律、法规和标准体系

一是尽快修订《中华人民共和国职业病防治法》、《使用有毒物品作业场所劳动保护条例》和《危险化学品安全管理条例》部分条款；二是加快制定完善与《条例》配套的部门规章，今年重点出台与实施安全生产许可证有关的规章和规范性文件；三是制定、修订相关的国家和行业标准，今年拟完成并颁布《危险化学品警示标签编写规定》等39项国家标准。从而基本建立起以《安全生产法》为总纲，以《危险化学品安全管理条例》为核心，以相关配套规章、规程、标准和地方性法规为基本组成部分的一整套法律法规体系。实现化学品生产、储存、经营、运输、使用、废弃处置的全过程的依法管理新局面。

2. 完善安全监管和执法体系

进一步促进各地健全危险化学品安全监管机构，建立起责权清晰、运转高效的安全监管机构和队伍。引导条件成熟的地区，安全监管机构向社区、乡镇和街道延伸，建立安全生产监察执法队伍。危险化学品的安全监管涉及的部门多，要充分发挥已经建立的危险化学品安全监管部门联络员会议制度的作用，加强各部门的协作配合，把各部门的管理职责有机的衔接形成管理链，更好的提高工作效率，保证工作效果。

3. 加强危险物品的流向管理

危险化学品的流向，涉及诸多方面，是一个十分复杂的问题。加强这方面的工作，需要集中力

量，突出重点。首先，要明确监管对象，设定合理的范围。目前对危险品的界定，尚不明确、科学。危险品的危险性，既与其本身的特性有关，还与数量有关，很多危险物品在一定数量以下是不会构成危险的。另外，对危险化学品从业单位的界定，也有一个量化概念的问题。政府有限的行政监管力量应主要投放到构成重大危险源的危险品上。其次，要强化危险化学品登记制度。组织提出化学品登记工作新的实施工作方案，在危险化学品的生产、经营、储存、运输、使用、处置废弃及其包装容器生产等各主要流转环节，严格登记建档。目前，国家局正在组织开发危险化学品信息管理系统软件，建立全国危化品信息库，以便能跟踪掌握其流向。

4. 强化第三方监督力度

第一，加强对行业组织的指导，充分发挥行业组织的自律作用，并通过行业组织和基层监管部门，开展企业间的专项互查、学习和监督活动。第二，建立危险化学品风险抵押金制度，将企业安全状况和经济利益挂钩。第三，建立危险化学品事故工伤保险制度，发挥工伤保险差别费率和单位费率浮动机制，促进企业重视做好事故预防工作，提高企业本质安全。

5. 严格实施安全生产许可制度，提高市场准入条件

危险化学品源头管理主要包括安全生产条件的管理和企业安全许可的管理。通过实施安全许可，提高危险化学品生产经营单位的安全生产条件，从源头上把住安全关。同时，政府相关部门要对取得生产许可证的单位强化监察，严格执法。

6. 依靠科技进步，提高危险化学品安全管理水平

一是加强危险化学品安全科技基础研究和应用研究，根据我国石油、化工发展的实际需求，侧重解决好关键性、共性、综合性强的安全生产科技问题，组织对化学品安全生产领域重大的工程技术、管理问题开展科研和攻关，并列入国家科技重大项目攻关计划；建立危险化学品安全装备研发试验基地，解决安全生产中的防护、检测、安全控制及事故应急处置等问题；针对加油站、储油罐、槽罐车等危险性大的问题，推广应用 HAN 阻隔防爆材料。二是开展危险化学品安全监管法规体系、危险性评估以及信息管理等方面的研究，实现安全监管现代化、科学化、规范化。

7. 实施全员安全培训，全面提高从业人员安全素质

在危险化学品企业开展全员安全培训。积极推广黑龙江鸡西矿业集团等单位全员安全培训的成功经验，全面开展危化品从业人员的全员安全培训。要树立终身教育的观念和全员培训的理念，以增强安全意识、掌握安全知识和技能为目标，以企业自主开展为主，对在岗的从业人员开展经常性的安全教育培训，尤其要抓好农民工的安全教育培训。同时，各级安全监管机构，要将全员安全培训纳入安全监管的范围，特别是要对全员培训和安全资格持证情况进行监管监察，为全员安全培训工作营造良好的法制环境。

8. 建立危险化学品事故应急救援体系

为了最大限度减少事故造成的损失，各级政府和企业必须依法制订化学事故应急预案，建立健全国家、省、企业危险化学品事故应急救援体系。化学事故以及救援工作实行政府统一领导，分级负责管理；职能机构统一指挥，部门分工协作；联防区域作战为主，技术保障支持为辅；企业应急自救，社区参与配合的原则。目前，国家局正组织编制全国危险化学品事故应急救援体系建设方案，并制订国家化学事故应急救援预案，筹备建立国家化学事故应急救援指挥中心，统筹指挥、协调化学事故应急救援工作。

同志们，危险化学品安全生产工作是我国安全生产工作的重点，也是难点。做好危险化学品的安全生产监管工作，要靠各级政府、各相关部门和企业的共同努力。希望大家献计献策，深入研究、探讨建立危险化学品安全监管的长效机制，为促进全国安全生产形势稳定好转做出我们的贡献。

国家安全生产监督管理局(国家煤矿安全监察局)副局长梁嘉琨在全国安全生产应急救援工作座谈会上的讲话

(2004年4月1日)

党的十六大以来，特别是抗击非典胜利后，党中央和国务院把处理突发事件作为党和政府完善社会管理体制的一个重要方面，将建立健全各种突发事件应急机制，提高政府应对公共危机的能力提到重要议事日程。为贯彻落实十六届三中全会《决定》、国务院《关于进一步加强安全生产工作的决定》和国务院领导指示精神，加快全国安全生产应急救援体系建设，国家局就国家安全生产应急救援体系建设思路及其框架、机构职能、运行机制、保障制度等内容进行了专门研究，并征求了公安、铁道、交通、民航、旅游等部门的意见。应当说，构架我们国家安全生产救援体系的一些基础性工作，一些思路，基本接近成熟，今天召开全国安全生产应急救援工作座谈会，主要是研究部署全国安全生产应急救援体系建设工作。

一、建立安全生产应急救援体系是当前一项重要的、紧迫的战略任务

第一，建立安全生产应急救援体系是十六届三中全会和国务院《决定》的明确要求。十六届三中全会《关于完善社会主义市场经济体制若干问题的决定》把“建立健全各种预警和应急机制，提高政府应对突发事件和风险的能力。”作为改革行政管理体制，进而推进社会主义市场经济体制改革和完善的一项重要内容。国务院《决定》明确要求“加快全国安全生产应急救援体系建设，尽快建立国家安全生产应急救援指挥中心，充分利用现有的应急救援资源，建立具有快速反映能力的专业化救援队伍，提高救援装备水平，增强生产安全事故的抢险救援能力”。国务院领导也高度关注安全生产应急救援体系建设问题，多次做出重要指示。因此，加快研究建立全国安全生产应急救援体系，成为当前一项十分重要而且非常紧迫的任务。按照局党组的要求，我们要在巩固完善现有矿山应急救援体系的基础上，要抓紧研究论证全国安全生产应急救援体系的框架及其组建方案，提出整合优化全国应急救援资源的具体措施，提高政府应对特大安全生产事故的能力。

第二，建立安全生产应急救援体系是我国安全生产严峻形势的客观要求。近几年，尽管安全生产总体形势趋于稳定，有所好转，但是总体形势的严峻程度应当说不容乐观，全国每年发生的各类事故造成13万多人死亡，70多万人受伤，直接和间接经济损失大体在2500亿元以上。每年一次死亡3到9人的重大事故，平均每天7.2起；一次死亡10人以上的特大事故，平均每周2.5起；一次死亡30人以上的特别重大事故，平均每月1.2起。2003年，仅一次死亡30人以上的特别重大事故就发生14起。2000年的洛阳东都商厦“12·25”特大火灾事故（死亡309人）、2002年的“4·15”特大飞行事故（死亡129人）、2003年的重庆开县“12·23”特大井喷事故（死亡243人）等。今年第一季度又接连发生特大安全事故，如2月5日北京密云的迎春灯展踩死挤伤游人事故（死亡37人），吉林市“2·15”中百商厦火灾事故（死亡54人）等，都给人民群众生命财产造成重大损失，教训极为深刻。

第三，发达国家的成功经验表明有效的应急救援体系是经济社会高速发展的必备条件。在工业化的初始阶段，国民经济总量基数低，增长速度快，同时也是安全生产事故高发期。这个时期的一些国家往往是强调经济发展速度和规模，对低概率的、不可预见的和突发的事件的消极影响缺乏长远的对策，特大事故造成的社会影响和经济损失，不但明显增加了社会和经济发展的总成本，而且由于代价过大，阻碍了发展。美国、日本、欧盟、澳大利亚等发达国家都建立了比较完善的应急救援体系，如建立了国家统一的应急救援协调机构、拥有精良的应急救援装备、充足的应急救援队伍、完善的工作运行机制等，在事故过程中，能够实施有效的应急救援，尽快控制事故扩展，大幅度降低乃至消除事故可能产生的后果，在减少和控制事故人员伤亡和财产损失方面发挥了重要作用，成为经济和社会发展的重要支柱。其经验值得借鉴。

二、我国安全生产应急救援体系建设现状

2003年下半年国家局开始对有关部门和各领域应急救援体系建设情况进行调研，2003年12月底又开始组织对各地生产安全应急救援基本情况进行书面调查，基本掌握了全国安全生产应急救援工作的概况。

第一，地方应急体系建设开始起步。在总结和吸取了非典及大量事故处理的经验教训后，各级政府十分重视突发事件应急处置工作，安全生产应急救援工作作为一个重要方面，受到了前所未有的重视，工作有了新的起步。

各级地方政府通过制定安全生产应急预案，加快了安全生产应急救援体系建设的步伐。目前，山东、福建、安徽、等地的省、市两级已经初步形成了专门的、比较系统的预案体系、专家体系、领导体系和指挥体系；北京、上海、重庆等地成立了综合的应急救援领导、指挥机构；山西省已批准建立常设的安全生产应急救援中心；重庆、广西根据自己的情况已经初步制定了安全生产应急救援体系建设方案。各地为开展应急救援工作积累了一定的经验，打下了一定的组织基础、技术基础和专家基础。

各级政府加强了应急救援力量建设，基本拥有了力量相对较强的专职消防队伍和矿山救护队伍；大部分大中型企业有专职或兼职的消防队伍，以及大量的各专业兼职应急队伍。有些地方的政府部门和大中型企业还有专职的危险化学品、建筑、城市公用设施、道路交通、电力和安全生产应急救援的综合队伍。一些大型骨干企业集团还建立了责任明确、反应迅速、指挥有力、措施有效的事故应急救援体系，不仅为预防和减少企业自身的事故损失起到了作用，也成为企业所在地应急救援一支十分重要的支持力量。

第二，专业应急救援体系建设不断完善。长期以来，我国建立了不同种类、不同领域的安全生产的专业应急救援组织和队伍，某些专业领域形成了较为完善的应急救援体系，建立了一定的内部协调机制，取得一定进展。

各领域的立法工作力度正在加强。目前，消防、核事故和水上险情应急救援的法规体系初步形成，尤其是核事故应急救援的法律法规、技术标准体系最为完善。消防、铁路、民航制定有专门的部门规章。各部门和企业初步形成了较为完善的安全生产应急预案体系，应急救援的法规规范和技术标准体系正在建设当中。

应急救援组织体系也在不断建立和完善。我国的消防、核事故、水上险情应急救援的组织体系比较完善，已经建成了国家级应急指挥的专门机构。铁路、民航系统应急救援工作有严密的组织保障。各部门应急救援组织体系体现了自身的工作特点，对进一步加强安全生产应急救援体系建设打下了良好基础。

各行业和领域程度不同地拥有一定的专业应急救援力量，目前正在整合和加强。全国消防队伍已经发展为多功能、多层次、富有战斗力的专业应急救援队伍，实行完全军事化管理。我国在北方海区、东海海区和南海三个主要海区建立了专业海上险情应急救助队，沿海各主要港口建有专业或兼职的水上搜救和溢油应急队伍。铁道系统在特定地点设有特等和一等救援列车，在二等以上车站或较大的中间站设有事故救援队。民航各机场设有专、兼职的应急救援组织和队伍，大型机场有较强的应急救援力量。矿山救护队得到快速发展，基本覆盖大中型煤矿企业和大部分产煤地区。

第三，安全生产应急救援体系建设还存在着不少薄弱环节和问题。多年来，我国在消防、地震、洪水、核事故、森林火灾、海上搜救、矿山和化学等领域已逐步建立了一些应急指挥机构和应急救援队伍。但还远不能满足安全生产应急救援的需要。

从对应急救援工作的认识看，一些地方、部门和企业危机意识薄弱，应急观念陈旧，缺乏防患危机意识，抱有侥幸心理，对重特大安全生产事故的风险认识不清，把应急救援工作简单地看成只是建立一支应急救援队伍，或成立一个应急救援机构。

从应急救援力量建设情况看，应急救援力量分散，应急指挥职能交叉。各部门建立的应急救援队伍相对独立，分布在部门和专业领域，只服从本系统的指挥和协调，条块分割、各自为战，政府、部门以及企业在事故应急救援过程中的指挥协调机制不畅，难以统一指挥、协同作战和发挥整体救援能力。

从应急救援机构运行机制看，我国没有明确的负责安全生产应急救援工作的统一管理机构，整个安全生产应急救援工作应急管理薄弱，应急反应迟缓，缺乏统一规划、监督和指导，专业应急救援体系成为部门体系独立运转，造成资源浪费，应急救援能力和管理水平下降，各级地方政府也难以实施有效管理。

从应急救援法制建设情况看，现有的涉及安全生产的综合性法律法规对生产安全应急救援工作仅有一些比较零散的、原则性的规定，矿山、危化品等高危行业的有关标准、规范对应急救援工作的规定都是针对企业的。应急救援立法工作严重滞后，至今没有专门规范管理应急救援工作的法律法规，影响了安全生产应急救援工作的开展。

从应急救援保障情况看，应急救援队伍装备、训练以及体系运行等各项经费严重不足，造成应急装备短缺，长期处于落后状态，低层次重复建设等问题突出，没有能力面对一次又一次的特大事故的应急；另外救援中发生的非政府救援资源损失赔付资金缺乏，也造成协调社会力量参与救援一次比一次困难。

三、安全生产应急救援体系建设框架及主要内容

大家可能知道，最近国务院正在组织编制全国应急预案，分成四大块进行，一块是自然灾害，一块是事故灾难，再一块是突发公共卫生事件，最后一块是社会安全事件，我们主要是事故灾难这一块。今年上半年将先把这四大块应急预案基本形成，然后再综合形成国家的应急预案。到目前为止，安全生产这一块的进展还是比较顺利的，安全生产应急救援体系框架及建设方案编制指南已经初步形成。今天请大家来，就是要集中大家的智慧，对这个框架进行进一步的修改和完善。然后按照这个框架，加大工作力度，一步一步地抓好落实，尽快把全国安全生产应急救援体系建设方案编制出来。

第一，安全生产应急救援体系的构成。一个完整的应急体系包括体制建设、运行机制、法制建设和保障系统。

体制建设包括管理机构、功能部门、应急指挥和救援队伍等。管理机构指维持应急日常管理的政府负责部门；功能部门包括与应急活动有关的各类组织机构，如公安、医疗、交通和信息等单位；应急指挥指应急预案启动后，负责应急救援活动场内与场内的指挥系统；救援队伍包括专业的、兼职的队伍及志愿人员等。

法制建设是安全生产应急体系的基础和保障，也是开展各项应急活动的依据。通过制定不同层次的法律法规，如由立法机关进行立法、由政府颁布条例、规章、规定，以及制定与安全生产应急活动直接有关的标准或管理办法等，使安全生产的应急处置逐步走向规范化、制度化和法制化轨道。

运行机制主要包括事前预警预防机制、事中应急处置机制和事后恢复机制。目的在于通过形成一套集中领导、统一指挥，功能全面、责任明确，信息畅通、反应快捷，运转高效、成本合理的运行机制，以及调动全社会人力、物力和财力应对事故灾难的社会动员机制，整合现有资源，调动各方面力量，集预、防、抗、救、建于一体，形成合力，减少和应对特大灾难事故。

保障系统包括信息通讯保障、物资装备保障、人力资源保障以及经费财务保障等。应急保障系统第一位的是信息与通讯系统，构筑集中管理的信息通讯平台是应急体系最重要的基础建设，应急信息通讯系统要保证所有预警、报警、警报、报告、指挥等活动的信息交流快速、顺畅、准确，以及信息资源共享；物资与装备不但要保证有足够的资源，而且还一定要实现快速、及时供应到位；人力资源保障包括加强专业队伍和对志愿人员以及其他有关人员的培训教育；应急经费财务保障要求建立专项财务应急科目，如应急基金等，以保障应急管理运行和应急反应中各项活动的开支。

第二，建设安全生产应急救援体系应遵循的原则。

一是要与我国总体应急机制的建设统筹考虑。把国家安全生产应急救援体系定位于国家危机管理的重要支撑和总体应急救援体系的主要组成部分，综合管理我国安全生产事故应急救援工作。与公共卫生应急体系、社会安全应急体系、自然灾害应急体系并列为国务院直接领导下由国务院安全生产委员会办公室管理的应急救援体系。

二是要充分吸收和借鉴国外应急救援体系建设发展的经验教训。从国外的应急救援体系建设的经验和教训来看，应急救援工作的组织实施必须具有坚实的法律保障；应急救援指挥必须由国家统一领导、统一指挥；国家必须大幅度地增加应急体系建设的整体投入；中央和地方政府必须确保应急救援在国家政治、经济和社会生活中不可替代的位置；以及全社会必须对应急救援广泛支持和参与。

三是要抓好应急救援各个子系统的建设。安全生产应急救援体系是一个由若干个子系统构成系统工程，只有各个子系统都发挥作用，才能使安全生产救援体系的整体功能得到发挥。子系统归纳为以下几个方面：第一个是指挥决策系统，是应急的决策者和指挥者；第二个是职能组织系统，是应急救援的直接行动力量，要涵盖与安全生产直接相关的各个部门；第三个是信息与参谋咨询系统，主要体现在各类咨询机构和专家对应急救援提供信息咨询和参谋作用上；第四个是综合协调系统，应是常设的、权威的、具有独立地位的、凌驾于各个职能部门和机构之上的综合协调机构；第五个是辅助系统，主要是为安全生产应急救援提供后勤保障和服务的部门。对子系统的建设，需要明确责任，分头落实，确保应急救援体系建设的整体推进。

四是应急救援机构的建立应循序渐进、逐步完善。安全生产应急救援体系建设是一项复杂和浩大的工程，不可能一蹴而就，要按照统筹规划和设计、分步实施的原则，逐步建立，不断积累经验，突出重点，注重实效，最终形成全国完整的安全生产应急救援体系。当务之急，是要建立国家级的安全生产应急救援机构，各省要做好应急体系建设方案的编制工作。

第三，安全生产应急救援体制建设是当前工作的重中之重。全国安全生产应急救援体系的建设首先要从体制建设着手，按国家安全生产应急救援指挥中心、专业安全生产应急救援体系和地方安全生产应急救援体系分头进行。

国家安全生产应急救援指挥中心由国家负责建设，在国务院安全生产委员会领导下，统一协调、指挥全国安全生产应急救援工作，统一规划全国安全生产应急救援力量和资源，分析预测特别重大事故风险，及时发布预警信息以及承担应急救援的其他相关工作。

专业应急救援体系依托于国家有关部门建立，由专业应急救援指挥机构、本专业的区域救援基地、隶属于各地的本专业应急救援队伍，以及服务于本专业应急救援的培训、训练、演习等系统组成。区域应急救援基地同时也是地方安全生产应急救援体系应急救援力量的组成部分。

地方安全生产应急救援体系是全国安全生产应急救援体系的基础和关键，由各级地方政府分头建设，主要由省级应急救援指挥中心、地市级和县级安全生产应急救援指挥机构，以及当地范围内各种隶属关系的应急救援队伍和资源构成。

各专业和各省级应急救援指挥中心接受国家应急救援指挥中心的业务指导，必要时，按照国家应急救援指挥中心的指挥与协调，调集本专业和本地应急救援力量实施跨行业、跨地区的增援。

第四，安全生产应急救援体系法制、机制及保障系统建设要同步进行。各级特大安全生产事故应急救援机构建立后，要从法制、机制、保障系统等方面采取措施保障其有效运行。

安全生产应急救援体系法制建设，要以宪法为依据，围绕着《紧急状态法》的制定出台，制定和颁布国家及地方安全生产应急救援有关法律法规，形成以应急专门法律和行政法规为主体的一整套法律制度，并以这些法律法规为依据制订相应的配套规定和应急预案，实现依法行政。并通过对实践的总结，进一步完善相关法律、法规和规章。

运行机制建设，要围绕事前预防、事中应急处置、事后管理，建立预测预警机制、应急信息报告机制、应急决策协调机制、应急公众沟通机制、应急响应级别确定机制、应急处置程序、应急社会动员机制、应急资源配置、征用机制和责任追究机制等，确保整个体系的有效运行。

保障系统建设，具体要从通信与信息、现场救援和工程抢险、应急队伍、交通运输、医疗卫生、治安、物资与资金、技术储备与装备等方面着手建设。如建立应急救援监督管理和实施救援信息平台；设立国级和区域级专业应急队伍；各级应急救援队伍应根据矿山、化学品、工业和职业安全卫生事故的特点，配置专业装备；组织应急救援技术和装备的科研和开发工作，为应急救援工作提供技术支持；设立安全生产医疗救助机构，负责实施医疗救助工作，制定应急救援医疗救助方面的规章、规程和技术标准制定等。

四、对安全生产应急救援体系建设方案编制工作的具体要求

从今天开始，全国安全生产应急救援体系建设方案的编制工作将全面启动，这项工作任务重，时间紧，难度大，各省安监局要从全局和政治的高度，充分认识做好安全生产救援体系建设方案编制工作的重要性，增强使命感、责任感和紧迫感。按照国家局党组的总体要求，抓紧落实，一定要在工作上有所突破，见到成效。工作中要注意：

一是会后要立即向省政府、安委会的领导汇报这次会议要求，主动和相关部门联系，尽快启动体系建设方案编制工作。

二是要按照会议部署，组织专门人员来进行体系建设方案编制工作，确保按期完成，及时上报国家局。

三是要按照资源整合，降低行政成本的要求，深入研究本地实际情况，根据实际情况确定本地安全生产应急救援体系的建设模式，充分利用现有资源，避免重复建设。

四是要按照体系建设框架及内容要求，紧紧围绕体制、运行机制、法制建设和保障系统等方面进行体系建设方案编制工作。

五是在体系建设方案编制过程中要按照决策民主化、科学化的原则，广泛征求社会各界和专家的意见。

六是各地在编制过程中要及时与国家局保持沟通，确保各级安全生产应急救援体系互相衔接，做到信息、资源共享，响应迅速。

“居安思危，有备无患”，建立安全生产应急救援体系是贯彻落实科学发展观的基本要求，是完善社会主义市场经济的重要内容，是国家应急救援体系的重要组成部分，是我们在今后相当长时间内的主要工作，是一项全新的事业。编制安全生产应急救援体系建设方案的过程就是不断总结工作、发现问题、解决问题的过程，也是一个深化认识、扩大宣传的过程。让我们认真贯彻落实两个《决定》和“两会”精神，按照国家局党组的要求，共同努力，加快全国安全生产救援体系建设工作，不断提高应对安全生产突发事故的能力，保障人民生命财产安全和国民经济持续快速协调健康发展。

中纪委驻国家安全生产监督管理局纪检组长、党组成员赵岸青在全国煤矿安全监察系统纪检组长座谈会上的讲话

（2004年8月9日）

根据年初工作安排，经国家局党组同意，我们召开这次纪检组长座谈会。主要是汇报交流今年上半年贯彻井冈山会议精神，开展反腐倡廉工作的有关情况，认真分析当前队伍建设的状况，研究如何贯彻中央纪委领导同志近期一系列重要讲话和国家局最近召开的全国安全生产工作座谈会精神，围绕煤矿安全监察这一中心，进一步加强执法队伍建设，深入推进全系统党风廉政建设和反腐败工作。

一、上半年党风廉政建设工作取得新的进展

2月下旬，国家局党组在江西井冈山召开全国安全生产监管监察系统纪检监察工作会议，认真学习传达了中央纪委三次全会和国务院第二次廉政工作会议精神，对今年全系统的党风廉政建设和反腐败工作进行了部署。会后，各省级煤矿安全监察局

和北京、新疆兵团办事处都结合实际，认真进行了传达贯彻，并突出重点抓了工作的落实，效果是比较好的。听了大家的汇报，总的感到上半年的工作主要有三个特点：一是贯彻上级精神与本单位实际结合得比较紧，不照转照抄，而是从本单位实际出发，提出切实可行的目标和措施；二是围绕煤矿安全监察这一中心开展纪检监察工作的思路比较明晰，行动比较自觉，工作比较实在。三是按照中央关于建立教育、制度、监督并重的惩防腐败体系的要求，加大了从源头上预防和治理腐败的力度。可以说，上半年全系统党风廉政建设和反腐败工作取得了新的进展。

1. 注重源头治本，加强了党风廉政教育和制度建设。各单位坚持标本兼治方针，在深化反腐倡廉教育，加强制度建设，解决实际问题上下了功夫。

在加强教育方面，一是坚持政治理论学习，开展经常性教育。许多单位党组理论学习中心组带头学习，同时组织好党员干部的学习。多数办事处坚持“政治学习日”制度，并且结合安全监察执法开展廉政教育。安徽局党风廉政教育始终抓得比较紧，所属3个办事处每月两天的政治学习常年不间断，而且把教育渗透到日常管理之中，落实到了党支部、党小组，使教育达到了经常化、制度化。二是确定教育专题，开展集中教育。各单位组织党员干部认真学习胡锦涛总书记在中央纪委三次全会上的重要讲话，进行了“为民、务实、清廉”主题教育；以认真学习贯彻“两个条例”为重点，开展了党纪条规教育；以“四大纪律八项要求”为主要内容，开展了思想道德和纪律教育。新疆局等单位开展了“党风廉政教育月”活动。为把专题教育引向深入，有的单位举行了知识竞赛、知识测试和巡回演讲等，收到了较好效果。三是注重针对性，加强了个别谈话教育。许多单位较好地坚持了廉政谈话、提醒谈话和诫勉谈话制度。有的省局上半年对办事处负责人普遍进行了一次廉政谈话。一些单位对有苗头性问题、群众有反映的，及时谈话提醒，对有的进行了诫勉谈话。

在制度建设方面，一是抓了制度的进一步建立和完善。许多单位根据形势的发展和情况的变化，针对班子建设和队伍建设中出现的新问题，对原有各项制度进行了补充、修改和完善，有些方面又新建了一些制度规定。譬如，为认真贯彻执行民主集中制原则，吉林局制定了《“三重一大”事项实行集体讨论决定的实施意见》；重庆局制定了《领导班子集体决策重大问题议事规则》。二是在制度建设中突出了对安全执法“自由裁量权”的规范。譬如，山西局制定了《煤矿安全监察行政处罚统一裁量指导意见》、《煤矿安全监察常见违法行为处罚统一裁量参考标准》。其他有些单位也在这些方面建章立制，对规范安全监察执法行为起到了有效作用。三是制度建设求细求实，增强了可操作性。譬如，为了解决监察人员到企业不交费吃饭的问题，安徽局规定：监察人员下矿执法，一律不准在个体和私营小煤矿用餐；在国有大矿执法时，一律在矿上职工食堂吃工作餐，并由用餐人付款或由办事处定期结算。淮北办事处上半年累计在大矿就餐480人次，交费2400元。黑龙江局双鸭山办事处实行了午餐签字制度，规定监察人员下矿执法，中午必须回办事处就餐。这些具体制度的建立和执行，对从细微处维护监察人员廉洁执法的良好形象发挥了作用。

2. 抓住突出问题，开展了专项清理。根据中央纪委三次全会要求，结合安全监管监察系统实际，国家局党组年初做出了开展四项专项清理的部署。中央纪委、中央组织部发出关于对党政领导干部在企业兼职进行清理的通知后，国家局党组立即进行了转发，并在全系统进行了清理。除了按中央要求清理领导干部在企业兼职外，还从我们系统的实际出发，对领导干部在安全评估机构兼职的情况也进行了清理。对违反规定兼职的，均进行了纠正。在开展专项清理的基础上，建立完善了相关制度。为加强国家局机关财务管理，有关部门做出规定，今后各司室召开的会议，会议费由局办公室（财务司）直接与宾馆结算，不再由具体办会部门办理，这对规范会议费管理，防止借办会私设“小金库”，遏制违纪违规问题的发生，起到了制约作用。

国家局所属各单位开展专项清理普遍比较认真。一是多数单位结合实际，把国家局提出的四项专项清理的内容进行了具体细化。譬如，四川局细化为十个方面，开展了“十查”；山西局分解成七个方面，开展了七项专项清理。他们在有的方面扩展了国家局“九条纪律”要求的范围，取得了实效。二是不少省局抓住本单位的一些突出问题开展了专项清理。譬如，河南局对领导干部拖欠公款或利用职权将公款借给亲友的问题进行了专项清理，共清理出拖欠公款28万元，已归还20万元，因其他原因未能归还的也列出了还款计划。江苏局对领导干部超标准多占住房进行了专项清理，共清理纠正了17名同志住房面积超标的问题，补交各类房款近17万元。一些省局还对购买超标准小汽车、用公款为干部职工购买商业保险、领导干部及监察人员在煤矿入股分红等问题进行了专项清理。三是有的省局做到查纠结合，对在专项清理中发现的问题认真进行了纠正和整改，对有的问题进行了查处。譬如，湖南局规定每季度对收受红包礼金情况进行一次登记清理，使该项清理工作经常化、制度化。据前两个季度清理统计，全省安全监管监察系统共拒收和上交礼金15万余元。

3．注重解决倾向性问题，廉洁执法有了新的进展。一方面，各级党政组织和纪检监察部门在队伍建设上始终保持清醒的头脑，注意发现和分析苗头性、倾向性问题。驻国家局纪检组监察局按照党组要求，在全国20个省（区、市）开展了煤矿安全监察队伍廉政建设情况问卷调查，共发出问卷600份，收回500份。总体上看，社会上对我们这支队伍是肯定的，满意率达78%，基本满意率达20%。从各省（区、市）的情况看，安徽、辽宁、宁夏、四川、贵州、重庆、江西、内蒙古等8个省(市、区）对问卷中所列9个方面的问题没有反映。反映存在某一个方面问题的有山西、山东、云南、新疆4个省（区）。少数省反映的问题比较多，个别省9个方面的问题几乎条条有反映。对此，必须引起我们高度重视。有关省局应当在认真分析研究的基础上，采取有效措施解决存在的问题。对这项问卷调查，国家局党组非常重视。显政同志和其他两位党组成员都在问卷调查报告上作了重要批示，给予充分肯定。今年以来，一些省局也通过多种渠道，对执法队伍的廉政情况进行了调查、分析，并采取了加强措施。譬如，辽宁局采取“上评下、下评上、外评内”的方法，让省局机关处室评价办事处，让办事处评价省局机关，又向社会发出公开信、发放问卷调查表，接受外界的评价监督，效果比较好。

另一方面，一些单位针对出现的一些不良倾向，采取了相关措施。譬如，云南局针对社会上有的人打着领导和监察人员的旗号推销设备、书刊等问题，及时提出要求，予以制止。河北邢台办事处针对一些关系单位通过监察人员介绍推销仪器、设备和在安全评估中说情的问题，及时进行教育，制定规矩，加以防范。二是对发现的问题坚决纠正处理，严肃刹风整纪，有的省局对不称职的干部坚决调离调整。由于注意抓早、抓小，使一些问题解决在了萌芽状态。

4．党风廉政建设和安全执法紧密结合，坚持了双责任制。国家局党组抓党风廉政建设的力度逐年加大，局机关的党风廉政建设也逐年有一定进展。今年机关抓党风廉政建设责任制的落实有两个特点：一是不仅注重发挥综合部门的作用，而且注重发挥业务部门的作用，促使业务部门自觉地坚持“一岗双责”，结合本职业务抓党风廉政建设；二是不仅将任务分解到国家局机关，而且明确要求要将有关反腐倡廉的工作落实到全系统。有关司室按照国家局党组要求，把党风廉政建设任务融入安全执法的实际工作之中。各省局党政领导对党风廉政建设普遍是重视的，能够做到“两手抓”，即一手抓安全监察执法，一手抓反腐倡廉工作，把“双责任”结合一起抓。多数办事处的党风廉政建设抓得更实一些，能够紧密地把党风廉政建设与安全执法结合起来。今年6月，我和几位同志去内蒙古局调研，了解到包头办事处负责同志与监察人员签订了党风廉政建设和安全监察执法《双责任书》，不仅坚持安全执法“一把尺子量到底”，而且在党风廉政建设上做到“一个标准硬到底”，由于实行了“双责任制”，他们“两手抓”都取得了明显效果。

多数单位根据国家局党组提出的抓党风廉政建设责任制重在“抓过程”的要求，加强了两个方面的工作。一方面，不仅重视年初工作部署和任务的分解落实，更重视对党风廉政建设工作进展情况的检查，强化了日常的督促。另一方面，注意抓党风廉政建设责任制落实的各个环节，尤其是把党风廉政建设责任制的落实与开展业务工作有机地结合，贯穿于安全执法的全过程。在开展安全监察执法前，提出党风廉政建设方面的明确要求；在进行安全监察执法过程中，了解监察人员遵章守纪的情况；在总结安全监察执法工作时，总结党风廉政建设工作情况，达到安全监察执法和党风廉政建设

"双推进"。

5. 找准工作定位，围绕中心开展纪检监察工作的主动性进一步增强。主要表现在三个方面：一是围绕贯彻年初召开的全国安全生产工作会议精神和国务院《关于进一步加强安全生产工作的决定》，按照国家局党组提出的抓好"三项建设"的总体要求，积极主动地开展工作。多数单位纪检监察部门能够积极参加安全监察执法大检查和重大事故调查处理，有的会同有关部门组织了对贯彻落实国务院302号令情况的监督检查，做了大量工作，得到了领导和群众的认可。二是认真履行纪检监察职能，做好信访件的初核和案件查处工作。根据这次汇报情况，今年以来，山东、河北、陕西、湖南、江西、云南、贵州、吉林、四川、黑龙江、内蒙古等10几个省局和新疆兵团办事处纪检监察部门在受理群众信访举报，进行信访件初核或自办案件方面认真开展工作，有的单位查办案件力度比较大。譬如，山东局纪检组监察室对持续多年举报反映的局直属一事业单位主要负责人的严重违纪问题进行了查处，得到群众好评。三是在省局党组领导下，省级煤矿安全监察机构纪检监察部门在队伍建设上发挥了应有作用。多数省局纪检组监察室的同志围绕加强安全监察执法队伍建设，认真开展调查研究，有针对性地制定了一系列措施，并从纪检监察职能出发，加强廉政教育和执法监督，使队伍建设有了新的起色。

在回顾总结上半年党风廉政建设工作取得的成绩的时候，还要清醒地看到存在的一些问题和差距。反映比较明显的：一是有的单位领导对党风廉政建设的认识还有差距，动手晚，抓得迟，工作不够落实。二是在贯彻党风廉政建设责任制上，个别单位在一定程度上存在作表面文章的现象，责任制没有落到实处。特别是在班子建设上还存在一些突出问题。诸如个别单位领导班子存在不能严格执行民主集中制原则，领导干部自律不严的问题，等等。三是国家局党组规定的执法纪律，在有的单位执行不严，出现了一些值得注意的问题。譬如，购买超标小汽车问题，收受小窑主现金问题，向企业集资建房问题，到企业报销、推销产品问题，为企业介绍安全中介评估机构问题等。四是执法的随意性在一些单位没有得到认真解决，执法"自由裁量权"没有得到有效规范。五是个别省局纪检组工作主动性不够，缺乏对新情况、新问题的调研思考，缺乏创新精神和加强工作的有力措施。这些问题希望引起同志们的重视，研究解决办法，进一步把下半年的工作抓紧抓好。

二、关于今后几个月的工作

为了完成好全年的工作任务，必须坚持以"三个代表"重要思想为指导，树立和落实科学发展观，以建立惩防结合的反腐倡廉体系为主线，以加强安全生产执法队伍廉政建设为重点，以良好的精神状态和扎实的工作作风，把各项工作抓紧抓实。按照上述总的要求，要做到六句话：吃透上情，掌握下情，学习左右，查找不足，创新进取，狠抓落实。吃透上情，就是要学习领会好党中央、国务院关于反腐倡廉的指示、中央纪委监察部和国家局党组的部署；掌握下情，就是要加强调查研究，对本单位的情况尤其是一些新情况新问题要掌握得多一些、深一些；学习左右，就是要善于借鉴兄弟单位的经验和做法，取长补短，相互促进；查找不足，就是要坚持高标准、严要求，找出工作中的差距和薄弱点；创新进取，就是要按照上级要求，结合各自的实际，以与时俱进的精神，创造性地开展工作；狠抓落实，就是要突出工作重点，抓一件成一件，不见成效不松手，见到成效抓巩固、抓提高。在这里，我强调以下几点：

第一，以学习贯彻全国安全生产工作座谈会精神为动力，更好地围绕中心开展工作。国家局不久前在北戴河召开了全国安全生产工作座谈会，显政同志作了题为《用科学发展观统领全局，以求真务实精神抓好当前工作》的重要讲话。显政同志在讲话中要求，继续以贯彻落实全国安全生产工作会议精神和国务院《决定》为主线，在持之以恒地抓好"三项建设"，加快推进"五项创新"和"五个转变"的同时，下功夫狠抓"四个落实"，突出做好"五个推进"，力争实现"四个突破"，深入思考六个具有全局性和战略意义的重要问题，巩固和发展目前安全生产工作的好势头，更好地掌握安全生产工作的主动权。这个讲话对今后一段时间整个安全监管监察工作作出了部署，提出了更高的要求。全系统纪检监察组织一定要结合本职工作，深入学习贯彻好王显政同志的重要讲话精神。为此，要做到以下几个方面：

一要强化"一个意识"，明确工作重点。作为煤矿安全监察系统的纪检监察部门，自觉地为安全监察执法中心服务，是我们工作的出发点和落脚点。因此，一定要强化这一“中心”意识，进一步找准工作定位，更加自觉地融入大局，积极主动地开展工作。显政同志在北戴河会议上所作的重要讲话中，把推进监管监察队伍自身建设作为今后的一项重点工作加以部署。对这项工作，各省局纪检监察部门一定要以高度的责任感和自觉精神，深入研究思考，在党组领导下，会同各有关部门齐抓共管，抓出新成效。

二要做到“两个突出”，在全局工作中发挥应有的作用。纪检监察部门必须进一步开阔视野，拓展工作领域。安全监察执法工作开展到哪里，纪检监察工作的触角就应该延伸到那里，监督检查就跟到那里。要积极参与安全监察执法和安全生产监督检查，认真参加重特大事故的调查处理，严肃查处安全事故背后深层次的腐败问题，同时还要从我们的职能出发，及时提出工作意见和建议。工作中要做到“两个突出”，即在抓执法队伍建设中，突出抓好廉政建设这个重点；在安全生产执法工作中，突出执法监督这个重点，保证公正执法、廉洁执法，为全局工作做出贡献。

三要严把“三个关口”，规范安全许可证发放。为认真贯彻《安全生产许可证条例》，国家局制定了4个配套实施办法。在北戴河会议上，王显政同志明确要求，凡不具备发证条件的项目，尚未建设的不准开工；在建的要进行清理；已建的要限期改造。要求非常严格。安全生产许可证制度的实行，提高了安全生产的市场准入条件，事关企业的命运。一些企业尤其是不具备安全生产条件的企业，可能为此而采取各种“攻关”手段。我们队伍在这项新的工作中将面临挑战和考验。对此，纪检监察部门一定要高度重视，及早动手，积极参与相关工作。要分析可能出现问题的相关环节，提前采取防范措施，把好发证条件、发证程序、发证纪律“三个关口”，确保规范有序地做好发证工作，坚决防止违规违纪问题的发生。

第二，以学习贯彻“两个条例”为契机，认真履行监督职能。从全系统的情况看，在党风廉政建设的诸多环节中，监督一直是一个薄弱的方面。我们要紧紧抓住全党学习贯彻“两个条例”这一契机，进一步把监督工作做实。

一是要重点抓好“两个条例”的贯彻落实，增强搞好监督的责任感。《党内监督条例》的颁布施行，对于发展党内民主、加强党内监督、严明党的纪律和维护党的团结统一；对于提高党的领导水平和执政水平、增强拒腐防变和抵御风险能力，保持党的先进性，始终保持党同人民群众的血肉联系，具有十分重大的意义。《党纪处分条例》是在原试行稿的基础上修订而成的，是关于党的纪律和纪律处分的一部重要的党内法规。监督的前提是知纪懂纪。贯彻落实条例，当前首要的是组织广大党员干部学习好“两个条例”，提高遵章守纪、廉洁自律的自觉性。为了增强学习效果，各单位对条例的学习情况要进行检查和测试。我们纪检监察部门是专司监督和执纪的部门，要通过学习贯彻“两个条例”，进一步担负起应有的责任。

大家知道，中央为了加强监督工作，加大反腐倡廉的力度，今年又采取了一项重大举措，即决定中央纪委监察部对派驻机构实行统一管理。为此，中共中央办公厅、国务院办公厅专门下发了中办〔2004〕12号文。文件强调指出，纪检监察机关对派驻机构实行统一管理，是新形势下深入推进党风廉政建设和反腐败工作的重大举措，对于完善党内监督体制，充分发挥派驻机构的监督检查作用，更好地贯彻落实党风廉政建设责任制，具有重要意义。国家局党组对中央的这一决策坚决拥护，王显政同志主持党组会传达了有关文件，并研究决定具体实施方案。党组成员一致表示，要一如既往地支持派驻机构的工作。根据管理体制改革的新形势、新要求和部分职能的转变，驻局纪检组监察局要认真探索工作的新思路、新做法，更好地履行监督职能。同时，也希望各省级煤矿安全监察机构纪检监察部门增强搞好监督的责任感，协助党组全面落实《党内监督条例》的各项规定，在现行体制下履行好监督职责。

二是要从实际出发，把握工作重点，增强监督的效果。纪检监察部门要发挥好监督职能，必须突出重点展开工作。根据几年来我们的实践，搞好监督工作必须把握好三个方面：一要加强对党员干部尤其是领导干部遵守国家法律、法规，执行上级决定、命令情况的监督，看是否按规定制度办事，是否坚持党性原则；二要加强对领导班子尤其是主要领导执行民主集中制原则情况的监督，看重大问题能否做到集体研究决策；三要加强对领导班子成员尤其是主要领导廉政勤政情况的监督，看能否管住自己，带头廉洁自律，真正做到上级要求不做的坚决不做，真正做到自己不谋私，也不给亲友谋私提供方便。这些年来，有的单位问题往往出在这里。因此，这三个方面的监督一定要作为重点来抓，尽可能预防违纪问题的发生。

三是各级领导干部都要增强自觉接受监督的意识。要把自己置于组织和群众的监督之下，虚心接受来自上级、来自班子内部、来自群众和社会舆论的监督。同时，担负起对下级监督管理的责任。实践表明，在诸多监督形式中，上级对下级的监督最为直接，也最为有效。近年来一些省局制定了加强对办事处党政主要负责人监督的规定，已经取得了一些效果，今后要进一步抓好落实，真正把下属单位管好，抓好班子，带好队伍。

第三，以抓好廉洁从政为切入点，努力建设一流的安全监察执法队伍。一支执法队伍要赢得群众的信赖和支持，非常重要的一点，就是要始终保持良好的形象。而维护队伍形象的重要一条，就在于要始终如一地坚持廉洁从政。在廉政方面标准高、要求严，应该成为我们这支队伍的本色。煤矿安全执法队伍从组建到现在，大家一以贯之、锲而不舍地在廉政建设上下了很大功夫，收到了比较明显的成效。我们这支队伍所以得到了各级政府和广大煤炭企业的认可和好评，这是与各级领导干部和广大监察员能够勤奋敬业、清廉自守分不开的。如果说，通过大家共同努力，煤矿安全监察执法队伍建设已经打下了一个比较好的基础，而巩固和发展目前这个势头，就不那么容易了。应当清醒地看到，我们组建队伍初期“带兵”的一些有利因素正在消失，而现在所面临的执法环境越来越复杂，面临的考验越来越严峻。在这种情况下，有必要静下心来深入研究思考，拿出相应的对策和办法。

加强队伍廉政建设，关键在机关，基础在办事处。要继续坚持抓机关、作表率，抓基层、打基础的工作路数。目前，不仅办事处队伍建设出现了一些违规违纪的苗头性、倾向性问题，有的省局机关也存在一些迫切需要解决的问题。年初在井冈山会议上，王显政同志强调，要深入进行调查分析，搞清楚本单位队伍建设的现状和问题所在，研究提出切实可行的办法措施。他指出，对影响队伍形象的消极腐败现象，一旦露头就要坚决铲除，决不允许滋长蔓延、贻害我们的事业。对那些私欲严重，缺乏自律意识，行为不检点，不适宜做安全执法工作的人，要及时从我们队伍中清除出去，始终保持这支队伍的纯洁性和战斗力。讲得非常严肃，要求非常严格，表明了国家局党组抓好队伍建设的决心和态度。对今年机关作风建设，党组提出了“四个进一步”的要求；对办事处队伍建设，提出要做到“三个加强”。从实际情况看，半年来多数单位这方面工作有了新的进展，但个别单位没有认真按国家局党组要求去做，缺少研究，缺少实际举措，在廉政建设上标准低了，要求松了，一些倾向性问题暴露得明显了。大家知道，有的办事处监察人员收受小窑主现金的问题已经暴露，造成了不良的社会影响。对此，各单位都要引以为戒。自我们的队伍组建执行公务以来，煤炭企业主及有关方面给监察人员送钱进行腐蚀拉拢的现象一直是比较严重的。由于广大监察人员能够管住自己，廉洁自律，全系统涌现了许多拒收礼金的好人好事，有的当场拒收，有的将拒收不掉的现金主动上交。但送钱这个问题，是对我们队伍的最大腐蚀剂，是损害我们形象和权威的最大威胁。应该引起各级领导和所有监察员的高度警觉，下决心防范于先，绝不能让我们的同志被“糖弹”打倒。各单位都要按照执法纪律要求，把收受礼金问题作为一个重大问题来抓，也可以集中开展专项清理。为了加大工作力度，要拿出硬措施，加以规范和约束。譬如是否可以规定，礼金当场拒绝不了的，必须在 24 小时内向组织报告，必须在 3 天之内上交组织。不然，就是违规违纪，就要追究责任。这方面，省局和办事处都要建立有操作性、有很强制约性的严格规定。还有一个问题要强调一下，任何单位不得以任何借口向国有煤矿集资。小窑主的钱不能收，大矿的钱也不能要。我们作为安全监察部门，在执法中对小窑主和国有大矿应当同等对待。在廉洁自律方面，到个体小矿与到国有大矿都应当高标准、严要求，坚持统一的标准。

在这里，我重申一下国家局党组在井冈山会议上提出的关于加强队伍建设的要求：国家局和省局机关作风建设要达到“四个进一步”，即一要进一步坚持全心全意为基层服务的指导思想，做到面向基层，服务基层，努力推进安全生产工作的落实；

二要进一步培养扎扎实实为基层办实事的作风，做到重心下移，深入基层，帮助基层解决实际问题；三要进一步树立率先垂范、清廉自守的良好形象，做到令从我行，禁从我止，带头执行廉洁自律各项规定；四要进一步提高办事效率、工作质量和执法水平，做到勤奋敬业，公正执法，争创一流的工作成绩。办事处要做到“三个加强”，即加强班子建设、加强监察执法、加强廉洁自律。加强班子建设，首先要增强领导班子的凝聚力，增强工作的创新意识，增强带队伍的本领，增强根据实际情况独立分析和解决问题的能力；加强监察执法，就要进一步解决执法行为不够规范的问题，进一步解决执法偏宽偏软、工作不到位的问题，进一步解决执法“自由裁量权”得不到有效制约的问题，从整体上提高执法的层次和水平；加强廉洁自律，就要严格执行国家局党组制定的“九条纪律”和其他有关规定，就要及时发现和解决一些违规违纪的苗头性、倾向性问题，就要坚决抵制“人情风”对执法工作的干扰，坚决抵制来自方方面面的侵蚀和诱惑。要进一步培育国家局党组所要求的执法队伍“五种精神”、“四种作风”，始终保持我们这支队伍业已形成的过硬作风和优良本色。

各单位都要重新学习王显政同志的讲话，对照党组关于“四个进一步”、“三个加强”的要求，认真查找差距，结合各自的实际，注入具体内容，切实解决自身存在的突出问题，把安全监察执法队伍建设提高到新水平。

第四，以高度的责任感和紧迫感，圆满完成今年各项工作任务。半年多过去了，各单位都要回过头看一下，国家局党组年初布置的反腐倡廉工作哪些落实了，哪些还抓得不够，哪些薄弱环节还需要加强。工作要扎实一些，既要突出重点，又要兼顾各个方面，不要有漏项。凡是年初已经安排的任务，要一项一项地落到实处。

纪检组长要加强学习和思考，要始终保持主动进取的精神，始终保持良好的精神状态，每年的工作都要有所进步。要认真分析本单位工作的状况，每年解决几个较为突出的问题，抓出亮点，形成特色。在此基础上，加大整体工作力度，把各项工作向前推进。

为抓好各项工作的落实，要切实加强监督检查。根据国家局党组部署，驻局纪检组监察局将会同人事司等有关部门于第四季度对省局领导班子贯彻党风廉政建设责任制、加强思想作风建设的情况进行一次检查。检查内容：一是贯彻党中央、国务院以及国家局党组关于加强党风廉政建设的部署、要求的情况，重点了解结合安全监察执法落实党风廉政建设责任制的情况。各项任务是否落到实处、见到实效。二是贯彻国家局党组《关于加强各级领导班子思想政治建设的意见》和《关于加强各级领导班子建设的意见》的情况，重点检查在班子自身建设方面制定了哪些措施，取得了哪些效果，还有哪些差距。三是领导班子成员遵守《廉政准则》和今年中央纪委第三次全会提出的“四大纪律八项要求”及国家局党组提出的有关纪律规定的情况。四是执行民主集中制原则，召开民主生活会的情况，实行政务公开的情况。五是省局机关加强作风建设的情况。机关人员是否带头严格执行“九条纪律”，做到了“五个一律”；是否按照“四个进一步”的要求，加强了自身建设；能否以廉政促勤政，提高工作效率和质量，做好本职业务工作。六是深入贯彻国家局党组《关于加强煤矿安全监察队伍建设的决定》，按照“三个加强”的要求，抓办事处队伍建设的情况。

最后讲一下，要加强联系和沟通，进一步建立起上下畅通的纪检监察工作体系。中央纪委监察部对派驻机构实行统一管理后，对派驻纪检监察部门的管理明显加强了，要求上报有关情况增多了，国家局党组这方面的要求也更高了。为了适应工作发展的要求，希望各省局纪检监察部门与驻局纪检组监察局进一步加强联系和沟通，做到信息畅通。要建立完善和坚持各项联系制度。以前要求的每月一次的信息报送制度、每半年一次的工作汇报制度、每年一次的纪检组长述职述廉制度等，要继续坚持。这些年来，信息报送坚持最好的是山东、辽宁、贵州等局，做得不够好的要加以改进。还要强调的一点是，在执纪办案中要加强联系和沟通。有关信访、案件情况要及时上报，对一些大案要案和疑难案件要及时通气，汇报请示。

同志们，让我们坚持用科学发展观统揽全局，以高度的责任感和进取精神抓紧本职工作，圆满完成今年党风廉政建设和反腐败的各项任务。

第三部分

综　　述

全国安全生产工作综述

2004年，在党中央、国务院的正确领导下，各地区、各部门、各单位共同努力，安全监管、监察系统广大干部职工勤奋工作，安全生产工作取得了一定的成绩，全国安全生产继续保持了相对稳定、趋于好转的发展态势。但是事故总量仍然很大，全国安全生产形势依然严峻。

一、全国安全生产总体状况和特点

2004年，是安全生产工作得到切实加强的一年。党的十六届四中全会作出的《关于加强党的执政能力建设的决定》，把安全生产摆在了与人口、资源、环保等基本国策同等重要的位置上。中央经济工作会议强调要完善安全监管体制和机制，采取综合措施加强安全生产工作。国务院作出了《国务院关于进一步加强安全生产工作的决定》（以下简称《决定》），颁布了《安全生产许可证条例》。国务院办公厅就加强中央企业安全监管和完善煤矿安全监察体制等问题，先后下发了通知。国务院安委会首次向各省区下达了年度安全生产控制指标，先后召开了3次全国安全生产电视电话会，组织开展了两次全国范围的安全大检查和一次危化品安全专项督查，促使各地、各单位抓好落实安全工作。

2004年，中央领导同志多次对安全生产工作作出重要批示。胡锦涛总书记对安全生产工作极为关注，从坚持以人为本的科学发展观的高度，多次强调安全生产的重要性，为安全工作指明了方向。温家宝总理密切关注安全生产工作的进展情况，围绕着体制、机制、投入和事故抢险救灾、善后处理等问题，相继作出了一系列的重要指示。黄菊副总理先后5次发表重要讲话，提出了安全生产工作应当遵循的六条原则和具有战略意义的“五个转变”，对全国安全生产大检查、危化品安全监督和专项整治等工作，作出总体部署。周永康、华建敏等国务院领导同志多次深入基层调查研究，抓关键环节，组织指导抢险救灾。因此，有力地促进了全国安全生产工作。

各地政府、各部门和各单位以贯彻国务院《决定》为主线，进一步加强领导，在深化专项整治、落实防范措施、建立长效机制等方面，做了大量的富有成效的工作。总体来看，2004年全国安全生产继续保持了相对稳定、趋于好转的发展态势。

1. 事故总量稳中有降

经过各地区、各部门、各单位的共同努力，在国民经济较快发展，全国煤电、油、运、供、求关系持续紧张，安全生产难度进一步加大的情况下，全国安全生产保持了相对稳定、趋于好转的发展态势。2004年全国共发生各类事故808433起，比2003年减少了155543起，下降了16.13%；死亡136025人，同比减少315人，下降了0.23%。除火灾、道路交通外，其他行业事故均有所下降。其中，一次死亡3～9人的重大事故死亡人数同比下降了4.6%；一次死亡10人以上的重大事故起数持平，死亡人数同比下降了1.4%。

2. 工矿商贸企业安全状况趋于好转

全年工矿商贸事故起数比2003年减少了922

起，死亡人数减少829人，分别下降了5.9%和4.8%。其中，一次死亡3～9人重大事故起数、死亡人数，同比分别下降了5.9%和9.1%；一次死亡10人以上的重大事故起数、死亡人数，同比分别下降了9.2%和14.9%。特别是煤矿，实现了事故起数、死亡人数、10人以上事故和百万吨死亡率“四个下降”。与2003年相比，全国煤炭增产228Mt，事故减少502起，下降了12.2%；死亡人数减少407人，下降了6.33%；10人以上事故减少9起，下降了17.65%；百万吨死亡率减少0.624，下降了20%。国有重点煤矿百万吨死亡率首次降到了1以下。与建立国家煤矿安全监察制度的2000年相比，2004年全国原煤产量翻一番，百万吨死亡率降一半。危险化学品事故起数、死亡人数，同比分别下降了27.4%和32.0%。其中，一次死亡3～9人重大事故起数、死亡人数，同比分别下降了33.3%和33.5%。全国金属与非金属矿事故起数同比减少38起，死亡人数减少195人，分别下降了1.7%和6.7%。

3. 相关行业和领域的安全工作取得成效

铁路、水上交通、农机、建筑、危险化学品、民爆器材，以及军工、特种设备等行业和领域，事故都有所下降。在道路和车辆大幅度增加的情况下，道路交通安全形势基本稳定。

4. 多数省区安全状况比较稳定

全国31个省（区、市）和新疆生产建设兵团中，有25个单位工矿商贸事故死亡人数在年度控制指标以内，占78.1%。全国27个产煤省（区、市）和新疆生产建设兵团中，有23单位煤矿事故死亡人数在年度控制指标以内，占82.1%。全国27个产煤省（区、市）和新疆生产建设兵团中，有23个单位煤矿百万吨死亡率在年度控制指标以内，占82.1%。

天津、江苏、海南、青海、宁夏、新疆6个省（区、市）和新疆兵团未发生一次死亡10人以上事故。

天津、上海、江苏、浙江、安徽、海南、西藏、青海、宁夏、新疆10个省（区、市）和新疆兵团的工矿商贸企业未发生一次死亡10人以上事故。

二、安全生产主要工作

2004年，各地区、各部门、各单位认真贯彻党中央、国务院的部署及全国安全生产工作会议精神，加强领导，狠抓了安全生产工作的落实。

（一）在推动安全生产工作创新和转变上做出了新探索

把黄菊副总理提出的“五个转变”和国务院《决定》提出的“五项创新”贯穿到全年工作当中，积极探索加强安全生产的新方法、新途径。以下6个方面的工作，都是以往没有做过的。

一是建立和实施安全生产许可制度，严把高危行业安全生产市场准入关。认真落实《安全生产许可证条例》，对煤矿、金属与非金属矿山、危险化学品、建筑施工、烟花爆竹、民爆器材生产企业的安全评价、安全条件认证和审核颁证工作全面铺开。严格这些行业的市场准入，强化了安全生产的源头管理取得了显著效果。

二是建立了安全生产控制指标体系。通过对安全控制指标层层分解，实行量化考核，强化了各级干部责任意识，推动了安全生产与经济建设的同步发展。

三是总结推广了广东非公有制企业安全工作“有人管、有办法管、管得住、管得好”的经验。在广东佛山召开了非公有制企业安全监管现场会。在非公有制经济发展较快的上海、江苏、浙江等省（市）组织开展了试点。

四是探索建立中央企业安全工作制度规范。召开了中央企业安全生产工作会议，明晰了“企业负责、属地管理、国家监督”的中央企业安全工作思路。

五是研究出台了一系列安全生产经济政策。国务院《决定》明确了3项经济政策。财政部、国家发改委与国家煤矿安全监察局联合下发了《关于煤矿安全费用提取和使用管理办法》的通知。各地以国家政策为依据，制定出台了140多项地方性经济政策。安徽、湖南安全监管局会同财政、税务部门，制定了《安全生产技措费用使用管理暂行办法》、《企业安全费用提取和管理办法》、《安全生产风险抵押金暂行办法》、《安全事故隐患整治技改贴息资金管理办法》等。河南等8个省市出台了运用工伤保险机制促进事故预防和安全生产的政策规定。

六是应急救援工作开始起步。在全国应急体系和应急预案的总体框架内，完成了生产安全应急救援体系的调研论证、体系规划、预案编制等基础性工作。成功组织了郑煤集团超化煤矿水灾、重庆天原化工厂泄漏、“辽海轮”大连海域火灾等矿难、海难和突发事故的抢险救援工作。广州、郑州、南京等城市依托城市现有预警资源，建立了安全生产应急救援机制。

(二) 致力于建立长效机制，安全生产基层和基础工作得到加强

一是在各类企业广泛开展安全质量标准化活动。国家局下发了《关于开展安全质量标准化活动的指导意见》，分别召开了煤矿、金属与非金属矿山、电力等安全质量标准化现场会或座谈会。2004年底已有1/4的重点煤矿提出了达标核准申请。甘肃省举办了7期煤矿安全质量标准化培训班，培训了500多名煤矿矿长和技术负责人；天津、湖北、辽宁、新疆等省区市选择了建筑、机械、冶金、金属与非金属矿山、危险化学品等企业进行了试点。神华集团公司、中铝河南公司、东风汽车有限公司、北京国华三河发电公司等中央企业，从建立体系、完善标准、严格考核等基础环节入手，推动企业质量上台阶、安全创水平。

二是加大安全投入，推动安全生产科技进步。在继续用好国债扶持资金的同时，河南省属煤矿筹措资金3.66亿元，进行安全技术改造；山西省投入5亿元，黑龙江省投入3.6亿元；对各类煤矿进行信息化系统建设，运用计算机网络对煤矿瓦斯、通风实行全方位远程监控。申报全国第二届安全科技成果奖351项，比2003年增长了39%。国家安全生产监督管理局组织实施了安徽淮南煤矿瓦斯综合治理、山西晋城小煤矿安全监测网络技术、中石化北京石油分公司运输车辆安全监测等安全科技示范工程。危化品HAN隔阻防爆、BF快速堵漏等新技术等，开始在各地推广应用。

三是加大安全培训工作力度。与中组部、国资委和国家行政学院配合，分别举办了地方领导干部、中央管理企业和国有重点煤炭企业主要负责人安全培训班，共培训市、县两级领导干部237人，企业负责人126人。总结推广了鸡西煤矿安全培训与干部考核、职工工资挂钩，创新安全培训机制的经验，推动了企业安全培训工作。

(三) 安全生产法制、体制和队伍建设，以及支撑体系建设有了新进展

一是安全生产法制建设进一步加强。出台了1部法规（《安全生产许可证条例》)、15个部门规章、5个安全行业标准和70多个规范性文件。北京、天津、广东、山东、河南、湖南等省市出台了《安全生产条例》、《安全生产监督管理规定》、《危险化学品安全管理条例》等地方性法规规章。加大行政执法工作力度。据不完全统计，全国各级安全监管机构检查执法约130万次，发现重大隐患问题80多万条，查处各类安全生产事故1.3万多起；煤矿安全现场监察6.32万矿次，查处事故隐患34.46万条，责令关闭矿井169处。国家局接到群众关于重大隐患和事故举报3752件次，查实瞒报重特大事故4起。对一个时期来发生的重特大事故，都依法进行了查处，严肃追究了有关人员的责任。

二是煤矿安全监察体制逐步完善。《国务院办公厅关于完善煤矿安全监察体制的意见》确立了“国家监察、地方监管、企业负责”的煤矿安全工作格局，理顺了煤矿安全领域有关方面的关系；批准在5个省区和一些重点产煤地区增设煤矿安全监察机构。将煤矿安全监察办事处更名为监察分局，提高了执法权威。继续深入开展“创先争优”活动，煤矿监察队伍素质有了新的提高。

三是安全监管体系建设取得新进展。所有省区市都建立了安全监管机构，其中政府直属机构21个，正厅级机构19个。市、县两级机构设立的比例从2003年底的77.7%和67.4%，分别提高到2004年底的90.7%和76.4%。全国目前共有安全监管人员2.5万人，其中省级机构平均41人，市级机构平均16人，县级机构平均6人。

四是技术装备、信息体系建设步伐加快。筹备组建了中国安全生产科学研究院、化学品登记中心，在一些科研教学单位加挂了安全科研教育机构牌子；全国8万多人报考了注册安全工程师，约有2000人获得了资格认证，安全评价工作在规范中发展；实现了省级监管、监察机构计算机联网和远程调度指挥，安全生产信息系统“三网一库”建设开始起步。安全生产信息系统已经被国家有关部门批准立项。

(四) 安全生产专项整治不断深入

煤矿安全整治继续以关闭整顿小煤矿和“一通三防”为重点。结合煤矿安全程度评估，2004年

又关闭了一批证照不全和不具备安全生产条件的小煤矿。小煤矿数量从2000年底的41513处，减少到24487处。其中7831处小煤矿装备了“一通三防”监测监控系统。

金属与非金属矿山安全整治，以关闭取缔非法和不具备安全生产基本条件的小矿山为重点。全年关闭小矿山11670座，累计已关闭49302座。

危险化学品安全整治，以“两关闭、五整顿”为重点。2004年5月份以来共关闭证照不全或隐患严重的从业单位1.9万户，整改重大隐患约4.5万条。烟花爆竹安全整治以取缔不符合安全条件的企业和家庭作坊为重点，全国烟花爆竹生产单位由2000年底的1.7万户，减少到目前的7000户。

道路交通安全整治，以“五整顿、三加强”和治理超载为重点，撤销违规机动车420种，强制报废机动车110万辆，查处超载超限车辆329万辆，道路交通安全秩序进一步好转。

水上交通安全整治，突出抓好“长三角”水域运输超载问题，对超载船舶实施卸载38800艘次；对沿海近万艘小型船舶进行了全面检查，查出存在缺陷的船舶5万多条，初步遏制了沿海小型船舶事故多发的势头。

人员密集场所消防安全整治，以商场超市、娱乐场所、学校、古建筑和易燃易爆单位为重点，先后组织了两次全国范围的安全检查和集中治理，受检单位约52.7万个，督促整改火灾隐患27.9万处。

为推动整治工作，国家局会同有关部门，针对煤矿、水上交通、建筑施工和危化品等领域的安全问题，先后组织开展了11次重点检查和专项督查。各地也组织开展了一系列的重点检查和督查。

（五）安全文化建设成效明显，“关爱生命、关注安全”的社会舆论氛围初步形成

在中宣部、广电总局、全国总工会和团中央等部门的支持配合下，第三次全国“安全生产月”和“安全生产万里行”活动既有声势，又有实效。组织开展了“百城百万人安全生产签名”活动。在中央电视台开播了安全常识栏目。召开了全国安全生产宣传教育工作会议，总结推广了上海市和青岛市的安全社区建设，山西省阳泉市开展的群众性安全文化活动等经验。成功举办了第二届中国国际安全生产论坛暨职业安全健康国际展览会，安全生产领域的国际合作和交流得到了进一步扩大。

在2004年的工作中，各地区、各部门、各单位把党中央、国务院的指示精神和部署与实际结合起来，勇于实践，大胆探索，总结了一批很好的做法和经验。山东省全面推行安全生产“一岗双责”。内蒙古自治区、广西壮族自治区实行安全生产“一票否决”，形成各级政府一把手抓安全、一级对一级负责的工作局面。吉林省建立了安全生产目标奖惩制度。贵州省逐级分解落实安全生产控制指标，做到领导责任、部门监管责任、企业主体责任和责任追究“四个到位”。广东省突出非公有制企业安全监管这个重点，总体推动全省安全生产工作，全年事故起数和死亡人数，同比分别下降了0.6%和3.7%。湖南省以实施安全生产许可制度为契机，提出巩固A类、提高B类、整顿C类、淘汰D类的源头管理工作思路。四川省深入开展安全生产示范乡（镇）建设活动。福建省开展创建安全生产合格乡镇活动，全省试点乡镇（街道）已达422个，占全省乡镇（街道）数的38.2%。安徽煤矿安全监察局转变监察方式，加强对企业决策层、管理层、技术层的监察，主动介入省内四大煤矿年度生产准备计划的审查，做到了关口前移。北京、辽宁、河北等省（市）较好地解决了监管机构权威不足的问题，为开展安全工作提供了组织机构保障。云南省加大对安全监管机构的经费投入，向42个重点县的安全监管机构划拨资金690万元，完善办公和执法条件。扬州会议之后，中央企业各单位特别是中石油、中石化、神华集团公司、中国远洋运输（集团）公司、中国材料工业科工集团公司和华侨城集团公司等，从组织领导、发展规划、加强机构力量等方面着手，加强和改进企业安全管理。所有这些，都有力地推动了全国的安全生产工作。

三、存在的主要问题

2004年，虽然遏制了事故总量上升的势头并且略有下降，但是，也必须清醒地看到，事故总量仍然很大，重特大事故仍然没有得到有效控制，全国安全生产形势依然比较严峻，不容乐观。

一是事故总量和总的死亡人数仍然很多，虽然近两年事故上升的势头得到了控制，但总的死亡人数仍高达13多万人，事故伤残约70万人。

二是重、特大事故仍没有得到有效的遏制。一

次死亡30人以上的特别重大事故时有发生，死亡人数比上2003年上升了3.6%。进入2004年10月下旬以后，先后发生多起特别重大事故，特别是河南郑煤集团“10·20”瓦斯爆炸事故、东航“11·21”空难事故和陕西铜川“11·28”瓦斯爆炸事故，给人民群众生命和财产造成巨大损失，社会影响极为严重。

三是一些行业、领域和地区安全状况比较严峻，煤矿、道路交通、烟花爆竹、危险化学品等行业和领域伤亡事故多发状况尚未根本扭转，一些深层次问题尚未得到根本解决。

四是事故隐患在一些地方和企业还大量存在，如果监控、整改不力，随时可能发生事故甚至重、特大事故。

我国社会主义初级阶段的特点和社会转型期的问题决定了安全生产工作的长期性、艰巨性。从生产力发展水平来看，经济发展不均衡，总体水平比较低，技术手段还比较落后，安全生产基础相当薄弱。进入工业化初期之后经济快速发展，安全生产工作的难度增加。从社会环境来看，全社会安全意识和安全生产法制观念仍然比较淡薄，从业人员的安全技术和文化素质仍然较低。从政府安全监管体制、机制看，尚不够健全完善，影响安全生产的体制性、结构性矛盾仍然存在。从安全工作自身看，工作仍然主要依靠行政手段和强制执法，大量精力用在突击检查、集中整治、抢险救灾和事后查处等工作上。因此，要认清这一时期我国安全生产工作的长期性、艰巨性。一方面，要用科学发展观统领安全生产工作全局，正确把握安全生产工作的发展方向和总体趋势，进一步增强做好安全生产工作的信心；另一方面，要正确对待可能出现的曲折和反复，自觉从社会主义初期阶段安全生产工作的规律特点出发，按照党中央、国务院的统一部署；采取更加切实有效的政策措施，稳步推进全国安全生产工作。

第四部分

有关领域的安全生产工作

公安部全国消防安全工作概述

公安部消防局

2004年，全国公安消防部队以“三个代表”重要思想为指导，全面贯彻《中共中央关于进一步加强和改进公安工作的决定》（以下简称中央13号文件）和第二十次全国公安会议（以下简称“二十公”）精神，紧紧围绕全面建设小康社会的总目标和维护重要战略机遇期社会稳定的总要求，坚持立警为公、执法为民，以体制、机制和科技创新为动力，全面实施“161”工程，大力加强消防工作和队伍正规化建设，有效预防和遏制了重特大火灾尤其是群死群伤火灾事故，保持了火灾形势的基本平稳。据统计，2004年全国共发生火灾25.2万起，死亡2558人，受伤2969人，直接财产损失16.7亿元。与2003年相比，火灾起数和受伤人数分别下降了0.5%和3.8%，死亡人数和直接财产损失分别上升了3.1%和5.1%。重大火灾四项指数全面下降，分别下降了15.1%、6.9%、7.8%和22%。同时涌现出了被国务院、中央军委授予“模范消防大队”荣誉称号的江西省井冈山消防大队、“抢险救援勇士”郑忠华，荣立集体一等功的“11·3”灭火抢险英雄群体湖南省衡阳市消防支队，受到公安部表彰的“抗洪英雄”张军、“模范消防战士”金春明等一大批先进集体和英雄模范人物。

一、认真贯彻中央13号文件和“二十公”精神，确定了以“161”工程为主线的消防工作发展思路

在学习贯彻中央13号文件和“二十公”精神过程中，公安部消防局把消防工作放在经济社会发展大局中去思考，把消防队伍置于忠实履行三大政治和社会责任中去定位，认真研究消防工作的发展思路。在公安部党委的领导下，提出了消防工作改革创新的系统思路，即全面实施“161”工程（以班子和队伍建设为根本，突出抓好基层建设、执法为民、大练兵、多种形式消防队伍建设、公共消防设施和消防装备建设、社会化消防宣传的六个着力点，建立健全竞争激励机制），并在全国公安消防部队基层建设电视电话会议上做了动员和部署。在此基础上，制定了《关于全面推进“161”工程的实施意见》，明确了“161”工程三年规划的任务和目标，采取建立落实责任制、召开工作分析会、加强督促检查等措施持续加以推进。在一年来的实践中，“161”工程得到了各级党委、政府的高度重视和社会各界的大力支持，某些方面取得了突破性进展，呈现出良好的发展势头。

二、持续推进火灾隐患整改，全力预防和遏制火灾事故

针对近年来重特大火灾事故的特点规律，公安部、消防局先后5次召开以整治火灾隐患、预防和遏制重特大火灾事故为主题的电视电话会议，部署各地公安机关及消防部门在当地政府领导下，发动有关部门，持续展开了整治火灾隐患的攻坚战。不间断地对人员密集场所、古建筑、学校、易燃易爆化学危险品场所、超市、商场等实施了消防安全专项治理。2004年9月，经国务院批准，国务院安全生产委员会在全国开展了“火灾隐患大排查、大整改，保安全”活动，形成了预防和遏制重特大火灾的强力态势，整改消除了一大批“老大难”隐患。其间，单位自查整改火灾隐患51万处，监督执法机关检查单位41万余家，责令当场或限期整改32万余处，减少了致灾因素，改善了消防安全环境。

三、进一步树立和落实执法为民思想，群众对消防执法的满意度不断提高

公安部消防局把执法为民作为消防工作的生命线，狠抓了执法为民思想的树立和落实。一是举办培训班。举办了两期培训班，对200多名师职领导干部进行了集中培训。各总队、支队共举办了100多期培训班，对所有领导干部和消防执法人员进行了培训。二是完善了执法监督制约机制。制定实施了执法监督、执法质量考核评议、执法过错责任追究等规章制度，建立和完善内部执法监督制约机制，认真落实消防监督执法“六个严禁”，着力解决执法不公、不严、不廉和不作为、乱作为等问题，对执法违纪、以权谋私、贪赃枉法的单位和个人进行了严肃查处。三是在加强消防法规制度建设、推进依法治火上取得了新进展。为适应市场经济要求，构建以法律责任为核心的社会消防安全责任体系，在加快修订《消防法》及配套法规规章的同时，经国务院批准，公安部、监察部和国家安全生产监督管理局共同出台了《关于进一步落实消防工作责任制的若干意见》，对各级政府、有关行政主管部门、社会单位和公安消防部门在消防工作上的法律责任及不履行责任的行为追究作出了明确界定，为依法规范社会消防行为提供了制度保障，推动了消防安全责任制的落实。修订颁布了《消防监督检查规定》(公安部令第73号)，对传统的消防监督检查机制进行了改革，规范和加强了消防执法工作。四是积极推行警务公开。基层一线执法单位普遍设立服务窗口，公开便民、利民服务承诺。运用各种形式，广泛征求社会各界群众对消防执法的意见和建议，针对问题认真落实整改措施。“二十公”以来，大多数公安消防部门在各地开展的行风评议中名列前茅，群众对消防执法的满意度不断提高。

四、积极探索有中国特色的消防力量增长方式，多种形式消防队伍有了新发展

各地按照公安部党委提出的“现役为主、多种力量，多策并举、综合治理”的工作思路，积极探索多种形式消防队伍发展的建队模式、管理办法和经费保障机制，大力发展地方、企业、民办、义务等多种形式消防力量，填补了一些地方消防保卫力量的“空白”。至2004年底，全国共有各类多种形式消防队伍15.7万多支、队员207万人，配备消防车16414辆、移动消防泵9734台。江苏省在乡镇和行政村普遍建立了多种形式消防队伍，基本实现了扑救初起火灾不出村，扑救一般火灾不出镇。河南省政府一次性增加公安事业编制2000名，并从省长预备金中拨出专款1000万元，计划3年内在全省40个无消防队的县、市全部组建公安合同制消防队。2004年，仅山东、江苏、浙江三省就组建了地方政府和民间消防队伍5000多支，配备消防车和车载消防泵5000多台。多种形式消防队伍的发展，在保障群众生命财产安全、促进城乡和谐发展等方面发挥了重要作用。

五、大力推进公共消防基础设施和消防装备建设，城乡抵御火灾的能力有了明显提高

2004年以来，经报请国务院同意公安部消防局以公安部名义会同国家发改委、建设部下发了《关于进一步加强城镇消防规划和公共消防基础设施建设的通知》，推动各地开展了城镇消防规划和公共消防设施建设达标工作。一些城镇无消防规划或消防规划不完善、消防水源不足、消防通道不畅、消防站点稀少和设施陈旧、消防装备量少质差等问题得到了有效解决。目前，全国296个地级以上城市，有248个完成了消防规划，218个城市实现了集中接警；412个县级市中，有313个完成了消防规划；1660个城关镇中，有809个完成了消防规划。县级以上城市新建消火栓3.9万多个，新建消防站130个，其中消防特勤站11个。同时，各地加强了消防装备建设，提高了装备的现代化水平。至2004年底，全国消防部队新增各型消防战斗车1455辆、破拆工具1530套、空气呼吸器22000具和包括隔热服、防化服在内的灭火防护服44761套，部队的灭火救援能力得到了明显提升。

六、大力推进科技创新，消防工作的科技含量明显提高

坚持“科技强警”的方针和“消防科研为消防现实斗争服务”的宗旨，大力推进消防科技工作。一是加强消防基础理论研究和科研攻关。开展了《“十一五”消防科技发展纲要》的编制工作，明确了“十一五”期间我国消防科技的发展战略、总体目标和指导思想。完成了“十五”国家科技攻关课题“城市火灾与重大化学灾害事故防范与控制技术的研究”等一批国家、部级科研项目。二是大力加强消防标准化工作。完成了国家标准计划项目的清理任务和27个国家标准、35个行业标准的立项、修订工作。三是加强对消防行业的监管。会同有关部门开展了消防车强制产品认证工作，进一步明确了消防车产业政策；制定了《消防产品管理规定》，加强对消防产品的监督管理，促进了消防产品质量的提高。四是制定实施《消防信息化建设基层建设标准》。重点推进消防部队二、三级网建设进程，消防业务工作和部队管理的信息化水平明显提高。

七、以消防宣传教育“四进”为载体，着力提高全民消防安全素质

公安部消防局及时总结推广沈阳等地消防宣传教育（“进社区、进学校、进企业、进农村”）的经验，推动了消防宣传教育工作的深入开展。各地普遍与新闻媒体、互联网站以及教育、司法、妇联、共青团等单位和团体建立了消防宣传工作机制，制定了针对社区、学校、企业、农村不同特点的宣传教育工作量化标准，开展知识性、实用性强的宣传活动；推动教育部门把消防知识纳入义务、学历和职业教育，使上千万的中小学生、居民、职工群众接受了消防常识教育；广泛开展消防安全培训，共举办企事业单位法定代表人、消防安全责任人以及易燃易爆、消防设施操作控制等特殊岗位工种人员消防安全培训班1.2万多期，培训110多万人次，为做好企事业单位的消防安全工作发挥了积极作用。“119”消防日期间，各地以“整改火灾隐患，珍爱生命安全”为主题，开展了内容丰富、形式多样的消防宣传活动，积极营造了社会消防宣传的良好氛围。

八、深入开展大练兵，队伍的整体素质和战斗力得到了提高

公安部消防局制定实施了公安消防部队大练兵实施方案，明确了各级各类人员练兵的标准和要求。各级部队坚持练在实战、练在岗位、练在全员，着力提高队伍的消防监督执法能力和处置重特大火灾及特殊灾害事故的技、战术水平。精心组织全国公安民警大练兵汇报演练消防特勤队员方队、消防特种车辆方队和消防灭火救援战术演练项目的训练，以良好的素质和崭新的风貌，圆满完成了汇报演练任务，受到了公安部通令嘉奖。通过开展练兵活动，部队整体素质和战斗力明显提高。2004年，全国公安消防部队共参加灭火救援36.2万次，出动消防车55.3万辆次、警力351.9万人次，营救遇险人员20414人，保护和抢救财产价值323亿多元。成功处置了重庆天原化工厂液氯泄漏爆炸、北京怀柔京都黄金冶炼厂氢氰酸泄漏、山西运城半坡油库火灾、四川沱江水污染事件等特大灾害事故，受到了地方党委和政府的好评。

卫生部职业卫生及职业病防治工作概述

卫生部卫生法制与监察司

一、研究落实职业病防治治本之策

2004年5月18～21日，胡锦涛总书记、温家宝总理、黄菊副总理、吴仪副总理分别就保护劳动者健康、防治职业病、研究治本之策作出重要批示。根据党中央、国务院的批示精神，卫生部会同国家发改委、财政部、劳动保障部、国务院法制办、国家安全生产监督管理局等6部门，以及中华全国总工会认真组织和研究，组织国家和省级职业病预防控制机构专家反复研讨，提出了防治职业病的治本之策，并向国务院上报了有关职业病防治工作的报告。

报告全面系统地总结了建国50年来职业病防

治的基本情况、经验总结、存在的问题和治本措施。50多年的实践证明，职业病防治工作必须始终坚持“预防为主”方针，实行行政监督与技术管理相结合，一个部门主管、多个部门分工合作，依靠科技进步，加强宣传教育。职业病问题已经成为一个重大的公共卫生问题和社会问题，其主要原因归结有以下7方面：一是用人单位没有切实履行法定的职业病防治责任，没有采取有效的职业卫生防护措施；二是大量流动的劳动者和农民工缺乏职业病防治知识和自我保护意识及能力；三是劳动用工制度不健全，工伤保险等社会保障制度没有全面落实，劳动者的健康及相关权益得不到保障。四是有些地方政府缺乏科学发展观，存在地方保护主义，无视《职业病防治法》设定的职业病预防措施，争先降低门槛进行招商引资，甚至采取“先上车后买票”方法，将大量未经职业卫生审查的建设项目予以立项、建设和投产。一些传统职业病危害尚未得到控制，新的职业病危害又在不断产生。五是相关的产业政策在有些方面没有得到合理调整和落实，一些地方没有正确处理短期利益和可持续发展的关系，对现有职业病危害严重的企业没有依法予以取缔或关闭，导致严重职业病危害后果。六是监管力量薄弱，尤其是基层执法力量缺乏有效协调配合，对严重违法行为的惩处力度不足。七是长期以来地方政府对职业病防治工作投入严重不足，职业病防治技术装备得不到补充和更新，技术能力滞后，经费投入与科学技术和工业的快速发展、与当前社会的职业病防治任务不相适应。

针对上述存在的问题，各部门一致认为职业病防治工作必须坚持以人为本，坚持协调、可持续的科学发展观，采取重点整治，源头控制，标本兼治的策略，确保《职业病防治法》的全面贯彻实施。下一步工作重点要放在控制职业病危害源头、加大行政监管力度、完善社会保障制度等方面。主要措施有：

(1) 提高认识，强化政府责任。尽快制定职业病防治规划，将其纳入国民经济和社会发展计划并组织实施。

(2) 明确职责，依法行政，各司其职。依照《职业病防治法》第八条关于“国务院卫生行政部门统一负责全国职业病防治的监督管理工作，国务院有关部门在各自的职责范围内负责职业病防治的有关监督管理工作”的规定和中央编办发［2003］15号文《关于职业卫生职能的分工》的精神，进一步明确有关部门的监管职责。

(3) 加强产业政策研究制订，严格贯彻执行国家产业政策。

(4) 加强政府职业卫生技术机构和队伍建设。

(5) 建立健全职业病社会保障体系。

(6) 加大各级财政支持力度。

(7) 进一步加强法制宣传教育工作。

二、重新确定职业卫生监管职能

2003年10月23日，中央机构编制委员会办公室下发了《关于国家安全生产监督管理局（国家煤矿安全监察局）主要职责内设机构和人员编制调整意见的通知》（中央编办发［2003］15号）。该通知对职业卫生监督管理的职责分工做了如下规定：国家安全生产监督管理局负责作业场所职业卫生的监督检查工作，组织查处职业危害事故和有关违法行为；卫生部门负责拟订职业卫生法律、法规和标准，规范职业病的预防、保健、检查和救治，负责职业卫生技术服务机构资质认定和职业卫生评价及化学品毒性鉴定工作。明确将卫生部门原来承担的对作业场所职业卫生监督检查职能移交给安全生产监管部门。卫生部、国家安全生产监督管理局经认真研究、协商，对两个部门的职业卫生监管职责分工达成共识，并于2005年1月份联合下发了《关于职业卫生监督管理职责分工意见的通知》（卫监督发［2005］31号）。主要分工内容如下：

1. 卫生部门的职责

(1) 拟订职业卫生法律、法规和标准。

(2) 负责对用人单位职业健康监护情况进行监督检查，规范职业病的预防、保健，并查处违法行为。

(3) 负责职业卫生技术服务机构资质认定和监督管理；审批承担职业健康检查、职业病诊断的医疗卫生机构并进行监督管理，规范职业病的检查和救治；负责化学品毒性鉴定管理工作。

(4) 负责对建设项目进行职业病危害预评价审核、职业病防护设施设计卫生审查和竣工验收。

2. 安全生产监督管理部门的职责

(1) 负责制定作业场所职业卫生监督检查、职业病危害事故调查和有关违法、违规行为处罚的法规、标准，并监督实施。

（2）负责作业场所职业卫生的监督检查，依照《使用有毒物品作业场所劳动保护条例》发放职业卫生安全许可证；负责职业危害申报，依法监督生产经营单位贯彻执行国家有关职业卫生法律、法规、规定和标准情况。

（3）组织查处职业病危害事故和有关违法、违规行为。

（4）组织指导、监督检查生产经营单位职业安全培训工作。

各级煤矿安全监察机构依据上述内容负责煤矿企业作业场所的职业卫生监督管理工作。

3. 建立部门间的协调工作机制

（1）卫生部制定或发布涉及作业场所的法规应与国家安全生产监督管理局共同研究、协商。

（2）两个部门每年召开一次协调会，通报有关情况，协调有关工作。卫生部门对健康监护监督检查工作中发现的重要问题要及时向安全监管部门通报，安全监管部门要将作业场所职业危害申报情况、职业卫生安全许可证发放情况及监督检查中发现的重要问题也要及时向卫生部门通报。

（3）卫生部门认定的职业卫生技术服务机构在承担作业场所的检测、出证和评价等技术工作时，应及时就有关情况向当地安全监管部门汇报，安全监管部门如发现违法行为应及时通报卫生部门予以查处。

（4）各地应尽快理顺工作关系，切实履行职责。卫生部门和安全监管部门在职能划转期间，要做好协调工作，防止出现工作上的缺位和越位。

三、发布181项职业卫生标准检测方法

为了贯彻实施职业病防治法，全国第五届职业卫生标准委员会组织专家完成了与《工作场所职业有害因素接触限值》（GBZ 2—2002）相配套的181个标准检测方法的修订工作。这些标准方法包括金属及其化合物、非金属及其化合物和有机化合物3大类。其中，金属及其化合物26种、非金属及其化合物11种、有机化合物44种。据统计，新发布的181个标准检测方法可以解决《工作场所职业有害因素接触限值》中50%的有毒物质的采样及检测问题。

四、开展职业卫生技术服务机构资质审定工作

根据《职业病防治法》、《职业卫生技术服务机构管理办法》的有关规定，卫生部组织开展了建设项目职业病危害评价甲级资质的审定工作。2004年已有18家技术服务机构通过技术审查和行政审查，并取得了甲级资质。它们分别是中国疾病预防控制中心辐射防护与核安全医学所、上海市预防医学研究院、辽宁省疾病预防控制中心、天津市卫生防病中心、兵器工业卫生研究所、山东省劳动卫生职业病防治研究所、江苏省疾病预防控制中心、湖南省劳动卫生职业病防治所、四川省疾病预防控制中心、广东省职业病防治院、重庆市疾病预防控制中心、铁道科学研究院环控劳卫研究所、吉林省职业病防治院、广东省职业病防治院（放射防护）、北京燕山石化职业病防治所、北京市疾病预防控制中心（放射防护）、辽宁省职业病防治院、中国石油天然气股份有限公司规划总院。

五、开展化学品毒性鉴定机构认定工作

根据《职业病防治法》和《化学品毒性鉴定管理规范》的有关规定，卫生部组织开展了化学品毒性鉴定机构认定工作，2004年通过技术审查和行政审查，取得乙级、丙级、丁级化学品毒性鉴定资质的单位共9个。其中，取得乙级资质的单位有：江西省劳动卫生职业病防治研究所、浙江省医学科学院卫生研究所、广东省疾病预防控制中心、江苏省疾病预防控制中心、天津市卫生防病中心、辽宁省疾病预防控制中心、浙江省疾病预防控制中心；取得丙级资质的单位是山东省疾病预防控制中心；取得丁级资质的单位是青岛市疾病预防控制中心。

六、组织开展全国职业卫生监督抽检工作

2004年，卫生部组织对11个重点行业的职业卫生情况进行了监督检查。上半年（第一阶段）组织了对采石、煤矿、水泥等重点粉尘危害企业的监督检查；下半年（第二阶段）组织了对制鞋、玩具制造、家具制造、皮革加工、化工、五金电镀、蓄电池、电子等职业中毒危害企业的监督检查。根据26个省、自治区、直辖市上报的监督检查结果，共检查粉尘危害企业8152家，其中，采石企业3860家、煤矿企业1893家、水泥企业2399家。职业中毒危害企业15978家，其中，制鞋企业3824家、玩具制造企业496家、家具制造企业3089家、皮革加工企业838家、化工企业4588家、五金电镀企业1586家、蓄电池企业696家、电子企业861家。

1. 具体抽检情况

(1) 职业病危害项目申报情况。共检查企业24130家，其中，职业病危害项目应申报24010家，实际申报15842家，申报率为66.0%。有8168家企业未依法进行职业病危害申报，对其中的7300家实施了处罚，处罚的比例为89.4%，其中，警告1961家，限期改正5237家，罚款102家。

(2) 建设项目职业卫生审核、审查、竣工验收情况。共检查2003年的建设项目2413个，其中，属于一般职业病危害的建设项目1791个，严重职业病危害的建设项目622个。进行职业卫生预评价审核的建设项目830个，审查率为43.5%；进行设计审查的建设项目238个，审查率为48.3%；进行竣工验收的建设项目713个，审查率为58.7%。

(3) 职业病危害因素监测情况。工作场所应监测作业点130150个，实际监测作业点82665个，监测覆盖率为63.5%；监测合格作业点61061个，合格率为73.9%。其中，监测覆盖率最高的行业是皮革加工行业，覆盖率为76.5%；最低是采石行业，覆盖率为49.3%。监测点合格率最高的行业是化工业，合格率为84.1%；最低的行业是采石业，合格率为60.9%。

(4) 职业病防护设施设备运行情况。检查职业病防护设施、设备142991套，有123072套能够正常运行，运行率为86.1%。其中，化工行业职业病防护设备运行率最高，为98.4%；运行率最低的为制鞋行业，为45.3%。

(5) 从业人员职业健康检查情况。从事有毒有害作业人员上岗前体检率为50.6%，在岗时定期体检率为46.6%，离岗体检率为35.9%；体检率较高的行业是玩具制造业，各项体检率均在65%以上；体检率较低的行业是采石业，其离岗体检率仅为8.4%。

(6) 职业卫生制度执行情况。主要检查企业是否落实了各项职业卫生管理制度。建立企业的职业病防治法定代表人目标管理责任制，设置或指定职业卫生管理机构或组织，配备专职或兼职的职业卫生专业人员，落实职业病防治经费情况，制定职业病防治计划和实施方案，建立符合要求的职业健康监护制度，实施职业病危害合同告知，进行上岗前职业卫生培训，设置警示标识，制定职业病危害事故应急救援预案，配备应急救援设备，建立健全职业卫生档案等内容。

从检查的情况看，企业执行职业卫生各项管理制度的比例均在50.5%以下，其中，配备应急救援设备和进行危害合同告知的仅为27.6%和29.9%。按行业分析，执行较差的是采石行业，执行各项制度的比例均在32.4%以下；其次是制鞋业和玩具制造业，执行各项制度的比例均在43.2%以下。

(7) 行政处罚情况。卫生行政部门依据《职业病防治法》的规定，对11167家违法用人单位予以行政处罚，占检查总数的46.3%，其中，警告3866家，罚款336家，责令整改6903家，停业或关闭62家。

2. 与2003年监督检查情况相比较

(1) 监督处罚力度有较大提高。2004年对违法行为的查处率较2003年提高了31%。在2004年的行政处罚中以责令整改为主，占总处罚数的61.8%。

(2) 用人单位职业卫生管理制度执行情况有所好转。除专、兼职人员的配备情况一项外，其余项目执行的比例均比2003年有不同程度的提高。

(3) 建设项目职业卫生审查率仍然较低。2003年建设项目职业卫生审核、审查、竣工验收平均审查率为49.3%。其中，竣工验收的审查率最高，为58.7%，预评价卫生的审查率最低，为43.5%：在国家、省、市、县四级卫生行政部门的审查率中，以县级预评价审查率为最低，为30.5%。

(4) 2004年用人单位职业病危害项目申报情况（申报率66.0%），作业场所职业病危害因素监测情况（监测覆盖率63.5%），从业人员上岗前体检情况（50.6%）与2003年检查相比无明显变化。

七、组织开展国家建设项目职业卫生审核、审查和验收工作

根据《职业病防治法》的规定，卫生部组织了47个建设项目的职业卫生审核、审查和竣工验收工作，其中，建设项目职业病危害预评价审核项目41个，职业卫生防护设施设计审查项目4个，职业病危害控制效果评价及竣工验收项目2个。

建设项目职业病危害预评价审核项目中，电厂及电站项目27个，化工项目7个，汽车项目2个，

煤厂项目2个，水厂项目1个，科技项目2个，电子项目1个。

职业卫生防护设施设计审查项目中，电子项目1个，电厂项目1个，卫生项目1个，化工项目1个。

职业病危害控制效果评价及竣工验收项目中，核电站项目1个，化工项目1个。

八、全国乡镇企业、农村个体工商户职业病危害专项整治

2003年6月，《国内动态清样》第2210期、第2211期反映了贵州赴福建打工农民患硅肺病及福建仙游县东湖村石英厂硅肺病隐患严重的情况，引起了党中央、国务院的高度重视，温家宝总理做出批示，要求各有关部门依法做出严肃处理，切实保护劳动者的身体健康和生命安全。国务院并就此事件向全国进行了通报（国办发［2003］73号），责成卫生部牵头，会同劳动和社会保障部、农业部、公安部、工商总局、税务总局、国家环境保护总局、国家安全监管局和全国总工会等9个部门，在全国开展了针对乡镇企业、农村个体工商户职业病危害的专项整治行动（以下简称“专项整治”），专项整治于2003年8月开始，2004年6月份结束，历时近1年。

1.开展的主要工作

专项整治分3个阶段进行：

（1）自查自纠阶段（8～10月底）。各地组织开展自查自纠工作，对照检查内容逐项进行排查，找出隐患，及时整改。

（2）集中整治阶段（11～12月）。各地各部门按照各自的职责，围绕重点行业、重点单位进行集中整治，督促用人单位改善劳动条件，消除安全生产隐患，规范劳动用工。对违反《职业病防治法》、《劳动法》、《安全生产法》、《环境保护法》、《工会法》等法律法规的行为依法进行查处。

（3）实施督查阶段（2004年2月23日～3月22日）。由9个部门组成6个督查组，对贵州、重庆、山东、江苏、湖北、河南、江西、福建、河北、山西、云南、广东等12省（市）的乡镇企业、农村个体工商户职业病危害专项整治情况进行了督查。

专项整治工作得到了各地政府、各有关部门的重视。各地相继成立了多部门组成的专项整治领导小组和办公室，建立了政府负责，卫生部门牵头，劳动、农业、公安、工商、税务、环保、安全监管、总工会等有关部门密切配合的工作机制，部分省（市）建立了相关部门参加的联席会议制度。各地结合本地实际制定了整治方案，突出对重点地区、重点行业和重点危害的整治。本次专项整治中全国共出动监督人员974727人次，其中，卫生部门159537人次，劳动保障部门40036人次，安监部门224740人次，环保部门261914人次，工商部门163583人次，税务部门39878人次，公安部门42607人次，农业部门16537人次，工会部门25895人次。

2.取得的阶段性成效

（1）基本掌握全国乡镇企业、农村个体工商户职业病危害情况。据29个省、自治区、直辖市的不完全统计，专项整治期间，全国共检查用人单位218356户，检测单位53460户，其中检测合格22711户，检测合格率为42.5%。全国各地卫生行政部门依法检查涉及职工总数10878148人，接触职业病危害作业的2929 494人，组织对992330人进行了职业健康检查，受检率为33.9%。体检中发现体检异常的34460人，异常率3.47%；患职业病的3773人，疑似职业病的4313人，有107名职业病病人死亡。

（2）对一批违反《职业病防治法》和其他法律、法规的企业采取了行政处罚，触犯刑律的依法追究相关人员责任。专项整治行动中，各执法部门采取联合行动、密切配合、各负其责，依法加大行政处罚力度。共警告10053户，限期整改20572户，罚款3662户，罚款金额1776.93万元，停业整顿2873户，关闭5029户。全国共查处重大责任案件66起，重大劳动安全事故案件20起，其他事故案件202起。公安部门刑事拘留80人，逮捕40人，移送司法机关追究刑事责任117人。

各部门查处的违法企业情况如下：①违反《职业病防治法》方面。共查出未申报职业病危害项目的企业62069家，占检查总数的28.43%；卫生管理制度不健全的企业54314家，占检查总数的24.87%；未开展健康检查的企业52851家，占检查总数的24.20%；未配备个人防护用品的企业38504家，占检查总数的17.63%；作业场所没有警示标识的企业66202家，占检查总数的

30.32%；未开展卫生培训的企业45756家，占检查总数的20.95%；违反危害告知规定的企业53605家，占检查总数的24.55%。②违反《安全生产法》方面。共查处无安全管理制度的企业11178家，无安全标志和防火设施的企业11673家，危险化学品无分类存放的企业4252家。③违反《劳动法律法规》方面。共查处使用童工的企业1129家，未按规定支付劳动报酬的企业5923家，未参加工伤保险的企业55031家，使用未成年工从事有毒作业的企业346家，未与农民工签订劳动合同的企业57806家。④违反工商法律法规方面。查处无工商营业执照的企业8851家，超范围经营的企业1582家。违反《税务法律法规》方面，涉税违法企业4949家，追缴税款（含补税、滞纳金和罚款）近3.8亿元。⑤违反《工会法》方面，查处违法企业21440家。

(3) 初步建立职业病危害控制的多部门监管联动机制，研究长效监管措施，巩固专项整治成果。专项整治采取堵、疏相结合，整治与服务相结合，惩处违法与普法相结合，积极推广控制职业病危害的新技术和新工艺。通过广播、报纸、电视台等多种媒体进行《职业病防治法》的宣传。通过专项整治，基层各监管部门进一步认识了各自在职业病危害监管中的职责，初步建立起职业病危害控制的多部门监管联动机制。通过督查组向所到地区传达国务院领导的批示，进一步提高了当地政府、企业和劳动者对防治职业病危害的认识，并着手研究和改进本地区、本单位的职业病危害长效控制措施。

3. 需要进一步解决的问题

此次专项整治工作虽然取得了阶段性成果，但整治工作发展不平衡。不同地区之间、不同部门之间、不同行业之间专项整治工作的深度和力度存在较大差异。主要问题有以下5方面。

(1) 一些地方仍然不同程度地存在地方保护主义倾向。有的政府领导尚未真正树立“以人为本”的理念和全面、协调的科学发展观，片面强调经济发展。注重形象工程，不重视劳动者的健康保护。有些县级政府，为了吸引外来投资，相互竞争，竞相降低门槛，造成了一些地方职业危害继续恶化。“先上车后买票”，甚至上了车也不买票，不允许行政执法部门依法对企业、用人单位开展正常的执法活动等问题在一些地方还比较普遍。职业病危害治理和职业病防治工作尚未纳入地方政府社会经济发展的总体规划。

(2) 部分地区政府有关部门的监管不到位。主要表现为各相关部门之间存在一定程度的职责不清、职能交叉，分工协调工作机制尚未形成，监管工作缺乏有效的信息沟通等方面。同时也存在监督执法人员不足，监督执法工作条件差，缺乏相应的工作手段和设备，专项整治工作深度不够、整改力度不大。

(3) 一些用人单位（企业）未建立有效的预防和控制职业病危害的制度。此次专项整治与2002年开展的“全国生产、使用和销售有毒有害化学品专项整治”情况相比较，虽然《职业病防治法》规定的职业病预防控制措施实施情况有了明显好转，但仍有相当数量的乡镇企业、个体工商户没有认真落实《职业病防治法》和其他相关法律法规的规定。主要表现在：①从事有毒有害作业既没有进行职业病危害申报，也没有进行职业病危害评价和职业卫生审查；②没有建立劳动者健康监护制度，不给劳动者配备个人防护用品；③一些作业场所劳动环境恶劣，有毒有害物质等职业危险因素超过国家标准；④一些作业场所存在严重的安全隐患，专用消防器材过期失效；⑤没有警示标识的情况还很普遍。

(4) 劳动用工管理问题突出。用人单位不与劳动者签订劳动合同、不建立健康档案、不参加工伤社会保险等问题普遍存在。致使劳动者与用人单位之间无法确立有效的劳动关系，劳动者健康权益以及患职业病后的诊断、治疗等待遇得不到落实。督查中还发现，有的国有企业转制后承包给个人经营，对职工的劳动保护实行双重标准。原国企职工各项保障比较健全，而新招的农民合同工连基本的工伤劳动保险也没有。

(5) 偷税漏税、无工商登记等非法生产行为仍然存在。专项整治结束后，卫生部会同相关部门研究提出了下一步加强职业病防治工作的意见。一是对我国职业病危害的严峻形势应当有充分的认识和重视；二是加强各部门协调配合，切实加大监管力度；三是加大法律法规的宣传力度，普及职业卫生知识；四是加强职业卫生监督队伍及技术服务机构建设，努力做好为农民工服务的工作。

九、开展2004年《职业病防治法》宣传周活动

为进一步宣传《职业病防治法》，提高全社会对职业病危害的认识，切实保障劳动者身体健康，促进经济社会协调、可持续发展，卫生部会同国家安全生产监督管理局、中华全国总工会于2004年4月25日至5月1日联合开展了《职业病防治法》的宣传周活动。此次宣传周活动的主题是“尊重生命，保护劳动者健康”。此次活动中，各级政府有关部门高度重视，与新闻媒体密切配合，采取各种方式，全方位、多层次的宣传、普及职业病防治知识，提高了广大劳动者的自我保护意识，取得了良好的效果。

十、全国职业中毒与核辐射医疗救治体系建设规划将全面启动

根据2003年国务院批准的《突发公共卫生事件医疗救治体系建设规划》的要求，卫生部和国家发展改革委共同组织制订了《化学中毒与核辐射医疗救治基地建设规划方案》，该规划方案分析了我国化学中毒与核辐射救治机构的现状和存在的问题；提出了建设的目标和原则；确定了化学中毒与核辐射救治基地建设的框架和职能；制定了建设的内容、规模和标准。规划资金由中央和地方财政共同筹措安排，该规划方案经反复研究、论证，预计2005年将全面启动。

十一、设立海洋石油作业职业卫生监督管理办公室

为了进一步推进海洋石油行业《职业病防治法》的贯彻实施，有效对海上油气开发项目职业病防治工作实施监督管理，充分发挥海洋石油总公司的专业优势，经研究，卫生部同意在中国海洋石油总公司内设立了海洋石油作业职业卫生监督管理办公室。办公室承担卫生部委托的海洋石油作业职业病防治监督管理工作；办公室在业务上接受卫生部的领导，并定期向卫生部汇报海洋石油行业职业病防治工作情况，及时报告重大职业危害事故、事件；办公室主要负责人的任命应征得卫生部的同意，人员编制、费用由中国海洋石油总公司负责。办公室具体履行以下职责：

(1) 负责组织起草《海洋石油作业职业卫生管理规定》及相关标准，经卫生部审查同意后，纳入国家职业卫生立法及标准体系。

(2) 负责本部门所属用人单位的职业病防治的监督管理。

(3) 负责对海洋石油新建、改建、扩建项目的职业病危害预评价报告、控制效果评价报告和严重职业病危害项目的防护设施设计的初步审查，经审查后，报卫生部审批。

(4) 负责本部门所属用人单位的职业病危害项目申报及管理工作，并按规定汇总后向卫生部报告；位于陆地上的有职业病危害的用人单位，应当同时按规定向当地卫生行政部门申报。

(5) 负责组织本部门所属用人单位职业卫生法规、规范及标准的宣传培训工作。

(6) 负责本部门所属用人单位职业病病人或者疑似职业病病人的报告及统计工作，并按规定向卫生部报告。

(7) 完成卫生部交办的其他工作。

国家质检总局特种设备安全监察工作概述

国家质检总局特种设备安全监察局

2004年，是我国全面建设小康社会迈出坚实步伐的一年，也是特种设备安全监察工作长足发展的一年。各级质量技术监督部门以邓小平理论和“三个代表”重要思想为指导，树立和落实“以人为本”的科学发展观，按照《特种设备安全监察条例》和《国务院关于进一步加强安全生产工作的决定》的要求，全面推进依法行政，坚持改革创新，特种设备安全监察工作取得了新进展。

一、动态监管体系建设成效显著

各地按照总局《关于特种设备动态监督管理体系建设要求及工作目标的意见》，抓紧特种设备动态监管组织网络和信息网络的建设工作。

1. 在组织网络建设方面

各地质量技术监督部门积极在社区、乡镇和大型企业聘用安全监察协管员，培训安全管理知识，建立协管员管理制度。全国为此进行了有益的探索。上海市政府安排专项经费，在全市范围内聘用了580多名安全监察协管员；浙江省聘用了1800多名安全监察协管员，省局还颁发了《进一步发挥乡镇、街道特种设备安全监察协管员作用的意见》。

2. 在信息网络建设方面

2004年4月，按照总局信息化工作精神，颁发了《关于特种设备动态监督管理体系建设要求及工作目标的意见》（国质检特函［2004］264号），提出了特种设备信息化工作的总体目标和要求。为了达到预期目的，2004年4月和9月总局分别在北京和哈尔滨召开了特种设备信息化会议。部分省（市）主管信息化工作的人员参加了会议，研究布置了2004年全国特种设备信息化工作。

2004年总局及部分地（市）在特种设备管理软件开发方面取得进展。特种设备局配合总局完成了动态监管软件系统（CQS）一期特种设备安全监察子系统的开发，制定了特种设备安全监察数据标准和各省上报数据的数据规范，完成了金质工程一期、CQS二期项目和特种设备地理信息系统的需求分析和概要设计；对各省开发完毕的软件进行了验收，对比较成功的福建省的软件进行了组织推广应用，目前已有14个省（市、县）开始安装使用特种设备管理软件；督促、指导各地上传数据，现已有部分省局的逾20万条数据上报到总局；一些省级局加强了基层信息化建设，投入人力、财力，组织有关专家研发动态监管软件，如黑龙江省局在经费紧张的情况下，克服困难，投入120余万元为全省所有市、县局配备了动态监管专用计算机，并对操作人员统一进行培训；各地加快了数据录入工作，进一步完善动态监管数据库。

2004年，动态监管体系建设取得了明显成效，全国在2003年100个市（地）完成动态监管试点的基础上，又有100个市（地）完成建设任务，其中，广东、福建、山东、河南、北京等省（市）率先实现动态监管体系建设的基本覆盖。

二、专项整治工作深入开展

1. 气瓶专项整治工作按期完成

近两年来，全国共普查气瓶充装单位1.5万多个，普查气瓶累计1.06亿只，检验气瓶2800多万只，报废气瓶151万只。各级政府、质检部门和相关企业共投入专项经费1.07亿元。以产权制度改革为核心，以气瓶充装单位为安全责任主体的气瓶安全监管新模式初步建立。江苏、河南、安徽、浙江、广东、山东等省在专项整治工作过程中，取得了宝贵的整治经验。

2. 基本完成了工业管道专项普查工作

2004年全国共普查了11万个单位，普查长度15万公里，检验长度5万多公里，监管信息录入率达到90.5%，发出安全监察指令书9千余份，查处隐患1.7万处。全国为此投入专项经费5400余万元。同时，陕西、黑龙江、山东、河南、河北、天津、新疆、湖南等省（区、市）还同步开展了长输管道、公用管道的普查；山西、广西、福建、内蒙古等省（区）同步开展了公用管道的普查。在压力管道普查工作中，上海、陕西、浙江、黑龙江、吉林等省（市）都取得了宝贵的普查经验。

3. 危险化学品罐车专项整治工作取得阶段性成果

总局与交通部、铁道部、公安部、安全生产监督管理局联合部署，在全国范围内开展危险化学品罐车专项整治活动，共检查铁路罐车、汽车罐车、长管拖车和罐式集装箱等移动式压力容器近3万辆，停用、报废各类罐车1500余辆，消除了大量的事故隐患。同时，着手在全国建立“移动式压力容器公共信息网络查询系统”，进一步完善相关管理措施。2004年11月，五部（局）联合组成检查组，对西北和华南的6个省（区）进行了抽查，对专项整治工作的效果给予了充分评价。

三、法制建设迈出新步伐

1. 进一步完善立法工作

《国务院对确需保留的行政审批项目设定行政许可的决定》（国务院第412号令）正式公布，明确了压力管道、场（厂）内机动车辆的行政许可项目和执行主体，对全面履行安全监察职能提供了法定依据，为深入贯彻《特种设备安全监察条例》创造了必要条件。总局依托中国特检中心，加快安全技术规范的制定和修订进程，建立了安全技术规范起草组织机构和制定、修订工作程序。2004年共组织起草规章4件、安全技术规范83

个。其中，已发布的规章1件（总局第70号令《特种设备作业人员监督管理办法》），已公布的安全技术规范10个，已报批的36个，正在征求意见的37个。地方立法工作也取得了进展，上海市出台政府规章2件，江西、陕西等省已将特种设备安全监察立法列入本省计划。按照国务院办公厅的要求，各地加强了对特种设备重特大事故应对处置的制度建设。2004年，在国务院和地方政府的领导下，总局和地方局分别制订了特种设备重特大事故应急预案。

2. 强化并规范行政执法工作

2004年，总局印发了《关于实施特种设备行政处罚工作的意见》，加大了特种设备安全监察行政执法工作的力度。各地按照总局的要求，探索实施以安全监察机构为主导、专职执法机构为补充、检验机构为支撑、法制机构为监督的综合执法机制；严厉查处各类特种设备违法行为，确保了法规、规章和安全技术规范的贯彻执行。湖北、辽宁等省局还制订了操作性较强的实施办法，开展了安全监察执法评议和抽查工作，取得了良好效果。

3. 深入开展特种设备安全法制宣传教育活动

在"六一"国际儿童节和《特种设备安全监察条例》实施一周年之际，各级质量技术监督部门与司法、教育、建设、安全生产监管等部门，以及妇联、少工委，联合举办了"为了孩子的安全快乐、为了明天"和"关爱生命、关注特种设备安全"的大型宣传活动。各地还将特种设备安全法制宣传工作有机融入"3.15消费者权益保护日"、"质量月"、"安全生产月"等活动中。有的地方还在报刊、电视上开辟特种设备安全监察宣传专栏，进一步加大社会化宣传力度。特种设备安全知识得到了进一步普及，全社会特种设备安全法治意识得以增强。

四、稳步推进、改革创新

1. 深化特种设备行政许可改革

作为总局行政许可改革的试点单位，总局特种设备局和地方局共同探索审查、批准、监督三分离的许可工作机制，公开了特种设备许可项目和许可工作程序，特种设备许可工作由封闭走向开放，初步实现了许可程序严密、评审过程开放、审批责任明确、监督制约有效的改革目标。四川、浙江等省局制定了《特种设备鉴定评审机构监督管理办法》，严格规范鉴定评审行为，确保鉴定评审工作质量。

2. 进一步推进特种设备检验机构改革与发展

各地按照总局关于技术机构改革的总体要求，加快对特种设备检验机构实行联合重组、规模化发展的进程。全国大部分地区实现锅检与特检机构合并，省与省会城市检验机构合并，县级检验机构作为市级检验机构的派出单位，检验机构总数从1059个减少到828个。同时，进一步强化检验机构内部管理的改革，提升管理水平和业务水平。检验机构通过整合资源和内部管理改革，在做强做优上取得了可喜的成绩，技术把关能力和综合服务能力明显提高。

3. 创新特种设备安全技术规范制定修订机制

在安全技术规范制定、修订工作中，总局充分发挥特种设备安全技术委员会专家和安全监察、检验机构技术骨干的作用，实行开放立法，引入审议过程民主决策机制，初步建立了906人的安全技术规范制修订工作专家库，全年有近500人次的专家直接参与了制定、修订工作，加快了工作进程，提高了制定、修订的质量。

五、科技攻关取得新突破

1. 构建特种设备安全评价体系的研究工作已经全面启动

总局组织中国工程院、国务院发展研究中心、清华大学以及本系统的有关专家，认真研究，论证了构建特种设备安全评价体系研究的基本内容和技术路线。并确定从微观层面研究特种设备安全状况等级划分、重大危险源确定和监控措施；从中观层面研究安全监察、检验管理体制和工作绩效评价方法；从宏观层面研究特种设备安全对经济社会发展的影响和作用。总局科技司已经批准将该研究项目，列入2004～2005年度质检科研计划。目前，4个专题组已经成立，研究工作已全面展开。

2. 特种设备重大安全科技项目研究取得成果

在总局科技司支持下，中国特检中心组织有关专家完成了"十五"国家重点科技攻关项目——城市埋地燃气管道及工业特殊承压设备安全保障技术研究，解决了埋地管道危险源评价和风险评估、埋地管道腐蚀检测、压力容器在线检测关键技术、带保温管道检测技术、压力管道管件安全评定和高温在用压力容器检测与评估等安全技术难题。围绕国家中长期科技发展规划战略研究，组织专家开展特种设备安全技术战略研究，凝练出特种设备重大科技攻关项目，明确了今后一段时期的主要科技攻关方向。

3. 拟订了特种设备安全监察工作“科技兴检”的发展思路

在总结特种设备科研工作的基础上，结合中长期科技战略研究，在拓宽科技投入渠道、完善科技管理制度、推动科技成果转化等方面提出了特种设备科技发展思路和措施。

六、队伍建设出现新气象

1. 责任意识和服务观念进一步增强，先进典型层出不穷

各地安全监察、检验机构紧紧围绕服务经济建设这个中心，认真履行安全监察、检验职责，爱岗敬业、严格把关、廉洁自律、无私奉献，按照“在服务中监督”的要求，努力为广大企业和社会各方提供法律咨询、管理指导和技术支持等服务，涌现出了一批先进单位和先进个人。北京市质量技术监督局在“两会”期间，加大安全监察、检验力度，确保锅炉、压力容器、电梯等特种设备安全运行，多次受到市政府表彰。南京市特种设备检验所开展“请社会评议，让企业满意”的活动，产生了积极的社会影响，被南京市政府授予“建设新南京先进单位”光荣称号。福建省特检所、河南省洛阳市锅检所、云南省曲靖市质量技术监督局特种设备科，以及全国特种设备安全监察、检验机构的谢铁军、忽玉胜、胡智、王念文、陈雁东等5名同志，分别获得总局2004年先进单位和先进个人称号，受到表彰。中国特检中心被国家西气东输工程建设领导小组授予“先进集体”称号，安徽省、浙江省特种设备检验机构的李志宏，石平同志被国家西气东输工程建设领导小组授予“先进个人”称号。由于特种设备安全监察工作成绩突出，因此，湖南、湖北、山西、山东、四川、重庆、广东、青海、宁夏等省（区、市）质量技术监督局和一批个人，先后受到省（区、市）人民政府或者安全生产委员会的表彰。

2. 技术把关和服务能力进一步提升

2004年总局继续实行了安全监察人员联考和检验检测人员培训、考核工作，通过严把准入关，进一步提高了安全监察人员执法行政水平和检验检测人员技术把关能力。2004年，全国1500多人通过了安全监察员考核，801人取得特种设备检验师资格，60人取得高级检验师资格，256人取得高级无损检测人员资格。各级安全监察、检验机构还投入培训经费5000多万元，通过提高学历教育、加强业务培训，强化了人才管理和技术储备。同时，各级检验机构投入1亿多元，加强装备技术建设，使检验检测手段得到进一步提高，一些检验检测手段和技术装备已达到国际先进水平。

经过全国各级质量技术监督部门的艰辛努力，2004年特种设备安全监察工作取得了长足发展，特种设备安全监察工作基础进一步夯实，监管到位率大幅提高；在社会主义市场经济条件下安全监察工作的适应性增强，万台设备事故起数连续第四年保持下降趋势，特种设备安全形势总体平稳。安全监察工作为确保人民群众生命财产安全和经济运行安全作出了应有的贡献。

全国总工会劳动保护工作概述

全 国 总 工 会

2004年，工会劳动保护工作坚持贯彻落实党的十六届四中全会和工会十四大精神，全面履行《工会法》、《安全生产法》、《职业病防治法》等法律法规赋予工会的职责，以加大工会对非公有制企业职工劳动安全卫生合法权益维护力度为重点，以更加广泛深入地开展全国“安康杯”竞赛活动为载体。加强调查研究，突出源头维护；加强群众性安全监督检查，突出工会特色；加强宣传教育和职工培训，提高职工的安全素质；加强劳动保护队伍建设，提高劳动保护工作整体水平。

一、反映突出问题，从源头上维护职工的安全健康权益

针对当前职业病防治工作中存在的突出问题，起草了《我国职业病防治工作亟待加强》和《当前我国企业职工劳动保护情况》的专题文章，受到了国务院领导的高度重视，促进相关部门采取切实措施。王兆国同志也对此作出批示，要求工会积极主动地发挥作用，依法监督和促进企业采取防治职业病的有效措施。此外，通过工会界的全国人大代表积极反映农民工所面临的职业安全卫生现状，起草了《关于农民工的职业安全卫生问题及对策》的提案报告，要求政府和企业采取切实措施加强和改进对农民工的劳动保护工作。积极筹备由全国总工会、国家安全生产监管局、卫生部联合组织的尘肺病调查的前期工作，研究制订调研方案，调研工作现已正式启动。

积极参加国家劳动安全卫生相关法律法规的制定和修订工作。先后参加对《煤炭生产许可证管理办法》、《事故报告和调查处理条例》、《生产安全事故分类标准》、《国家职业卫生示范企业评审办法》、《国家职业卫生示范企业评审标准》等多项法规和文件的起草与修订工作，就事故等级的分类标准、事故的报告范围、事故的处理程序及原则和示范企业评审中增加"群众监督"的评分项目，并设立相应的评分标准等方面，提出了工会的意见和建议。

为深入贯彻落实《国务院关于进一步加强安全生产工作的决定》精神，下发了"中华全国总工会关于认真贯彻《国务院关于进一步加强安全生产工作的决定》的意见"。对各级工会进一步加强工会劳动保护工作、切实维护职工的安全健康权益提出了明确要求。

二、制定《关于加强非公有制企业工会劳动保护工作的意见》

根据工会十四大提出的全面推进非公有制企业工会工作的思路，结合全总"组织起来，切实维权"的要求与部署，在对非公有制企业职工劳动保护状况进行了调查研究的基础上，全国总工会与国家安全生产监督管理局联合制定并下发了《关于加强非公有制企业工会劳动保护工作的意见》。对各省、自治区、直辖市总工会、安全生产监督管理局在加强和改进非公有制企业职工的劳动保护工作方面提出了明确的要求。一是充分认识加强非公有制企业工会劳动保护工作的重要性；二是加强劳动保护工作源头参与和企业民主管理与监督；三是加强对非公有制企业工会劳动保护工作的指导和服务；四是加强对非公有制企业劳动安全卫生的监督检查；五是加强对非公有制企业"安康杯"竞赛活动的指导；六是加强对非公有制企业职工的劳动安全、卫生教育；七是努力构筑工会维护职工劳动安全健康的安全网；八是探索非公有制企业工会维护职工劳动安全健康权益的有效机制；九是支持工会履行"群众参与监督"的职责。

三、对部分企业进行职业危害检查

针对目前我国职业病发病率呈现上升的趋势，2004 年 8 月，全国总工会办公厅下发了"关于对部分企业进行职业危害检查的通知"，要求各省、自治区、直辖市总工会对部分企业开展一次职业危害情况检查。各地工会根据通知的要求，加强领导，精心组织，制定方案，认真开展职业危害情况检查，针对检查中发现的各类问题，提出了对职业危害的治理建议。通过检查，初步掌握了当地一些职业危害严重的行业、企业职业卫生现状和存在的主要问题；了解了从事职业危害作业职工的职业病防治情况；明确了影响职业危害治理的主要原因，为工会参与和促进企业的职业危害治理提供了依据。全国总工会劳动保护部也结合通知精神，分别对河南、北京两地的 7 家企业进行了检查。针对检查中发现的职业卫生突出问题，一方面对企业提出了具体的整改意见；另一方面也对当地工会的监督整改提出了要求。全国总工会劳动保护部在收集整理各地检查工作报告的基础上，结合自己的检查情况，向全国总工会书记处提交了"关于工会对部分企业职业危害检查的专题报告"。

四、"安康杯"竞赛活动不断开拓创新

2004 年是开展全国"安康杯"竞赛活动的第六个年头，随着"安康杯"竞赛活动的不断深入，这一活动已经成为各地、各产业和企业开展安全生产工作的有效载体，成为了广大职工维护其安全健康合法权益的重要平台，得到了企业、广大职工的积极响应和广泛参与。截至 2004 年底，全国 11 多万家企业的 6000 万职工参加了竞赛活动。2004 年的竞赛活动进一步突出以人为本的理念，立足基层、立足企业、立足一线职工，以"掌握安全生产知识，争做遵章守纪职工"为竞赛主题，结合企业的生产实际，在全国各类企事业单位广泛开展安全生产普及教育活动。2004年初，全国总工会与国家安全生产监督管理局联合下发了《关于开展全国职工安全生产普及教育活动的通知》，要求全国各类企事业单位，尤其是中小型企业和非公有制企业根据生产实际，组织职工学习安全生产知识。因此，全国“安康杯”竞赛组委会组织编写了《全国职工安全生产知识普及教材》一书，并在大连、宜昌等市举办了职工安全生产知识普及教育活动的师资培训班，为培训教育活动提供了师资保障。各地、各产业和企业充分利用计算机网络、广播、电视、报刊、图书、音像资料及各类文化设施，举办安全生产知识普及教育和培训，帮助职工树立安全理念，增强安全生产意识和技能。为吸引职工广泛参与，全国“安康杯”竞赛组委会组织了“全国职工安全生产知识百题竞赛”活动，将安全生产培训教育活动推向了高潮，在各地、各产业和企业营造了浓郁的安全生产氛围。为及时传达党中央、国务院有关安全生产工作的指示精神，交流竞赛活动的好经验，为企业和广大职工提供方便快捷的宣传教育信息资料，全国“安康杯”竞赛组委会建立了全国“安康杯”竞赛专门网站。为参赛企业和职工提供了信息化服务平台，并利用网站开展了全国职工网上安全生产知识竞赛。为适时总结交流各地、各产业和企业开展“安康杯”竞赛活动的经验，研究部署2005年的“安康杯”竞赛工作，11月在石家庄市召开了“‘安康杯’竞赛现场暨研讨会”，全国总工会书记处书记张鸣起作了题为“以人为本，开拓创新，全面推进全国‘安康杯’活动”的报告，并与代表们共同研讨了2005年的“安康杯”工作内容。来自14个省、市及企业的代表从不同角度介绍了开展“安康杯”竞赛活动的经验，代表们还到全国“安康杯”竞赛先进企业——石家庄卷烟厂和石家庄南车辆段进行了现场学习与交流。“安康杯”竞赛活动有力地促进了企业安全生产管理水平的提高，促进了职工安全生产素质的提高，使参赛企业的伤亡事故和职业危害发生率明显下降，涌现出了一大批安全生产先进企业。为激励全国各类企业和广大职工再创安全生产佳绩，中华全国总工会对连续5年安全生产工作取得突出成绩的武汉钢铁（集团）公司等7家全国“安康杯”竞赛优胜企业授予“全国五一劳动奖状”。随着“安康杯”竞赛活动规模的不断扩大，全国“安康杯”竞赛组委会适时调整了“安康杯”竞赛的组织领导机构，增加了中央有关部委的领导人选，并吸收了一定数量的专家及学者，为“安康杯”竞赛活动的组织协调和深入开展提供了有力保证。

五、帮助职工提高维权意识和安全卫生技术技能

各级工会注重对职工权益和安全卫生知识的普及教育，帮助职工熟悉劳动安全卫生法律法规，了解自身所具有的权利和应当承担的义务，掌握基本的安全卫生知识。全国总工会与国家安全生产监督管理局共同开展了全国职工安全生产普及教育活动，组织编写了相关的培训教材，并通过电视培训扩大培训工作覆盖面；组织开展了“全国职工安全生产知识百题竞赛”和网上安全生产知识竞赛活动，吸引近千万职工参赛；会同公安部、国家安全生产监督管理局共同开展“全国消防安全知识竞赛暨消防安全管理新思路征文”活动。全国31个省、市、自治区100余万职工参加了竞赛活动。2004年通过各种途径参加安全生产普及教育活动的职工近2000万人。

六、召开全国工会劳动保护工作会议

2004年9月6～7日，全国工会劳动保护工作会议在杭州召开。各省、自治区、直辖市总工会，全国总工会书记处书记张鸣起同志到会并做工作报告。会议的主要内容是：深入贯彻党的十六届四中全会和工会十四大精神，研究工会在推进非公有制企业劳动安全卫生工作中的思路、内容、方式和途径，促进工会劳动保护工作进一步适应形势发展要求。会议全面分析了工会劳动保护工作面临的新形势，深入探讨了加强非公有制企业工会劳动保护工作的思路与方法，交流了经验，研究部署了今后一个时期工会劳动保护工作的主要任务；与会代表还讨论了《中华全国总工会关于加强非公有制企业工会劳动保护工作的意见（征求意见稿）》、《工会劳动保护工作五年规划（征求意见稿）》、《工会劳动保护工作责任制度（征求意见稿）》3个文件。并对在劳动保护工会中做出优异成绩的36个工会劳动保护监督检查委员会；104名工会劳动保护监督检查员；99名工会小组劳动保护检查员进行了表彰。

七、加强对安全生产工作的监督检查

据统计，2004年各级工会参加安全生产检查

199万次，其中，基层以上工会15.8万次，提出事故隐患和职业危害整改意见22.3万条。工会劳动保护监督检查组织受理举报案件8.3万件。各级工会还参加了对9.4万个工程项目的“三同时”审查验收。为推动国务院安全生产电视电话会议精神的贯彻落实，全国总工会派员参加了由书记处书记张鸣起同志带队的督察组，对山西、内蒙古等省（区）进行了安全生产督察，并就督察情况与省委、省政府交换了意见。为落实国务院办公厅《关于福建省仙游县外来农民工患职业病事件的通报》精神，全国总工会率由卫生部、国家安全监管局等九部委成员组成的督察组，对江西和福建两省开展乡镇企业、农村个体工商户职业病危害专项整治的情况进行督察。实地抽查了13家企业。并赴仙游县东湖村实地检查了石英加工作坊关闭措施的落实情况，检查了东湖村新建标准化厂房的建设和生产工艺情况，分别与江西省和福建省政府就专项整治督察的情况进行了反馈，对两省下一步的职业病危害防治工作提出了意见和建议，对检查中发现的企业具体存在的职业危害等方面问题，提请江西、福建两省专项整治领导小组交办有关部门督促企业落实整改。

八、依法严肃查处特别重大事故，维护职工合法权益

据统计，2004年各级工会参加职工伤亡事故的调查处理事件9.6万件，其中企事业工会6.9万件，基层以上工会2.7万件，全国总工会先后派员参加了对16起特别重大伤亡事故的调查处理。在事故查处过程中，坚持履行工会依法监督的职责，坚持查清事故原因，依法追究相关责任；倾听职工群众和遇难职工家属的意见和呼声，督促和协助地方政府及事故单位按照有关法规政策给遇难职工家属合理的赔偿。

九、加强工会劳动保护自身建设

截至2004年底，全国企事业工会建立劳动保护监督检查委员会18.2万个，覆盖职工5581.1万人，占41.7%，全国企事业工会建立分公司、分厂、车间一级工会劳动保护监督检查委员会41.3万个，设立工会小组劳动保护检查员143.1万人；全国基层以上工会建立劳动保护监督检查组织1.5万个，设立工会劳动保护监督检查员12.6万人。针对机构改革后工会劳动保护干部变动大、新人多的情况，认真做好对劳动保护干部的业务培训工作。按照《中华全国总工会关于工会专业人才的实施计划》和《关于举办全国工会劳动保护专业任职资格培训班的通知》的要求，中国劳动关系学院举办了全国工会劳动保护专业任职资格培训班。来自全国26个省、自治区、直辖市总工会、全国产业工会以及大型企业工会的49名工会劳动保护干部参加了培训。经过培训，有41名学员获得了工会劳动保护专业任职资格证书。

在2003年举办的“工会主动参与改善中小型企业劳动安全卫生状况工作法师资培训班”的基础上，2004年又召开了后续评估会议，总结交流经验，研究部署了推广工作的有关事项，为工会能在参与改善我国中小型企业的劳动安全卫生状况工作中发挥更大作用提供帮助。

十、劳动保护顾问组增聘新成员

12月15日，全国总工会劳动保护顾问组第二次会议在中国职工之家召开。顾问组组长、中科院院士、北京航空航天大学教授等11名顾问参加了会议。会议增聘中国劳动关系学院陈莹等4位专家为顾问组新成员。全国总工会书记处书记张鸣起同志首先向新聘任的4位顾问颁发了证书。会上，劳动保护部有关同志向顾问组成员通报了2004年全国工会劳动保护主要工作情况和2005年工作计划；介绍了《工会劳动保护工作五年规划》研制情况；介绍了2005年全国安全生产知识竞赛方案，各位专家针对上述内容提出了许多非常有价值的意见和建议。

第五部分

行业安全生产工作

铁路交通运输安全工作

铁道部安全监察司

2004年，铁路交通运输安全工作经历了前所未有的困难和挑战。第5次大面积提速调图在运输组织、劳动组织和修程修制等方面发生了深刻变化，特别是长距离开行时速160公里的直达特快列车，确保提速安全的难度远远大于前4次；煤、电、油、运供需矛盾非常突出，煤炭、粮食等重点物资运输任务十分繁重，主要干线运输能力一直处于超饱和状态。面对确保安全畅通的空前压力和严峻考验，铁路各部门认真贯彻落实中央领导关于加强安全生产工作的一系列重要指示，在部党组的正确领导下，紧紧围绕提速持续安全和客车安全的发展思路，始终坚持"规范管理，强基达标"，认真执行各项安全措施，确保了运输安全相对稳定的局面。

一、深化安全基础建设，适应铁路跨越式发展要求

全路继续深入贯彻《安全生产法》和《国务院关于进一步加强安全生产工作的决定》，实现管理中心下移，打牢安全根基，真正把"安全第一，预防为主"的方针落到实处、基层、基础，基本功得到进一步强化。各单位高度重视基层工作，把安全管理的重心放到基层，大力加强站段领导班子建设，配齐领导班子，配强主要领导，领导班子结构不断优化；强化基层安全管理，普遍建立了站段、车间、班组三级安全责任体系和安全管理机制，完善考核办法，严格检查监督，促进了规章制度和作业标准在基层的有效落实，基层安全管理得到进一步加强。铁道部组织制定了《第五次大面积提速调图有关规章制度标准暂行规定》和《铁路行车组织办法补充规定》，各单位及时对有关规章制度进行了修改，通过完善制度，堵塞安全管理漏洞，安全管理基础进一步加强。全路加大设备更新改造力度，新购机车583台、客车1554辆，改造曲线1165公里，更换道岔3520组，轨枕636万根，铺设无缝线路4800公里，完成道口平改立324处，主要行车设备质量进一步加强。各单位抓好职工培训，培训行车主要工种人员57.3万人。广泛开展以技能达标、学历达标、文化达标为主要内容的岗位达标培训，组织开展了首届全国铁道行业职业技能竞赛。围绕应知应会和提高非正常情况下的应急处理能力，积极开展岗位学技练功活动，建立健全竞争上岗激励机制，职工的基本功进一步提高。

二、第五次大面积提速安全持续稳定

全路围绕第五次大面积提速调图，做了大量艰苦细致的工作。一是全面强化行车设备。在提速干线更换新型提速道岔、铺设无缝线路、实行道口平交改立交，在时速120公里以上提速线路全部进行栅栏封闭，配备了新型提速机车、客车和先进的通信信号设备。二是全面提高职工业务素质。围绕提速安全，对机车司机、车站值班员等运输岗位职工进行全员强化培训。三是修订完善规章制度。组织力量，分系统、分层次对涉及安全管理和运输组织的规章制度、技术标准和作业办法，进行了全面修订完善。四是及时跟踪解决提速安全中的突出问题。按照国务院领导对确保铁路提速安全的重要指示，各单位对线桥隧涵、机车车辆、通信信号、牵引供电等关系到提速安全的重要行车设备，严密监控，跟踪调研，开展攻关，积极探索安全规律，及时解决了一些危及提速安全的问题。

三、六大干线提速安全，标准线建设取得新进展

按照部确定的“十全”建设标准，有关铁路局高度重视，结合实际认真制定方案、资金、工期“三落实”推进计划，各项工作有序展开。超长无缝线路换轨大修年内完成1361公里，更换69型轨枕134.6万根，采用一级道碴1076.8公里，采用Ⅰ、Ⅱ型道岔382组，实现道口立交170处，线路封闭1878公里，建成万米绿化带等，大修项目都在积极推进。

四、安全生产责任制进一步落实

建立了主要领导干部定期添乘提速机车检查制度、安全工作述职制度、安全责任追究制度、安全生产问责制度、安全评估制度等，促进了各级干部特别是领导干部作风的转变和安全责任的落实。通过强化整章建制，进一步完善安委会制度、安全例会制度、专业安全检查制度、设备准入验收和质量监控制度等，进一步发挥了专业安全管理的作用，促进了专业安全责任制的落实。党政工团各级组织形成了分工负责的安全工作机制，积极开展创建党支部“安全屏障”工程、企业安全文化宣传教育、爱路护路保安全等多种形式的活动，安全生产的合力作用进一步加强。

五、安全生产专项整治取得新的成绩

各单位把安全专项整治与确保提速持续安全紧密结合，作为强化专业管理、解决影响安全突出问题的有效途径，不断完善管理制度和监控手段，及时消除了一批危及行车安全的重大隐患。危险货物运输进一步规范，对1695个车站的3464条专用线和2770个托运单位进行了严格的资格审查，重新明确了492个危险货物办理站的专业分工和开办条件，关闭了115个不具备条件的办理站。完善了卷钢、废钢铁、袋装起脊等货物装载加固方案，规范了装运木材的加固材料，修改完善了2000多个商用装载加固方案，道口安全专项整治取得明显成效。全年发生道口事故775件，死亡166人，分别比上年减少64件和54人。自轮运转设备安全管理进一步加强，制定了《重型轨道车过轨检查技术条件》、《重型轨道车机车信号、无线列调、运行监控装置运用管理办法》等制度，六大干线1028台轨道车全部统一安装了“三大件”。

六、广泛开展安全大检查，集中解决安全突出问题和隐患

按照国务院的部署和要求，铁路部门针对不同时期的运输安全特点，先后组织了7次全路性的大规模安全生产大检查。在春暑运、“两会”、元旦、“五一”和“十一”黄金周、防洪抗洪等关键时期，铁道部围绕防火防爆、客车安全、道口安全、危险品运输、设备质量等重点内容，集中时间、集中力量在全路广泛深入开展了安全生产大检查。特别是在春运和“两会”期间，部党组成员亲自带队、靠前指挥，深入到铁路重点地区、重点干线和重点站车检查指导安全工作；各铁路局也组成了安全检查组，领导分片包保，专业部门加强指导，及时帮助基层站段解决安全工作中存在的突出问题，确保了运输安全的相对稳定。

七、治安秩序不稳定局面得到有效控制

各级公安机关坚持不懈地严厉打击各种破坏铁路运输安全的刑事犯罪，大力整顿沿线治安秩序，为实施第五次大面积提速创造了良好的治安环境。针对因闲杂人员放置路障、关闭折角塞门导致行车重大、大事故连续发生的严峻形势，开展了以“清理铁路两侧闲杂人员、扒车人员、铁路附近废旧金属收购点，打击拆盗铁路器材、掀盗铁路运输物资”为主要内容的“蓝盾二号”行动，保持了治安秩序的稳定

2004年，全路运输安全工作取得了很大成绩，但也存在一些问题，主要有：“严不起来、落不下去”的问题没有得到根本解决；部分干部作风不实，责任心不强，抓安全精力不集中，工作不具体、不深入；有的干部好人主义严重，不敢抓，不敢管；少数干部业务素质低，管理能力差，不能发现和解决问题，有的甚至违章指挥。部分单位安全管理松弛，安全责任不明确，检查考核不严格，职工违章违纪造成的作业事故所占比例仍然较高，严重威胁着运输安全特别是旅客列车安全。

交通安全生产工作

交通部安全生产委员会

2004年，在党中央、国务院和地方各级党委、政府的领导下，全国交通系统紧紧围绕保持交通运输安全生产形势基本稳定的目标，加强重点水域和路段、重点船舶和营运车辆、重点建设项目、重点时段的安全监管，有针对性地开展专项整治，夯实基础，探索建立长效管理机制，交通安全工作取得了明显成效。集中体现在以下7个方面。

一、国务院加强安全生产工作的部署进一步落实

《国务院关于进一步加强安全生产工作的决定》(以下简称《决定》)下发后，交通部安委会先后两次召开专题会议，结合交通实际，研究贯彻落实意见，部署交通安全工作。2004年5月，交通部作出贯彻落实国务院《决定》的工作方案，从产业引导、科技研究、安全立法、规划投入等各方面，将《决定》中的相关要求细化分解为16项具体任务，明确责任部门，并要求各有关部门结合实际制定具体的实施方案。最近，交通部安委会办公室对工作方案的贯彻落实和实施情况进行了督查，各项工作进展情况良好。

二、交通安全生产工作的组织领导进一步加强

新一届中央领导集体牢固树立“以人为本”的执政理念，高度重视维护广大人民群众的生命和财产安全。在2003年11月国务院成立了新一届安全生产委员会，加大了统筹协调安全生产工作的力度的基础上，交通部及时调整充实了交通安全委员会成员，张春贤部长亲自担任部安委会主任。中编办批准了海上搜救中心的部际联席会议制度和机构人员编制方案。进一步健全完善了组织领导机构，主要负责同志亲自抓，落实了层层负责制，为做好交通安全工作提供了组织领导保障。这些调整，是加强交通安全工作的重要举措。根据《建设工程安全生产管理条例》，交通基础设施建筑安全生产监督管理工作由交通部负责，因此，交通部印发了《关于调整交通部基本建设质量监督总站职责的通知》，决定由部质监总站在公路司、水运司指导下承担交通基础设施建筑安全生产监督管理工作。

三、交通安全工作内涵进一步深化

2004年在加拿大召开的港口国监督部长联合会议上，发布了交通部长联合声明，强调要强化责任链，水上安全管理的范围大大拓宽。研究确定了对交通基础设施建筑安全管理的工作定位，提出了当前及中长期工作计划；开展了公路、水运工程施工企业安全生产管理人员的考核工作，为确保交通工程施工安全提供了保障。交通部印发了《关于做好港口安全生产和安全管理工作的通知》，对港口安全工作进行了全面部署，港口安全工作得到加强。在国际履约、水上消防、劳动保护、搜救管理等方面都采取了一系列措施，全面实施《船舶和港口设施保安规则》，从2004年7月1日开始的港口国集中检查阶段中，无一艘五星旗船被滞留；在消防管理中进一步健全规章制度，制定消防应急预案，并实施演练。

一年来，各地区、各单位按照部统一部署，采取得力措施，加大工作力度，较好地完成了交通安全各项工作。截至2004年12月20日，全国运输船舶水上交通事故起数、沉船艘数、死亡失踪人数和直接经济损失同比分别下降了14.7%、4.0%、5.5%和5.8%。2004年1～11月，全国道路运输行业共发生一次死亡3人以上重大运输事故163起，共造成1197人死亡，1697人受伤。其中，一次死亡10人以上的特大运输事故34起，共造成555人死亡，532人受伤；与2003年同期相比，事故起数持平，死亡人数和受伤人数分别上升了8.2%和10.4%。

四、交通安全生产中的一些突出问题进一步得到解决

(1) 联合公安等部门，开展治理车辆超限超载运输工作。通过7个月的集中整治，车辆严重超限超载势头得到有效遏制，因货运车辆超限超载引发的道路交通事故明显下降。

(2) 在国省干线公路组织实施了以“消除隐患、珍视生命”为主题的“安保工程”，全年共整治干线公路1万公里，消除安全隐患3.5万处，对改进公路行车安全性、提高公路服务水平起到了积极作用。

(3) 开展了“长三角”水域水上运输超载统一执法行动。为根治“长三角”水域运沙船超载这一“顽症”，交通部于2004年4月1日至6月15日，组织上海、江苏、浙江、山东、安徽、江西、湖北、河南等7省1市11家海事机构，在长江武汉以下水域及其支流、京杭运河、黄浦江水域开展了打击水上运输超载统一执法行动。行动期间，各海事机构共出动船艇57234航次，出动执法人员244029人次；对超载船舶实施卸载38782艘次。通过开展整治行动，遏止了“长三角”水域水上运输严重超载的现象，规范了通航秩序，净化了水运市场，确保了水运安全。为巩固水上治超的成果，交通部又及时部署建立反水上运输超载长效管理机制的相关工作，并于2004年5月底印发了《建立反水上运输超载长效管理机制的实施意见》。

(4) 开展了沿海小型船舶专项整治。为遏止沿海小型船舶事故多发的势头，集中解决沿海小型船舶存在的一些突出问题，交通部于2004年2月16日至7月10日组织各直属海事局对沿海小型船舶(沿海3000总吨以下运输船舶) 进行了专项整治，主要是对沿海小型船舶相关情况进行详细调查，并结合调查掌握的情况，以沿海小型船舶进行严格的安全检查。6月份进行了一次全国沿海联动执法。整治期间，对沿海近1万艘小型船舶进行了全面的调查；对船舶实施安全检查6845艘次，查出缺陷5万余项，滞留船舶379艘次。通过调查，基本掌握了沿海小型船舶的安全状况，通过开展严格的安全检查，使沿海小型船舶安全状况明显好转。

(5) 开展了以“查隐患、堵漏洞、保安全”为主题的道路运输安全生产大检查，以及“四客一危”船舶专项安全检查等活动，有效地解决了交通安全生产过程中存在的突出问题。根据国务院关于加强危险化学品安全管理的工作部署，交通部海事局分别于2004年4月和9月组织海事系统在全国范围内对客（渡）船、客滚船、高速客船、旅游船以及危险品船等“四客一危”船舶开展了专项安全检查活动。活动期间，共检查“四客一危”船舶5915艘次，对存在缺陷的119艘船舶实施了滞留措施。通过集中检查，发现并整改了缺陷，提高了船公司和船员的安全、防污染意识。

五、积极探索建立长效管理机制，确保水上交通安全长治久安

水上交通安全工作要长治久安，必须建立长效管理机制。近年来，交通部一直在探索和倡导长效管理，围绕建立水上交通安全长效管理机制，交通部组织进行了深入调查研究；各地区、各单位也针对各自的实际情况，在建立和完善水上安全管理的长效机制方面进行了积极的探索和尝试，为建立水上交通安全长效管理机制提供了实践经验。在此基础上，交通部出台了《建立水上交通安全长效管理机制指导意见》并于2005年初下发执行。

六、继续加强重点水域、重点船舶安全管理

(1) 渤海湾水域客滚船安全管理一直以来是我们工作的重点。2004年，在认真执行《滚装船舶安全管理规定》，严格适航风级规定，制止超载车辆上船的基础上，交通部又积极研究，推行在滚装船码头安装危险品检测设备。山东和辽宁省交通主管部门积极配合，在交通部给予一定资金支持的基础上，配套相应资金，并积极督促港口企业筹集资金，配备检测设备。目前，该项工作已进入实施阶段，安装检测设备后，将突破过去危险品检查靠“看、闻、探、摸”的旧方法，极大地提高了检测的可靠性，有效地保障了渤海湾水域客滚船的航行安全。

(2) 长江干线水域是水上交通安全工作的又一个重点。长期以来，航行在长江干线的船舶上行走缓流、下行走主流，通航秩序较乱，碰撞事故多发。为彻底改善长江江苏段和三峡库区的通航环境，继2003年在长江江苏段实施船舶定线制后，2004年1月1日起又在长江三峡库区忠县以下实施了船舶定线制。江苏、长江海事局及相关单位积极推进定线制的实施，并取得了良好效果。实施定线制以来，两个水域船舶碰撞事故大大减少，通航秩序有了根本性好转，带来了明显的经济效益和社会效益。与此同时，相关单位还积极开展了长江干线其他水域航路改革方案调研，条件成熟后将继续进行航路改革，以进一步规范船舶航行行为和通航秩序。

(3) 继续抓好“四区一线”水域、“四客一危”

船舶和春运、"黄金周"期间的安全监管。加强应急能力和专业救助队伍建设，在渤海湾、长江口、珠江口、琼州海峡水域安装并启用AIS系统，使水上应急反应能力得到了提高。2004年入冬以来的几次成功救助，充分证明我们对重点水域、重点船舶的应急反应预案是有效的。

七、注重实效，积极开展海事系统"结对子"活动

为提高海事队伍整体素质，交通部在2003年重新明确了海事系统"结对子"名单。各相关单位能够互相帮助和扶持，从执法人员培训、信息系统建设、装备建设等方面加强合作，促进了非水网地区海事工作的发展。例如，广东海事局为贵州省地方海事局提供了"内河船员管理系统"，并派工程技术人员进行安装和培训，规范贵州省船员管理工作；贵州省地方海事局派人参加了广东海事局举办的高级验船师培训和安全检查员培训，提高执法人员业务水平。山东海事局和甘肃省地方海事局从提高海事执法队伍整体素质角度出发，互派执法人员进行为期一个月的学习和挂职锻炼，提高了海事业务管理水平；同时，山东海事局还支持甘肃省地方海事局建设了办公信息系统，使甘肃省海事管理步入信息化和办公自动化阶段。上海海事局无偿支援宁夏回族自治区地方海事局11台电脑、一艘监督艇和6辆摩托车，大大改善了宁夏回族自治区地方海事局的办公条件，提高了监管水平。深圳海事局为西藏自治区交通厅免费培训了40名验船师，为西藏自治区地方海事局的成立奠定了人才基础。其他"结对子"单位也都开展了卓有成效的活动，使海事系统"结对子"活动收到了实际效果。

水利安全生产工作

水利部安全生产领导小组

在党和国家高度重视安全生产工作和水利改革发展的新形势下，2004年水利安全生产工作围绕水利中心工作，深入贯彻落实《安全生产法》、《国务院关于进一步加强安全生产工作的决定》和全国安全生产工作会议精神，坚持"以人为本"、"预防为主"，进一步加强水利行业安全生产管理和监督检查，落实各级安全生产责任制，加快安全生产建章立制，组织开展多种形式的安全生产宣传教育和培训活动，为水利改革和发展创造了良好的安全生产环境。2004年，水利安全生产形势继续保持平稳态势，全年伤亡事故比2003年有所下降，水利系统未发生特大伤亡事故，直属单位未发生重大伤亡事故。为防汛抗旱和水利建设生产营造了良好的安全生产环境。

一、加强领导，明确职责任务，落实各项安全工作

2004年初，全国安全生产工作会议召开和《国务院关于进一步加强安全生产工作的决定》出台后，水利部领导多次作出批示，要求结合水利实际认真贯彻落实，进一步加强水利安全生产工作。2004年3月5日，水利部陈雷副部长主持召开了部安全生产领导小组全体会议，会议传达了全国安全生产工作会议精神，总结了近两年水利安全生产工作，提出了"2004年水利系统不发生特大伤亡事故，部直属单位不发生重大伤亡事故，安全生产事故死亡人数比2003年减少2.5%"的目标，确定了2004年水利安全生产的工作任务，讨论通过了《2004年水利安全生产工作要点》。

为加强水利安全生产管理工作，2004年初调整充实了水利部安全生产领导小组，增加了成员单位，制定了《水利部安全生产领导小组工作规则》，建立了定期会议制度，明确了各单位的安全生产联络员，进一步加强了领导小组成员司局和单位的工作配合和信息沟通。新修订的部机关"三定"方案，明确了水利部人事劳动教育司"指导水利系统安全生产工作，组织拟定安全生产标准；承担部安全生产领导小组的日常工作；归口管理部直属单位劳动保护工作"的职责，将"综合与安全卫生处"

更名为“综合与安全生产处”，突出了安全生产工作。水利部建设与管理司等司局也在新“三定”方案中明确了安全生产责任。

依照公务员管理以及勘测设计单位、科研单位机构改革和水利工程管理体制改革，在保证安全机构设置和人员配备满足安全工作的需要的前提下，水利部黄河水利委员会、长江水利委员会机构改革保留了安全处室，其他流域机构和直属单位也明确了负责安全工作的部门和专兼职安全管理人员。2004年，水利部直属单位和地方水利行政主管部门还及时调整了安全生产领导小组或安委会，吉林省水利厅新设置了安全生产监督管理处，配备了3名专职安全管理人员。通过健全安全机构，为水利安全生产提供了有力的组织保障。

二、加强安全生产，建章立制，落实安全责任

2004年，水利部认真抓好安全生产规章制度和技术标准建设。起草了《水利部安全生产管理办法》、《水利部重大特大安全事故行政责任追究的规定》和《水利职工伤亡事故调查处理与统计报告管理办法》。组织做好《水利水电建筑安装安全技术工作规程》的修订工作。根据国务院颁布的《建设工程安全生产管理条例》，研究起草了《水利建设工程安全生产管理规定》。通过建立以安全生产责任制为核心的安全生产制度体系，明确了各级安全职责，追究安全事故责任，加强了事故统计报告，严肃事故处理，使水利安全生产工作逐步纳入制度化、规范化管理轨道。

水利系统各单位进一步完善各级安全生产责任制，出台了本地区、本单位安全生产责任制、安全生产管理规定和安全生产目标管理考核办法，并层层签订安全生产目标管理责任书。

三、加大投入，抓好安全生产源头管理和基础工作

近年来，水利部在全国范围内开展了建国以来最大规模的病险水库除险加固，加大地方病险水库的投入力度。2004年，共安排投资76.61亿元，其中，中央投资达40.84亿元，除险加固病险水库357座。水利部为加强病险水库除险加固安全管理，2004年5月在江西省南昌市召开了全国病险水库除险加固工作会议，会上制定了《病险水库除险加固中央补助项目责任书》；2004年9月7日，在北京举行了“病险水库除险加固中央补助项目责任书”签署仪式；2004年12月组织召开了全国水利水电工程安全评价及病害治理技术交流会。2004年，水利部进一步加大了病险水库监管力度。一是逐库建立以地方行政首长负责制为核心的除险加固责任制；二是加强前期工作，确保工作质量，重点做好水库大坝安全鉴定和初步设计；三是制订水库汛期安全度汛计划和度汛预案，确保病险水库安全运行。同时，认真做好水利工程建设项目安全设施“三同时”工作。一是组织水利行业中介机构申报安全评价机构资质，中水新华国际工程咨询公司等12个单位被国家安全生产监督管理局批准具备水利水电行业建设项目安全生产预评价资质；二是转发国务院安委会办公室《关于做好2004年国家重点建设项目安全设施“三同时”工作的通知》，认真做好治淮工程等10个重点水利项目安全设施“三同时”工作。

近几年，一些地方农村水电行业管理职能削弱，机构不健全，农村水电无序开发现象十分突出，出现了一些无立项、无设计、无验收、无管理的“四无”水电站，成为威胁人民群众生命财产安全的重大隐患。在2003年水利部开展“四无”水电站的清理和检查的基础上，2004年又下发了《关于进一步加强农村水电工作的通知》和《关于加强农村水电工程验收管理的意见》，进一步加强水能资源管理和农村水电建设管理。

2004年，水利部强化有关水利工程安全的水利科技项目的管理与监督，验收了“长江堤防防洪安全电子预警系统模式研究”。“库坝病险诊断与治理理论与方法研究”和“重大水利工程病变机理与健康诊断方法研究”也已结题，共资助经费38万元。部署了有关水利工程建设安全的水利技术标准的编制工作，安排补助经费30万元。

四、开展安全生产检查，推动行业安全生产工作

2004年根据全国安全生产工作会议、全国安全生产电视电话会议精神，水利部先后发出《关于做好2004年元旦、春节期间水利安全生产工作的通知》、《关于进一步加强春节期间水利安全生产工作的紧急通知》、《关于做好“两会”期间水利安全生产工作的通知》、《关于加强“五一”节和汛期水利安全生产工作的通知》及《关于做好国庆节期间水利安全生产工作的通知》。在水利系统部署开展节前及汛前安全生产大检查工作。水利系统各单位以防汛抗旱、水利施工、车船交通、防火防爆、水利工程管理、水利综合经营等为重点，深入水利生产建设第一线，组织开展多种形式的安全检查活动，检查督促安全生产，确保不发生重大安全事故。

2004年10月底，水利部与国家安全生产监督管理局联合对湖南江垭水电站和皂市水利枢纽工程施工进行了安全生产检查。国家防汛抗旱办公室在汛前组织对各大流域、重点水利工程和多个省份进行了安全检查，要求落实各项防汛安全措施。水利部水土保持司在汛前下发了《关于做好黄河中游地区水土保持淤地坝防汛工作的通知》，部署开展工程安全大检查。水利部水电局下发了《关于开展全国水利系统农村水电安全生产大检查的通知》，在2004年汛前以"四无"水电站和农村水电安全生产为重点，组织开展全国农村水电站、电网、在建工程项目、用电户进行安全生产大检查。通过检查规范了管理，消除了隐患，强化了安全监管，提高了职工和群众的安全意识。水利部水文局、机关服务局和水规总院在节日、汛期都进行了安全检查。并发至中国水利电力对外公司和中国水利投资公司等中央企业，进一步加强对中央企业安全生产监管工作。

五、开展多种形式的安全宣传教育和培训活动，提高职工安全意识

2004年6月，水利部在全国水利系统部署开展了以"以人为本，安全第一"为主题的"安全生产月"活动。活动安排周密、内容丰富、参与面广、注重实效，营造了良好的安全生产氛围，进一步增强了水利职工的安全意识。水利系统"安全生产月"活动重点结合汛前准备工作，利用多种宣传手段，广泛宣传和认真贯彻落实《安全生产法》、《道路交通安全法》、《建设工程安全生产管理条例》和《安全生产许可证条例》等法律法规，以及《国务院关于进一步加强安全生产工作的决定》，让广大水利干部和职工知法、懂法、守法。

"安全生产月"期间，水利部组织优秀安全生产文艺节目到重点水利工程和水利基层单位巡回演出，宣传安全知识。2004年7月和10月，在内蒙古嫩江尼尔基水利枢纽工程工地和湖南皂市水利枢纽工程工地组织开展了以"手拉手—珍惜生命"为主题的两场大型安全生产宣传慰问演出活动。演出的节目全部为水利职工自己创作编排和自演，具有形式新颖、贴近生活、生动感人的特点，给辛苦劳累的水利职工带来艺术和美的享受，使他们接受了一堂生动的安全生产教育课。国家安全生产监督管理局、水利部的有关领导和上万名水利工程建设者、当地有关领导和群众观看了演出，演出得到各方的一致好评。

水利部机关服务局全年召开了6次安全生产工作专题会议，加大消防安全和交通安全宣传力度，在水利部机关举办消防安全知识讲座，张贴《道路交通安全法》宣传图片。水利部水文局和机关服务局组织职工开展安全生产知识问答、签订交通安全责任书和收看交通安全宣传录像片，起到了良好的宣传效果。

2004年，水利部安全生产办公室结合《交通安全法》的实施和注册安全工程师首次考试，举办了水利车辆交通安全管理培训班和安全注册工程师考前培训班。水利系统各级主管部门、基层水利企事业单位有关主管领导、安全干部300多人参加了培训。水利部建设与管理司结合贯彻《安全生产许可证条例》，以及推进水利水电施工企业安全生产许可证制度，印发了《水利水电施工企业主要负责人、项目负责人和专职安全生产管理人员安全生产考核管理规定》，加强考核培训工作，严格市场准入。共举办水利施工安全生产管理培训班40多期，培训水利施工企业负责人2360人，水利工程项目负责人3028人，水利施工安全生产管理人员627人，考核8198人，并对合格者颁发了证书。水利部水电局在部属潘家口水利枢纽管理局举办了水力发电企业安全生产管理人员岗位培训班。

2004年，水利安全生产工作取得了很大成效，安全生产形势平稳，重特大事故得到控制，伤亡事故稳中有降。但是，也存在一些问题和薄弱环节。有的地区、单位对安全生产工作重视不够，安全责任制不落实，安全制度不健全，安全规章制度执行不力，重大伤亡事故仍有发生。水利安全生产工作发展不平衡，地县水利单位安全管理工作薄弱。一些小型农村水利水电工程建设和运行缺少安全监管，安全管理弱，事故隐患多。水利综合经营企业迅速发展，涉足行业越来越多，存在不少安全管理"盲区"。水利工程概算中没有安全管理和安全措施费用，安全监管工作和安全技术措施难以落实。水利施工大量使用农民工，安全素质低，又缺少开展必要的安全教育和岗位培训工作，违章作业造成事故突出。水利系统安全管理队伍素质偏低，管理水平不高等。

农业安全生产工作

农业部人事劳动司

2004年是农业和农村经济发展取得显著成效的一年，全国农业系统按照“三个代表”重要思想和科学发展观的要求，认真贯彻落实《安全生产法》、《国务院关于进一步加强安全生产工作的决定》，以及党中央、国务院关于安全生产工作的一系列重要指示和部署，坚持“安全第一，预防为主”的工作方针，始终把广大农民群众的生命财产安全放在第一位，切实落实安全生产责任制，积极加强指导和监管，农业安全生产工作取得了明显成效。与2003年相比，农机事故发生起数、死亡和受伤人数下降幅度都在30%以上；渔业船舶重大事故减少10起，减幅接近20%；草原重、特大火灾各减少2起，受害草原面积减少6.43万公顷，减幅分别为44.4%和71.9%。全国农业安全生产形势总体上比较稳定。

一、切实加强组织领导，全面落实安全生产责任

1.进一步健全领导机构，切实加强组织领导

为了更好地贯彻落实国家关于安全生产工作的方针、政策以及安全生产工作的总体部署，切实加强农业安全生产工作，2004年农业部两次调整部安全生产委员会组成单位及人员，并进一步明确了相应的职责任务。部安委会多次召开会议，分析农业安全生产面临的形势和任务，总结经验，明确工作思路和重点，及时作出工作部署和安排。各地农业主管部门也不断健全本地区农业安全生产组织领导机构，积极开展工作，加强对本地区、本行业安全生产的组织和领导，保证了各项安全生产措施的落实。如江苏省各市、县渔业主管部门都专门成立了由局长任组长的渔业安全生产领导小组，负责本地区的渔业安全工作；安徽省、市、县各级都成立了农机安全生产领导小组，并把农机安全生产情况作为党政领导干部年度考核指标，真正做到“安全责任人人挑、人人头上有指标”。各级草原防火指挥部在草原防火重点地区都成立了草原防火指挥机构，并由政府一把手或主管领导担任总指挥，切实加强组织领导。

2.积极指导农业行业开展安全生产工作

根据国务院和国家安全生产监督管理局关于安全生产工作的部署，2004年，农业部及时研究下发了《农业部关于进一步加强安全生产的紧急通知》、《关于做好元旦春节期间农业安全生产工作的通知》、《关于认真做好“十一”黄金周期间农业安全生产工作的通知》、《关于立即开展农业安全生产大检查的通知》等文件，对全国农业安全生产进行了周密部署，积极指导农业行业开展安全生产工作。农机、渔业行业和农垦系统还分别召开本行业(系统)安全生产工作会议，认真落实各项安全生产措施，进一步加强对农机监理、农药安全管理、农产品质量安全、草原防火、渔船渔港监督管理、渔业船舶检验、渔业行政执法等安全生产工作的指导。如山东、安徽等省农机管理部门先后下发了多个文件，并召开全省农机局长工作会议，部署农机安全生产工作，提出落实安全生产工作的具体措施和要求。

3.全面落实安全生产责任制

2004年，全国农业系统继续全面落实安全生产责任制，各级农业主管部门都明确了“一把手”作为第一责任人的职责，并逐级签订责任书，确保责任到人。农机行业将农机安全生产责任状签订到乡、村、农机手，切实将安全生产责任落到实处。如四川、重庆等省（市）的农机部门结合当地实际，采取“一对一”的“车头”和“人头”的监管措施，从上到下层层签订目标责任书，将责任落实

到每个安全管理岗位，直至农机手。各级渔业主管部门实行渔业安全生产领导负责制，横向、纵向逐级签订安全生产责任状，直至渔船船长，基本做到了“横向到边，纵向到底”。如江苏省从上到下形成“金字塔”式的目标责任体系，实行“一级抓一级，一级对一级负责”的渔业安全生产管理模式。草原防火重点地区实行草原防火行政领导负责制，逐级签定目标责任状，层层落实防火责任。如河北省实行行政领导负责制，省包市—市包县—县包乡—乡包村—村包户，逐级签订目标责任状。

二、建立健全规章制度，促进农业安全生产工作规范化和制度化

为提高农业安全生产管理规范化、科学化和法制化水平，农业部针对新形势下农业生产的特点，进一步加大了农业安全生产法规制度建设力度，制定出台了一系列农业安全生产管理规定、工作规范和农业安全监管的行业标准。2004 年，农业部发布了《拖拉机驾驶培训管理办法》、《拖拉机驾驶证申领和使用规定》和《拖拉机登记规定》等 3 个农业部令，制定了《拖拉机登记工作规范》、《拖拉机驾驶证业务工作规范》以及《拖拉机号牌》、《拖拉机行驶证证件》、《拖拉机驾驶证证件》、《联合收割机号牌》、《联合收割机行驶证证件》等 7 个农业行业规范和标准。根据我国渔业船舶管理需要，对现行的渔业船舶登记办法和渔船船员考试发证规则等进行了修订，结合贯彻实施《渔业船舶检验条例》完善了相关法规，严格执行渔船报废制度。编制了《渔业水上安全突发事故应急预案》和《农业部草原火灾应急预案》。还印发了《关于加强农业安全生产事故报告工作的通知》和《中华人民共和国渔业船舶水上事故报告和统计规定》，对事故报告的范围、内容、程序、时限等作了明确规定，促进了农业安全生产事故报告工作的规范化和制度化。

各地农业部门也进一步加大了农业安全生产规章制度建设力度。安徽省先后出台了《农机驾驶员管理办法》和《农机监理员管理办法》，进一步规范了农机监理业务操作规程，防止农机违纪违法行为的发生。新疆、甘肃等省（区）草原防火部门根据《草原防火条例》，分别制定了《新疆维吾尔自治区草原火灾处理预案》、《甘肃省省级草原防火预案》和《甘肃省草原防火图》。山东、江苏两省渔业部门根据本省实际情况，制定了《海洋渔业安全生产管理规定》、《渔业安全生产专项整治方案》、《安全生产目标管理考核办法》、《重特大事故隐患整改责任追究办法》和《海洋渔业安全生产管理暂行规定》等规章制度。

三、深入开展专项整治，确保重点领域生产安全

2004 年，农业部重点开展了农业机械、渔业船舶、农垦企业、“毒鼠强”和危险化学品安全监管的专项整治。

（1）农业机械方面。按照国务院“五整顿”、“三加强”的要求，积极与有关部门密切配合，制定了机动车整顿方案，印发了《关于集中开展拖拉机及驾驶员整顿工作的通知》。各地农机管理部门根据农机活动的规律和特点，组织监理人员进村入户，对“黑车非驾”、违规操作和超标准滥发牌证等现象进行全面清理整顿，有效遏制了违章载人、无证驾驶和无牌行驶现象。

（2）渔业船舶方面。根据渔业行业特点，针对不同时期生产情况明确专项整治重点。在春节、中秋和国庆节期间，加大对渔业安全事故的预防和处理力度；在伏季休渔期间，利用“人上岸、证集中”的有利时机，加强对小型渔业船舶和渔港、码头安全设施的有效监管，积极做好取缔“三无”和“三证不齐”渔船的工作；同时针对伏季休渔期间高温及台风等恶劣天气集中多发的特点，切实抓好休渔期渔船防火灾、防风灾工作，有效减少了渔船生产事故。

（3）农垦方面。继续把专项治理整顿工作作为安全生产的中心任务，抓紧抓实。

（4）“毒鼠强”和危险化学品安全监管方面。集中力量深入开展“毒鼠强”专项整治和农药市场监管工作，狠抓对部属单位购买、运输、使用和保管危险化学品以及废弃物处置等环节的监管，确保了危险化学品的使用、保管安全。

四、加强安全生产检查，积极促进隐患整改

2004 年，各级农业部门继续认真组织开展安全生产大检查，排查事故隐患，有效遏制了重特大事故的发生。在部署农业行业开展安全生产检查的基础上，农业部还组织开展了 4 次安全生产大检查。共派出 15 个检查组 59 人次，由司局级领导带队，分赴 19 个省（区、市）和部属有关单位开展检查，促进了安全生产工作措施的落实。其中，2004年2月下旬，派出7个检查组，由司局级领导带队，分赴山东、新疆等9个省（区）进行农业安全生产情况督查。2004年4～5月，对农药、兽医微生物菌毒种和涉及危险化学品生产（科研）、储存、经营、运输、使用、废弃处置等各环节进行了检查。

针对查找出来的突出问题，各地、各单位积极采取措施，研究制定了有效的管理办法和预防措施，边检查边整改，以检查促整改，能整改的立即整改，由于客观原因暂时改不了的限期整改。如黑龙江农垦总局2004年共组织安全生产综合检查和专项检查组461个，参加人员1618人次，累计检查各类生产经营单位862个，停业整顿单位14个，限期整改30个；检查出隐患1536项，其中当场整改1506项。河北省对不落实草原防火措施或存在火灾隐患的单位，下发“火灾隐患通知书”限期整改。

五、加强机构队伍建设，不断提高农业安全生产工作水平

为了切实加强农业行业安全生产工作，2004年农业部继续加强农业安全监管机构和队伍建设，不断提高依法抓安全的能力和水平，取得了良好的成效。

（1）不断建立健全农业安全生产管理体制，进一步加大农机监理、农产品质量安全、草原防火、渔业船舶检验、渔船渔港设施、渔业生产指挥调度等行业安全监管队伍建设，为农业行业的安全生产工作提供了有力的组织保证。截至2004年底，农机行业建立了从部到省、地（市）、县、乡甚至到村的安全管理机构和人员，县以上的监理机构2700多个，职工2万多人，乡一级从事安全监理工作的人员达4万多人。同时，还积极整合渔业安全监管资源，加强渔政、港监和船检部门的配合，进一步完善了渔业安全生产管理体制。

（2）加大安全管理培训力度，全面提高农业安全生产管理人员的监管能力和素质。2004年7月上旬，在甘肃省兰州市成功举办了全国农业安全生产管理培训班。聘请安全生产监管方面的专家，通过专题讲座、研讨交流等形式，对各省（区、市）农业主管部门负责安全生产管理的人员进行安全管理方面的系统培训，使安全监管人员更好地适应安全生产新形势的要求，掌握现代安全生产管理理论和方法。在内蒙古自治区锡林浩特市举办了全国草原防火培训班和草原扑火演习，进一步提高了草原防扑火能力。

六、广泛开展宣传教育，努力强化安全意识

2004年，各级农业主管部门结合农业生产实际，通过各种方式积极开展安全生产宣传教育工作，努力营造安全和谐氛围，进一步增强农业从业人员对安全生产的认识和防范意识。如山东省在省农机监理站成立了安全宣传科，专门负责农机安全生产宣传教育工作。潍坊市农机局还与北汽福田农装公司、电视台联合举办了农机安全知识电视大赛。安徽省把农机安全生产宣传教育重点放在提高农民的安全意识和机手素质上，将《安全生产法》以及有关农机安全生产的文件翻印成册，免费发放给农民群众。山西省长子县农机监理站在深入开展“农机安全村”的活动中开展了“十个一”活动，即每户一个安全知识袋、人手一本安全画册、安全宣传一条路、安全常识画廊一条街、每村一本农机台账、一堂课（农村学校安全课）、一个电教室（机手培训教室），一支宣传队、一套宣传节目，收到了较好的效果。福建省将渔业安全管理要求归纳为“十不准”，以标语、公开信等通俗易懂易记的形式在渔区大力宣传，使安全生产意识深入人心。浙江省以近年来发生的重特大事故案例为素材，编制了渔船安全生产警示宣传教育片“警钟长鸣”，在广大渔区发放播映，使渔民深受触动。甘肃、新疆、河北等省（区）通过电视台、报刊、乡村有线广播等多种形式积极宣传《草原法》、《草原防火条例》等法律法规，积极营造“草原防火、人人有责”的社会氛围。海南农垦总局组织垦区群众观看“安全重于泰山”安全警示片36场；开展安全生产万人签名活动，有2万多人参加了签名传递活动。

农业是安天下、稳民心的战略产业，必须始终抓紧抓好。2005年，农业部将进一步深入贯彻落实党中央、国务院关于加强安全生产工作的指示精神，始终坚持“安全第一，预防为主”的方针，加强指导和监管，积极研究农业安全生产长效机制，以求真务实的精神，进一步把农业安全生产的各项措施落到实处，努力营造一个安全稳定和谐的农业生产环境，为农业和农村经济发展创造良好条件。

建筑施工安全生产工作

建设部工程质量安全监督与行业发展司

2004年，全国建筑行业认真贯彻落实“三个代表”重要思想，坚持“以人为本、全面协调可持续”的科学发展观，遵照党中央、国务院关于安全生产的一系列重要指示和部署，深入宣传贯彻《国务院关于进一步加强安全生产工作的决定》、《建设工程安全生产管理条例》和《安全生产许可证条例》(以下简称“一决定、两条例”)，全面落实各级安全生产责任制，围绕年初制定的安全生产工作目标，强化监管，狠抓落实，全国建筑施工安全生产形势总体趋向稳定和好转。

一、全国建筑施工事故情况分析

(一) 总体情况

2004年，全国共发生建筑施工事故1144起、死亡1324人，与2003年同期相比，事故起数与死亡人数分别下降了11.46%和13.12%；其中共发生建筑施工一次死亡3人以上重大事故（以下简称三级事故）42起、死亡175人，与2003年同期相比，事故起数与死亡人数分别下降了12.50%和18.60%。

全国有23个地区建筑施工事故起数下降，下降幅度超过全国平均下降值（全国平均下降值为11.46%）的有22个地区。其中下降幅度超过30%的有10个地区（含新疆生产建设兵团），如江西省下降64.71%、湖南省下降53.66%、天津市下降36.00%、云南省下降33.33%、福建省下降32.56%。

全国有24个地区建筑施工事故死亡人数下降，下降幅度超过全国平均下降值（全国平均下降值为13.12%）的有19个省市。其中下降幅度超过30%的有11个地区（含新疆生产建设兵团），如湖南省下降54.0%、江西省下降53.23%、黑龙江省下降37.84%、宁夏回族自治区下降37.5%、重庆市下降34.55%。

有的地区虽然事故起数下降但是死亡人数增加，如陕西省事故起数虽然下降了16.67%，但死亡人数却增加了6.9%。有的地区虽然事故死亡人数下降但是事故起数增加，如广东省死亡人数下降了4.55%，但事故起数却上升了13.25%；甘肃省死亡人数下降了10.34%，但事故起数却上升了4.65%。还有些地区死亡人数的下降幅度，远远低于事故起数的下降幅度，如江苏省事故起数下降了19.23%，但死亡人数却只下降了6.17%；天津市事故起数下降了36.00%，死亡人数却只下降了5.56%。

2004年有7个地区建筑施工事故起数和死亡人数都比2003年同期有所上升，上升幅度较大的几个地区中，海南省事故起数上升了216.67%，死亡人数上升了200.00%；河南省事故起数上升了80.00%，死亡人数上升了138.46%；安徽省事故起数上升了60.00%，死亡人数上升了68.18%。广西壮族自治区事故起数上升了48.57%，死亡人数上升了86.67%；北京市事故起数上升了58.14%，死亡人数上升了34.62%；河北省事故起数上升了25.00%，死亡人数上升了4.35%。

2004年，全国共有22个地区发生了三级事故，其中发生1起三级事故的有12个省（市、区)：山西、湖北、贵州、福建、湖南、海南、安徽、河北、新疆、广西、天津、内蒙古；发生2起三级事故的有6个省：江西、甘肃、辽宁、浙江、云南、陕西；发生3起三级事故的有2个省：广东省共死亡13人，山东省共死亡11人。发生6起三级及以上事故的有2个省：河南省共死亡39人，其中，5月12日在河南省安阳市发生了一起死亡21人的二级特大事故；江苏省共死亡21人。

(二) 专项分析

1. 全国建筑施工伤亡事故情况分析

(1) 事故类别。2004年，全国建筑施工伤亡事故类别仍主要是高处坠落、施工坍塌、物体打击、机具伤害和触电等类型，这些类型事故的死亡人数分别占全部事故死亡人数的53.10%、14.43%、10.57%、6.72%和7.18%，总计占全部事故死亡人数的92.0%。

(2) 事故部位。2004年，在临边洞口处作业发生的伤亡事故，死亡的人数占总数的20.39%；在各类脚手架上作业发生的事故，死亡的人数占总数的13.14%；安装、拆除龙门架（井字架）和物料提升机发生的事故，死亡的人数占总数的9.67%；安装、拆除塔吊发生的事故，死亡的人数占事故总数的8.08%；土石方坍塌造成的事故，死亡的人数占总数的5.66%；因模板支撑失稳倒塌发生的事故，死亡的人数占总数的5.44%；施工机具造成的伤亡事故，死亡的人数占总数的6.72%。

2. 一次死亡3人以上事故分析

(1) 事故类别、部位分析。42起三级事故的类别主要是施工坍塌、高处坠落、中毒、触电和机具伤害。

施工坍塌事故。施工坍塌事故共发生20起，占三级事故起数的47.62%，死亡76人，占三级事故死亡总人数的43.42%。这些事故包括4个部分：一是现浇混凝土梁、板的模板支撑失稳倒塌造成的事故共9起，占坍塌事故起数的45%，死亡37人，占坍塌事故死亡人数的48.68；二是边坡失稳引起土石方坍塌造成的事故4起，占坍塌事故起数的20%，死亡13人，占坍塌事故死亡人数的17.1%；三是拆除工程中的坍塌造成的事故5起，占坍塌事故起数的25%，死亡19人，占坍塌事故死亡人数的25%；四是施工现场的围墙及在建工程屋面板坍落造成的事故2起，占坍塌事故起数的10%，死亡7人，占坍塌事故死亡人数的9.22%。

高处坠落事故。高处坠落事故共发生13起，占三级事故总起数的30.95%，死亡66人，占三级事故死亡总人数的37.71%。这些事故包括4个部分：一是从脚手架上坠落发生的事故6起，占高坠事故起数的46.15%，死亡23人，占高坠事故死亡人数的34.85%，其中有4起事故都是在吊篮脚手架上作业时，吊篮损坏造成的；二是在拆除井字架时坠落发生的事故2起，占高坠事故起数的15.39%，死亡24人，占高坠死亡人数的36.36%；三是在临边和平台等作业场所坠落发生的事故3起，占高坠事故起数的23.07%，死亡11人，占高坠死亡人数的16.66%；拆除塔吊时坠落发生的事故2起，占高坠事故起数的15.39%，死亡8人，占高坠事故死亡人数的12.13%。

中毒窒息事故。中毒窒息事故共发生5起，占三级事故总起数的11.9%，死亡20人，占三级事故死亡总人数的11.43%。其中有2起是清理污水管时中毒、1起在人工挖孔桩中窒息、1起在顶管施工中中毒、1起在室内取暖时一氧化碳中毒。

触电事故。触电事故共2起，占三级事故总起数的4.765%死亡7人，占三级事故死亡总人数的4%。都是由于施工中碰触经过施工现场边缘的外电线路造成的。

机具伤害事故。机具伤害事故共发生2起，占三级事故总起数的4.765%，死亡6人，占三级事故死亡总人数的3.44%。

(2) 发生事故的工程类别分析。42起三级事故分别发生在新建房屋建筑工程、新建市政工程、拆除工程和市政管道维修工程中。其中，房屋建筑工程。在房屋建筑工程中共发生事故30起，占事故总起数的71.43%，死亡129人，占死亡总人数的73.71%；市政工程。发生事故5起，占事故总起数11.905%，死亡18人，占死亡总人数10.29%；拆除工程。发生事故5起，占事故总起数的11.905%，死亡19人，占死亡总人数10.86%；市政管道维修工程。发生事故2起，占事故总起数的4.76%，死亡9人，占死亡总人数的5.14%。

(3) 发生事故地域分析。42起三级事故分别发生在城市、县城关镇及村镇。其中，发生在城市里的三级事故26起、死亡114人，分别占总数的61.9%和65.14%；发生在县城关镇里的三级事故6起、死亡24人，分别占总数的14.29%和13.72%；发生在村镇的三级事故10起、死亡37人，分别占总数的23.81%和21.14%。

二、建筑施工安全生产主要工作

2004年主要从以下几个方面加强了建筑施工安全生产工作。

1. 明确控制指标，落实安全责任

年初明确提出了“2004年全国建筑施工事故按照2.5%及以上的幅度下降；全国建筑施工百亿元产值死亡率不高于6.92”的安全生产控制指标，

同时要求各地结合各自实际制定出本地区建筑安全生产控制指标。通过制定安全生产控制指标，强化了目标管理，加大了安全工作压力，更好地落实了安全生产责任制。全年建筑安全生产工作紧紧围绕确保不突破控制指标这个关键，及时掌控了解各地控制指标的制定和实际工作情况，使安全工作目标更加明确、具体。如上海市年初制定了工程建设安全生产的“十个方面二十八项”具体工作，编制了《上海市建设工程安全生产专项整治的三年规划》，明确了目标，确定了实施目标的具体措施。湖南省提出了“建立一个体系、推行三项制度、夯实三项基础工作”的总体思路，确定了安全生产工作的目标。

2. 着眼长效机制，完善法规标准

为建立安全生产的长效机制，在“一决定、两条例”颁布施行后，加快了制定修改配套规章制度和技术标准规范的步伐。

(1) 规章制度方面。颁布了《建筑施工企业安全生产许可证管理规定》(128号部长令)，制定下发了《建设部关于贯彻落实〈国务院关于进一步加强安全生产工作的决定〉的意见》、《建筑施工企业三类人员安全生产考核暂行规定》、《建筑施工企业安全生产许可证管理规定实施意见》、《建设工程重大质量安全事故应急预案》、《建筑施工企业安全生产管理机构设置及专职安全生产管理人员配备办法》、《危险性较大工程安全专项施工方案专家论证审查办法》等一系列规范性文件。

(2) 技术标准规范方面。审查了有关模板工程、木脚手架、拆除工程、临时用电，以及施工企业安全管理、施工现场环境卫生等技术和管理标准。建筑安全行政法规和技术标准体系初步完善。北京市组织制定了关于施工现场安全防护、现场管理、现场环境、现场保卫、现场生活区设置和管理等5个方面的地方标准；天津市根据“一决定，两条例”修改了《天津市建设工程施工安全管理规定》，并以市政府第71号令形式颁布实施。

3. 注重形势分析，加强工作调度

为增强安全生产工作的预见性，强化了安全生产形势分析工作。2004年3月对2003年事故多发的浙江省、江西省等5个重点地区专门进行了专题调查和形势分析，研究并提出相应对策。5月召开了由河南省、广东省等15个事故多发地区参加的安全生产形势分析会，分析事故频发原因，研究控制事故措施。7月中旬召开了全国建筑安全生产工作会议，各地分管厅长共同分析研究安全形势。9月初又召开了各地和中央企业建筑安全联络员工作会议，进一步强化了联络员制度。11月29日，建设部质量安全监督与行业发展司还专门召开了安全生产工作专题会议，提出了当前需重点抓的六项安全生产工作。12月9日，召开了部安全生产委员会会议。

4. 针对薄弱环节，及时预警提示

(1) 施工安全方面。针对当前全国建筑安全生产的薄弱环节，将事故多发、死亡人数突破阶段控制指标的地区、开发区、高教园区、城乡结合部的建设工程，以及拆除工程等方面作为监管重点，检查了各地监管措施的制定和落实情况，要求各地建立安全生产违法违规巡查制度。在“两节”、“两会”、“五一”、“安全生产月”汛期、“十一”和冬季等施工事故多发期，及时下发相关文件，指出应重点监控的环节，提出强化监管的相关要求。

(2) 工程质量安全方面。针对大型公共建筑质量安全问题，下发了《关于加强大型公共建筑质量安全管理的通知》，要求各地对在建和已竣工的体育场馆、机场航站楼、大型剧院和会展中心等大型公共建筑的设计、施工安全进行专项检查，并公布了《关于全国大型公共建筑质量安全检查情况的通报》。针对辽宁辽河大桥坍塌事故，建设部下发了《关于加强城市桥梁管理工作的通知》。针对哈尔滨井盖伤人事件，及时下发了《关于哈尔滨市“3·23”井盖伤人事故的通报》。通过上述工作，加强了对各地安全生产工作预警提示。

5. 开展两项许可，严格责任追究

根据《安全生产许可证条例》，制定了《建筑施工企业安全生产许可证管理规定》及其实施意见、《建筑施工企业三类人员安全生产考核暂行规定》及中央管理的建筑施工企业三类人员安全生产考核实施细则；组织编写了三类人员安全生产考核培训教材，部署了对中央管理的建筑施工企业（集团公司、总公司）安全生产许可证的核发以及三类人员安全生产考核和发证工作。在两项安全许可的工作过程中，严格规范程序，坚持依法行政。中央企业三类人员安全生产考核和安全生产许可证核准工作已基本完成。各地区也根据建设部的统一部署，开展了本地区建筑施工企业三类人员安全生产考核和安全生产许可证核准工作。

2004年进一步加大了对重大安全事故的查处力度，对宁波建工集团股份有限公司、广东省第七建筑集团有限公司、华仁建设集团有限公司、南通永峰建筑安装工程有限公司、南通市建筑安装工程总公司、河南省第七建筑公司、中铁隧道集团二处有限公司等7家企业给予了降级或者停业整顿的行政处罚。

6．强化层级监督，开展安全检查

2004年1月、2月、6月、10月，共4次组织了19个检查组，对河南省、广东省等十几个事故多发省份建筑安全生产工作进行了重点督查。在10月对十省市的督查中，首次将检查层次分为建设主管部门、建筑施工企业和工程项目三个层次，并首次量化了对这三个层次的检查标准，将各级责任制和各项法律法规的执行落实情况作为检查重点，强化了上级对下级的层级监督，增强了督查工作的针对性和实效性。内蒙古自治区、广东省等地均建立了对各级建设主管部门安全工作考核制度。青岛市将对各区市建设主管部门考核结果抄送各区市政府、人大、政协等部门，对严重不作为的，随时向当地政府发出行政建议书。重庆市对安全工作差或施工扬尘控制工作差的地区和单位，市建委将约见其领导谈话，促进其加强管理。上海市对发生重大事故的企业负责人及项目经理也实行了约谈制度。

7．建立信用体系，构建共管格局

为加强企业安全信用建设，加大社会安全生产监督力度，正式开通了建筑安全生产监督管理信息系统，将企业和个人安全不良记录向全社会公示，将重大事故情况即时向社会发布。创办了《全国建筑安全生产简报》。其作为建设部安委会办公室的工作刊物，向各地及时发布有关消息动态。充分发挥了建设部建筑安全专家委员会、建筑安全分会作用，共同参与了有关课题研究工作等。同时，充分发挥了媒体作用，加大了新闻宣传力度。初步构建起各方面齐抓共管安全生产的工作格局。深圳市制定了《深圳市建筑市场主体及从业人员不良行为记录与公示办法》，有关安全生产的不良行为一律录入不良记录档案，与资质挂钩，在网上公示；浙江省将2004年上半年的事故责任单位和责任人，作为全省第一批建筑施工安全不良行为录入信用档案，并在浙江建设信息上网公示、曝光。

电子信息产业安全生产工作

信 息 产 业 部

一、电子信息产业2004年经济运行情况

2004年，电子信息产业克服了全球IT市场竞争激烈、国际经济摩擦增多、企业流动资金偏紧、电煤油运供求矛盾加剧等所造成的负面影响，积极开拓国内国际市场，不断调整产业结构，经济运行质量明显提高。保持了持续快速协调发展的势头，取得了显著成果。

2004年，全行业实现销售收入26550亿元，同比增长41%；完成工业增加值5650亿元，同比增长41%；利润总额1120亿元，同比增长45%；税金380亿元，增长49%；出口2075亿美元，同比增长47%。

二、电子信息产业安全生产主要情况

2004年年初，国务院召开了全国安全生产工作会，出台了《国务院关于进一步加强安全生产工作的决定》（以下简称《决定》）和《安全生产许可证条例》。各地区、各部门、各单位按照党中央、国务院的部署，进一步加强对安全生产工作的领导，认真贯彻《决定》和全国安全生产工作会议精神，做了大量艰苦细致的工作，建立了安全生产控制指标体系，落实安全生产责任制；开展了安全生产大检查和深化专项整治，加强事故防范，加大执法力度，认真查处各类事故，有力地推动了安全生产工作。2004年电子信息产业安全生产形势总体来说是好

的，但发展也不平衡，不容乐观。2004年5月12日河南省安阳信益电子玻璃有限公司二期玻壳项目IC屏炉烟囱工地，施工人员在拆除75米高的井架时，由于违章拆除井架缆风绳，导致井架发生倾翻，造成施工人员21人死亡，10人受伤的特大伤亡事故，直接经济损失268.3万元。国务院领导对此高度重视并作出批示，经河南省“5·12”特大施工事故调查组认定，这是一起严重违规、责任制不落实的特大事故，对相关责任人已作出了处理。2004年12月9日晚，中国科技集团公司第48所的危险品仓库发生爆炸，震荡波危及办公区，造成1人受伤，直接经济损失61万多元。从全国及电子信息产业总体情况看，死亡人数都在控制指标以内。这些成绩的取得，是在党中央、国务院的正确领导下，全国各地区、各部门、各单位以及从事安全监管工作的全体同志勤奋工作、共同努力的结果。

三、认真贯彻落实国务院关于加强中央企业安全生产监管工作的决定

中央企业是国有经济的重要组成部分。搞好中央企业的安全生产工作，对保障国民经济平稳较快发展，促进全国安全生产形势的稳定好转具有重大意义。国务院办公厅2004年6月24日下发了《关于加强中央企业安全生产工作的通知》（以下简称《通知》）。为了贯彻落实《通知》精神，信息产业部于2004年8月17日由娄副部长主持召开了“安全生产专题会议”。会议就如何贯彻落实安全生产监管工作的职能和措施等方面进行了研究和分工，明确了有关司局的职责。

1. 组织机构和职能分工

（1）为了更好地履行安全生产监管的职责，成立了部安全生产领导小组，主要成员有王部长、奚副部长、娄副部长以及电管局、经运司、军工电子局、人事司、办公厅的主要领导；领导小组下设工作小组，主要成员有各相关司局负责安全生产的分管领导及联系人；工作小组办公室设在综合规划司。

（2）信息产业部负责信息产业领域中央企业安全生产的监管工作，部安全生产管理工作由综合规划司牵头负责，电信管理局、经济体制改革与经济运行司、军工电子局分别负责电信运营业、电子制造业和军工电子制造业中央企业安全生产监管工作。重点抓好中央企业在贯彻执行安全生产法律、法规和规章制度等方面工作的监督检查，主要包括企业的安全生产条件、安全标准、设备设施、劳动防护用品、作业场所职业危害情况、重大危险源监控情况以及安全生产专项整治情况等。

（3）信息产业领域中央企业的总公司（总厂、集团公司）安全生产监管工作由我部按照职责分工负责。

（4）按照分级、属地管理的原则，信息产业领域中央企业在各省（区、市）、市（地）、县（市）的分公司、子公司及其所属单位的安全生产监管工作，分别由省（区、市）、市（地）人民政府有关部门及省（区、市）通信管理局、信息产业主管部门负责。

2. 安全生产监管工作的职责

（1）认真贯彻执行国家《安全生产法》、国务院《决定》、国办《通知》的规定和要求以及其他有关安全生产的法律、法规和标准。

（2）针对信息产业安全生产中存在的问题，及时提出加强安全生产和劳动卫生、管理的目标、措施及指导意见；督促地方信息产业主管部门依法加强对中央企业及直属单位安全生产和劳动卫生工作的监督管理。

（3）依法组织制定安全生产规章制度、标准和法规，并对中央企业贯彻执行安全生产法律法规、规章制度等情况进行监督检查。

（4）组织协调安全生产科学技术研究，汇集和传递安全生产信息，推广安全生产先进技术和现代安全管理方法。

（5）督促中央企业及所属单位在新建、改建、扩建工程项目中的安全设施，必须与主体工程同时设计、同时施工、同时投入生产和使用。

（6）组织对中央企业及直属单位包括企业安全生产条件、安全标准、设备设施、劳动保护用品及行业场所危害情况，重大危险源监控情况，安全生产专项整治情况等方面的安全评价工作。

（7）负责中央企业及直属单位安全事故、职业病防治和技术安全措施情况的统计分析和调查，并追究有关单位及人员在事故中的责任。

（8）会同国家安全生产监督管理局、国资委组织对中央企业的总公司（总厂、集团公司）的主要责任人和安全管理人员进行安全培训。

（9）定期组织安全生产检查，召开安全生产会议，研究、分析、部署和总结安全生产工作，交流经验，表彰先进集体及个人。

四、坚持科学发展观，以求真务实精神抓好安全生产工作

全面、协调、可持续发展是科学发展观的基本内容，以人为本是科学发展观的本质和核心。树立和落实科学发展观，就是要自觉坚持“安全第一”的方针，把安全生产工作摆在更加重要的位置上。

按照国办《通知》要求，信息产业领域的中央企业的安全生产工作划归部门监管。中央企业各单位及直属单位，在“三个代表”重要思想和科学发展观的指导下，对本单位安全生产工作进行了一次全面系统的对照抽查，总结经验教训，查找差距和不足，进一步完善本单位安全生产工作思路。围绕着如何实现安全生产三大要素（即人、机器设备和环境）的相互和谐，四个环节（即源头管理、过程控制、应急救援、事故查处）的全面管理，对各项工作进行认真思考和深入研究，积极探索加强企业安全生产工作的新路子。切实加强领导，健全完善安全生产责任制。切实履行企业安全生产主体责任。企业总公司、集团公司要对本系统的安全生产负责。大力开展安全质量标准化活动，推动企业质量上等级，安全创水平。加大安全投入，推动安全生产科技进步。积极做好重大危险源的监控和重大隐患整顿治理工作。加强安全生产应急救援队伍建设，建立预警机制和应急救援预案，提高应对重特大事故的能力。积极防范和治理职业危害，做好以下职业安全健康工作：一是抓紧建立健全职业安全健康管理体系；二是对粉尘肺病、机器设备伤人、工业中毒、噪声和危险化学品、放射性物品以及微波、高频、激光、射线点，切实做好作业场所职业危害的辨识、控制和综合治理工作；三是各总公司、集团公司要加强对本系统职业安全健康工作的监督检查，及时发现和解决基层单位存在的职业危害问题，总结推广先进经验；四是做好职业危害的统计上报工作；切实搞好安全生产的宣传教育和培训，加强企业安全化建设。电子信息产业，是高科技产业，完全有条件做到中央企业安全工作会议提出的几点要求：一是在贯彻执行国家安全生产法律法规、依法规范企业安全生产行为上，具有表率作用；二是在推动安全生产科技进步、提高企业本质安全水平上，具有示范作用；三是在开展安全质量标准化活动，加强基层和基础工作上，具有榜样作用；四是在防范治理职业病危害、做好职业安全卫生工作上，具有带头作用；五是在安全生产培训教育和应急救援工作上，具有基地作用；六是在开展群众性安全文化活动，建设有中国特色的企业安全文化上，具有导向作用。

五、积极开展安全生产大检查，严格监控危险源

为了贯彻落实中央经济工作会议精神和党中央、国务院领导同志关于安全生产工作一系列重要指示，国务院安全生产委员会于2004年12月14日召开了全国安全生产电视电话会议。国务委员兼国务院秘书长华建敏出席会议并就贯彻落实党中央、国务院领导指示，坚决遏制重特大事故多发势头，并对做好当前安全生产工作作了部署。

在“中央企业负责人会议”上，国资委通报了2004年1～11月中央企业安全生产情况。截至11月底，中央企业发生重特大安全生产事故20起，死亡155人，伤35人。其中特大事故2起，死亡68人。国资委党委书记李毅中要求中央企业负责人要加大工作力度，坚决防止重大安全事故的发生。他说安全生产工作永无止境，永远是企业管理的薄弱环节，容不得丝毫懈怠。李毅中表示，国资委将按照中央的有关要求，严格落实安全生产责任制。加大对安全生产的整改、对安全隐患的彻底整治和科技投入，加大对危险源的严格控制，落实事故预案，并在近期开展一次安全专项检查。

结合电子信息产业实际情况，我部以信运函（2005）6号文下发了《关于做好2005年电子信息产业安全生产工作的通知》，通知要求各省、市电子信息产业主管部门及所属企业要认真开展安全生产大检查，查找安全隐患，切实采取防范措施，严格监控危险源，落实安全责任制，创造一个良好的行业安全生产环境。

民航运输安全生产工作

中国民航总局航空安全办公室

2004年是中国民航政企分开、新旧体制交替的特殊时期。在管理体制变革而运输生产高速增长的情况下，民航全行业以“三个代表”重要思想为指导，认真贯彻落实中央领导对民航工作的重要指示和国务院安全生产工作部署，坚持“安全第一，预防为主”的方针，努力做好安全工作，并取得了新的成绩。一是绝大多数单位安全形势平稳；二是运输飞行事故征候率有所下降，2004年全年运输飞行事故征候万时率为0.42，比2003年下降0.08；万架次率0.68，比2003年下降0.10；三是成功挫败了2起劫机事件；四是圆满完成了中央领导的专机保障任务，保证了重大节日和“两会”期间的航空安全；五是安全管理的长效机制和基础性工作取得了新的进展。

2002年5月8日至2004年11月20日，全行业运输航空连续安全飞行30个月、928天、516万小时，创造了中国民航历史上运输安全飞行时间最长的纪录。

一、认真贯彻《国务院关于加强中央企业安全生产监管工作的决定》，进一步落实安全责任制

《国务院关于进一步加强安全生产工作的决定》(以下简称《决定》)下发后，民航总局高度重视，立即研究部署贯彻工作，针对民航体改后的新情况、新问题，制定新措施，重点抓安全责任制的落实和安全运行的保障，全力维护民航安全工作的系统性。民航总局先后组织了10个调研组对安全生产工作进行调研，制定下发了贯彻国务院《决定》的实施意见。为进一步加强安全工作，又于2004年11月初下发了《民航总局关于进一步加强航空安全工作的决定》，提出了全面加强安全工作的10项措施和要求。民航各地区管理局、航空公司、机场和保障单位，积极贯彻落实国务院《决定》精神，结合实际，研究制定了本单位的落实措施。

根据《安全生产法》、《民航法》和民航规章，民航总局和地区管理局对安全工作不落实、发生严重安全问题的单位和人员，依法追究了责任，分别给予通报批评和暂扣执照的处罚，并按照隶属关系，向有关部门提出对安全生产责任人的处分建议。

二、加快法规建设，建立和完善安全监管体系

为配合《行政许可法》的颁布实施，民航总局在清理行政许可项目的同时，加快安全立法的步伐。2004年制定、修订了《中国民用航空危险品运输管理规定》、《民用机场建设管理规定》、《国家民用航空安全保卫规划》等45部安全规章、标准和规范性文件，其中部分已颁布实施。同时还编写了《中国民航安全生产“十一五”规划》，起草了《国家处置民用航空器飞行事故应急预案》等。

民航总局、民航地区管理局和民航地方监管办三级安全监管体系已建立，各级监管职能进一步明确，工作关系逐步理顺，监管效能逐步提高，各地区管理局都积极抓好监管办建设。一是强化法律和专业知识培训，使监管办人员取得执法资格；二是建立工作制度和程序，使监管办做到工作有序；三是推行主管监察员制度，落实执法责任。各监管办工作人员克服困难，做了大量安全监察工作，目前26个地方监管办均编制了《监察员工作手册》，明确了工作职责、标准和程序。各航空公司、机场根据企业重组和机构变化的情况，进一步加强了安全管理体系和机制建设。

空防安全工作得到进一步加强。各机场加大安全投入，更新和添置了对旅客和行李物品的安全检查设备，并积极推进安检工作规范化管理。空中警察队伍的组建工作基本完成，2004年5月，民航总局接受了国际民航组织的航空保安审计。

三、强化监督检查，搞好专项整治

为保证春运安全，1月上旬，民航总局和地区管理局组织了26个检查组，对民航各单位的安全工作进行了检查。针对部分地区航空无线电频率多次受到人为干扰、商业广告气球侵占航道等不安全事件，3月份，民航总局会同国家有关部门共同制定了解决方案，遏制了事态发展。针对航空公司跨零点飞行影响安全的问题，4月下旬，民航总局及时采取措施进行纠正。按照国务院办公厅和安委会的部署，5月份，民航各地区管理局组织开展了危险品航空运输安全专项整治。针对“5·18”阿塞拜疆伊尔76货机坠机事故暴露出独联体货包机严重违章运行的问题，民航总局决定暂停独联体伊尔76货包机飞往中国，并开展了全行业货物运输专项大检查。民航华北地区管理局组织完成了对飞往中国的独联体货运航空公司的运行合格审定工作。为保证国庆节期间运输安全，9月下旬，民航总局派出6个督查组对重点单位和部门的安全工作进行了督查。针对高原机场运行存在的问题，10月份，民航总局召开了高原机场运行管理和保障研讨会，对高原机场运行特点进行了专题研究，并制定了措施。“11·21”特大飞行事故发生后，民航总局立即部署全行业安全大检查，暂停了CRJ－200型飞机运行，并派出3个检查组分赴上海、山东、云南等地进行重点检查。为解决军民航飞行冲突问题，民航总局空管局与军方召开了2次协调会议，并制定了措施。

四、加强教育培训，积极开展国际交流与合作

大力抓好培训工作。民航总局、地区管理局、监管办的安全监察员均接受了法律和业务知识培训。民航总局组织高层管理人员赴美国联邦航空局FAA学院参加航空安全高级管理培训。与欧洲空中客车公司合作，为中国民航培训12名主任事故调查员。举办了2期安全管理人员培训班、18期飞标监察员培训班、5期机场监察员培训班、1期残损航空器搬移技术培训班和7期爆炸物探测使用培训班。此外，还举办了适航审定、计量标准等多个培训班。

积极开展安全生产宣传教育活动。民航总局在全行业组织开展了全国“安康杯”竞赛活动和“全国安全生产月”活动，并与国家安全生产监督管理局联合组织开展了“争创安全飞行500万小时，实现2004安全年”的活动。民航总局空管局组织开展了“全国民航空管安全管理年活动”。通过各项安全活动，广泛宣传了安全法规，普及了安全知识，增强了从业人员的安全意识，促进了安全工作落实。此外，通过民航安全信息网，向社会公众宣传民航安全法规和安全知识，按季度发布民航安全生产信息，接受社会公众的监督。

加强国际交流与合作。根据中美航空合作协议，组织实施了中美航空合作项目，积极开展ARJ－21型飞机制造项目的合作。民航总局与美国联邦航空局进行了互访，双方在系统安全管理、安全信息、事故调查、机场监察人员培训等方面草拟了合作协议。民航总局还与香港民航处共同签署了《航空器事故调查和搜寻救援合作安排》，与香港、澳门联合召开了飞机维修管理会议，与国际飞行安全基金会（FSF）、国际航空运输协会（IATA）、国际适航联合会（IFA）在上海联合举办了第57届国际航空安全年会。

五、加大安全投入，提高安全管理科技含量

按照“统一规划、统一开发、统一预算、统一管理”的原则，完成了“航空安全管理信息系统”一期项目的立项和需求调研工作。借鉴航空发达国家的经验，鼓励飞行、机务维修、空管人员及时上报安全信息，民航学院安全研究所启动了“航空安全自愿报告系统”。各航空公司继续抓好飞行品质监控工作，利用飞行品质监控数据对飞行操作和发动机状况进行分析，全面监控飞机运行状况。建立了国内外维修单位、维修能力清单网上查询系统、航空器使用困难报告系统等，全面提高了维修管理的时效性。同时建立了机场鸟类识别、鸟情信息等鸟击防范系统，推广应用了鸟击研究成果。此外，还启动了新的飞行人员执照理论考试系统，开展了违禁物品X射线识别图像库及识别系统和通过式金属探测门安全使用程序的课题研究。

林业安全生产工作

国家林业局全国木材行业管理办公室

2004年是我国林业改革与发展十分关键的一年，《中共中央国务院关于加快林业发展的决定》和全国林业工作会议精神在林业行业得到贯彻落实，以生态建设为主的林业发展战略正在得到全面实施，林业事业焕发出新的生机和活力。全国林业系统广大干部和职工以邓小平理论和“三个代表”重要思想为指导，深入贯彻党的十六大和十六届三中、四中全会精神，宣传贯彻《安全生产法》和《国务院关于进一步加强安全生产工作的决定》，全面落实党中央、国务院关于安全生产的政策方针和各项部署，树立科学发展观，建立林业经济发展与安全生产的和谐关系。一年来，各地紧紧抓住机遇，狠抓落实，大胆实践，建立安全生产长效机制，保证了全国林业安全生产形势的稳定，使林业各项建设和谐发展，较好地实现了林业经济和发展的预期目标。

据统计（不含森林火灾事故），2004年林业系统生产安全事故造成死亡118人，重伤124人，轻伤1112人，与2003年同期相比，分别下降了18%、14.8%和2.7%，全年没有发生重特大事故。其中，国有林场的死亡和轻伤人数增加较多，木材及竹材采运企业重伤人数增加较多，林业系统的安全生产工作任重道远，不能有丝毫松懈。

一、安全管理工作

1. 加强领导，全面落实安全生产责任制

在全国安全生产形势严峻的情况下，我局党组高度重视林业安全生产工作，局领导在各种会议上多次强调林业安全生产工作的重要性和意义，要求林业系统坚持做到“六个不变”，即“安全第一”的思想不变，企业法人作为安全生产第一责任人的职责不变，行之有效的安全管理规章制度不变，从严强化安全生产的力度不变，安全生产一票否决的原则不变，充分依靠职工的安全生产管理力度不变，切实把安全生产管理工作落到实处。各企业按照要求，普遍建立了安全工作例会制度，定期研究安全生产的重大举措，部署“安全生产月”和采运期间的安全管理工作，分析安全生产形势，及时协调解决安全生产的重大问题。年初，各基层单位普遍签订了安全生产责任状，使各级领导和员工都明确自己的安全责任和管理目标，建立自我约束机制，保证了安全生产工作的平稳运行。

安全设施与主体工程同时设计、同时施工、同时投入使用体现了“安全第一，预防为主”的安全生产方针，是安全工程中的一项重要工作，所有林业企业都能够将国家关于建设项目（工程）安全“三同时”的要求作为一项重要规章制度去执行。

2. 健全安全管理机构，强化安全队伍建设

安全生产管理工作是我局党组高度重视、常抓不懈的一项重要工作。局机关、各省（区、市）林业厅（局）和四大森工集团都专门成立了以一把手或主管领导为组长的安全生产领导小组，一级抓一级，层层落实安全生产责任制，建立了“主要领导负总责，分管领导协同抓，安全职能部门具体抓”的工作格局。各级林业主管部门和企事业单位，在领导人员变动后，能够及时调整安全生产组织领导机构，保证了安全生产管理工作的连续性。根据形势和任务特点，各部门和单位定期召开安全生产工作专题会议，研究部署林业安全生产工作。建立健全了权责明确的林业安全生产监管体系，创新安全生产监管方式和手段，充分发挥安全生产委员会和各级林业安全主管部门的作用，制定和实施安全生产发展规划，协调解决林业安全生产工作中的重大问题，重视安全监管机构、人员、经费、装备四到位，形成了较为完善的林业安全生产监管网络。

3. 重视预防，建立安全生产长效预警机制

为了加强安全生产的监管力度，我局党组站在战略的高度，设立了安全生产长效机制的目标，即

安全生产的管理体制从5个层面着手，努力构建"政府统一领导、部门依法监管、企业全面负责、群众参与监督、社会广泛支持"的安全生产工作新格局。这5个层面的安全生产管理机制，统筹协调，形成合力，总体推进，形成了市场经济条件下安全生产工作的监督体系，使安全生产的监督管理更加规范。

建立工伤保险与事故预防相结合的机制，对事故多、职业危害严重的生产经营单位，督促落实工伤保险制度，扩大工伤保险覆盖面。在社会发展、进步的进程中，作为社会保险制度重要组成部分的工伤保险制度，在保障职工权益、保护人权方面发挥了积极的重要作用。

4. 加强安全生产专项整治，树立全面、协调的安全科学发展观

按照国务院安全生产委员会办公室《关于继续深化安全生产专项整治工作的通知》（国安委办发[2004] 10号）文件要求，各地林业部门协调相关职能部门，开展了"小煤矿专项整治"、"公共集聚场所消防安全专项整治"、"道路交通安全专项整治"、"民爆器材和烟花爆竹专项整治"、"化学危险品储运专项整治"活动，取得了阶段性成果。"五一"黄金周前，国家林业局下发文件要求各地林业部门坚持"安全第一，预防为主"的方针，高度重视安全生产工作；立即开展林业行业危险化学品安全大检查，排查事故隐患；加强陆生野生动物疫源疫病的监测预警工作；组织开展森林旅游线路和设施的安全检查，确保节假日旅游安全；严格执行值班制度，随时掌握各类动态信息。

5. 开展安全生产大检查，消除事故隐患

根据不同生产季节，各地林业部门自行开展了冬季木材生产综合大检查、锅炉安全运行检查、电力设备安全运行检查、重大事故隐患检查、危险化学品经营管理安全检查、建设项目"三同时"检查、交通运输安全检查、"安全生产月"活动检查等。在各项检查中，发现事故隐患，立即责成相关单位进行整改和综合治理整顿，严重者责令其停产整顿。同时，进一步健全、完善了事故隐患跟踪复有制度，为及时消除事故隐患、杜绝各类伤亡事故发生奠定了基础。

6. 建立事故应急救援体系，编制事故救援预案

健全完善安全生产应急救援体系和安全预警机制，完善重特大事故应急救援预案。充分利用现有的应急救援资源，建设具有快速反应能力的救援队伍，提高救援装备水平，增强重特大安全生产事故的抢险救援能力，并按预案内容，适时地进行随机抽查、演练。

7. 认真做好事故查处和统计报告工作

本着"四不放过"的原则，严格执行国务院《企业职工伤亡事故报告和处理规定》，会同安全监督管理部门，认真分析事故的原因，对事故的主要责任者进行严肃处理，并将事故发生的经过、原因、处理结果通报各企业单位，并上报有关部门。同时，根据国家规定，每月、每季、每年按时完成企业职工伤亡事故统计、分析、报告工作，并做到准确、及时地上报地方安全监督管理部门，有力地配合了相关部门的工作。

二、安全生产宣传、教育与培训工作

根据国家五部委的整体部署及安排，为了提高全民的安全意识和安全文化水平，深入宣传党的安全生产方针和相关法律、法规，开展了以"以人为本，安全第一"为主题的2004年"安全生产月"活动，各省（区、市）林业厅（局）和四大森工集团积极部署和指导，要求各基层单位采取各种有效形式，开展好此次安全生产月活动。整个活动以"三个代表"重要思想为指导，以实施《安全生产法》及相关法律、法规和贯彻落实国家、地方安全生产工作会议精神为主线，以落实《国务院关于进一步加强安全生产工作的决定》为重点，大力宣传党和国家安全生产方针、政策、法律和法规，宣传推广先进典型和经验，推进安全文化建设，提高广大职工安全生产意识，引导和启发林业系统干部职工重视人的生命价值，营造日益浓厚的"关爱生命、关注安全"的舆论氛围。各地按照五部委的统一部署，加强领导，分工负责，通力协作，认真组织开展了声势大、效果好的宣传活动，张贴宣传标语、开展知识竞赛、演讲比赛，均取得了良好成绩。国家"安全生产万里行"采访团，采访了吉林延边林业，对林业安全生产情况给予了高度评价，吉林白河林业局获得"安全鼎"奖杯。通过开展"安全生产月"活动，推动了企业加强基础建设，搞好综合治理，强化依法监督检查的力度，为林业安全生产形势的稳定提供了思想保证和动力支持。

抓好安全生产培训是增强职工安全意识的基础工作，也是企业安全生产的基本保证。一年来，林业各基层单位始终把安全培训作为全年安全管理的重点，认真做好林业职工的“三级”教育工作和安全管理人员的培训工作，同时做好特种作业人员的培训、复审工作，加强特种作业人员管理，使持证上岗率达100%。坚持统一规划、归口管理、分类实施、教考分离的原则，真正做到了“两提高”，即提高全员的安全意识和提高全员防范事故的能力。

2004年度，各重点林业企业开展了《安全生产法》、《职业病防治法》、《道路交通安全法》等法律法规及安全操作规程的宣传、贯彻与培训，使各级干部了解了国内外安全生产形势、安全管理技术的进展，明确了自身在安全管理中的责任，增强了紧迫感，安全生产法治意识得到了进一步加强，提高了从业人员的安全操作技能和遵章守纪的自觉性，为林业安全管理的规范化打下了坚实的基础。

三、林业标准化工作

为了加强林业安全标准化工作，促进林业生态建设和产业发展，根据《中华人民共和国标准化法》和国家标准化工作的有关规定，林业行业从人身安全和环境安全出发，等同或等效采用有关林业安全方面的国际标准。2004年获得批准的有关林业安全方面的国家标准和行业标准有5项：《林业机械林用绞盘机保证安全的技术措施》、《便携式脉冲烟雾机使用安全规程》、《林业机械修枝油锯安全要求和试验》、《林业机械杆式动力修枝锯安全要求和试验》、《林业机械杆式背负动力修枝锯安全要求和试验》。这些林业安全标准的制定实施，对促进和实现林业安全生产标准化，提高生产效率，改善林业职工生产条件奠定了坚实的技术基础。有些企业还自行制定了企业标准，填补了国标与行标的空白。

四、森林防火工作

据统计，2004年全国发生森林火灾次数比2003年增加28.1%，受害森林面积同比减少68.3%。在全球气候异常、世界范围内频繁发生森林大火的情况下，全国发生森林火灾次数虽然有所增加，但做到了有效控制火灾蔓延，受害森林面积大幅度减少，最大限度地减少了火灾损失，表明我国森林火灾综合防控能力正在不断提高。

2004年的森林防火工作，始终是在党中央、国务院高度关注和重视下开展的。2月15日，温家宝总理作出了“春季是火灾多发季节，要特别注意森林防火工作”的重要批示。3月18日和11月10日，回良玉副总理在全国性的电视电话会议上，要求各地切实把森林防火工作作为一件大事来抓，并多次就森林防扑火工作做出重要批示。4月14日，国务院办公厅又发出了《关于进一步加强森林防火工作的通知》（以下简称《通知》），对森林防火工作做出了全面部署。

我局按照国务院领导同志的重要批示和《通知》要求，坚持突出重点、分类指导的原则，对各地落实各项防范措施提出具体要求。在重点防火期，先后派出30多个工作组，分赴重点地区检查各项防扑火措施的落实情况。

总结2004年的森林防火情况，主要取得了以下进展：

1．森林防火行政领导责任制进一步完善

《通知》进一步明确了行政领导负责制的内涵和核心。各省（区、市）对森林防火行政领导负责制等各项工作进行了细化，进一步完善了运行机制，保证了森林防火工作的顺利开展。

2．森林消防队伍建设进一步加强

各级森林防火指挥部进一步加强森林消防队伍建设，不断完善军警民联防机制。武警森林部队坚持从实战需要出发，不断提高官兵的防火技能和业务素质。全国森林消防队伍建设逐渐步入建制化、规范化发展阶段。

3．森林防火基础设施装备进一步改善

2004年，中央共投入3亿元国债专项资金，启动了46个重点火险区综合治理工程，极大地改善了项目区森林防火基础设施装备状况。同时，边境防火隔离带、航空护林、物资储备建设投入都有大幅度增加，航护地面保障能力进一步提高，投入机制进一步改善。地方各级政府按照行政领导负责制的“五条标准”要求，将基建经费纳入地方国民经济和社会发展规划。

4．扑火救灾应急机制进一步规范

根据国务院的统一部署，修订完善了《国家处置重特大森林火灾事故预案》。指导各级森林防火指挥部进一步修订完善防扑火工作预案。同时，为进一步促进森林防火工作的科学化、规范化，组织制定了《扑救森林火灾前线指挥部工作规范（试行）》。

5. 森林防火科技含量进一步提高

森林防火工作逐渐从单纯防火向现代林火管理发展，科学技术被不断应用在森林防火的各个环节。全国森林火险预测预报体系建设逐步开展。全国范围内各种先进的扑火装备日趋机械化，防护装备日益人性化，航空吊桶灭火技术日趋成熟。

2004 年的森林防火工作虽然取得了很大成绩，但也存在一些问题，主要表现在 3 个方面：一是认识不到位，有的地方对森林防火工作的重要性、长期性和艰巨性认识不足，重发展、轻保护，重扑救、轻预防，重春防、轻秋防；有的地方畏难厌战，思想麻痹松懈，对特殊形势下的森林防火工作缺乏足够的思想准备；二是进展不平衡，部分地区行政领导负责制落实不好，存在重形式、轻实效的问题，火源管理措施落实不好，仍存在漏洞和死角；三是研究不深入，个别地方对新形势下森林防火工作中产生的新情况、新问题研究不够，缺乏有针对性、超前性的应对措施。

五、存在的问题

随着社会主义市场经济体制的进一步完善和国有林业企业改革的不断深化，非公有制林业经济快速发展，多种经济成分参与林业经济建设，安全生产监管对象趋于多元化，监管难度加大，安全形势不容乐观。同时，林业安全工作基础还比较薄弱，个别基层单位领导对安全生产工作重视程度不够，安全生产责任制没有真正落实，安全生产监督检查不到位，木材采伐作业、生产一线违章指挥、违章作业、违反劳动纪律的"三违"现象比较普遍，职工的安全生产意识不强，安全生产经费投入不足，事故隐患得不到有效消除，安全生产事故仍时有发生。林业安全生产监管工作大多没有专职人员负责，虽然各级林业行政主管部门都成立了安全生产委员会（安全生产领导小组）和办公室，但因编制、经费不足，安全生产办公室均由其他职能部门兼管，安全监管人员大多也是身兼多职，缺乏对相关法律、法规及专业知识和技能的掌握，因此，对所辖单位的安全生产工作指导、监管方面力度不强。

林业安全生产工作任重道远，需全行业共同努力，建立健全完善的安全生产监督管理体系、安全标准体系、信息保障体系、教育培训体系、宣传教育体系和应急救援体系，遏制安全生产伤亡事故，降低事故发生率，使安全生产管理工作步上新的台阶，为林业经济全面、协调、可持续发展创造和谐、稳定、安全的环境。

国防科技工业安全生产工作

国防科工委安全生产监督管理局

2004 年国防科技工业安全生产工作，在党中央、国务院以及国防科工委党组的领导下，国防科工委以"三个代表"重要思想和科学发展观为指导，结合国防科技工业和民爆器材行业实际，全面贯彻落实《国务院关于进一步加强安全生产工作的决定》（以下简称《决定》），按照《国务院办公厅关于加强中央企业安全生产工作的通知》的各项要求，狠抓了安全生产责任制和安全生产规章制度建设；加大了安全生产监督检查和事故隐患整改力度，加强了重大危险源监控和重特大生产安全事故应急救援预案的制定及演练工作；认真组织开展了安全大检查、"全国安全生产月"和安全生产专项整治。通过全体干部职工的共同努力，国防科技工业安全生产基础工作得到加强，生产安全事故得到较好的控制，全年未发生特大生产安全事故，安全生产形势基本稳定。

一、领导重视，全面贯彻落实国务院《决定》

国防科工委及国防科技工业行业各单位坚持"安全第一，预防为主"方针，从实践"三个代表"重要思想和抓安全、保稳定、促发展的高度，把安全生产工作作为关系国防科技工业改革、发展、稳定大局的大事来抓。为贯彻党中央、国务院关于国防科技工业建设和安全生产工作的指示精神，2004年，委领导多次主持召开了专题会议、委主任办公会议和国防科技工业安全生产联席会议，具体贯彻落实国务院安全生产委员会会议、国务院第40次常务会议等会议精神和文件通知的要求，提出了国防科技工业各阶段安全生产的工作重点和工作部署。使国防科技工业安全生产工作分阶段、分步骤、有重点、逐步深化地向前推进。

国务院《决定》发布以后，委党组立即组织传达学习，并结合黄菊副总理在国务院安委会第一次全体会议的讲话精神，就国防科工委及国防科技工业贯彻落实国务院《决定》进行了认真研究，提高认识、统一思想，结合国防科技工业实际，提出了2004年乃至今后一个时期内6个方面的工作重点。2月13日国防科工委制定下发了《国防科工委关于贯彻〈国务院关于进一步加强安全生产工作的决定〉的若干意见》（以下简称《若干意见》），对国防科技工业各单位贯彻落实国务院《决定》提出了具体意见。各军工集团领导对《决定》和《若干意见》十分重视，一把手亲自抓安全生产工作的部署，研究解决重大安全生产问题。各军工单位普遍按要求完善了安全生产规章制度、操作规程，建立了安全生产责任制，制定了事故应急预案。各地方国防科技工业主管部门加大了对本地区军工单位和民爆企业安全生产工作的监管力度，并积极协调地方有关部门帮助军工和民爆企事业单位解决了大量涉及安全生产的问题。

二、加大安改投入，加强政策引导，实施科技兴安

国防科工委针对一些军工单位因历史原因，长期安改投入不足、设备设施陈旧老化、安全隐患突出的问题，在发挥和强化企业主体责任的同时，继续加大了安全改造和重大安全隐患整改的投入。通过重点工程研制保障条件建设和国债技改资金等，对部分重点单位投入了安全技术改造资金，使这些企业的安全生产基础条件得到了较大改善，消除了影响企业自身和周边社会安全的重大隐患。各有关省级国防科工委（办）也积极协调地方有关部门，落实各种优惠政策，减免了部分企业相关税费，推动军工企事业单位的安全技术改造。

结合以往在行业管理中反映出来的问题，根据国防武器装备现代化建设、军工能力调整和企业改革工作的需要，国防科工委加强了安全生产的中长期发展规划研究工作。通过发展规划的研究，进一步明确发展目标、研究相关政策、确定发展重点和实施步骤。同时在行业内开展了完善政策和管理、调整和优化军工科研生产工艺、逐步改造和淘汰在安全环保及能耗方面问题突出和落后的技术及工艺设备、加强重点课题的安全科技研究等工作。目前，一些集团安全科研项目已经应用于军工科研生产的高危险环节，提高了高危险工序的本质生产安全。民爆器材行业也积极引导企业加快工业炸药自动生产线的研制及推广应用，提高我国工业炸药连续化、自动化程度，积极推动民爆器材总体本质安全生产水平的提高。

三、加强日常安全生产监督管理

2004年以来，国防科工委继续加大对行业的领导与指导力度。年初及时下发了《2004年国防科技工业安全生产指导意见》，指导行业各单位开展年度安全生产工作。国防科技工业系统共组织了3次安全生产大检查，分别采取企业自查、省级管理机构和集团检查、委机关组织督查或由委领导和集团公司主管领导带队进行综合检查的形式，加大了检查力度。对于检查出的问题也都登记备案限期解决。在日常的安全生产监督管理工作中，国防科工委针对行业安全生产管理中的突出问题，采用了对行业事故按季度分析、通报，对行业重点的安全生产工作重点指导、对重大安全事故隐患整改重点监督和协调、对事故调查处理重点督办等工作方法，狠抓各项工作的落实。

四、强化安全生产责任制，建立事故控制指标，落实责任主体

国防科工委进一步明确了国防科技工业各级管理机构、集团公司及其企事业单位的安全生产职责，强化了安全生产责任制。一是国防科工委机关作为行业主管部门，负责对国防军工行业安全生产的监督管理，履行法律、法规和国家有关文件规定的相关责任；二是进一步提出发挥省级国防科技工业管理机构安全生产监管职能，按属地管理原则加强省国防科工办对军工单位安全生产的监督管理；三是突出生产经营单位安全生产的主体责任，集团公司对本集团所属单位的安全生产工作负总责。

在对各军工行业历年事故伤亡情况进行测算评价和对国内相似行业比较的基础上，下发了《国防科工委关于印发2004年度国防科技工业生产安全事故控制指标的通知》，确定了2004年度各军工集团公司年度伤亡事故控制指标。指标要求各军工集团年内不得发生10人以上死亡事故；死亡3人以上事故不得超过3起；一般伤亡事故不得超过指标规定的年度控制指标，以后每年的控制指标递减一定比例。年底在对军工集团开展年度综合评价工作中，将安全生产指标结合被考核单位的安全管理情况一并考核，并作为综合评价的重要内容。

五、组织生产安全事故应急救援预案工作，继续开展安全生产专项整治

为了有效地应对重特大生产安全事故，最大限度地防止和减少事故危害，保障国家、集体和人民群众财产、生命安全，按照国务院的统一部署和要求，国防科工委组织制定并按时上报了《国防科技工业重特大生产安全事故应急救援预案》，及时下发了《国防科技工业重特大生产安全事故应急预案指导意见》。国防科技工业的生产安全事故救援预案体系，由军工企事业单位、各军工集团、各省级国防科技工业管理机构和国防科工委机关组成，对外与国家、地方事故应急体系相衔接，能够较好地实现分级响应和总体响应。为了保证预案的有效实施，国防科工委还要求各单位组织了事故应急预案的演练活动（各大军工企业重大危险源所在单位、有关民爆企业均组织了演练），以达到“不断完善预案、考核预案的执行、落实预案措施”的目的。

民用爆破器材行业按照实事求是、突出重点的原则，继续深入开展了生产和流通领域安全整治工作，通过多方位、多层次、多种方式的整治，最大限度地消除危险作业的违章和安全隐患，督促企业强化管理，防止生产安全事故的发生。

六、加强安全生产监督管理法规和技术标准建设

为保障《安全生产法》在国防科技工业的全面贯彻执行，根据国务院《决定》的要求，国防科工委结合国防科技工业武器装备科研生产特点和国防科技工业管理体制、运行机制的特点，确立了加强国防科技工业安全生产监督管理法规体系建设和国防军工科研生产安全标准等技术法规体系建设为主体的安全生产法规体系建设思路。在充分调研和与有关部门沟通协商的基础上，完成了对《国防科技工业安全生产监督管理规定》的起草工作，同时也研究明确了与之配套的相关规定的制订工作，目前正在进一步完善。在技术法规方面，要求各军工集团组织进行对原有安全技术规范、标准的审查、清理和部分急需技术标准的制订、修改，逐步健全和完善国防科技工业安全生产技术法规体系，为国防军工安全生产的规范化，进一步提高安全可靠性创造条件。

民爆器材行业也进一步加强了技术标准和规范制修订工作：一是制定了《民用爆破器材安全评价导则》，规范民爆行业的安全评价工作，试行一段时间后上升为行业标准；二是修订了《民用爆破器材建设项目设计安全规范》，为民爆器材生产和流通企业建设设计、管理及有关安全性评估、评价、认证工作等提供了基本依据；三是为了规范民爆生产流通企业的安全管理，修订了《民用爆破器材企业安全管理规程》；四是按照《国务院办公厅关于进一步加强民用爆炸物品安全管理的通知》（国办发［2002］52号）文件精神，组织了国家民爆质检中心等7家单位共同研究制定了《农用硝酸铵抗爆性能试验方法及判定》。该标准对于加强硝酸铵的安全管理，防止农用硝酸铵化肥被私炒成炸药后用于恐怖犯罪并引发群死群伤的恶性爆炸事件的发生具有十分重要的意义。

七、落实安全生产行政许可制度

国防科工委结合武器装备科研生产实际，初步确定了武器装备科研生产许可证制度，将军工单位安全生产准入条件纳入科研生产许可证的考核内容，达不到生产安全条件的企事业单位，视为不具备从事生产资格，不颁发许可证，不得从事生产。国防科工委加强对建设工程安全生产“三同时”的审查把关：一是项目立项把关；二是科研和初步设计安全审查把关；三是施工建造阶段的把关，四是项目竣工安全验收把关。国防科工委各内设司局按照《国防科工委机关部门安全生产监督管理职责》分工和业务职责分别审查，保证安全监管责任和工作的落实。对于依法审查的国家重点建设项目，委机关的安全监管机构都依照程序和职责，充分依靠专家进行严格的审查，以保证国家重点建设工程安全可靠，不留隐患。

民爆器材安全生产许可证颁发工作实施顺利。国务院颁发的《安全生产许可证条例》明确规定，国防科工委负责全国民爆器材企业安全生产许可证管理工作。据此，国防科工委下发了《民爆器材安全生产许可证颁发实施办法》（科工法［2004］1080号），对许可证的申领和管理做了规定。文件下发后，召开了各地民爆器材行政主管部门参加的民爆器材安全生产许可证工作座谈会，明确对许可证发证具体事宜进行了布置，保证了民爆器材安全生产许可证发放工作的顺利开展。

安全生产工作任重而道远，2005年国防科技工业系统将继续以“三个代表”重要思想为指导，坚持全面、协调、可持续发展的科学发展观和“安全第一、预防为主”方针，继续全面贯彻落实《安全生产法》和国务院有关文件精神，以强化企业安全生产主体责任和安全生产监督管理工作为重点，进一步完善安全生产监督管理规章制度，加大安全生产投入和隐患整改力度，强化安全生产“三同时”工作，积极推进安全生产科技进步，扎扎实实地抓好安全生产监管的基础工作，坚定不移地做好各项安全生产工作的落实，以求真务实的精神做好国防科技工业安全生产工作。

中国核工业安全生产工作

中国核工业集团公司

2004年，中国核工业集团公司（简称中核集团公司）始终把安全生产工作摆在各级领导首要的议事日程，认真贯彻落实《安全生产法》等有关法律法规和《国务院关于进一步加强安全生产的决定》，牢固树立“以人为本”的安全理念，在安全生产管理工作中努力实践“三个代表”重要思想，通过层层签定责任书、落实安全目标责任；加强制度建设，规范安全生产管理；开展监督检查，促进现场安全管理；坚持常备不懈，提高应急响应能力；开展安全生产培训，营造安全文化氛围等，使2004年安全生产保持了较好的记录，圆满地实现了全年的安全生产目标。中核集团公司全系统的安全生产形势基本平稳，因工死亡人数保持在历史较低水平。

一、强化责任意识，落实安全生产责任

在2003年底，中核集团公司在北京召开2004年度工作会议，在总结2003年生产工作的基础上，对2004年全系统的安全生产工作作出了总体部署。抓好安全生产，确保核安全工业，是大会的重要议题。总经理康日新在工作报告中指出，“安全是我们的生命线，关系核工业的兴衰成败，一定要以对中央负责、对人民负责、对核事业负责的态度，给予高度重视”。要求在全系统大力推广以核安全为核心的安全文化建设，认真宣传贯彻安全生产法律法规，层层落实安全生产责任制，严格考核安全生产业绩，对重特大生产安全事故实行一票否决，研究制定安全生产综合报告制度，切实加强安全生产管理。

为了保证安全目标真正得到落实，中核集团公司在2004年度工作会议期间举行安全生产责任书签字仪式。中核集团公司主管安全生产的副总经理孙勤受总经理委托与总部各系统的主要负责人签订了2004年安全生产责任书。会议之后，各系统的主要负责人与本部门所联系的成员单位的主要负责人签订了安全生产责任书，并按照《安全生产法》的要求，采取各种形式落实安全生产责任制。各单位制定本单位的安全生产管理目标，并逐级签订了安全生产责任书。

2004年，在中央企业安全生产工作会议之后，集团公司专门转发了华建敏等领导的重要讲话，要求各级领导认真学习，深入理解，重在落实。力求在5个基本层面上加深对安全生产工作重要性的认识：一是做好企业的安全生产工作是实践“三个代表”重要思想的本质要求；二是做好企业的安全生产工作是树立和落实科学发展观的客观要求；三是做好企业的安全生产工作是防止重特大事故，维护社会稳定大局的紧迫要求；四是做好企业的安全生产工作是促进全国安全生产形势根本好转的现实要求；五是做好企业的安全生产工作是企业自身发展的内在要求。

落实安全生产责任制不仅要坚持经过长期实践证明的、行之有效的、传统的方式方法，并且坚持与时俱进的作风，研究新形势、开拓新思路、创造新举措。甘肃华原总公司在年初将各项安全指标进行了层层分解，公司与各生产单位签订安全生产责任，明确了各级领导和职工的安全责任，并实行经济责任制考核，与安全责任挂钩，形成了总厂、分厂、车间和班组四级安全生产管理网络。本溪中核北方铀业有限公司推行了安全风险抵押金制度，从董事长到现场的工作人员，包括民工，都交纳了风险抵押金，并配备了奖励基金，对完成任务的人员，除了返还抵押金外，还从奖励基金中进行相同金额的奖励。

通过落实各级安全生产责任制，强调企业本身的主体责任意识，各单位的安全生产管理机构有所加强，安全生产投入有所提高，安全技术改造取得明显效果，安全生产基础工作得到一定加强，促进了集团公司安全生产形势相对好转。

二、实行目标管理，严明安全生产奖惩

2004 年是集团公司实现补前持平经济目标的一年，也是集团公司继续深化调整改革的一年，做好安全生产工作具有非常重要的意义。2004 年，集团公司安全生产工作的总体思路是：坚持“安全第一，预防为主”的方针，认真落实《安全生产法》、《职业病防治法》、《放射性污染防治法》以及《国家辐射防护与放射源安全基本标准》，进一步完善安全生产规章制度，切实落实安全生产责任制，以核安全为重点，加大安全生产资质要求的监督，强化安全生产基础建设和生产安全事故的防范，杜绝核事故，杜绝严重的辐射事故和环境污染事故，严格控制工伤死亡事故，杜绝重特大安全生产事故，创造良好的环境，确保集团公司科研生产任务和调整改革的顺利进行。

根据国防科工委对中核集团安全生产提出的安全生产指标，结合集团公司安全生产实际，并围绕集团公司 2004 年安全生产总体思路，制定集团公司 2004 年安全生产工作的目标体系如下：

(1) 杜绝核事故、辐射事故和严重的环境污染事故。

(2) 杜绝重特大安全生产事故。

(3) 严格控制因工死亡人数，全集团公司因工死亡人数控制在 12 人以内。对成员单位的工亡事故实行零目标管理。

(4) 控制职业外照射年人均有效剂量小于 5mSv；年集体有效剂量小于 12mSv。

(5) 控制核设施放射性流出物排放所致公众个人年有效剂量小于 0.25mSv。尘毒危害控制在国家标准之内。

(6) 加快核设施和放射性废物治理进程，缓解放射性废物对环境的潜在危害。

建立集团公司的安全生产目标，层层分解落实到各部门和各单位，实行必要的考核，收到了明显效果。在国家各有关部门的领导下，通过集团公司各级领导和全体员工的共同努力，全面实现了 2004 年安全生产管理目标。全年未发生核事故、辐射事故和严重的环境污染事故；未发生重特大安全生产事故，因工伤亡势头得到了遏制，全年共发生 2 起重伤、2 起死亡事故，死亡 2 人，低于国防科工委为集团公司规定的 2004 年度死亡 12 人的控制指标，也低于 2003 年全国工矿企业 10 万人死亡率 10.03 的水平；职业外照射受到有效控制，年人均有效剂量小于 1.2mSv 以下，继续保持稳中有降的良好趋势；核设施退役和放射性废物治理基本按计划进行，缓解了放射性废物对环境的潜在危害。

集团公司严格按照安全生产管理目标的完成情况，依照奖惩规定，对总部各部门进行奖惩，对成员单位的主要负责人进行全年的安全生产专项考核，并与年薪挂钩。

三、加强制度建设，规范安全生产管理

随着《安全生产法》、《职业病防治法》、《放射性污染防治法》、《电离辐射防护和辐射源安全的基本安全标准》以及《危险化学品安全管理条例》等法律法规及其配套管理规定的陆续出台，全国的安全生产管理工作已经基本上步入了法制化轨道。为此，集团公司各单位分别制定法律法规的宣贯计划，加强宣传工作，增强全体员工的安全生产法律意识，做到知法、懂法、守法。各单位对照法律法规的要求，全面检查和认真修订本单位的安全生产规章，把完善和落实安全生产规章制度作为 2004 年的重要内容来抓。

集团公司重新修订了 2000 年发布的《中核集团安防环保管理规定》、《中国核工业集团公司质量管理办法》和《中核集团职业卫生管理规定》，重新制定了《中核集团安全生产考核奖惩办法》和《中国核工业集团公司安全生产信息报告管理办法》，启动了核临界安全标准系列的修订程序。各成员单位对安全生产规章制度的完善高度重视。例如，包头核燃料元件厂2004年对11项安全生产规章制度进行了重新修订，完善了安全生产责任制227个，岗位操作规程368个，而且针对项目施工较多的情况，制定了相关的规章制度。

贯彻执行建设项目环境保护、职业安全卫生“三同时”制度，推动了各项建设项目的顺利开展。通过积极推动环境影响评价和安全分析、职业安全与职业卫生评价等工作，促进秦山核电站三期竣工专项验收、秦山核电站二期扩建项目和三门核电工程项目可行性研究阶段环境影响评价等重点工程按计划进行。

四、开展监督检查，促进现场安全管理

开展安全生产大检查是安全监督的重要方式。2004年，集团公司组织了不同形式的安全大检查工作。上半年集团公司对秦山第三核电有限公司一号机组和核电秦山联营有限公司一号机组换料大修前进行了检查，并审核了停堆大修考核指标。结合春节和“五一”节这两个重大的节日，组织各单位开展了全面的自查工作。5月份，组织了对危险化学品的安全生产大检查。6月份，结合“安全生产月”，在集团公司全面开展了安全生产大检查。

在开展危险化学品专项检查中，在各单位自查的基础上，集团公司对华湘化工有限公司、贵州核工业新原实业有限公司、西南物理研究院液态金属实验回路、中核红华特种气体股份公司等重点单位的重点部位进行了检查。根据我国当前危险化学品事故多发的实际情况，通过本次安全检查，决定今后要进一步加强对危险化学品的监督工作。经过检查，集团公司危化品的安全状况基本良好，各单位均按要求编制了应急预案。

集团公司6月份开展的安全生产大检查工作，分成员单位组织自查、部门组织单位互查和集团公司组织重点检查3个层次进行，组成10个大组，分别对核电、核燃料、铀矿冶、地质、科技、宝原公司、等系统的21个重点单位进行了检查，检查内容包括安全生产规章制度的完善情况及安全生产责任制的落实情况、领导班子的安全生产管理活动、安全经费的提取和使用情况、重大危险源的管理情况、应急计划或应急预案的有效性以及国家和集团公司要求开展的安全生产活动的落实情况等6个方面的内容。各检查组注意发挥专家的作用，邀请相关专业的专家参与安全检查，重在实效。

2004年6月中下旬到7月上旬，集团公司组织了对2003年安全评估的铀矿山进行回头看检查工作。这次检查工作分成南北两个检查组，检查的主要内容是2003年评估工作中专家对各铀矿山提出的整改意见的落实情况，检查结果表明，对于安全评估工作中提出的69项整改建议和意见（除了个别与整体技改一起改造的项目外）已基本整改到位。大部分企业的安全生产状况保持了2003年评估时的等级水平，有些企业的安全管理水平和硬件水平还有所提高。铀矿冶系统个人剂量监测一直是集团公司辐射防护工作的薄弱环节，在2003年4个矿山400人进行个人剂量监测试点的基础上，2004年对铀矿冶全系统单位的1500人进行了个人剂量监测。

2004年12月中下旬，中核集团公司根据国务院安全生产委员会办公室《关于做好当前安全生产工作的紧急通知》（安委办字［2004］28号）和国防科工委《国防科工委关于认真开展2004年年底和春节前安全大检查工作的通知》（科工安［2004］1581号）要求。立即组织开展了全系统的安全大检查。按照集团公司安全生产大检查的安排，总经理康日新、副总经理孙勤、副总经理王寿君、副总经理黄国俊和总经理助理余剑锋等集团公司领导亲自带队对田湾核电站、本溪中核北方铀业有限公司、中国原子能科学研究院等重点单位进行了安全生产检查。总部各部门对本系统重点单位进行了安全检查。各成员单位分不同层次全面开展了安全自查工作。

五、弘扬安全文化，营造安全文化氛围

加强安全文化建设是形成安全生产长效机制的重要手段。2004年开展了“安全生产日”、“安全生产月”、“百日安全无事故”以及“安康杯”等活动，并重点开展了先进班组评选。通过这些活动，加大了安全生产宣传教育，全员的安全意识得到一定提高。4月6日，集团公司在“安全生产日”期间，开展了“健全制度、狠抓落实”为主题的活动。在集团公司的统一组织下，各单位根据国家最近颁布的法律、法规和标准，结合本单位的实际，对规章制度和操作规程进行一次梳理，对过时或不符合实际的逐步进行了补充、修订和完善。强化了员工岗位操作规范化和标准化观念，提高全体员工的安全意识。

全国安全生产月期间，集团公司在全系统开展了以“以人为本、安全第一”为主题的安全生产月活动。各单位通过报纸、电视、广播、网络等途径，广泛开展了安全生产宣传教育活动，并组织了安全生产知识竞赛、安全演讲等活动。利用集团公司的网络等媒体进行了宣传工作，在内网上设立了安全生产宣传教育专栏，定期发布宣传材料或音像材料，并在集团公司总部开展了《安全生产法》知识竞赛。

为了加强安全生产基础工作，集团公司开展了先进班组评选工作。参加班组活动的有11个系统的55个单位，约94000人（包括改制企业和劳动服务系统等人员），参加活动的班组数约5500个。经过认真评选并经集团公司安全生产领导小组讨论通过，中核抚州金安铀业公司山南工区三队一班等20个班组被授予集团公司先进班组称号。在集团公司安全生产工作会议上，特邀请获得集团公司先进班组称号的班组长参加会议，并进行奖励，颁发了奖状和奖金。同时在“核工业报”上，对集团公司20个安全生产先进班组的事迹，进行了刊登。各系统和各单位也对各级的安全生产先进班组进行了表彰奖励。这些活动对于激励全员做好安全生产工作起到了重要的推动作用。

六、坚持以人为本，开展安全生产培训

加强安全生产培训是提高管理水平的需要，也是国家《安全生产法》的要求。总经理康日新2004年11月参加了国家安全生产监督管理局主办的安全生产培训，并取得了安全生产考核合格证书，给全系统的安全生产培训起到了表率作用。

2004年1月13日颁布实施的《安全生产许可证条例》，对矿山企业等单位施行安全生产许可制度，其中条件之一是矿山企业主要负责人、安全生产管理人员经考核合格后，方可上岗。5月24～30日在北京举办了铀矿冶企业负责人及安全生产管理人员安全生产培训，金原铀业公司、各省局、各厂矿共21个单位59名负责人及安全生产管理人员参加了培训。本次培训内容包括了安全生产法律法规、现代安全生产管理理论、应急管理、矿山安全理论、辐射防护和职业病管理等。培训结束后，举行了考试，学员全部考核合格，并取得培训合格证书。

乏燃料首次运输方案批复时，国家核安全局明确提出：“落实运输途中应急支援力量，并组织培训，确保应急支援的有效性”。为做好沿途应急支援工作，确保乏燃料运输工作安全、顺利进行，于3月下旬对沿途提供应急支援的单位：二七二厂、核动力运行所、中国辐射防护研究院、兰州浓缩铀厂进行了为期一周的应急技术支援相关知识的培训。

集团公司核临界安全中心今年正式成立并开展了工作，于12月6～23日开展了临界安全的培训工作，对来自核燃料系统的7名专业技术人员进行了系统培训，培训包括基础理论和实验操作，还包括理论计算。

为推进现代化环境保护与职业安全健康管理体系在全系统的建立，10月在临潼举办了GB/T24001、GB/T28001环境保护与职业安全健康标准内审员培训班，来自各系统的60多位技术和管理人员经培训考核合格后取得了环境和职业健康安全标准内审员资格。

七、坚持常备不懈，提高应急响应能力

做好应急预案工作是安全生产管理的重要内容。根据国防科工委的部署，今年3月前，对集团公司的核应急预案进行了修订、完善，并制定了《中核集团重大生产事故应急预案》，上报国防科工委。同时在各单位以前制定的应急预案的基础上，印发了应急预案编制指南，要求对应急预案进行进一步的完善。目前各单位都按照集团公司的要求，修订了应急预案，大部分已上报集团公司。

为了保持应急工作的有效性，组织了多次应急演习。调整了秦山核电基地应急总指挥，参与了秦山地区多厂联动、场内外联合的大型应急演习的响应和督察活动。组织核燃料系统各单位修订并进一步完善全厂的应急计划，健全应急组织体系，落实应急设施和设备。

中美核能合作协议框架下核安全专题组已经开展了许多工作，其中一个合作项目是进行核燃料循环设施应急管理培训。多次与美方对培训教材进行讨论并审定，培训将于2005年举办。

八、存在的主要问题

当前集团公司安全生产仍面临许多现实的困难和压力，安全生产形势还不容乐观。主要表现在：

（1）安全生产规章制度有待于进一步健全。集团公司和成员单位的安全生产管理规章制度体系的修订与完善相对缓慢。有的单位规章制度体系不完整，有的规定过于陈旧，未及时修订，不能适应新的法制制度的要求。

（2）工伤事故仍时有发生。一是部分领导对安全生产的重视不够；二是部分职工安全生产意识不高，违章作业。

（3）安全生产设施方面投入不足。老企业普遍存在设施老化的问题。

（4）安全生产管理队伍亟须充实。在安全管理方面随着丰富经验的老同志陆续退休，新补充的管理人员存在学历低、经验不足等问题。随着一些新的核设施投入运行，也存在一个磨合期，运行及管理人员需要一个经验积累的过程。一些关键的岗位面临后继乏人的状况。

中国核工业建设集团公司安全生产工作

中国核工业建设集团公司安全生产办公室

2004年，中国核工业建设集团公司（以下简称集团公司）安全生产工作取得了较为突出的成绩。集团公司领导十分重视安全管理工作，始终坚持“安全第一，预防为主”的方针。认真贯彻《安全生产法》和《国务院关于进一步加强安全生产工作的决定》，增强职工群众的安全意识，提高了全体员工的安全素质。

2003年底，全国接连发生重大安全事故，安全生产形势一度相当严峻。国务院高度重视，接连发出了《国务院关于进一步加强安全生产工作的决定》（国发［2004］2号），《国务院办公厅关于加强安全工作的紧急通知》（国办发明电［2004］7号），国务院安全生产委员会、国资委、国防科工委、建设部、公安部、交通部等各部门也发出紧急通知。集团公司领导对此予以高度重视，能够及时认真地传达和贯彻落实党中央、国务院和国防科工委、国资委、建设部、国家安全生产监督管理局等上级单位关于安全生产工作的一系列指示，多次召开安全生产专题会议，研究、部署集团公司安全生产管理工作，制定安全事故防范措施，加强了安全生产管理和责任追究，着重强调和部署了2004年安全生产工作的主抓方向。由于各方面措施得力，工作效果显著，集团公司取得了自1958年组建核工业建设队伍以来首次年度死亡事故记录为零的奋斗目标。

一、继续认真深入学习贯彻《安全生产法》

集团公司新年开始工作的第一天，第一号文件就是布置集团公司安全生产工作，制定了2004年安全生产工作重点，要继续学习贯彻《安全生产法》。各单位要认真开展《安全生产法》和《国务院关于进一步加强安全生产工作的决定》的学习贯彻活动，领导班子要带头学好贯彻好《安全生产法》，落实各级领导干部在生产经营中的安全责任。根据《安全生产法》的要求，继续完善本单位的安全生产规章制度，依法落实各类人员的安全生产责任制，严格责任追究以及经济处罚。进一步健全安全生产监管机构，健全安全管理体系。保证安全生产资金的必要投入，完善安全生产的防范设施，改善作业环境和条件，消除事故隐患。加强专职安全员的业务技能培训，加强对全体员工安全生产的知识宣传和教育，提高职工的安全生产意识，防止安全生产事故的发生。

二、推进安全生产工作创新

按照国防科工委要求，制定了安全生产应急预案，布置和落实应急预案的各项配套工作。结合新形势下安全生产工作出现的许多新情况、新问题，强调要在总结原有安全生产管理工作经验的基础上，对安全生产工作的理论指导、监管体制和机制、监管方式和手段等方面有一个重大转变和创新。集团公司根据这一安全生产理论创新要求，首先在核电工程上进行了重点推进监管体制和机制创新，推动安全监管方式和手段创新，推动安全生产科技创新，推动安全文化创新，针对共性和关键性技术难题，组织开展科研攻关，使核电工程安全生产管理走向程序化。用模块化分析生产过程中的安全事故隐患，找出事故隐患主体，针对可能发生的安全生产事故的作业点提前采取措施，有效避免了事故的发生。引导企业采用新技术、新设备、新工艺和新材料，提高安全防范能力。大力倡导“以人为本”的安全理念，营造全社会“关爱生命、关注安全”的舆论氛围。切实抓好安全工作，确保生产经营工作安全高效顺利进行。

三、开展安全生产大检查活动

认真参与国防科工委组织的军工集团公司相互之间的安全生产检查活动，在检查工作的同时，注意虚心学习和提高，将其他军工集团公司好的经验运用到本单位的安全生产管理工作中去。根据集团公司管理规定的要求，每年坚持开展两次安全生产大检查。同时根据党中央、国务院的要求，随时开展安全生产专项检查工作。针对生产经营的具体情况以及容易发生群死、群伤的部位进行重点督察，如大型设备，脚手架，以及施工中的模板、排架、深基础开挖等。要求各单位制订有针对性的事故应急预案和救援措施，对事故预案进行应急演练。集团公司安全生产检查组对检查中发现的安全生产隐患以及规章制度落实不到位现象，在总结会上，逐一将问题提出，使项目部及时纠正和消除现场的违章作业和违章指挥，对安全生产隐患做到及时整改。同时要加大安全生产资源投入，不断完善安全生产设施。

四、认真开展“安全生产月”活动

集团公司所属各成员企业以全国开展的“安全生产活动月”、“安全生产万里行”活动为契机，高度重视、加强领导、精心组织。各单位在组织开展活动时以宣传教育为主，从本单位实际情况出发，围绕“关爱生命、关注安全”这一活动主题，注重实效，开展形式多样、内容丰富的安全生产宣传教育活动。充分利用黑板报、宣传栏、VCD、宣传挂图、标语、警示图、班前会等形式，在活动中突出了《安全生产法》等有关法律法规的学习和宣传。组织职工以班组为单位，认真学习宣传《安全生产法》和安全标准。组织职工参加安全知识竞赛上千人次，有的单位还组织200多人参加了地方政府组织的安全知识竞赛，组织事故应急预案的施救演练。通过职工群众的普遍参与，提高了广大职工的安全素质和安全技能，突出了“以人为本、关注安全”的主题，确保生产安全。

集团公司所属成员企业二二建设公司、二三建设公司、二四建设公司、华兴建设公司、上海石化安装检修工程公司的核电项目部，在大力宣传安全生产的同时，项目经理部还开展了培训和现场演练等活动，对施工现场和生活区进行了危险源辨识4000多项，确定出重大危险源100多项，并且实施专项控制。有的项目经理部开展了“消防事故、现场急救应急演练”活动，推动了人员急救疏散、现场急救、灭火器材使用与火灾扑救等方面培训工作的深化。二三建设公司岭澳项目部针对安全责任制的落实、核电站大修作业现场安全及“三防”措施的落实等进行了有针对性的检查，满足标准要求，得到了业主的认可和好评。

对剧毒、放射、易燃易爆等危险品生产、经营、储存、使用、运输以及特种设备、特殊工种管理中贯彻执行《危险化学品安全管理条例》、《特种设备安全监察条例》等国家有关法律、法规和安全规范，在重大危险源管理方面，项目部根据体系文件要求，对本项目部的危险源进行了辨识、评价，并形成了项目部的重大危险源清单，编制了管理方案和控制措施，分别单独存放、管理。同时对控制措施进行了定期有效的检查。

特种设备均由有资质的单位安装并经过技术监督局检验，发放使用合格证投入使用。特种作业人员均有《特业操作证》，并建立名册，统一管理。

消防安全、交通安全、人员聚集场所的安全措施都能够得到较好的落实。为了预防火灾的发生，提出了施工现场冬季防火检查要求。在施工现场，对灭火器材的配置及有效期限等进行认真细致的检查，凡过期的灭火器均要更换。各现场都编制了消防管理制度、门卫管理制度和现场严禁吸烟等规定。

五、加强节日期间的安全工作

集团公司强调每逢节日期间，要安排有针对性的大检查。主要检查安全生产、消防、办公用电、安全保卫等工作，发现安全隐患都做到认真、及时地整改。关心职工的生产生活，掌握职工的心态，做好职工的思想工作，积极创造安全祥和的节日气氛，加强节日期间的值班工作，在保证广大职工欢度佳节的同时确保生产安全。

2004年，在国家安全生产监督管理局、国防科工委、建设部的领导、督促、指导下，通过集团公司的重视，严格落实了安全生产责任追究制度，通过层层把关、层层负责，确保安全生产有人管、有人抓、常抓不懈，使得全年的安全生产工作取得了较好的效果，没有出现较严重的安全生产事故。但是，工作中仍然存在一些不尽如人意的问题，如在远离大城市或内地不发达地区的个别项目部还存在着较严重的安全生产隐患，极个别地方还有安全防护不到位的地方和违章作业等现象，少数项目部施工用电未执行三相五线制，个别人违章进入现场，不戴安全帽，个别项目存在起重吊装指挥人员证件过期现象等。几年来，虽然集团公司实现了杜绝重、特大伤亡事故，减少一般事故的工作目标，但我们也应该清醒地认识到，集团公司当前的安全生产工作形势依然不容乐观，安全生产管理工作还有待于进一步加强，需要我们各级领导和广大职工群众做出持续不断的艰苦努力。

中国航天科工集团公司安全生产工作

中国航天科工集团公司科研生产部

2004年航天科工集团公司（以下简称集团公司）在国家主管部门的指导下，始终坚持“安全第一，预防为主”的方针，认真贯彻落实《安全生产法》，坚持以科研生产和大型飞行试验为中心，强化各级人员安全生产责任制，全面实行安全生产目标管理，完善安全生产管理制度，狠抓作业现场安全管理，深入开展企事业单位安全性评价，积极探索职业安全健康管理体系建设，广泛开展安全生产宣传教育。通过各单位全体员工共同努力，尤其是科研生产经营一线广大专、兼职技安管理人员的辛勤工作，集团公司全面完成了2004年安全生产任务。

2004年，航天科工集团公司安全生产保持了基本平稳的形势。据统计，全年集团公司科研生产过程中，共发生6起安全生产伤亡事故，死亡2人，重伤4人，伤亡总指标未超过全年安全生产控制指标。其中，061基地死亡1人，重伤2人；066基地死亡1人，重伤1人；深圳航天微电机有限公司重伤1人。与2003年相比，死亡人数减少2人；重伤人数增加1人。

一院、二院、三院、四院、六院、七院、068基地、河南总公司、云南总公司、111厂、119厂、139厂、254厂、8511所、航天物资中心、服务中心等单位没有发生重伤以上事故，许多单位实现了工伤事故为零。

一、召开安全生产会议，总结布置工作

2004年2月2日，集团公司召开了2004年安全生产工作会议，集团公司领导成员全部出席了会议，殷兴良总经理、高红卫副总经理在会上做了重要讲话。各院及所属单位、集团公司直属单位行政正职、主管安全领导和技安部门的负责人约800余人参加会议。会议学习了《国务院关于进一步加强安全生产工作的决定》；总结了2003年度集团公司安全生产工作；通报了2003年度《安全生产责任书》完成情况，表彰了10个2003年度安全生产先进单位；布置了2004年安全生产工作。

二、狠抓安全检查，加大检查力度

2004年，集团公司共组织了4次全系统安全生产大检查活动，其检查次数之多，规格之高，动员各部门力量之大，受检单位之多，检查过程之细，在集团公司尚属首次。

第一次安全大检查时间是在3月1～15日，集团公司及时转发了国务院安全生产委员会办公室《关于切实做好“两会”期间安全生产工作的通知》（安委办［2004］3号）文件，传达了2月20日全国安全生产电视电话会议精神，并于2月27日下发了《关于开展安全生产大检查的通知》（研字［2004］3号）文件，要求在全系统范围内

开展安全生产大检查活动，确保“两会”期间安全生产。

第二次安全大检查时间是在5～6月初。4月27日，国务院召开全国安全生产电视电话会议的当日，集团公司党组召开专题会议，传达电话会议精神，分析研究了集团公司4月份连续发生两起死亡事故造成的安全生产严峻形势，决定在全系统开展安全大检查，并由高红卫、承文、方向明副总经理带队进行抽查。这次安全大检查从5月9日开始至6月3日结束，集团公司副总经理分别带领总部机关7个部门30名同志及部分基层单位的专职技安干部，组成3个检查组，对集团公司所属单位的科研生产、消防、交通等方面的安全情况进行重点抽查。

第三次安全大检查时间是在9月中旬～10月底。集团公司抽调了37位安全生产专家和安全管理人员，组成6个检查组，重点检查了各单位安全生产责任制执行情况，重大隐患整改、火化工作业及危险点管理情况；对5月份查出的问题和隐患做了逐项复查；并抽查了作业现场安全生产情况。第二次、第三次安全大检查共查出713个问题和隐患，到2004年底为止，已整改问题和隐患700个，其余13个问题和隐患一并列入2005年安全整改计划。

第四次安全大检查时间是在12月中旬。集团公司这次安全大检查重点是固体推进剂生产、火化工作业及其他重要安全生产单位。在各单位自查的基础上，集团公司领导分别带队赴二院283厂、沈阳119厂、139厂、南京307厂、贵州061基地等单位进行抽查。

三、认真抓好建章立制，完善基础建设

集团公司先后制定了《生产安全事故行政责任追究办法》、《生产作业现场安全检查指导规范》、《民用产业控股子公司安全生产责任制管理办法》和《预防“三违”行为积分奖惩制度》等4项安全生产规章制度，并要求各单位及时补充、修订和完善以往制定的安全生产管理规章制度和安全技术规范、标准。

四、强化危险作业管理，严格定量定岗定员审查

2004年，集团公司明确要求各单位要把强化危险作业安全管理作为安全生产管理的重要任务来抓，对易燃易爆作业场所严格实行定量定岗定员。六院在进行高危险的硝酸酯试生产过程中，多次召开安全专题会议，对整个研制生产工艺各个环节进行严格安全审查，充分听取各方意见和建议，对专家提出的问题和隐患都制定出详细的整改措施，从严格作业现场定岗定员、设备设施安全检查、修订完善安全生产操作规程和应急救援预案到加强安全培训，使各类生产作业人员对硝酸酯粘合剂生产线的危险程度和预防措施有正确的理解，确保试制出首批合格产品，为集团公司高危火化工产品的安全生产探索出一条成功经验。三院组织所属单位对易燃易爆危险品的性质、数量、作业人数进行反复调查、核实、清理、申报和评审，最终确定156个岗位，300多位作业人员作为实施定岗、定员、定量管理的重点对象，并提出严格要求。四院307厂依据《危险点控制管理规定》，针对企业生产作业调整，对从事危险作业的相关点和工房共100多处，逐一进行了调研，将各作业点发生危险的可能性、频率及可能造成的危害后果进行分级管理，最后确定4个Ⅰ级危险点，12个Ⅱ级危险点，14个Ⅲ级危险点。同时，对危险点的标志进行了统一更换。河南总公司将高压气源站、高压容器、锅炉等特种设备作为重点管理，制定了相应危险点管理制度，建立了危险点档案和标志，对各危险点实行定岗定员严格控制管理。

五、认真落实整改，消除重大事故隐患

2004年，集团公司将15项重大事故隐患列入《安全生产责任书》中进行考核，限期完成。一年来，集团公司有关业务部门积极跟踪检查整改落实情况，遇到相关难点，积极帮助、协调落实。在各责任单位共同努力下，已完成整改12项，其余3项因涉及土建施工、设备订购、筹措资金等问题正在整改过程中。

061基地3416库为了创收曾将部分场地租赁给遵义百江燃气有限公司液化气站。2004年，由于基地任务增加，产品存放增多，液化气站对存放的产品构成了重大威胁。为此，基地领导十分重视，为确保安全，基地牺牲了单位经济利益，支付了65万违约金，3416库年损失80万租金，在遵义市政府的帮助下，将该液化气站搬迁出3416库，彻底消除了这一重大隐患。

六、深入开展安全性评价工作，稳步推进体系建设

2004年8月，集团公司在北京召开了安全性评价工作阶段总结会。会议肯定了各单位通过开展安全性评价所取得的成绩，指出了存在的问题，提出了改进措施。

一年来，集团公司先后对20个企事业单位开展的安全性评价进行复评验收。在各有关单位高度重视和积极努力下，有19个单位达到优秀级水平，1个单位达到安全级水平。同时，集团公司还组织二院210所等10余个单位开展职业安全健康管理体系试点工作。

七、广泛开展安全宣传教育，提高技术业务素质

2004年，集团公司举办全系统厂、所级以上领导干部和技安干部培训班各一期，约131人参加了培训，并经过考试取得合格证书。在"安全生产月"活动中，根据国家有关部门的统一部署，集团公司利用各种媒体，举办多种不同形式的安全宣传教育活动，宣传企业安全文化。集团公司还组织编辑了科研生产伤亡事故案例安全录像，供全系统职工观看，收到了较好效果。

八、组织参加注册安全工作师考试，锻炼检验了队伍素质

2004年，国家人事部首次组织全国注册安全工作师考试。为了做好考试工作，集团公司安全业务部门及时将国家人事部统一制定的考试大纲转发各单位，指导报考人员如何正确应对考试。同时，积极与国家主管部门沟通信息，为大家创造良好的考试环境。据统计，全系统有142位同志报名参加了考试。其中，有39位一次考试合格，占参考人数27.5%，高于全国注册安全工程师考试通过率13%的平均比例。

九、成立安全生产专家组，积极发挥作用

在各单位推荐基础上，集团公司挑选了一批有专业特长且在本领域内具有权威的专家，并聘请了2名全国安全知名专家作顾问，确定了由邵爱民等25人组成的集团公司安全生产专家组。专家组成立后，参加了《生产作业现场安全检查指导规范》的审核审查以及安全生产检查工作。

十、严肃事故处理，深刻吸取教训

2004年，集团公司对6起伤亡事故均进行了通报，以此教育广大干部职工从中吸取教训，杜绝类似事故发生，并对相关责任单位进行批评和经济处罚。事故责任单位061基地、066基地都成立了事故调查组，坚持"四不放过"原则，对事故进行调查、取证、分析，对有关部门和责任人进行严肃处理和经济惩罚。

十一、制定应急救援预案，增强应对突发事件处置能力

为了提高集团公司应对突发事件的综合管理水平和应急处置能力，切实维护广大职工的生命安全与健康权益，迅速掌握和报送重、特大生产安全事故情况信息，及时指挥、调度、协调事故抢险、救灾、救护等应急救援工作，避免生产安全事故受害范围扩大，减少人员伤亡和财产损失，集团公司制订了《生产安全事故应急救援预案》，成立了应急救援领导组织机构，明确了分级管理、分级响应的要求，落实了应急处置的责任制。同时，要求有重大危险源的单位都要制订应急救援预案，并认真组织演练。

十二、认真编制"十一五"规划，提升整体安全水平

集团公司在总结"十五"安全生产管理经验的同时，认真分析了存在问题，提出了"十一五"规划的发展目标：

(1) 无重、特大事故。

(2) 死亡、重伤人数较"十五"期间下降20%以上。

(3) 有害作业场所检测合格率达到100%。

(4) 从航天产品投料开始，到总装测试结束，实现科研生产全过程人机分离，建立本质安全。

(5) 建立健全集团公司、院（基地）、厂（所）、车间、班组5级安全生产管理体系。

(6) 以安全性评价工作为基础，逐步开展安全质量标准化和职业安全健康管理体系认证。

(7) 建设一支高素质的安全管理队伍，90%安全管理人员取得注册安全工程师资格。

(8) 通过军品技改等手段，弥补3亿多元安全隐患整改的欠账。

中国航空工业第一集团公司安全生产工作

中国航空工业第一集团公司

2004年，中国航空工业第一集团公司（以下简称中国一航）在国家安全生产监督管理局、国防科工委、国资委等有关部门的领导和有力支持下，在中国一航党组高度重视和直接领导下，按照集团公司的总体部署和具体要求，经过全系统广大干部职工的共同努力，安全生产工作状况稳步提升，实现了年度安全生产工作目标及其生产安全事故控制指标，安全生产工作取得了较好成绩，为全面完成科研生产任务创造了良好的环境。

一、认真执行党中央、国务院关于加强安全生产工作的方针政策

中国一航党组一贯高度重视安全生产工作。本着把安全生产工作“抓早、抓紧、抓实、抓好”的原则，中国一航党组在一年之内两次专题研究、部署有关安全生产工作。2004年初，中国一航党组研究决定：将质量监督管理部改为质量安全部，在质量安全部专门成立安全生产处，突出集团公司的安全生产管理和监督工作，加强组织机构和管理力度。3月，正式成立质量安全部安全生产处。中国一航党组书记、总经理刘高倬反复强调安全生产工作的重要性，一年来，主管领导们亲自带队到东北、华东、西北、四川、贵州等地区主要企事业单位特别是安全生产问题比较突出的单位现场调研、现场检查、现场办公，制定解决措施。

3月23～25日，在杭州组织召开了中国一航2004年安全生产工作会议。中国一航所属96个企事业单位166位安全生产主管领导及部门负责人参加了会议。中国一航副总经理许焕刚作了题为“强化安全生产管理，落实安全生产责任，为科研生产创造可靠的安全生产工作环境”的工作报告。国家安全生产监督管理总局、国防科工委的领导参加了会议并作了重要讲话。会议总结了2003年以来中国一航安全生产工作；分析了中国一航安全生产形势和存在问题；针对各项科研生产任务日趋繁重和安全生产工作实际，部署了2004年安全生产工作并提出了具体要求。明确提出在保持中国一航安全生产状况总体趋于稳定好转的态势下，下大力气使集团整体和企事业单位安全生产伤亡控制考核指标逐年下降，杜绝重、特大生产安全事故的发生。会议还表彰了2003年度中国一航安全生产工作的先进单位、先进集体、先进个人，交流了各企事业单位安全生产工作先进经验，研讨了加强中国一航安全生产工作的具体措施和实施办法。同时，会议还着重学习和宣贯了《国务院关于进一步加强安全生产工作的决定》（以下简称《决定》），并要求各企事业单位结合本单位特点和实际，认真贯彻落实。

这次工作会议，对于集团公司各企事业单位深入贯彻执行《安全生产法》和《决定》，强化安全生产管理，保证2004年集团公司安全生产和科研生产任务的全面完成起到积极的促进作用。

中国一航认真贯彻执行国务院办公厅、国防科工委、国资委等上级机关下发的关于加强安全生产工作的各类有关文件，并及时转发各企事业单位，根据行业实际提出具体的安排和要求，各企事业单位也能根据自身特点认真加以贯彻实施。

二、建立健全各项安全生产规章制度，落实安全生产责任制

中国一航不断制定、修订、完善各项安全生产规章制度。2004年下发了中国一航《安全生产监督管理责任制》、《生产安全事故应急预案》、《危险源（点）控制管理办法》等一系列安全生产规章制度和管理办法。根据实际，调整完善了中国一航安全生产委员会，明确了安全生产责任，逐步构筑完善了集团公司统一领导，企事业单位全面负责，地区协作组积极配合，全体员工广泛参与的安全生产管理体系。各企事业单位也制定了相应的安全生产管理实施办法，进一步落实了各级安全生产责任制，逐步完善了安全生产的管理体系，实行了安全生产目标管理，在全系统形成了“横向到边，纵向到底”的安全生产管理网络。具体有以下 4 个特点：

（1）各企事业单位建立了以总经理（厂长、所长）为主任的安全生产委员会，并定期召开会议，研究布置安全生产工作，扎实有效地行使职权，履行职责。如空空导弹研究院院长荣毅超，身为院安委会的主任，每次都亲自主持会议布置工作。在年初的院安委会上，提出“要把安全生产工作当作一项爱心工程”来抓，有力地促进了全院的安全生产工作，在型号异常繁重的情况下，取得了全年未发生重伤以上事故的好成绩。

（2）在中国一航下发了《安全生产监督管理责任制》以后，各企事业单位都制定了各级安全生产管理责任制，在工作中能够落到实处。如试飞院针对试飞任务重，风险高的行业特点，制定了各类责任制管理办法，对本院各级领导进行了宣贯和严格考核。在考核中，检查项目清晰，量化打分严格，奖惩制度明确，突出了责任制这个核心。使得安全科研生产责任落实成效显著。

（3）各企事业单位都实行了安全生产目标管理。绝大多数单位能够将年度计划中的安全生产目标，层层分解，由各企事业单位的总经理（厂长、所长）或安全生产的主管领导与各分厂、车间、各职能处、室签订“安全生产目标管理责任书”，年底进行严格考核，实行“安全生产一票否决”。有的单位采取上交风险抵押金的形式，与各基层单位签订“风险抵押金安全生产目标管理责任书”，定期检查完成情况，年底考核目标完成后，返还风险抵押金并进行奖励。例如，试飞院力主创新，首次在全行业提出了安全科研生产目标管理“零事故”的管理理念和奋斗目标。西飞公司对发生重伤以上事故的单位，采取不算完成全年经济承包任务，取消参加公司“双文明”单位的评比资格等手段。沈飞公司、黎明公司、六〇一所、六〇六所等单位都开展了以安全达标为中心的目标管理，单位内部层层签订安全目标管理责任书。从而达到了安全目标层层订，责任层层负，奖惩层层有，安全生产层层保的安全生产管理局面，有效地控制了工伤事故的发生。

（4）各企事业单位不断建立和完善各项安全生产规章制度。有单位根据不同的工种，不同的设备、工具和工艺，制定各种操作规程，张贴发布。还有的单位将各种操作规程编订成册，发至各基层，严格照此执行。比如，沈飞公司对 175 项安全操作规程和 23 项规章制度按标准模式进行了重新编写；西飞公司重新制定颁布了 14 种安全生产规章制度和 359 种安全技术操作规程；成飞公司全面修订完善了七大类共 528 项安全操作规程。

三、制定集团公司安全生产“十一五”发展规划草案

根据国家安全生产发展规划纲要和国防科工委制定的国防科技工业安全生产“十一五”发展规划，结合集团公司的安全生产实际，在认真总结航空工业发展历程中的成功经验和教训的基础上，充分考虑集团公司目前的安全生产现状、形势及存在的主要问题，从主要需求分析、指导思想、总体目标、工作任务、保障措施等方面，按照“安全第一，预防为主”的基本方针，坚持以人为本，紧密围绕集团公司科研生产的发展目标，总体部署，通盘考虑，全面着手，组织全系统专家通过调研，对资料充实和完善，形成了集团公司安全生产“十一五”发展规划草案。

四、狠抓科研生产现场安全生产管理

各企事业单位都把安全生产工作的重心放在狠抓科研生产现场的安全管理上，极大地提高了生产效率和生产现场的安全。

中国一航组织各企事业单位大力开展了“6S”生产现场管理。自 2001 年开始在全系统创新推行“6S”管理以来，到目前为止，包括集团公司总部在内的 32 家单位已通过达标验收，其中 7 家还通过了铜牌验收。黎明公司作为集团公司的先进典范之一，在国家安全生产监督管理总局举办的全国安全生产工作经验交流会上还做了有关 6S 管理经验的介绍。

几年来，中国一航在所属各企事业单位开展的“6S”管理和一流环境建设，使各企事业单位的厂容厂貌发生了根本性的变化，特别是各企事业单位的安全生产管理工作受益匪浅，科研生产现场的工作环境发生了根本性变化，大大提高了本质安全度。凡是通过“6S”管理和一流环境达标验收的单位，无论是在他们的新厂房还是老厂房，生产现场都管理得井然有序，广大员工的精神面貌焕然一新，科研生产的效率和质量大幅度提高。

五、开展丰富多彩的“安全生产月”及“百日安全无事故”活动

根据中宣部等五部委和国防科工委下发的《关于开展2004年“全国安全生产月”活动的通知》的文件精神，中国一航及时下发开展2004年“安全生产月”活动的通过，并提出了具体要求。6月，组织下属各企事业单位积极开展了以“以人为本，安全第一”为主题的“安全生产月”活动。这次活动，有以下4个突出特点。

1. 领导重视，广泛动员，狠抓落实

中国一航领导高度重视这次活动。总经理刘高倬亲自提出要求，电话通知重点厂、所的行政一把手要抓好安全生产工作。集团公司主管领导亲自召开会议布置各项工作。

各企事业单位迅速做出反映，按照集团公司的要求，主管领导亲自召开会议，层层动员，制定计划，明确责任，落实活动经费，认真组织开展“安全生产月”的各项活动。

2. 加大安全生产宣传力度，营造良好的安全科研生产氛围

各企事业单位以“安全文化”为先导，充分利用电视、网络、黑板报、广播、小报专刊等媒体，以及通过拉横幅、贴标语、挂宣传画等形式，广泛深入地宣传安全生产的方针政策、安全基本常识和安全生产工作中的好典型，好做法，使广大干部职工懂安全，要安全，会安全，保安全。形成了“人人遵章守纪、事事注意安全”的良好风气，营造了浓厚的企业安全文化氛围。

各企事业单位通过举办各种安全生产知识有奖问答等活动，提高全体员工的安全生产意识和责任。有的单位组织员工进行“安全生产在我心中”、“我为安全献一策”的演讲比赛和黑板报比赛；还有很多单位开展了“党员安全监督岗”、“安全生产青年示范岗”的评比活动。特别是有的单位组织各级主管安全生产的领导研讨对“安全责任重于泰山”的感想和认识，增强各级领导安全生产的责任感和使命感。

各企事业单位还广泛深入宣传贯彻《安全生产法》。许多单位购买和编写《安全生产法》等知识读本，发放到员工手中。鼓励和发动广大员工学习、了解和掌握《安全生产法》，进一步增强广大员工的法律意识和责任意识，使广大员工知法守法。

通过以上安全生产宣传教育活动，进一步提高了全体员工的安全生产意识和自我保护意识，减少员工伤亡事故，确保了安全生产。

3. 确保型号研制任务顺利完成

中国一航为确保型号研制任务的顺利进行，对一些下属单位，特别是担负重点型号生产任务的企事业单位，将“安全生产月”活动延长为“安全生产百日无事故”的安全生产活动。按照安全生产规章制度，从领导到员工，通过查思想、查措施、查落实、查教育等手段，来规范人的不安全行为和物的不安全状态，以保持科研生产现场的良性循环。

4. 完善各项安全规章制度

中国一航以“安全生产月”为契机，进一步落实、完善各种安全规章制度。开展各种形式的安全生产大检查活动，消除生产过程中的安全隐患。

总之，在整个“安全生产月”活动过程中，各级领导高度重视，组织落实，有布置，有计划，有检查，有总结评比，各项活动开展得井然有序，从而达到了推动全系统安全生产形势稳定健康的发展、确保科研生产顺利进行的目的。

六、开展安全生产大检查，及时治理整改安全隐患

针对2004年全国范围内安全生产的严峻形势，国务院、国防科工委、国资委等机关多次下发有关文件，要求开展安全生产检查工作。中国一航也十分重视安全生产检查工作，除及时转发了上级文件并提出了具体要求之外，年初就安排了集团公司安全生产检查的计划，明确要求企事业单位平时就要加大安全生产检查工作的力度。

中国一航主管领导亲自率领总部人员，到东北、陕西、贵州、华东、四川等地区的主要单位现场检查办公，特别是曾经发生生产事故的单位，深入现场调查研究；与企事业单位的领导和主管人员一起座谈，交换意见，共同出谋划策，商讨强化安全生产管理工作的有效途径。

6月中旬，按照国防科工委开展国防科技工业安全生产大检查的要求，以中国一航副总经理许焕刚为组长，有关人员和专家组成的国防科工委安全生产第六组，对航天、兵器所属的四家单位进行了安全生产检查。集团公司所属的沈飞公司、黎明公

司、成飞公司、西航公司四家单位同期也接受了国防科工委第九组（船舶重工集团为组长单位）、第十组（兵器工业集团为组长单位）第十一组（兵器装备集团为组长单位）的安全生产检查。

9～10月，在全系统范围内，集团公司组织了7个地区协作组开展了安全生产交叉大检查。

按照国务院安全生产办公室、国防科工委关于开展2004年年底和春节前安全生产大检查的文件要求，集团公司作出统一部署，于2004年年底，由集团公司主管领导、质量安全部领导分别带队，组成专家组，对四川、中南地区及陕西的主要单位再次进行了安全生产检查。

通过以上多种形式的安全生产检查方式，起到了相互交流经验，相互取长补短的作用。有力地促进了各企事业单位的安全生产监督管理工作。

各企事业单位对安全生产检查中发现的安全隐患问题非常重视，及时制定措施，加大资金投入，治理隐患整改。据不完全统计，全系统用于治理隐患安改所投入的安全资金约计7000多万元。沈飞公司近年来治理隐患整改的措施有，销毁废弃弹药，改造油库的防雷接地系统，安装安全防火电视监控系统等。中国空空导弹研究院、625所、615所、试飞院、158厂、154厂、航宇公司、黎阳公司、148厂等单位投入巨资对安全隐患进行治理整改。空空导弹研究院投资50多万元，为院全部机加厂房安装了多台大功率空调，改善了机加车间的生产环境，充分体现了“以人为本，关爱职工”的安全理念。

各企事业单位对危险点都能按照分级管理的要求，进行重点管理和监控，制定各级危险点管理制度和检查制度。各级危险点都设有明显的标志牌及安全负责人。主要领导都能够坚持对Ⅰ级危险点的定期检查；各岗位工作人员都能够认真履行工作职责，并做好安全运行记录。

七、坚持各类人员的安全教育及培训工作，普及提高安全生产知识和技能

中国一航非常重视安全生产教育培训工作。年初就制定了培训计划和安排。5月下旬中国一航组织举办了全系统参加的“危险源辨识、生产安全事故应急预案”培训班，取得了良好的效果。

各企事业单位都设立安全教育机构，坚持对各类人员的安全培训教育，普及和提高安全生产知识和技能，深入、持久地开展各种生动活泼的安全生产宣传教育工作，保证了各类人员的安全生产培训教育，特殊工种做到了全部培训并持证上岗。例如，沈飞公司组织80名冲压、剪压工人进行了安全技术培训，还组织30余名厂内机动车辆司机进行了专业培训，150余名电、气焊工人办理了安全操作证。保证了特殊工种人员100%持证上岗。试飞院组织了80余名电工、30多名焊工和90多名起重作业人员的复审培训，保证了特种作业人员100%持证上岗。空空导弹研究院组织全院重要岗位人员约1300多人，学习了本岗位的安全职责和操作规程。

八、建立了生产安全事故应急救援体系

制定安全生产应急预案是中国一航2004年的一项重要任务。按照上级有关部门下发的相关文件和指导性意见的要求，集团公司制定了《中国航空工业第一集团公司重、特大生产安全事故应急预案》，对各企事业单位提出了制定生产安全事故应急预案的要求。各企事业单位根据自身行业的特点和实际，分门别类制定了详细安全生产应急预案，建立了生产安全事故应急救援体系，成立了事故应急救援组织机构，配备了必要的救援队伍和救援器材，并按照制定的预案进行了现场实际演练，从演练的实践中不断补充和完善。空空导弹研究院、二三二厂等大多数单位还进行了应急预案的实践演练，取得了良好的效果。

九、积极推进企事业单位职业安全健康管理体系建设和认证工作

中国一航积极推进企事业单位建立职业安全健康管理体系。截至目前，中国空空导弹研究院已通过职业安全健康管理体系认证并有效运行1年有余。试飞院经过1年多的体系建设和试运行，已通过了认证。一六一厂、一四三厂、一四四厂等六七家单位已进入该体系试运行阶段，大多数单位已把该体系认证工作列入2005年度计划或提到议事日程上。通过建立先进的职业安全健康管理体系，极大地提升了安全生产管理水平。

由于中国一航全系统的高度重视，安全生产部门卓有成效工作，使中国一航所属各企事业单位的生产安全事故总量稳中有降，安全生产状况稳步提升，远在国防科工委给中国一航下达年度伤亡控制指标之下。与2003年相比，2004年集团公司共发生重伤以上事故12起（2003年14起），同比下降约14%。其中死亡事故2起（2003年起），同比下降33%；重伤事故10起（2003年11起），同比下降9%。凡发生生产安全事故的单位都本着“四不放过”的原则，对职工进行教育，配合地方安监部门对伤亡事故进行调查处理和结案。

总之，经过全年不懈地努力和扎实的工作，中国一航的安全生产工作取得了很大成绩。我们要不断总结经验，继续贯彻“安全第一，预防为主”的方针，落实以安全生产责任制为中心的各项安全生产规章制度。在企业结构调整、改组改制的形势下，不断研究、探索，实施安全生产的新思路、新模式和新方法，为中国一航科研生产的顺利完成，创造一个良好的安全生产工作环境。

中国航空工业第二集团公司安全生产工作

中国航空工业第二集团公司

2004年，中国航空工业第二集团公司（以下简称集团公司）在公司党组的正确领导和各级领导的高度重视下，以飞行安全、重点型号及支柱民品科研生产现场整顿为重点，狠抓了安全检查、事故隐患整改和安全机构设置等工作的落实，切实保障了集团公司科研生产的顺利进行。

一、全面深入的开展安全检查及专项治理工作

安全检查目前已经成为国家和集团公司搞好安全生产的基本手段。为将这一长期工作落到实处，不走过场，集团公司2004年安全检查主抓了两项工作。

1. 狠抓高新工程现场的安全检查

2004年2～6月、10月、12月，根据重点型号进展情况，集团公司组织专家赴汉中、哈尔滨、南昌、景德镇、株洲进行现场检查，取得了良好的效果。集团公司还对7个重点单位的重点型号科研、生产现场进行检查评审，对重大试验场所试验前进行安全评审，并对检查到的问题拉条挂账，限期整改，及时复查，确保高新工程安全顺利的进行。

2. 重点落实安全生产专项整治

2004年，集团公司专项整治工作的重点为冲压设备伤手事故。集团公司有针对性的对所属企业进行了安全生产专项治理整顿的检查，对冲压设备的治理提出了明确的标准和整改期限。绝大多数企业对冲压设备进行了整改，并取得了良好效果。下半年集团公司未发生一起冲压设备伤害事故。

大检查期间，总经理张洪飚亲自带队赴四川地区有关企业进行了安全检查，副总经理史坚忠赴景德镇检查安全生产工作，副总经理徐占斌赴汉中检查安全生产工作，生产调度试飞部派专人赴四川、甘肃、河北、黑龙江等地所属企业监督检查安全生产状况。通过安全检查，发现并整改了一批隐患，锻炼了一批专职技安队伍。

二、狠抓重大事故隐患的整改落实工作

根据4月份总经理办公会的要求，防止重特大事故的发生，集团公司以安全生产大检查为契机，对部分单位的事故隐患做了重点抽查，并对集团公司所有企业的重特大事故隐患进行了调查、汇总（按集团制订的标准共汇总21个单位46项隐患）。对部分隐患情况不明的企业要求其进行安全评估并提出治理措施，在此基础上督促其整改，以确保安全。此外还配合国防科工委对集团所属企业进行了事故隐患的调查摸底，并在2004年底通过了五二一厂360万的安全技术改造项目的审批。

三、继续推动专职安全监管部门的建立及整顿

为使安全工作真正落到实处，实现为企业生产经营保驾护航的目的。2004年，集团公司继续加强对专职安全管理部门的整顿，明确要建立“三个独立”的专职管理部门（独立设置，独立执法，独立向主管厂级领导负责），纠正了一批企业的安全生产专职机构设置的问题。截至年底，全集团所有工业企业中90%以上单位的安全生产管理机构做到了独立执法，独立向主管厂级领导负责，下一步工作将进一步落实机构独立设置，切实发挥专职机构作用，提高专职管理人员素质。

四、积极推行现代安全管理方法及手段

2004年，昌河公司、昌铃公司已经完成职业安全健康管理体系的建立和取证，六〇八所已经完成大部分工作进入取证前期试运行阶段，截至年底，集团公司已经有3家企业通过了职业安全健康管理体系认证。

五、做好激励工作

2004年，集团公司修改并下发了安全生产奖惩办法。按照2003年初建立的安全生产奖励基金，对2003年度安全生产先进单位和飞行安全先进单位进行了奖励。

六、加强安全教育培训工作

根据2004年工作要点，集团公司分别于6月和8月组织了两期专职人员上岗培训、两期注册安全工程师职业技能培训。通过培训，扩大了专职人员的眼界，提高了理论和技术知识素养，强化了专职人员队伍建设。

七、完成安全生产考核指标

经过全体职工的不懈努力和扎实工作，2004年，集团公司的安全生产工作取得了较好的成绩，特大生产安全事故和重大生产安全事故均为零，全年共发生重伤事故8起，重伤9人。

中国船舶工业集团公司安全生产工作

中国船舶工业集团公司经济运行部

2004年，中国船舶工业集团公司（以下简称集团公司）安全生产管理工作在各级领导、安保部门和广大员工的共同努力下，在学习贯彻《安全生产法》、《国务院关于进一步加强安全生产工作的决定》和《国务院关于进一步加强中央企业安全生产工作的》等法律法规，落实安全生产责任制，加强外包工程队安全管理，逐步推进职业安全健康体系建设等方面做了大量工作。2004年，集团公司安全生产形势基本稳定，未发生一次死亡3人以上重大事故，基本实现2004年计划目标，安全生产事故起数和死亡人数控制在科工委下达的指标之内，保证了生产经营工作的顺利进行。

一、按照国务院统一部署，认真贯彻落实国务院会议精神

(1) 2004年，为传达贯彻国家安全生产工作精神，布置开展安全大检查，集团公司下发了《立即开展安全生产大检查的紧急通知》，并于3月3日召开了安全生产工作视频会议，各单位党政一把手、分管安全生产的副厂长（副总经理）、安技处长、集团公司各部门主要领导和安委会全体成员参加了会议。会议要求全面落实《国务院关于进一步加强安全生产工作的决定》，并在全系统内立即部署开展安全大检查。同时要求各单位一定要把安全生产工作列入重要的议事日程，依法保证必需的安全投入，通过扎实细致的工作，逐步建立起集团公司安全生产长效机制。

(2) 国务院办公厅以国办发［2004］52号文下发了《国务院办公厅关于加强中央企业安全生产工作的通知》，8月5～6日，国家安全生产监督管理局、国务院国有资产监督管理委员会在江苏扬州召开了中央企业安全生产工作会议。集团公司领导非常重视，立即以船工经［2004］542号文转发了国办发［2004］52号文和扬州会议领导讲话，并于8月26日召开了第二次集团公司安全生产工作视频会议。会上传达了中央企业安全生产工作会议精神，介绍了其他中央企业安全生产工作经验，对上半年安全生产工作进行了小结并对下半年工作提出了要求。

二、建立完善集团公司管理制度

集团公司根据船舶行业外包工安全管理特点，制定下发了《外包工程队安全管理规定》；结合实际，制定并下发了《重大安全生产事故应急响应预案》，成立事故应急领导小组，规定了事故信息报送与应急指挥调度程序等。各企事业单位也根据自己实际生产和地理位置情况，制定实施《重大安全生产事故、自然灾害应急预案》，各企业对重大危险源进行登记备案，对应急预案进行演练。

集团公司正在组织制定《中国船舶工业集团公司安全生产管理办法》，从各级管理机构与职责、生产过程安全控制、培训与管理、生产安全事故报告、责任追究等方面作出规定。

三、落实安全生产责任制

为落实各级安全生产责任制，1月份各企业完成了安全生产责任制的签约工作，地区公司和企业、企业内各级层层签订了安全生产责任制，并落实到班组和科室（包括外包工程队），明确了安全生产管理责任，健全了安全目标考核和监督机制。

为进一步加强安全生产管理工作，3月份集团公司对原安全生产委员会进行了充实和调整，由副总经理谭作钧任主任、总经理助理张希平任副主任，成员由3个地区公司（管理局）总经理、总部有关部门主要领导组成，并开通了24小时事故专报电话。

4月份，国防科工委下发了2004年对中国船舶工业集团公司的生产安全事故控制指标为：本年度特大生产安全事故为零，本年度重大生产安全事故不超过3起，本年度的生产安全事故死亡总数控制指标为8人。

截止到2004年底，船舶工业集团公司未发生特大及重大生产安全事故，发生正式职工死亡事故2起，死亡2人，事故起数和死亡人数控制在科工委下达的3项指标之内。

四、开展安全生产监督检查，促进企业排查和消除安全生产事故隐患

安全生产检查形式多样，如企业自查，“安全月大检查”，地区内、地区之间的专项检查，根据季节、气候、地理位置，防台风、暴雨等自然灾害的预防措施检查等。

（1）3月份，集团公司召开视频会议后，在企业自查的基础上，组织了地区之间的安全生产大检查。大检查分3个组，一组由集团公司和广州公司组织对上海地区的江南、沪东中华、外高桥、上海船厂4家企业进行了安全生产抽查；一组由集团公司和九江公司组织对九江地区八厂一所进行了安全生产抽查；一组由上海公司组织对广州地区的广船国际、文冲船厂和黄埔造船厂进行了安全生产抽查。抽查主要针对安全规章制度、作业现场、车间库房、在制产品、重大危险源、消防工作等方面进行。检查中各单位安全管理基础工作比较扎实，但也存在一些问题。主要表现在有的单位制订的事故应急预案没有对员工进行必要的培训和演练；有个别单位存在动火者不按有关规定填写动火申请单，另外有的安全员（防火员）只是签字而没有真正到即将动火部位进行检查并提出有关监护事项；个别单位作业现场未能按照“6S”要求做到“工完料清场地净”，留下火灾隐患；起重吊索具管理尚需完善；劳防用品的日常穿戴不是十分规范，外包工着装不规范、不统一，在作业现场安全帽不扣帽带、高处作业不及时挂好安全带等，被查单位都按检查要求进行了整改。

组织有关人员在北京对机关服务中心、贸易公司、综合院、系统工程部四个事业单位进行消防安全检查。

（2）针对4月份全国连续发生危险化学品泄漏等事故，国务院办公厅4月26日下发“关于加强危险化学品安全管理工作的紧急通知”，要求立即开展危险化学品安全大检查，排查事故隐患，制定应急预案，加强对重大危险源的监控。集团公司按照国务院办公厅的要求，5月份在系统内组织开展了危险化学品专项安全检查，重点查油库、化学品库、氧气站、乙炔（丙烯）站油库等危险源。在各单位自查的基础上，组织了对上海外高桥造船公司、上海船厂、沪东中华造船（集团）公司、江南造船（集团）公司和九江地区朝阳机械厂、江西船用阀门厂、浔阳电子仪器厂、江州造船厂等单位危险化学品专项抽查。

（3）根据国家统一部署，集团公司于6月份在全系统内开展了“全国安全生产月”活动。各单位都以各种形式组织了宣传学习《安全生产法》、《国务院关于进一步加强安全生产工作的决定》和《国防科工委关于贯彻国务院‘决定’的若干意见》等活动。“安全生产月”期间还组织开展了地区之间互查活动。广州管理局组织人员对上海地区江南、上海船厂、外高桥3个单位的安全生产进行检查；上海公司组织了3个检查组，一组对广西地区西江、桂江、文冲船厂等单位进行检查，一组对苏皖地区澄西船厂、镇江中船设备、绿洲机器厂、芜湖造船厂等单位进行检查，另外一组配合九江地区公司对江州造船厂、九江船用机械厂、江新造船厂和朝阳机械厂等单位进行了检查。检查的重点是易燃易爆场所和主要生产现场，以及安全管理规章制度等方面。检查组对检查出的问题，都与被查单位领导和安全部门交换意见，各单位都非常重视安全生产检查工作，对查出的问题狠抓整改。通过互相检查，起到了互相学习、促进的作用。

另外，在“安全生产月”期间，国防科工委组织对沪东中华、黄埔造船厂、广船国际顺德船厂进行安全生产检查。集团公司按照科工委要求，组成检查组，对湖南的航空、兵器等单位进行安全生产检查，并将检查情况报国防科工委。

(4) 7月、8月、9月是高温天气，防触电、防燃爆、防汛、防台是集团公司工作的重点，为此，公司提出了《进一步加强2004年度夏季安全生产工作》要求，并要求企业之间、企业内部车间之间开展对口专项检查，地区公司就防爆防燃工作专项检查一次。

7月份，上海船舶工业公司开展了安全用电专项自查和互查，8月份又对现场生产中防燃防爆工作进行了检查。

7月份，广州管理局抽查了广船国际、文冲船厂、黄埔造船厂防燃防爆工作，并落实“安全生产月”期间上海公司对广州地区安全检查问题的整改情况。

九江地区公司对江州造船厂、江新造船厂、朝阳机械厂和九江船用机械厂进行了抽查，并再次强调了夏季安全生产工作的重要性，对安全生产工作进行部署。

(5) 针对船厂出现“黑工”现象，对外来劳务工进行检查清理整顿。通过清理整顿，对查处的“黑工”情况，都按照规定进行了处理，并加大对外来务工人员的资格审查，防止“黑工”现象再次发生。

(6) 集团公司按照国务院安全生产委员会“关于做好当前安全生产工作的紧急通知”和国防科工委“关于认真做好2004年底和2005年元旦、春节期间安全生产工作的通知”要求，下发了“关于做好当前安全生产工作的通知”，要求各单位在12月底前再一次认真组织开展安全生产大检查，做好“两节”期间的安全生产工作。

五、安全生产培训与教育

(1) 注重强调企业安全生产培训教育，要求除了进行入厂教育外，要通过班前会以及事故案例分析，教育职工加强自主管理的意识。外包工的培训教育要与正式职工一样，纳入企业安全教育和管理体系。

(2) 为防止燃爆群死群伤事故发生，中国船舶工业安全生产培训中心举办了“可燃性气体测试技术和涂装作业审批培训班”，包括船舶工业集团、船舶重工集团和地方船厂等22个单位共79名涂装作业审批员和88名测爆员参加了培训，经考核全部取得资格证书。

(3) 5月底，中国船舶工业安全生产培训中心在九江地区举办了一期安全生产培训班。九江地区公司总经理、副总经理及下属8个企事业单位19位厂级领导、33名安全管理干部参加了培训，并进行了书面答卷考试，参加培训的人员全部获得培训合格证书。

(4) 为提高安全生产案例教育效果，集团公司组织对以往发生的生产安全事故进行整理，编制了《生产安全事故案例》光盘，下发各企事业单位，并组织全体员工观看，起到了很好的教育警示作用。

六、职业安全健康管理体系工作

集团公司积极推进企业OHSAS 18001职业安全健康管理体系的建立，用科学化、规范化的安全生产管理体系，提高安全生产管理水平。目前，已有江南、沪东、外高桥、文冲等单位取得了职业安全健康管理体系的认证，广船国际、黄埔厂等单位也正在积极准备。

中国船舶重工集团公司安全生产工作

中国船舶重工集团公司

2004年，中国船舶重工集团公司认真贯彻《国务院关于进一步加强安全生产工作的决定》（以下简称《决定》）和《国务院办公厅关于加强中央企业安全生产工作的通知》（以下简称《通知》），落实全国安全生产工作会议、集团公司第五次工作会议及安全生产视频会议精神，在安全监管局、国防科工委等上级主管部门的直接领导下，按照2004年安全生产工作要点，在强化安全生产管理、落实安全生产责任制、防范重特大事故等方面，做了大量的工作，安全生产形势总体稳定，一是杜绝了重特大安全生产事故和重大火灾、爆炸事故的发生，二是各级领导对安全生产工作的重视程度普遍提高，保障了集团公司生产经营目标的实现。

一、安全生产工作目标与重点

2004年，中国船舶重工集团公司安全生产工作目标明确、重点突出。集团公司从实践“三个代表”重要思想出发，贯彻落实党的十六届三中全会和中央经济工作会议精神和党中央、国务院关于安全生产工作的方针政策和总体部署。在安全生产工作中坚持以人为本，坚持“安全第一，预防为主”的方针，遵守《安全生产法》、《消防法》等法律法规。全心全意依靠群众，维护员工合法权益。强化基础，突出重点，落实责任。牢固树立科学发展观，改进、完善与集团公司快速发展相适应的安全生产制度体系。在改进重点、薄弱环节上实现新突破；在体系、制度建设上取得新进展；在全面开展“5S”整理、整顿、清扫、清洁、素养工作上有新举措；使基础工作得到加强。全面提高集团公司安全生产管理整体水平，保护国家财产和人民生命的安全。

二、认真贯彻落实《决定》、《通知》及有关会议精神

1. 召开全系统的安全生产视频会

为了贯彻落实《决定》和全国安全生产工作会议精神，全面推进集团公司持续、健康发展的大好形势，2004年2月18日，集团公司召开了安全生产视频会议。集团公司领导、集团公司安全生产领导小组成员，地区公司总经理和分管副总经理、部门负责人，成员单位主要行政领导和分管副职、安全生产管理部门负责人出席了会议。

会上，集团公司党组书记、总经理、安全生产领导小组组长李长印同志就贯彻落实《决定》和全国安全生产工作会议精神，作了题为《保安全就是保生存保发展保稳定》重要动员讲话，并对下一步的安全生产工作提出了明确要求。张必贻副总经理传达了黄菊副总理在全国安全生产工作会议上的讲话和会议精神；生产经营部徐子秋主任通报了2003年集团公司安全生产情况。

2. 落实《通知》和中央企业安全生产工作会议精神

集团公司领导认真学习《通知》和会议文件，将贯彻落实《通知》和会议精神作为中央企业安全生产工作中一项长期的任务，并提出了贯彻落实《通知》的具体意见：一是强化责任主体，健全完善安全生产责任制；二是开展建标、达标工作，推动安全生产工作规范化、标准化；三是加强安全投入，提高安全生产本质和科学管理水平；四是加强重大危险源点监控和重大隐患整改的内部监管工作，强化源头管理，加快从防范伤亡事故向做好职业安全健康工作的转变，积极防范职业危害；五是切实加强员工安全生产宣教工作，开展安全文化建设。

3. 认真学习，充分理解《决定》和《通知》

各成员单位认真落实会议精神，学习《决定》和《通知》。《决定》充分体现了党中央、国务院对安全生产工作的高度重视，是党中央、国务院为加强安全生产工作采取的重要举措。搞好安全生产工作，切实保障人民群众生命和国家财产安全，体现了最广大人民群众的根本利益，反映了先进生产力的发展要求和先进文化的前进方向，是全面建设小康社会、统筹经济社会全面发展的重要内容，是实施可持续发展战略的组成部分；是企业生存发展的基本要求。

三、组织开展安全生产大检查

按照国务院《关于开展安全生产大检查的通知》（国办发明电［2004］1号）、《国务院办公厅关于加强安全工作的紧急通知》（国办发明电［2004］7号）要求和国防科工委、国资委部署，集团公司分别于1月2日、2月24日布置和开展了安全生产大检查。这两次检查采取以成员单位自查为主、地区公司全面检查、集团公司抽查重点单位相结合的方式进行。

1. 集团公司领导带队进行安全检查

集团公司领导充分认识国务院通知精神的重要性、紧迫性，从讲政治、促发展、促稳定的高度，认识强化安全生产的重大意义，真正把安全生产工作摆在重要位置来抓。总经理李长印带队检查了渤船重工；副总经理于世春带队检查了京津地区部分成员单位；党组书记陈天利带队检查了西安地区部分成员单位；副总经理张必贻带队检查了重庆地区部分成员单位；副总经理李国安带队检查了武汉地区部分成员单位；副总经理董强带队检查了大连地区部分成员单位。集团公司领导带队对16个单位进行了安全生产大检查。

2. 迅速落实国务院《关于开展安全生产大检查的通知》精神，精心组织安全生产大检查

集团公司领导对落实国务院办公厅《关于开展安全生产大检查的通知》精神极为重视。1月5日总经理李长印批示：请生产经营部认真研究，春节前分地区进行检查，各领导下基层送温暖时一并重点检查。1月2日上午，副总经理张必贻参加国防科工委安全生产会议回到单位后，立即指示主管部门迅速落实国务院办公厅紧急通知精神和国防科工委安全生产会议精神，坚决落实党中央、国务院领导同志的批示，要求各成员单位认真吸取事故教训，按照国防科工委部署，立即开展安全生产大检查，布置安排安全大检查事宜。

这次检查的重点是船厂、铸锻厂、发生死亡事故单位及七〇二所、七一〇所、七一三所、七二五所。检查内容主要是：安全生产责任制落实情况；2003年贯彻《安全生产法》工作情况；事故应急预案的制定情况和救援措施的落实及事故预案应急演练情况；枪支弹药、剧毒、放射、易燃易爆等危险品使用、运输和废弃处理以及特种设备、特种作业管理中贯彻执行《危险化学品安全管理条例》《特种设备安全监察条例》等国家有关法律、法规和安全规范的情况等。

6月上、中旬，国防科工委在“全国安全生产月”活动中，组织了13个检查组，对12个省市的重点军工企事业单位和委属高校进行了监督检查。

四、进一步落实安全生产责任

集团公司实施《中国船舶重工集团公司生产安全事故领导责任追究暂行规定》后，各成员单位按照集团公司要求，相继制定了生产安全事故领导责任追究规定并印发实施，克服了对安全生产工作如何抓、抓什么的盲目性。

各成员单位从讲政治、保稳定、促发展的高度，进一步认清了强化安全生产管理的重大意义，始终把安全生产工作摆在重要位置。严格实行安全生产责任制，坚持党政工团齐抓共管的原则。通过一系列的安全活动，使安全生产工作不断深入人心。年初，绝大多数地区公司与成员单位领导签订了安全生产责任书，成员单位领导与各部门、车间也签订安全生产责任书，将安全生产责任及安全考核指标层层分解，落实到单位，落实到岗位，落实到每一位员工，并与工资、奖金挂钩。

五、开展安全活动，提高全员安全意识

1. 组织开展本系统“安全月”活动

3月份，集团公司开展了以“落实国务院《决定》，开展‘5S’活动”为主题的“安全月”活动。活动内容主要是贯彻落实国务院《决定》，学习领会各级领导讲话精神，努力提高员工安全生产意识，积极开展“5S”活动，进行作业现场治理整顿，狠抓事故隐患整改，不断改善安全生产条件。

各单位领导紧密结合本单位2004年生产经营工作实际情况和特点，对“安全月”活动认真组织和布置。采用多种形式搞好宣传教育工作，组织员工学习黄菊副总理在全国安全生产工作会议上的讲话和国务院《决定》，深刻领会总经理李长印在集团公司第五次工作会议及安全生产视频会上的讲话精神。认真落实各级人员安全生产责任，组织各级管理人员学习集团公司《生产安全事故领导责任追究暂行规定》（以下简称《规定》），对照《规定》中列出的不安全生产行为，制定检查表，由成员单

位纪检、监察及安全生产管理部门共同组织检查安全生产管理工作是否到位。切实抓住安全生产中的主要问题不放，解决实际问题，抓出成效，使职工违章行为明显减少，作业现场脏、乱、差的状况有所改观，杜绝了重大生产安全事故的发生。

2. 组织参加全国“安全生产月”活动

集团公司系统各单位普遍成立了以主要负责人为组长的“全国安全生产月”活动领导小组，加强了对活动及安全生产工作的组织领导。在“全国安全生产月”活动中，加大了安全教育培训力度，认真做好宣传报道工作，切实落实安全生产责任，深入开展“5S”活动，严格规范了职工行为。

大船重工对几年来的事故进行分析，针对由职工习惯性的不安全行为及违章行为造成的事故占事故总量80%以上的情况，安全技术部进行了全面调查，查出在生产过程中习惯性的不规范行为和经常性的违章行为100例，并把这些案例汇编成册发到生产班组和外来生产单位进行学习，生产班组和外来生产单位对照违章行为100例进行了检查，纠正了职工的不安全行为，提高了自我保护意识。

组织开展好各项安全生产规章制度和安全操作规程的宣传教育活动。充分利用广播、电视、板报、大标语等宣传媒体，广泛宣传安全生产规章制度和安全操作规程，普及安全生产知识。

六、宣传先进事迹，加强安全生产培训工作

1. 宣传安全生产先进事迹，表彰应急有关人员

2004年4月16日，重庆前卫仪表厂接到地方政府关于重庆天原化工总厂发生氯气泄漏事故疏散职工的通知后，迅速成立了指挥领导小组，启动了生产安全事故应急预案，先后两次将5000名职工及家属撤离到安全地带，未发生人员伤亡和财产损失，也未发生因疏散引起的纠纷，有力地保护了职工及家属生命财产的安全，为配合地方政府的抢险工作作出了贡献。为了推广重庆前卫仪表厂经验，提高应急能力和水平，经集团公司总经理办公会决定，对重庆前卫仪表厂、重庆公司在组织职工及家属疏散工作中表现突出的工作人员给予表彰和奖励。

2. 开展强化一线员工安全生产教育和依法告知工作

按照集团公司总经理办公会意见，在分析安全生产形势后，以贯彻中央企业安全生产工作会议精神为契机，以《安全生产法》为基准，党政工团齐抓共管，有针对性地开展了强化一线员工安全生产教育和依法告知工作。各单位领导班子（安委会）确定一名党政领导统一指挥协调，召开了党政工团联席会议，普遍组成告知工作小组，密切结合生产实际和安全生产形势，周密制定强化教育和告知工作计划，在以往教育的基础上，再次安排告之了《安全生产法》中赋予从业人员的有关义务和权利、安全制度及操作规程、危险因素、防范措施和事故应急措施等。特别是适当的设立了鼓励奖金，奖优罚劣，强化教育效果。

接受强化教育和告知的对象主要是生产一线的主、辅业全体从业人员以及外包工程队。强化教育和告知工作是贯彻落实《安全生产法》、强化源头防范、遏制事故抬头的重要举措，也是对单位领导依法治企、履行法定义务、依法作为和对员工遵章守纪素质的基本考验。

3. 举办“5S”管理人员培训班

为了提高“5S”活动管理水平，切实做好“5S”工作，集团公司于2004年4月26日至4月28日在开展“5S”活动成效突出的武昌造船厂举办了一期“5S”活动管理人员培训班，邀请专家讲授了“5S”活动推行实务、现场改善方法及实例等知识。听取武昌造船厂介绍开展“5S”活动的情况，实地考察了武昌造船厂“5S”活动现况。集团公司成员单位120余名领导和管理人员参加了培训班的学习。

4. 举办可燃性气体测试技术培训班

2004年6月1日至6日，集团公司与中国船舶工业集团在上海江南造船集团联合举办了“可燃性气体测试技术”培训班，对造修船厂及钢结构工程从事测爆工作的部分人员进行了培训。

七、坚持预防为主，扎扎实实抓好安全生产基础工作

开展规章制度体系的系统化建设，相继制定了《船舶建造修理消防安全管理规定》、《化学危险品安全管理办法》、《关于成员单位领导班子定期召开安全生产会议的规定》等安全生产规章制度，提出了“5S”活动指导意见。

根据《安全生产法》的有关规定和国务院及国防科工委的部署，组织全系统进行修订和编制重特大生产安全事故应急预案和集团公司总部应急响应预案。

对生产过程危害进行辨识。集团公司提出了开展建立危害辨识、风险评价和风险控制工作的意见，多数单位按照工作意见要求，已经开展或正在准备开展危害辨识、风险评价和风险控制工作。为了检查危害辨识、风险评价和风险控制工作的开展情况，集团公司组织部分企事业单位交流了危害辨识工作经验并对危害辨识、风险评价和风险控制工作进度进行了检查。

八、加强安全生产重点管理、控制，消除事故隐患，预防事故发生

1. 强化节假日、重要活动期间安全生产管理工作

2004年元旦、春节前，按照国务院安全生产委员会办公室要求，各地区、各单位认真落实党的十六届三中全会和中央经济工作会议精神，全面贯彻“三个代表”重要思想，确保节日期间集团公司系统安全生产形势基本稳定，切实加强对节日期间安全生产工作的领导，落实安全生产责任，特别加强对火工品、爆炸品、危险化学品和重大危险源、重点要害部位的监控，坚决遏制重、特大事故的发生。

2. 认真做好汛期“四防”工作

集团公司先后发出了《关于认真做好汛期“四防”工作的通知》、《关于认真做好汛期安全防范工作的紧急通知》，要求各级领导扎扎实实做好防汛(潮)、防台风、防涝、防触电、防滑坡工作，努力掌握汛期安全生产工作主动权，避免人员及财产损失，保证汛期各项生产经营活动的顺利进行，安全度过了汛期，没有发生任何伤亡事故。

3. 对重大危险源进行调查

按照国家安全生产监督管理局《关于开展重大危险源监督管理工作的指导意见》的要求，加强对重大危险源的监督管理，有效防范重特大事故的发生，集团公司对各单位重大危险源情况进行了调查。这次调查摸清了底数，掌握了重大危险源的数量、状况和分布情况。

九、开展危险化学品专项清查、清理和整治工作

大多数单位对此次清查清理工作给予了高度重视，由领导牵头、多部门联合开展工作，对可能使用或储存危险化学品的部门、车间、仓库、甚至医院、印刷厂等进行了细致的清查清理，不但清楚地掌握了本单位各类化学品储存、使用状况，也整改了诸如没严格实行双人收发、灯具不防爆、化学品码放不符合规定等一批常规性问题。

十、推广“5S”管理活动

“5S”活动是建立企业文化的一部分，各成员单位把“5S”活动纳入了本单位日常安全管理工作中，并作为现场管理的基本方法之一，成立了“5S”活动指导委员会或领导小组，由单位主要领导出任“5S”活动指导委员会主任或领导小组组长职务。结合本单位实际情况，确定好“5S”活动的初始目标，制定了“5S”活动的标准、规章制度，抓好样板和试点工作。为了配合“5S”活动，集团公司组织了培训班，印发了《“5S”活动指导书》、《“5S”活动参考资料》。从最基本的工作规范做起，在较短的时间内使“5S”活动初见成效。

十一、推进职业安全健康管理体系的建设

部分企业通过了体系认证。武汉船用机械厂职业健康安全管理体系和环境管理体系已通过审核认证。

重庆江津增压器厂和西安东风仪表厂的职业健康安全管理体系和环境管理体系也已经通过审核认证。

中国兵器工业集团公司安全生产工作

中国兵器工业集团公司生产安全部

2004年，在集团公司党组的正确领导下，围绕着建设有国际竞争力大公司和高科技现代化兵器工业的目标，以及全年的科研生产任务，认真贯彻年初集团公司安委会确立的工作要点，从提高全系

统广大干部职工的安全意识入手，强化各部门、各单位的安全生产责任制，采取多种形式，加大安全生产检查力度，做好安全改造的前期评价及建设项目的“三同时”管理，开展安全生产、消防、职业病防治等宣传工作，加强破产企业报废危险品生产线和危险品销爆处理的安全管理，经过全体干部职工的共同努力，实现了本年度全系统的安全生产及事故控制目标，为集团公司科研和生产经营总目标的顺利完成提供了安全保障。

一、全面贯彻集团公司安委会会议精神，总结经验，布置全年工作

2004年1月2日，集团公司召开安委会会议，研究确定了本年度安全生产工作的方针、目标和主要措施。确立了“以持续开展反三违、严格落实责任制为约束，以安全性评价、安全技术改造为手段，以搞好班组建设为基础，以杜绝特大事故、遏制重大事故为目标，为公司重点工程、改革脱困及生产经营目标提供安全保障”的指导思想。之后，制定并下发了《中国兵器工业集团公司2004年安全生产工作要点》，并于2月召开了集团公司2004年安全生产工作会议，总结了2003年的安全生产工作，先进单位、先进集体和先进个人，对全系统2004年的安全生产工作进行了总动员。

二、采取多种形式，加强安全生产检查和抽查

针对各成员单位安全生产的特殊性，分别制定春、夏、秋、冬等不同季节，以及节假日、“两会”期间的检查内容，如春、秋、冬三季由于风干物燥，重点检查火工品、弹药生产企业的防静电及防火安全，夏季主要检查设备设施的供电、电路系统以及防雷系统的安全性，防止因漏电、短路及雷电等引发安全事故。“五一”、“十一”、元旦、春节等节假日和全国“两会”期间，对重点岗位的工作等都作出了明确要求。

在各事业部的配合下，采取重点检查和抽查相结合的方式，对银光公司等几十个单位进行了重点检查，并在事先不通知的情况下，重点抽查了晋西厂等十几个单位。通过重点检查和抽查，对查出的安全隐患进行督促整改，收到了良好的效果。

三、加强安全生产的宣传教育培训工作，不断提高广大干部、职工的安全意识，增强安全法制观念

2004年，举办了企业主要负责人及安全管理人员安全资格证书培训班，共有436人通过了安全资格证书考试。通过培训，不仅使企业主要负责人的安全法律意识和安全管理人员的安全技能有所提高，而且使集团公司安全生产队伍的整体素质得到进一步加强。

在“安全生产月”和“职业病防治宣传周”活动中，组织成员单位结合本单位的实际，采用多种形式的宣传手段，积极营造“关爱生命与健康、关注安全”的舆论氛围，通过宣传贯彻《安全生产法》、《消防法》、《职业病防治法》等法规，进一步贯彻落实安全生产责任制，传播有关安全、消防和职业病防治的知识，大大提高了全员的安全生产意识、消防安全意识、职业病防治意识和自我保护能力。同时，积极发动广大干部职工查找安全隐患并提出整改措施，起到了很好的教育作用。

为巩固“安全生产月”的成果，我们组织成员单位参加了由国家安全生产监督管理局办公室、公安部消防局、中华全国总工会办公厅三部门联合组织的“全国消防安全知识竞赛”暨“消防安全管理新思路征文”活动，鼓励各级干部带头参加，极大地促进了基层干部职工学习消防知识、研究消防管理的积极性。在这次活动的表彰大会上，集团公司获得由三部委颁发的“特别组织奖”，北方车辆集团有限公司等12家成员单位获得“组织奖”，活动取得了良好的效果。

另外，为总结防火工作的经验，落实年初防火工作计划，2004年8月，我们还组织召开了集团公司第三次防火安全工作会议，对2004～2005年度防火工作进行了重点布置，同时，邀请消防专家讲课，学习国家新颁布的消防安全工作有关规定，全系统消防先进单位的代表还在会上介绍了各自管理经验。

四、继续开展安全生产优秀班组建设，创建安全生产示范岗

在2003年全系统创建安全生产优秀班组活动基础上，我们加强了对企业建设安全生产优秀班组的指导，积极组织开展检查和验收，进一步规范安全管理工作，继续细化落实“反违章、保安全”奖罚规定，逐步将创建安全生产优秀班组向安全生产标准化管理过渡。其中，惠安公司创建“安全生产示范岗”活动，很有特色，为全系统带了好头。他们的做法是，首先明确创建标准，要求在示范岗工作的员工，吃透标准，理解标准，为使这项工作落到实处、收到实效，公司制订了创建安全生产示范岗的工作计划，明确了工作分工，主要由技安环保部和公司团委牵头，以示范岗为工作对象，以基层单位为创建活动的主体，充分发挥管理部门和基层单位的两个积极性，在检查考核方面，实行分厂每月考核两次，管理部门每季度考核一次的考核和检查体系。为促进创建工作顺利健康发展，公司拿出专项考核奖励资金，对通过创建标准要求的示范岗逐月进行奖励，收到了明显的实效。在这次活动中，公司科研二所某模压药筒示范岗，被评为全国“青年安全生产示范岗”，受到陕西团省委重视，并向全省推广。

五、评估全系统重大危险源，提高企业本质安全度

安全技术改造是从根本上解决安全生产中存在的先天不足，是实现本质安全的重要途径。为此，我们首先对成员单位逐个排查，确定危险程度，然后对重大危险源进行初步评估，筛选出较严重的安全隐患项目，组织专家组对存在重大危险源的单位进行安全评估，为申报安全技术改造项目进行必要的项目储备，为及时上报国家有关部门，争取国家安全技术改造资金打好基础。

根据国防科工委“十五”后期和“十一五”安改项目的有关要求，我们组织专家组对华安公司燃烧爆炸重大危险源等共10个危险源进行了评估，并上报国家有关部门。

另外，积极抓好建设项目安全预评价和竣工验收前安全评审的“三同时”审查，从源头控制新、改、扩建项目不留新隐患，彻底改造提高企业的本质安全程度。

六、继续加强破产企业报废危险品生产线和危险品销爆处理的安全管理

在企业破产、重组的特殊时期，及时、安全、彻底地对企业存在的报废危险品和其生产线进行销爆和销毁处理，是确保破产企业按计划进入破产程序，实现集团公司改革脱困大局的重要前提之一。我们根据集团公司改革脱困工作的总体安排，针对不同企业的实际情况和危险品及其生产线销爆、销毁处理的特点，深入企业现场监督，组织专家组评审把关，严格工程验收，保证了破产企业报废危险品销毁处理按计划、按要求完成。

值得一提的是，在废旧弹药处理中，以庆阳公司处理日伪时期遗留下来的3997发炮弹最为复杂。这些报废炮弹长期露天存放，有的弹体锈蚀变形严重，且外表无任何标记，不排除其中有化学毒气弹或细菌弹的可能。公司领导对此高度重视，专门做了批示。为能够安全彻底地销毁这批炮弹，我们多次组织专家进行鉴别，讨论销毁方案，并邀请国防科工委领导参加会议，对销毁方案反复论证。坚持就地销毁处理、避免长途运输的原则，并组织专家帮助选择、确定销毁场地，使3997发废旧炮弹得以安全销毁，并向国防科工委专题报告了销毁处理工作情况，得到了上级的好评。

加强集团公司所属5个销毁中心的安全监管，是保障集团公司报废危险品销毁任务顺利完成的一个重要条件，2004年5月，我们召开了集团公司销毁中心工作会议。学习了集团公司关于加强拆分销毁工作的有关文件和标准，对5个销毁中心的工作进行了总结，讨论了下一步销毁工作应吸取的教训和采取的措施。要求各销毁中心必须对安全管理状况、规章制度、经营运作的程序进行检查整顿，完善内部安全管理程序，确保废旧弹药来源的合法性。对每一个新品种，在拆分销毁前都要组织专家评审，制订应急预案，签订安全生产责任书，实行安全生产风险抵押金制度，加大对日常销毁工作中“三违”现象的惩罚力度。在对西北销毁中心的状况进行调查后，由于其已不具备从事拆分销毁工作的条件，集团公司及时撤消了其资质，使其不再承担该项生产任务。

七、强化安全生产责任制，责任追究落到实处

年初，按照经济责任制考核项目，根据2003年各成员单位发生安全生产事故的情况。集团公司对安全生产第一责任人进行了经济责任制考核兑现。对2004年发生的安全生产事故进行处理结案，根据事故的责任对有关责任人进行了行政处分，并根据每起事故的不同情况在全行业进行了通报，严格实行安全责任追究制。如晋东公司发生“3·3”燃爆事故后，根据事故调查结果和《中国兵器工业集团公司安全生产奖惩及重特大事故行政责任追究的规定（试行）》等有关规定，对有关责任人员按照人事管辖权限，分别进行了严肃处理。

2004年，集团公司共发生安全生产事故20起，其中死亡11人，重伤20人。从全年20起伤亡事故的原因分析可以看出，我们在安全生产管理上还存在漏洞，总结的经验是：安全工作无小事，必须抓住薄弱环节，从大处着眼，从细微处入手，强化法制教育，依法管理，落实责任，使安全生产逐步实现法制化、制度化、科学化的良性循环。

中国兵器装备集团公司安全生产工作

中国兵器装备集团公司经济运营部

2004年，集团公司全体员工克服困难，同心同德，经过艰苦奋斗，各项工作取得了显著成绩，为实现我集团公司的战略目标奠定了良好的基础。在安全生产工作方面，认真贯彻执行《国务院关于进一步加强安全生产工作的决定》，以科学发展观统揽全局，不断开创集团公司安全生产新局面，为实现集团公司快速、健康、持续和稳定的发展，提供了安全保障。2004年，集团公司共发生6起死亡事故，死亡6人、重伤1人，安全生产形势呈基本稳定的局面。

一、加强和完善集团公司安全生产法规体系建设

2004年一季度，按照国家的相关规定，我集团公司认真编制了《中国兵器装备集团公司重特大生产安全事故应急救援预案》，并要求所属企业根据本单位的危险源情况建立生产安全事故应急救援体系。为做好这项工作，我们组织了专门的培训，对编制应急救援预案进行了指导，使得全部弹药和危险品生产企业及时完成了应急救援预案的编制。并且，绝大部分所属企业进行了事故应急救援预案的演练。集团公司还组织了企业事故信息传递系统的演练。

为搞好安全生产规划工作，按照上级主管部门的要求，我们组织力量编制了《中国兵器装备集团公司“十一五”安全生产工作发展规划》。

二、加强企业的安全机构建设，扭转了部分弹药企业无专门机构的局面

自《安全生产法》实施以来，虽然进一步强调了弹药企业应设置专门的安全管理机构，但这一问题迟迟没有得到彻底的解决。2004年，我们加大了管理力度，多次下发文件提出相应要求，并逐厂进行专项督查。针对个别企业行动迟缓的问题，我们下达了“督办单”，严格要求必须执行《安全生产法》和集团公司的相关规定，限期完成督办事项。截至2004年年底，所有弹药生产企业都成立了专门的安全管理机构。

三、建立全过程的安全性评价工作体系

根据兵器行业安全性评价标准的周期性要求，集团公司把对企业的安全性评价验收作为企业领导经济责任考核的内容，极大地推动了企业安全性评价工作，使安全性评价工作进入良性循环。2004年，又有7个所属企业完成了安全性评价验收任务。截至2004年年底，已完成了自集团公司成立以来的第一周期的安全性评价。

2004年，集团公司坚持标准，严格程序，规范建设项目“三同时”的安全监督，规范建设项目安全预评价和验收评价制度，对所有危险品生产的建设项目都按国家规定进行评价，通过评价做到新建项目不留事故隐患。我们采取了“不符合要求不予审批，不得进入国家组织的验收”的原则，使得集团公司建设项目安全“三同时”监督率达到100%。

四、深化安全生产专项整治，强化危险品生产的安全管理

根据国家的有关要求，我们多次组织安全生产大检查。对在检查中发现的问题，按照专项整治的规定，采取严厉措施予以解决。如少数企业的军品科研达不到安全规范的要求，我们就根据“先具备安全生产条件，后安排科研生产”的原则，经过现场检查，向这类企业下达了目前条件下不得进行科研生产的通知。对已有的军品订货企业也进行了生产前的现状安全评价，要求其必须符合相关标准，只有完善了生产条件，进行了生产前的安全验收，才能生产。这部分企业进行了大量的整改和条件补充，保证了安全生产和及时交货。

五、加强事故处理，坚持“四不放过”原则

2004年发生的6起死亡事故中，有2起爆炸事故。集团公司组织人员对爆炸事故的技术原因进行了认真地调查研究，追踪事故结案和复产前的整改，在复产前组织行业安全专家进行评价，保障了顺利复产。

由于2004年发生的死亡事故较上一年多发，事故原因又多为违章操作和违章指挥，我们及时召开了安全生产紧急工作会议，通报了事故情况和集团公司领导的指示精神，要求事故单位在会议上进行“事故教训交流”，引起了很大震动，得到了各企业的重视。同时，我们及时开展了“杜绝违章事故，保障安全生产”的专项整治活动，对重点企业和事故又一次进行了严格的安全检查。

六、开展安全文化建设，搞好“全国安全生产月”活动

为了开展好安全文化建设，我们充分利用“全国安全生产月”活动的契机，大力抓好安全宣传教育工作。在“安全月”期间，我们组织了“安全生产征文比赛”活动，收到了59篇征文，其中，很多文章的安全思想认识水平很高。在重庆市组织了所有企业参加的“安全在我心中”的讲演比赛，许多讲演都非常感人，收到了良好效果。在“安全月”期间，我们还在《中国兵器报》上开辟了专版，刊登安全生产方面的文章，在集团公司总部内，我们出版了一期“安全月活动图片展”。

为不断提高企业领导的安全管理水平，在2004年，组织了由所属企业厂级领导和主管安全部门的领导参加的安全理论和安全技术培训班，邀请国家安全生产监督管理总局有关领导及行业安全专家进行了安全理论和安全技术的授课，培训后进行了严格的笔试，对成绩合格者；由集团公司具备国家资质的培训机构颁发培训合格证书。

电力工业安全生产工作

电监会安全监督管理局

2004年，电力行业认真贯彻落实党中央、国务院关于电力工业改革、发展的一系列部署，在全国电力供应形势总体偏紧，煤、电、油、运矛盾突出，自然灾害、外力破坏严重的情况下，电监会及电力系统各单位按照科学发展观的要求，积极落实宏观调控政策，齐心协力，求真务实，以高度的责任感和扎实严谨的工作作风，确保了电力行业安全生产形势的总体平稳。2004年，全国电力生产没有发生重特大人身伤亡事故，没有发生重特大电网事故，没有发生特大设备事故。

一、提高对电力安全生产重要性的认识

安全生产工作关系到改革、发展、稳定的大局，关系到职工生命安全和国家财产安全。电监会及电力系统各单位始终坚持“安全第一，预防为主”的方针，认真贯彻落实党中央、国务院关于安全生产的一系列指示精神，正确处理安全与发展、安全与改革、安全与效益的关系，始终把安全放在突出的位置，把安全生产工作落实到改革和发展的各个环节。

(1) 安全与发展。在制定电力发展规划时，电力安全生产做到同步规划、同步实施、同步发展，特别是在电源的布局、网络的建设中，首先考虑的是电力安全，做到网厂协调，稳定可靠。

(2) 安全与改革。坚定不移地推进电力体制改革，改革方案的设计、各项政策的出台、各项举措的实施等，均从有利于维护电力系统的安全的角度出发。企业是市场的主体，当电力安全与企业的经济效益发生冲突时，首先必须服从安全。

(3) 安全与效益。在各项电力工作中，电力安全和生产工作一起研究、部署、检查、落实和考核，防止因利益驱动而出现的短期行为，酿成电力事故。

（4）努力缓解电力供应压力。电力供应紧张给电力安全生产带来了很多不利因素，针对这种情况，各电力企业积极配合当地政府，采取各种有效措施，维护系统安全稳定运行。一是加强需求与管理，合理安排运行方式，实现安全有序用电；二是精心调度，促进资源优化配置，加大跨省跨区电力交易力度，缓解部分地区部分时段电力供应压力；三是调整用电结构，开展清理整顿，遏制高耗能行业用电过快增长，等等。

二、构筑全方位的电力安全监管工作体系

2004年初，按照国务院的授权，电监会具体负责全国电力安全生产监督管理工作，国家安全生产监督管理局负责全国电力安全生产综合管理工作。为此，电监会制定了“政府综合管理、电力监管机构依法监管、电力企业各负其责、社会各界广泛支持”的电力安全监管体制和工作体系的总体思路。

（1）政府综合管理。安全生产必须在国务院及有关部门和地方各级人民政府的领导下，统一要求、统一部署、有序进行。

（2）电力监管机构依法监管。电监会及其分支机构按照国务院的授权，监督电力企业安全责任的落实。系统地整合电力安全资源，协调各企业的安全工作，维护电力系统安全。

（3）电力企业各负其责。电力企业作为安全责任的主体，要分工明确，自觉履行系统安全义务，切实保证本单位的安全生产。电力系统是由发电、供电、用户组成的有机整体，做好电力安全生产工作，是电力系统共同的责任，厂网分开后，电力系统的安全问题尤为重要，发、供、用等各环节要密切配合，完善机制，明确责任，共同做好安全工作。

（4）社会各界广泛支持。电力安全管理工作是一项系统工程，要充分调动各方面的积极性，充分依靠各级政府、社会团体和新闻媒体，坚持齐抓共管与各司其职，互相支持、互相配合，形成合力，形成关爱生命、关注安全的氛围。

同时，电监会将安全监管的体制建设作为工作重点之一，及时开展了以下几方面工作：一是为了适应电力体制改革后形成的市场主体多元化的格局，加强协调工作，共同维护电力生产的安全稳定，成立了全国电力安全生产委员会；二是为了切实加强电力安全管理工作，充分发挥电力行业富有经验的专家学者的作用，成立了电力安全专家委员会；三是为了完善安全监管体系，保证各区域电网安全稳定运行，有效实施各区域电力安全生产监督管理，成立了区域电监局。从而建立起从上到下高度负责的安全监管体制，最大限度地调动各层面、各方面的积极性和主动性，为确保电力安全提供了重要保证。

三、做好安全监管工作的法制化建设

2004年安全监管工作的重点是建章立制。针对电力体制改革后的新形势，我们加强调查研究，听取各方面的意见和建议，认真总结分析，找出原有规章中的不适应点，加快建章立制的步伐，使安全监管工作早日做到有法可依、有章可循。

为了做到依法监管，2004年电监会适时制定了一系列安全监管方面的规章制度，2004年初颁布了《国家电力监管委员会安全生产令》（电监会1号令）、《电力安全生产监管办法》（电监会2号令）和《电力安全生产信息报送暂行规定》，从安全生产的总体要求、目标、监督管理、安全生产责任、维护电力系统安全稳定运行和事故调查等方面作出了具体规定。

为适应电力体制改革新形势，统一电力行业安全评价标准，加强水电站大坝安全管理，防范黑客和恶意代码等对电力二次系统的攻击侵害，以及由此引发电力系统事故，保障电力系统的安全稳定运行，12月份又陆续颁布了《水电站大坝安全管理规定》（电监会3号令）、《电力生产事故调查暂行规定》（电监会4号令）及《电力二次系统安全防护规定》（电监会5号令）。

另外，为正确、有效和快速地处理大面积停电事件，最大限度地减少由于电网大面积停电而造成的影响和损失，维护国家安全、社会稳定和人民生命财产安全，按照国务院部署，电监会组织编制了《国家处置电网大面积停电事件应急预案》，现已经国务院审议并通过，即将正式批复发布。

中国石油天然气集团公司安全生产工作

中国石油天然气集团公司质量安全与环保部

2004年，集团公司所属企业坚持以“三个代表”重要思想和党的十六大、十六届三中全会精神为指导，全面贯彻和落实科学发展观，牢固树立“以人为本，安全第一”的理念，认真贯彻落实《集团公司关于进一步加强安全生产工作的决定》，广泛深入地开展“安全生产管理年”和“安全生产警示日”活动，认真组织以“吸取教训、抓好安全、振奋精神、推进发展”为主题的宣传教育活动和全国安全生产月活动，立足夯实“三基”工作，不断完善监管机制，各方面工作得到了进一步加强和改善，取得了实质性的成果。

一、安全生产责任制得到进一步落实

2004年，各单位认真贯彻落实《安全生产法》，坚持把完善落实安全生产责任制作为抓好安全工作的关键，把实行安全生产目标管理作为重要控制措施。

一是集团公司出台《关于进一步加强安全生产工作的决定》。“12·23”特大井喷责任事故发生后，集团公司痛定思痛，对照事故原因，全面查找问题，认真制定解决方案。印发了《集团公司关于进一步加强安全生产工作的决定》，狠抓落实，各方面工作迅速推进，取得较大的进步。

二是明确安全生产“一岗一责”制度。制定了《集团公司安全生产责任制通则》。各单位对7086项安全生产责任制进行修订，进一步建立、健全了各级人员、职能部门安全生产责任制。

三是全面推进安全合同管理。股份公司对5761个施工作业队伍进行了安全资质审查，对7274个施工作业承包商的安全合同进行了监督审查。

四是实行安全工作述职制度。各单位认真试行领导干部安全述职工作，全年共4233名局、处两级干部在关键装置和要害部位建立安全联系点。

五是严肃行政责任追究制度。按照事故“四不放过”原则和干部管理权限，共处理事故相关责任者725人，其中局级干部8人，处级干部138人，有力地促进了安全生产责任制的落实。

二、安全生产管理基础工作得到加强

2004年，各单位把安全工作的基本着力点放在基层、把安全工作的重心下移至岗位，积极推动基层安全生产管理上水平。

一是集团公司统一规范安全制度。集团公司颁布了以《集团公司安全生产管理规定》为主体制度的7项集团公司管理办法，明确安全生产规章制度基本框架，进一步规范安全生产管理工作。

二是“风险管理”在基层普遍实施。各单位结合生产实际，加大生产过程的动态风险管理力度，在生产和主要工程技术服务基层单位认真实行HSE“两书一表”管理。辽河石油勘探局对作业系统“两书一表”重新评估、规范，统一标准、内容、检查方式；长庆石油勘探局在HSE体系的细节管理上下工夫，在执行效果的检查上加大工作力度，基层安全管理进一步增强；华北油田公司等单位强化了危害识别与评价工作；大港油田有限责任公司通过创建HSE“两书一表”样板现场，推动HSE体系管理；大港油田分公司抓过程管理和持续改进，不断提高现场管理水平。大连石化分公司强化事前控制和过程监督，确保施工作业的本质安全。抚顺石化公司采取基层生产技术人员与安全管理人员共同识别风险，解决“两书一表”运行与实际工作脱节问题。经统计，已有74个未上市企业和地区公司实施了HSE管理体系。股份公司对21个地区公司的HSE管理体系进行了内部审核，未上市企业已有5982个基层队（站）实施“两书一表”管理，约占基层队（站）总数的80%。

三是事故隐患治理取得新结果。一年来，各单位加大事故隐患的督查和整改力度，股份公司对生产场所存在的9150项较大事故隐患投入整改资金达27亿多元，未上市企业对1435项事故隐患投入整改资金7.23亿元。集团公司、股份公司机关有关部门还落实了大港防汛设施、东方物探公司遗留炸药清理、四川石油管理局报废低效油气井治理、青海石油管理局安全生产隐患的整改资金，积极协调部分炼化企业开展事故隐患治理工作。通过改善生产、施工作业现场的安全生产基本条件，使本质安全系数有了提高。

四是事故应急预案进一步完善。各单位认真吸取“12·23”事故教训，按照层次、类别编制、修订应急预案，加强演练。股份公司组织编制《陆上石油天然气开采生产安全应急预案》、《陆上石油天然气储运生产安全应急预案》，以及西气东输、陕京输气、涩宁兰输气、兰成渝成品油输送等4条长输管道的突发事故应急预案，并向国家安全生产监督管理局进行备案。新疆石油管理局从健全应急救援组织、配备应急救援物资入手，编制各类应急预案439份，并按规定认真演练。吉化集团公司重新制定各类预案2527个，健全了公司、工厂、车间、岗位的“四级”事故救援体系，提高了应对突发险情的处置能力。经统计，各单位共编制企业级应急预案191份，基层单位编制各级应急处置预案近3万份，组织各级应急预案演练2900多次。

三、安全监督体制建设和运行有新进展

2004年，大部分单位把加强安全监督管理机构建设和人员配备作为重点，并认真规范安全监督运行模式，完善安全监督体制。

一是安全监管机构得到加强。各单位按照集团公司《决定》要求设置安全机构，配备安全管理人员。经统计，各企业、地区公司配备安全总监101人，安全副总监83人，所属二级单位配备专（兼）职安全总监、副总监1183名，安全管理机构从原来的1043个，增加到1127个；三级重点生产经营单位新设安全机构1665个。未上市企业建立专业监督站167个，配备1632名专职监督员。集团公司成立井控巡视组，安全管理队伍整体力量得到加强。

二是安全监督模式基本形成。各企业在推行“钻井实行驻井监督、井下实行划片监督、物探和炼化检维修实行项目监督”运作模式基础上，积极建立适应本企业生产实际的安全监督运行机制。大庆石油管理局根据施工作业的季节特点，以及重点井运行情况，采取巡井、驻井和专项监督的方式，加强对基层单位施工作业安全管理；大庆油田公司在生产单位试点推行建立HSE监察室，保证监督工作的组织落实。各负其责、各司其职，合分有度、互相约束的管理监督格局已初步形成。

三是安全监督人员素质提高。为提高安全监督质量，规范安全监督行为，集团公司、股份公司充分利用培训资源，共举办9期培训班，培训安全总监、安全处长、安全科长以及监督员720多人，极大地提高了安全监督人员的素质，有力地促进了监督工作的开展。

四、安全生产检查、专项整治取得阶段性成果

2004年，各单位按照集团公司安全生产“十个加强”的要求，突出专业特点，进一步推动整治工作向纵深发展。

一是安全生产大检查效果明显。各单位认真贯彻落实集团公司关于安全生产“十个加强”和危险化学品专项整治工作会议要求，积极组织安全生产大检查、专项检查和专项整治。结合季节变化、重大节日，有针对性地组织井控、生产作业现场、危险化学品、消防安全和交通安全等方面的检查，取得了较好的效果。经统计，各企业、地区公司组织安全大检查379次，专项检查483次，共查出问题30700多个，整改率为99%，关停场所91个。

二是安全专项整治进一步深入。在安全生产评估、整治基础上，各单位结合生产实际，继续加大专项整治力度。油气田企业以生产施工安全为重点，有针对性地开展井控、采油气、施工作业现场、防火防爆等方面的安全生产专项整治活动，进一步规范了员工的操作行为和现场管理。炼化企业以“五项整顿”、“两个关闭”为重点，认真开展危险化学品专项整治，对在役生产装置进行了安全评价，开展7个方面的专项检查，进一步规范危险化学品各个环节安全管理。股份公司组织9路检查组对地区公司危险化学品安全管理情况进行了督导检查。2004年5月，国务院危险化学品整治督察组，对集团公司危险化学品专项整治工作进行了督查验收，充分肯定了集团公司的工作和做法。

三是井控管理得到加强。按照集团公司井控管理制度要求，油气生产、工程技术服务单位加大井控监控力度，认真查找薄弱环节，分析存在问题，从组织上、制度上、管理上采取一系列切实有效措施，杜绝井喷失控着火爆炸事故的发生。大庆石油管理局、新疆油田等企业加强井控培训基地建设，充分利用具备IADC井控培训资质的条件，采取情景模拟、案例分析、问题研究和基地实习等方式，极大地提高了井控培训水平。四川石油管理局组建安全督查组，加大对钻井施工现场的安全监督，保证关键工序的作业安全。吉林石油集团有限责任公司成立了安全总监、总工程师、安全副总监、副总工程师组成的井控领导小组，形成机关职能部门、专业公司、基层井队井控工作四级网络体系。大港油田集团公司注重井控装备的改善，投资700万元对钻井公司的井控车间进行改造，实现了清洗、维修、试压、检测全程自动化。由于各油气田企业、地区分公司对现场井控工作重视，广大员工的井控意识进一步增强。

五、施工现场安全状况得到改善

2004年，各单位以实现基层单位“零伤亡、零损失、零事故”为目标，不断提高生产施工作业现场安全管理水平。

一是加大工程项目安全监督力度。各单位把要害部位、关键装置和重大危险源的监控作为重点，严格票证管理，强化施工、工艺、操作、劳动等四项纪律，有针对性地搞好风险识别，认真制定削减措施和应急预案。岗位员工安全责任、安全意识和安全防范能力有明显提高。大港油田分公司、乌鲁木齐石化分公司等单位加大对“关键生产工艺装置”和“要害生产部位”的监督检查。青海油田分公司建立内部安全三级监督检查和承包商二级监督的工作机制。玉门油田分公司认真推行作业票制度。西气东输分公司严格执行健康安全环境资格预审和健康安全环境审计“一票否决制”。东方地球物理勘探有限责任公司在基层单位建立安全费用提取制度，并纳入年度财务审计，有效地保障了安全投入的足额到位。中国石油辽阳石化认真落实施工作业许可制度，强化作业过程安全管理，确保了危险作业的安全。

二是“三违”行为得到初步控制。2004年，各单位普遍加大反“三违”工作力度，特别是把反习惯性违章作为安全管理的重点，采取各种有效措施，纠正“三违”行为。各单位都进一步健全、完善反“三违”规章制度，不断拓宽反“三违”的途径和方法。股份公司将典型“三违”现象汇编成册，印发给基层单位对照找差距。新疆油田分公司通过提高安全意识、完善制度、强化监督、全员参与等措施持久深入地开展反“三违”工作。华北石油管理局分层界定100种违章行为，并采取发“建议信”的方式，督促各单位严肃查处“三违”行为；四川石油管理局制定了“四条禁令，五个不准”反违章制度；塔里木油田分公司、独山子石化分公司实行“违章记分、满分离岗培训”的“三违”处罚制度。各企业都对各类“三违”行为和事故单位的行政领导进行了严肃处理。据不完全统计，各单位共处理“三违”人员12800多人，对广大员工起到了很好的警示和教育作用。

三是启动安全质量标准化试点工作。按照国家安全生产监督管理局要求，各单位从实际出发，认真组织开展安全质量标准化试点工作。大港油田集团有限责任公司采用“基层管理标准化、岗位操作标准化、作业现场标准化”考核“两书一表”的实施效果，推动安全质量标准化样板单位工作。吉林石油集团通过创建钻井、井下作业、试油等基层示范队，推进施工现场标准化、岗位操作标准化和基层管理标准化。大庆、辽河、新疆等企业、地区公司也都通过建立安全生产示范点、现场观摩、班组达标等形式，推动安全质量标准化试点活动进一步深化。

六、安全生产教育培训工作得到强化

2004年，各单位开展扎扎实实的安全生产系列教育活动，取得了较好的效果。

一是安全培训有新进展。各单位采用各种形式，认真组织开展以岗位为中心的安全生产知识教育。大庆石油管理局供水公司、冀东石油勘探开发公司利用仿真培训基地，开展岗位操作技能和安全知识培训；塔里木油田分公司实行岗位安全资质许可制度；西南油气田分公司举办员工新技术、新工艺、新知识的教育和轮训，收到很好的教育效果。经统计，各单位共举办管理干部培训班918期，培训各级干部26500多人，举办岗位员工培训班4539期，培训员工22万人。

二是安全宣传教育活动广泛深入。各单位以“12·23”井喷事故为案例，结合“安全生产管理年”活动，认真组织开展以“吸取教训、抓好安全、振奋精神、推进发展”为主题的安全生产宣传教育活动和全国安全生产月活动。大庆石油管理局以“观念文化、行为文化、制度文化、物质文化”为内容，以安全亲情为切入点，全面推行安全文化建设，收到明显效果。长庆石油勘探局创建安全文化示范单位，带动整个企业文化建设，在管理层突出责任制落实，严肃责任追究；在操作层狠反违章，推动基层基础安全工作上水平。独山子石化分公司通过引入杜邦安全文化，调整安全职能，成立专项研究小组，安全管理水平不断提高。大部分单位还充分利用各种宣传工具，采取多种宣传形式，将宣传教育活动引向深入，在企业决策层开展“安全生产责任重于泰山”的讨论，在管理层开展“以人为本抓安全”的讨论，在一线操作层开展“从我做起，安全在我身边”的讨论，并且组织了“学习安全知识、树立正确安全生产观”的知识竞赛，形成了声势浩大、人人关注安全的浓厚氛围。

三是“安全生产警示日”活动效果明显。各单位按照集团公司统一安排，围绕“以人为本除隐患，狠反‘三违’保安全”活动主题，认真组织开展“十个一”活动，深刻进行六个反思。四川石油管理局开展以“抓三标、强三基、反三违”为主题的6项活动，12月23日举行“勿忘‘12·23’、安全在我心中”敲警钟、安全警示讲话仪式。大庆石化分公司和大庆石化总厂针对“10·27”重大责任事故暴露出来的问题，举一反三，认真反思，开展以“六查十整顿”为主要内容的安全生产整治。其他单位也都结合实际，开展了多种形式的活动，确保活动开展得扎实、深入、有效，为安全生产奠定了基础。

中国石油化工集团公司安全生产工作

中国石化集团公司安全环保局

2004年，石化集团公司认真学习贯彻党中央、国务院关于加强安全工作的指示精神，以贯彻落实《国务院关于进一步加强安全生产工作的决定》为主线，坚持“保安全、保市场、保稳定、增效益”的工作方针，始终把安全放在各项生产经营工作的首位。在国内成品油需求旺盛、生产经营任务重、装置负荷高、安全压力增大的情况下，采取一系列强有力措施，确保了安全生产总体平稳，各项安全指标均优于年初下达的考核指标。

一、抓好安全生产制度建设，层层落实安全生产责任制

石化集团公司高度重视安全生产规章制度建设。多年来形成了一整套行之有效的规章制度和管理办法，建立健全了覆盖石油石化生产管理全过程的安全管理制度，通过制度的建立和落实，为确保安全生产起到良好的基础保证作用。2004年对安全管理制度进行了重新修订和完善。新修订的《安全生产监督管理制度》主要包括：安全监督管理、安全技术管理、职业卫生管理、消防管理、防灾应急管理、直接作业环节安全监督管理、安全生产保证基金管理等7大类65项制度；还有安全生产责任制、事故管理规定、安全教育管理规定、建设项目安全管理规定、事故隐患治理项目管理规定、承包商安全管理规定、关键装置要害（重点）部位安全管理规定，以及安全用火、进设备作业、高处作业、临时用电、起重作业、安全检查等分项管理规定等。此外还制定了人身安全、防火防爆、防中毒窒息、防止硫化氢中毒、防止静电危害等9项安全生产的禁令。

制度的灵魂是抓好落实。只有将安全责任落实到每一家企业、每一名员工，才能将各项安全生产规章制度真正落到实处。我们将安全指标纳入企业生产经营目标进行考核，与企业工资总额和企业负责人的承包奖金挂钩，并在干部任用、年终评比、绩效考核中实行安全生产一票否决。各企业实行了安全生产一岗一责制、安全风险抵押金制度和安全生产承诺制等制度，有效地保证了制度的落实。

推行全员安全生产责任制的核心是抓好一把手安全生产责任制的落实。我们始终认为各企业的一把手是所在单位安全工作的第一责任人，始终明确要求一把手在安全生产上必须做到：一是把握好安全生产的方针政策，研究新情况，提出新措施；二是逐级抓好安全生产责任制的落实：三是对本企业、本单位的重大隐患做到心中有数，抓好治理：四是从可持续发展的角度出发，抓好生产装置技术改造和基本建设安全管理的“三同时”。

从事故中吸取教训是安全工作很重要的方面。多年来，我们在事故监管方面坚持“小事故当大事故对待、未遂事故按已发事故要求”，发生事故严格按“四不放过”原则查处，努力做到事故原因要水落石出、吸取教训要刻骨铭心、事故处理要切肤之痛、事故整改要举一反三。坚持“任何事故的发生都应追究为管理上的失误”的事故理念，制定实施了《中国石化安全生产重大事故行政责任追究规定》，严肃追究管理层的事故责任。企业发生重大事故、死亡事故等，都要由企业主管领导带队到总部汇报，分析事故原因，提出处理意见，落实防范措施。

二、加大安全投入，积极治理隐患，提高装置本质安全性

由于历史原因，石化集团公司一些建设时间较早的装置和厂区存在着安全隐患，威胁生产安全。我们认为“隐患不除、厂无宁日，隐患不除、寝食不安”，把隐患看作是影响安全生产的心腹之患，下大力气强化隐患的治理工作。每年在安排投资计划时，都把隐患治理放在首位予以保证。对没有安排好隐患治理项目的企业，一律不安排新上项目。多年来，集团投入了大量的人力、物力消除安全隐患。

在隐患治理上，采取专家评估、分级管理的办法，对隐患治理做到“四定”，即定整改方案、定资金来源、定项目负责人、定整改期限。为确保隐患治理的落实，我们制定了《隐患治理管理规定》，实行“总部监督、分级管理、企业负责”的管理原则，将影响全局、危害严重的重大安全隐患，列入总部领导重点监管项目；对影响较大的安全隐患项目列入总部重点监管项目；其他在总部立项的项目，列入各企业一把手监管项目。在年终考核中将隐患项目治理情况作为一项主要内容进行考核。2004年，共完成隐患治理项目513项，完成投资11亿元。

三、高度重视安全生产“三同时”，从源头上消除隐患

抓安全生产必须重视源头治理。我们严格执行《生产性建设项目职业安全卫生监督管理规定》等有关法律、法规，对所有新改扩建项目从可研评估、安全预评价、设计审查、总体开工方案审查、投料试车条件检查到竣工验收全过程实施“三同时”监督管理，聘请有资质的评价机构，对新建、改建、扩建项目进行安全、环保、卫生预评价，实现源头控制，严格坚持“三同时”审查，确保安全、环保、卫生等技术措施与主体工程同时设计、同时施工、同时投入使用，保证新建项目安全设施高起点，不缺项、不欠账。在重大项目投产前，由总部统一组织进行《开工前安全条件确认》，重点检查安全、环保、卫生预评价报告中各项措施落实情况，为项目能安全投入使用提供了有力保障。

2004年，对福建炼油化工一体化项目等25个炼化企业的重点建设项目进行了安全预评价工作，对西安石化炼油改造等7个重点工程专门组织了投料试车前的安全条件检查和开工现场的安全监督，确保重点建设项目的一次投料试车成功。

四、坚持开展安全检查，促进安全生产管理

根据企业的特点和性质，我们长期开展不同层面、不同专业的安全隐患检查、督查，常抓不懈，持之以恒。几年来，我们制定了《安全检查标准》和分专业的《关键装置要害部位安全检查重点》，对工艺、设备、储运、仪表、变配电、消防、检维修和工业卫生等专业的管理工作提出了安全检查标准和要求，不断提高安全检查的质量和水平。

我们始终坚持开展定期或不定期安全检查。总部坚持每年上半年组织一次以设备安全为主的全系统设备大检查，下半年组织一次综合安全大检查，全年不定期组织安全抽查。下属各企业每季度组织1次安全检查、二级单位每月组织1次安全检查、车间每周进行1次安全检查。此外，还要结合季节特点，组织专项安全检查，如防雷、防汛、防台风检查，节假日前的安全检查等。生产一线坚持行之有效的巡回检查制，形成了全天候的检查网。

为进一步加强安全监督检查，自2004年开始建立了集团公司安全督查制度，从下属企业抽调了退居二线、有丰富实践经验的处级以上干部，组成安全督查队伍，经过严格培训后，分成10个督查组，长期在生产、施工一线巡回督查。督查组的同志们凭借丰富的经验，在帮助企业发现生产经营中存在的问题的基础上，和企业内的同志一起进行深入分析，找出产生问题的深层次原因，提出解决问题的建议和要求。同时积极向企业宣传集团公司安全生产的方针、政策，做到警钟长鸣，常抓不懈，提高企业安全管理工作的水平。

五、积极与国际先进管理方法接轨，实施安全、健康、环境（HSE）管理体系

中国石化的HSE管理体系于2001年4月4日正式启动，开始全面实施，其理念就是贯彻党中央、国务院"坚持以人为本，树立全面、协调、可持续的发展观"的发展思路，采取有效的防范手段和控制措施，最大限度地减少在生产经营过程中可能引起的人员伤害、财产损失和环境污染，努力促进经济、环境和社会的共同协调发展。

各企业在实施HSE管理体系过程中，严格执行体系要求，认真按照初始状态评审、风险评估、体系运行、教育培训、内审及审核的步骤，通过不断纠正和改进，认真抓好HSE管理体系的实施工作。通过实施HSE管理体系，我们在全系统开展了多层次、多方位的HSE培训，认真开展生产经营环节的危害识别和风险评估，制定预防危险和控制风险的措施及应急计划，认真开展隐患治理工作，将风险控制到最低限度，确保安全生产。

六、加强安全教育培训，提高全员安全意识

不断提高全员安全意识和安全技能是实现安全生产的重要途径，也是中国石化企业安全文化的核心内容。我们开展了两类安全教育，一是安全意识的养成教育，二是安全知识技能教育。全面实行持证上岗制，提高全员的安全意识和安全技能，规范作业行为，避免人为失误。

各企业按照国家有关部门及石化集团公司的总体部署，认真开展"安全生产月"活动，充分利用广播、电视、报刊等媒体采取办学习班、安全考试、安全咨询、专题讲座、讲演、展览等形式，开展了多种安全活动，营造了安全生产氛围，推动了安全生产工作。针对冬季安全生产特点，石化集团公司开展了以"强三基、反三违、抓整改、保安全"为主题的"百日安全无事故"竞赛活动，成立了以集团公司安全环保委员会主任王天普任组长的活动领导小组，指导全系统开展竞赛活动。各企业结合自己的实际情况，认真组织开展安全生产大讨论，深入分析安全生产中存在的突出问题，并积极进行整改，为全面做好全年的安全生产工作奠定了基础。

在安全技能教育上注重加强对企业领导干部、安全管理干部的培训。2004年举办了多期安全处（科）长岗位资格培训班、安全工程师培训班、安全管理干部培训班、消防干部培训班；举办了1期炼化企业安全处长石油化工企业设计防火规范学习班。各企业按照集团公司的教育培训计划，举办了针对安全干部、安全技术人员、职工、外来施工人员、特种作业人员的培训班，开展岗位安全资质、安全技能培训，专题安全培训，事故演练，消防演练等，取得了良好的效果。

近年来，针对企业重组改革、人员变动大的实际情况，重点加强了对生产一线职工的转岗培训。针对重点工程施工项目多的特点，加强对外来承包商的安全监督管理，制定专门的管理制度，对承包商和外来施工人员进行严格的安全教育，只有考试合格取得入厂作业许可证者方可入厂作业。

七、高度重视消防工作，认真开展消防达标，提升企业消防装备水平和灭火作战能力

由于石油石化行业易燃易爆的特点，我们高度重视企业消防队伍的建设和消防装备的配备。中国石化所属油田、炼化企业都拥有专业化消防队伍和应急救援队伍，装备精良，训练有素，具备了处理企业内部突发事件，实施消防灭火救援的能力。中国石化直属企业有专职消防指战员近12000人，拥有各种消防车千余辆。多年来，中国石化集团公司重视对消防装备的配备和更新，消防装备水平有了明显提高。近几年，总部共投入近2亿元资金购买大型进口消防车。大型进口消防车的数量在全系统消防车总数中已占10%以上。

深入开展防火安全检查。各企业领导及有关人员认真履行防火监督管理职责，采取日常抽查、专项检查与全面普查相结合的方式，深入开展防火安全检查，特别加强了对液态烃及油品罐区、生产装置区、易燃易爆危险品仓库、公共娱乐场所等重点部位的消防安全检查，对于查出的大量安全隐患和违章行为，进行认真整改，有力地保障了企业的消防安全。

不断强化关键装置要害部位的防火监督管理。各企业按照集团公司《企业消防达标标准》的要求，高度重视灭火预案的制订和演练。各企业共制订各类灭火预案 14000 多个，达到了“一罐一案”、“一个一案”的要求。结合消防预案演练，加强了消防业务培训，坚持从难、从严、从实战出发，本着“灭怎么灭，兵就怎么练”的原则，落实消防“三案”的演练，广泛开展体能、技能训练和灭火作战方案的演练，有效地提高了单车作战能力和操作新型消防装备的能力。

为统筹企业内部消防力量，充分发挥大型消防车，特别是进口消防车灭火能力强的优势，增强邻近企业之间相互增援灭火作战的能力，为企业的安全生产保驾护航，石化集团公司制定了《中国石化集团区域灭火联防方案》。按照地域邻近的原则，将中国石化集团公司直属油田、炼化企业划分为 7 个区域灭火联防组，明确了联防组组长单位和联防组成员单位的职责、区域灭火联防启动程序和联络方式、联防组成员单位增援出动消防车和各联防组增援的行车路线，编制了应急指挥程序和应急预案，定期开展协同演练。7 个区域灭火联防组坚持每年开展一次区域灭火联防活动，做到熟悉路况和现场情况，各联防组之间交流情况、研究措施，为火灾情况下互相增援奠定了良好的基础。

八、深入开展危险化学品安全专项整治

石化集团公司认真贯彻落实《危险化学品安全管理条例》及有关规定，按照国家有关部门的要求，深入开展危险化学品安全专项整治，加大对危险化学品生产、储存、经营、运输、使用、废弃处置等各个环节的有效监管，采取有效措施，预防和控制各类危险化学品事故发生。

认真开展危险化学品登记工作。根据《危险化学品登记管理办法》，各企业对本单位的危险化学品进行了全面普查，建立了危险化学品管理档案，全面掌握企业的产品、中间产品的产量和生产原料储量等信息。中国石化所属企事业单位分别与国家化学品登记注册中心签订了应急代理服务协议，设立 24 小时化学事故应急咨询电话，以青岛安全工程研究院为技术支撑，为客户提供规范的化学事故应急咨询服务，为化学事故应急救援提供技术指导和必要的协助。

认真编制和使用安全技术说明书和安全标签。中国石化所属危险化学品生产单位，按照登记中心提供的统一格式和国家标准，编制了化学品安全技术说明书和安全标签，在产品包装内附有说明书，并在包装上加帖或拴挂化学品安全标签。储存和使用危险化学品的单位，也向供货单位索取化学品安全技术说明书和安全标签。

制定综合性应急预案。各企业在石化集团公司事故应急预案的基础上，均制定了本单位事故应急救援预案，配备了应急救援人员和必要的应急救援器材、设备，并定期组织演练。从事生产、经营、储存、运输、使用危险化学品和处置废弃危险化学品活动的相关人员，都接受专项培训取证，持证上岗。

中国海洋石油总公司安全生产工作

中国海洋石油总公司健康安全环保部

2004 年，中国海洋石油总公司各单位贯彻“以人为本、关爱员工”的思想，顺应党中央、国务院对国有企业改革发展的要求，不断提高国内外市场竞争力，不断深化责任意识、增强健康安全环保工作的责任感、紧迫感。在这种压力的推动下，总公司各单位，甚至每个人都围绕着 2004 年度 HSE 目标和各自的工作，有针对性、有重点地扎扎实实开展工作。从建立规章制度入手，以专项培训、宣讲理念、审核检查为手段，大力提高遵守法律法规的意识，强调从项目的审批、建设到竣工生产的全过程都符合法律法规思想的要求。在 2004 年，总公司健康安全环保工作始终坚持“眼睛向下、服务基层”的原则，在体系建设、落实、危险源辨识、风险控制等方面取得了不同程度的进步。在提供清洁能源的同时，创建优秀的健康安全环保管理业绩，持续改进不断提高。

一、圆满完成年度健康安全环保管理工作目标

总公司系统各级领导始终把安全放在生产管理的首位，积极理顺管理界面，狠抓基础工作，年初设立安全环保管理年度目标以及与之相适应的、可以测量的指标体系。各单位按照目标和指标体系制定切实可行的安全管理措施，部分基层单位还根据自身的特点，层层签订安全、消防责任书，明确责任，使安全工作落到实处。有目标、有措施、有责任地保障了全年工作的顺利开展。在全公司领导和员工的共同努力下，2004 年生产平稳，无重大责任死亡事故发生，无重大经济损失事故发生，全面实现了公司健康安全环保管理目标。

二、继续推动管理体系建设，狠抓落实和执行

总公司在多年的实践中深刻的认识到，安全管理必须要有系统的观念和方法，并将管理体系的建立和执行作为公司安全管理的主要手段。体系强调"预防为主"的思想，其基础是"危害辨识"，核心是"过程控制"。按照这种理念，依照管理体系的基本模型，积极推动公司 HSE 体系的有效运行，并按照 PDCA 理论促进体系的持续改进。

总公司按计划对深圳分公司、湛江分公司、东南亚公司进行了审核；完成了对海洋石油作业直升机的安全审核；在重庆开县井喷事故发生后，组织参加事故调查的专家前往各地区做事故分析报告会，并再次组织专家对海上钻井作业进行了一次全面的检查，帮助基层单位发现问题，避免重大钻井事故的发生。同时参与了油田服务公司 ISM 体系的外审。

下属各分公司都在体系建设方面取得了较好的成绩。天津分公司 2004 年编制完成并宣传贯彻了新体系，针对不同作业的管理特点，编写或修改了工程项目 HSE 体系、钻井 HSE 体系、修井 HSE 体系；深圳分公司参照流花油田体系文件，补充完善了公司 HSE 管理体系。

油田服务公司安全管理体系已通过国家海事局的初次审核，取得"DOC"证书；顺利完成 QHSE 体系的实施和 SMS 改版工作，并在年底通过 SMS 外审认证；海洋工程公司"船舶保安管理体系"文件系统已建立完毕并开始试行；渤海公司把 HSE 体系的持续完善与贯彻作为 HSE 工作的主线，完善体系第三层次文件，使其覆盖整个生产作业面，提高体系的可执行性和过程管理力度；化学公司加大安全投入，吸收杜邦安全管理的精华，全面编写新的 HSE 管理体系，对人员进行系统培训和观念意识的更新，2004 年，文昌油田、秦皇岛 32－6 油田还取得了 ISO 14000 环境管理体系认证。

三、建立重大安全责任事故领导干部追究制度

2004 年，总公司编制了《重大安全环境污染责任事故行政责任追究规定（试行）》，并于 2005 年初以海油总安［2005］1 号文件颁布执行。对意义重大的 HSE 责任划分及责任追究等方面内容进行了强化，目的是强化企业管理者对安全生产工作的紧迫感。

各单位领导班子接到文件后马上认真组织学习，并结合实际部署落实；在总办会、职代会上学习文件，一把手亲自强调学习文件的重要性，相关领导介绍文件出台的背景，分析说明贯彻文件与总公司发展战略的关系，并要求做好以下工作：

（1）将 HSE 列为全年重点工作的第一项内容。

（2）有效促进与有效控制。明确和落实各级安全管理职责，明确奖惩制度，奖优罚劣，明确管理部门、项目组、基层各分公司、基层站点的责任和专职安全人员的监督检查职能。

（3）加大培训力度。增加专职安全监督人员的配备和提高人员的素质能力，同时授予一线安全负责人和专职安全监督机构更大的权力。

（4）完善管理体系。建立健全安全生产例会制度，报告、分析、布置落实生产形势及安全措施。加强对生产设施安全项目的改造维修。

（5）分解行政责任。编制适应本单位特色的责任追究规定。参与投资的各生产经营企业（包括控股和非控股项目公司）都贯彻执行《国务院关于特大安全事故行政责任追究的规定》，同时参照总公司的规定，结合本企业实际情况并依据公司章程制定相应的行政责任追究办法和执行程序，报项目公司各投资方备案。

四、完善危机管理系统，从容应对突发事件

2004 年 8 月 1 日，总公司制定并实施了《总公司危机管理预案》（以下简称《预案》）。《预案》对总公司系统的应急办公室的设施标准及专家储备等进行了明确规定；对总公司范围内各级应急和突发事件的应急原则要求做出了规定；对总公司应对社会反应等方面给予了特别强调；对所属单位编制预案提出了要求和建议，并要求所属单位认真执

行。总公司系统在年内处理的几起涉及安全环保与社会影响的危机事件中，从危机应对效果看，是比较成功的。

按照国家安全监督管理局、国家海洋局的要求，总公司还积极参与编写了《海洋石油重大突发安全生产事故应急预案》、《海洋石油勘探开发重大溢油应急计划》、《我国溢油应急响应能力的报告》等文件，提高了与政府主管机关协调应急的能力。

为了提高应急能力，各分公司都进行了不同程度的溢油应急演习。上海分公司修订完成了《上海分公司应急预案》并颁布实施。渤海公司及其他公司对事故应急也非常重视，积极进行应急预案的修订及落实，进一步分清了各层面的责任，提高了预案的可操作性。

在应急处理上，上海分公司从容应对台风影响，2004年共生成热带气旋27个，其中影响东海海域的有17个，占总数的60%以上。造成人员和设备全部撤离或者部分撤离的台风达到13次。虽然台风对油气生产、工程建设、钻井作业造成了不同程度的影响，但是按照以人为本、科学判断、及时决策的指导思想，上海分公司做到了“进退自如”，将损失减少到了最低程度。

总公司系统内在逐步筹建公司应急资源库方面，加强对各单位的资源支持，并与行业相关单位和相关政府部门保持畅通的联系。

五、开展健康促进活动，增进职工身体健康

2004年，总公司获得卫生部的授权，成立了海洋石油作业职业卫生监督管理办公室。为进一步贯彻《中华人民共和国职业病防治法》，总公司召开了首次海洋石油健康管理会议。会议推出了具有海洋石油特色的健康促进方案，从科学防治海洋石油职业病的角度推动总公司员工健康档案数据库的建立和普及，目前由渤海医院编制的电子健康档案已通过科研验收并正在京津地区的部分单位试用。

各所属单位按照总公司的健康促进方案，开展了各种形式的体育锻炼及健身活动，逐步推动和完善执行休假及轮休制度，严格执行出海人员的健康体检规定，降低突发疾病及职业伤害的发生可能性。还在系统内发放了《老年人保健知识》和《员工健康手册》等宣传出版物，组织培训教育，提倡健康的生活方式，逐渐形成健康安全的生活、工作风气。

六、加大培训力度及加强信息交流

总公司为全面提高人员素质，对安全培训工作十分重视，为加强培训管理力度，2004年设专门岗位负责HSE培训管理，目前正在制定系统化的HSE培训管理机制，加强对总部考核及下属单位培训的管理。

2004年，在系统内举办了诸如健康安全环保标准培训、注册安全工程师资格辅导培训、带压堵漏技术培训、杜邦安全管理培训、职业健康促进培训、溢油指纹鉴定技术等多项培训工作。还专门组织了健康安全环保标准宣传贯彻培训班，宣讲HSE标准、环保管理和安全风险分析方法等内容。编制《安全生产作业许可证条例培训管理办法》，并举办了四期安全生产许可证安全资格培训班。

系统所属各公司的HSE培训工作结合自身特点，也做得有声有色，如开展相关岗位HSE培训、防火防爆培训、特种工种培训、体系培训等。年度培训人次达2万人以上。

经过大量工作，总公司系统内的天津、湛江两个培训中心还通过了国家安全生产监督管理局的资格审查，成为海洋石油生产作业安全培训资质单位。

在总公司系统内部，针对世界环境日、健康周、海洋环境保护专题组织了多种宣传活动。特别建立了安全信息网络和环境信息交流渠道，继续通过日常信息沟通和良好作业实践丛书等方式，使各单位主要管理人员及时了解HSE的动态。

七、实施建设项目“三同时”管理

为了履行法律法规的要求，落实企业对于生产项目的健康安全环保责任，总公司颁布了《生产经营型投资活动健康安全环保管理规定》，该规定对于建设项目及并购项目的健康安全环保管理进行了详细的规定。

开展了惠州21－1油田等9个项目的环境影响评价工作，开展了对《珠海——中山天然气项目安全预评价报告》、《锦州20－2北高点无人井口平台安全分析报告》《福建ING站线项目安全预评价报告》等工程安全分析报告的审查备案工作。

组织了福建LNG项目职业病危害预评价报告审查，并获得卫生部的批准。经过项目的评价审核和投产项目的作业许可检查，使投入生产的油气田项目和下游生产设施具备了符合标准的健康安全环保条件，减少了项目的风险。

八、加强中下游的健康安全环保管理

中海石油随着公司的发展和国家的要求，逐渐将业务扩展到中下游的石油石化行业。2004 年，面对海洋石油新的业务范围，公司以《总公司生产经营型投资活动 HSE 管理规定》为契机，推动中下游单位建立、健全安全生产管理制度及体系化建设。为使中下游公司贯彻海洋石油特色的健康安全环保理念与政策，结合中下游管理特点，先后考察了多家海油系统内外的公司，逐步建立完善有针对性的管理制度，摸索适用于中海石油中下游业务的管理方法，在收购、并购项目中进行健康安全环保尽职调查，防范公司可能因收购、并购项目而给公司带来对公司的安全环保等风险。总公司还组织了对下属的天然气及发电公司、化学公司及油气利用公司的专题检查，为下一步的管理工作打下了坚实的基础。

九、采取高标准进行事故管理统计

总公司继续推广国际石油公司通行的职业伤害与职业病统计方法（OSHA 统计），在海洋石油生产作业范围内的使用，并举行专门研讨会。对国际上最新的 OSHA 填报方法及使用经验进行交流。修改公司原有的 OSHA 统计方法，制订出新的 OSHA 及事故报告表格，使之与国际标准保持同步，将国外的东南亚公司 OSHA 记录也纳入总公司汇总管理范围。同时，对国内 4 个分公司近年来的事故统计情况进行了核查，解决了部分存在的问题，为进一步做好事故统计打下了基础。总公司实行了月度事故分析小结制度，为及时了解事故规律加强管理做好准备和参考。

2004 年发生的主要事故：锦州 20－2 终端泄漏事故、渤十二钻工坠落事故、海工人员撞击挤压事故、QHD32－6 油田渤海公司承包人员电击事故。同时在一些合资合作项目及承包作业过程中也发生了人员伤亡事故。

各所属单位在吸取事故教训的同时，继续认真执行《关于加强事故、事件管理和初步报告的通知》的要求，做好事故、事件的收集整理，从小事故、小事件出发去消除不安全行为，从而避免重大恶性事故的发生。

十、瞄准薄弱环节，加强专项管理

根据年初重点工作安排以及生产过程遇到的实际问题，本着防止重大事故发生的思路，总公司及各所属单位都做了大量工作。如天津分公司制定并下发安全管理“红线”和“黄线”规定，做到“事前控制”，对油田/平台总监、作业监督、安全监督实施授权及责任明示；湛江分公司加强了对钻井平台、提油轮、守护船、重大作业等专项安全检查，有力地促进了安全生产工作；渤海公司通过对基层单位的“三抓”，即抓重点项目、抓重点部位、抓安全薄弱点，提高了基层单位的安全水平。

总公司针对现场施工特点，安排完成了对吊具、高空安全带、起重设备的专项大检查；对各分公司租用的直升机进行了专家安全审查，提高对直升机安全性的监督检查力度；对 FPSO 不同租赁使用方式下的安全责任划分进行了专题研讨等等。

十一、加强机动车交通安全的管理

机动车交通安全问题是总公司面临越来越大的难题，根据工作外私家车出现的种种难题和给公司带来的损失，总公司系统举办了交通安全会议，探讨机动车管理问题和私家车管理问题，并通过下发文件、开展安全月活动等各种形式突出对交通特别是私家车的安全管理，提高大家的交通安全意识，增强对私家车这一新事物的动态反映及控制能力，在有能力的基层单位，以私家车俱乐部等形式开展活动。

十二、开展安全环保科研工作，推动新技术的应用

总公司认识到生产开发离不开自有的科研技术，从安全环保角度我们也在不断的积累着科技力量。2004 年，总公司分别与中国船级社、国家海洋局等单位合作开展了《FPSO 安全规则》、《海洋石油平台弃置指南》、《渤海油指纹库前期联合研究》、碳交易（CDM）调研等项目研究或编写工作；还开展了《国外石油公司职业病防治现状研究》、《国际海上溢油重大事故规律与对策研究》、《平台超期使用现状分析和评价研究》等项目。随着研究结果的明确，将在近期内使这些科研成果应用到油气田的开发生产过程中。

十三、推动 HSE 标准化建设

编制或修订了《含硫化氢钻井作业的防护》、《海洋石油工业警示标志》、《海洋石油直升机安全检查标准》、《海洋石油安全预评价编写指南》等标准。承担了石油工业标委会的《含硫化氢油气井安全钻井推荐作法》标准的采标工作。同时，正在构

思和起草健康安全环保标准识别和应用的管理办法，以规范和明确工程项目施工、建设和生产过程的各类标准，促进标准的切实有效应用，防止出现标准与实际工作脱节的状况。

2004年，公司实现了年度健康安全环保目标，但我们坚信安全工作“没有最好，只有更好”。在为总公司建设国际一流综合型能源公司的方向上，2005年还有许多工作要做，各单位目前已经确定工作重点及目标，将通过各自的努力把健康安全环保工作做得更好，为公司高效快速发展保驾护航。

第六部分

各省、自治区、直辖市安全生产工作

北京市安全生产工作综述

2004年，北京市的安全生产工作在市委、市政府的正确领导下，全市各区县、各部门认真贯彻落实党中央、国务院和市委、市政府关于安全生产工作的一系列重要指示和重大部署，狠抓安全生产各项工作的落实，实现了我市安全生产形势的稳定好转。据统计，2004年全市共发生交通肇事、生产安全、火灾死亡事故1798起，死亡1980人。与2003年同期相比，事故起数减少110起，下降5.8%；死亡人数减少122人，下降5.8%。其中，交通肇事死亡事故1603起，死亡1744人，同比减少86起109人，分别下降5.1%和5.9%；火灾死亡事故45起，死亡59人，同比增加9起17人，分别上升25%和40.5%；生产安全死亡事故150起，死亡177人，同比事故减少33起，下降18%，死亡人数减少30人，下降14.5%。全市各类安全事故均未突破国务院安全生产委员会下达的控制指标。

一、加强安全生产法制、体制建设，进一步落实安全责任

《北京市安全生产条例》（以下简称《条例》）于2004年7月29日由北京市第十二届人民代表大会常务委员会第十三次会议通过，自2004年9月1日起施行。《条例》对生产经营单位的安全生产保障、安全生产的监督管理、生产安全事故的应急救援与调查处理、法律责任等做出了明确的规范。根据《国务院关于进一步加强安全生产工作的决定》，2004年7月，市政府下发了《北京市人民政府贯彻落实国务院关于进一步加强安全生产工作决定的若干意见》（京政发［2004］24号），结合我市安全生产工作实际，提出了切实加强我市安全生产工作的具体贯彻意见。市政府还印发了《市政府工作部门安全监管（管理）职责》（京政发［2004］22号），进一步明确了全市各政府部门在生产安全、社会公共安全、公共卫生安全、食品安全中，所承担的领导责任、管理责任、行业监管责任和综合监管责任。以上法规的出台和规范性文件的实施，为构建“政府统一领导、部门依法监管、企业全面负责、群众参与监督、全社会广泛支持”的安全生产工作格局提供了法制保障。

为进一步加强安全生产监督管理机构的建设，2004年6月，市政府将市安全生产监督管理局由副局级机构调整为正局级机构。18个区县相继设立了安全生产监督管理局，各乡镇、街道明确了安全生产监督管理部门。负有安全生产监督（管理）职责的政府有关部门相应建立了安全生产管理机构。市安全生产委员会成员单位由28个部门增加到45个部门。

按照市委、市政府的要求，2004年全市18个区（县）均成立了安全生产监督管理局，全市安全生产监督管理机构的人员由91人增加到366人。各区（县）的乡镇、街道明确了安全生产监督管理部门，市安全生产监督管理局对符合条件的832名乡镇、街道安全生产检查员颁发了安全生产检查员证；部分区（县）成立了安全生产监督检查执法队伍。全市“两级监督，三级管理”的安全生产体系初步形成。

二、各级政府切实履行安全生产领导责任，安全生产工作得到全面加强

根据《安全生产法》和《条例》规定，各级人民政府应当加强对安全生产工作的领导，支持、督促各有关部门依法履行安全生产监管职责，对安全生产监管中存在的重大问题及时予以协调、解决。北京市委、市政府高度重视安全生产工作。市委九届七次、八次、九次全会等重要会议，每次都将安全生产作为确保首都安全稳定的重要工作进行部署，明确提出安全生产工作的指导思想和工作目标。市委书记刘淇、市长王岐山对安全生产工作非常重视，多次做出指示和批示。市委书记刘淇指出：“确保安全稳定是做好首都工作第一位的任务”；市长王岐山反复讲：“对于首都工作而言，安全工作怎么强调都不过分，怎么抓都不过分”。2004年密云县“2·5”特大伤亡事故发生后，市委、市政府迅速做出《关于在全市开展安全月活动的决定》，第一次明确提出安全生产行业（领域）监管、属地监管和综合监管责任，部署在全市范围内排查事故隐患，强化生产经营单位主体责任，加大对社会公众安全防范意识教育。安全月活动对于推进全市安全生产工作起到了重要作用。对于国务院以及国务院安全生产委员会的每一次工作部署，市政府都及时传达贯彻，并认真组织落实。2004年，市政府常务会、市长办公会、市政府专题会共研究安全生产工作23次，制发文件和会议纪要17件，市领导同志率队检查安全生产工作达12次。

各区（县）政府依照《安全生产法》和《条例》，认真履行安全生产领导责任，建立例会制度，定期研究部署本地区安全生产工作。如海淀区政府建立了安全生产联席会议制度，定期对本地区安全生产工作进行安排；通州区政府定期对安全生产工作目标和各项任务完成情况进行督查，切实把安全责任制落到实处。

三、深化安全生产专项整治，推行安全质量标准化工作

根据《国务院安全生产委员会办公室关于继续深化安全生产专项整治工作的通知》精神，市政府明确了全市继续深化煤矿、危险化学品、道路交通运输、民用爆破器材和烟花爆竹、非煤矿山、人员密集场所消防安全等6个方面专项整治的工作重点和目标，落实了各级政府和相关部门的责任，积极推进整治工作的开展。

按照国务院办公厅和市委、市政府的工作部署，我市不间断地开展了安全大检查，加强安全生产过程中的制衡与管理，加大处罚和新闻曝光力度，真正触动企业的“核心利益”，使安全检查取得明显实效。这项工作得到市委、市政府领导的高度重视，市领导同志统一率队检查安全生产工作达12次之多，有力推动了安全生产工作的开展。据不完全统计，2004年全市安全生产监管部门在执法过程中下达执法文书8329份，对生产经营单位及主要负责人罚款约720万元。2004年，市和区县安全生产监督管理部门共处理生产安全事故222起，由司法机关追究刑事责任35人，有165人受到党纪和行政处分。

为推动企业开展安全质量标准化活动，市安全生产监督管理局组织召开了全市推进安全质量标准化工作会议，组织制定并下发了行业安全质量标准化实施方案，在建筑、矿山、燃气、电力、商贸、旅游服务、交通运输等行业开展了试点工作。目前国有煤矿安全质量标准化工作已进入检查验收阶段。

四、加大事故隐患整改工作力度，建立生产安全应急救援队伍

在2004年2月至3月开展的安全月活动期间，全市共查出各类事故隐患910项。市政府高度重视隐患治理工作，要求市安全生产委员会办公室和其他相关部门对事故隐患实行动态管理和有效监控。同时，加大资金投入，市政府拨出1.4亿专款用于重大事故隐患整改消除工作。为尽快消除隐患，各地区、各部门依照有关法律、法规规定，明确隐患整改的责任和要求，加大执法监督力度，使一些长期难以治理的重大隐患得到彻底根除。截至2004年底，历史上遗留的8项重大事故隐患有5项已整改消除；安全月中查出的910项事故隐患中，有828项事故隐患已经整改消除，其中有3项重大事故隐患得到整改消除。

同时，制定完善各项安全应急救援预案，充分利用和整合现有的应急救援队伍，成立了12支市级专业化安全生产应急救援队伍。通过加强技术培训、提高装备水平和实战演练，增强生产安全突发事件的救援抢险能力。经市政府批准，市财政决定拿出 2815 万元支持全市 12 支安全生产应急救援队，补充救援设备。

五、加强对高危行业的管理，严格行政许可制度

为从源头上加强高危行业安全管理工作，依法组织危险化学品、建筑、矿山 3 个高危行业生产经营单位主要负责人和安全生产管理人员的培训考核工作。依据《安全生产许可证条例》，我市对危险化学品、烟花爆竹、煤矿、非煤矿山等高危行业实行安全生产许可证制度。

按照《安全生产法》确立的安全生产准入制度，本市对危险化学品、烟花爆竹生产经营、矿山等企业实行市场准入，严格审查，对没有取得安全生产许可证的危险化学品企业、烟花爆竹企业和非煤矿山企业依法停产整顿。

全市共有 1793 家危险化学品经营单位取得了经营许可证。市安全生产监督管理局共发证 1355 家，包括甲证 1224 家，乙证 131 家；各区（县）安全生产监督管理局共发放乙证 438 家。全市取得危险化学品经营许可证的单位包括：加油（气）站 1041 家，占总数的 58.1%；剧毒经营单位 48 家，占总数的 2.7%；乙炔经营单位 126 家，占总数的 7.0%；其他危险化学品经营单位 578 家，占总数的 32.2%。全市符合条件的危险化学品经营单位已经全部取得了经营许可证，不符合条件的 3 家单位已被责令停业。危险化学品生产企业有 380 家，截至 2005 年 3 月 31 日，已申报安全生产许可证的企业共 122 家，我局受理了 95 家，其中已经完成现场审查 74 家，不予批准 27 家，发放安全生产许可证 26 家。对不符合安全条件以及未提出许可申请的生产经营单位，安全生产监督部门下达了停业整顿通知书。

烟花爆竹安全许可方面。北京市礼花厂是本市唯一一家烟花爆竹生产企业，该厂地处大兴区魏善庄镇，占地面积 40 多万平方米，建筑面积 3 万多平方米，在册职工 300 余人。该厂于 2004 年 12 月 29 日正式申请办理烟花爆竹生产企业安全生产许可证，经审查，该厂的安全生产条件不符合国家安全监督管理局《烟花爆竹生产企业安全生产许可证实施办法》的规定，市安全生产监督管理局已经决定不予颁发安全生产许可证。自 2004 年 11 月以来，市和各区县安全生产监督管理局按照法定条件和程序，共对全市五环路以外非禁放区的 11 家批发企业和 1469 家单位提出的批发和零售许可申请进行了审查，其中 148 家申请零售的单位提交的申请材料不符合法定形式，不予受理；96 家单位经审查不符合法律、法规规定的安全条件，没有取得销售许可资质；11 家批发企业依法取得了“北京市烟花爆竹销售许可证”；1225 家申请零售的单位经审查，符合零售申请，取得了销售许可资质。

非煤矿山方面。经过 3 次安全专项整治，截止 2004 年底，全市非煤矿山企业从 1816 家减少到 649 家，关闭不合格矿山企业 1167 家。开展非煤矿山安全许可工作后，目前全市共有 448 家企业递交了许可申请和相关材料。安全生产监督部门对没有提出许可申请的 201 家企业下发了停产整顿通知书。

煤矿安全监察方面。全市共有各类合法煤矿 102 个（其中国有煤矿 4 个，小煤矿 98 个），全部为低瓦斯矿井，其中，全部国有煤矿和 4 个小煤矿依法取得了安全生产许可证，其他煤矿都按照规定予以停产整顿。

六、大力开展安全生产宣传教育工作，提高职工群众的安全生产意识

2004 年，全市组织开展了安全生产知识竞赛、宣传咨询日、专题培训、讲座等多种形式的宣传教育活动，借助媒体传播安全文化，普及安全生产知识。

2004 年 7 月 29 日，市人大常委会通过《条例》以后，全市各地区、各部门立即精心组织、全面筹划部署了《条例》的专项宣传活动。市人大常委会财经委员会、法制工作委员会，市政府法制办和市安监局联合召开新闻发布会；市安监局组织了 4 期各区县主要负责人参加的和 10 期市属各委、办、局、总公司领导参加的《安全生产法》和《条例》的培训，参加人员共计 1000 多人次。在《北京日报》等媒体开辟专栏、专版，介绍企业学习宣传情况，宣传市委、市政府有关安全生产工作的重要部署及方针政策，解答安全生产法律法规中的难点、热点问题，报道安全生产的先进单位和个人，对生产安全事故、事故隐患及各种违章行为进行曝光。据不完全统计，仅 2004 年《条例》专项宣传中，全市举办各类活动 16733 次，有 170 余万人参与到各种安全生产宣传教育活动中。在中央、市属媒体上刊发有关安全生产的稿件283份，专题新闻报道159篇，其中对事故和事故隐患曝光有57篇。全年市、区县两级安全生产监督管理部门利用各种新闻媒体刊发专题新闻报道2212篇。2004年全市发放《煤矿职工安全知识读本》、《法律法规文件汇编》、《事故案例汇编》和《乡镇煤矿矿长安全培训考核参考书》2万多册，发放宣传画册6万余张，印发《〈北京市安全生产条例〉释解》和《北京市安全生产条例》单行本10万余册，各类宣传材料总计60多万份。在《条例》宣传活动中，通州区电视台开办了《安全》专题节目，每周五播出"隐患调查"、"安全之窗"、"事故点评"等节目，并编制了群众喜闻乐见的文艺节目，深入浅出地宣传安全生产知识。

2004年，全市安全生产总体情况是好的。但是，与党中央、国务院和市委、市政府的要求还有一定差距，还存在着一些不容忽视的问题。一是当前事故多发的局面特别是重大事故仍未得到有效控制，重大生产安全事故同比上升；二是基层安全监管力量仍需加强，乡镇、街道和部分企业安全生产基础管理仍然薄弱，安全欠账多，事故防范能力低，安全措施和手段不力；三是在安全生产监管工作中还缺乏对企业分类指导，需要进一步落实企业的主体责任，加快构建安全生产长效机制，从源头上防范事故的发生。

天津市安全生产工作综述

2004年，天津市在国家安全生产监督管理局的指导帮助下，在市委、市政府的直接领导下，以科学发展观统揽全局，通过全市上下的共同努力和奋力拼搏，安全生产持续保持平稳好转的发展态势，重点工作扎实有效推进，与全国其他省、市相比，天津市的安全生产工作成效明显，整体工作走在全国前列。

2004年，天津市生产、消防、道路交通安全工作总体形势保持稳定，三类事故的发生起数和死亡人数都稳中有降。2004年国家下达给我市的三类事故死亡人数控制指标为1263人，实际为1125人，少138人。2004年三类事故共发生死亡事故993起，死亡1125人，同比死亡事故起数减少139起，下降12.28%，死亡人数减少141人，下降11.14%。其中，道路交通事故死亡992人，同比减少137人；消防事故死亡34人，同比增加4人；生产安全事故死亡99人，同比减少8人。

2004年，全国共有6个省（市）没有发生特大安全事故，11个省（市）工矿商贸企业没有发生特大安全事故，我市均名列其中。

死亡事故起数和死亡人数绝对数分别减少百次和百人以上；相对数分别下降10%以上。这些数据标志着我市安全生产形势保持了一个相对稳定、趋于好转的发展态势，标志着我市安全生产监管体制进入了一个相对健全、日趋完善的阶段，同时也标志着全市安全生产整体素质在逐步提升。值得一提的是，在我市经济实现持续快速发展、经济增长速度大大高于全国平均水平的情况下，GDP亿元死亡率0.38，工矿商贸10万人死亡率3.36，安全生产控制指标名列全国前茅。这一成绩的取得得益于国家局的指导，得益于市委、市政府对安全工作的正确领导和把握，得益于全市方方面面的大力支持和帮助，得益于全市安全战线干部职工的共同努力。

一、领导高度重视，安全生产责任体系初步建立

市委、市政府历来高度重视安全生产工作，市委书记张立昌、市长戴相龙、副市长杨栋梁等领导同志多次对安全生产工作作出重要批示。市委书记张立昌多次批示安全工作，并要求"各单位主要领导同志要亲自过问安全工作"；市长戴相龙在2004年多次召开市政府常务会议，专门研究和部署了安全生产工作；副市长杨栋梁亲自主持召开每季度一次的全市安委会工作会议，多次参加全国电视电话天津分会场会议，落实国务院安全工作会议精神，研究部署我市安全生产工作。各区县、委局、集团

公司加快推进领导干部安全生产责任制体系建设，做到层层落实，逐级责任，人人扛指标。2003年，国家开始推行以省为单位的安全生产控制指标制度，市安委会将事故控制指标层层分解到21个区(县)、303个镇（街）、809个大中型企业，安全生产责任制进一步明确。全市范围内已经形成了一个层层覆盖，逐级负责的安全生产责任体系，有力地推动了安全生产责任制的全面落实。2004年各区县、委局、集团总公司事故控制指标完成情况未超出控制指标的单位有：河西区、河北区、大港区、津南区、市建委、市教委6个部门；未发生死亡事故的单位有：和平区、静海县、保税区、市外经贸委、市商委5个部门。与下达指标持平的单位有：南开区、红桥区、汉沽区、西青区、武清区、市农委、市经委7个部门；超出指标的单位是：宝坻区、塘沽区、开发区、北辰区、蓟县、河东区、东丽区、宁河县、科技园区9个部门。

二、安全生产工作进一步深化，专项整治取得阶段性成果

按照国务院、市政府和市综合治理的统一部署，把深化安全生产专项整治作为安全生产工作的重中之重。一是危险化学品专项整治力度加大。通过评估和审核，对发现的3080项事故隐患，按照轻重缓急分步进行督促整改，现已完成整改2700余项，整改率达87.7%，投入整改资金765万元，对60家单位实行了停产停业处理。二是建筑施工专项整治进一步强化。开展“五大伤害”专项整治，重点防范触电、高处坠落、基坑坍塌、塔吊倒塌和火灾，严肃查处伤亡事故，严厉追究行政责任；同时，为农民工投保2000多万元，作为意外伤害保险。三是烟花爆竹专项整治不断深化。经过两年的奋战，完成了退出烟花爆竹生产的艰巨任务，鞭民转产情绪稳定。此外，在严格组织烟花爆竹销售许可证审批、发放工作的同时，公安、安监等部门加大了打击非法销售的力度，规范销售市场，确保销售的安全。非煤矿山安全整治、人员密集场所安全出口、消防通道安全检查、超载超限交通安全治理等工作都取得了预期的效果。

三、狠抓“双基”，建立长效监管机制

没有基层的平安，就没有整个社会的平安；没有牢固的安全生产基础，就没有绝对的安全生产形势。围绕抓基层、打基础着重抓好以下工作：一是抓基层，增强责任意识。制定了政府、部门、企业三个层面的“双基”工作考核标准，落实安全生产第一责任人职责，进一步强化了企业安全生产责任主体意识。二是抓法制建设，《安全生产法》的颁布实施标志着全国安全生产工作全面纳入法制化轨道，我们仅用一年多的时间颁布出台了地方配套法规《天津安全生产管理规定》，在全国名列第二。同时，将法律法规的宣传作为每年“宣传月”的主线，精心策划，举办各类培训班，开展全员法律知识答卷和法律法规咨询日活动，借助新闻媒体进行广泛地宣传，努力营造安全生产的法制化氛围。全市各级单位组织学习宣传报告会325场，近10万人参加了学习。同时，进一步加大事故查处力度。按照市长戴相龙、副市长杨栋梁的批示精神，草拟了《天津市重大生产安全事故责任处理暂行办法》，使事故在责任的认定上有了明确的规定，防止了事故责任处理上的主观随意。根据市领导的要求，为了严肃事故查处，按照“四不放过”的原则，天津市安全生产监督管理局多次牵头组织市总工会、监察局、公安局、质监局等有关部门组成事故督查组，对发生安全事故的单位进行督查。在督查中采取查阅事故案卷、召开座谈会等方式，调查了解事故处理情况。同时，深入事故现场和事故单位，检查事故整改措施落实和责任追究落实情况。2004年集中对90起事故进行了严肃查处，对涉嫌负有责任的210名人员给予了行政处分，其中，行政警告89人，行政记过和记大过处分89人，撤职21人，留用查看和开除11人。为有效防止事故责任处理的主观随意性，出台了《天津市重大生产安全事故责任处理暂行办法》，使事故责任处理更加规范化、法制化。三是加快推进“三级”网络建设，进一步建立和完善安监体系。2004年上半年市委、市政府做出重大决策，决定市安监局为市政府直属机构，升为正局级，充实人员编制，充分体现了市委、市政府对安全工作的高度重视。同时，大力推进各区县的安全生产监管机构建设。目前，全市18个区县已有239个街道、乡镇设置安全机构，配备安全监察人员506名，率先落实了西青区、蓟县乡镇街道91名安全监察人员的执法资格，推行了区、街、村、厂四级网络建设，村、厂两级落实安全监督员1259人。

四、坚持开展重点时期和重点行业的安全生产

大检查

每年的两节、两会、“五一”和“十一”黄金周、安全月和冬季7个重点时期，组织开展安全生产大检查，重点是易燃易爆、有毒有害、建筑工地等高危企业；铁路、民航、公路以及水上交通运输；餐饮、购物、娱乐、宾馆等人员密集场所；私营、个体、无主管的小型企业；锅炉、压力容器等特种设备的监控，以及各级、各部门安全责任制、各项安全规章制度的贯彻执行和各项安全工作措施的落实情况。对有严重事故隐患的单位，坚决予以停产整顿。2004年，先后共组织检查组1400多个，出动检查人员7500人次，涉及生产经营单位1.9万家。

总的来讲，2004年是我市安全生产形势稳定发展、事故发生数量和死亡人数均同比有所下降、各项重点工作取得实质性进展的一年。但是，安全工作要警钟长鸣，不能有丝毫的懈怠，要看到全市安全生产工作基础还比较脆弱，安全生产问题在一些领域还很突出，一些安全隐患还难以防范和排除，安全工作还存在死角，安全生产责任还存在落实不到位，安全控制能力和防范能力还非常有限。最近，全国多次发生重大安全事故，国务院连续召开电视电话会议和安全工作会议，充分说明安全生产形势依然比较严峻，不容乐观。主要表现在企业经营单位安全投入不足，安全欠账较多；企业安全生产单位责任制不落实；在经济持续快速增长的拉动下，煤电油运持续紧张，今年安全生产工作的难度和压力将会进一步加大等等，这既是全国的共性问题，同时也是我们安全生产工作所面临和必须正视的现实问题。所以，要求各级干部要以强烈的责任意识，从全面实践“三个代表”重要思想和落实科学发展观的高度，保障经济持续稳定发展的广度需要出发，进一步提高对安全生产工作重要性的认识，深刻理解和充分认识安全工作的艰巨性和长期性。

上海市安全生产工作综述

在上海市委、市政府的高度重视下，2004年上海市的安全生产工作以“三个代表”重要思想为指导，认真贯彻国务院安全生产工作会议精神和《国务院关于进一步加强安全生产工作的决定》，紧紧围绕“明确一个目标、突出二个重点、抓住三个环节、建立四个机制”的总体目标，进一步抓好职能转变，着眼于服务发展的大局；进一步抓好深化整治，着眼于长效机制的建立；进一步抓好标本兼治，着眼于企业本质安全的提高；进一步抓好依法行政，着眼于法治安全的形成；进一步抓好宣传教育，着眼于“以人为本”的倡导和政府信息公开的工作。建立了安全生产控制指标体系，成立了上海市安全生产委员会；加强了区县、街镇安全生产监管队伍建设，推进了安全生产监管工作重心下移，关口前移；加快了《上海市安全生产条例》立法工作，实施了危险化学品许可证制度和举报奖励制度；通过继续深化危险化学品、道路和水上交通运输、民用爆破器材和烟花爆竹、人员密集场所、建筑施工、特种设备等领域的安全生产专项整治工作，推行小企业的安全管理标准和规范小企业的安全生产行为；通过开展“安全生产月”和“夏季百日安全生产无事故竞赛”活动，加强了安全生产宣传教育力度和事故责任追究力度，严肃查处安全生产事故，有效遏制了特大事故的发生。据统计，2004年本市共发生安全生产死亡事故411起，死亡431人，与2003年相比，死亡起数和死亡人数分别下降4.19%与4.22%，未发生一次死亡10人以上特大生产安全事故。

一、强化安全责任，落实部署安全生产工作

为进一步贯彻落实党中央、国务院领导关于加强安全生产工作的一系列重要指示，全面落实全国安全生产工作会议的精神，上海市委、市政府领导多次召开全市性的安全生产工作会议，不断强调安全生产责任制的落实和“首查负责制”，落实安全生产责任制的签约。市长韩正、副市长胡延照在市政府常务工作会议和全市安全生产工作会议上多次强调指出：各地区、各部门的领导一定要实践“三个代表”的重要思想，充分体现抓好安全生产工作是代表最广大人民群众的利益。2004年，上海市政府针对不同时期的安全生产特点，多次召开全市性的安全生产工作会议，及时部署当前安全生产工作的重点。各级政府和各部门根据全市安全生产工作会议的精神，积极采取行动，继续深化全市危险化学品、厂房出租、小企业安全专项评估、事故多发企业的专项治理与检查，在全市范围内开展安全生产联合执法大检查，从而提高了工作效率，减少了企业的负担，达到了综合执法的目的。市长韩正、副市长胡延照亲自带队进行安全生产检查，对其中存在重大隐患企业的整改情况亲自过问，从而确保隐患治理、整改工作落到实处。通过检查和督促整改，收到了明显的效果，从而确保节日、“两会”等重大活动期间的安全生产，确保了上海的平安。

二、明确控制指标，完善安全生产责任体系

为了进一步完善安全生产责任体系，努力形成政府积极推进、部门依法行政、企业全面负责的新型安全生产责任体系，完善安全生产工作的责任目标；着重于安全责任的履行、安全目标的实现、安全生产法律法规的实施、隐患整改和重大危险源整治等内容，并根据国务院安全生产委员会下达的安全生产事故控制指标，结合上海实际，对各地区、各系统下达了生产安全、交通安全和消防安全控制指标与责任分指标。通过全市安全生产责任书的层层签约，明确目标，落实责任，在企业内开展了安全生产部门责任的层层签约和职工签安全生产承诺书的工作，在从业人员中开展“实践承诺、安全告知”活动，切实履行并维护从业人员在生产过程中的切身利益，形成了安全生产企业全面负责的自我约束机制。通过采取“年中抽查，年末考核”的督查办法，对督查中发现的问题，以意见书、警示书、通报等形式予以提醒和警告，同时通报各地区、各系统生产安全事故的情况，促进各级领导真正履行好自己的安全责任，2004年重点抓好“三个层面”的工作。

一是市级层面。继续开展市政府与各区（县）人民政府和有关委、办、局全年安全生产责任制的签约工作，以此带动全市安全生产责任制的层层签约。2004年，上海市副市长胡延照代表市政府与本市19个区（县）人民政府及9个委、办、局的正职领导签订了《上海市2004年安全生产工作责任书》，成立了上海市安全生产委员会。

二是区（县）级层面。各区（县）人民政府和有关委、办、局根据签约的安全生产工作责任目标，结合本地区、本部门安全生产的实际情况，细化分解，制订所属各乡镇、街道及有关部门的安全生产责任目标、考核办法，开展层层签约。2004年大部分区（县）也相继成立了安全生产委员会，完善了安全生产统一领导体制。同时，以乡镇、街道为重点的社区安全监管机构建设也取得很大进展。浦东、奉贤、闵行等区还组建了安全生产监察大队。推进社区安全生产监管体系和网络建设，使安全生产监察工作“重心下移，关口前移”，使政府职能得到延伸。

三是企业层面。在企业内继续开展安全生产责任的层层签约和职工的安全生产承诺书的签约工作，明确各管理部门的安全责任内容，严格考核，在从业人员中开展“实践承诺、安全告知”活动，切实履行并维护从业人员在生产过程中的切身利益，形成企业法人代表对安全生产全面负责的自我约束机制。

三、加强法制建设，完善安全生产法制体系

随着《安全生产法》实施和本市安全生产政府管理体制的改革，《上海市劳动保护监察条例》已不适应当前形势的要求，迫切需要根据《安全生产法》的规定，重新制定《上海市安全生产条例》。在2003年起草、调研的基础上，2004年《上海市安全生产条例》经过20多次的重大修改，经市人大常委会二次审议，于2005年1月6日在上海市十二届市人大常委会第十七会议审议通过。《上海市安全生产条例》的出台，对进一步加强安全生产的监督管理，全面规范生产经营单位的安全生产工作，将起到重要作用。

为了加强租赁厂房、场所的安全管理，明确租赁双方的安全职责，进一步促进经济健康发展，保障人民群众的生命和财产安全，上海市政府办公厅转发了市安全生产监管局、市消防局、市质量技监局、市房地资源局等四部门联合起草的《关于本市加强租赁厂房和场所的生产消防、特种设备安全管理的意见》，从源头上加强安全生产管理，减少伤亡事故发生。

根据《中华人民共和国行政许可法》的规定，对涉及我局的12项行政许可事项以及规范性文件

进行了清理，保留以及调整的行政许可事项共计8项。

四、突出整治重点，深化和巩固专项整治的实效

以深入开展危险化学品和建筑施工为重点的安全专项整治工作为契机，充分发挥各有关职能部门的整体优势，形成统一步调、协同作战的合力，从源头上严格控制，在巩固已经取得成果的基础上，突出抓好“三个重点”工作，建立起长效监管机制。

1. 三个重点工作

一是突出抓重点行业。危险化学品安全生产监管工作是整个安全生产工作的重中之重，为了认真贯彻国务院《危险化学品安全管理条例》，继续抓好危险化学品生产、储存、运输、经营和使用单位的安全整治。积极实施国务院《安全生产许可证条例》，严格把好“准入关”，依法发放相关安全生产许可证。2004年，针对全市危险化学品从业单位数量多、分布广、规模大小不一等特点，开展危险化学品行政许可制度，制定了《上海市危险化学品生产企业安全生产许可证申办工作程序》，做到把好“四关”：一是统一标准，把好评价关；二是严格审查，把好受理关；三是严格核查，把好发证关；四是堵疏结合，把好经营“民用小包装”关。对凡涉及零售经营、或者从事剧毒品、成品油、各类气体经营的单位，会同所在区县安监部门予以现场核查。2004年，共现场核查企业1200多家，出动2500多人次，对300多家有疑问或者安全条件欠缺、甚至查实有隐患的经营单位责令限期整改，经过“回头查”确认落实整改，符合安全基本条件方颁发经营许可证，确保了严格标准的市场准入。共发放危险化学品经营许可证3492张，发放危险化学品包装物、容器定点生产证书9张，受理危险化学品生产许可证申请38宗。同时针对建筑行业事故多发的特点，在2003年摸清家底、进行安全基本条件评估的基础上，继续加大整治力度，开展评估，对“差”、“不合格”企业开展重点跟踪，实施重点整治，会同建设主管部门责成这类企业列出整改的具体措施。

二是突出抓重点企业。针对本市近年来中小企业事故逐年上升的情况，作为规范企业安全生产行为的突破口，特别是把从事建筑施工和危险化学品生产经营的中小企业作为专项整治的重点，重点解决目前存在的“没人管”和“不会管”的问题。各区（县）安全生产监管部门会同工商行政管理等部门，在摸清辖区内企业的基本情况的基础上，抓试点，进一步规范非公小企业安全生产行为，制订了《关于切实加强小企业安全生产监管工作的指导意见》，《上海市小企业安全生产信用程度评估导则》、《上海市小企业安全生产指南编制大纲》以及《上海市小企业安全生产信用程度评估评分细则》等；开发了“上海市企业基本信息和信用程度评估”的管理软件；举办“小企业工作审核”培训班；印发《上海小企业安全生产监管工作资料选篇》5万册。确定杨浦、普陀、松江、浦东新区4个区为试点。按照安全生产基本条件的标准，开展综合评估工作。对不符合条件的企业，一是限期自我整改，按期复查；二是充分发挥中介机构作用，加快中介服务进社区、进园区、进企业的工作进程，重点帮助指导，为中小企业安全健康的发展提供条件。

三是突出抓重点地区。将2003年发生死亡总数在20人以上的或发生重大事故的地区，以及建筑施工工地、危险化学品单位和中小企业数量多的地区及行业，作为安全专项整治的重点，实施重点监管和控制。同时继续开展危险化学品的安全专项整治工作，充分发挥各有关职能部门的整体优势，强化部门之间的协调配合，统一步调、协同作战，形成合力，从源头上严格控制。

2. 扎实开展安全生产专项整治

在6个重点领域继续开展了安全生产专项整治工作，实效明显。一是危险化学品安全整治从核发生产、经营许可证入手，严把准入关。同时，交通、海事、铁路、航空等部门加强危险化学品运输管理，积极控制“流动危险源”。二是市公安局通过纠正“大吨小标”行为，攻坚消除了16个事故“黑点”，抓好驾驶员的考证管理，整修、增添交通设施、标志牌等一系列措施，有效地控制了交通事故的发生。三是水上交通安全整治从严格船舶报港制入手，突出了对沿海水域运输超载问题的治理。上海市海事局、市水上公安局等部门开展了春季鳗苗捕捞专项整治、沿海小型船舶专项整治和水上运输超载专项行动等一系列安全专项整治活动。同时加大现场监管力度，优化辖区通航环境，确保重点水域和重点工程的安全。四是将烟花爆竹安全整治重点放在把好“源头关”上，加大对运输、销售环节非法行为的查处力度，收缴非法烟花爆竹价值达130多万元。五是人员密集场所消防安全整治以商场超市、娱乐场所和易燃易爆单位为重点。先后共排查1.58万个单位，督促整改火灾隐患1.66万处。六是建筑施工安全整治以安全信用和市场准入为重点，每季度公布建设工程安全不良记录名单，通报受处罚工地、施工企业和项目经理名单。专项整治工作对遏制重特大事故的发生和保持本市安全生产形势的稳定起到了积极作用，为建立安全生产长效监管机制打下了坚实的基础。

五、强化科技发展，构筑安全监管信息平台

为提高安全生产管理的水平，建立符合上海市特大型国际化大都市危险化学品安全管理的长效机制，充分利用信息技术、网络技术，加速安全生产信息的传递，加快安全生产信息工程的建设，提高办事效率。

一是实施政府信息公开。对“上海安全生产网”政府门户网站进行改版并于5月1日开通，编制了政府信息公开指南、目录，开辟了网上办事专栏；完成了市局、各区县、各系统单位、劳动保护科研所、市化学品登记办公室等102家单位的公务网接入准备工作；建立开通了市、区(县)局的电子邮箱系统；建立起局域网系统，编制了“OA办公系统”；建设了企业安全管理与评估系统和上海市重大危险源地理信息系统及浏览查询系统。规范伤亡事故统计管理，运用远程网络技术实施月报工作。开发了安全生产专家管理数据库系统和政策法规检索系统。完成了地理信息查询系统和浏览系统，为年内构筑一个信息网络平台，实施电子政务、办公协同、网上办事等建设打下了基础。

二是编制《上海市安全生产“十一五”规划(2006～2010)》、《上海市危险化学品“十一五”规划(2006～2010)》总体框架稿，编制了《上海市安全生产专项整治三年规划(2005～2007)》。

三是积极推行“科技兴安”，2004年积极推广安全生产科技成果项目9项，申报科技成果奖4项，其中上海市劳动保护科研所的“重大事故隐患风险评估系统”项目被国家局评为三等奖。

四是积极推进和培育发展全市安全生产中介机构，全市现有具备国家有关部门颁发的资格证书或授权证书的检测检验机构4家。同时对全市65家符合条件的特防用品生产单位颁发了特种劳防用品安全生产、经营许可证，并进行了企业安全生产承诺书的签约。

六、加强宣传教育，努力提高全民安全生产意识

为了充分发挥社会媒体宣传的作用，努力营造“人人关注安全，人人关爱生命”的氛围，积极推进“以人为本”的观念，进一步提高全社会的安全意识。2004年着重突出“三种形式”的宣传。

一是社会宣传形式。扩大社会宣传的覆盖面，充分利用每年6月份开展的“安全生产月”活动，采取一系列新的宣传手段和方式，将原来面向企业、面向职工的宣传，逐步发展为面向社会、面向全体市民的更广泛的宣传，突出“以人为本”的宣传理念，贴近企业、贴近职工、贴近市民，加强宣传安全生产的法律、法规，普及安全生产知识。在6月份“安全生产月”活动中，组织了安全生产小品文艺专场演出、市人大和政协领导视察、大型宣传咨询日、万人签名、上海人民广播电台局领导与市民对话节目、电视台公益广告播放等一系列活动，营造了人人“关注安全、关爱生命”的社会氛围。上海电视台、东方电视台、上海电台、东方电台等播出报道28次；各类报刊共发表报道49篇。做到“电视里有影、广播中有声、报纸上有文”。

二是培训教育形式。以继续抓好各类人员的安全培训教育为机制，强化对生产经营单位主要负责人、安全管理人员及特种作业人员的上岗资格培训。同时加强对安全生产监察人员的专业培训，开展市、区(县)监察人员危险化学品监察、建筑施工安全监察、事故处理、行政执法等专项培训，开展街道、乡镇安全监管人员的业务培训，从而提高监管人员的执法水平和掌握必要的安全生产知识。推行注册安全工程师执业资格制度，重点做好注册安全工程师的执业资格考试组织和注册工作，为本市培养造就一大批安全专业技术人才，进一步提高生产经营单位的安全管理水平。据统计，2004年共举办了3期安全生产监察人员行政执法专业培训，培训安全监管执法人员48名，培训了813名街道、乡镇安全生产监督检查人员。组织了全国首次注册安全工程师执业资格考试报名和考务等各项工作，全市共有365人通过了全部应试科目，获得了注册安全工程师资格。继续组织安全教育培训，全年培训了生产经营单位主要负责人和安全生产管理人员44465人次，特种作业人员221092人次。

三是企业教育形式。强化企业内部从业人员的安全生产教育形式，以规范企业安全教育档案，建立健全企业安全培训制度为机制。在企业内实施新进从业人员的厂级、车间、岗位三级安全生产教育与培训，对从业人员调整工作岗位采取有针对性的安全教育培训，启用“安全教育记录卡”，使每一个接受安全教育的从业人员都有档案可查。

针对上半年事故升幅较大和高温季节事故多发的特点，我局和市总工会在7、8、9月份开展了“夏季安全生产百日无事故竞赛”活动，取得了良好的效果。生产安全事故同比明显下降。并表彰了80家竞赛优胜企业。

七、强化执法力度，严肃事故处理和隐患的整改

根据《中华人民共和国安全生产法》和本市即将出台的《上海市安全生产条例》等法律、法规，突出重点地区、重点行业、重点企业和事故多发或安全隐患严重的企业，2004年着重突现出“三个强化”。

一是强化安全生产检查的力度。根据国务院有关加强安全生产工作的一系列通知和文件要求，结合上海的特点，针对“两节”期间、“两会”期间、高温期间等时间特点以及突发事故、典型事故、重复事故等事故特点，相继组织开展了危险化学品的专项全面检查。据统计，2004年共检查企业4936家，出动检查人员11305人次，查出安全隐患5141条。其中，设备设施隐患1868条、安全措施隐患1518条、安全制度不健全或不执行情况1228条、无应急预案或不合格情况527条。发出监察指令书、建议书、整改通知书等共1132份。同时加大社会的监督力度，设立危险化学品的举报奖励制度，对违规从事生产、经营、储存、使用、运输和废弃物处置或隐患严重的单位实行市民举报奖励。自2004年11月1日起，开通了危险化学品安全生产违法行为举报电话，公布了《上海市危险化学品安全生产违法行为举报奖励实施办法（试行）》和举报的范围。截止2004年12月31日，共受理举报46起，发放奖金11300元，最高奖励金额为1500元。

二是强化事故隐患整改的力度。严格执行“首查负责制”，对事故多发、安全生产信用度差、隐患突出的单位整改情况，实施回头跟踪追查，对典型案例通过新闻媒体进行曝光，切实做到隐患不消除、问题不解决绝不放过。2004年共查出限期整改隐患2284个，其中，整改设备设施隐患969个、整改安全措施隐患669个、整改安全制度不健全或不执行情况442个、整改无应急预案或不合格情况204个。通过督促整改，到目前为止已整改隐患4040个，未整改的隐患仍在继续督促整改中。

三是强化责任追究和处罚力度。对隐患严重且整改不力的企业、发生重大死亡事故及伤亡事故不断的企业，除按照国家的法律、法规进行行政执法处理，对其责任者除依法追究其行政责任外，还要建议有关部门对企业的相关资质、许可证等予以降级或吊销。2004年按照“五个整顿、两个关闭”的要求，共责令停产21家、关闭33家、搬迁至符合规定的场所7家。

八、建立与完善生产安全事故应急救援预案体系

应急处置和救援工作对发生生产安全事故后减少人员伤亡和财产损失意义重大。2004年2月，起草了《关于上海市生产安全应急救援基本情况的报告》，对上海市应急救援的法规、规章，处置预案、救援队伍，以及市应急联动中心等方面的建设情况进行了分析，同时根据国务院办公厅《各省（区、市）人民政府突发公共事件总体应急预案框架指南》的要求，参与了市政府组织编制的《上海市人民政府突发公共事件总体应急预案》的编写工作，对包括《上海市生产安全事故应急救援预案》在内的20种事故灾难类的应急预案进行了汇编。

九、分级管理抓源头，杜绝假冒伪劣产品生存

2004年7月1日，国务院取消了特种劳动防护用品安全生产许可证的行政审批，为了加强源头管理，我局与市质量技术监督局联合下发“关于加强本市特种劳动防护用品生产、经营、使用的管理通知”。同时充分发挥各级安全生产监督管理部门和各级主管部门的作用，加强对所属地区、所属系统的使用劳防用品单位的日常监督检查与管理。通过源头监管和实施的联合执法，严厉打击了假冒伪劣劳防用品，确保劳防用品市场的规范化、产品质量的合格化、使用的安全化。据统计，2004年，由我局牵头，与市质量技术监督局、工商局等有关部门联合执法，突击检查了九星市场、建筑工地、化工企业和造船企业等单位，发出监察指令书3份，约见了3家使用不合格特殊劳动防护用品的建筑单位主要负责人。并在《解放日报》连续两天报道了联合执法的检查情况，在生产经营单位中引起震动。同时将劳动防护用品的监管也纳入到属地化、日常化工作之中，形成一个监管网络，使不合格的、伪劣的劳防用品无处生存，以保障生产和使用单位职工的生命安全，确保社会的稳定。

河北省安全生产工作综述

一、全省安全生产基本情况

2004年全省安全生产形势继续保持了总体平稳态势，各类伤亡事故起数和死亡人数与2003年相比均有所下降。但部分行业和领域的各类伤亡事故起数有所上升，重特大事故尚未得到有效遏制，安全生产形势依然严峻。

1. 事故总量和伤亡人数均有所下降，降幅好于全国平均水平

2004年全省共发生各类安全生产事故23333起、死亡5228人，与2003年同期相比分别减少9290起、274人，下降28.5%和5.0%，比全国平均水平多下降了12%和5%。

2. 国家下达的4项安全生产控制指标完成情况较好

各类事故死亡人数控制指标为6639人，实际死亡5228人，比控制指标少1411人，同比减少274人，下降5.0%；工矿商贸企业事故死亡人数控制指标为566人，实际死亡589人，比控制指标多23人，同比减少15人，下降2.5%；煤矿企业死亡人数控制指标为211人，实际死亡146人，比控制指标少65人，同比减少76人，下降34.2%；煤矿百万吨死亡率控制指标为小于2.7，实际为1.79，比控制指标少0.91，同比下降1.19。

3. 煤炭、道路交通、危险化学品等重点行业事故起数、死亡人数下降

煤炭行业发生事故80起、死亡146人，同比分别减少33起、76人，下降29.2%和34.2%。道路交通发生事故15095起、死亡4565人，同比分别减少9370起、252人，下降38.3%和5.2%。危险化学品企业发生事故13起、死亡22人，同比分别减少1起，少死亡1人，下降7.1%和4.4%。

4. 重特大事故起数、死亡数有所上升

全省发生一次死亡3～9人的重大事故103起、死亡386人，比2003年事故起数增加25起，死亡人数增加89人，分别上升32.1%和30.0%；发生一次死亡10人以上的特大事故7起、死亡176人，同比事故起数减少1起、下降12.5%，死亡人数增加30人、上升20.6%。

5. 各市安全生产状况不平衡

全省事故发生起数和死亡人数均下降的有张家口、石家庄、廊坊、沧州、秦皇岛等5市，全年未发生一次死亡10人以上特大事故的有石家庄、张家口、秦皇岛、唐山、廊坊、沧州等6市。

二、主要工作进展情况

2004年，省委、省政府高度重视安全生产工作。年初，省政府召开了全省安全生产工作会议，对全年安全生产工作进行了总体安排和部署。针对不同时期安全生产工作的重点，省委书记、省长等领导同志多次作出批示和指示。省政府先后5次听取了安全生产工作情况汇报，召开了6次专门会议，下发了16个文件。针对年初煤矿复工、重要节假日、汛期等关键时期安全防范特点，有针对性地组织了6次全省性的安全生产大检查。在省委、省政府的正确领导下，全省安监系统始终坚持“安全第一，预防为主”的方针，全面落

实安全生产的各项政策措施，较好地完成了各项安全生产工作。

1. 强化责任，认真落实安全生产责任制

一是进一步健全和完善了安全生产责任目标体系。2004年年初，省长季允石与11个设区市市长和19个省直部门主要负责人签订了《2004年河北省安全生产目标管理责任书》。按照省政府要求，全省各级各部门又和企业层层签订了安全生产责任书，建立了第一责任人制度。二是进一步完善了考核制度，制定了《2004年河北省安全生产目标管理考核办法》。三是省安全生产办公室在8月份组织了8个检查督导组，对11个设区市和18个省直部门安全生产目标管理执行情况进行了检查督导。12月份，省政府办公厅组织检查组对各市、各部门的目标完成情况进行了考核。

2. 突出重点，深入开展安全生产专项整治

制定了全省煤矿、非煤矿山、危险化学品和烟花爆竹等专项整治方案，认真执行专项整治调度、通报和督查制度，通过采取有力措施，使专项整治取得了较好效果。

（1）煤矿专项整治。关闭达不到安全生产条件或资源不足的矿井51处，死灰复燃、无证开采矿井160余处（次）；大力推广沙河市瓦斯监测监控经验，全省复产的高瓦斯矿井全部安装了瓦斯监测监控系统。

（2）非煤矿山专项整治。累计投入整治资金1.5亿元，评估矿山4813个，下达执法文书8000多份，关闭取缔非法和不符合安全生产基本条件的非煤矿山1233家。

（3）危险化学品专项整治。开展专项执法5094次，检查和督查危险化学品从业单位5237家，下达整改指令书5444份，停产整顿309家，关闭了195家不具备基本安全生产条件的企业，取缔非法生产经营厂点40家；累计评估生产、储存企业1449家，经营单位7862家。

（4）烟花爆竹专项整治。查处涉及烟花爆竹案件1022起，取缔非法生产、销售窝点542个；在暑期对正在生产的40家烟花爆竹企业逐个进行了检查，下达整改通知书40份，责令14家停产整顿。

3. 依法行政，不断加强安全生产法制建设

一是加快制定安全生产法规性文件。省政府办公厅出台了《河北省奖励举报生产安全事故及事故隐患暂行办法》、《关于加强驻冀中央企业和省属企业安全生产工作的通知》和《河北省非煤矿山企业、危险化学品生产企业、烟花爆竹生产企业安全生产许可证实施细则》等一系列规范性文件。11个设区市结合实际出台了法规性、政策性文件96个。二是加大依法行政的工作力度。对辛集郭西烟花爆竹厂爆炸等事故进行了调查处理，相关责任人受到了查处。三是落实举报奖励制度，严肃查处瞒报事故的有关责任人。全年共接到举报83件，已核实结案65件。并对举报人员进行了奖励。鸿达矿难、武安市德盛煤矿坠井等事故真相都已查清，参与瞒报的有关人员受到了严肃查处。

4. 狠抓“双基”，建立健全安全生产长效机制

一是安全生产监管体系基本形成。5月份，省政府批准下发了省安监局“三定”方案，增加了工作职能和人员编制，全省11个设区市安监局改为市政府直属的正处级机构，172个县（市、区）安监局改为县（市、区）政府直属的正科级局，50%的乡（镇）建立了安全监管站。二是“安全生产示范乡镇”活动扎实推进。大部分重点乡镇提前达到了“安全生产示范乡镇”标准。三是进一步加强了安全生产中介机构和专家库建设。对67家中介机构安全评价资质进行了重新认定，与30名安全生产领域的专家建立了联系。四是进一步强化了企业安全生产主体责任。督导各类企业加强质量标准化建设，培育了26个非煤矿山质量标准化样板企业，20个煤矿矿井达到国家安全质量标准化一级水平。五是安全生产许可证发放工作全面启动。制定了非煤矿山、危险化学品、烟花爆竹生产企业安全生产许可证实施细则，并在《河北日报》上刊登公告，对安全生产许可证发放的有关事项进行了公示。六是积极做好“三同时”和铁路道口的监管工作。对全省重点建设项目进行了安全评价，配备了安全设施。制定了《河北省铁路道口安全管理实施细则》和《河北省铁路道口标准化建设标准》，规范了铁路道口的管理工作。

5. 认真做好应急救援体系建设和重大危险源的普查登记工作

一是成立了“河北省矿山救援指挥中心”。二是调查了我省矿山、危险化学品、烟花爆竹、公共聚集场所、重点企业和重点部位的分布情况，基本

摸清了底数。三是制定了《河北省特大事故应急救援预案》和《河北省危险化学品特大事故应急救援预案》等。四是对重大危险源普查登记和监控管理工作进行了部署。目前正在按计划和要求积极开展工作。

6. 精心部署，认真组织开展安全生产大检查

省政府和省安委会组织了5次安全生产大检查，对全省11个设区市、89个县（市、区）和546个单位进行了检查，查出各类事故隐患935处。对存在较大事故隐患的单位，在河北电视台和《燕赵都市报》等新闻媒体上进行了曝光。省有关部门、各市、县累计组织开展综合性安全检查、专项检查3380次，查出大小事故隐患95800多处。经过上下共同努力，隐患整改率达到96%。

7. 加强宣传教育，提高全民安全意识

一是"安全生产月"活动效果明显。二是媒体宣传与监督作用得到发挥。省局在报刊、电视台建立报道专栏、专版，安全生产的新闻报道量明显增加，影响面不断扩大。三是培训工作稳步推进。省、市两级共举办培训班1128期，培训各类人员15.6万人。

虽然全省安全生产形势总体平稳，但自2003年9月下旬以来接连发生的几起特大事故，特别是沙河铁矿"11·20"特大火灾事故，说明安全生产形势依然严峻。另外，企业主体责任落实不到位、基层基础比较薄弱、事故隐患在一些地方和企业大量存在等问题还很突出。对此，必须引起高度重视，采取有效措施，认真加以解决。

山西省安全生产工作综述

2004年，在国家安全生产监督管理局（国家煤矿安全监察局）和山西省省委、省政府的正确领导下，全省各级安全生产监管部门和监察机构，认真贯彻党和国家领导人关于安全生产重要指示精神，积极落实山西省委、省政府关于切实抓好安全工作的一系列重大措施，在加强法制建设，落实安全责任，深化专项整治，强化监管监察，实施安全许可等方面，做了大量工作，取得了明显成效。

2004年，在全省国民经济大幅度增长，煤炭、矿产品、化工品价格攀升，部分企业超能力生产、突击生产的情况下，经过各级各部门及各企业的共同努力，全省安全监管、监察系统承担的3项主要指标（工矿企业死亡人数、煤矿死亡人数、煤矿百万吨死亡率）控制在国家下达的指标范围内。特别煤炭生产百万吨死亡率降到了0.98，同比下降0.2，比控制指标低0.122，比全国平均水平低2.1个百分点，创造了历史最好水平。

一、2004年的主要工作

1. 加大安全生产责任制的考核奖惩力度，各级领导干部的责任意识不断增强

2004年，全省认真贯彻国务院《关于建立安全生产考核指标体系的意见》，建立完善了全省安全生产指标体系和考核办法。通过目标责任制的签订，把安全指标和工作任务层层分解落实到了各级政府、各有关部门和各类企业，强化了各级领导干部的安全责任意识。通过严格考核，奖惩兑现，对安全生产先进单位进行表彰重奖，对未完成年度指标的单位进行通报批评。实行安全生产行政问责制，完不成任务的由市政府向省政府作专题汇报。

各级各部门加大了安全目标责任制的落实力度。大同、太原等市实行了一票否决制，半年一考核，对于完不成指标的单位取消评先评优资格。晋城市实行了市长包县、县长包乡责任制。朔州建立了政府、部门和企业人人有责任、人人有指标的考核体系，对完不成指标的单位进行通报批评。

2. 加强法制建设，着力构建安全生产法律保障

2004年以来，省市两级安全监管部门围绕贯彻《国务院关于进一步加强安全生产工作的决定》，针对安全监管工作的薄弱环节和突出问题，加强法制建设，起草和出台了一系列政府规章和规范性文件。

起草了《山西省安全生产监督管理办法》和《山西省煤矿安全生产监督管理规定》，以省政府171号令、172号令发布施行。两个政府令进一步明确了各级政府、各有关部门，以及生产经营单位在安全生产工作上的责任。

起草了《关于落实煤矿安全责任预防重特大事故发生的规定》，以省政府44号文件下发执行。44号文件对死亡职工20万元的赔偿标准和对发生一次死亡3人以上重大事故的乡镇煤矿实施关闭的措施，充分体现了"以人为本"的安全理念，在全国引起了强烈反响。

《危险化学品安全管理实施办法》（草案）已报省政府法制办审查。《煤矿"一通三防"监督管理规定》（草案）和《非煤矿山安全管理实施办法》（草案）的起草工作也已基本完成。

制定了煤矿、非煤矿山、危险化学品、烟花爆竹等行业安全生产许可证4个《实施细则》，使全省许可工作有章可循。制定了《乡镇煤矿生产矿井安全质量标准化标准及评级办法》《煤矿安全生产基本条件审核评价规定》，有力地推动了煤矿质量标准化工作的全面展开。非煤矿山等3个高危行业的安全费用提取办法正在起草之中。各级政府也加大了安全生产法规制度的建设。太原市安全生产监督管理局起草的《太原市矿山安全监督管理办法》（草案）已报市人大审议。这些政府规章、规范性文件和标准制度的出台和实施，初步形成了全省安全生产监管法律体系，为依法行政提供了强有力的制度保障。

3. 安全大检查、安全督查和煤矿安全监察力度明显加大

为了把省政府安全生产的重大制度政策和措施落到实处，2004年，全省组织开展了4次安全生产大检查和8次安全专项督查。由厅局长带队的27个督查组，对11个市82个县进行了安全督查。重点抽查企业和基层单位831家，查出事故隐患3965条，责令现场整改3423条，限期整改485条，责令停产整顿企业43家。

煤矿安全监察机构累计监察矿井4526处、9856矿次，查处事故隐患83379条，督促整改隐患74840条，责令停产整顿矿井2187个，责令关闭矿井10座，罚款2365万元。

2004年的后60天，面对全省安全生产的严峻形势，安全监管部门组织安全生产督察组，在各级部门、各企业积极配合下，以煤矿"一通三防"为重点，查隐患、堵漏洞，进行了安全督查和"回头看"行动。全省拉网式的安全生产大检查和督查，对消除重大事故隐患，实现全年的安全生产目标起到了积极作用。

4. 突出重点行业和领域，安全生产专项整治不断深化

煤矿安全专项整治，突出了"一通三防"这个重点，进行瓦斯治理和现场管理。全省已有2558个矿井建立了瓦斯监测监控系统，实现了省、市、县、矿四级联网。对3249对矿井进行了瓦斯等级鉴定。继续开展了安全生产基本条件评价和核准工作，评价核准矿井2150对，其中A类232对，B类1918对。落实了乡镇煤矿派驻驻矿安监员制度。加大了对非法私开煤矿、死灰复燃矿点的打击力度，取缔私开坑点1904个。2004年，全省煤矿投资50.63亿元，用于煤矿瓦斯治理、采煤方法改革、双回路供电和提高"一通三防"装备水平。大同市投资6.2亿元，用于"一通三防"治理。长治市384座煤矿中有210座实现了壁式开采。晋城市投资2.37亿元，进行煤矿双回路电源改造。通过专项治理，全省煤矿安全基础设施普遍得到加强。

非煤矿山安全专项整治，以打击非法开采矿点和实现正规生产为重点，督促非煤矿山企业投资1.23亿元，改善安全生产基本条件。评估验收非煤矿山企业2408户，发放安全整治合格证2195份。关闭不具备安全生产条件的矿山216户，查处取缔无证私开非煤矿山坑（点）2012个，有效遏制了非煤矿山无序开采的局面，非煤矿山安全生产条件得到明显改善。

危险化学品安全专项整治，以"五个整顿、两个关闭"和"三项清理"为重点，关闭和取缔非法生产经营及不具备安全生产条件的危险化学品从业单位192户，停产整顿不符合安全生产基本条件从业单位778户。评价危险化学品经营企业4170户，占全省危险化学品经营单位的92%，颁发危险化学品经营许可证3587个。评估危险化学品生产储存企业756家，占企业总数的91.8%。对26个建设项目进行了"三同时"竣工审查。

烟花爆竹和民爆器材专项整治，以建立和完善管理制度入手，落实"人防、技防、设施防"等措

施。全省20多家民爆企业投资近千万元，对存在安全隐患的民爆器材库进行了整改和搬迁。按照“两个许可、三个严禁、三个统一”的要求，组织开展了烟花爆竹安全“三下乡”活动。大同市推广烟花爆竹连锁经营，实行“五统一”规范市场秩序。

5. 安全生产许可工作全面展开，促进了高危险性企业安全条件的改善

2004年是实施安全许可工作的第一年。国务院《安全生产许可条例》颁布以后，省、市、县三级政府加强领导，层层发动，各级监管部门分类指导、严格审查，中介组织积极参与，认真评价，企业加大投入，积极整改，推进了许可工作的全面展开。

省、市安监部门组建政务大厅，制定了许可工作实施细则、工作制度和服务指南，提高工作效率，为基层和企业提供优质服务。实行许可程序、许可标准、许可结果“三公开”制度，接受群众监督。全省已受理许可申请企业658个，发放许可证96个，其中煤矿55个，非煤矿山32个，危险化学品9个。此外，还有818个企业完成了安全评价，正在积极进行整改工作。有2152个企业与中介公司签定了合同，正在进行安全评价工作。

6. 全面开展安全生产质量标准化活动，加强“双基”工作

全省煤矿安全生产质量标准化工作会议之后，各级安全监管部门积极引导各类企业建立制度，完善标准，加大投入，推动安全质量标准化上等级、创水平。大同、西山、晋城、潞安等国有重点煤矿已申报全国质量标准化公司（局）。长治市7个煤矿已达到一级质量标准化矿井标准。晋城市召开现场会议，推广阳城竹林山煤矿的经验，确定了在全市抓100个标准化矿井。

太原、临汾两市非公有制企业安全监管试点工作取得了明显进展。中央驻晋企业的安全监管工作体制进一步理顺。其他高危险性行业的质量标准化工作也开始起步。

7. 加大安全执法力度，严格事故责任追究

2004年以来，全省各级安全监管部门和煤矿安全监察机构，依法监管和监察力度明显加大。安全生产违法必究、执法必严的氛围基本形成。

省安监局牵头组织了“1·22”、“2·6”、“2·11”、“9·19”特大道路交通事故，“4·24”运城油库火灾事故，“7·10”非煤矿山事故，“8·18”危险化学品爆炸事故等10起重特大事故的调查处理工作，对事故的116名有关责任人进行了严格处理。

煤矿安全监察机构依法处理煤矿事故责任者1163人，其中，建议追究刑事责任49人，行政处分438人，党纪处分89人，行政处罚587人，对隐瞒事故有关责任人员也给予了严肃处理。2004年下达执法文书30869份，行政处罚决定书2745份。

8. 安全监管机构明显加强，支撑服务体系进一步完善

2004年，山西省政府把安全生产监督管理局列为省政府的直属部门，提高了安全监督管理部门的权威和地位。省人民政府办公厅下发了58号文件，理顺了省级安全监管机构的体制，增加了内设机构和人员编制。省机构编制委员会下发了［2004］66号文件，正式批准成立省安全生产监督执法总队。太原、晋城、朔州等市也陆续组建了安全生产执法大队。省安全生产应急救援中心和安全生产培训中心经省编办批准正在积极组建中。省、市、县均编制了《事故灾难应急救援总体预案》和《安全生产应急救援体系建设方案》。

信息调度建设方面，建成了省局机关视频会议系统，开通了《山西省安全生产信息网站》和《全省危险化学品安全管理网络信息系统》。

中介机构建设方面，有71家安全培训、评价咨询等中介机构通过国家和省认证取得相应资质，新建市县两级培训中心36个。

另外，2004年各级各部门开展了“安全生产万里行”、“安康杯”、“青年示范岗”、“安全生产知识竞赛”等群众性的安全教育活动，初步形成了浓厚的“关爱生命、关注安全”的社会氛围。

二、安全监管工作中存在的问题

一是生产力落后，安全生产基本条件差。从2004年安全生产许可评估情况可以看出，山西省老企业多，小企业多，规模以下企业占到90%以上。设备陈旧，技术落后，安全欠账多，其中煤矿安全设施欠账已高达82.58亿元。全省只有A、B类矿井1153个，4项安全指标达不到许可条件的占到82.5%。

二是企业安全主体责任落实不到位。安全生产“严不起来，落实不下去”的问题仍然存在。安全

生产各项法律法规和政策措施的执行力度逐级减弱，企业安全主体责任尚未落实到位。主要表现在高危企业投入不到位，措施不到位，管理不到位等方面。

三是非法违法生产活动有所回潮。在国民经济保持高速增长，市场需求增长强劲，煤、电、油、运全面紧张，工业品市场普遍好转的情况下，超核定能力和超设备负荷，突击生产问题严重，无证非法生产经营活动和私挖乱采的现象有所抬头。

四是安全许可工作进展较慢。一些企业对安全许可工作的认识不足，整改力度不大，存在等待观望思想；一些资源枯竭的矿山、明令淘汰的危险化学品企业和安全条件存在较大差距的企业，没有进行整改，而是突击生产。一些安全评价机构指导思想有偏差，片面追求数量和效益。还有个别中介机构存在人员素质低，结构不合理，评价结论不属实等问题。

五是安全监管力量不足。就目前全省安全监管机构和执法队伍的人员、装备、经费来看，人员少，装备落后，经费不足问题在一些市县比较突出，不能适应监管范围广、任务大的工作需求。特别是事故灾难应急救援队伍人员老化，经费不落实问题的存在，直接影响事故救援工作的有效开展。

山西省煤矿安全生产工作综述

2004年，山西省煤矿安全监察机构认真贯彻落实《国务院关于进一步加强安全生产工作的决定》、《安全生产许可证条例》，突出重点，强化执法，实施许可，落实责任，做了大量富有成效的工作。

一、监察责任得到进一步强化

确定了“12350”的工作目标（即突出一条主线：以贯彻《决定》、实施《条例》为主线；加大两个力度：加大现场监察执法力度和事故查处力度；做到五个100%：合法生产矿井的监察覆盖面达100%，安全程度评估率达100%，执法文书下达准确率达100%，在法定期限内事故查处结案率达100%，依法对矿井的安全生产许可率达100%；实现三个下降：全省煤矿伤亡事故有所下降，实现全年安全控制目标；有效减少和遏制煤矿特大事故，一次死亡10人以上事故同比下降10%；煤矿百万吨死亡率有所下降，控制在1.12以内；确保一个零：安全监察执法工作全面到位，确保行政执法责任追究“零责任”），明确了工作重点和措施，层层签订责任书，初步形成目标明确、权责一致的监察责任体系。以“执法效能”和“廉政建设”为重点，加大对“停矿、关井、罚款”的考核力度，发挥激励和约束作用。西山办事处坚持长计划、短安排，逐月制订、审批、下达监察计划。阳泉办事处强化“合理分组包片、指标责任到人”的监察责任制，促进执法责任的落实。

二、监察执法制度日益完善

制定了一系列规定，实行跟踪监察、建议书催办等执法制度；明确了自由裁量幅度和决定权限，避免经济处罚失重失轻的现象；初步形成了权责明确、行为规范、监督有力的执法机制。朔州监察站制定了《高瓦斯矿井、水患矿井、火区矿井的监察办法》，对存在重大安全隐患的煤矿进行量化监察。吕梁办事处补充、完善了22种规章制度，细化、充实了10种台账，工作制度更加完整。忻州监察站制定了《行政执法操作程序》、《行政处罚标准》等13种制度，规范监察工作。

三、煤矿安全许可工作有序开展

省局制定了煤矿安全许可证实施细则和相关规定，规范申请与受理、审查与决定、颁发与管理等工作程序，建立了政务大厅，初步形成公开、高效、便民的工作机制。各办事处、监察站积极与地方政府和有关部门协调配合，采取多种形式和渠道，加强宣传，营造氛围，安全许可工作有序进行。西山办事处成立安全许可办公室，提出“核心在整治、关键在达标、根本在规范”的工作目标。朔州站制定了资料申报程序等制度，建立集体审查责任制，制作示范矿井的申报资料，把好许可质量关。晋城监察站实行“统一登记编号、逐级把关签字、集体研究认定”的办法，规范许可申领程序。临汾办事处把安全许可与监察执法、安全评估结合起来，对照颁证条件，下达执法文书，实施监察执法。

四、安全程度评估工作深入开展

确定了100个国有煤矿为重点监控对象，完善了国有煤矿监察档案。坚持边监察，边评估，以评估为基础，实行分类指导。晋中监察站实行重点监控矿井瓦斯旬报制，确定了一批井型大、容易超能力生产的矿井，对其进行重点监控。临汾办事处加强分类指导，对A、B类矿井，巩固完善抓提高；对C类矿井，促进提升抓整改；对D类矿井，责令整顿，逐步淘汰。全省共评估矿井4361个，其中，A类233个，B类1251个，C类2194个，D类683个，分别占5.3%、28.7%、50.3%、15.7%。

五、监察力度进一步加大

先后组织对各类煤矿的安全监察、雨季“三防”、技术装备、建设项目安全设施“三同时”、职业危害防治等专项监察。全年累计监察矿井4526处、9856矿次，查处事故隐患83379条，督促整改隐患74840条，责令停产整顿矿井2187个，责令关闭矿井10座，共罚款2364.29万元。

不断创新监察方式方法，在加大力度、提高效能上积累了很好的经验。西山办事处对责令“停产整顿”、“停止施工”、“停止生产”的矿井采取挂牌监督措施。大同办事处采取“阵地战”策略，集中一个乡镇进行监察，集中进行通报，督促整改措施的落实。阳泉办事处采取行政处罚统一裁量、分级决定的办法，完善监察保障机制。晋中监察站确定“十查十防止”的监察重点，对矿井的重大隐患和违法行为进行重点监察。长治办事处坚持“四要”、“六必须”，抓住主要环节，突出监察内容，做到月月有专项，季季有重点。晋城监察站突出对事故矿井、高瓦斯矿井进行滚动监察、突击监察、蹲点监察，着力遏制瓦斯事故。朔州站加强执法内部监督，实行“行政处罚站务会决定制”、“零处罚陈述制”、“执法文书审验把关制”，规范执法行为。忻州监察站开展了“一通三防”等12个类型的专项监察。吕梁办事处为监察人员配备笔记本电脑，随时记录监察情况，并加大对重大隐患矿井、高瓦斯矿井的监察频率，提高监察的针对性。

继续加大事故查处力度。组织开展了事故责任落实的“回头看”活动，对影响大、性质恶劣的事故，利用新闻媒体公开曝光，发挥社会和舆论监督的作用。长治办事处与公安部门联手对三起重大事故举报案件进行异地调查。临汾办事处加大对私开矿事故、隐瞒事故责任者的惩处力度，全年实施经济处罚305.15万元。2004年，全省共查处各类煤矿事故184起，处理事故责任者1125人，责令停产整顿矿井36个，建议关闭事故矿井8个。

六、执法水平有了进一步提高

组织开展了“规范执法案例”、“优秀执法好文书”、“现场监察执法评比”等竞赛活动，举办了监察执法专题系列讲座，规范监察程序和执法行为。组织开展监察执法的监督检查，防止和纠正执法过程中的不当行为。对外交流合作进一步加强。加大监察信息的综合调度，定期通报监察执法情况完善了视频会议系统。西山、大同、阳泉、晋城、晋中、临汾等办事处、监察站采取周例会制，交流信息，掌握动态，完善执法机制。

七、安全培训考核工作呈现全方位、多层次格局

组织开发安全培训网上报名系统、计算机网络化考试软件，完善培训网络数据库，实现了培训考核、档案管理电子化。全年培训考核主要经营管理者及矿长8294人次。坚持“四统一”和教考分离制度，培训考核安全管理人员16788人次、特种作业人员55621人次。长治办事处推行职业矿长制，坚持“一矿一长”，实行煤矿矿长任职和资格登记备案制度。晋城监察站规范特种作业人员培训考核，形成了“统一计划、统一开班、集中考试、专人审核、限期发证”的工作机制。

八、队伍建设不断加强

把自身建设作为提高执法素质的重要环节来抓，把党风廉政建设作为强化执法形象的重要环节来抓，加强监察队伍的思想、作风和廉政建设。组织召开以“党员领导干部思想政治建设”为主要内容的专题民主生活会，下发《关于进一步加强煤矿安全监察队伍建设的意见》，开展领导干部廉洁自律、党风廉政建设责任制、贯彻落实“两个条例”等专项巡视检查，推进队伍建设的制度化、规范化。大同、吕梁、晋中等办事处、监察站实行廉洁执法回执卡制度。临汾办事处实行廉政监督巡视制度，定期对监察人员执行廉政规定的情况进行巡视。忻州监察站每月公布一次财务支出情况，定期组织回头“三看”，对执行和落实廉政制度进行督促检查。

省局机关各处室和各直属、附属单位不断加大工作力度。财务部门积极争取资金，加强财务管理，严格预决算制度，为监察执法提供了资金保障。档案馆完善管理制度，做好监察执法资料的收集、立卷和归档工作。测试中心加大检测、检验和测试工作力度，为监察执法提供技术依据。机关服务中心加快后勤体制改革步伐，拓宽经营渠道，提高后勤保障能力，并千方百计为职工调购住房，解除后顾之忧。继朔州、晋城煤矿安全监察站基地建成之后，全省其他各办事处、监察站基地建设的步伐进一步加快。

在各级、各部门及煤矿企业的共同努力下，2004年，全省煤矿安全状况总体稳定，死亡事故有所下降，达到历史较好水平。全年各类煤矿共发生死亡事故184起，死亡485人，死亡人数比上年减少11人、下降2.22%，百万吨死亡率为0.98，比上年减少0.2，比2000年监察机构成立之初的1.85减少了0.87。其中，国有重点煤矿、国有地方煤矿死亡人数分别比上年下降47.1%和11.4%。

经过近几年的探索和实践，我们深深感到，搞好煤矿安全执法工作，必须结合煤矿安全生产的实际，坚持“以人为本”，着力于提高“三种能力”。

一是切实提高煤矿安全监察执法的驾驭能力。必须牢固树立科学的发展观，准确分析全省煤炭经济振兴、快速发展背景下的煤矿安全形势，把握方向，探索规律，立足当前，着眼长远，点面结合，标本兼顾，增强工作的前瞻性与指导性，提高煤矿安全监察执法的权威性，真正体现国家的意志，代表人民群众的根本利益。

二是切实提高依法行政的能力。必须牢固树立依法监察的意识，转变观念，规范行为，突出重点，加大力度，强化监督，确保到位，形成目标明确、责任落实、机制健全、监督有力的监察执法运行体系。

三是切实提高协调共管的能力。必须牢固树立“安全生产齐抓共管”的思想，充分调动一切积极因素，主动协调与地方政府、监管部门的关系，抓基层、打基础，强化县、乡两级的安全监管责任，强化煤矿企业的主体责任，夯实工作基础，提高安全准入门槛，有效遏制煤矿重特大事故。

以上三种能力，既是对近年来煤矿安全监察执法经验的基本总结，也是今后不断提高执法水平的努力方向。

同时，我们还应客观分析当前全省煤矿安全的严峻形势。一是煤炭市场需求旺盛，受利益驱动，一些煤矿不顾条件盲目突击生产和超能力生产。二是结构性矛盾十分突出，全省中小煤矿的数量居多，安全监察的难度很大。三是煤矿安全基础薄弱，特别是小煤矿管理差、装备落后、人员素质低的问题普遍存在。四是大部分煤矿重生产，轻安全，企业的主体责任意识得不到落实。五是煤矿生产条件与安全许可的标准差距较大，安全许可与经济发展的矛盾较为突出。从监察执法的现状来看，也依然存在着监察重点不突出，执法程序不规范，执法力度不够大，各项制度的落实还有很大差距等方面的问题；在一些地区煤矿安全监察执法的权威性受到挑战，应当引起各级领导和全体监察人员的高度重视。

内蒙古自治区安全生产工作综述

内蒙古自治区安全生产监督管理局与内蒙古煤矿安全监察局在国家煤矿安全监察局和自治区党委、政府的正确领导下，围绕建立安全长效机制，实现安全生产状况稳定好转的目标，认真贯彻落实安全生产工作部署，通过有效监管和严格执法，基本实现了局党组年初确定的各项工作目标和任务。

一、安全生产控制指标完成情况

2004年，全区各类事故死亡人数控制指标为2502人，其中工矿商贸企业为375人，煤矿企业为158人。全年实际参与考核的事故死亡人数为2435人（铁路运输事故不参与控制指标考核，道路交通事故按上年同口径考核），比控制指标少死亡67人。其中，工矿商贸企业发生伤亡事故275起，死亡332人，同比减少10起，少死亡53人，下降了13.8%，比控制指标少死亡43人；煤矿企业发生伤亡事故69起，死亡99人，同比减少19起，少死亡61人，下降了38.1%，比控制指标少死亡59人。从控制指标完成情况看，全区安全生产总体上保持了较好的发展态势：一是总体状况比较平稳，全年共发生各类事故14151起，死亡2532人，比上年增加310起，少死亡80人，下降了3%；二是工矿商贸企业安全状况明显好转，特别是煤炭行业实现了事故起数、死亡人数、3人以上重特大事故和百万吨死亡率“四个大幅度下降”。全区煤炭产量首次突破2亿吨，与上年相比增加5131万吨，增长了34%；一次死亡3人以上重特大事故减少8起，少死亡43人，下降了67%；百万吨死亡率首次降到0.5以下，减少0.54；下降了52%。这是继1985年全区煤矿死亡99人之后，19年以来首次又降到100人以内的好水平。

二、履行职能职责情况

1. 建立了全区安全生产控制指标体系

根据国家下达的控制指标，确定了2004年全区和分盟市安全生产控制指标体系，对安全工作绩效实行科学评价和量化考核。这个体系包括9项内容，比国家确定的7项内容增加了2项。为确保各项目标的落实，我局配合自治区党委组织部制定了盟市党政领导班子安全生产考核评价办法，把安全生产纳入对领导班子实绩考核内容之中；制定了盟市政府安全生产工作考核办法，把安全生产工作纳入对盟市政府年度考核之中。考核采用百分制，其中9项控制指标为40分，7项工作目标为60分。考核分为突出、比较突出、一般、较差四个等次。对考核结果为较差或区域内发生一次死亡10人以上特大责任事故的盟市政府，实行安全生产“一票否决”，形成了横向到边、纵向到底的责任网络，为全区安全生产工作的顺利开展提供了保证。

2. 加快了安全生产法制建设

首先是完成了《自治区安全生产条例（草案)》的起草工作。在起草过程中，发出200多份问卷调查；组织召开了9次有安全监管部门、企业代表参加的座谈会；深入天野化工、包铝、赤峰制药等企业和生产一线征集各方面的建议；8月份又会同自治区法制办、总工会组成调研组，赴北京、山东、河南、江苏、上海五省市考察学习安全监管和立法的经验。采用书面和网上两种形式，在吸纳听取了自治区有关部门、生产经营单位和安全科技专家的意见和建议的基础上，经21次修改形成了《条例(草案)》。11月22日至26日，自治区十届人大常委会第十二次会议对《条例（草案)》进行了一审。其次是对两局正在执行的18项行政许可事项逐一排查，经清理保留15项，取消3项。第三是制定了自治区安委会工作规则，明确了安委会成员单位及有关部门安全生产工作职责，建立了安委会及其办公室工作制度，强化了其综合协调职能，初步形成了各司其职、齐抓共管的工作格局。

3. 安全生产许可证审核颁证工作全面启动

依据《安全生产许可证条例》和《实施办法》，我局先后制定了煤矿、非煤矿山、危险化学品、烟花爆竹等企业安全生产许可证颁发管理工作方案，细化了程序。向生产经营单位广泛宣传了安全生产许可证制度的有关规定和要求，并选择部分煤矿、非煤矿山、危险化学品企业进行了安全生产许可证发放试点工作。随着自治区和国家局安全生产许可证发放专项经费的到位，完成了安全生产许可证申请书等12种文书表格的印制，购进了安全生产许可证证书，受理了部分企业的申请，启动了审查程序。

4. 在煤矿、非煤矿山、危险化学品行业继续深化安全专项整治

5月下旬，自治区政府作出深化煤矿安全生产专项整治，依法坚决关闭非法和不具备安全生产基本条件煤矿的决定后，由我局负责抓紧落实。一是以办事处为主对A、B类煤矿下达整改指令，本着缺什么补什么的原则，做好依法申办安全生产许可证的准备工作。对C、D类煤矿，全部下达停产指令，接受检查验收。二是严格执行“一个标准、两条原则、三道程序”；严把验收关。三是加大督查力度，确保整治措施落到实处。我局于七八月份组

成4个督查组对各地整治情况进行了专项督查，及时提出监察整改意见，向全区作出通报。四是严格执行矿井安全设施“三同时”制度，对293个新建或改扩建项目的安全专篇全部进行审查，对47个矿井的安全设施进行了验收。截至目前，全区316处C、D类煤矿完成了验收，验收合格准许恢复生产的煤矿248处，验收不合格确定关闭的煤矿68处。同时，还关闭非法生产矿井18处。这次整治各类煤矿共投入资金约3亿元。通过整治，高瓦斯矿井安装瓦斯监测系统工作也取得了明显进展，包头市石拐区小煤矿已全部安装完备，乌海市、阿拉善盟和鄂尔多斯市鄂托克旗50%的小煤矿已安装完备。另外，经我局积极争取，自治区拨付专项经费300万元用于乌海地区煤矿集中监测监控系统的建设。在开展煤矿安全专项整治的同时，我局还于6月初先后制定了自治区加强危险化学品专项整治方案和自治区深化非煤矿山安全专项整治方案，明确了专项整治的目标、重点、方法步骤、职责分工，提出了整治工作的主要措施及要求。现在两项整治工作已进入验收阶段。

5. 关口前移，加大了安全监管监察力度

首先是强化现场监管监察。全年煤监局机关及各办事处共现场监察19685矿次，人均监察矿井127处，共查处各类事故隐患19079条，制作各类执法文书11032份。安监局在人员紧张，监管行业多，企业数量大的情况，分别在3月、4月、7月、12月组织了4次安全生产大检查和多次专项督查。共检查了12个盟市32个旗县区的376家企业，提出安全整改意见270多条。其次是依法查处伤亡事故。全年各类煤矿应立案查处的伤亡事故共69起，已立案69起，立案率100%，实际结案65起，在规定期限内结案率100%。追究事故责任人268人，其中移送追究刑事责任的8人，给予党纪政纪处分的51人，实施行政处罚的209人。责令停产整顿的矿井13处，责令关闭的矿井2处，提出安全生产防范措施225条。

6. 加大了安全生产宣传教育和培训力度

具体组织了“安全生产宣传月”的启动仪式和呼市地区“安全生产宣传咨询日”的各项活动。一是举办安全生产监察员培训班3期，培训人员206人。二是生产经营单位主要负责人和安全管理人员依法参加培训并取得安全资格证书7575人。三是发放特种作业操作证33856套，复审8431套，使持证人员达到了16万。四是举办了3期安全应急求援预案编制人员培训班，培训人员380人。五是协助国家安科中心在呼市组织了2期安全评价人员资质培训班，培训人员251人。六是审核、评估认定了6家三级安全培训机构，使全区安全培训机构达到了40家，基本形成了一个覆盖全区、较为完整的安全培训网络体系。

7. 围绕安全生产中心工作，构建安全支撑体系

一是在我局协调配合下，全区12个盟市58个旗县区设立了安全监管局，已批准编制167人，现有人员116人；101个旗县市区已有58个设立了安全监管局，已批准编制334人，现有人员531人。目前，盟市、旗县两级安全监管局现共有人员647人，比组建前的2003年增加449人，安全监管的力量得到加强。二是在我局两次部署指导下，安排监督安全应急预案编制工作。目前90%以上的盟市、旗县已完成本地区预案的编制和备案工作。我局在6月底前完成了自治区特大生产安全事故应急救援预案和煤矿特大生产安全事故应急救援预案的编制工作，并由自治区政府正式颁布实施。三是完成了全区2万多处重大危险源的普查登记工作。四是建立了以自治区4个救护基地为依托，9个救护大队为主力的全区矿山应急救援网络，完成了煤矿与非煤矿山应急救援指挥体系与预案的整合，并形成了以平庄、大雁、包头、海勃湾等4个煤业公司总医院为医疗救护基地，各地方应急医疗保障点为辅的矿山应急医疗急救网络。五是形成了安全评价机构39家，其中经国家局授权资质15家，可开展安全评价项目24项，经我局授权临时资质24家，可开展安全评价项目29项，基本满足了自治区建立煤矿、非煤矿山、危险化学品、烟花爆竹企业安全评价机制的需要。六是完成了自治区煤矿和危险化学品安全生产“十一五”发展规划，并依托自治区新技术推广站和内蒙古兴安泰安全科技有限公司，承担自治区安全生产技术支撑中心的工作职能。七是组建信息体系，完善了安全视频会议系统后期建设和运行工作，完成了电子政务先期接入工作，完善了沟通各盟市和安委会成员单位的统计报送体系，充分发挥建立了安全生产，宣传安全生产方面发挥了积极作用。建立了安全生产局域网站，

在宣传安全生产方面发挥了积极作用。加大了安全生产宣传力度。

三、机关建设和管理情况

1. 坚持民主集中制原则，发挥班子的整体功能

一是班子主要领导能充分发挥民主，广泛听取班子成员以及巡视员、助理巡视员的意见，在涉及大额资金使用和干部任用等重大问题上，能做到会前沟通，征求意见，会上正确集中，集体作出决策。二是领导班子形成了良好的民主氛围，大家思想统一，心情舒畅，党组决议形成后，班子成员都能积极贯彻落实。三是班子成员分工明确，整体功能发挥的比较好。在工作中，班子成员都能以大局为重，严于律己，宽以待人，相互支持，相互帮助，增强了班子的凝聚力和战斗力。

2. 注重发挥基层党组织的作用

一是组织召开党建会议，提出加强党建工作的指导意见和措施。全年共召开党建会议3次、机关党委会议3次、机关党支部书记会议5次。二是调整充实了部分机关党委委员，理顺了办事处党组织关系，明确了党委委员的分工，制定了机关党委工作规则。三是开展了“五个好”创建活动，使党支部建设进一步规范化、制度化。四是局党组定期听取研究机关党委的工作汇报。在干部选拔任用工作中，局党组能征求机关党委的意见，并直接参与配合，发扬党内民主，提高决策的透明度。

3. 加强理论学习，提高领导班子和干部队伍的整体素质

一是完善中心组学习制度，明确学习计划、方法和要求，以中心组学习带动班子和全局干部职工的学习。共组织召开了3次中心组学习会，重点学习研讨了树立和落实科学发展观以及加强党的执政能力。二是全年共组织局机关集中学习12次。三是开展了向郑培民、任长霞、牛玉儒等先进模范人物学习的活动，组织观看《扭曲的人生》、《王怀中的两面人生》等电教片，教育广大职工树立正确的人生观、权力观和价值观。通过形式多样的学习，增强了机关的学习气氛，也带动了机关作风的转变。

4. 积极开展“执政为民、加快发展”培训教育活动

局机关和各办事处结合工作实际，制定了活动方案，采取集中学习与自学相结合、学理论与研究工作相结合、总结经验与查摆问题相结合的方式开展活动。活动结束时，局机关召开全体职工大会，总结了活动的开展情况，提出了整改措施。针对查摆出的20多条不足和差距，局党组下发了《关于进一步加强各级领导班子建设的意见》，使活动切实收到了效果。

5. 落实党风廉政建设责任制

2004年涉及党风廉政内容的党组会议有4次，占党组会议次数的1/3。年初，党组书记与局机关各处室签订《党风廉政建设责任书》，改变了过去只与机关党委签、到年终无法考核的做法。责任书将“九条纪律”、“四个不准”和“四项专项清理”等内容进行了细化分解，特别是针对颁发安全生产许可证，制定了相应的考核目标，使党风廉政建设和反腐败工作进一步落到实处，并在全局范围内开展了廉政谈话。同时，对2004年党风廉政建设和反腐败工作主要任务进行了分解，落实到班子成员每个人身上，做到了任务明确、责任到位，实行“一岗双责”。

6. 加强队伍建设，规范执法行为

针对近年来反映出来的个别监察人员执法不严、工作不到位的问题，我局先后下发了《加强监管监察队伍建设试行办法》、《行政执法监督与行政执法过错责任追究暂行办法》和《煤矿安全监察行政处罚统一裁量指导意见》等3个规范性文件，对3名同志作出了行政处理。

7. 强化工作责任和实绩的检查考核，进一步完善考评制度

年初，我局对去年建立的工作考评和实绩目标考核制度作了进一步完善和修改，下达了对局机关各处室和各办事处2004年实绩考核目标，其中对办事处的考核目标共分9大项48小项，对局机关各处室的考核目标共分8大项99小项，将思想政治建设、领导班子和基层组织建设、党风廉政建设、机关作风建设等共性目标和安全监管监察任务分解落实到机关各处室和各办事处以及每一位分管领导的身上。工作考评机制的建立，对落实全年各项工作起到了重要作用，同时为年终考核提供了重要依据。

8. 加强财务管理，严格执行财经纪律

2004年初，针对两局经费来源渠道的不同，

从规范管理入手，进一步完善了《财务办公室工作职责》、《财务办公室岗位责任制》、《办事处财务监督管理暂行办法》和《局机关费用报销细则》等规章制度，严格执行差旅费、招待费等审批手续，在政务公开栏定期公布财务收支和行政罚款情况，控制了一些不必要的支出，使有限的资金保证监管监察工作的顺利进行，除工资、福利等正常性经费支出外，一些公用性经费支出项目得到一定控制。

9. 落实有关政策，机关后勤服务和老干部管理工作得到加强

一是修改和完善了机关后勤保障工作的各项规章制度，规范了服务行为，节约了经费支出。二是狠抓社会治安综合治理工作，基本做到了“四个一”，确保了机关大楼和家属区内的正常办公和生活秩序。三是完成了机关办公大楼室内装修工作，改善了办公条件。四是顺利完成了2004年度房产维修计划。五是在继续完成房改后期发证工作的同时，处理了公有住房出售后的遗留问题，落实了住房补贴。六是使老干部政治学习、组织生活、走访慰问、文体活动、座谈交流等项工作更加制度化，完善了离退休干部的信息采集和录入工作。七是协调有关部门，进一步解决在职和离退休人员医药费不足和不到位的问题。

10. 尽最大能力做好对口帮扶工作

一年来，根据自治区党委、政府的要求，帮扶锡林郭勒盟实施“围封转移”战略工作取得了明显成效。我局与煤炭工业局、煤田地质局全年共投入资金20.5万元，累计达到54.43万元。完成的帮扶项目有：资助贫困学生18名，种植青贮200亩，购买基础母羊400只，协助玛尼图煤矿完成了办证工作，捐款捐物3.08万元，建棚圈3处270平方米，青贮窖4处720平方米，打小型机井4眼，捐赠办公桌椅55套，切实帮助嘎查牧民解决了生产生活中的许多实际问题。

四、存在的主要问题和需要改进的工作

（1）专业结构不合理，队伍素质不高，有待于进一提高两局人员的政治素质和业务能力。

（2）机关作风和体制建设存在薄弱环节，需要有针对性地开展思想政治工作，逐步理顺体制上存在的问题，更有效地发挥合署办公的作用。

辽宁省安全生产工作综述

2004年，在省委、省政府的正确领导下，辽宁省各地区各单位认真贯彻《安全生产法》和《国务院关于进一步加强安全生产工作的决定》等法律法规和规章，落实党中央、国务院领导同志关于安全生产工作的一系列重要指示，坚持以人为本，树立和落实科学发展观，在安全生产方面做了大量工作，取得了一定的成绩。全省安全生产保持了相对稳定，趋于好转的发展态势，没有发生一次死亡30人以上各类特别重大事故；一次死亡10人以上特大事故同比减少1起，死亡人数同比下降61.2%。具体表现为“两个下降，两个较好，两个稳定”。

一是各类伤亡事故总量和死亡总人数均有所下降。2004年共发生各类伤亡事故41685起，同比事故起数减少414起，下降1.0%；死亡4674人，死亡人数减少224人，下降4.6%。

二是安全生产控制指标和工矿商贸企业安全生产取得较好成绩。省政府对工矿企业和道路交通事故死亡人数下达的控制指标为5271人，实际上工矿企业和道路交通事故死亡为4031人，比控制指标减少1240人，14个市死亡人数全部控制在指标以内；工矿商贸企业伤亡事故起数同比减少138起，下降18.6%，死亡人数减少76人，下降10.0%。

三是大部分行业、领域和地区安全生产较为稳定。煤矿企业、非煤企业、道路交通、水上交通、铁路运输行业领域事故总量有所下降，有9个市各类伤亡事故比上年下降。铁岭、辽阳两市的煤矿企业没有发生重特大事故，鞍山、本溪、锦州、阜新、辽阳、铁岭、盘锦和葫芦岛8个市的非煤企业没有发生重特大事故，大连、鞍山、抚顺、本溪、丹东、阜新、辽阳、铁岭、朝阳、盘锦和葫芦岛

11个市没有发生一次死亡3人以上的重大火灾事故。

2004年，重点抓了以下12项工作。

一、认真贯彻全国安全生产工作会议精神，抓好各项工作的落实

为贯彻落实好全国安全生产工作会议精神，以省政府名义召开了建国以来规模最大的一次全省安全生产工作会议。省政府同各市政府签订了安全生产目标管理责任书，将安全生产各项指标作为对各市政府的政绩考核内容，严格考核，实行“一票否决”。先后召开3次省安委会会议和7次全省安全生产电视电话会议。为深入贯彻落实《国务院关于进一步加强安全生产工作的决定》，我局代省政府起草了《辽宁省人民政府关于进一步加强安全生产工作的决定》。研究制定了高危行业企业安全费用提取和提高企业伤亡事故赔偿标准及企业安全生产风险抵押金办法等一系列政策措施。

二、强化安全生产目标管理

年初，省政府将安全生产控制指标分解到各市。各市政府又把控制指标分解到县区和企业，逐级签订了目标责任书，并严格进行考核。主要抓了5项工作：一是开展市级政府安全生产目标管理考核工作，有10个市被评为先进单位；二是开展县区安全生产目标管理考核工作，有12个县区为先进单位，94个县区为达标单位，7个县区为不达标单位；三是开展了市、县级安全监管部门目标考核工作，有4个市和14个县（市、区）的安全监管局被评为先进单位，40名安全监管人员被评为先进个人；四是在工矿企业中开展创建“安全生产先进单位”活动，101户企业被评为“安全生产先进单位”；五是制发了《辽宁省国有企业负责人安全生产工作考核暂行办法》，将安全考核指标与企业负责人年薪挂钩。

三、推进安全监管机构建设

2004年3月，省委、省政府决定将省安全监管局升格为正厅级，并设立独立党组。省委办公厅、省政府办公厅专门下发了《关于市、县（市、区）政府机构改革的意见》（辽委办发［2004］16号），对市、县安全监管机构调整提出要求。我局以此为契机，积极督促市县两级政府抓紧建立健全独立的安全监管机构，促进机构规格、编制、人员、经费到位。截至年底，大连、营口、朝阳、盘锦、葫芦岛市安全监管局已升格为政府工作部门，铁岭市为政府管理的独立行政机构，其余8个市升格为委管正局级。乡镇（街道）已建立安全监管所（站）131个。为理顺和加强省铁路道口安全管理工作，省编办下发了《关于省铁路道口安全管理职能调整的通知》（辽编办发〔2005〕7号），将省铁路道口安全管理职能由省经委划转给省安全监管局承担，理顺了铁路道口安全监管体制。

四、加快安全法规体系建设

《辽宁省安全生产监督管理规定》和《辽宁省人民政府关于进一步加强安全生产工作的决定》即将出台。《辽宁省道路交通事故责任追究暂行规定》已报省政府法制办，正在审理中。出台了《辽宁省企业安全费用提取和使用管理暂行办法》（辽财企〔2004〕713号）、《关于印发辽宁省市级人民政府安全生产目标管理工作考核办法的通知》（辽政发〔2004〕25号）、《关于印发辽宁省国有企业负责人安全生产目标管理工作考核办法的通知》（辽安监发〔2004〕108号）、《辽宁省安全生产培训考核机构资格审查评定细则》等4个规范性文件，做到有法可依，有章可循。省政府办公厅下发了《转发国务院办公厅关于加强危险化学品安全管理工作的紧急通知》（辽政办明电［2004］61号）、《关于加强安全生产工作的紧急通知》（辽政办明电［2004］96号）、《关于开展全省安全生产大检查的通知》（辽政办明电［2004］103号）和《关于对各市安全生产工作进行督查的通知》（辽政办明电［2004］109号）、《关于开展全省安全生产专项检查的通知》（辽政办明电〔2004〕197号）等重要文件，采取了一些行之有效的措施，有力地推动了全省安全生产工作。

依据省政府的部署和《行政许可法》的有关规定，我局认真开展了行政许可事项的清理工作。在《辽宁省人民政府关于公布省本级实施行政许可主体和行政许可项目的通知》（辽政办发［2004］59号）中，由我局实施的行政许可项目有14项，安全培训机构资格认证列入国务院公布的行政许可目录，现保留的行政许可项目共15项。

五、认真开展安全生产大检查

共组织了9次安全生产大检查和专项检查，均取得较好效果。尤其是12月份组织开展的安全生产专项检查效果显著。共检查28198个企业和场所，查出问题和隐患27733项，下达整改指令书16113份，立即整改8412项，责令限期整改2336项，隐患整改率为78.3%，停产停业整顿企业、场所270家，关闭生产企业136家，取缔非法生产经营142家，实施经济处罚285.8万元。

六、继续深化安全专项整治

2004年继续深化以煤矿、危化品和道路交通为重点的7项安全专项整治。我局具体负责3项专项整治。一是非煤矿山专项整治。13个市通过了非煤矿山专项整治第一轮省级验收，抽查合格率为92.8%。针对葫芦岛市杨家杖子和钢屯地区矿业秩序混乱、事故隐患和职业危害突出的问题，多次专题研究整治方案，采取炸毁矿井、拆除供电线路及设备或停供爆破器材等强制措施，查封97户矿井，关闭33家坑口。现在该地区矿业秩序明显好转，职业危害得到了一定程度治理，事故同比下降60%。二是危化品专项整治。对5215家危化品经营单位进行了安全评价，完成总数的74.5%；审批发放危化品经营许可证5805个，完成总数的82.9%。三是烟花爆竹专项整治。顺利完成了省、市、县安全监管部门与同级公安部门烟花爆竹安全监管职责交接工作，组织开展了烟花爆竹安全专项检查。

七、加强安全生产应急救援体系建设，加大重大危险源和重特大事故隐患监控和治理力度

下发了《辽宁省人民政府办公厅转发辽宁省特大生产安全事故应急救援预案的通知》（辽政办发〔2004〕8号）。开展了全省生产安全应急救援基本情况调查，编制了《辽宁省生产安全应急救援体系建设方案》。完成省局视频系统的安装和调试工作，实现国家局和省局之间视频会议功能。完成各市安全监管局事故应急救援指挥系统设备的安装和调试，并开展部分企业安全生产信息数据采集工作。

组织开展了重大危险源申报登记工作，已有2586个重大危险源录入数据库。目前，省备案的68项重大隐患，现已消除57项，占总数的83.8%；省、市备案的112项重大火灾隐患已治理71项，占总数的63.4%。组织省直有关部门编制《辽宁省安全生产“十一五”发展规划》。

协调解决省里7家关闭破产的有色矿山尾矿库、采矿沉陷区的重大隐患治理问题。在组织专家进行实地勘察和调研的基础上，多次向省政府、省人大、国家局报告，引起省政府及国家有关部门的重视。省发改委、省财政已先期拨款250万元专项资金用于丹东青城子铅锌矿和原葫芦岛杨家杖子矿务局尾矿库治理。国家发改委下达1600万元的应急治理资金，7家关闭破产的有色矿山遗留的重大隐患治理工作有望得到解决。

为解决穿越盖州城区输油管道被占压问题，我局专门组织召开两次协调会，就彻底清除隐患进行认真研究，最终达成一致意见，即采用绕城改线方案。改线投资近4000万元，工程正在进行中。

八、认真开展“三同时”审查、高危行业安全评估工作和组织开展安全质量标准化活动

完成省级安全预评价报告审查13项、初步设计审查3项、竣工验收报告审查9项。非煤矿山、危化品生产储存企业安全评估率均达到100%，超额完成国家局下达的70%的指标。省安委会和省局先后制发了在全省开展安全质量标准化活动的指导意见，召开了煤矿安全质量标准化现场会。非煤矿企业选择机械行业进行安全质量标准化试点。

九、强化安全宣传教育工作，加大培训工作力度

制定了《辽宁省2004年“安全生产月”活动方案》，录制了两部安全生产公益广告片，制作了介绍辽宁省安全工作情况的宣传片，召开了新闻发布会，组织开展了安全咨询日活动，并协助国家局圆满完成了“安全生产万里行”在辽活动。我局被国家安全监管局评为2004年度《安全生产法》普法先进单位。

完成14户国家级资质安全评价机构的初审、推荐、审核工作，完成10户非煤矿山、危化品、烟花爆竹生产企业安全评价临时资质机构的审核工作，对16户省级危化品经营单位安全评价临时资质机构进行全面复审。积极组织省安全评价机构联席会开展活动，召开4次安全评价机构联席会，促进安全评价机构行业自律。督促各评价机构建立完善内部管理制度，提高评价工作质量。

继续搞好安全生产培训工作。下发了《辽宁省安全生产培训考核机构资格认证管理办法》。组织专家对8家三级培训机构进行了现场审查。组织编写了《危险化学品生产储存安全管理培训教程》，并建立了考试题库，编写了《危险化学品安全管理法规及标准汇编·四（危险化学品生产企业安全生产许可证专辑)》。抓好企业负责人、安全生产管理人员、特种作业人员的培训考核工作。全年共培训企业负责人2911人，安全生产管理人员3656人，特种作业人员29503人，危化品经营单位从业人员18426人。

十、认真抓好中小企业安全监管试点工作

制定下发了《关于开展全省非公有制企业安全监管试点工作的通知》，确定营口市、沈阳市苏家屯区等8个市、县、区为全省中小企业安全监管工作的试点地区，组织相关市局外出考察，制定了实施意见，指导开展试点工作。

十一、加强输油气管道安全生产工作

为进一步提高管道企业安全意识，加强管道企业内部安全管理，组织召开了全省管道企业安全生产工作座谈会，下发了强化管道安全生产管理，加大治理违章建筑等隐患力度的工作意见，进一步明确了管道企业的责任。结合全省三季度安全生产大检查，深入到中石油管道分公司的4个管理处、12个输油站以及辽河油田分公司集输公司等开展了管道安全生产专项检查。通过专项检查，增强了企业安全生产主体责任意识，促进了管道企业各项安全生产责任制的落实、隐患整改、事故应急预案制订等工作。

加大清理占压输油管道违章建筑工作力度。一是协调解决沈大高速公路甘泉服务区扩建工程占压输油管线问题。根据抚顺石化分公司储运公司关于沈大高速公路甘泉服务区扩建工程占压输油管线的报告，我局会同鞍山市局进行协调，并召开有关单位参加的协调会，取得积极成果，各方达成共识。二是抚顺私人煤场占压管道问题。年初接到抚顺公司储运公司报告，有一私人煤场占压输油管线，我局责成抚顺市安全监管局协调，这一问题得以很好地解决。三是葫芦岛站附近铁路民房违章占压输油管道问题。这一问题产生的历史较长，情况比较复杂，协调工作难度大，目前，该问题仍在协调解决中。四是葫芦岛泵业公司违章占压管道问题。根据专项检查中发现的情况，已经责令该企业整改，并责成葫芦岛市局具体落实。五是辽西粮油仓储公司占压锦西炼化总厂管道问题。根据锦西炼化总厂报告，我局会同锦州市局、葫芦岛市局与有关企业进行反复协商，并派人赴锦州现场协调，工作取得积极进展。

十二、严格查处各类事故

按照事故调查处理程序和“四不放过”原则，对大连“3·1”200吨汽车起重机特大事故和丹东凤城市“6·13”特大道路交通事故进行严肃处理。

辽宁省煤矿安全生产工作综述

2004年辽宁煤矿安全生产取得了令人瞩目的新成果，安全生产、安全监察工作均再创全省煤矿历史最好水平。全省煤炭总产量6766.7万吨，较2003年度增加771.9万吨，其中，国有重点煤矿增加525.9万吨，国有地方煤矿增加18万吨，乡镇煤矿增加228万吨。

2004年，全省煤矿共发生死亡事故130起，事故死亡总人数221人，比2003年度减少8人，比国家下达246人的控制目标下降10.16%，比上年降低3.5%其中国有重点煤矿死亡65人，较2003年度再创辽宁省煤矿安全生产新水平。全省原煤百万吨死亡率3.22，同比降低0.38。

2004年，国有重点煤矿产量5019.7万吨，占全省煤炭产量74.2%，死亡人数65人，占全省死亡人数的29.4%，百万吨死亡率为1.26%；地方国有煤矿和乡镇煤矿煤炭产量之和为1747万吨，占全省煤炭产量25.8%，死亡人数156人，占全省死亡人数70.6%，百万吨死亡率为9.57。

2004年度，国有重点煤矿死亡人数占全省比例从2003年的23.6%增加到29.4%；百万吨死亡率从2003年的1.2增加到1.26；地方国有煤矿和乡镇煤矿死亡人数之和占全省的比率从2003年的76.4%减少到70.6%，百万吨死亡率从2003年11.67下降到9.57。2004年度，国有重点煤矿死亡人数较多的有抚顺矿业（集团）公司（21人），阜新矿业（集团）公司（16人），南票矿务局（17

人)。

辽宁省煤矿事故与往年一样，仍是顶板、瓦斯、运输事故死亡人数最多。顶板事故死亡87人，占总死亡人数39.4%；瓦斯事故死亡85人，占总死亡人数的38.5%；运输事故死亡20人，占总死亡人数的9.0%。三类事故总死亡人数192人，占总死亡人数86.9%，其他事故之和仅为13.1%。目前，这三类事故仍是我们安全工作的主攻方向。

辽宁省煤矿发生一次死亡3人以上事故19起，死亡87人，占总死亡人数39.4%，比2003年多发生10起，多死亡19人；一次死亡1～2人事故111起，死亡134人，占死亡人数60.6%，比2003年度少发生35起，少死亡27人。

2004年，全省煤矿百万吨死亡率总平均为3.26、国有重点煤矿为1.26、国有地方煤矿为10.25、乡镇煤矿为8.72。

年初，全局制定了做好全年工作的指导思想和主要目标：

指导思想：确保实现一个目标，打好一个基础，突出三个重点，狠抓工作创新。以人为本，加大监察力度，争创安全生产新水平。

确保实现一个目标，即确保实现国家下达的安全生产控制目标；打好一个基础，即通过全面深入开展安全质量标准化活动，打好煤矿安全生产基础；突出三个重点，即突出抓好对“一通三防”、顶板、运输三类事故的防范；狠抓工作创新，即全年工作以创新为主线，努力建立长效机制；以人为本即通过采取各种措施努力提高煤矿各类人员的安全意识和安全素质，促进监察力度的进一步加大，力争创出辽宁煤矿安全生产新水平。

一、认真贯彻落实国家安全生产各项指示，严格推进安全生产责任制的落实

全局加大了煤矿安全工作宣传力度。通过各种形式将国务院《关于进一步加强安全生产工作的决定》、《安全生产许可证条例》及省政府关于加强煤矿安全生产的要求及时传达给煤矿；创办了《辽宁地方煤矿》简报；召开了煤矿安全宣传工作座谈会，为营造全社会关注煤矿安全生产的工作氛围，搞好煤矿安全工作起到了重要作用。阜新办事处围绕各个时期的监察重点和煤矿存在的实际问题，开展宣传教育活动，收到了较好效果。

在全省建立了煤矿安全生产指标控制体系，将国家下达给我省的煤矿安全生产控制目标分解到各市，由省政府与各市签订了责任状。结合控制目标的下达，实行了安全生产抵押金制度，并对各地、各单位安全目标完成的情况定期发布，有效地促进了各级政府和企业安全生产责任的落实。同时，还将国家下达辽宁省246人的安全生产控制目标分别按控制目标、奋斗目标分解下达到各办事处。

二、大力推进安全质量标准化，全面提高煤矿安全生产基础

年初我们提出将安全质量标准化作为全年工作的重点。之后又连续召开各种会议推进安全质量标准化工作。局紧紧抓住阜新这个试点地区积极推进，并责成监察二处、阜新办事处认真抓好此项工作。并在阜新市召开了煤矿安全质量现场会议。阜新现场会议后，全省小煤矿安全质量标准化工作有了较快进展。

在具体实施中，抓住了安全隐患大的地区和矿井，安全管理基础工作较差的煤矿，井下“一通三防”等主要生产环节重点推进。注意了抓典型与抓全面相结合，抓安全质量标准化与日常安全监察工作相结合，抓井下生产建设与地面形象工程建设相结合，抓严格执行标准与因地制宜相结合，抓安全质量标准化与安全评价、安全生产许可证颁发工作相结合。做到组织领导、整改内容、整改时间、整改责任、督促检查五落实，使这项工作扎实全面的开展。到年末，全省已完成510个地方煤矿安全质量标准化评估工作，其中A级16个、B级182个、C级145个、D级67个，全省煤矿安全程度进一步提高。

国有重点煤矿中共有25处矿井通过安全质量标准化验收，其中一级安全质量标准化矿井18对，二级质量标准化矿井3对，三级安全质量标准化矿井4对。

三、明确重点，强化监察，努力控制重大事故

按照年初提出的监察重点，有关处室和办事处加大了监察力度。在全省煤炭产量比同期上升12.8%的情况下，消除了一批重大隐患，控制了特别重大事故的发生。

建立了重点煤矿隐患汇报及档案制度。对抚顺西露天平硐建设初期未履行办矿手续、阜新五龙矿、沈阳红菱矿、铁法大兴、大明矿采煤工作面上隅角瓦斯超限问题，阜新王营矿取消架线电机车问题，局会同有关办事处下达了立即整改，隐患不除不得生产的处理决定。锦州办事处对南票矿务局超通风能力生产的问题下达了整改要求。下力量抓了全省瓦斯监测网络系统的建设。局下发了《关于辽宁省煤矿安全远程监察网络系统的实施意见》，落实了专项资金270万元，组织煤矿实施安全远程监察网络系统的建设，到目前全省联网即将实现。

针对国有地方转制煤矿事故多发的问题，局提出了从体制入手解决问题的意见，指导办事处开展有针对性的监察，促进了地方国有煤矿安全形势的稳定。

加大了顶板监察力度。全省开展了顶板支护专项操作技术培训，提高小煤矿相关人员应知应会能力。沈阳办事处区别不同地区的情况采取针对性监察措施，使辖区顶板事故同比下降19.4%。

为了保证全省煤矿安全控制目标的实现，我们紧紧盯住安全形势，每当形势出现波动，事故上升时，我们就采取积极措施，加以应对。上半年乡镇煤矿事故多发时我们召开紧急会议，采取积极措施加大监察力度。抚顺西露天矿发生重大事故及陕西铜川陈家山矿发生特大事故后，局及时召开全省重点煤矿安全生产会议，防止同类问题再次发生。这些措施对迅速把事故上升的趋势压下去，扭转、稳定安全生产形势起到了积极作用。

进一步加强了煤矿救护工作。对全省救护范围进行了重新划分，形成了覆盖全省的救护网络；成功的组织了全省救护队伍技术比武，使队伍的实战能力得到提高；制定并实施了小煤矿有偿救护办法，全省绝大多数小煤矿签定了救护协议，结束了小煤矿没有救护支援的状况。

四、认真做好安全生产许可证颁发工作

为了做好煤矿企业安全生产许可证颁发管理工作，在全省范围内对这项工作进行广泛宣传，使各类煤矿对安全生产许可证颁发的意义、程序及相关管理等都有了明确的认识。

我们把颁发安全生产许可证，作为提高煤矿安全基础的一个重要机遇，要求发证工作要与安全质量标准化及安全程度评估工作结合起来一道去做。对申办安全生产许可证的材料严格审查，确保评价的程序合法和评价的质量。各办事处克服了人员少、监察任务重、安全质量标准化验收工作量大、安全生产许可证工作要求高等一系列困难，千方百计的落实局提出各阶段性发证目标，保证了这项工作的顺利进行，到2004年底，全省已审查发证210个。

五、改进方法，加大力度，不断提高执法效能

注重了从源头抓好安全。进一步规范了对重点煤矿建设工程安全设施的“三同时”工作，积极参与了铁法三台子二井、阜新五龙矿、清河门矿及海州立井的“三同时”工作。

沈阳办事处加大了复查力度，凡限期整改的问题都要求必须解决。铁法办事处在监察中做到不定时间、不定矿井、不定路线、不定地点的监察方法，加大了夜间抽查的力度。锦州和阜新办事处加强了专项监察，锦州办事处全年先后开展了八项专项监察，阜新办事处开展了小煤矿《作业规程》等专项监察，在节假日开展监察，都收到了较好效果。

加大了安全培训工作力度。举办了部分事故矿长安全技术强化培训班，提高其安全意识及管理能力。着力建立新的培训机制，办事处对三级培训机构的培训进行监考，促进了培训质量的提高。

加密了监察频次，加大行政处罚力度。充分运用各种处罚手段，有效地惩治了一些煤矿的安全违法行为。各办事处都加大了处罚力度，严厉打击违法生产行为。

进一步加大了事故查处力度。认真抓了事故责任者行政处分的落实。到去年底，全省煤矿事故已经结案127起，结案率达到百分之百。处分和建议处分事故责任人693人，其中，建议追究刑事责任的22人，行政处分233人。

六、进一步加强队伍建设，努力提高战斗力

局党组下发了《辽宁煤矿安全监察员行为规范》，进一步加强对队伍建设的指导。坚持和完善了政治理论学习制度，以学习贯彻十六届四中全会和“两个条例”为契机，加强执政能力和党员干部廉政和党纪教育，使广大党员干部进一步提高了加强执政能力建设的认识，明确了煤矿安全监察队伍加强执政能力建设的方向，促进了机关作风建设。沈阳办事处提出办事处的各项工作要与局保持高度一致，并以此来确定和安排全年各项工作，保证了全年工作健康的发展和各项任务的完成。

进一步加强了业务学习。对《安全生产法》和《行政许可法》的学习贯彻工作做出了具体的安排，提高了监察人员的法律意识和依法行政的能力。组织了煤矿监察员业务培训、研讨，在采、掘、机、运、通、计算机各专业通过讲座研讨互相学习交流，使执法水平和执法能力有了新的提高。

为促进机关作风建设，局组成联合调查组，了解监察人员是否严格按照国家的有关法律法规、按照法律程序进行执法；是否严格按照局党风廉政建设有关要求进行，收到了较好的效果。

进一步加强了党风廉政建设。局、处两级党政领导班子成员按照规定认真开好民主生活会，要求党员干部遵守“四大纪律”、“八项要求”。对提拔调动的处级干部进行了任前廉政谈话，对办事处的处、科级干部民主推荐工作进行了监督，部分办事处进行了内部人员交流。我局队伍建设得到了国家局的肯定，先后在国家局纪检工作会议和全国煤矿安全生产工作座谈会上介绍经验。

全面完成了办事处基地建设，使监察员有了自己的“家”。技术装备处与锦州、阜新办事处积极协调各方关系，保证了建设工程的按时开、竣工；装备处较好的完成全省煤矿安全生产“十一五”发展规划工作；信息中心加强电子信息化基础建设，完成局机关局域网工程，建立了局各种信息网络统一管理的模式。

各单位积极围绕自身职能开展工作，认真完成局交办的各项任务，体现了全局上下一盘棋，听从指挥，步调一致，团结高效的特点，从而确保了全局各项工作目标的实现。

吉林省安全生产工作综述

一、认真贯彻落实《国务院关于进一步加强安全生产工作的决定》（以下简称《决定》），全面推动安全生产工作

1．认真落实全年安全生产工作目标和任务

认真学习贯彻国务院的《决定》，结合全省实际和全国安全生产工作会议精神，总结经验，分析形势，明确任务，采取措施。在年初吉林省安全生产工作会议上，确定了全年安全生产的指导思想、工作目标和主要工作任务。

2．结合实际，制定具体实施意见

为进一步推动全省安全生产各项工作，2 月份，集中力量研究起草了《吉林省人民政府贯彻落实国务院关于进一步加强安全生产工作决定的实施意见》（以下简称《实施意见》）经过广泛征求和吸纳省安委会成员单位、各市州政府及有关企业的意见，并借鉴其他省市的做法，先后进行了 4 次修改。《实施意见》作为今后一个时期指导全省安全生产工作的纲领性文件，进一步明确了全省安全生产工作的指导思想和奋斗目标，将国务院《决定》所确立的一系列政策措施具体化，具有较强的指导性和可操作性。

3．强化各级领导责任，切实落实企业主体责任

2004 年，建立和完善了全省各级安全生产责任制，进一步推动了安全生产目标管理责任制体系建设。

一是围绕国家下达的控制指标，重新修订了考核指标，制定了《2004 年吉林省安全生产工作目标责任制考核细则》，进一步明确了各级政府和有关部门的监管责任和企业的主体责任。年初，省政府与各市州政府签订了 2004 年安全生产工作目标责任状，促进市州、县（市、区）政府进一步狠抓了控制指标和责任制的逐级分解和落实。

二是进一步明确省政府工作部门安全监管职责。起草了《省政府工作部门安全监管（管理）职责》，全面地规范了省政府 45 个工作部门的安全监管（管理）职责。

三是落实了省内中省属企业安全生产监管责任。明确了由省安全监督管理局负责监管的 23 户中省属企业，其余中省属企业均落实到所在地各市、州安全生产监督管理局负责监管。

四是加强非公有制企业监管，总结推广了九台市非公有制企业安全监管经验。把安全生产工作任务目标逐级量化落实到每个乡（镇）、每个部门和

每户企业。

五是依法加强检查督查，促进企业落实安全生产主体责任。推动企业全面加强和改进企业安全生产管理，落实安全生产保障措施。

六是加强目标责任制管理考核，加大责任追究力度。加强了对各市、州政府目标责任制的全面考核，对完成目标责任制好的和比较好的7个市进行了奖励，对事故多发、安全生产控制指标完成不好的地区，实行了问责制。

七是严肃查处事故。按照“四不放过”的原则，对一批重大事故进行了查处，严肃追究了有关责任人的行政和刑事责任，生产事故得到了有效地控制。实行事故通报制度，通过新闻通报会、新闻发布会公开曝光了10起重大事故，向公众发布全省安全生产情况，督促各地进一步落实责任制。

2004年，全省共发生生产事故258起，同比下降11.03%；死亡322人，同比下降5.02%，死亡人数低于国家下达的控制指标，完成了全年确定的工作目标。

二、强化政府监管职能，建立健全安全生产监管机构

1. 认真抓好省安全监管局组建工作

2004年2月7日，省委、省政府召开省政府机构改革动员大会，按照《吉林省人民政府机构改革方案》，组建吉林省安全生产监督管理局。这是吉林省历史上首次建立独立的安全生产监督管理部门。2月27日，省委决定成立吉林省安全生产监督管理局党组，丁维东同志任党组书记。3月24日，省政府决定，任命丁维东为局长。3月22日，丁维东局长到局工作后，立即开始了省局的组建工作。一是反复研究修改提交省政府的三定方案；二是与省编办和有关部门反复协商，明确省安监局的主要职责和内设机构人员编制；三是落实人员、办公经费、办公用房和办公设备等。

经过艰辛细致的工作，6月2日，省政府办公厅印发了《吉林省安全生产监督管理局主要职责内设机构和人员编制规定的通知》（吉政办发［2004］40号）。吉林省安全生产监督管理局内设9个职能处（室）和机关党委，行政编制50人，工勤事业编制7人。机构、人员、经费以及办公场所和装备等都得到了较好地落实。

2. 大力推进市县两级安全监管局的组建工作

省安监局组建后，为建立安全生产长效机制，针对全省市、县两级监管力量相对比较薄弱的问题，采取了一系列积极措施，推进全省安全监管机构建设工作。

一是向省政府和省领导报告情况，阐明抓紧组建和完善各地区安全监管机构的迫切性和重要性，要求切实解决机构、职能、人员、经费不落实的问题。经过努力，省政府协调会议决定由省编办下文明确各市州、县（市、区）设立安全生产监督管理机构，为政府工作部门，并要求各地在6月底完成组建工作。

二是对全省安全生产监管机构进行了3次调查、2次督查和1次通报，有力地推动了全省安全监管机构的组建工作。截至2004年底，全省建立了县（区）级以上政府安全生产监管机构共70个。其中，省级安全生产监督管理局1个，市州级安全生产监督管理局9个，60个县（市、区）政府中有54个建立了安全生产监督管理局，6个县（市、区）安全生产监督管理工作仍由政府部门内设机构承担。全省安全生产监督管理机构行政及事业编制777人，实有人数692人。有1个市和12个县（市、区）成立了安全生产监察执法队伍，现有人数76人。

3. 发挥安委会办公室职能，加强支撑体系建设

一是充分发挥安委会办公室的作用，进一步建议充实完善省安委会机构，建立了《吉林省安全生产委员会工作规则》和安委会联络员制度，增强了对安委会成员单位的综合协调和工作指导。针对上半年全省道路交通事故、煤矿事故起数和死亡人数居高不下，危险化学品行业接连发生事故等实际问题，以安委会办公室名义，分别召开各相关部门参加的安全生产专题会议，及时通报情况，研究部署具体工作措施。针对全省不同时期工作的重点和难点问题，适时提出加强安全生产工作的意见和建议，组织召开了4次安委会全体会议，5次全省安全生产电视电话会议，进一步推动了全省各级安委会的工作。

二是加强支撑体系建设，完成了5个直属事业单位和安全生产工程协会的组建，为加强全省安全生产工作建立了组织基础。

三、加强队伍建设和机关制度建设

针对新机构、新职能、新人员的实际，坚持一手抓当前，提高处理和解决突发事件的能力和水平；一手抓长远，狠抓基础和制度建设，提出了内强素质、外树形象的工作要求。

一是加强全省安全监管人员政治业务素质的提高工作。在3月份和8月份我局举办了全体机关干部参加的集中学习和培训，领导带头讲课。在8月和11月由局长带领机关24名同志参加了国家局的培训，经过培训和考试，全局人员全部取得了国家局颁发的安全生产监察员证。同时，还对各市州、县（市、区）安全监管人员进行了系统的培训，全系统人员素质有了较大的提高。

二是强化机关党的组织建设。成立了机关党委、机关纪委、工会和团总支，切实加强了思想建设、廉政建设和作风建设。充分发挥党组织的核心作用，在机关形成了一个团结向上、无私奉献、廉洁高效、文明执法的良好氛围。

三是规范机关工作秩序，狠抓机关制度建设。在一年时间里建立了机关和指导安全生产工作的各项制度和管理办法近30项，进一步保障了依法行政的效能。

四是建立了科学民主决策机制。在局内组建了法律顾问、专家和督查三个委员会，加强对重大事项、重要任务的咨询、审查和督查。对涉及安全生产工作重大问题的决策，坚持不经过调查研究不决策，不经过法律咨询和专家论证不决策，不经过领导班子集体讨论不决策，有效地推动了各项工作全面深入开展。

四、加大监管力度，继续抓好安全生产专项整治

（一）突出整治重点，“百日安全整治行动”收到实效

为吸取吉林市“2·15”特大火灾事故的惨痛教训，2月16日，省领导对全省“百日安全整治行动”进行了专门的部署。省安监局立即制定了“百日安全整治方案”，并抽调专人组成省政府专项整治工作办公室，对全省“百日安全整治行动”进行综合协调、调度和督查。重点对公众聚集场所、矿山、道路交通、危险化学品等事故高发领域和建筑施工、民用爆破器材、烟花爆竹、特种设备、旅游、城市燃气等行业和领域中的薄弱环节和危及安全的突出问题，加大整治力度。进一步落实对重大危险源的日常监控和重大事故隐患限期整治的责任，对重大隐患整改，采取在限期内解决的硬措施。进一步建立和完善了应急救援预案和应急救援演练制度，有效地推进了各项整治的深入开展。

在“百日安全整治行动”中，全省共组成检查组4000余个，抽调人员6.5万人次，检查各类企业和场所30余万个，查处各类事故隐患18万余项，督促整改隐患12.6万余项，下发整改通知书20万余份，责令停产停业3500余个，百日安全整治行动基本上完成了各项工作目标。

（二）不断深化安全生产专项整治工作

1. 全面实施安全生产许可制度

组织全省对煤矿、非煤矿山、危险化学品、烟花爆竹、建筑、民用爆破器材等行业实行安全生产许可制度。全省统一组织开展了煤矿、非煤矿山、危险化学品和烟花爆竹企业安全评价和安全评估工作，结合安全生产许可证发放工作，从源头上把好市场准入关，取缔、关闭一批不具备安全生产基本条件的企业。2004年，全省受理煤矿企业办证申请72份，向68个企业和矿井颁发了安全生产许可证。生产、储存危险化学品企业已进行了安全评估的达331户，非煤矿山企业1666户。已开展安全评价的危险化学品经营企业2883户，烟花爆竹经营企业60户。截至2004年底全省已颁发危险化学品经营许可证的企业达2745户，颁发危险化学品安全生产许可证22个，非煤矿山安全生产许可证116个。

2. 在抓专项整治过程中，全面加强各方面工作

一是加强了安全生产宣传教育工作。组建了吉林省安全生产宣传教育中心，创办了吉林省安全生产信息网结。组建了《中国安全生产报》和吉林电视台安全生产记者站，在全省选拔了49名业务骨干作为安全生产通讯员，并进行系统培训。创办了安全生产简报，及时分析安全生产形势，报道安全生产最新动态。加强与各类媒体的沟通和协作，充分利用社会资源宣传安全生产工作，下半年在国家、省级报刊、电台、电视台等媒体发表稿件100余篇，5万余字。

二是加强全省安全生产培训工作。开展了安全监管人员执法培训和市州、县（市、区）主管安全生产的领导、企业负责人、管理人员等安全生产基础知识和专业知识的岗位培训工作，共培训2187人。全省特种作业人员新培和复审30222人。全省

安全生产监管干部和特种作业人员持证上岗率达到90%以上，生产经营单位主要负责人和安全生产管理人员持证上岗率达到80%以上。

三是推进安全生产法制建设。为认真贯彻落实国务院《关于进一步加强安全生产工作的决定》，我局起草了贯彻落实《决定》的具体实施意见。明确提出了提取安全费用、提高企业对伤亡事故赔偿标准和安全生产风险抵押金三项经济政策。按《中华人民共和国行政许可法》规定，配合省人大、省法制办对《吉林省劳动保护条例》、《吉林省实施中华人民共和国矿山安全法办法》等涉及安全生产方面的地方性法律法规和规范性文件的行政许可项目进行了清理。组织人员完成了危化、非煤矿山、烟花爆竹等企业的安全生产许可证实施细则的起草工作。完成了《吉林省安全生产条例》的起草、调研和修改工作（2005年3月31日已经省十届人大常委会第十九次会议审议通过后颁布）。

四是加强依法检查、专项督查和综合管理职能、针对不同时期各行业、各领域存在的突出问题，组织煤矿、煤监、公安、建设等有关部门开展了3次安全生产大检查。对危化品和非煤矿山领域事故频发的势头，会同有关部门，先后4次对各地区进行了专项督查。加强综合协调和联合执法，会同煤炭、煤监、国土资源等部门，对2003年省政府终检验收不合格的19处小煤矿和应关闭的小煤矿的关闭情况进行了专项督查，加大了对无证非法矿井的打击力度和乡镇煤矿的安全监管。会同公安、交通等部门，开展了道路交通“五整顿、三加强”活动。会同消防部门开展了“火灾隐患大排查、大整改、保安全”活动。7月份，省安委会办公室组成4个督查组对全省责任制完成情况、机构建设情况、危险化学品和非煤矿山基础工作普查情况进行了督查。9月份，局领导亲自带队，组成多个督查组，深入到全省9个市州，对安全生产情况进行明察暗访，并会同地方政府研究和解决问题。11月份，局监察专员和有关处室组成3个检查组，分赴各地，督查非煤矿山、危险化学品和烟花爆竹安全专项整治情况。加强了节日期间的安全检查，确保了2004年节日期间未发生一起重特大安全生产事故。

五是初步建立了全省应急救援体系。编制了吉林省生产安全应急救援预案和体系建设方案，组织开展了应急救援资源普查，整合全省应急救援资源，初步形成了全省危险化学品和矿山应急救援体系。推动各市州政府制定了应急预案，建立应急救援机构，并定期组织培训和演练。

六是加强源头管理和隐患治理工作。推动全省各地制定重大危险源、重大事故隐患的管理整治办法。基本摸清了全省非煤矿山、危化品、烟花爆竹等领域的企业安全状况。建立了重大事故隐患和重大危险源基础数据库。全省重大危险源共有1521个，查出重大事故隐患137个，已整改94个。重大危险源监控和重大事故隐患整改的工作初步走向系统化、规范化和科学化。

3. 扎实有效地开展“安全生产月”活动

一是详细制定了“安全生产月”活动方案，明确了各部门工作任务。紧紧围绕“以人为本、安全第一”的主题开展了13项宣传教育活动。

二是注重宣传教育为主，形式多样。6月1日，我局正式开通吉林省安全生产信息网。6月13日，在全省各地统一开展了“安全生产咨询日”和万人签名活动。有10万多人参加了签名活动，共有近140万人次参与了安全生产咨询。6月15日，主办了“安全·交通杯”安全生产知识竞赛。6月20日，组织“安全生产月”活动汇报演出和巡回演出。组织有奖征文和征集“生命之歌”歌曲活动，共收到征文138篇。组织编写《2000—2004年吉林省特大事故案例选编》和刻制《2000—2004年部分特大事故》光盘在全省发放。安全生产月期间共播发550多篇有关安全生产的稿件。

三是部门联动，社会支持。全省各有关部门相继制订活动方案，组织开展了创建“青年安全生产示范岗”活动和“安康杯”竞赛活动。制作了电视专题片《火殇》——吉林市“2·15”特大火灾警示录。在全省高等院校及中小学校开展了安全消防自防、自救演练等项活动。开展了公路超载超限专项整治工作。重点整治航站消防和周边净空安全，并组织消防演练。针对道口问题频发的实际，集中对道口设备进行一次全面检查。进行了大型演练和企业升安全旗等活动。发“安全信息”20万人次。

四是积极配合国家开展“安全生产万里行”活动。6月19日，采访团到达吉林省，先后与省、市政府及有关部门进行了座谈会和汇报会，并对吉林“2·15”特大火灾事故反思和一汽集团、中石油吉林分公司的安全生产管理情况进行深度报道。6月20日，组织召开了全省各市（州）、县市区参加的电视电话双向会议。

五是促进了全民安全生产意识。自6月6日省安全生产监督管理局在吉林电视台公布举报电话后，收到群众举报电话26个，收到反映安全生产问题的举报信7封，全年共接待来访群众20多人次，处理群众来信65件，全社会关注安全生产的意识进一步提高。

4. 打基础、抓基层，安全质量标准化工作全面启动

一是认真贯彻落实《决定》和国家局《关于开展安全质量标准化活动的指导意见》。结合吉林省的实际情况，明确了工作目标和实施步骤，本着“一年打基础、两年初步规范、三年基本完善”的思路，积极开展非煤矿山、危险化学品行业、建筑施工等高危行业以及相关行业的安全质量标准化工作。制定了开展非煤矿山、危险化学品、非公有制企业安全质量标准化活动的实施方案，明确了开展安全质量标准化活动的具体任务和要求。

二是以点带面、稳步推进。确定在桦甸市、辽源市西安区和东丰县开展非煤矿山企业安全质量标准化试点工作，在吉林市开展危化企业安全质量标准化工作，在长春九台开展一般行业安全质量标准化工作。完成了《非煤矿山企业安全质量标准化试点方案》、《危险化学品企业安全质量标准化试点方案》和《安全质量标准化考核办法》等文件的起草工作，并组织人员赴试点地区协助抓好总结推广工作。

三是努力探索非公制企业监管方式，切实加强对个体、私营企业安全监管工作。认真总结了九台市非公有制企业安全质量标准化工作和加强安全监管的做法。9月24日组织召开了全省非公有制企业安全生产监管工作现场会，在全省范围内推广九台市经验。

四是与安全生产专项整治、企业安全状况评估和安全生产许可证的颁发工作结合起来，推动安全质量标准化工作。制定了非煤矿山和危险化学品安全质量标准化升级达标的标准，并把它作为安全专项整治和实施许可证制度的一个重要内容，有力地推进了安全质量标准化的深入开展。

吉林省煤矿安全生产工作综述

一、全省煤矿安全生产基本情况

2004年，在国家局和省委、省政府的正确领导下，经过各有关部门和煤矿企业的共同努力，全省煤矿安全生产工作取得了可喜成果。在2003年创造18年以来历史最好水平的基础上，再次迈上新的台阶，创造了吉林省历史最好水平。

截至2004年底，全省各类煤矿共发生死亡事故124起，死亡173人，与去年同期132起，187人相比减少8起，少死亡14人，分别下降6.06%和7.5%。其中，国有重点煤矿发生事故14起，死亡16人，同比减少3起，少32人；国有地方煤矿发生事故27起，死亡47人，同比减少1起，多19人；乡镇煤矿发生事故83起，死亡110人，同比减少4起，少1人；煤矿百万吨死亡率为6.82，同比下降18.6%。事故死亡人数和百万吨死亡率均低于国家下达的控制指标。

二、煤矿安全监察执法工作情况

2004年，吉林煤矿安全监察局与各级政府和有关部门密切协作，不断加大监察执法力度，有效促进了煤矿安全生产状况的明显好转。

1. 认真贯彻落实全国安全生产工作会议精神，进一步加大监察执法工作力度

一年来，全省煤矿安全监察人员累计下井监察1801矿（次），查处各类隐患9101条，下达各类执法文书6214份，制作现场检查笔录1785份，下达现场处理决定书1487份、复查意见书726份、撤出作业人员命令书192份，及时消除了一批事故隐患。与此同时，针对辖区内影响煤矿安全生产的突出问题，向地方政府提出加强和改进煤矿安全生产工作的建议62次，引起了各级政府的普遍重视。

2. 认真开展“煤矿百日安全监察执法”活动

2月中旬至5月末，分3个阶段在全省集中开展了“煤矿百日安全监察执法”活动。活动期间，全省共出动煤矿安全监察人员3000多人（次），查处事故隐患2875条，制作各类执法文书1623份，责令87处矿井停产整顿。“煤矿百日安全监察执法”活动确保了国家“两会”期间和“五一”黄金周期间煤矿安全生产稳定，促进了煤矿企业加强安全基础，取得了阶段性成果。

3．加强煤矿安全专项监察执法工作

按照“排查要细，整改要实，执法要严”的要求，相继开展了以煤矿“一通三防”管理、水害治理、非正规采煤方法和顶板管理为重点的专项执法监察。全省共排查采用非正规采煤方法的矿井477处，受水患威胁矿井75处，对专项监察中发现的问题依法进行了严肃处理。通过努力，煤矿瓦斯事故死亡人数比2003年减少10人，下降30.6%；水灾事故减少4起，少死亡18人，分别下降了80%和72%。特别是在汛期到来时，由于在专项监察时摸清了底数，做到超前预防，虽然有部分矿井因排水能力不足被淹，但没有发生人身伤害事故。

4．狠抓煤矿建设项目“三同时”的监督检查

下半年，加大了对煤矿建设项目“三同时”监察执法力度，对12处未按安全专篇组织施工的矿井责令停止施工，对6处未经竣工验收的矿井责令停止生产，对8处违反“三同时”规定的矿井进行了行政处罚，作出了罚款处理。乡镇煤矿“三同时”审查率为95%，比全国64.7%的平均审查率高出30.3个百分点，得到了国家局的充分肯定。

5．集中开展煤矿安全大检查工作

进入第四季度，全国煤矿企业连续发生重特大事故，安全生产形势十分严峻。国务院安委会相继召开了两次电视电话会议，连续下发了3个加强安全生产工作的紧急通知，要求立即开展以防范煤矿瓦斯事故为重点的安全生产大检查。按照国家和省政府要求，会同省安全生产监督管理局和煤炭工业局共同研究制定了全省煤矿安全大检查工作方案，联合开展了煤矿安全大检查工作。大检查期间，由局领导分别带队，分成4个工作组持续不断地对全省各类煤矿开展了集中监察执法。重点检查煤矿企业贯彻执行瓦斯治理“十二字”方针情况，严防超能力突击生产出煤现象，煤矿安全大检查一直持续到年底，为稳定煤矿安全生产形势，实现全年的安全生产目标发挥了重要作用。

6．积极组建吉林矿山救援指挥中心

吉林矿山救援指挥中心经国家局批准正式成立，并于12月23日举行了揭牌仪式。救援中心的成立，为进一步加快吉林省矿山应急救援体系建设，提高矿山救护组织的快速反应能力，建立组织严密、协同作战、保障有力的专业化队伍，提供了重要的基础和保障。

7．严肃查处煤矿事故，坚决打击非法开采

2004年，按照“四不放过”的原则，严肃查处了煤矿事故，加大了责任追究力度，提高了事故结案率。目前，全省共查办煤矿事故案件102起，时限内结案率达到100%，对219人作出行政处罚，9人追究刑事责任。其中，警告91人、记过64人、记大过22人、降级2人、撤职24人、开除留用5人、开除公职11人。

8．全面加强煤矿安全宣传教育培训工作

进一步完善了全省煤矿安全宣传教育培训体系，目前有三级以上煤矿安全培训机构7个。去年，全省共举办各种煤矿安全培训班117期，培训各类学员8409人。其中，培训煤矿主要负责人2期，154人，完成计划的154%；举办煤矿安全管理人员培训班22期，培训学员1603人，完成计划的200%；举办特种作业人员培训班93期，培训6652人，完成计划的133%。

同时，采取多种形式有针对进行煤矿安全教育培训，大胆尝试教学改革，针对煤矿企业年底前生产任务重、脱产培训困难等情况，采取走出去的办法，到辽源局、梅河、万宝煤矿举办了3期煤矿安全管理人员培训班，共培训339人，较好地完成了全年的培训工作任务。

4月14日召开了全省煤矿事故案例分析会议，认真剖析了2003年以来几起重特大煤矿事故案例，并将典型事故案例和先进经验材料编印成教材，制成光盘直接发给有关部门和煤矿企业，作为加强安全生产宣传教育的重要资料。

9．加强监察执法队伍建设

以党风廉政建设工作和反腐败工作为核心，以公正执法、严格执法为手段，全面加强了煤矿安全监察队伍建设。队伍的整体素质、执法水平、工作作风和执法形象有了很大提高。

黑龙江省安全生产工作综述

2004年，在省委、省政府的高度重视和领导下，在各地各部门、各单位的共同努力下，全面完成了国家下达的安全生产控制指标，重点考核的主要控制指标全面下降，在全省经济快速发展的同时，安全生产形势呈现稳定好转的发展态势。

一、各类安全生产事故指标全面下降

全省共发生各类安全生产事故24076起，同比下降13%，死亡3344人，下降3.1%，伤8676人，下降13.1%，直接经济损失1.05亿元，下降19.7%。其特点是除道路交通事故死亡人数微升0.7%外，工业生产、煤矿、火灾、铁路路外等领域均下降。全省一次死亡10人以上的事故发生4起，死亡69人，死亡人数同比下降51.7%。特别是煤矿事故死亡人数比2003年减少107人，这是近年来取得的最好成绩。

二、重特大事故明显减少

发生一次死亡3～9人事故73起，同比下降12%，死亡284人，下降15.5%。发生一次死亡10人以上特大事故4起，同比减少3起，下降42.9%，死亡69人，减少74人，下降51.7%。

三、省委、省政府加大安全生产责任追究力度

4月8日，省委书记宋法棠亲自到省煤矿安全监察局调查了解煤矿安全情况，帮助解决煤矿安全工作中存在的难点和重点问题。

4月29日，省长张左己到哈尔滨市检查危险化学品安全。要求企业提高认识，严格管理，深化专项整治，建立应急救援组织。

省委印发了《市地党政领导班子主要责任指标考核暂行办法》，明确规定："考核年度内本地发生安全生产责任事故：一次死亡50人以上的特别重大责任事故，每发生一起扣5分；一次死亡10人以上特大责任事故，每发生一起扣3分。"

省委正在制定的《中共黑龙江省委关于党政领导干部引咎辞职的暂行规定》，将在安全工作方面严重失职、造成重特大事故、负有重要责任的领导干部纳入引咎辞职的范畴。

省国资委和煤矿安全监察局制定印发了对国有企业领导干部安全生产责任制考核的办法，进一步明确了各矿业集团公司董事长、总经理以及公司直属煤矿的矿长、党委书记等主要负责人作为安全生产第一责任者的责任。新组建成立的黑龙江龙煤集团对下属各公司矿长以上企业领导干部制定了严厉的责任追究规定。在选拔考核煤矿企业主要负责人时，推行安全事故"一票否决"制度；在选拔任用公司领导干部时，实行安全生产政绩优先原则。企业内部考核工作也把安全生产和经营指标的完成情况同等对待，真正落实"安全优先"原则。

四、进一步建立和完善安全生产责任制和责任追究制

为进一步加强安全生产工作，保证完成国家下达的安全生产控制指标，各级政府都把安全生产纳入经济发展和社会进步总体规划，纳入干部政绩考核之中，统一部署，同步推进，同时考核；都把安全生产控制指标，以层层签订安全责任状的方式，分解落实到了基层；建立健全安全生产责任制，政府主要领导亲自抓，分管领导集中精力抓，各部门各负其责、各尽其职，强化监督检查；生产经营单位不断增强安全生产主体责任意识，加强管理，建立健全车间、班组和岗位安全生产责任制，强化了自我约束机制。安全生产责任制的层层落实，确保完成了各项安全生产任务目标和控制指标。同时，认真落实责任追究制度，按照有关法律法规，严厉查处了各类事故的责任单位和责任人。全省共有949人被追究党纪政纪和刑事责任。其中厅级干部8人，处级干部84人，移送司法机关252人。

五、重点领域安全生产专项整治取得了阶段性成果

按照国务院的统一部署，省政府一直把专项整治作为全省安全生产工作的重点，加强对整治工作的领导，加大整治力度，狠抓重点领域的整治工作。

1. 煤矿安全整治

通过开展以“一通三防”为重点的瓦斯集中治理，加大对非法和不具备安全生产条件矿井的打击力度，淘汰不符合安全生产标准的小井小矿，各类煤矿由1998年的4882个减少到目前的1327个。全省煤矿在煤炭产量增产1263万t，创历史最高水平的情况下，发生死亡事故78起，同比次数减少14起，下降15.2%，死亡178人，减少37人，下降17.2%；全省共发生瓦斯事故4起，死亡61人，比上年分别减少10起、54人，分别下降71.4%和47 %；百万吨死亡率1.9，比全国平均水平低1.18，同比下降0.8；全省小煤矿安装风机监测系统875处，安装瓦斯监控系统矿井1191个。依法严厉打击非法小煤矿，煤矿生产秩序得到明显改善。

2. 道路交通安全整治

按照“五整顿、三加强”的要求，加大道路交通秩序整顿力度，全省共查处交通违法违章行为41.2万起，扣留驾驶证8502个，暂扣3653个，吊销141个，行政拘留422人，使道路交通安全状况和行车秩序得到了明显改善。并治理了多处事故黑点。目前全省建成汽车综合性能检测站57家、二级维护指定厂180家，汽车维修业发展到5700余户，年均完成汽车综合性能检测40余万次，二级维护40余万次，车辆技术等级评定20余万次，全省一、二级客运站已建成车辆安全技术检查站78个，达到应建设的80%。

3. 人员密集场所消防安全整治

以疏散通道、安全出口、火灾报警和灭火系统等消防设施监督检查为重点，狠抓消防安全责任制落实，严厉查处不符合消防安全条件的“六小”单位，排查整改影响公共安全的重大火灾隐患。检查各类场所1.9万个，发现火灾隐患1.4万处，整改1.2万处，处罚单位402个，责令停产停业单位332个。集中对全省在省政府备案的270处重大火灾隐患进行了二轮治理，2004年全省投入重大隐患整改资金2.4亿元，有效地遏制了重特大火灾事故发生。全年发生火灾事故1.48万起，同比下降12%，死亡106人，下降10.9%，未发生一次死亡10人以上的特大火灾事故。

4. 危险化学品、烟花爆竹和民爆器材的安全整治

按照“五整顿，两关闭”的要求，大力开展危险化学品专项检查和督查，组织检查270次，查出隐患8000余项，下发执法文书4600余份，取缔和关闭非法和不具备基本安全生产条件的危险化学品从业单位300余家。对全省烟花爆竹生产和批发经营企业开展了安全评估检查活动，对现有137家烟花爆竹生产、批发销售企业，已评估121家，评估率88.3%，对不符合安全生产条件存在重大隐患的11家烟花爆竹生产销售单位给予停产整顿的行政处罚。印发了《关于印发深化烟花爆竹安全生产专项整治方案的通知》、《烟花爆竹临时销售许可证审批发放工作指导意见》、《黑龙江省关于开展2004年烟花爆竹安全“三下乡”活动的方案》、《关于烟花爆竹安全监管职能交接的通知》；民爆器材安全整治围绕生产、使用和管理等环节，对民爆器材直购用户进行了清理，使涉爆的关键环节得到规范。

5. 非煤矿山专项整治

转发了国家局做好2004年非煤矿山安全评估工作的通知，下发了《关于加快非煤矿山安全生产状况评估工作的紧急通知》，提出要确保在年底前完成评估任务的目标，下发文件对上半年评估工作进展情况进行了通报。各地对评估工作非常重视，采取各种措施，推进评估工作的进行。各地在评估过程中，把整治与评估结合起来，对那些不符合条件的矿山依法进行了关闭和取缔。牡丹江市在制定评估实施方案的基础上，召开专门会议对评估工作进行了布置，评估工作结束后，又提出了对A、B类矿山强化监管促提高，C类矿山严格监管抓升级，D级矿山坚决取缔保安全的动态监管机制。截至2004年底，全省累计完成非煤矿山企业安全评估工作2181户，占全省应评估矿山总数的100%。其中，A类矿山299个，占应评估总数的13.71%；B类矿山901个，占应评估矿山总数的41.31%；C类矿山472个，占应评估矿山总数的21.64%；D类矿山509个，占应评估矿山总数的23.34%。13个地市及农垦、森工系统均100%完成了评估工作任务。

6. 建筑安全整治

以建筑施工现场管理为重点，加大检查和监督力度。全省建筑行业杜绝了一次死亡3人以上重特大安全事故。此外，一些行业和领域，针对薄弱环节，也开展了专项整治。

六、安全生产基层、基础工作得到进一步加强

围绕建立安全生产长效机制，全面加强安全生产“双基”工作。一是加大“三同时”力度，对双鸭山建龙钢铁厂、哈尔滨热电有限责任公司供热扩建工程、华能鹤岗电厂二期扩建工程等581项新改扩建工程项目，严格实行了“三同时”，杜绝了安全隐患。二是严格实施了《安全生产许可证条例》，严把了矿山企业、建筑施工企业和危险化学品、烟花爆竹、民用爆破器材等高危行业企业市场准入关。坚持条件、严格审查，加快了《安全生产许可证》发放工作。三是广泛开展安全质量标准化活动。煤矿安全质量标准化水平有新的提升，四大矿业集团公司所属矿井80%以上均达到了国家安全质量一级标准，地方煤矿安全质量标准化也得到加强。按照建立全员全过程的安全质量管理体系要求，在电力、石油化工、机械、建筑、冶金、非煤矿山、危险化学品企业等行业和领域，从建立体系、完善标准、严格考核等基础环节入手，开展了安全质量标准化活动，提升了企业安全水平。四是加大投入，推动安全生产科技进步。全省投入3.6亿元，建立了煤矿安全监测监控系统，运用计算机网络对各类煤矿瓦斯、通风实行了全方位远程监控。五是按国家部署，开展了中小企业安全监管试点工作。以哈尔滨、齐齐哈尔、牡丹江、大庆4个市为重点，探索了对中小企业安全生产实施有效监管的新路子。

七、加大监管监察力度，及时消除各类安全隐患

各级安全生产监管监察部门坚持关口前移，重心下移，适时开展安全生产大检查，不断加大现场监督执法力度，全省共组织5次安全生产大检查和20余次专项安全督查。各市地、各部门、各单位普遍开展安全生产自检自查，据统计，全省共组成检查组2万多个，出动检查人员22万人次，检查各类场所8万余家，查出和整改各类事故隐患4.3万项。加大重大隐患整改力度，投入整改资金2.4亿元，各市（地）上报省政府备案的32项重大隐患，整改了23项，整改率达71.88%。对9项正在整改或一时难以彻底整治的隐患，各市地按要求制定了应急预案，落实了日常监控措施。

大庆石油管道占压问题，是国家备案的重大隐患，对严重威胁油田安全生产工作的地面建筑占压油田输油管线、输气管线、轻烃管线和高压水管线（以下简称“四线”）情况进行了调查摸底，对占压责任单位、占压管道长度、面积、占压类别、占压性质、清理和未清理占压情况等进行调查、统计，建立了较为详细的档案资料。截至2004年11月，直接占压“四线”的建构筑物共有741处，距离管道5米范围以内的有1818处，距离高压电线1.5米及距离管道50米范围以内的有2351处，占压“四线”的地面建构筑物数量总计4910处。这些地面建构筑物占地面积达280多万平方米。目前清理工作已经开始，预计5年时间能够清理完毕。

八、加强安全生产监管体制和监管队伍建设

2004年1月省编委批准组建省安全监管局，为正厅级的省政府直属机构。内设机构有办公室、规划科技处、安全生产协调处、监督管理一处、监督管理二处、危险化学品安全监督管理处、人事培训处、机关党委及纪检监察机构。局主要工作职责有12项：

（1）承担省政府安全生产委员会办公室的日常工作。

（2）综合管理全省安全生产工作。组织起草安全生产方面综合性的地方法规和行政规章，指导协调有关行业主管部门和社会中介组织拟定安全技术标准。

（3）依法行使国家安全生产综合监督管理职权，指导、协调和监督有关部门安全生产监督管理工作；拟定全省安全生产发展规划；定期分析和预测全省安全生产形势，研究、协调和解决安全生产中的重大问题。

（4）负责发布全省安全生产信息，综合管理全省生产安全伤亡事故调度统计和安全生产行政执法分析工作；依法组织、协调重特大事故的调查处理工作，受省政府委托对重特大事故的调查报告进行批复，并监督事故查处的落实情况；组织、指挥和协调安全生产应急救援工作。

（5）负责综合监督管理危险化学品和烟花爆竹安全生产工作。

（6）指导、协调全省安全生产检测检验工作；组织实施对工矿商贸企业安全生产条件和有关设备（特种设备除外）进行检测检验、安全评价、安全培训、安全咨询等社会中介组织的资质管理工作，并进行监督检查。

(7) 组织、指导全省安全生产宣传教育工作，负责全省安全生产监督管理人员的安全培训、考核工作，依法组织、指导并监督特种作业人员（特种设备作业人员除外）的考核工作和生产经营单位主要经营管理者、安全管理人员的安全资格培训考核工作，监督检查生产经营单位安全培训工作。

(8) 依法监督工矿商贸企业贯彻执行安全生产法律、法规情况及其安全生产条件和有关设备（特种设备除外）、材料、劳动防护用品的安全管理工作。

(9) 依法监督检查新建、改建、扩建工程项目的安全设施与主体工程同时设计、同时施工、同时投产使用（以下简称“三同时”）情况，依法监督检查生产经营单位作业场所职业卫生情况和重大危险源监控、重大事故隐患的整改工作，依法查处不具备安全生产条件的生产经营单位。

(10) 拟订全省安全生产科技规划，组织、指导安全生产重大科学技术研究和技术示范工作；监督管理安全技术措施经费；组织开展安全生产方面的国际、省际间的交流与合作。

(11) 贯彻实施注册安全工程师执法资格制度，组织考前培训和注册管理。

(12) 承办省政府交办的其他事项。

截止到2004年底，13个市地和省农垦总局先后成立了安全生产监管局，全部为独立局。142个县（市、区）建立了安全监管机构，其中有85个县（市、区）成立了安全监管局。行政执法地位得到确立，省、市、县三级安全监管体系正在不断加强和完善。

九、加强宣传教育，营造安全生产氛围

在全省广泛深入地开展了安全生产教育活动，在“安全生产月”期间，发放宣传品，印发宣传图片，播发宣传稿件。配合全国“安全生产万里行东北行”活动，在牡丹江、鸡西、大庆、哈尔滨举行6场大型安全生产宣传教育活动。加大安全培训力度，全省共培训生产经营单位主要负责人、安全管理人员和特种作业人员49587人。全省煤炭行业建立了“五级”培训体系，煤矿安全培训成效显著，国家煤矿安全监察局在鸡西矿业集团召开了全国煤矿安全培训经验交流现场会，推广了全员培训经验。

江苏省安全生产工作综述

2004年，江苏省各地各部门认真贯彻党中央、国务院和省委、省政府关于安全生产的一系列指示精神，以科学发展观为指导，牢固树立“安全第一，预防为主”的方针，加强组织领导，狠抓措施落实，在落实安全责任、完善监管体制、深化专项整治、加强源头治理、组织开展安全生产大检查等方面做了大量工作，取得了明显的成效。

一、认真贯彻党中央、国务院关于安全生产的一系列指示精神，把安全生产工作摆到更重要位置

省委、省政府对安全生产高度重视。省委书记李源潮多次批示，要求切实做好安全生产工作。省长梁保华多次批示并主持召开省政府常务会议听取汇报，对全省安全生产工作提出明确要求。省政府、省安委会召开各类专题会议，进行具体部署和安排。各地、各部门和各单位认真贯彻省委、省政府的部署及全省安全生产工作会议精神，加强领导，狠抓落实。全省上下进一步强化了认识，全面树立和落实科学发展观，把“以人为本”理念贯穿于安全生产工作的全过程，初步形成了政府统一领导、部门具体负责、企业承担责任、社会各界参与的安全生产工作新体系，有力地推动了全省安全生产工作。

二、建立健全安全生产控制指标体系，层层落实安全生产责任

建立安全生产控制指标体系，对全省安全生产工作起到了积极促进作用。一是层层分解落实控制指标。省政府与各市政府签订了责任书，明确了各市年度控制指标，把它作为地方政府和各级领导干部重要考核内容，施行年度评优“一票否决制”、安全生产领导班子全员责任制和“一把手”负责制。各地也因地制宜建立控制指标体系，层层分解，进一步强化了安全生产责任制的落实。二是强化了对指标的动态监控。省安委办定期召开事故分析会，公布各类事故信息，对事故多发行业和地区及时发布预警，督促各地及时采取相应措施。三是加大了事故查处和行政责任追究力度。按照“四不放过”的原则，对各类事故认真调查处理，依法严肃追究责任。

三、加大监管检查力度，重大事故得到有效遏制

围绕安全生产突出问题，按照省政府、省安委会工作部署，各地、各有关部门和单位多次组织安全生产大检查，特别是在节假日等重点时段及时组织开展全省性的综合大检查，确保了全省安全生产形势的平稳。2月份开展了以公共安全为重点的大检查，4月份组织了危险化学品专项检查和“五一”节前安全督查，9月份集中进行了国庆节前安全督查，11月份重点开展了航空安全检查，12月份开展了“两节”安全生产大检查。这些全省性的督查、检查对于集中治理隐患、遏制重特大事故的发生起到了积极的作用。与此同时，煤矿安全监察部门进一步加大了现场监察力度，先后组织了7次大检查，为全省煤矿安全再上新台阶奠定了基础。

四、深入开展专项整治，重点行业和领域安全形势明显好转

在连续4年开展重点专项整治的基础上，2004年，继续突出重点，深化专项整治内容，巩固专项整治成果，提高专项整治成效，重点行业和领域安全状况进一步改善。道路交通方面，开展了“五整顿三加强”和“两查禁一整顿”活动，加强交通违法整治和运输超载超限整治，集中治理了一批事故隐患，取得了明显成效。按原口径统计，2004年全省道路交通事故起数、死亡人数分别下降32%和6%，比上一年少死亡399人，为华东地区和沿海省市中唯一没有发生死亡10人以上特大交通事故的省份。危险化学品方面，积极推进“五整顿两关闭”工作。煤矿方面，以“一通三防”和顶板、机电运输管理为重点，对安全生产基础薄弱矿井和事故多发矿井，实施重点监察，全年整改重大隐患200多个。非煤矿山方面，对2818处矿山企业进行了安全评估，关闭、取缔一批了非法和不具备基本安全条件的非煤矿山。人员密集场所消防安全方面，全省共组织了2619个检查组，检查各类人员密集场所34555家，整改隐患20855处，整改率达94%。水上交通、建筑施工、民爆物品、海洋渔业等行业和领域的安全专项整治，在各地、各有关部门的共同努力下，也都取得了积极成效。

五、坚持源头治理，探索安全生产长治久安的有效途径

积极探索加快产业转移、逐步从高危行业退出的有效途径，力求从源头上遏制安全事故的发生。突出重点，在煤矿、非煤矿山、烟花爆竹和化工等高危行业关停并转不符合安全生产条件的企业。2001～2002年两年的时间里，在全省关闭了162处乡镇小煤矿，有4处经整顿合格后移交国有煤矿管理，结束了江苏省乡镇煤矿的历史，为近年来全省煤矿安全形势的持续稳定好转奠定了良好的基础。在非煤矿山安全整顿工作中，几年来，全省共取缔、关闭各类非法和不具备基本安全生产条件的非煤矿山2500余处，非煤矿山从20世纪90年代的1万多处降到目前的3500多处。2001～2004年，全省共依法关闭取缔不具备安全生产条件的危险化学品从业单位1300多家。同时，加大烟花爆竹安全整治力度，关闭烟花爆竹生产企业113家，只保留了34家规模较大、安全条件较好的企业，保证了全省烟花爆竹安全生产形势的稳定。针对交通安全工作的重点、难点，积极探索，加强源头治理。从2003年开始，在全省推广实施了公路载货汽车计重收费，有效压降了因超载引发的道路交通事故；制订了加强恶劣天气条件下高速公路交通管理工作方案，对高速公路通行进行分级管制；在长江江苏段实施了“船舶航行定线制”，打造长江“水上高速公路”；在京杭运河江苏段，率先推行“船舶标准化”，淘汰落后水泥船等安全技术条件差的运输船舶，有效减少了水上交通事故的发生。

六、夯实安全生产基础，重点行业质量标准化工作取得初步成效

煤矿企业积极推进安全质量标准化工作，进一步加大安全投入，以瓦斯、煤尘专项治理为重点，深入开展创建竞赛活动，建成了一批样板矿井、样板区队和示范工程。对非煤矿山、危险化学品等行业的质量标准化工作进行了动员和部署，试点工作已经展开，为下一步全面推开积累了经验，创造了条件。继续推进乡镇（街道）安全生产达标工作，加强检查考核，力求实效。全省1535个乡镇（街道）中97.7%建立了安监机构，4050名专（兼）职安全监管人员中76.7%做到了持证上岗，为实现“关口前移、重心下移”和完善全省安全监管网络发挥了积极作用。

七、建立健全应急救援体系，快速反应能力进一步提高

省安委会下发了《事故快报处理程序》，建立事故报告和快速反应机制。对事故报送和处理程序作出了明确规定；安监系统统一加入了110社会联动体系，提高了事故接报救援和处理效率。认真做好基础性工作，开展了重大危险源普查、建档、监控试点工作。煤矿企业运用“安全卫士”系统，已初步实现了对井下重点危险源的实时监控。整合现有救援力量和设施，推进省、市、县三级应急救援体系建设，制定了危险化学品和工矿企业重特大事故应急救援预案。目前，省级安全生产应急救援体系建设已经纳入政府应对公共突发事件的整体框架。10月20日，经省政府批准，省水上搜救中心在南通组织了江苏省历史上首次大规模水上搜救综合演习，有效地检验了水上交通事故应急救援预案，锻炼了搜救队伍。

八、加快推进法制化，安全生产法制建设进一步加强

进一步加强了安全生产法规制度建设，强化了安全监管队伍的法制培训和教育，提高执法素质和业务水平，做到有法必依、执法必严。一是加大了安全生产法律法规学习贯彻力度。广泛开展了《安全生产法》、《道路交通安全法》和《危险化学品安全管理条例》等法律法规的普法教育活动。二是加强法规制度体系建设。根据国务院《关于进一步加强安全生产工作的决定》要求，结合江苏省实际，省政府及时出台了《关于进一步加强安全生产工作的决定》。组织专题调查研究，起草了《江苏省安全生产条例（初稿）》，提交省人大常委会审议，有望2005年上半年出台。省公安厅、交通厅、安监局等部门也出台了有关规定，为规范化监督管理提供了依据。各地也出台了地方配套法规文件，为安全生产依法监管打下了坚实的法制基础。三是根据《行政许可法》，对涉及安全生产的行政许可项目进行了清理，并已下发了《江苏省安全生产行政许可实施程序规定》。

九、加强安全生产宣传教育，“关爱生命、关注安全”的社会氛围日益浓厚

各地、各有关部门落实措施，加大宣传工作力度，积极推进“以人为本”安全文化建设。在全国第三个“安全生产月”、江苏省第十一个“安全生产月”活动中，组织开展了各类宣传咨询和“百城百万人”签名活动，电视台集中播放了安全公益广告。公安、交通、建设、海事等部门采取多种形式，宣传相关安全法规和知识。这些活动，增强了全社会的安全意识，营造了浓厚的安全氛围。

经过全省各地各部门和各单位的共同努力，在经济快速发展，工业增加值增速达到23.4%，煤电油运供求形势持续紧张，安全生产难度进一步加大的情况下，全省安全生产保持了总体稳定、趋于好转的发展态势。与2003年相比，事故起数、死亡人数分别下降18.9%和6.1%，安全生产考核目标在国家下达的控制指标以内；多数地区和行业的安全状况比较稳定，杜绝了特大事故。

浙江省安全生产工作综述

2004年，在省委、省政府的领导下，全省各地各部门认真贯彻党中央、国务院关于安全生产工作的重要指示，按照省委提出的建设“平安浙江”的总体要求，围绕全省安全生产工作会议提出的“六个强化”工作要求，在进一步完善和落实安全生产责任、深化各项安全生产专项整治、加大对安全生产违法行为查处力度、广泛开展安全生产宣传培训教育、加强安全生产监督管理机构建设、积极探索安全生产工作新思路方面，做了大量的工作，全省安全生产形势保持了基本稳定的态势。

2004年是近年来全省各级、各部门领导最重视、工作力度最大、工作抓得最实、出台的措施最多、取得的成效最明显的一年。一是把安全生产工作纳入到全省经济社会发展的总体布局。年初，省委作出建设“平安浙江”的战略决策，提出了“五个更加”的总体目标和“六个确保”的具体目标，把“确保全省安全生产状况的稳定好转”，作为建设“平安浙江”的重要内容和具体目标之一，把安全生产工作放在全省经济社会发展极端重要的位置中。二是切实加强了安全生产各项工作措施。加强了对安全生产工作的组织领导；推进了安全生产监管机构和网络建设；省政府作出了《浙江省人民政府关于切实加强安全生产工作的决定》，转发了8个配套文件；强化了对重点行业领域的安全监管和事故防范；加强了部门之间的配合与协调，安全生产各项工作力度进一步加大。三是实现了全省安全生产状况的基本稳定，安全生产指标稳中有降。全省共发生各类伤亡事故76111起，死亡8417人，直接经济损失7.13亿元。与上年同期相比，事故起数减少10223起，死亡人数减少520人，直接经济损失减少1.63亿元，分别下降11.8%、5.8%和14.1%。提前一年实现了省政府提出的3个“零增长”的目标。

一、切实加强对安全生产工作的组织领导

省政府将省安全生产监督管理局升格为正厅级行政机构，强化安全生产综合监管的职能，大部分市县完成了安监机构组建工作；调整了省安全生产委员会，加大了对安全生产工作的统筹协调力度。省政府两次召开专题会议，研究决定安全生产重大问题，省安委会也召开了两次全体会议，研究部署安全生产工作。全省各市和绝大多数县（市、区）对安委会进行了调整，由政府主要领导担任安委会主任，增强了安委会综合协调的职能。

二、进一步落实各级安全生产责任

根据《安全生产法》和《国务院关于进一步加强安全生产工作的决定》，强化安全生产责任的落实，进一步明确了政府、部门和企业的安全生产责任。在政府层面，建立了政府主要领导负总责，分管领导在职责范围内各负其责的领导责任体系；在监管层面，建立了由安全生产监管部门综合监管，其他负有安全生产监管职能的部门实行专项监管的监管责任体系；在企业层面，明确由企业对安全生产全面负责，进一步落实了企业的安全生产主体责任。根据国务院安委会下达的安全生产控制指标，省政府与各市、各有关部门和单位签订了年度安全生产责任书。各地和各部门对控制指标进行层层分解，强化控制指标的考核力度，把安全责任落实到基层。

三、继续深化各项安全生产专项整治

全省各地、各有关部门加强领导，明确责任，齐抓共管，以消除事故隐患、防范重特大事故为重点，继续深化道路交通、水上交通、矿山、危险化学品、民用爆破器材和烟花爆竹、建筑施工、冲压、人员密集场所消防安全等行业和领域的专项整治，落实各项工作措施。认真开展事故隐患排查与整改工作，整改、消除了一批事故隐患，取得了明显成效。

在危险化学品专项安全整治中，通过强化危化品从业单位安全评价、评估工作，提高危化品从业单位的安全条件，全省1691家危险化学品生产、储存单位（其中储存单位170家）中，已完成安全评估1556家，评估率达92%。通过整治，并按照“五整顿、二关闭”的要求，关闭289家不符合安全条件、存在重大事故隐患以及非法从事危险化学品生产经营活动的从业单位。同时进一步加强了对烟花爆竹以及剧毒化学品生产、经营和使用的安全管理。全省58家烟花爆竹生产企业，7家因不符合安全生产条件被停产整顿。在矿山安全整治中，基本摸清了全省非煤矿山底数，通过评估检测和资源整合，关闭423家不具备安全生产条件的小矿山。同时，推广应用露天矿山中深孔爆破和浅孔排炮开采技术，推广应用率达到68%，全省矿山安全生产形势明显好转。在道路交通安全整治中，公安、交通等部门以贯彻《道路交通安全法》为契机，加大对驾驶员队伍、行车秩序、交通运输企业的安全整顿力度，联合开展公路运输车辆超限超载治理工作，狠抓源头管理和路面整治。省安委办、公安、交通等部门联合开展全省道路交通事故多发点段排查与整治工作，道路交通安全状况有所好转。在消防安全专项整治中，以人员密集场所、易燃易爆危险化学品以及“三合一”企业火灾隐患排查整治为重点，通过单位自查整改、行业或行政主管部门复查、政府组织督查等形式，一批重大火灾隐患得到整改，火灾严重的局面得到控制。在冲压

作业专项安全整治中，加强对冲压设备的安全性能检验检测和操作人员的培训教育，积极推进安全防护装置，提高设备的安全保障能力，冲压作业的手外伤事故明显下降。

四、强化安全生产大检查和督查工作

全省各地和各部门先后组织了危险化学品、道路交通、消防、旅游、矿山、建筑等重点行业和领域的安全大检查，整改、消除了一批事故隐患。特别是在元旦、春节以及“五一”、“十一”黄金周等节假日和“两会”等重要时期，全省各地、各部门周密部署本地区、本部门的安全生产工作，加强防范措施，安全生产状况好于平时。省安委办还多次组织省公安、交通、监察、安监等部门，对各市安全生产工作情况及安全生产责任制的落实情况进行督查，从督查情况看，各级领导安全责任意识明显增强，安全生产工作力度明显加大。

五、加强行政执法，严肃查处各类事故和安全生产违法行为

各有关部门通过广泛开展安全生产监督执法行动，严肃查处和从严处罚各类安全生产违法行为。省安监局组织开展了全省工矿企业安全生产执法检查行动，重点检查生产经营单位的安全生产责任制、安全生产的投入、事故隐患整改、应急救援预案制定演练、建设项目安全设施“三同时”等工作情况。各市结合当地实际，广泛开展以查处安全生产违法行为和整改事故隐患为重点的安全生产执法检查，一些久拖未改、影响恶劣、后果严重的安全隐患得到严肃查处和切实整改，安全生产的执法队伍建设和执法力度得到加强。同时，对2004年发生的各类重特大事故，省安监局及有关部门认真进行查处，依法追究事故责任，严肃处理事故责任人，起到了警示作用。

六、认真贯彻国务院《关于进一步加强安全生产工作的决定》（以下简称《决定》），强化安全生产各项工作措施

省政府对贯彻落实国务院的《决定》高度重视，省领导多次指示，要求结合浙江省安全生产工作的实际，起草《浙江省人民政府关于切实加强安全生产工作的决定》，制定切实有效的政策措施。1月份，省安委办牵头起草了《浙江省人民政府关于切实加强安全生产工作的决定》并经省政府第19次常务会议审定原则通过。为了使《浙江省人民政府关于切实加强安全生产工作的决定》更具有实质性的内容和操作性，安委办根据省领导的要求，会同有关部门作进一步修改和完善，充实内容。同时，为了促进《浙江省人民政府关于切实加强安全生产工作的决定》各项措施的落实，省级各有关部门起草了相应的8个配套文件，由省政府一并印发。《浙江省人民政府关于切实加强安全生产工作的决定》提出了浙江省今后一个时期安全生产工作的指导思想、奋斗目标以及完善政策、强化监管的各项工作措施，8个配套文件结合部门、行业的情况，对《浙江省人民政府关于切实加强安全生产工作的决定》提出的政策措施又进行了具体细化和深化。《浙江省人民政府关于切实加强安全生产工作的决定》及相关配套文件将是浙江省今后一个时期安全生产工作的重要指导性文件。

七、加强安全生产宣传教育和培训

认真组织第三个全国“安全生产月”活动，省级有关部门和各地都制定了“安全生产月”具体活动方案，积极组织开展安全生产演讲、消防知识竞赛、安全生产咨询日、印发安全生产宣传品等活动。据统计，在“安全生产月”活动期间，全省各地共悬挂安全生产宣传标语（横幅）13万条，张贴宣传画62.1万张，出黑板报39641期，出动宣传车6988台次，举办安全知识竞赛2363场，参观图片展览达178万人次，培训职工48万人，举办演讲比赛393场，安全文艺宣传90场，县（市、区）以上领导电视讲话220余场次，开展安全咨询9467次，发放宣传资料195万份，组织执法安全检查11770次，共有48888人次参加检查（其中各级政府和部门领导参加检查3827人次），检查企业66587家，发现隐患43154个，整改隐患33670个。营造了全社会“关注安全、关爱生命”的良好氛围。部分县（市、区）和危险化学品生产企业还开展了危化品重大事故应急救援演习。浙江卫视等媒体专门组织力量对全省安全月活动进行系列报道。此外，全省各级安全生产监督管理部门和生产经营单位积极开展安全生产教育培训工作，着力提高各类从业人员安全素质和安全意识。全省共培训各类人员102350人，其中生产经营单位主要负责人32389人，安全生产管理人员31704人，特种作业人员38257人。

八、强化重点行业和领域的安全防范工作

针对浙江省部分行业和领域事故多发、死亡人数居高不下的局面，省政府及有关部门及时采取措施，加强防范。省政府及有关部门分别召开了全省重点县市预防道路交通事故座谈会、全省消防安全工作座谈会、全省加强基层基础安全生产工作现场会及全省加强危险化学品安全监管工作现场会等一系列重要会议，分析这些行业领域的安全生产状况，研究加强防范的对策措施，进一步部署加强重点行业和领域的安全防范工作，有效遏止了这些行业领域事故多发的势头。

安徽省安全生产工作综述

2004 年，安徽省有非煤矿山企业 4256 家，从业人员 26 万人；从事危险化学品生产企业 468 家，经营单位 1.04 万个，从业人员 33 万人；从事烟花爆竹生产企业 333 家，批发销售企业 90 家，零售网点近 3 万个，从业人员 13 万人；煤矿生产矿井 309 对，从业人员 23.6 万人。非公有制企业达到 13.8 万个。

一、领导重视，进一步完善安全生产政策法规制度建设

安全生产政策法规制度进一步得到加强和完善。省委、省政府领导同志高度重视安全生产工作，直接批示给省安全生产监督管理局的批示件有 45 件 61 次，作安全生产专题讲话或报告有 12 次，召开省政府安全生产委员会全体会议 4 次，全省安全生产电视电话会议 5 次。

省政府印发了《关于进一步加强安全生产工作的决定》、《安徽省人民政府突发公共事件总体应急预案（试行）》；省政府办公厅印发了《安徽省人民政府办公厅关于加强中央在皖和省属企业安全生产工作的通知》、《关于加强安全生产工作的紧急通知》（皖政办明电［2004］13 号）等 10 个文件；省安全生产监督管理局与省财政、国税、地税联合出台《安徽省安全生产技措费用使用管理暂行办法》、《安徽省企业安全费用提取和管理办法》、《安徽省安全事故隐患整治技改贴息资金管理办法》；省安全生产监督管理局为加强安全生产监督检查，规范执法行为，印发了《省安全生产监督管理局加强安全生产监督管理推进依法行政实施方案》、《安徽省非煤矿山、危险化学品和烟花爆竹生产企业安全生产许可证颁发管理工作方案》、《关于下达（安全生产监督检查行政执法文书整改指令书）的通知》、《安徽省安全生产监督管理局工作规则》等 19 项管理制度。

淮南市制定和实施了小煤矿安全风险抵押金制度，同时推行安全生产黄牌警告制度，促进企业加强隐患整改。淮北市人大常委会开展《安全生产法》专项执法检查，通报检查结果，加大安全生产法律法规的落实力度。池州市规定对发现县、区有 2 处，乡（镇）有 1 处非法矿山或危险化学品、烟花爆竹生产场所，对县、区、乡（镇）政府主要负责人给予行政处分。合肥市、六安市制定了安全隐患举报奖励办法，强化安全隐患整治和查禁非法生产、经营行为。铜陵、巢湖等市制定了总体预案和分项预案，加大投入，开展施救演练。

二、继续实行安全生产目标管理和考核

一是完善安全生产指标体系。建立由 11 项指标构成的全省安全生产控制指标体系，在国家下达的 7 项指标基础上，增加了重大事故起数和水上交通事故、道路交通事故、消防火灾事故死亡人数 4 项控制指标，层层分解、落实。并通过签订安全生产目标管理责任状等形式，将年度安全生产工作目标、任务和责任落实到基层政府、部门和生产经营单位。

二是加强控制指标执行情况的监督检查。省安全生产监督管理局每月编发《安全生产简报》通报各市控制指标进展情况，在《安徽日报》、安徽卫视等主要新闻媒体上公布全省安全生产形势，发挥社会和新闻媒体的监督作用，警示教育广大群众自觉增强防范意识，有效防范和控制安全生产事故的发生。

三是严格目标管理考核和奖惩，实行“一票否决”。2004 年初向 17 个市和 13 个省直部门下达年度安全生产工作目标管理任务，细化考核标准和办法，年底按标准严格考核。合肥市等6个市和省交通厅等6个省直部门被评定为优秀，池州市等9个市和省地矿局等6个省直部门被评定为良好，有2个市被评定为合格。优秀和良好单位占90%以上。黄山市对安全生产控制指标实行动态监控、动态调度、动态把握指标曲线走向，适时解决问题，确保指标任务的完成。安庆、阜阳、淮南等市还制定了安全生产“一票否决”的具体办法。

三、加强安全生产行政许可工作

按照省政府部署，认真清理安全生产行政许可事项。对经省政府批准保留的14项行政许可项目，统一纳入省政务中心的省安全生产监督管理局窗口受理，实行“一站式”服务。进一步规范审批条件和办事程序，提高窗口标准化、规范化服务水平。审核、认定非煤矿山、危险化学品、烟花爆竹生产企业安全评价临时资质单位51家。及时制定核发工作方案，严格规范发证标准和程序，统一印制安全生产许可证申请表和审查表，并通过召开专题会议、举办培训班等形式，积极推进非煤矿山、危险化学品和烟花爆竹生产企业安全生产许可证的核发工作，完成176家非煤矿山、12家危险化学品和70家烟花爆竹生产企业的发证工作。开展烟花爆竹销售许可证（临时）审批发放工作，向1家省级批发单位，90家市级批发单位，1.5万家销售单位发放了烟花爆竹销售许可证。认真落实建设工程项目安全设施与主体工程同时设计、同时施工、同时投入生产和使用的“三同时”制度，加强对新建和在建项目的调查摸底，与建设工程项目管理部门保持沟通、联系，对没有按规定落实“三同时”制度的工程项目，限期重新补做。完成省管13个非煤矿山建设项目安全设施初步设计和验收的审批。

四、认真组织多种形式的安全生产监督检查

一是省政府及其安委会组织了5次全省安全生产大检查和督查，在“五一”、“十一”黄金周期间，重点抓好道路交通安全、人员密集场所消防安全、旅游安全隐患排查；结合“5·13”安全警示日活动的开展，重点抓好煤矿安全隐患排查；结合七八月份高温季节，重点抓好建筑施工、城市燃气和电力等高危行业的安全隐患排查。各地、各部门、各单位领导亲自带队，深入生产作业第一线，检查并解决安全生产中的问题。

二是结合“安全生产月”和《条例》的贯彻实施，6月份重点抓好危险化学品和非煤矿山安全隐患排查，对汛期安全以及矿用专用设备情况分别进行专项检查。省危险化学品检查中共责令关闭企业148户，责令停产整顿企业71户，吊销证照24户，责令限期整改企业80户，下达行政执法文书626份，列为省级挂牌督办的事故隐患7处，列为市、县挂牌督办的事故隐患29处。省非煤矿山检查共检查企业54家，查出事故隐患200多条，下发22份隐患整改通知书。重点抓好冬季和“两节”期间的烟花爆竹、交通、消防等领域的安全隐患排查。省有关部门分5个组对烟花爆竹生产、储存场所进行了检查督查，共检查了42家生产、储存企业，发现事故隐患144条。

三是针对个别行业、领域的事故阶段性多发的情况，还分别组织了烟花爆竹、非煤矿山尾矿库等一些专项安全执法检查，有效促进安全隐患排查和整治。各地共查出安全事故隐患35000多处。

四是对排查出的各类隐患及时下达现场检查记录和整改指令书、整改通知书，共下达执法文书6100多份，关闭非法和不具备安全生产条件的各类生产经营场所723家，停产整顿1636多家。

五是各级安全监管部门分别对隐患的整治情况进行检查和督查，对重点限期整治的隐患及时抽查，确保整改措施落到实处。

五、进一步加大安全隐患整治力度

把整治安全隐患作为强化安全生产监管工作的重中之重，指导、协调和督促有关政府、部门、单位抓好重大、特大隐患的整治工作。通过抓重大、特大隐患整治的示范带动作用，加大安全生产监管力度，充分利用省财政安排的安全生产专项资金，狠抓一大批重大、特大安全隐患的整治工作。全年落实重大、特大隐患整治贴息项目39个，总投资5.35亿元，其中财政贴息1500万元，带动银行贷款3.83亿元，地方配套资金5058万元。对列入省政府安委会重点督促整治的12项特大安全隐患，逐一落实整治责任、措施和期限，加强协调指导和监督检查，到年底已完成5项整治任务，另外7项正在整治中。

省政府安全生产委员会办公室组织、协调省公安、交通和合肥市政府等部门和单位对206国道长丰段事故多发现象和合肥骆岗机场净空及导航台电磁环境问题进行联合整治。会同有关部门开展了对铁路道口、淮河通航秩序、城市燃气、消防火灾等领域进行专项隐患整治。及时对太和县液化气槽车翻车、铜陵存留3.2吨液氯的处置、滁州倾倒危险化学品垃圾、六安液氮槽车翻车、合肥肥东境内汽车槽罐二硫化碳泄漏、黄山市氯气泄漏等重大危险化学品事故隐患进行协调整治。

六、进一步强化重大危险源监控管理

一是部署开展全省重大危险源普查登记、摸清底数、建立重大危险源数据库和定期报告制度，初步建立起重大危险源监控管理台账与档案。现已对全省1445处危险化学品和116座矿山尾矿库等重大危险源分类登记建档，其中，对省级管理的4座库容量超过1000万立方米的尾矿库进行重点监督管理。

二是加强重大危险源监督管理的制度化、规范化建设步伐，制定了进一步加强和规范重大危险源监督管理工作的意见，成立了工作领导小组，明确工作目标和任务，按照分级负责、分类监控、动态管理、定期监督、适时跟踪的工作原则和措施，加强对重大危险源的日常监督检查工作。

三是对存在缺陷和事故隐患的重大危险源及时进行治理整顿，督促生产经营单位采取有效措施，加大安全投入和监控管理。

七、深化安全生产专项整治工作

继续深化非煤矿山、危险化学品、烟花爆竹等各项安全生产专项整治，并把安全评估作为继续深化各项安全生产专项整治工作的重要手段，推动非煤矿山和危险化学品生产、储存企业专项整治不断深化。按照国家部署，分别制定了9项深化安全生产专项整治工作实施方案，明确了目标、步骤、措施。在整治工作中，不断完善工作制度，加强协作、调度和监督检查，取得了明显成效。

在危险化学品专项整治方面，对843家危险化学品生产、储存企业进行了安全评估，占应评估企业总数的96.9%，完成国家安全生产监督管理总局下达的90%以上的目标。抽查危险化学品从业单位1411家，发现隐患2077处，下达行政执法文书780份。省安全生产监督管理局组织3个督查组，对17个市的32个危险化学品从业单位进行了重点督查，发现安全隐患82处，分别下达隐患整改通知书，并对整改情况进行督查。各地发现安全事故隐患2077处，其中1845项完成整治，整改率达89%。

在非煤矿山整治方面，全省对3557个非煤矿山企业进行了安全评估，评估率为84.6%。重点整治安全评估为C、D类的非煤矿山企业，对经整改、整顿后仍达不到安全标准以及证照不全的或不具备基本安全生产条件2829处矿山，一律予以关闭、取缔；同时加强对已取缔关闭矿山的查处，防止死灰复燃。经整治验收的非煤矿山3049家，占总数的72%。一些长期以来乱采滥挖现象严重的地区的矿业秩序得到明显改善。

在烟花爆竹安全专项整治方面，进一步理清有关部门的责任，制定了烟花爆竹三年安全专项整治方案，组织开展了全省烟花爆竹安全“三下乡”活动，组织对9个重点市的40家重点企业进行安全检查，实行了市、县、乡三级每周一次零报告制度，开展了重点烟花爆竹生产地区的监管试点工作。

在煤矿安全专项整治方面，以瓦斯防治综合治理、重大事故隐患整改为重点，严格煤矿安全生产的准入条件，凡安全条件不符合要求的坚决关闭。加大小煤矿的安全整治力度，市、县政府对整治小煤矿进行验收，凡验收不合格的，一律不发“四证一照”，坚决遏制和打击非法开采，依法关闭了10对不具备安全生产条件的小煤矿。

在道路交通安全专项整治方面，以“五整顿”和“三加强”为抓手，强化对路面管控，强化对违章行为处罚，强化对客运车辆的安全检查，强化交通安全宣传，对超速、超载、疲劳驾驶、酒后驾驶、占道行驶、货车载人等严重交通违法行为，一律按规定的上限严处重罚，最大限度地减少道路交通事故。

在消防安全专项整治方面，开展人员密集场所和高校及周边消防安全专项治理，以及火灾隐患大排查、大整治、保安全活动，整改消除火灾隐患9820处，依法作出停业处罚118家，对6家重大火灾隐患单位实行政府挂牌督办，促进消防安全形势好转。

建筑施工、城市燃气、特种设备和电力等领域和行业专项整治也不断推向深入，取得积极成效。

八、加强安全生产科技规划工作

2004年安徽省获得全国安全生产科技成果奖8项，其中：一等奖1项，为合肥通用机械研究所的“在用重要压力容器与（部分工业）管道安全诊断与爆炸监控”；二等奖6项，分别为中国科学技术大学的“建筑火灾特殊现象的应用基础研究”，淮南矿业（集团）有限责任公司的“谢桥煤矿铁路线及铁路桥下高强度开采试验研究”，淮北矿业（集团）有限责任公司的“应用渗透棒提高注水综合效果的研究与应用”和“煤矿安全生产调度指挥系统及应用”，皖北煤电集团有限责任公司的“祁东煤矿突水淹井快速高效治理技术”，安徽铜都铜业股份有限公司安庆铜矿的“地下矿高阶段强化开采深井通风系统优化及调控新技术应用研究”；三等奖1项，为安徽理工大学的“火区及动压下煤层开采技术的研究与应用”。向国家安全生产监督管理局推荐重点技术项目10个，组织申报安全科技项目173个，建立了全省安全科技项目库。组织编制国家安全生产信息系统非煤矿山指标体系数据结构代码。启动安徽省安全生产“十一五”规划编制工作，筹建全省安全生产专家组，建成省安全生产监督管理局视频会议系统，进一步完善了安徽省安全生产信息网。

九、加强安全生产宣传和培训教育工作

5月13日，全省各地围绕“铭记教训，安全为天”的主题，组织了全省“安全生产警示日”活动。省政府领导同志发表了电视讲话，开展了社会公众万人签名、企业职工安全宣誓、专项检查等形式的安全生产警示教育活动，全省38.6万人参加了安全签名活动和安全生产宣誓仪式。

6月份，认真组织开展了“以人为本，安全第一”为主题的“全国安全生产月”活动，各地开展了安全生产咨询日、专项整治“江淮行”、万人签名和消防安全知识竞赛、安全生产研讨会、安全生产公益宣传以及演讲和文艺演出等活动。6月13日，各地在城市广场、街道、公园、社区普遍进行了安全生产宣传和咨询活动，全省参加咨询的人数达百万人。通过“全国安全生产月”活动，增强了全民安全意识，促进了安全生产工作。

进一步加大普法教育和培训工作力度，开展《安全生产法》普法教育活动，组织生产经营单位职工观看《法佑平安》宣传教育片，开展《安全生产法》知识竞赛，组织数十万人参加全国“消防安全知识”竞赛，荣获“特别组织奖”，受到国家有关部门表彰。开展安全歌曲征集评选工作，向国家推荐了15首优秀安全歌曲。

各级安全生产培训机构认真组织开展企业负责人、安全管理人员和特种作业人员的安全资格培训。省级培训考核企业负责人7700多人、企业安全管理人员6700多人，培训考核特种作业人员达78000多人。组织市、县政府负责同志14人参加国家举办的安全生产培训班，全省有236名安全生产监察员参加省级培训考核，有24名安全生产监察员参加国家级培训考核。

十、进一步严肃安全事故调查处理工作

按照《安全生产法》、《安徽省安全生产事故调查处理及行政责任追究暂行规定》，坚持“四不放过”原则和事故分级管理的规定，进一步规范安全生产事故查处程序，依法对各类生产安全事故进行严肃查处，认真落实安全生产责任制和责任追究制，追究事故责任人员的行政、经济和刑事责任，并对事故责任人处理决定的落实情况进行跟踪督查。各级安全监管机构共查处责任事故222起，处理处级干部20人、科级干部154人、其他人员398人。通过实施严格的事故责任追究，警醒、教育广大干部群众，举一反三，加强安全防范工作。

十一、进一步加强安全监管机构建设

2月，安徽省安全生产监督管理局正式成立，作为省政府直属的正厅级机构，内设8个行政处室，编制52人。省委办公厅批准16个市级行政区，设立了市政府直属的独立的正县级安全生产监督管理局，1个市级行政区成立市政府直属的安全生产监督管理局，批准编制总数154人，其中合肥、铜陵2个市成立了安全生产监察执法大队，由市安全生产监督管理局负责管理。全省105个县（区）级行政区域内，有100个县（区）设立安全生产监督管理机构。其中政府直属的有5个，委（局）管理的有29个，属委（局）内设机构的有66个，批准编制总数337名，有1个县还设立安全生产执法大队（隶属安监局）。

9月，国家首次举行国家注册安全工程师资格考核，安徽省共有366人通过首批注册安全工程师资格考试，取得国家注册安全工程师资格证书。

十二、强化安全生产事故应急救援体系建设

加快生产安全应急救援体系建设步伐，编制了《全省生产安全应急救援体系的建设框架》和《安徽省安全生产事故灾难应急预案》，制定全省区域性、专业性应急救援基地和专业应急救援队伍建设方案。组织编写《安徽省人民政府突发公共事件总体应急预案（试行）》，会同有关部门审查、修订完成全省突发公共事件专项应急救援预案19项。参加、指导黄山、淮南、铜陵、蚌埠等市和有关企业开展的应急救援演练，提高施救的实战能力。开展安全生产应急救援力量调查，拟在现有的基础上，制定整合、充实、加强应急救援力量的方案。

安徽省煤矿安全生产工作综述

2004年，在全省煤炭经济快速发展、煤炭产量达到8000万吨的情况下，全省煤矿安全状况保持了相对平稳、趋于好转的态势。全年共发生死亡事故78起、死亡85人，比国家局下达的控制指标减少45人，减幅为34.6%；比省政府下达的控制指标减少17人，减幅为16.7%。百万吨死亡率为1.12，比国家局指标下降1.30，降幅为53.7%；比省政府指标下降0.28，降幅为20%。煤炭生产领域没有发生一次死亡3人以上的重特大事故。

一、2004年的主要工作

1. 认真学习国务院《关于进一步加强安全生产工作的决定》（以下简称《决定》），进一步明晰了工作思路和工作重点

认真学习贯彻国务院及国家局领导的重要讲话精神，以及《国务院关于进一步加强安全生产工作的决定》、《安全生产许可证条例》等。结合安徽实际，提出了“围绕一根主线，突出一个重点，抓好四个关键，实现三个目标”的总体工作思路和目标，确定了牢固树立“以人为本”的安全理念、着力构建煤矿安全生产准入机制等8项工作任务。通过一年来的实践，各项工作目标和任务得以有效落实，促进了全省煤矿安全形势的稳定发展。

2. 加强对安全生产控制指标落实的监察，落实各级安全生产责任制

建立并实行“双目标控制、双岗双责”考核体系，制定了监察分局、机关处室工作目标考核办法和煤矿安全监察考核奖励办法。加强对各市、县政府、各企业集团的指标落实情况的监察和分析。通过量化考核和定期分析，促进了各级安全生产责任制的有效落实。2004年，各产煤市县控制指标完成较好，四大矿业集团百万吨死亡率降到0.5以下；机关业务处室、各监察分局指标始终控制在进度目标以内。

3. 加强对安全整治和安全质量标准化工作的督察指导

配合省政府及其有关部门制定深化煤矿整治方案，定期听取淮南、淮北等矿业集团安全情况汇报；加强对安全整治工作的督察，突出对国有煤矿重大隐患整改、瓦斯防治“十二字”方针的落实、小煤矿非法开采、超层越界开采、死灰复燃、D类矿井停产整顿等整治重点实行跟踪监察，整治效果比较明显。全年仅四大矿业集团已整改销案的重大隐患有32条，关闭了10对小煤矿，D类矿井由2003年底的60处减少到目前的2处。加强对煤矿安全质量标准化工作的督促指导，在日常监察和调研的基础上，召开了全省煤矿安全质量标准化工作专项督察座谈会，总结、推广了一批安全质量标准化先进典型，制定了《安徽省小煤矿安全质量标准化标准及考核评级办法》。总体来说，全省煤矿安全质量标准化工作进展比较好，特别是四大矿业集团，安全质量标准化工作有了新的发展；小煤矿的一些专项达标初显成效。

4. 强化源头管理，把好准入关口，审核发放安全生产许可证

通过各种形式，加大了实施安全生产许可制度的宣传力度；制定了工作方案，成立了专门机构，召开了颁证工作座谈会。督促企业对照条件进行自查，监督中介机构提高评价质量，严格安全生产许

可证的审核发放。在执行标准上，不仅对小煤矿，就是对装备水平较好的国有重点煤矿也从不放松要求。全省煤矿安全评价工作已基本完成。202对煤矿（含公司）已经申报，已受理189对（含公司），99对矿井已经颁发了安全生产许可证，21对矿井（公司）暂不予发证。

5. 强化安全培训和宣传教育工作，增强从业人员安全意识

以提高煤矿企业经营者和管理人员安全素质，以及全员安全意识为重点，加快培训基地建设，不断加大培训和考核力度，培训工作取得了比较好的成效。到2004年底，全省共建成3个二级、10个三级、34个四级安全培训机构，全年共培训企业主要负责人、安全管理和特种作业人员等3.3万多人次。开展了全省“安全警示日”和“安全生产月”活动，把安全宣传教育寓于执法的过程中，从业人员特别是企业经营者的安全意识进一步的增强。

6. 加大执法力度，创新执法形式，深入开展行政执法工作

在抓好日常监察执法工作基础上，突出加大执法创新力度。多次对四大矿业集团决策层、管理层、技术层进行了针对性监察；对重点监控矿井、评估为D类的矿井，以及淮南、萧县等重点地区，加大监察力度。围绕煤矿安全生产突出问题，采取了集中监察、交叉监察、备案监察、专项监察和联合执法等形式，执法效果明显。如预防超能力生产，省局和各监察分局主动介入四大矿业集团及各矿2005年度生产准备计划的审查，并针对性地提出了具体监察建议。采取了依法关闭、停产整顿、行政处罚、矿长安全责任考核等手段，增强了执法效能。如对矿长实行安全责任考核，2004年有1名矿长被吊销、10名矿长被暂扣安全资格证，7名矿长受到警告，考核结果在当地日报上公布，引起了较大反响。共监察矿井2062矿次，查处事故隐患2万条，各类执法文书5987份，责令64对矿井停产整顿、704个采掘工作面停止作业，行政罚款392万元。到结案期限的事故已全部结案，625名事故责任人受到处理，其中有3人被移送司法机关。

7. 加快支撑体系建设，充分发挥煤矿安全监察的支持、保障作用

内部信息网络二期工程基础设施建设基本完工，开发了安徽煤矿安全监察局网站和内部办公自动化软件，并逐步完善、应用。完成了四大矿业集团及全省所有高瓦斯小煤矿安全监测监控信息网络与省局和各监察分局的联网工作。成立了安徽煤矿救援指挥中心，组织开展了矿山救护质量达标和资质认证工作，组建了安徽煤矿矿用安全产品检验中心。制定了《安徽省煤矿安全生产许可证颁发管理工作方案》等11项执法制度，完善了33项工作制度，为各项工作的开展和依法监察奠定了工作基础。

8. 加强监察执法队伍建设，提高监察人员综合素质和执法水平

注重加强引导，开展了“两个务必”教育，用“三个代表”重要思想和科学发展观统揽监察人员的思想和行动，全体监察人员思想政治素质不断提高。加大了轮岗交流力度，先后安排10名监察人员到外省、省内监察分局、机关之间进行交流，取长补短，增强了监察人员适应能力和创新思维。加强业务学习，积极参加国家局组织的境外培训、考察和务实培训学习，邀请有关专家进行专题讲座，总结推广了“710”素质工程，监察人员综合素质和执法能力进一步提高。注重培育监察员求真务实的作风，深入现场，不畏艰难，吃苦耐劳，严格依法办事。开展警示教育，认真贯彻落实两个《条例》和有关党风廉政建设的各项规定，树立了监察执法队伍公道正派、清正廉洁的良好形象和秉公执法的权威。

二、几点体会

总结回顾2004年的工作，联系到安徽煤矿安全监察局5年来的实践，我们感到以下几条是应当认真总结，并在今后的工作中需要继续坚持和发扬的。

一是必须把“三个代表”重要思想和科学发展观作为做好煤矿安全监察工作的根本指导思想，牢固树立安全发展的思想观念和以人为本的安全理念，进一步增强依法行政意识。

二是必须把落实瓦斯防治“十二字”方针作为监察执法的重中之重，通过“关口前移，重心下移”实施重点监察，超前防范，努力遏制重特大事故的发生。

三是必须紧密结合实际，与时俱进，积极探

索，开拓创新，不断提升执法层次，强化执法手段，培育执法载体，提高执法效能，进一步推进监察执法工作的创新和发展。

四是必须按照“国家监察、地方监管、企业负责”的煤矿安全生产工作基本格局的要求，紧紧依靠各级地方政府，充分发挥煤矿企业安全生产责任主体的作用，调动方方面面的积极性，加强协调，形成合力。

五是必须把执法队伍建设作为一项战略措施和根本任务来抓，不断加强队伍的思想、作风、组织和业务建设，造就一支思想过硬、作风优良、业务精通、纪律严明、依法行政的煤矿安全监察执法队伍，为履行煤矿安全监察执法职责提供强有力的组织保障。

三、存在的主要问题

1. 煤矿的安全基础比较脆弱

客观地看，尽管一年来全省上下做了大量的工作，煤矿安全效果也比较好，但安全生产基础比较脆弱的状况尚未从根本上得以改变，依然严峻的安全状况与党和政府的要求、人民群众对安全工作的期望之间，形成较大反差，安全生产面临的压力越来越大，方方面面的工作亟待进一步加强。

2. 煤矿的安全保障能力不强

主要表现在：资源开采条件没有保障，煤矿地质条件极其复杂，瓦斯、顶板、水患等各类灾害相当严重，尤其是瓦斯，涌出量每年都在递增，煤与瓦斯突出威胁越来越大。安全思想认识上没有保障，一些煤矿企业对“安全第一”思想不能一以贯之，急功近利，不顾隐患，盲目增产，甚至超核定能力生产。安全生产管理上没有保障，贯彻执行瓦斯防治“十二字”方针有很大差距，安全生产责任制和安全管理规章制度得不到有效落实，现场管理不到位等。安全基础工作没有保障，安全投入不足，从业人员素质低。

3. 煤矿生产力水平的参差不齐

落后的生产力反映在安全生产上，技术装备差、从业人员素质低、安全投入不足、职业危害严重、安全状况差异性大。从整体上看，煤矿生产力水平与先进省份相比差距还是比较大的。特别是小煤矿，回采工艺支护技术落后，75%以上的矿井以掘代采，大部分矿井仍采用木支护；矿井生产能力低，3万吨以下的矿井占全省小煤矿总数的近一半。从业人员素质与安全生产形势和企业长远发展的要求相比差距很大，不仅小煤矿就是部分国有重点煤矿农民轮换工的比重仍然不小，不少新工人上岗前缺乏培训，少数特殊工种人员未经培训就上岗。安全投入得不到保证，一些煤矿企业安全费用提取、使用和管理不规范，有的老账未还，新账又欠。生产力水平上的差距，造成不同地区、不同类型的煤矿安全状况存在差异，而且同一地区、同一企业内部也存在很大的不同。

4. 在贯彻落实瓦斯治理“十二字”方针方面，存在一定差距

目前，一些高瓦斯、突出矿井或部分采区、区段还没有真正做到先抽后掘、先抽后采，多数矿井是边抽边掘、边抽边采。虽然瓦斯抽放量和抽放率上升幅度较大，但抽放采空区的瓦斯占的比重较大，本煤层瓦斯抽放率偏低，对于消除生产过程中瓦斯威胁，特别是对于掘进过程中的防突还不能发挥直接作用。造成这种情况的主要原因是由于采掘失调、掘进滞后，没有给实现“先抽后采”留下空间和时间。

5. 矿井生产能力提升过快，给煤矿安全生产带来一些潜在的问题

一是一些矿井短时间内大幅度增加生产能力，有的甚至超核定能力生产，矿井安全系数降低。有的是没有做改扩建工程，直接提升生产能力，有的是正在做扩建或技术改造，没有经过验收，不仅降低了安全系数，还给矿井今后的安全生产造成困难。二是部分矿井超强度开采，产量增加的梯度大，造成矿井采掘接替紧张，布局不合理。有的矿井由于生产布局过于集中或剃头开采，部分生产能力没有安全保障，矿井防突能力不强。三是在核定生产能力的过程中，有的矿井是通过取安全系数的下限来达到核定后的生产能力的，安全保障能力隐性下降。

6. 矿井安全投入欠账多

近两年，虽然，国家出台了安全费用提取和使用的有关政策，同时，随着煤炭行情的好转、企业效益的增加，煤矿企业也增加了对安全的投入。但是，由于多年来国家产业政策对煤矿企业支持力度不够，弱化了煤炭企业的“自身造血”功能；加之1997年以来，煤炭市场曾一度供大于求，煤价持续低迷数年，企业生产经营十分困难，造成安全投入严重不足，历史欠账较多。

福建省安全生产工作综述

2004年，福建省各级各部门在省委、省政府的正确领导下，坚持以“三个代表”重要思想为指南，牢固树立和落实科学发展观，按照全面建设“平安福建”的总体部署，高度重视安全生产工作，加强领导，落实责任，突出重点，狠抓落实，全省安全生产工作继续保持平稳态势，重特大事故得到遏制。全省共发生各类事故33069起，死亡5108人，受伤24825人，直接经济损失24692万元，与上年同期相比，除死亡人数上升5.5%（按可比口径统计死亡减少116人，下降2.4%）外，事故起数、受伤人数、直接经济损失分别下降22.5%、6.3%、18.6%；各类重特大事故96起，死亡396人，受伤156人，同比分别下降7.7%、12%、22.8%。从行业分类来看，除道路交通外，水上交通、渔业船舶、工矿商贸、农业机械、铁路运输、火灾事故死亡人数同比分别下降74.5%、21.9%、5.1%、36.4%、17.5%和6.3%，煤矿、建筑业事故死亡人数分别下降9%和17.1%，大部分行业安全生产形势好转。

一、强化领导，形成齐抓共管的良好局面

省委、省政府更加重视全省安全生产工作。省委书记卢展工、省长黄小晶在多种场合反复强调，要把安全生产切实抓紧抓好。省长办公会多次对全省安全生产工作进行了研究，省政府坚持每个季度召开一次防范重特大安全生产事故会议，针对安全生产工作存在的问题，及时研究解决。省政府安委会组织、部署了一系列安全生产专项检查，省领导亲临工作一线检查指导安全生产，及时研究解决有关重大问题。全省上下已初步形成领导重视、各级各部门齐抓共管的良好局面，各级各部门的领导都高度重视安全生产工作，许多区市政府的主要领导都亲自部署、检查、落实安全生产工作。领导的重视，为我们抓好安全生产工作提供了强有力的组织领导保障，为全省安全生产形势的稳定好转起到重要作用。

二、强化指标控制，目标管理工作取得新进展

一是及时分解细化落实安全生产控制指标，强化工作责任。在2月26日的全省安全生产工作会议上，副省长李川代表省政府与9个设区市市长、省单列考核单位的主要领导签订了安全生产目标管理责任书，并对责任制的落实提出了具体要求。各级各部门都按照“纵向到底、横向到边”的要求，把安全生产目标责任层层分解，层层落实，逐级落实到乡镇、企业，落实到岗、到人，并加强了日常检查、考核。厦门市坚持做到安全生产工作早谋划、早部署、多协调，明确责任，特别是强化行政正职第一责任人的责任。三明市制订了市政府领导安全生产责任制，明确了责任分工。泉州市党政领导齐抓共管，提出抓安全生产要做到“五个务必”和“五个一丝不苟”。莆田市坚持做到“五个纳入”。南平市政府出台了《关于建立安全生产长效机制的决定》，提出了有关安全生产工作的重要措施意见。

二是加强对安全生产责任制落实情况的督查。8月份，省政府牵头组织9个督查组，对各设区市贯彻执行上半年安全生产责任制情况进行检查，重点抽查了32个县（市、区）的381个生产经营单位，对督查中发现的重大安全问题和事故隐患，及时向各设区市政府及有关部门通报，并对落实情况及时进行跟踪、检查，有力地促进了事故隐患的整改。各设区市安监局去年也都先后多次组织了督查组，对重点地区，部门和单位的安全生产工作进行督查。

三是加大安全生产目标管理责任制考核及奖惩力度。省政府安委会出台了《关于印发福建省安全生产目标管理责任制考核暂行办法的通知》。厦门、泉州、南平、莆田等市修订并完善了安全生产责任制考评办法和奖惩规定。三明、龙岩等市出台了《关于实行领导履行安全生产职责报告制度的通知》，建立了各级政府和有关部门主要领导安全生产述职制度。这些都为责任制考核、奖惩打下基

础。

四是严格事故责任追究制度。对发生的各类重、特大生产安全事故，严格按照《安全生产法》和国务院 302 号令、省政府 66 号令的规定以及“四不放过”的原则，认真做好事故调查处理，严肃处理相关责任人。由省里组织查处的重特大事故20起，136 名相关责任人被追究行政责任，有 24名相关责任人被追究法律责任。

三、强化工作措施，安全生产专项整治取得新进展

一是明确专项整治职责分工。省政府安委会下发了《关于印发 2004 年安全生产工作任务分解意见的通知》，进一步明确了煤矿与非煤矿山、危险化学品、道路交通、水上交通与渔业生产、民爆器材和烟花爆竹、公众聚集场所消防、建筑施工、特种设备、电力设施、学校等安全专项整治工作的牵头单位和相关责任单位，进一步明确分工，落实责任。

二是加大专项整治督查力度。围绕安全生产工作存在的突出问题，按照省政府的部署，省政府安委会在节假日和重点时期共组织开展了 8 次全省性的综合督查和专项督查。通过这些全省性的督查、检查，对集中治理事故隐患、遏制重特大事故的发生起到了积极的作用，确保了全省安全生产形势的稳定。

三是加大事故隐患整改力度。对检查中发现的重大事故隐患和安全问题，及时通报所在地区和单位的主要领导，建立整改责任制，明确整改责任单位和责任领导，明确整改期限，落实整改资金和整改措施，确保整改到位。

四是协调解决重大安全问题。为推进专项整治工作的顺利开展，加强了与各相关部门的联系和协调，对专项整治中涉及安全生产工作的重大问题，都加大协调督促力度，及时解决问题。如省图书馆重大火灾隐患整治，全省电力设施整治中电力线路超高树木砍伐、线路范围内建筑物清理，事故多发点段的排查整治，民航输油管道占压，乡镇船舶安全管理，沙县采石场炸药库搬迁，农村客运网络化试点等问题，涉及到多个部门的工作，我们都及时沟通有关方面并进行多次协调、多次督促，使这些问题得到了较好地解决。

（1）煤矿与非煤矿山安全专项整治方面。省政府出台了全省煤矿安全整治工作方案和乡镇煤矿联合改造方案，成立了煤矿整治领导工作小组，召开了全省小煤矿安全整治紧急会议精神，还多次召开专题会议，对各项工作进行了研究、部署和落实。各级安监部门将煤矿安全监察执法工作与安全程度评估、安全质量标准化等工作有机结合起来，组织开展了矿井火灾隐患排查，矿区老窑积水普查和安全督查等。省政府安办在牵头组织煤矿安全专项整治明查暗访时，发现永定县在关闭非法小煤矿、联合改造等问题上存在一些问题，省政府高度重视，专门召开了省政府专题会议，省经贸委工作组进驻龙岩，协调并督促龙岩市认真落实关闭非法煤矿措施。各产煤地区按照关闭煤矿工作的“六条标准”，普遍采取分片包干、责任到人的办法，加大对已关闭矿井的巡查、检查力度。全省共对 1444 个“死灰复燃”矿井进行了再次炸封，拆除工棚 40062 平方米，摧毁煤台 678 座，拆除电线电缆 31541 米，拆除生产生活设施 220 台套。乡镇煤矿联合改造取得了一定进展。到目前为止，新罗区和大田县已有42 个矿井进行了联合改造，全省新近已批准联合改造矿井 53 个。

（2）非煤矿山整治方面。在 2003 年全面完成安全评估工作的基础上，对达不到 A 级标准的矿山进行分级管理、分类指导、重点监督，督促并指导 B 级矿山建立健全安全生产管理制度，改善安全生产条件，对 C 级矿山实行限期整改，对 D 级矿山实行停产整顿。

（3）危险化学品专项整治方面。省安监局会同10 个省直有关部门制定下发了《福建省深化危险化学品专项整治实施方案》，先后组织了 4 次全省性的专项督查，从 7 个方面落实“五整顿、两关闭”措施。全省共查出危险化学品从业单位事故隐患 19227 条，发出整改通知书 3802 份，已整改18592 条，整改率达 96.7%。有 352 家危险化学品生产经营单位停产整顿，181 家企业被取缔关闭，18 家企业被限期搬迁。同时，认真督促危险化学品生产经营储存单位开展安全评估、评价工作，为各级安监部门实施分类指导、重点监管提供依据。还积极督促指导各级政府和危险化学品从业单位制定应急救援预案并组织演练，通过省隐患监控中心建立危险化学品安全监管信息体系，适应危险化学品从业单位动态监管、危险源监控、应急救援的需要。

(4) 道路交通安全整治方面。以贯彻实施《道路交通安全法》和《道路交通安全法实施条例》为契机，认真落实“五整顿”、“三加强”工作措施。交警部门建立了道路交通联席会议制度，开展了查处机动车超速、超载、酒后驾车等专项行动，整顿机动车驾驶员队伍，对记满12分的驾驶员进行全省联网监控。集中开展了清理“大吨小标”车辆工作，已更正39969辆，更正率达95%。继续组织开展危险路段排查整治工作，共排查事故多发点段70处，上报国家督促整改项目1个，审定为省督促整改项目9个。此外，交警部门还建立了严格的奖惩机制，对道路交通死亡人数减少20人以上的长乐、延平、湖里、连城4个县（区）交警大队各奖10万元。在农村客运网络化试点工作方面，试点的1市13个县（市、区）共投放车辆1500辆，覆盖151个乡镇、1568个村，农村道路交通安全秩序逐步好转。

(5) 水上交通安全整治方面。各级交通和海事部门突出抓重点区域、内河小型船舶和“四客一危”船舶的整治，督促县、乡镇政府切实落实“三长”责任制和县、乡、村、船主“四级”安全责任。海事部门在海上搜救方面成效显著，启动海上搜救预案组织搜救116次，救起船舶63艘，人员1383人，挽回经济损失1.9亿元。运管部门针对闽江闽侯段运沙船超载严重的状况，在闽侯设立了反超载工作站，实行24小时监控，使超载行为得到有效遏制。省交通厅投入了1000多万元，补助58个撤渡建桥和渡口渡船的更新改造，有效保障了水上交通安全的平稳。

(6) 渔业生产安全整治方面。全省海洋渔业系统共组织了4次全省范围内的渔业安全检查，开展了两次为期4个月的渔业安全专项整治，实施渔船“黑名单”制度，共集中拆解过期或不适航渔船510艘，查扣“三无”或“三证不齐”渔船569艘。全年拨出海难救助补偿资金60万元，投入300多万元资金支持全省渔监艇建造、海事救助、渔港水域清理、安全调研和宣传工作。出台了《福建省渔港安全事故应急救援预案》，积极推广渔船编队生产，组织渔船互救，共实施渔船海难救助26起，救起渔民84人，挽回经济损失360多万元。

(7) 人员密集场所消防安全整治方面。消防部门按照国务院安委会、公安部和省政府安委会的部署，积极协调联动各行业、系统行政主管部门，通过采取政府挂牌督办、部门联合执法、公开曝光等形式，相继开展了人员密集场所、火灾隐患排查整治等消防安全专项治理。全省共检查发现火灾隐患单位1180家，排查火灾隐患45700处，投入整改资金8900万元，整改火灾隐患38894处，整改率达85.1%，人员密集场所合格率由94%提高到98.1%，彻底消除一批历史遗留的重大火灾隐患。在城市基础建设方面，全省共投入资金3300万元用于解决公用消防设施历史欠账问题，消防基础设施建设得到改善。

(8) 民爆器材和烟花爆竹安全整治方面。全省共收缴烟花爆竹近6000万头、13558件，烟花22737个，烟花爆竹原材料27122kg，引线15万m，黑火药39.5kg，烟花爆竹半成品11434件，查处烟花爆竹违法案件496起，查处涉案人员588人。

(9) 建筑施工安全整治方面。以加强监管为手段，制定出台了《建设工程质量安全巡查办法》、《建设系统特重大质量安全事故应急预案》等10多份安全生产方面的规范性文件，对全省各地及省管工程的质量安全情况开展11次质量安全巡查，对23个存在严重事故隐患的施工企业、23个不认真履行监理职责的监理单位和5个检测单位进行通报批评，进一步促进了施工现场的规范管理。同时，各地还加大了对违法违规建设查处力度，全省共拆除违章建筑4480起，拆除面积达77.94万m^2。

(10) 特种设备专项整治方面。全省质监部门共检查单位1.7万家，发出监察整改通知书5718份，责令3784家单位整改，共查封、拆毁土锅炉和废旧土锅炉319台、土压力容器158台、土起重机械353台、液化气钢瓶26941只。

此外，学校安全、电力设施等安全专项整治也取得明显成效，有效地遏制了重特大事故的发生。

四、强化工作基础，基础建设取得新进展

一是认真开展创安全生产合格乡镇（街道）试点活动。2003年开始，省政府安办就把创安全生产合格乡镇试点活动作为一项强化基础的重要工作来抓，印发了《关于进一步做好创安全生产合格乡镇（街道）试点活动的通知》，组织开展调研，召开现场会，制定具体标准，加强检查督促。全省的试点乡镇（街道）已达422个，占全省乡镇（街道）数的38.2%。通过这一活动，不少乡镇（街道）安全生产工作基础得到加强，各类事故大幅度下降，取得了较好的成效，涌现了一批领导重视、制度完善、责任落实、工作有力、基础扎实、成效较好的安全生产合格乡镇（街道）。泉州、厦门、龙岩市把“重视基层、强化基础”作为安全生产工作的出发点和落脚点，在全市乡镇（街道）全面推进创安全生产合格乡镇（街道）活动，取得明显成效。福建省创安全生产合格乡镇（街道）的做法得到了国家安监局的充分肯定。

二是制定重特大事故应急预案，逐步建立和完善事故应急救援体系。省安监局组织制定了《福建省危险化学品应急预案》，《福建省重特大事故应急救援体系建设方案》正在抓紧组织调研、制订之中。厦门、三明两市按照本市《重特大事故应急救援预案》的要求，分别举行了化学事故综合演练，通过演练，提高了应对化学事故救援的实战能力。福州、泉州、龙岩等地组织了不同规模的企事业单位消防安全和煤矿事故等应急救援实战演练和演习。泉州、莆田等市重新修订和完善了《重特大安全事故应急救援预案》，并出台了《海上搜救应急预案》。

三是建立健全了安全生产工作有关制度。进一步加强了安全生产工作有关制度的建设。厦门市制定了《举报生产安全事故隐患奖励办法》及实施细则，共受理涉及生产安全事故隐患举报案件243起，根据奖励办法，动用78700元奖金对185起举报给予了奖励，充分发挥群众参与查找事故隐患的积极性。泉州市也在市、县两级政府和市直有关部门分别建立了重大安全隐患举报奖励制度，全市共接到举报电话377起，举报信28件。三明市推行重大交通安全隐患举报有奖制度，全年共接受举报85起，经查实52起，兑现奖金11650元。省安监局共收到安全生产方面举报信访件158件，批转各地办理后，各级安监部门都以认真负责的态度，对要求查实的信访件逐一加以落实。

四是规范季度防范重特大安全事故工作会议。省政府安办根据国务院302号令和省政府66号令的要求，进一步规范了政府季度防范重特大事故会议的有关事项，各级安办、安监局都能针对每季度安全生产存在的热点、难点问题，拟定会议议题，确定会议重点，提交会议研究，会后立即形成会议纪要，并抓好督促检查落实工作。

五是加强事故统计和信息工作。省安监局出台了加强事故统计工作的意见和事故分级报告程序，为了加强对事故控制指标的动态监控，定期在《福建安全生产信息》上发布各类生产安全事故统计信息，对事故多发行业和地区及时发出预警，督促各地及时采取相应措施。为加强安全生产信息工作，省安监局出台了《关于进一步加强安全生产信息工作的意见》，全年共编发信息65期。不少市、县、区安监局都加强了信息工作，及时向省安监局报送本地区安全生产工作信息。省安监局综合处被省委办公厅评为党委系统信息工作先进单位。厦门市、长乐市创建了安全生产信息网络，内容丰富，深受有关部门、企业的好评。

六是加强安监机构队伍建设。泉州市有8个县（市、区）安监局的编制在8人以上，还有8个县（市、区）成立了“安全生产监察大队”，仅丰泽区、街道、社区专职安监员就有192名，社区义务消防队有72支。福州市要求各县（市、区）政府要认真解决安全生产无人办事、无钱办事的问题，分管副市长多次协调并督促抓好落实工作。长乐、闽侯等县（市、区）安监局都增加了编制，充实了人员，补助了经费，监管力量得到进一步加强。

五、强化源头管理，安全监管工作取得新进展

一是认真做好建设项目安全设施“三同时”工作。加强与省发改委、经贸委等有关部门的联系，了解全省工业结构调整、重点建设项目安排情况，督促建设单位认真执行国家有关“三同时”制度。省安监局共参与建设项目可行性研究或初步审查35项，组织批准单项验收8项，组织评审验收评价报告17项，组织预评价评审24项，促进企业从源头上减少和消除事故隐患。

二是强化源头管理，严把危化品企业的市场准入关。各级安监部门认真督促危化品生产经营单位开展安全评估、评价工作，全省共评估危化品生产储存单位536家，评价危险化学品经营单位4959家、生产企业201家，为实施分类指导、重点监管提供依据。同时，还进一步完善了经营许可证审批发放程序和规范，本着既坚持原则和标准又热情服务的原则，帮助企业解决具体问题，加快发证进度，共审批发放危化品经营许可证5096份（其中甲证1816份，乙证3249份），还发放鼠药经营许可证1030份，完成了国家局下达的阶段性任务。

三是积极开展重大危险源普查工作。福建省是国家确定的8个重大危险源监控试点省份之一，2004年进一步推进了重大危险源监控的各项工作，初步形成了重大危险源监控的信息系统，对全省的重大危险源情况进行了调查，并着手建立全省重大危险源数据库。

六、强化安全意识，宣传教育工作取得新进展

一是认真开展"安全生产月"宣传活动。"安全生产月"活动期间，集中开展了安全宣传咨询日、安全知识竞赛、安全征文比赛、编发安全生产警句、安全生产进社区、安全警示教育等系列活动，较好地营造了"关爱生命，关注安全"的浓厚氛围。省总工会、省安监局继续在全省组织开展"安康杯"竞赛活动。全省有1.6万多家企业参加"安康杯"竞赛，参赛职工达228万人。积极推广"一法三卡"工作，组织职工参加危险源排查，取得良好效果。各级安监部门也结合实际，组织了内容丰富、形式多样的活动。厦门市开展了消防安全模拟演练，组织了安全生产优秀建议征集活动。漳州把2004年"3·13"火灾事故拍成警示录VCD，组织生产经营单位负责人和安全生产管理人员观看。龙岩市在电视台轮回播放安全生产警示宣传标语，在闽西日报开办"安全杯"有奖征文活动。宁德市组织多家单位联合摄制《安全为天》的系列电视片，多层面地反映全市安全生产工作的热点和重点。惠安县编印了《安全生活小常识》、《安全生产政策法规汇编》、《安全生产检查提要》等数万册，发放到各乡镇、村居和生产经营单位。这些活动内容丰富、创意新颖，在社会上产生良好的效果。

二是强化安全生产培训工作。按照国家法律法规的要求和安全生产工作的需要，在严格把关、保证质量的基础上，新批安全生产培训机构9家，并对安全生产中介机构进行了整顿。认真抓好高危企业负责人、安全生产管理人员以及特种作业人员的安全培训，加大持证上岗情况的监督检查力度。厦门安监局建立了《特种作业人员安全技术考核管理办法》等考核管理制度，漳州市创建了特种作业人员《学习卡》和《教学培训公开制度》。全省新取证的特种作业人员有4.1万人，复审的有1.4万人。

三是抓好首次注册安全工程师报考工作。国家首次举行注册安全工程师考试工作，我局和省人事厅密切配合，认真按照要求抓好注册安全工程师报名、考试等各项工作，全省共有2608名安全生产管理人员报名参加了考试，有365名考试合格，合格率14%，高于全国平均水平。

2004年，福建省安全生产工作虽然取得一定成效，但必须清醒地认识到，全省安全生产的形势依然不容乐观。

一是安全意识淡薄。一些地方、部门和单位重经济发展、轻安全的现象依然存在，安全生产责任制不够落实，没有真正落实到实际工作中去。

二是企业责任主体还未真正落实。不少企业及主要负责人没有认真履行安全生产法定职责，安全投入不足，日常安全检查流于形式，安全管理措施不到位。

三是安全生产基础仍然比较薄弱，一些行业和领域的安全生产形势不容乐观。中小企业量大面广、安全生产条件差，安全设施不到位，存在大量事故隐患。全省各类事故起数虽有所下降，但死亡人数却呈上升趋势，尤其是道路交通事故仍处在高发时期。此外，非法煤矿和"三合一"厂房整治后随时可能出现反弹，烟花爆竹地下非法生产现象仍然存在，一些石雕、石材、鞋业、危险化学品等企业和建筑工地、人员密集场所等事故隐患还大量存在，水上交通和渔业生产安全事故也较为频繁。

四是安全监管能力有待提高。全省共有498家煤矿、5700多家非煤矿山、9500多家危化品从业单位，监管对象点多、面广、难度大。但省市县三级只有安全监管人员500多人，监管力量严重不足，技术骨干短缺，基础工作薄弱。有的地方思想观念未完全转变，工作思路不够开阔，工作方法和手段也不多。

五是安全生产新情况新问题不断出现。全省正处于经济发展的关键时期，安全生产工作中的一些基础性、结构性、体制性矛盾比较突出。

江西省安全生产工作综述

2004年，在国家安全生产监督管理局和省委、省政府的正确领导下，全省各级党委、政府和有关部门树立和落实全面、协调、可持续的科学发展观，树立和落实“以人为本、安全第一”的理念，认真贯彻落实国务院和省政府《关于进一步加强安全生产工作的决定》，贯彻落实全国、全省安全生产工作会议精神，求真务实，依法监管，开拓创新，紧紧围绕安全生产控制目标，推进监管体制、安全法制、监管队伍“三项建设”，强化主体责任、安全投入、专项整治、应急救援、教育培训“五个重点”，狠抓煤矿、烟花爆竹、公众聚集场所、道路交通和水上交通、非煤矿山、危险化学品和民爆器材、建筑施工和燃气、锅容管特和三线交越“八项整治”。在全省国民经济快速发展的强劲势头中，全省安全生产保持了较好的平稳态势。具体表现为各类事故总量下降，三大安全总体平稳，控制目标落实较好，多数领域趋向好转。

一、安全生产基本情况

(1) 各类事故总量下降。全省共发生各类安全生产事故18084起，死亡3804人，同比事故起数减少3019起，下降14.31%，死亡人数减少246人，下降6.07%。

(2) 三大安全总体平稳。一是生产安全平稳。全省工矿商贸企业共发生生产安全事故321起，死亡477人，比上年减少38起，下降10.58%，少死亡72人，下降13.11%。二是交通安全平稳。全省道路交通共发生安全事故10531起，死亡2760人，比上年减少3467起，下降24.8%，少死亡58人，下降2.06%，比目标控制数少51人，万车死亡率由上年的13.77下降到11.33。水上交通事故12起，死亡10人，比上年减少13起，下降52%，少死亡21人，下降67.74%。铁路路外事故706起，死亡515人，比上年减少33起，下降4.47%，少死亡82人，下降13.74%。三是防火安全平稳。全省共发生防火安全事故6514起，死亡42人，比上年增加532起，上升8.9%，但少死亡13人，下降23.6%。未发生一次死亡10人以上的特大事故。

(3) 控制目标落实较好。2004年，国务院安委会下达江西省的安全生产控制目标为3575人，在这个目标口径内（不包括铁路路外和水上交通），全省共计死亡3279人，为目标的91.72%，即比目标数少死亡296人。其中，工矿商贸企业控制目标为539人，实际死亡477人，为目标的88.5%，即少死亡52人；煤矿企业控制目标为200人，实际死亡169人，为目标的84.5%，即少死亡31人；火灾事故控制目标为62人，实际死亡42人，为目标的67.74%，即少死亡20人。水上交通年度控制目标共56人，实际死亡10人，为目标的17.86%，即少死亡46人。

(4) 多数领域趋向好转。工矿商贸企业中，煤矿企业事故93起，死亡169人，比上年减少18起，下降16.22%，少死亡62人，下降26.84%。煤炭百万吨死亡率为8.86，比上年下降4.23，全省煤炭行业取得“两增长、三下降、一杜绝”的好成绩，是1990年以来死亡人数最少、百万吨死亡率最低、全年未发生一次死亡10人以上事故的年份。建筑业事故60起，死亡75人，比上年减少14起，下降18.92%，少死亡26人，下降25.74%。危险化学品事故3起，死亡5人，比上年减少5起，下降62.5%，少死亡6人，下降54.54%。工矿商贸其他企业事故72起，死亡79人，比上年减少8起，下降10%，少死亡14人，下降15.05%。

与此同时，也存在形势严峻的一面，表现为“三个上升”：

一是重、特大事故上升。全省共发生一次死亡3~9人的重大事故78起，死亡314人，比上年增加10起，上升14.71%，多死亡60人，上升23.62%。发生一次死亡10人以上的特大事故4起，死亡64人，比上年增加1起，少死亡9人。这4起特大事故分别是：1月14日，分宜县汽车运输公司客车在昌樟高速公路发生特大事故，死亡16人；5月24日，抚州汽运总公司客车在320国道余江段发生特大事故，死亡11人；6月16日，宜春汽运总公司客车在分宜境内发生特大事故，死亡21人；6月9日，芦溪县花园花炮厂发生特大爆炸事故，死亡16人。

二是非煤矿山事故上升。全省共发生非煤矿山事故84起，死亡111人，比上年增加9起，上升12%，多死亡17人，上升18.09%。

三是烟花爆竹事故上升。全省共发生烟花爆竹事故9起，死亡38人，比上年减少2起，下降18.18%，多死亡18人，上升90%。

二、主要工作

1. 认真贯彻落实国务院和省政府《决定》，制定和实施了一系列重大举措

全国安全生产工作会议后，省政府第16次常务会议作出了《江西省人民政府关于进一步加强安全生产工作的决定》（赣府发［2004］5号），对产业引导、健全法制、资金投入、应急救援等政策和落实主体责任、强化基础工作，完善规章制度、加强监督管理作出了规定。

一是进一步加强安全法制建设。坚持依法行政，全面启动实施了安全生产许可制度；并根据江西省实际，制订了《江西省非煤矿矿山企业安全生产许可证办法》，即将出台《江西省安全生产奖励办法》、《江西省烟花爆竹安全管理办法（修正案）》、《江西省重特大隐患监督管理办法》，争取《江西省安全生产条例》在2005年内颁布实施，为强化全省安全生产工作打下坚实的法制基础。

二是进一步增加了安全投入。省政府连续两年安排烟花爆竹、煤矿结构调整的财政补助各4000万元。2004年省政府安排4000万元安全生产专项资金。其中，3000万元用于国有煤矿安全技术措施经费，1000万元用于省级公共安全措施和安全监督管理经费。还筹措200多万元，装备了安全生产救援指挥车。大多数市县政府也安排了专项资金，如南昌市安排了500万元，宜春市安排了100万元，九江市安排了100万元。从2004年1月1日起，所有煤矿按实际产量提取吨煤10元的安全措施费用，加上煤矿维简费，全年共提取了约3.6亿元煤矿安全措施费用，比上年增加2.1亿元，实际安排使用约3.27亿元。

三是进一步加强了机构队伍建设。全省11个设区市和99个县（市、区）全部成立了直属政府领导的同级正职的安全生产监督管理机构，共核定编制1032人，到位915人，1548乡镇和街道办事处均建立了安全监管机构或者配备了专职安全监管人员。

2. 吸取事故教训，抓住4个着力点，全面推动了安全生产专项整治

一是吸取2003年“11·14”丰城矿务局建新煤矿特大瓦斯爆炸事故的惨痛教训，以“一通三防”为着力点，狠抓煤矿安全专项整治工作。全省煤矿进行了安全程度评估和安全条件审核评估，772处乡镇煤矿通过条件评估的有700处，因达不到安全条件关闭13处；省属煤矿长期存在的通风系统不完善问题全面改善；大部分乡镇煤矿改善了“一通三防”装备；对市县国有煤矿进行了集中整治，69处矿井通过省级验收的有53处；严厉打击非法煤矿生产，炸毁关闭415处。通过这些措施，在全省煤炭产量增长8.83%的情况下，煤矿安全实现了“三下降、一杜绝”，即事故起数下降、死亡人数下降，百万吨死亡率下降，杜绝了一次死亡10人以上的特大事故。

二是吸取三起特大交通事故的惨痛教训，以“五整顿、三加强”和“四个一律”为着力点，狠抓客运企业安全和超限超载整治工作。道路交通领域认真整顿路面行车秩序、整顿事故多发危险路段、整顿驾驶员队伍、整顿交通运输企业、整顿机动车生产改装企业，加强组织领导、加强宣传教育、加强安全监管，力度很大。所有客车全部免费检测，所有危险路段都有安全警示，所有驾驶员都重新核查，所有客运司机都组织培训，对超载20%以上的客车一律卸客，一律依法拘留司机、一律扣司机12分、一律停业整顿。据统计，全省共排查出不合格驾驶员1583名，不符合安全要求的客运车辆1819辆，客运线路安全隐患点段1636处，对28家客运企业进行停业整顿。通过这些强硬措施，真正把责任落实到危险路段、落实到客运业主、落实到客车司机身上。下半年，全省道路交通安全逐月好转，未发生特大事故，7～12月月平均死亡人数比上半年月平均少死亡15人，实现了死亡人数在控制目标以内，万车死亡率为11.3，比上年下降了2.4。

三是吸取“6·9”芦溪特大烟花爆竹事故的惨痛教训，以“五项检查”为着力点，狠抓烟花爆竹安全整治工作。通过对芦溪县特大烟花爆竹事故原因的分析，认真吸取教训，省政府决定，在全省烟花爆竹产地，以县（市、区）为单位，开展查图纸、查布局、查设施、查管理、查非法的“五项检查”活动，据统计，全省共检查烟花爆竹生产企业和生产单位 1221 家，储存企业（仓库）23 家（个），经营单位（网点）4219 个，共排查隐患 2300 余处，取缔非法生产加工点 89 处，取缔无证经营点 206 个。对生产企业全面进行了评分，其中，好的 252 家、一般的 429 家、差的 280 家、不合格的 177 家，并分别确定了整改措施。有力地促进了烟花爆竹生产企业的隐患整改。

四是吸取南昌油脂化工厂“4·20”氯气泄漏事故引发群众恐慌的教训，以“五整顿、两关闭”为着力点，狠抓危险化学品安全整治工作。4 月下旬至 5 月上旬，全省开展了危险化学品安全生产大检查，共检查从业单位 6162 家，查处隐患 2886 处，排查危险源 1534 处。随后省政府督查组对 11 个设区市、28 个县（市、区）进行督查，抽查 78 家从业单位，提出整改意见与建议 281 条。这次检查共关闭、取缔危险化学品企业和从业网点 96 家，处置了一批废弃液氯钢瓶和剧毒物品危险源。

与此同时，其他领域的安全专项整治也取得了明显成效。对公众聚集场所消防安全领域制定了《江西省歌舞娱乐场所消防安全技术标准》，对 50 平方米以上的歌舞娱乐场所进行了专项治理，累计整改火灾隐患 6371 处，依法责令停产停业场所 392 个，改变使用性质 158 个，吊销工商执照 33 个，强制取缔 74 个。非煤矿山领域突出防范坍塌、片帮、冒顶事故为重点，从建章立制、培训教育、认证评估、整改隐患入手推动整治深化，培训企业主要负责人和安全生产管理人员 7170 人次，全省 5951 处非煤矿山已完成 4828 处安全评估（A 类 390 个、B 类 1113 个、C 类 2834 个、D 类 491 个），新关闭非煤矿山 467 家，省属企业投入整改资金 2190 万元。全省电力、通信、广播电视线违章交越 473776 处，完成整改 450150 处，整改率为 95%；违章搭挂 15258 公里，完成整改 125258 公里，整改率为 82%。民爆器材领域共查出安全隐患 749 起，实施整改 666 起，投入资金 5000 多万元。建筑施工专项整治以预防坍塌、高处坠落和窒息事故为重点，加强了基础工作，事故起数和死亡人数与上年同期相比都有较大幅度下降。燃气整治成效显著，共依法取缔违规燃气企业 78 家，关闭存在严重安全隐患，设备设施条件不足的燃气销售点 92 个，检查发现隐患 845 处，整改 510 处；报废液化气钢瓶 2358 只。水上交通领域强化执法、整治秩序，查处“三无”船舶、治理超载，取得了事故起数、死亡人数、沉船和经济损失的“四个下降”。锅容管特领域开展 9 次专项统一行动，出动 2.44 万人次，取缔违规充装单位 48 家，查封锅炉 158 台，销毁“土锅炉”113 台。三线交越领域，完成违章交越整改 45.02 万处，整改率达 95%，完成违章搭挂整改 1.25 万公里，整改率达 82%。

3. 突出重点，常抓不懈，实现了重要时期的安全稳定

一方面，常抓不懈，经常研究部署，加强宏观管理。省政府召开 3 次常务会议和全省安全生产工作会议之外，还先后 6 次召开全省安全生产电视电话会议或专题工作会议。省安委会每季度召开一次全体成员会议研究对策。第一次安委会成员会议，专题研究元旦、春节和全国、全省“两会”的安全工作；第二次会议，着重研究危险化学品安全和“五一”黄金周工作；第三次主要研究安全生产许可和“十一”黄金周安全；第四次是吸取全国连续发生特大事故的教训，研究部署煤矿、烟花爆竹为重点的安全工作，重点解决打击非法生产、反对超量生产、严禁违规生产问题。按照省政府的安排，12 月上旬，萍乡、景德镇、宜春等地集中开展了一次打击非法生产的行动，共炸毁关闭非法煤矿 400 余处，取缔非法生产烟花爆竹企业（作坊）57 处；依法拘留 38 人。

另一方面，突出重点，开展专项检查，督促工作落实。全省先后在元旦、春节、全国“两会”、“五一”、“十一”和年底共进行 5 次全省安全生产大检查。每次检查以县（市、区）为单位全面检查，设区市重点抽查，省政府组织督查。同时，安全检查做到了有检查、有记录、有执法文书、有整改复查。通过检查，省安委会确定了重特大隐患 26 项，落实了整改责任单位和整改措施，其中 24 项已完成整改。实现了元旦春节期间、全国“两会”期间、“五一”长假期间、“十一”长假期间的

安全稳定。

4. 广泛开展“安全生产月”等宣传教育活动

在全国“安全生产月”活动中，省、市县各级组织开展了形式多样、丰富多彩的宣传教育活动，如新闻发布会、电台专题节目、安全生产咨询、万人签名、安全生产摄影展、编印宣传资料《安全江西》、“牵手平安”文艺演出下基层等。国家安监局在江西省召开了“安全生产月”活动现场交流会；省安监局协助国家安监局筹划并率先启动了烟花爆竹法律法规、科技、文化“三下乡”活动；省、市新闻单位在全省安全生产工作会议期间和“安全生产月”活动期间，开展了两次集中的安全生产宣传报道。许多企业积极组织参加全国“安康杯”竞赛活动，有力地推动了企业各项规章制度的建立、完善和落实，进一步加强了企业安全文化建设。

5. 加快安全生产应急救援体系建设

一是对现有生产安全救护救援队伍及装备状况进行了调查、摸底。按照整合社会资源、发挥专业优势、提高装备水平的思路，提出了全省生产安全应急救援体系框架。二是按照国务院办公厅《关于印发〈省（区、市）人民政府突发公共事件总体应急预案框架指南〉的函》和省政府的要求，在《江西省人民政府突发公共事件总体应急预案》框架下，省安委会部分成员单位负责牵头起草了相关专项应急预案，正在作进一步修订完善。各设区市也正在抓紧制订包括安全生产在内的各类事故应急预案。三是省安监局装备了应急救援指挥车，省安全生产应急救援指挥中心大楼已经批准立项，2005年5月将开工建设。

江西省安全生产基础仍然十分脆弱，制约安全生产的体制、机制障碍尚未完全破解，企业安全生产主体责任的落实有相当差距，一些领域事故多发的矛盾仍然突出，事故总量仍然较大。在这样的状况下，安全生产监管工作无论从队伍素质、工作方法，还是基本工作条件、监管手段都还有相当的差距，需要在今后工作中认真加以改进。

江西省煤矿安全生产工作综述

2004年，在省委、省政府和国家煤矿安全监察局的正确领导下，在省直有关部门支持配合下，市、县（区）人民政府及其有关部门、各煤矿企业，坚持以“三项建设”为中心，坚持煤矿安全生产不动摇，做了大量的富有成效的工作。

一、煤矿安全监管体系初步形成

省政府第16次常务会议作出“健全产煤县煤矿安全生产监管机构”的决定，并写入省政府《决定》中；省编办专门下文进行了具体部署。到年末，全省煤矿安全监管体系初步形成，绝大部分产煤县（市、区）建立了煤矿安全监管机构，未建立的，也落实了监管职能，明确了监管部门，为国办发［2004］79号文件的贯彻落实打下了坚实的基础。

二、探索“五项创新”，实践了新方法

把黄菊副总理提出的“五个转变”和国务院、省政府《决定》提出的“五项创新”贯穿到全年工作当中，积极探索并努力实践了加强煤矿安全工作的新方法、新途径。

一是建立并实施了煤矿安全生产许可制度，严把市场准入关。全省共有84处煤矿提出了发证申请，其中依法受理了73处，已对34处矿井发放了安全生产许可证（其中13处为省属国有煤矿），另有30处正在审查之中。

二是建立并落实了煤矿安全控制指标体系。省政府建立了安全生产工作评优创先机制，将1000万元专项资金中的部分资金作为奖励经费。将煤矿安全控制指标层层分解落实，实行量化考核，对超出控制进度指标的地区的单位实行停产整顿制度，做到了目标清晰，责任明确，措施到位。

三是实施了三项经济政策。第一，在全省范围内执行了煤矿安全费用制度。从1月1日起，省属国有煤矿分4档，吨煤收取6～12元，其他煤矿一律吨煤收取10元，国家局、财政部、国家发改委文件下发后，仍按上述标准执行。第二，部分县（市、区）启动了安全风险抵押金制度。芦溪县按每万吨产量10万元的标准收取；上饶市分两档，3万吨以上的煤矿收20万元，3万吨以下的煤矿收10万元，并正在制定管理办法。第三，实行了工伤保险制度。井下从业人员参保面56.3%，人均保额3.15万元，最高的保额10万元，最少的也有1万元。

四是制定了煤矿安全规划。制定了《江西煤矿安全“十一五”规划》，把煤矿安全生产纳入了全省经济社会发展的长远规划；各产煤县（市、区）也分别制定了规划，纳入当地经济发展的长远规划中。

三、致力于建立长效机制，“双基”工作得到加强

一是继续深化了煤矿安全整治工作。市县国有煤矿参照2001年乡镇煤矿整治模式进行整治，71处市县国有矿井通过了“四证审核”，53处进行了省级现场验收。省属国有煤矿认真落实瓦斯治理“十二字方针”和“四位一体”综合防突措施，开展了矿井通风能力核定工作，为“以风定产”提出了可靠的基础数据；丰城矿务局开展“瓦斯治理年”活动，采用高位巷抽放解决回采工作面长期瓦斯超限和上隅角瓦斯积聚问题。全省776处矿井进行了瓦斯等级鉴定工作，580处煤矿完成了矿井生产能力核定工作。

二是广泛开展了安全质量标准化活动。制定了《江西省煤矿安全质量标准化标准及考核评级实施细则（试行）》，提出了2004～2007年的目标进度要求，共有70处矿井通过煤矿质量标准化矿井考核。

三是加大安全投入，推动安全生产科技进步。2004年，国债项目5041万元；省政府投入3000万元，专项用于原省属5个煤矿的安全技术改造，同时设区市、县政府对其所属煤矿也作出了安排。省政府安排1000万元安全生产监管专项资金，主要用于省级公共安全设施隐患整改和救护队伍建设。加上吨煤10元的安全费用，全省煤矿安全投入3亿元以上。实施科技兴安战略，制定并组织实施实时监控网络体系。

四是培训网络体系基本建立，培训成绩明显。经审查批准，新增四级培训基地53个，至此，全省共有二级培训基地2个，三级培训基地21个，四级培训基地88个，基本建立了培训网络体系。培训矿长、副矿长、安全管理人员2167人，培训特种作业人员5593人，全员培训6万余人。

五是严厉打击非法生产活动。从8月份组织开展了一个半月的打击非法生产集中行动。12月，省政府再次组织督查组赴有关地区进行明察暗访，非法生产和死灰复燃现象有所遏制。据不完全统计，全省共炸毁关闭非法矿井415处，10名党政工作人员受到查处，94人次非法煤矿业主移送司法机关处理。

四、监察监管工作形成合力，协调配合，力度明显加大

一是煤矿安全监察、监管机构互相配合，密切联系。不但组织了春节、“两会”、“五一”、“十一”前后的全省煤矿安全大检查，确保了敏感时期的煤矿安全生产，而且对市县国有煤矿和小煤矿监察时，与煤矿安全监管部门开展联合执法，一同下井，达到监察与促进安全管理相结合。

二是煤矿安全监察措施得力。按照“突出一条主线、做到两个坚持、搞好三个结合、继续在四个方面下功夫”的工作思路，狠抓工作落实。对安全程度评估实行动态管理，对有8类情况之一的矿井予以降级处理。完善片区责任制和业务考核体系，推行主办监察员责任制。对国有大矿实施高位监察，尤其是对乐平、丰城两个矿务局进行表格式监察，覆盖矿井主要采掘作业点及安全生产环节，仅省局就对丰城矿务局进行了19次监察或检查。先后组织了省内交叉互检、省际互检等7起全省性的安全活动，其中开展了“一通三防”、防治水、“三同时”、持证上岗、安全费用等5项专项监察和工伤保险调查活动。摸清了全省范围内存在水患威胁的矿井176处，“三同时”矿井117处，150处小煤矿列为“一通三防”重点监察矿井，共发现126名矿长或副矿长、2935名特种作业人员未按规定配备或持证上岗，都形成了监察报告，并上网公布。

三是监察监管工作成绩明显。煤矿安全监察机构对全省每个煤矿都进行了监察，监察覆盖率100%，平均每个矿井监察3次以上；查处事故隐患13134条，期限内隐患整改率90.16%；制作各类执法文书7688份，共责令矿井停产整顿147处次，停产整顿头面318个次；期限内结案83起，期限内结案100%；共处理375名责任人，其中移送司法机关追究刑事责任18人。特别是对“8·27”中横煤矿事故的处理，起到了震慑作用。各产煤县

（市、区）共进行了安全大检查522次，共查出事故隐患15727条，下达隐患通知书2743份，共责令475处次矿井、347个次头面停产整顿。

五、中介服务主体意识越来越浓，作用越来越明显

一是评估评价工作效果明显。制定了《煤矿安全评价管理暂行办法》，省内3家中介机构取得了煤矿安全评价资质；至7月底，全省第一轮安全程度评估结束，全省共有384处C类矿井责令限期整改，178处D类矿井责令停产整顿，11处矿井因整改无望或放弃整改，进行关闭。从8月份起，全省进入第二轮评估，小煤矿按照国有大矿标准统一进行，至年底，全省共有60处D类矿井停产整顿，并在江西日报公告。为减轻企业负担，将安全程度评估、安全现状综合评价、重大危险源评估三者结合起来，一并进行。全年共有622个煤矿进行了现场评价，其中115份评价报告进行了备案。通过评估评价工作，极大地促进了煤矿安全条件的改善。

二是检测检验工作成绩明显。组织对煤矿瓦斯计、风表、钢丝绳、瓦斯传感器等进行了检验；完成160个矿井的固定设备检测工作；加强对生产煤矿安标产品厂家的监管，对大昌金属制品厂、安泰风机厂生产的不合格产品，责令予以更换。

三是煤矿安全救护工作成绩明显。筹备成立江西省煤矿应急救援指挥中心；4个矿务局救护队在全省反恐处突综合集训大演习中受到通报嘉奖；全年闻警出动286队次，救出遇险遇难者263人，减少经济损失2180万元；参加预防性安全检查3169人次，查出隐患3812条，极大地促进了企业的安全生产工作。

四是技术咨询、司法鉴定工作成绩明显。江西煤炭学会为28个煤矿进行了水患分析论证；省煤矿司法鉴定中心完成司法技术鉴定8件，法院采信率100%。

另外，宣传教育体系也取得明显成效。以“以人为本，安全第一”为主题的“安全生产生产月”活动，既有声势，又有实效；“关爱生命、关注安全”的社会氛围逐步形成。内参稿件《煤矿安全生产差距在科技》得到国务院领导的重视，副总理黄菊亲自作出批示。

六、队伍建设得到强化

在制度建设方面，重点抓行政执法责任制和干部制度建设，制定并印发了《重大行政处罚个案把关审核制度》、《行政执法评议考核办法》、《行政执法过错责任追究制度》等16项行政执法责任制度，以及《干部轮岗交流办法》等4项干部制度。在党风廉政建设和反腐败斗争方面，连续两年召开了全省煤矿安全监察系统纪检监察暨党建工作会议，就党风廉政建设和反腐败斗争明确了8个方面的具体任务。签订党风廉政建设责任状，落实责任制，坚持做到“五个到位”。注重制度建设与创新，健全反腐倡廉制度体系。开展专项治理工作，提出5条硬性规定遏制“红包”等突出问题，全年上交礼金7.8万余元，拒收礼金9.1万余元。严肃查处违法违纪案件，突出警示教育任用。开展行风评议、执法问卷调查等社会监督活动，促进公正廉洁文明执法。统一规范了津补贴项目与标准，对临时用工等问题进行了调整。在党建方面，开展了“保先”、党的优良传统和党纪党规三大教育活动，以创建基层党建红旗单位为重点，着力推进基层党组织建设，开好领导班子民主生活会。在干部任用培养方面，试行中层干部内部竞争上岗，30名干部轮岗交流，58名干部参加监察实务培训、党校学习和国外考察培训。在作风建设方面，上半年集中查摆了机关作风建设存在的主要问题，党组召开了干部会议，发出了《关于进一步加强和改进机关、办事处作风建设的决定》，提出了“四个增强”和“五种作风”的目标，机关和办事处作风有了明显改进。在学习方面，局党组坚持中心组学习制度不动摇，率先垂范，保证了双周半天的学习时间，省局还深入办事处，对学习“两个条例”和党的十六届四中全会精神进行了巡回宣讲和教育辅导；由局领导带队，组织赴河北、山东考察学习。

七、安全总体水平继续提高，实现了“三下降、一杜绝”

省属国有煤矿安全状况大有改善，普遍进行了通风系统改造，完善了采区系统，高突矿井建立和完善了瓦斯监控系统和瓦斯抽放系统，乐平局沿沟、涌山、仙槎3个矿还淘汰了沿袭几十年的非正规采煤方法。C类以上等级的小煤矿购买自救器、装备了甲烷报警断电仪、双电源、双主要通风机，更换了提升绞车，规范了管理制度，解决了矿井的两个安全出口问题。尤其是进行了安全现状评价备案和核发了安全生产许可证的小煤矿，安全装备水平更是明显提高。

在国民经济持续快速发展、煤电油运全面紧张、各类煤矿企业开足马力生产的情况下，全省煤矿安全做到了“三下降、一杜绝”。“三下降”：一是煤矿死亡事故下降。全省煤矿共发生死亡事故93起，死亡169人，同比减少18起，少死亡62人，分别下降了16.2%和26.8%，是近10年来煤矿安全情况最好的一年。二是百万吨死亡率下降。全年百万吨死亡率为8.68，同比减少了4.23，下降了32.8%，是近10年来最低的一年。三是与控制指标相比，死亡人数、百万吨死亡率均下降。全省煤矿死亡人数比控制指标少死亡31人，下降了15.6%，比奋斗目标少死亡1人；百万吨死亡率比国家下达的控制指标减少1.22，下降了12.3%，均实现了安全目标。“一杜绝”：杜绝了一次死亡10人以上的特大事故。

在2004年的煤矿安全工作中，萍乡、新余、抚州等3个设区市和莲花、丰城、铅山、信丰、吉水等34个县（市、区），省煤炭集团公司及其萍乡、英岗岭、乐平矿务局和八景、天河、棠浦煤矿以及新洛煤电公司实现了控制目标，其中安源、广丰、于都、渝水、吉安、浮梁、崇仁等19个县（市、区）的煤矿消灭了死亡事故，实现了“安全年”，尤其是高瓦斯突出矿井的英岗岭矿务局和八景煤矿消灭了死亡事故。经评选，抚州、渝水、吉安、广丰、丰城、于都和崇仁7个县（市、区）以萍乡矿务局、英岗岭矿务局、八景煤矿、赣州合成煤矿和丰城河东煤矿5个单位，被评为2004年度煤矿安全先进地区和单位。

山东省安全生产工作综述

2004年是山东省安全生产监管工作取得明显成效的一年。全省上下在山东省委、省政府的正确领导下，认真履行安全生产监管职能，贯彻落实《山东省人民政府关于进一步加强安全生产工作的决定》（以下简称《决定》），按照“安全生产落实年”的要求，以“双基”工作为总抓手，建立安全生产控制指标体系，深化重点领域的专项整治，加强安监机构和队伍建设，加大宣传和教育培训力度，促进了各项政策、措施的落实，全省安全生产工作取得明显成效。全省共发生各类安全事故5.5万起，死亡8872人，同比分别下降17.6%和12.8%，减少1.1万起和1304人；发生一次死亡3人以上的重特大事故68起，死亡337人，同比分别下降13.9%和22.4%。全面完成了国家和省里下达的安全生产控制指标要求，向省委、省政府交了一份合格的答卷。

一、提高认识，把思想统一到贯彻落实省政府《决定》精神上来

2月，山东省人民政府出台了《山东省人民政府关于进一步加强安全生产工作的决定》（鲁政发[2004]13号）。依据《决定》，山东省安监局牵头制定并会同省财政厅、国税局、地税局联合下发了《山东省非煤矿山企业、剧毒危险化学品生产储存企业安全费用提取办法》。制定下发了《安全生产“双基”考核办法》和《安全生产执法质量考核评价暂行办法》。全省17个市都制定出台了关于加强安全生产工作的决定或意见，细化配套措施。各市政府制定下发的加强安全生产工作的规范性文件就有40多个，为全省安监系统开展安全生产监管工作提供了强有力的政策保障。

二、深化“双基”工作，进一步增强了企业安全生产主体责任

一是深化了“双基”的内涵和工作标准。进一步研究确定了政府、部门“双基”工作的基本内容、要求和工作标准，并以山东省安委会名义专门制定了各级政府和省安委会成员单位安全生产“双基”工作考核标准，使各级政府和部门抓“双基”有要求、有内容、有标准，促进了全省“双基”工作的深入开展。

二是提高基层领导干部的认识和管理水平。山东省委组织部、省安监局联合举办了两期县（市、区）政府领导干部培训班，副省长王仁元亲自讲课，明确提出了做好县（市、区）政府安全生产“双基”工作的十项标准。全省各级安监部门共举办各类安全生产培训班2100余期，培训人员14.5万人，发放特种作业操作证13万余套，发放《安全资格证书》2万余个。

三是强化了对重点企业的安全管理。全省排查确定了764个重点监控企业，逐个企业落实安全监管制度和措施；总结推广了莱钢“三级”安全监控、强化安全生产“双基”工作的经验；在4个市、5个县（市、区）开展了非公有制企业安全监管试点工作；青岛市考录的566名注册（助理）安全工程师推荐到非公有制企业，提高了中小企业的安全生产管理水平。

四是加强源头管理，全面贯彻落实安全生产许可证制度。全省《安全生产许可证》发放工作已全面启动，进展顺利。

五是开展安全质量标准化工作。制定下发了危险化学品安全质量标准试点方案，并确定济南、青岛两市的12家生产经营单位开始试点。

三、建立安全生产控制指标体系，进一步强化了各级各部门安全生产责任制的落实

2004年是山东省实施安全生产控制指标的第一年。为了使事故控制指标制订的科学合理，山东省安监局提出了3个方面的创新做法，得到了国家局和省委、省政府主要领导同志的肯定。第一，提出了“确保和力争”两个指标。制定“确保和力争”两个指标，既明确了全省事故控制的“底线”，又提出了一个较高的奋斗目标。省政府确定了2004年度事故死亡人数确保下降3.5%、力争下降5.0%的安全生产控制总体目标，并纳入了建设“平安山东”的总体目标。第二，按照条块结合的方式下达控制指标。为确保事故控制指标落到实处，将省政府确定的事故控制总体目标，经过分解后，以省安委会名义纵向逐级下达给各市政府，横向下达给公安、交通、渔业、煤炭等部门，建立了行政区域与行业系统相衔接的安全生产控制指标体系。第三，落实责任、加强考核确保完成控制指标。省政府每月将各市控制指标的进展情况与经济指标一起公布，增强了各级各部门抓安全、降事故、完成控制指标的责任感和紧迫感。省里把安全生产控制指标作为建设“平安山东”的一项重要考核内容进行认真考核，极大地促进了全省事故控制指标的落实。各级安监部门充分发挥综合监管作用，督促各级各部门特别是领导同志按照“一岗双责”的要求，抓好分管领域、分管部门控制指标的落实。济南、淄博、枣庄、东营、济宁、威海、滨州、聊城等市对安全生产指标完成情况实行了“一票否决”。德州市政府制定了《安全生产目标管理责任制考核奖惩办法》。山东省基本完成了国务院安委会年初下达的事故控制指标。

四、创新安全生产监管方式，提高安全生产监管能力

一是创新安全生产检查机制。山东省安监局在总结以往开展监督检查工作的基础上，确立了“专家查隐患、政府搞督查、部门抓监管、企业抓落实”的安全检查方式，建立了隐患排查、整改、监督机制。2004年以来，针对不同时期的安全生产特点和形势，省政府和省安委会共组织了5次全省性的安全生产大检查和7次安全生产督查。对发现的413家存有重大事故隐患的企业，全部登载到省安监局网站进行跟踪督查。现已有326家企业的事故隐患已整改完毕。

二是建立了规范化的重要时期安全监管工作机制。针对春节和“五一”、“十一”黄金周等重要节假日的特殊性，建立了一整套的早部署、早落实和安全自查、专业检查、包市督查、信息报送等工作制度。针对夏季汛期的安全生产特点，山东省政府提出了“防汛度夏保安全”的工作要求，各级各部门及时对矿山、危险化学品、内河浮桥等重点领域和重点部位加强了安全监控。针对冬季事故多发、安全生产形势严峻的情况，山东省人民政府决定在全省开展“百日安全集中整治”活动，深入排查整改重点领域、重点企业的事故隐患和不安全因素，为稳定冬季安全生产形势提供了重要的措施保证。

三是深化了重点领域的安全生产专项整治。在非煤矿山安全整治中，严厉查处超层越界和私采滥挖行为，取缔关闭503处非法开采矿山。在危险化学品整治中，各级安监部门责令停产整顿危险化学品生产经营企业663家，关闭不符合安全生产条件的生产经营单位839家。山东省安监局对接管的77家烟花爆竹企业的安全生产管理情况进行了一次全面的检查，发现隐患327处，责令停产整顿4家。

五、加强安全生产监管体系和队伍建设，进一

步提升了安监机构的权威性

一是机构建设得到进一步加强。在7月份召开的省政府常务会议上，省长韩寓群明确要求省编办在本次省政府机构改革中对安监机构的编制上要给予一定倾斜，审批市、县政府机构编制时，要对安监部门的设立提出明确要求。并在全省开展了安全生产监管体系建设督查工作，检查各地工作落实情况。省安监局作为省政府的直属机构，增加了职能、处室和人员编制，充实了局和处室领导班子力量。各级政府都结合新一轮机构调整，充实和加强了安监机构。省市县三级安监机构基本都纳入各级政府的工作机构，全省安监机构人员编制在2003年1229人的基础上新增617人，达到1846人。在基层安监机构的建设方面，省安监局在全省推广了潍坊诸城市乡镇建立安全生产监管所、实行"准垂直"管理的做法，取得明显成效。全省大部分乡镇都配备了一至两名专兼职安监人员。同时，全省安全生产执法监察队伍开始创建，从无到有，初具规模，已有12个市、84个县（市、区）成立了安全生产执法监察大队，到位执法监察人员446人。淄博市在加强安监机构建设中"舍得拿人、舍得拿钱"，市及各县（区）已经全部建立了执法监察队伍。

二是安监机构的装备建设得到不同程度的加强。各级政府高度重视安全生产工作，在财力上给予倾斜和支持。省政府为解决30个经济欠发达县的安全生产监管装备问题，从省财政拿出300万元，为各县配备了执法监察车辆、微机和传真机。菏泽市政府在财力较为紧张的情况下，拨出10万多元专项资金改善市安监局的办公设施。

三是加强了安监人员的思想和作风建设。全省大张旗鼓地表彰了安监系统35个先进集体和55名先进个人，为表彰安监系统的先进单位和个人开了先河。各市都有针对性地开展了"强素质、树形象"工作，如威海市安监局提出5条提高办事效率的具体措施和9条文明办公的行为规范，并向社会作出了公开承诺。

六、加快安全生产法制建设，推动了法制化进程

为了及时、有效地排查治理重特大生产安全事故隐患，防范重特大事故发生，保障人民群众生命、财产安全，省安监局代省政府起草了《山东省重特大生产安全事故隐患排查治理监督办法》，经省长韩寓群签发后，以177号省长令的形式公布。根据山东省安全生产工作需要，为了加强安全生产监督管理，防止和减少生产安全事故，保障人民群众生命和财产安全，促进经济和社会协调发展，省安监局起草了《山东省安全生产条例（征求意见稿）》，争取2005年由省人大出台。为深入贯彻落实《安全生产法》，省人大财经委于10月份对有关市贯彻实施《安全生产法》的情况进行了视察和调研，省人大常委会于11月份专题听取了省安监局受省政府委托所作的关于贯彻实施《安全生产法》情况的汇报，审议了山东省安全生产工作。为规范全省安监系统的行政执法工作，省安监局出台了《山东省安全生产行政执法质量考核评价暂行办法》，建立了执法考评机制，根据这一办法，省安监局组织对各市安监局的行政执法工作进行了考评，并将进行通报。济南、青岛、淄博市通过市人大颁布了一些加强烟花爆竹、森林防火、建筑施工等有关安全法律法规，都为安全生产监督执法提供了保障。

七、进一步加大安全生产宣传力度，营造了良好的安全舆论氛围

各级各部门高度重视安全生产宣传工作，认真做好宣传教育工作，大力营造"关爱生命、关注安全"的社会环境。中央各大新闻媒体多次到山东省对安全生产工作进行采访报道。新华社、《人民日报》、中央电视台等12家中央新闻媒体组成"联合采访团"深入山东省进行采访。《人民日报》和《安全生产报》分别在头版头条报道了山东省开展"安全生产落实年"活动和加强安全生产体系建设情况，宣传了安全生产工作，受到省委、省政府领导同志的好评。各地也普遍加强了这方面的工作。据统计，2004年以来，省级以上新闻媒体采用安全生产稿件174篇。在2004年"安全生产月"活动中，省和济南市在泉城广场开展了安全生产法律咨询、灭火演习和文艺演出等一系列丰富多彩的宣传活动；全省有4万多个家庭阅读了安全生产知识普及读本，360万人观看了宣教片，190余万人参加了《安全生产法》知识竞赛，增强了广大群众的安全意识。

山东省煤矿安全生产工作综述

山东煤矿安全生产工作一直在不断探索中前进，事故死亡人数和百万吨死亡率连续3年大幅度下降。2001年事故死亡165人、百万吨死亡率1.51，2002年降为104人、0.81，2003年降为97人、0.67，2004年又降为49人、0.35，分别比国家下达的事故死亡和百万吨死亡率两个控制指标下降了47.9%和47.8%，创出了全省煤矿安全历史新水平和全国同行业最好水平。

一、大力加强煤矿安全监管、监察体系建设

严格落实煤矿安全生产监管、监察责任。省政府明确要求，省安监局负责全省安全生产的综合指导，煤矿安全监察局负责执法监察，省煤炭办负责行业安全监管。对各产煤市、县和乡镇政府明确了负责煤矿安全监管的部门以及分管领导；市、县政府对所属煤矿安全生产负重要责任，乡镇政府领导是乡镇煤矿安全生产的第一责任人。省政府规定，凡是一次死亡10人以上特大责任事故，是省属煤矿的，依法追究企业法人代表及相关人员责任；市属以下的煤矿，则追究有关地方政府和煤矿企业负责人及相关人员的责任。凡发生一次死亡3人以上的责任事故的煤矿，矿长就地免职，终身取消担任矿长资格。各级市、县（市、区）政府安全监管工作不断加强。枣庄市政府出台了“煤炭管理办法”，建立了“三级三线”监管网络，向所有煤矿派驻矿安全监管站；济南章丘市上划煤矿管理权限，取消乡镇办矿，实行集中监管。

二、突出重点抓关键，努力构建防范体系，重特大事故得到有效遏制

认真落实《山东省煤矿重大事故隐患排查治理责任追究规定》（省政府156号令），强化重大事故预防机制。一是建立以重点专业、重点地区和重点环节为主要内容的综合防范体系。从专业方面，着重抓好“一通三防”、防治水和顶板管理“三个重点专业”；从区域方面，重点抓好枣庄的东部、淄博的淄川区、济宁、济南的章丘市和新汶、莱芜矿区等“六个重点区域”；从影响安全生产的关键环节方面，着重抓好停产整顿恢复生产矿井、超层越界矿井、已关闭矿井和破产改制矿井的“四个重点环节”。二是健全了以重点监控矿井为主的专项防范体系。分别排查了40处“一通三防”、47处受水害威胁严重的重点监控矿井，调整专业力量，强化9个方面的监控措施，深入开展“通防安全科技示范矿井”建设活动。全省煤矿连续3年杜绝了10人以上瓦斯煤尘爆炸事故。三是完善抢险救灾、技术服务、灾害预防“三位一体”应急救援防范体系。制订了《山东省煤矿矿山救护队伍统一规划利用与有偿服务暂行规定》，实现了由单一救护型向救护预防型转变，为稳定安全形势发挥了重要作用。三年来，全省救护队共实施灾前预防技术服务9528队次、抢险救灾199起、抢救生还281人，减少直接经济损失5278余万元。龙口救护大队在一非煤矿山救灾中，将被困的72名矿工安全救出，受到当地政府的嘉奖。

三、加强“双基”（基层和基础）建设，提高依法办矿、依法管矿和依法治矿水平

一是安全管理不断创新。各地、各单位针对新形势下的煤矿安全工作呈现出的新情况、新问题，发挥自主创新精神，大力创建安全精品工程，引入企业内部市场化安全监管机制，建立事故预警机制。济宁市从上到下理顺安全责任“一条线”管理制度；泰安市首批开展职业安全健康管理体系认证；兖矿集团强化全过程安全监控，继续保持全年安全生产好水平；枣矿集团积极探索建立安全生产长效机制，“双基”建设取得新成效；龙矿集团以“三个工程、四个一流”为主要内容，广泛开展安全矿区创建活动。二是安全责任风险机制逐步形成。各级政府对煤矿企业负责人突出了安全生产的行政和经济责任的双向考核。如，临沂煤炭局连续10年与煤矿企业签订年度安全目标责任书；潍坊5个市县煤矿向市行办交纳了安全风险抵押金。各矿业集团公司加大了矿级班子年薪制中安全生产考核的比重。临沂矿务局规定对发生1人以上死亡事故的煤矿，解聘“一把手”职务，并扣罚单位工资总额30万元。三是安全程度评估扎实推进，安全质量标准化建设掀起新高潮。多数煤矿企业调整了安全质量工资结构，切块分类，加大了考核力度；煤炭管理部门积极引导，开展达标活动，不断加以促进；安全监察机构加强执法监察，积极推动。不断完善煤矿安全评估制度，坚持以评估促达标，以标准化建设丰富评估内容，取得了新进展。全年已评估矿井292对，完成拟评估矿井总数的89%，其中A级75对、B级202对、C级12对，D级3对。3对D级矿井已被责令停产整顿。

四、加大投入，完善装备，科技兴安有了新发展

一是提高装备水平。近三年来，全省煤矿新装备综采、综放工作面37个、综掘工作面66个、高档普采工作面28个，分别比2001年增加112%、330%和67%，切实改善了现场安全生产条件。二是加快科研攻关和成果转化。全省煤矿以建成的一个国家级、三个省级技术科研中心为依托，围绕解决制约煤炭生产和安全的关键性技术难题，积极组织科技攻关，三年来共有455项科研成果获省部级奖。其中薄煤层螺旋钻无人工作面开采技术填补了我国煤炭开采的一项空白。三是原来相对落后的市县和乡镇煤矿安全技术和装备水平上新台阶。济宁市共13对市县属（无乡镇矿）矿投入8930万元，装备了7个综采、5个普采和3个综掘工作面；一县属煤矿的“厚煤层不搬迁村庄膏体充填开采技术”达到国内领先水平；滕州市投资近千万元，与所属煤矿实现了远程数字监控联网；乡镇煤矿较为集中的新泰市全部乡镇煤矿实现了正规开拓、壁式采煤，推行了光面爆破、锚喷支护。四是大力培训科技人才。采取企业文化建设与提高职工素质相结合、业余培训与脱产培训相结合、请进来与走出去相结合的方法，开展了各类人员的安全、技术和业务培训。全省煤炭企业具有中专以上学历、初级以上专业技术职称和职业资格等级的达到17万人，约占职工总数的38%，成为“科技兴安”的实践者和主要推动力量。四是加大安全投入。近三年累计投入30亿元。其中，2004年，全省煤矿用于安全投入资金12.7亿元，其中“一通三防”投入4.7亿元，在通风系统优化调整、监控网络建设、通防数据化、信息化管理等方面，取得了明显成效。

五、严格安全准入制度，提高煤矿安全素质

全省颁证45个煤矿企业集团、328对煤矿，不予颁证的煤矿12对，建议22对煤矿整合重组，确定年底前关闭不具备安全生产条件的煤矿71对，已向相关市政府发了“关闭建议书”，限年底前完成关闭任务。拟关闭煤矿多数是乡镇煤矿，约占全省乡镇煤矿总数的三分之一。同时，各级政府同加强煤矿安全监管的角度，抬高办矿标准，关闭不具备安全生产条件的小煤矿。近几年来，全省累计关闭了636处小煤矿，全省杜绝了“无证”矿井、国有矿办小井及3万吨以下的各类煤矿。省政府名文规定不再新建年产30万吨以下的小煤矿，9万吨以下的煤矿2008年底前逐步关闭。全省煤炭年产量由1998年的8977万吨，提高到1.4亿吨左右，乡镇小煤矿的年产量仅占全省总量的3%左右，初步走出一条关闭、整合、提升、安全、高效的新路子。

六、认真履行职责，创新工作机制，执法监察不断深入

一是建立安全监察目标考核机制。建立了从机关到分局（原办事处）及其科室、监察员四级监察目标考核体系，实行煤矿主管监察员制度，推动安全监察工作层层深入。二是建立主管监察员安全监察责任机制。将监察分局辖区煤矿按区域合理划分，界定安全监察职责，细化重点监察、专项监察和定期监察内容，实行主管监察员制度，做到执法监察和廉政建设“双项考核”，并定期交流。三是建立煤矿安全生产责任监察机制。制定了包含从煤矿矿长、党委书记到中层干部乃至班组长等44类人员的《全省煤矿安全生产责任制》，督促落实不同层面、不同岗位的安全生产责任制。四是建立安全培训监察机制。在建立全省一级、二级培训机构的基础上，重点抓了20个三级、117个四级培训机构的资质认证，全省形成了层次结合、重点突出的四级安全培训体系，年培训量达到8万余人次。五是建立外包队伍施工安全监察机制。出台了《山东省承包煤矿工程施工安全监察办法》，审查外包施工队伍质级，将外包队纳入发包矿井同等安全监察和管理。六是建立岗位工种安全操作监察机制。制定了包含采煤、掘进、机电、运输、通风、地质及火工品管理七大专业、138个工种的《山东煤矿安全技术操作规程》和《煤矿作业规程》，进一步规范了采掘作业标准。七是建立了矿用产品安全标志认证监察机制。制定了《山东煤矿建设工程安全设施设计审查及竣工验收程序实施办法》，加强了对新建、改扩建和技术改造工程项目的“三同时”安全监察。八是建立事故调查处理监察机制。将事故调查处理纳入法制化和程序化，做到了事故查处率、结案率和责任追究落实率3个100%。3年以来，累计有1243名责任人受到不同程度的行政、党纪处分，26人被移交司法机关处理。

煤矿安全监察坚持从严执法与安全服务相结合，认真开展“三项监察”，全年监察矿井1167处，查处事故隐患7440条，行政罚款529.1万元。同时，积极加强与地方有关部门的联系与沟通，提出30多项执法意见和建议。进一步加强队伍建设，实行分局监察科室、监察员定期交流制度，努力建设一支高素质的煤矿安全监察队伍。

河南省安全生产工作综述

2004年，河南省各级政府、各有关部门认真落实国家局和省委、省政府关于安全生产的工作部署和要求，强化目标管理，严格监管监察，不断完善各项措施，积极探索长效机制，深入开展专项整治，狠抓事故隐患整改，促进了全省的安全生产工作。

一、不断加强对安全生产工作的领导

省委、省人大、省政府高度重视安全生产工作。省委把安全生产工作与“三农”、社会稳定、人民疾苦并列为四项重点工作，作为推进和谐社会建设的重要内容。要求各级领导将安全生产工作刻在心上，扛在肩上，压在身上。出台了《河南省安全生产条例》、《中共河南省委河南省人民政府关于切实维护社会稳定推进和谐社会建设的若干意见》、《河南省人民政府贯彻国务院关于进一步加强安全生产工作的决定的实施意见》、《关于加强水上安全生产管理的意见》、《关于强化重大案事件和安全事故领导责任的意见》等政策法规和规章制度。省政府多次召开常务会议、省长办公会议，研究部署安全生产工作，并不间断地派出安全生产督查组开展督查工作。

各级党委、政府也高度重视安全生产工作。其中，安阳市四大班子都身体力行抓安全生产。市委书记靳绥东指出，政府和安监部门要用铁的手腕抓好安全生产。市长董永安强调，宁可不生产，不可不安全；宁听骂声，不听哭声。该市2004年组织安全生产大检查11次；先后投入400多万元支持煤与瓦斯突出矿井完善抽放系统，帮助煤矿、大型商业广场等企业整改重大安全隐患；为矿山救护队追加拨款100万元；为市消防支队追加预算60万元，还决定在城市维护费中拿出6%用于消防基础设施建设，提高了全市抗灾救援能力。

二、逐步健全各级安全生产监督管理机构

在各级党委、政府的重视和支持下，市、县两级安全监管机构逐步健全。省、市、县（区、市）安监局多数调整升格为政府组成部门或直属机构。全省共有安全生产监管人员2076人。乡、村、企业层层明确安全生产监管机构和专职人员，确保安全生产工作在每个层次、每个地方都有人管，有人抓。6个省辖市和44个县还成立了执法大队，共有执法人员414名。郑州市有9个县在乡镇设立县安监局的派出机构乡镇安监所，进一步增强了基层执法力量。2004年底，省委、省政府进一步要求各省辖市和安全生产监管任务重的县都要成立安全生产执法队伍，为做好安全监管监察工作提供组织保证。

三、严格实行安全生产行政许可制度

认真宣传贯彻《安全生产许可证条例》等法律法规和规章，依照法定程序和条件，严格安全生产许可证、危险化学品经营许可证的核发工作。目前，已登记、受理和核查各类煤矿781处，核发危险化学品经营许可证3004家，核发非煤矿山安全许可证5200家。严格新建、改建、扩建工程项目“三同时”监察，依法对涉及电力、石油、化工、粮储等1100多项工程的安全设施进行了设计审查和竣工验收，对13家国有重点煤矿和111处乡镇

煤矿的基建、技改项目进行了设计审查和竣工验收。通过许可证核发和“三同时”审查验收，从源头上严格控制发生新的安全欠账。

四、切实加强安全生产监督检查

开展了5次全省安全生产大检查，进行了矿井“一通三防”、防治水和瓦斯防治、矿山救护、危险化学品、建筑施工、黄金周旅游等专项安全检查。省政府派出5批督查组，对安全生产工作进行督促检查，对查出的事故隐患进行通报，督促各地及时解决存在问题。各级、各有关部门和单位更加重视隐患整改，消除了大量隐患。尤其是解决了濮州大市场违章占压油气管线、鹤煤集团511厂安全距离不足等一批长期难以解决的重大事故隐患。全年检查单位和场所7万余个次，查出事故隐患13万多项，隐患整改率达到90%以上。

五、大力加强安全宣传教育和培训工作

开展了“安全生产月”、“安康杯”、“安全生产万里行”巡访报道、“平安河南”文艺演出等活动。中铝中州分公司等企业将《中国安全生产报》、《劳动保护》杂志等报刊订到了车间和班组，许昌市积极开展了“法佑平安”普法宣传活动。通过广泛的宣传，安全生产已成为领导关注、群众关心的社会热点。

大力开展安全培训工作。评估验收培训机构97家，安全生产培训机构已达179家，覆盖全省的培训体系初步形成。对1098名安全监察人员、11528名企业负责人、9356名企业安全管理人员、160767名特种作业人员进行了培训考核。编写了《农民工务工安全指南》等教材，以长垣县为试点，开展了农民工安全培训。各类从业人员的安全意识明显增强，安全素质不断提高。

大力推广安全生产先进经验。大力推广了南阳市建立健全安全监管网络、安阳市实行三项经济制度（风险抵押金、矿山向矿山救护队缴纳救护费、为井下作业人员购买人身保险）、平顶山石龙区向煤矿的“三个委派”（派驻安全、技术副矿长和政府特派员）、郑州市在乡镇建立安全生产监管所、长垣县农民工安全培训、正阳县健全重点隐患整改机制、电力公司开展无违章活动、烟花爆竹专业村管理等经验，使各种好的做法在全省各地开花结果。

六、强力推进煤矿安全监管监察

将日常安全检查与矿井防治水、“一通三防”等专项监管监察相结合，全年监察3137矿次，查出事故隐患16524项，隐患整改率达93.6%。扎实开展煤矿安全质量标准化活动，已命名4个标准化煤业集团、75个特级安全质量标准化单位、131个达标单位，仅省属煤业集团投入资金达3.66亿元。加强对矿用设备的检测检验，检测提升机、通风机、水泵等矿用设备21899台次。对27个瓦斯突出矿井、34个高瓦斯矿井实施重点监察，严格查处国有煤矿突击生产和超能力生产的行为。

七、深入开展安全生产专项整治

煤矿安全整治方面，加强与国土资源、煤炭等部门联合，开展依法规范开采行为、已关闭煤矿复查等专项监察，在事故多发阶段开展集中监察，查改事故隐患12061项，关闭矿井120对，投入矿井安全技术改造资金10亿元以上。非煤矿山安全整治方面，对4616家非煤矿山进行了整治验收，关闭和取缔了2706家不具备安全条件和非法开采的非煤矿山。危险化学品安全整治方面，完成对292家生产、储存危险化学品单位的评价评估工作，调查烟花爆竹企业162家，关闭了50家非法生产溶解乙炔企业。道路交通安全整治方面，开展对超载、驾驶员严重违章等的集中整治活动。水上交通运输专项整治方面，从严查处“三无”船舶，停运整顿无证船只800多艘。建筑施工安全整治方面，检查施工单位480多个，施工工地670多处，监理单位160多个，下达整改和停工通知书760多份。人员密集场所消防安全整治方面，检查复查2万多个单位和场所，查出火灾隐患13000多处，及时整改12300多处，依法取缔220多家非法经营单位，对800多个单位实施停产停业整顿。

八、积极落实“科技兴安”战略

编制了河南省“十一五”安全生产规划和2010年安全科技发展规划，开展了安全生产科技进步奖项目评审工作；加强安全评价体系建设，对50个安全评价机构进行了资质认可。目前河南省安全评价机构发展到104家，具有评价资格的从业人员达1600多人，成为服务安全生产的一支重要力量。修订了劳动防护用品有关制度，进一步加强劳动防护用品监督管理；建立矿用产品检测检验体系，完成对济源、禹州等市的矿用设备检测检验试

点工作；加强引导和监管，指导安全评价机构完成了煤矿、非煤矿山安全评价、评估任务。评价评估工作的开展，发挥了社会资源对安全生产的监督服务作用，提高了安全监管的科技含量。

九、严肃查处和追究安全事故责任

按照“四不放过”原则，严肃查处各类生产安全事故，严格追究有关单位和人员的责任。对2003年以来发生的27起重特大生产安全事故已处理结案，并追究了288名责任人员的相应责任。严查瞒报事故行为，查实并处理结案19起，对涉及瞒报事故的93名责任人员从严实施了责任追究。

2004年，是河南安全生产法制建设长足进步的一年，是安全生产综合管理不断加强的一年，是安全生产监管监察得到强化的一年，也是较好完成安全生产控制目标的一年。全省发生各类伤亡事故39242起，死亡6264人，万人死亡率为0.65，亿元产值死亡率为0.78，与2003年相比，事故起数和死亡人数分别下降25.36%和2.54%；万人死亡率下降3%；亿元产值死亡率下降17%。其中，重大事故136起，死亡510人，与2003年相比，事故起数和死亡人数分别下降11.1%和11%。

安全生产形势依然严峻。主要体现在：一是事故总量仍然较大；二是特大恶性事故时有发生；三是重点领域事故隐患严重；四是安全生产基层基础工作比较薄弱，安全保障体系不完善；五是违法生产、经营和使用危险物品、特种设备、劣质建材和非法开采、滥采乱挖矿产资源等情况仍然存在；六是安全监管监察体制、机制和队伍还需要进一步健全。

河南省煤矿安全生产工作综述

河南煤矿安全监察机构认真贯彻《煤矿安全监察条例》、《国务院办公厅关于完善煤矿安全监察体制的意见》和上级有关工作部署，全面履行煤矿安全监察职责。

一、依法行政，连续不断地开展安全检查

坚持分片监察与专项监察相结合，各办事处加强对辖区内煤矿的经常性检查，省局组织开展了以国有煤矿“一通三防”、高突矿井、安全装备、乡镇煤矿、夏季“三防”等为内容的专项监察和集中监察。在监察中，做到了4个结合。一是和隐患整改相结合，重在督促隐患整改。共查出事故隐患16524条，督促隐患整改率94%。二是和提高执法水平相结合，严格按照法定程序开展工作。共下达执法文书11102件，其中，现场检查笔录3020件，调查取证笔录1541件，现场处理决定书3252件；撤出作业人员命令书322件，立案决定书407件，行政处罚决定书370件，罚款543.3万元。三是和专项整治相结合，发现非法矿井及时通报当地政府关闭。责令关闭矿井9对。四是和监督指导相结合。制作建议书173份，及时向地方政府及有关部门提出加强和改善安全生产管理的建议。

二、以“一通三防”为重点，强化监控和执法监察

严格执行“以风定产”，坚持瓦斯治理十二字方针，依法查处国有重点煤矿中突击生产和超通风能力的矿井。将27个瓦斯突出矿井、34个煤矿作为重点监控对象重点监察。特别是“10·20”特大瓦斯突出爆炸事故之后，对国有重点煤矿自然灾害严重、绝对瓦斯涌出量大、煤与瓦斯突出、近几年来发生过重特大事故、有煤与瓦斯突出动力现象的5类矿井集中监察，共责令5个矿井停止使用架线电机车，4个没有专用回风巷的采区立即停止生产，15个突出煤层放顶煤采煤工作面停止生产，9个违法建设工程停止施工等。

在地方煤矿防治瓦斯事故方面重点抓了3项工作：一是多次开展矿井“一通三防”、安全监控系统专项执法监察活动。二是巩固乡镇煤矿强制推行壁式工作面工作，在安全生产审批中，将壁式工作面作为必要条件，严格审查。目前，全省乡镇煤矿生产矿井90%以上都实现了正规开采。三是加强对煤矿安全监控系统正常、正确使用的监察、监管力度，对不能正常、正确使用或监控系统失效的煤矿企业及时下达停产整顿指令，确保监控系统发挥作用。

三、综合治理，搞好防治水工作

在国有重点煤矿确立了17对重点防汛单位重

点监察。组织了防治水专项监察和雨季集中监察，共排查国有重点煤矿56对，查出隐患150条，及时责令企业消除隐患。

在地方煤矿防治水监察中，对工作不到位的企业实施停产整顿和经济处罚。联合地矿、煤炭等部门严厉打击越层越界开采，指导有关部门加强探放水管理。目前，大部分县对小煤矿的探水钻由县级煤炭管理部门统一编号管理，并专门建立台账，大部分小煤矿成立了专门的探放水队伍，遏制了上年度煤矿透水事故多发的势头。

四、大力开展安全培训，提高从业人员素质

发展煤矿安全培训机构75家（国家二级3家、三级32家、四级42家），培训考核煤矿主要负责人2237名、安全管理人员1469名、特种作业人员52288名。

五、深入开展安全评估、质量标准化工作，夯实煤矿安全基础

巩固2003年煤矿安全评估的成果，实行动态管理，根据煤矿现状，调整评估等级。评估国有重点煤矿矿井66对（其中重点监控矿井33个），A级8个，B级52个，C级5个，D级1个（郑煤集团大平煤矿）；国有地方煤矿生产矿井61处，A类5处，B类矿井43处，C类矿井11处，D类矿井2处；乡镇煤矿生产矿井1262处，A类127处，B类矿井855处，C类矿井164处，D类矿井31处。

积极推动安全质量标准化工作，2004年省属煤炭企业安全质量标准化投入3.66亿元，提高了矿井安全条件。对省属煤炭企业62对矿井的安全质量标准化进行了验收，其中一级矿井34个，二级矿井11个，三级矿井4个，未达标矿井13个，达标率79%。

六、加强源头管理，严格建设矿井安全审查和竣工验收

按照《煤矿安全监察条例》和国家局6号令规定，对“三同时”工作严格监察。对收购、兼并、破产重组煤矿的安全设施按照“三同时”来管理。共组织审查验收了13个国有重点煤矿安全设施建设项目，依法查处了3个违法施工企业、9个违法建设工程。全省地方国有煤矿17处基建矿井通过《安全专篇》审查14处，通过安全设施验收7处；全省乡镇煤矿133处基建矿井通过《安全专篇》审查132处，通过安全设施验收82处。

七、搞好安全生产许可，促使生产矿井达到安全保障条件

组织制定各类煤矿安全生产许可证实施方案，召开动员会进行部署，召开座谈会定期研究问题。对申报办证矿井严格把关，指导安全评价公司修正、完善评价报告，组织人员现场审查，查出问题责令限期整改，促进了企业改善安全条件。截至目前，有835处地方国有和乡镇煤矿申报安全生产许可证，受理343处，现场核查125处，拟发证41处。

八、加强矿用产品标志管理和产品安全检测，提高本质安全水平

组织人员对30家煤矿设备生产厂家申办煤安标志进行了初审，对矿用产品的生产、销售、使用、维修各个环节组织专项执法监察，提高了煤安标志执行率。目前，全省煤矿矿用产品生产厂家由2000年的70多家发展到260家，有近千种矿用产品取得了安全标志准用证书。煤矿井下矿用设备安全标志执行率由2000年前的20%左右，提高到80%左右。在全国率先探索建立了矿用产品检测检验体系，联合下发了《河南煤矿在用产品检测检验规范》，开展了检测检验工作，共检测主提升机346台，主通风机723台，主排水泵830台，安全仪器仪表20000台次。

九、加强战备训练，发挥矿山救护队在抢险救灾和预防检查中的作用

组织办事处对本辖区矿山救护队进行了专项检查，开展了军事化质量标准化竞赛活动。向国家局推荐1个国家级矿山救援基地、4个省级矿山救援基地、1个国家级矿山救援技术培训中心、3个省级矿山医疗基地。

2004年全省矿山救护队共参加事故抢险341起（其中非煤17起），抢救遇险人员744名，其中生还453名。开展预防性安全检查21303人次，检查事故隐患30365条，其中重大隐患476条，恢复巷道38874米，恢复可采储量505.54万吨，为煤矿抢险救灾和安全生产工作做出了重要贡献。

十、依法严肃查处事故，严厉打击隐瞒事故行为

2004年批复结案19起重大事故，共有240人受到责任追究，其中，追究刑事责任66人，立案侦查9人，政纪处分146人，党纪处分15人（其中4人为党政纪并处），涉及国家公务员乡（科）级干部43人，县（处）级干部3人，国有重点煤矿企业副处级以上干部2人。与此同时，积极配合参加了由国务院组织的特别重大事故的调查处理工作。

为加大对隐瞒事故的查处力度，与省监察厅、公安厅、煤炭局、总工会联合下发了《关于严肃查处煤矿隐瞒事故有关问题的通知》，全年受理群众举报隐瞒事故67起，查实隐瞒事故17起，延报事故2起，查出隐瞒死亡人数38人，依法严肃惩处93人，其中追究刑事责任22人，立案侦查3人，党政纪处分64人，县（处）级干部3人。同时，对隐瞒事故的单位，依法给予85万元的经济处罚，严厉打击了瞒报、谎报事故行为。

湖北省安全生产工作综述

一、湖北省安全生产工作概况

2004年，湖北省按照“三抓四严”的工作要求，积极推进五个转变，强化四个机制，构建四大体系，保证了各项安全工作措施的落实，在全省国民经济快速稳定增长的情况下，安全生产工作继续保持了总体平稳的态势。

1. 各类伤亡事故

全年共发生各类生产安全事故21828起，死亡3247人，受伤12046人，直接经济损失14347.29万元，同比分别下降18.85%、8.22%、18.33%和10.75%。工矿企业全年发生事故586起，死亡636人，同比分别下降7.86%和10.55%。其中，煤矿事故114起，死亡139人，同比分别下降7.33%和33.33%；煤矿百万吨死亡率14.08%，同比下降26.24%。非煤矿山事故153起，死亡182人，同比分别下降20.73%和17.65%。非矿山事故319起，死亡315人，同比分别下降1.54%和7.35%。道路交通全年发生事故13680起，死亡2554人，同比分别下降32.78%和6.99%。全年发生火灾事故7552起，死亡56人，同比起数上升28.17%，死亡人数下降2.13%，GDP火灾损失0.23。水上交通全年发生事故10起，死亡11人，同比分别下降53.49%和67.65%。

2. 重大伤亡事故

全年共发生一次死亡3人以上各类生产安全事故75起、死亡301人，同比分别下降12.28%和11.73%。其中，工矿企业发生14起，死亡52人；道路交通发生59起，死亡236人；水上交通发生1起，死亡6人；火灾发生1起，死亡7人。全省发生一次死亡10人以上的特大事故2起，死亡27人。1月16日，神农架林区发生一起特大道路交通事故，一辆面包车坠入湖底，死亡11人；6月16日凌晨，阳新县白沙镇鹏凌公司一铜矿发生透水事故，11名工人死亡。

3. 控制指标完成情况

湖北省全面完成国务院下达的各项控制任务，一些重要指标均好于全国平均水平。2004年国务院下达湖北省的控制数分别为：各类事故死亡人数3486人，工矿事故死亡人数710人，煤矿事故死亡人数150人，煤矿百万吨死亡率15。湖北省实际完成的指标数分别为：各类事故死亡人数3247人，工矿事故死亡人数710人，煤矿事故死亡人数139人，煤矿百万吨死亡率14.19。煤炭百万吨死亡下降幅度大于全国的平均幅度。

4. 市州安全生产形势

全省17个市州中，事故起数、死亡人数、受伤人数、直接经济损失4项指标全面下降的有7个市；各类事故死亡人数同比下降的有14个市，其中12个市下降幅度在3%以上。武汉、荆门、荆州、仙桃、黄冈、鄂州、襄樊等7个市被省政府授予“安全生产责任目标考核优秀单位”。

2004年，湖北省委省政府提出了“三抓四严”的工作要求，即关口前移抓防范，责任上移抓领导，重心下移抓基层。严格落实各项责任制，严格各项规章制度，严格检查整治隐患，严格事故查处和追究。省委、省政府把安全生产工作列入重要议事日程，主要领导亲自抓。省委书记俞正声多次在全省重要会议上强调抓好安全生产工作，主持省委常委会议专题听取了安全生产工作情况汇报。省长罗清泉3次主持省长办公会议和常务会议，专题研究部署安全生产工作。省政府分管领导主持召开了5次全省安全生产电视电话会议，省安委会召开了4次全体会议，省政府出台了一系列重要文件，省委、省政府主要领导深入基层检查安全生产，亲临重特大事故现场指挥救援工作，并作出了100多件关于安全生产工作的重要指示。这些强有力地指导了全省的安全生产工作。各地、各部门也普遍加强了对安全生产工作的领导，落实安全生产责任，形成了党政一把手亲自抓，分管领导具体抓，相关部门配合抓的工作局面，有力地推动了全省的安全生产工作。

二、主要工作

根据省委、省政府领导的指示精神，湖北省安监局提出了“积极推进五个转变，强化四个机制，构建四大体系”的工作思路。“推进五个转变”，即从人治向法治的转变，从被动防范向源头管理的转变，从专项整治向规范化、经常化、制度化管理的转变，从事后查处向强化基础的转变，从以控制伤亡事故为主向全面做好职业安全健康工作的转变。“强化四个机制”，即强化以领导负责制为主的安全生产责任制，强化以预防为主的监督管理机制，强化以企业为主体责任的安全保障机制，强化以警示教育为目的的事故责任追究制。“构建四大体系”，即构建安全生产法律法规体系、宣传培训体系、科技信息体系和事故应急救援体系。围绕这一思路，重点抓了6个方面的工作。

1. 加强控制指标监控，完善安全生产责任体系

湖北省政府在国家下达的各类事故死亡人数下降2.5%的控制指标基础上，按照各类事故死亡人数下降3%的要求，与各市州政府和省直7个部门签订了安全生产责任状。省安监局重点抓落实，一是督促各市州政府迅速分解到县（市）直至乡镇，逐级签订了安全生产责任状，形成了完整的目标责任制体系，进一步强化了地方政府领导的安全生产责任，形成了各级党政领导亲自抓安全的氛围。二是加强了控制指标全过程的监控，从省到市、县普遍做到了按月分析、按季通报，针对薄弱环节，强化监控措施，有效地预防和减少了各类事故的发生。三是严格责任目标考核，从省到市、县都对安全生产责任目标完成情况进行跟踪检查与考核，大部分地区将责任目标完成情况纳入干部工作考核的内容，实行安全生产“一票否决”制度。省政府对14个责任目标完成情况好的市州和部门进行了表彰和奖励。

2. 加强法制宣传和立法工作，增强依法行政能力

湖北省围绕《安全生产法》、《国务院关于进一步加强安全生产工作的决定》开展了广泛的安全生产宣传活动，特别是围绕“第三届全国安全生产月”活动，成功组织了安全生产咨询日、安全生产楚天行、安全生产文艺汇演和安全生产知识竞赛，参与了全国“百城百万人签名”、安全歌曲大赛等活动，进一步提高了全民安全生产意识和安全技能。2004年，湖北省出台了《湖北省重大安全事故行政责任追究规定》（湖北省人民政府第261号令）、《湖北省人民政府关于进一步加强安全生产工作的决定》和《湖北省危险化学品特大事故应急救援预案》，培训了129名县市长、245名安全监察员、6371名生产经营单位主要负责人、7510名安全生产管理人员和83603名特种作业人员。

3. 突出重点行业和领域的安全专项整治，规范安全生产经营秩序

湖北省把安全专项整治工作与强化日常监管、阶段性的安全检查和安全行政许可工作相结合，加大了整治工作的力度，又关闭、取缔了71处煤矿、274处小矿山和506家危险化学品生产小企业；搬迁、转产了174家周边防护距离不符合安全要求的危化品生产企业；完成了716处煤矿、4495家非煤矿山、502个危化品生产单位和151家危化品储存单位的安全评估工作，分别占应评估企业的100%、100%、89%和100%，其中A、B类企业分别占已评估企业的73%、81.1%、92.5%和96.7%。道路交通贯彻“五整顿、三加强”的要求集中清理了驾驶员档案和报废车辆，对150处危险路段进行了整治，有效地避免了一些重特大事故的发生；消防安全重点开展了7项消防专项整治，对14467处火灾隐患，督促整改12516处；水上交通深入开展了乡镇渡口达标活动，共投入2100多万元资金，完成达标乡镇渡口458处，整顿水上运输秩序。

4. 强化企业基础工作，落实企业主体责任

湖北省把安全生产工作的重心放在基层，狠抓基础和基本功。一是认真贯彻实施《行政许可法》和《国务院安全生产许可证条例》，全面启动了安

全生产许可证的发证工作，广泛开展了“三同时”和安全评价工作，强化了源头管理。二是开展了各类企业安全质量标准化的试点工作，组织45处煤矿矿井开展安全质量达标活动，选择了武汉石化等4个危化品生产企业进行试点，开展了非煤矿山和机械行业标准化建设的调研工作，强化了现场管理。三是加强应急救援体系建设，组织编写了《湖北省安全生产事故应急救援体系建设方案》和《湖北省特大安全生产事故应急救援预案》，起草了煤矿、非煤矿山和危险化学品等专项《应急预案》，其中《危险化学品特大事故应急救援预案》经省政府批准实施。

5. 加强安全行政执法，有效防范各类生产安全事故

各级安全监管部门参与现场检查记录7385份，检查发现各类事故隐患7.89万处，下达隐患通知书6.5万份，整改隐患7.5万处，整改率为95%。参与调查处理各类责任事故1.1万起，结案1.04万起，事故结案率为94.55%。党纪政纪处分576人，追究了486人的刑事责任；下达行政处罚决定书2073份，罚款1387万元。在事故调查和责任追究上，湖北省建立了重特大事故查处督办和新闻发布会制度，重特大事故“说清楚”制度。

6. 加强安全监管机构建设，强化安全监管手段

2003年11月18日，《中共湖北省委、湖北省人民政府关于印发<湖北省人民政府机构改革方案>的通知》（鄂发［2003］18号），将省经济贸易委员会管理的省安全生产监督管理局改为省政府直属机构。17个市州全部为政府直属机构或组成部门，人员增加到300人。县（市）安监力量也得到加强，在监管任务较重的乡镇和社区也设立了安监机构。全省有1个市和10个县（市）成立了安全生产行政执法大队。此外，还在安全监管基础工作较好、民营企业较多的荆门市和仙桃市开展了非公有制企业安全监管试点工作，积极探索民营企业安全监管的新路子。

各地在安全生产工作中也探索和总结了一些好的经验。在安全生产管理理念上，荆门市委市政府提出“安全生产第一优先权”，仙桃市委市政府提出了“安全为了发展，安全就是发展”，襄樊市委市政府提出“安全生产无小事，安全检查无禁区，安全监察无情面”，神农架林区区委区政府提出“全面、全员、全程”的大安全观。在落实安全生产责任上，襄樊市政府市长、副市长实行“一岗双责”，既对分管工作负责，也对安全工作负责；恩施州所辖各县（市）由政府一把手担任安委会主任，并建立了安全生产述职制度；荆州、黄石、鄂州、仙桃等地将《安全生产法》的贯彻情况纳入人大监督检查内容。在安全责任目标考核上，武汉市制定了《关于安全生产“一票否决”的规定》及实施细则，将安全生产责任目标纳入全市一级目标考核体系；黄石市委、市政府出台了《关于实行安全事故“一票否决”制度的决定》，并在干部任免上付诸实施；荆州市政府连续两年将安全生产控制指标列为全市八大经济考核指标之一。在制度建设上，武汉市制定了《安全生产警示告诫暂行办法》，黄石市出台了《高危行业安全生产风险抵押金管理暂行办法》。在重大隐患和危险源的管理上，各地普遍建立了档案，襄樊市启动了对100个重大隐患、100个重大危险源整治监控工程，恩施州建立了《重大隐患明白卡》，黄石、荆州、黄冈等地将重大隐患和危险源列入“一把手”监控范围，实行了领导责任制。在安全生产行政执法上，建始县制定了《行政执法责任制》、《行政执法过错责任追究制度》、《执法人员行为规定》等27个制度，努力做到主体合法、程序规范、范围合理、自由裁量权适用得当，探索了安全生产行政执法的新路子。

湖南省安全生产工作综述

2004年，湖南省安全生产形势稳定好转。全省共发生各类安全生产事故24649起，死亡6439人，分别比2003年下降29.28%和4.95%。全年安全生产工作主要表现为6个突出。

一、突出安全立法，推进法制建设

通过一年的不懈努力，省人大常委会审议通过《湖南省安全生产条例》，实现湖南省安全生产法制建设的新突破。省政府下发《关于进一步加强安全生产工作的决定》，对全省安全生产工作发挥了强有力的政策支撑和指导作用。省安全生产监督管理局和省财政厅根据《湖南省安全生产条例》和《关于进一步加强安全生产工作的决定》，制定安全生产风险抵押金、安全专项资金管理办法等相关经济政策，并在全省开始组织实施。

二、突出指标控制，严格落实责任

围绕分解落实国家下达给湖南省的事故控制指标，各级各部门层层签订安全生产目标管理责任状，全面推行安全生产目标管理，将安全生产纳入各级政府、专业监管机构、行业管理部门和生产经营单位政绩考核的重要内容，实行量化考核。对安全生产工作优秀单位给予表彰奖励，对不合格单位实行"一票否决"，使安全生产责任制进一步落实到基层政府、管理部门和企业。同时，按照"四不放过"的原则，及时对涉及安全生产事故的314名责任人员给予党纪、政纪处分，进一步强化各级各部门安全生产责任意识。

三、突出行政执法，强化执法监督

全省绝大多数市州行政执法力度比往年明显加大，初步实现从安全检查到执法监管的转变。煤矿安全监察通过大力推进联合执法、集中执法、专项执法、重点执法和解剖式监察，执法效率和效果明显提高。如娄底煤矿安全监察办事处通过对辖区内煤矿分类排队，确定重点县区、重点乡镇和重点煤矿，实行分片执法、责任到人和奖惩挂钩，使娄底市煤矿事故多发的状况有了较大改善。同时，按照依法治省的要求，在全省安全生产监管监察系统广泛开展行政执法质量考评，进一步完善了执法监督机制。

四、突出行政许可，狠抓源头管理

按照省政府的统一部署，积极开展行政许可事项清理报批，确定15项行政许可事项。为了保证安全生产许可证发放工作的顺利进行，省安全生产监督管理局先后3次召开行政许可工作会议，对安全生产许可证发放审批的基本原则、基本条件、工作步骤和工作纪律进行部署，提出要求。结合国务院《安全生产许可证条例》、国家局的4个令和湖南省实际，及时制订6个规范性文件，进一步明确矿山、烟花爆竹和危险化学品生产企业办证的具体程序和具体要求。同时，建立政务公开大厅，实行一个窗口对外受理，分类把关，统一审查发证，从源头上把好安全生产准入关。

五、突出专项整治，加大隐患治理力度

为了深化安全专项整治，省政府及省安委会多次进行部署，提出严格要求。为解决煤矿"遗留问题矿井"违法生产问题，省政府专门下发8号明电，及时明确"遗留问题矿井"处理办法，为深化煤矿安全专项整治创造了条件。按照省政府及省安委会的要求，各市州、县进一步加大整治力度。如郴州市多次召开矿山整治大会，强化部门责任，领导分片包干，集中强化整治，严厉打击非法生产。株洲醴陵市以公检法三家名义发布打非公告，严格"三包一防"制度（包发现、包报告、包取缔，防反弹），烟花爆竹安全秩序明显好转。怀化市溆浦县通过联合集中执法，采取县管、乡包、村落实的办法，关闭非法矿洞379个，有效遏制了非法生产反弹势头。衡阳市除重点突出矿山、危险化学品和烟花爆竹专项整治外，还特别组织开展了改制企业的安全专项整治。邵阳市对非法生产始终坚持严查严管，2004年通过对新邵县坪上镇非法煤矿反弹的5名镇政府责任人给予就地免职处理，在全市引起强烈的社会反响。通过深化整治，全省共取缔各类非法小煤矿225个、非煤矿山4251个，关闭烟花爆竹非法作坊和厂点5000多家、危险化学品从业单位414家，部分矿区矿业秩序明显好转，烟花爆竹非法生产得到一定遏制。

六、突出宣传教育，提高全民安全意识

按照国务院安委会的统一部署，2004年，湖南省认真组织开展了"安全生产月"和"安全生产三湘行"活动，建立了新闻发布会制度，定期通报全省安全生产工作和事故指标控制情况。省人大、省政府还联合召开了实施《湖南省安全生产条例》新闻发布会，组织开展了《条例》宣传日活动。各级各部门充分发挥网络媒体的作用，在广播电视和报刊杂志上开辟专栏、专刊，宣传安全生产法律法规，推介典型经验，曝光存在的问题，在全社会大力营造"关爱生命、关注安全"的良好氛围，进一步增强了广大人民群众的安全意识。

广东省安全生产工作综述

2004年，广东省各地各有关部门认真贯彻党中央、国务院及省委、省政府关于安全生产工作的一系列部署，采取有力措施，加强对安全生产工作的领导，实现了安全生产工作“三有”，即有创新、有特点、有成效。

经过全省上下的共同努力，在国民经济快速发展，煤、电、油、运供给紧张的情况下，全省安全生产继续呈现出相对稳定、趋于好转的发展态势。一是全省各类伤亡事故起数和死亡人数继续下降，较好地完成了国家下达广东省的安全生产控制指标。2004年，全省共发生各类事故86115起、死亡12154人，分别比上年同期下降了0.63%和3.84%。有14个市完成了工矿企业安全生产事故控制指标，占66.7%；有17个市完成了道路交通事故控制指标，占81%；大多数市安全状况好于上年。二是工矿企业事故死亡人数大幅下降。全省发生工矿企业职工伤亡事故1232起、死亡857人、重伤572人、直接经济损失5958.63万元，死亡人数连续3年上升后首次下降4.46%。三是道路交通事故下降明显。全省发生道路交通事故68423起，死亡10657人，受伤78562人，直接经济损失24127.16万元，在全国道路交通事故普遍上升的情况下，道路交通事故起数、死亡人数和直接经济损失分别比上年下降1%、4%和23.13%。四是一次死亡10人以上的特大事故明显下降。全省共发生一次死亡10人以上的特大事故3起，死亡43人，同比减少5起，少死亡108人，是全国特大事故下降幅度最大的省份。

概括起来，2004年广东省主要抓了以下工作。

一、抓控制指标，推动了各级安全生产责任制的落实

一是层层签订责任状，把安全生产控制指标分解到基层。2004年初，国务院安委会向广东省下达了2004年度工矿商贸企业死亡人数下降2.5%的安全生产控制指标。结合实际，广东省确定了全省各类事故死亡人数比2003年下降2.6%的控制目标。在年初的全省安全生产工作会议上，副省长代表省政府与各市分管市长签订了目标责任书。各市也把指标分解落实到了地方各级政府和广大生产经营单位，逐级签订了目标责任状。有些市还结合实际，增加了一些考核内容。如云浮市把控制目标进行细化，增加了烟花爆竹事故控制目标，不但对各县（市、区）下达了控制指标，对事故多发的各行业主管部门也下达了相应的控制指标。

二是动态监控，及时通报各地控制指标的完成情况。省安委办每个月都对各市控制指标完成情况以简报的形式通报全省。每季度在《南方日报》上进行公布，对完不成控制目标的实行警示制度，对问题比较突出的进行“单兵教练”。10月25日，省政府召集前三季度未能完成控制指标的广州、韶关、清远、肇庆、汕尾等市分管副市长开会，专题听取汇报，帮助分析各地区存在的主要问题，敦促做好各项工作。紧接着，省公安厅、省安全监管局也分别召集前三季度未完成事故控制指标的市的局长开座谈会，逐一分析了各地存在的突出问题，会后还开展了专项督查，指导各市进一步落实会议的部署。

三是进一步完善安全生产责任制考核办法。省里对2000年颁发的《广东省各级人民政府安全生产责任制考核办法》进行修改完善，形成了《广东省安全生产责任制考核办法》，已经省政府常务会议审议通过。该考核办法不仅明确了对各市政府的考核，还突出了对市一级政府安全生产第一责任人（市长）及直接责任人（分管安全生产的副市长）、省直有关部门安全生产第一责任人（部门主要领导）和直接责任人（分管安全生产的副职）的考核。考核指标量化，易于操作，为今后加强对各级政府及其部门安全生产考核奠定了基础。

二、抓双基工作，推动企业夯实了安全生产基础

针对全省非公有制企业发展中出现的事故多发问题，广东省积极探索对非公有制企业安全监管的有效办法。积极筹备、全力配合国家安全监管局，4月份在佛山召开了全国非公有制企业安全生产监管工作现场会。会议开得很成功，在全国安全监管系统产生较大影响，佛山经验得到国务院领导和国家安全监管局的充分肯定。根据国务院、省政府领导批示精神，省政府于7月21日专门召开全省电视电话会议布置佛山非公有制企业安全生产监管试点经验推广工作。为加大全面推广佛山非公有制企业安全监管试点经验的力度，10月份，省里又制定了广东省推广佛山非公有制企业安全监管试点经验实施方案，各地结合本地实际也都制定了具体实施方案。在加强非公有制企业安全监管的同时，召开了中央驻粤和省属企业安全生产工作会议，就加强中央驻粤和省属企业安全生产监管，做好企业安全生产工作提出了要求，作出了工作部署。在深圳宝安区进行企业安全管理标准化试点，在机械制造、非煤矿山、采石场、石化等行业领域推行安全生产标准化管理。通过采取一系列有力措施，全省企业安全意识得到了进一步提高，企业安全生产基础得到了强化。

三、抓法制建设，推动监管、监察执法工作不断深入

2004年，以省政府名义出台了《广东省人民政府关于进一步加强安全生产工作的决定》、《广东省乡镇安全生产监督检查员管理规定》等规章。尤其是《决定》明确了全省安全生产的指导思想、奋斗目标，在政府领导实行一岗双责、企业安全标准化管理、企业安全费用提取、风险抵押金制度、安监机构及执法队伍建设、行政责任追究、建立目标责任考核体系等方面都作了具体的规定，是今后一个时期做好全省安全生产的纲领性文件。各市也结合本地实际，加大了安全生产法规建设的力度。如广州市制定了《广州市安全生产责任制规定》、《广州市安全生产管理工作目标考核办法》等7个规章。全省安全生产法规体系逐步完善，为安全监管执法提供了可靠保障。

各地还加大了安全生产执法检查的力度，取得了明显成效。全省组织了3次综合性的安全生产大检查，6次煤矿和2次危险化学品等方面的专项督查，重点开展了“三小”场所、人员密集场所消防安全专项整治和“火灾隐患大排查、大整改，保安全”活动，多次集中开展了道路和水上交通安全整治活动，消除了大批的事故隐患。据不完全统计，2004年全省各级安全监管机构现场检查执法共出动68300多人次，发出整改通知书37546份，治理安全隐患107365处；发出处罚通知10290份，行政罚款1142.32万元，停产整顿1797家企业。全省各地各部门也根据本地实际，分季度分行业组织了形式多样的安全生产检查，对所排查出的事故隐患加大了跟踪整改力度，建立了专门档案，确保检查一次，消除一批事故隐患。通过加强执法，增强了安全生产的法制观念，依法进行安全生产的企业不断增多。按照“四不放过”的原则，查处各类事故760多起，查处重大事故180多起，查处特大事故7起；2004年以来发生的特大事故，全部都能在规定的限期内调查完毕并拿出处理意见。对普宁特大火灾瞒报案进行了调查，严肃处理了一批责任人，在媒体上进行了公布，在社会上产生了很大反响。

四、抓专项整治，推动重点行业和领域的安全生产稳定好转

2004年，广东省在抓好煤矿、非煤矿山、危化品和特种设备安全专项整治的同时，集中开展了道路交通安全、“三小”场所消防安全和建筑施工行业专项整治，取得明显效果。

(1) 矿山安全专项整治。全省共取缔、炸封无证非法矿山1125个（次），其中煤矿403个（次），非煤矿山722个（次），吊销了3个污染环境、影响景观、安全条件较差的煤矿生产许可证。开展了6次安全专项督查，重点整治了大宝山矿非法民采和大宝山尾矿库的滑坡隐患。建立了大宝山尾矿库、大顶铁矿尾矿库、三水青岐石膏矿、四望嶂水淹区等重大危险源档案。通过以上整治，在煤运紧张的情况下，全省没有发生特大煤矿安全事故。

(2) 危化品安全整治。据不完全统计，2004年，全省共有17126家危险化学品生产经营单位（不含使用企业）进行了自查自纠，共排查隐患38974个（处），整改隐患16133个（处）。其中，关闭、取缔违法违规和不具备安全生产条件单位1559家，搬迁、清理整顿了一批加油站、危险化学品小仓储点、小化工厂和使用剧毒品的小电镀、小五金厂。开展危化品重大危险源普查登记，全省已普查登记的危化品重大危险源共2913处，已确认为重大危险源的1801处，落实监控措施的有

1028处。从源头上消除危化品事故隐患，认真做好危化品有关行政许可证的审批工作。通过整治，全省未发生恶性危化品安全事故。

(3) 道路交通安全专项整治。全省所有市、县(区)都建立了预防道路交通事故联席会议制度，联席会议制度作用得到了进一步的发挥。按照“五整顿、三加强”工作要求，重点加强了驾驶员和机动车管理；整顿了京珠、深汕、广深、广佛、佛开、开阳、广惠7条高速公路和324、325、205、105、107 5条国道的交通秩序；严厉打击拖拉机、农用车无牌无证、违章载客等严重违章行为；重点整治摩托车无牌无证、违章载客、不戴头盔、不按规定车道行驶等严重违章行为；加大了对超速、超载、酒后驾车、疲劳驾驶、违法超车、违法会车等严重违法行为的打击力度；开展了事故多发路段、危桥和客运车辆安全隐患的排查治理。据统计，全省查处无牌无证拖拉机1.8万多台。共销毁各类非法组（拼）装、走私和达到报废年限被查扣的摩托车38万多辆，强制符合上牌条件的摩托车上牌61万多辆，拘留无证驾驶摩托车驾驶人762人次，处罚各类摩托车违法驾驶人352万人次；全省共排查出事故多发路段395处。通过整治，道路交通秩序明显好转。

(4)“三小”场所消防安全专项整治。建立了“安全自查，隐患自改，责任自负，接受监督”的消防安全管理机制。积极推动各地社区落实消防工作组织机构、宣传教育、消防检查、消防设施、档案管理以及小城镇消防规划编制等。全省5675个社区已有2694个基本实现消防建设目标，全省183个中心镇（重点镇）已有135个完成了消防规划编制。积极推动解决公共消防基础设施“欠账”问题。全省新增市政消火栓2385个、消防车60多辆，配备了一批特勤、常规装备器材和个人防护装备，消防基础设施和装备水平得到提高。

(5) 建筑施工安全整治。重点开展了深基坑、高边坡、高支撑模板、人工挖孔桩、脚手架工程和井架物料提升机、塔吊等的安全专项整治。抽查在建的工程1万多项，发出整改通知书9000多份。通过安全专项整治，井架物料提升机、脚手架、模板等事故多发部位事故率大幅下降，事故起数和死亡人数分别下降42.8%和37.5%。

水上交通、特种设备、民爆器材、旅游场所、水利设施、中小学校、民用航空等行业和领域的安全专项整治进展顺利，都收到了预期效果。

五、抓宣传教育，推动安全生产氛围不断浓厚

深入开展了“安全生产月”、“交通安全村、社区、学校”、“烟花爆竹（安全科技、文化、法律）三下乡”、“安康杯”劳动竞赛等活动。全省上下组织开展了安全生产咨询日、事故处理警示日、百人基层服务队、安全生产设备及职业防护用品展览会等多种活动，深入宣传《安全生产法》等法律法规。成功参加在港举行的首届“粤港澳安全知识竞赛”。省公安、交通、消防等部门开展了多种形式的活动，宣传道路交通和消防安全法规和知识。有关地市也开展有特色的安全生产宣传活动，如珠海市针对上半年工矿企业工伤致残人数猛增的情况，开展“绿色关爱”行动，提高了企业和广大员工的安全意识。通过一系列的活动，增强了全社会的安全意识，促进了安全生产各项工作。

全省还加强了安全培训工作。据统计，2004年培训企业负责人15639人、特种作业120000人、安全管理员9748人、注册安全主任31322人、非公有制试点经验推广培训606人。省公安厅、交通厅也加大改革力度，强化了对驾驶员的考核、培训力度，成效也比较明显。

六、抓体系建设，推动安全监管机构和队伍建设步伐的不断加快

全省安全监管机构建设取得新进展。继省安全监管局升格为省政府直属机构之后，广州、深圳、珠海等市安全监管局也升格为市政府直属机构，有18个县区独立升格为同级政府直属机构，尤其是深圳市，市、区、镇、村都组建了安全监管机构。湛江也在不断完善市、县（市、区）两级安全监管机构的基础上，乡镇（街道）一级基层安全监管机构建设取得新突破，共配备322名专（兼）职安全管理干部。东莞市增编285名行政编制，在32个镇区设立安监机构，全省安全监管力量得到了加强。广州市花都区率先成立了20人的安全生产监察大队，统一着装，配备了专用监察设备。清远市在清新县组建隶属于县安委会的安全生产监察执法队，开展安全生产联合执法，通过加强安全监管机构建设，提高了安全监管的能力和水平。

在认真总结经验，肯定取得成绩的同时，我们还清醒地认识到目前全省的安全生产工作离党中央、国务院的要求以及广大人民群众的期望还有相当的距离，安全生产总体形势依然严峻。一是事故总量较大。2004年，全省发生各类事故起数、死亡人数都占全国的1/10左右。二是部门行业安全生产形势严峻，各地安全生产工作进展不平衡。三是安全生产体系不健全，监管力量不足，手段不多，不能适应安全生产形势发展的需要。上述问题表明，对全省安全生产形势不能盲目乐观，对已取得的成绩不能沾沾自喜，必须始终保持清醒头脑，牢固树立长期艰苦奋斗的思想，警钟长鸣，常抓不懈。

2005年，我们将从讲政治、促发展、保稳定的高度，以开展坚持共产党员先进性教育活动和"理想、责任、能力、形象"教育活动为契机，进一步加强安全生产工作的领导，按照中央和省的部署，抓好规划，继续加大安全生产投入，努力改善安全生产条件；健全安全监管体系，加大监管监察执法力度，狠抓各项安全生产防范措施的落实；狠抓各项法规制度和政策的落实，不断探索加强安全生产的新思路、新办法，自觉增强大局意识、使命意识和责任感、紧迫感；建立齐抓共管的安全生产工作格局，形成严密的安全生产责任体系，督促各级政府和有关部门认真履行好自己的职责，推动全省安全生产状况进一步好转，为建设和谐广东，为全国安全生产形势继续稳定好转做出我们的贡献。

广西壮族自治区安全生产工作综述

一、2004年的主要工作

2004年，在自治区党委、政府的领导和高度重视下，各级党委、政府和各有关部门认真贯彻落实中央、自治区关于安全生产工作的一系列重要指示和工作部署，健全监管机构，完善控制指标体系，落实责任制，深化专项整治，狠抓事故隐患整改，强化基础工作，加大投入，安全生产工作取得了新的进展，全区安全生产状况总体上趋于稳定好转，为广西的经济发展和社会平安稳定作出了积极的贡献。

2004年，全区共发生各类伤亡事故18697起，同比下降4.94%；死亡4640人，同比下降3.91%；受伤13501人，同比下降7.36%；直接经济损失13274万元，同比上升8.81%。事故统计四项主要指标中的三项同比下降，比国务院安委会下达给我区的控制指标少死亡65人，比自治区政府下达的控制指标少死亡88人。在全区14个地级市中有柳州、南宁、河池、百色、钦州5市超标，其余9个市完成了自治区下达的总控制指标。

2004年主要抓了以下几项工作。

1. 贯彻落实国务院《关于进一步加强安全生产工作的决定》(以下简称《决定》)，细化完善各项政策措施

为贯彻国务院《决定》，自治区政府组织制定实施了"贯彻《决定》的意见"。自治区各有关部门和各级政府按照《决定》和自治区人民政府"贯彻《决定》的意见"精神，制定了具体实施办法和贯彻意见，进一步细化完善各项安全生产政策措施，并严格组织实施。

2. 建立安全生产控制指标体系，强化安全生产责任制

全区各级部门进一步加大了落实安全生产责任制的力度。年初，自治区政府与各地级市政府签订了安全生产责任书，进一步强化了地方政府的责任。各地、各部门也层层分解下达了安全生产控制指标，层层签订安全生产责任书。绝大部分市(县)一直签到县、乡、镇、村委会，以及企业和农机手、车主、船主、业主等，基本做到了安全生产责任制横向到边、纵向到底，形成了一级抓一级、一级对一级负责的局面。通过建立安全生产控制指标体系，把地方各级政府、社会各方面的积极性充分调动起来，积极引导各级干部、企业负责人自觉履行职责，集中精力搞好安全生产工作。通过努力，大部分市(县)及部门较好地实现了下达的安全生产控制指标，安全生产工作好于往年。

3. 针对存在的问题和薄弱环节，不断深化安全生产专项整治

一是煤矿安全整治继续保持高压态势。自治区

在百色市召开了全区煤矿安全生产工作现场会，出台了《煤矿安全生产管理与监督暂行规定》，进一步加强了对合山、右江、百色、钦州矿务局等煤矿的监督检查，加大了对河池罗城、南宁马山、来宾兴宾等部分产煤地区非法煤窑死灰复燃现象的监督监察力度。2004 年，煤炭百万吨死亡率为 4.05，低于国家下达的百万吨死亡率为 9 的控制指标，国有及乡镇煤矿杜绝了重特大事故的发生。

二是非煤矿山安全整治不断深化。自治区安监局、公安厅、国土厅等部门多次联合，对南丹大厂、环江北山、贵港龙头山等重点矿区进行安全整治。一年来，南丹大厂矿区杜绝了 3 人以上重特大安全事故，环江北山矿区没有发生死亡事故。6 月、11 月，自治区有关部门两次组织开展打击非法采矿集中行动，对靖西锰矿区、木圭锰矿区、鹿寨铁矿区，以及南丹大厂矿区乱采滥挖行为进行严厉打击。同时，加快了非煤矿山安全整治验收和安全评估的步伐。目前，全区已有 2025 座矿井通过了安全整治验收，占全部非煤矿山数的 1/3 以上；已有 4616 座矿山进行了评估，评估率为 87.12%。2004 年，全区非煤矿山发生一次死亡 3 人以上重大事故 3 起，死亡 10 人，事故起数同比持平，死亡人数同比下降 28.57%，连续 3 年未发生一次死亡 10 人以上的特大事故。

三是道路交通安全继续保持从严整治势头。自治区出台了贯彻落实国务院关于预防道路交通事故“五整顿”、“三加强”工作措施和《加强农村公路交通安全整治工作意见》，进一步推动了部门联合共同预防交通事故工作。全区各级公安、交通、安监、农机等部门联合行动，重点对车辆超限、超载、超速、客货混装和驾驶员疲劳驾驶、带病车辆上路、农用车非法载客等违规违章行为进行检查，同时加强对道路危险和事故多发点段的排查和治理，从源头上消除事故隐患，道路交通秩序明显改善。针对道路交通安全的严峻形势，自治区安监、公安交通管理、交通、农机等部门，于 7 月 20 日至 10 月 30 日在全区组织开展了预防道路交通事故百日战役，全面整顿客运驾驶员队伍、全面整顿客运车辆、全面整顿客运线路，取得了明显成效。

四是人员密集场所消防安全整治力度进一步加大。围绕做好元旦、春节、“五一”和“十一”黄金周、“中国—东盟博览会”期间的消防安全保卫工作，进一步加大火灾隐患的整治力度。开展各类消防安全专项治理和专项检查活动，共派出检查组 1556 个，检查人员 23234 人次，检查单位场所 21831 个，发现火灾隐患 29348 处，督促整改 21203 处，责令停产停业 73 家，取缔消防安全不合格场所 49 家。整治消除了一大批火灾隐患，有效遏止了火灾事故上升的势头。自治区督办的 49 个重大火灾隐患有 30 个已经彻底整改，其余依法进行了关停。

五是危险化学品安全管理专项整治工作取得成效。按照国家“五整顿”、“两关闭”的要求，重点开展了危险化学品安全专项检查。通过安全整治，全区已关闭剧毒化学品生产企业 3 家、经营单位 15 家、使用单位近 600 家、公路运输企业 435 家、水路运输企业 16 家；对 170 多家危险化学品生产、储存企业进行了安全评估，有 5500 多家危险化学品经营单位完成了安全评价。

六是深刻吸取浦北“10·4”特大烟花爆炸事故教训，对全区烟花爆竹和打火机生产企业进行全面的清理整顿，认真组织开展专项检查，避免类似事故再度发生。自治区内烟花爆竹产地的市（县）有关部门分批到湖南省浏阳市等地学习取经，在创新管理模式上有了一些新的探索。

此外，水上交通、民爆物品、特种设备、食品卫生、职业卫生等领域的整治也取得了新的进展。

4. 建立健全安全生产监管制度，进一步规范安全生产执法行为

自治区组织制定了《安全生产行政许可制度办法》、《安全生产事故举报制度》、《安全事故定期通报制度》和《安全事故案例分析制度》等工作制度，对安全生产行政执法、执法监督、事故报告、隐患整治等方面的工作进行了明确和规范。根据安全生产新形势、新要求，自治区人民政府调整了自治区安全生产委员会成员单位。目前，成员单位已由原来的 33 个扩大至 56 个，制定并颁布了《自治区安全生产委员会成员单位安全生产工作职责规定》。各市（县）也都相应调整了安委会组成人员，大多数市（县）由政府主要领导任主任，加大了对安全生产工作的综合协调力度。

5. 防范群死群伤特大恶性事故，加大事故隐患的排查整改力度

各级政府、各部门把防范重特大事故，特别是

群死群伤特大恶性事故作为安全生产监督管理工作的重中之重来抓。创新安全监管方法，推进安全生产工作从事后查处向事先防范和强化基础转变，把主要精力放在事故预防、放在研究治本之策、放在对重大危险源和安全隐患的监控整改上，抓重点、抓典型，建立制度，形成有效的监管办法。自治区人民政府出台了《重大安全生产事故隐患整治监督管理办法》，明确提出建立自治区、市、县（市、区）、乡镇、村委会五级重大安全生产事故隐患整治监督管理制度。2004年列入自治区重点督查的16项重大安全隐患，已基本完成整改的有9项，其余7项正在整治中。14个地级市确定重点监督整改的182项重大安全隐患，大部分已完成了整改。

6. 实施安全生产许可制度，强化源头管理

自治区安监、建设、国防科工办等负有安全生产许可证颁发管理工作职责的部门，认真组织学习和宣传《安全生产许可证条例》及其实施办法，研究制定具体工作方案、暂行办法，以及相关管理制度，加快实施步伐。明确了安全生产行政许可的条件和程序，细化了审查标准。并先后组织召开了煤矿、危险化学品生产企业、烟花爆竹、非煤矿山安全生产许可证工作会议，动员、部署、落实颁发安全生产许可证的相关工作。以贯彻实施《安全生产许可证条例》为契机，督促企业持续抓好基础工作，推进安全质量标准化建设，夯实安全基础，提高安全生产本质水平。目前，煤矿、非煤矿山、建筑施工、危险化学品、民爆物品、烟花爆竹等高危行业生产企业的安全生产许可证颁发工作均已全面启动，正在加快推进中。

7. 认真组织安全生产月活动，加强安全生产宣传教育工作

自治区党委宣传部、安监局、总工会、共青团广西区委、广播电影电视局等部门和各市（县、区）高度重视，密切配合，及早准备，全面部署，在全区广泛开展多形式、声势大、效果好的安全生产月宣传活动。引起全社会对安全生产的广泛关注和高度重视，推动了安全生产工作。一是组织开展安全生产基层服务队活动。自治区组织了168名专业技术人员分为14个安全生产基层服务队，深入全区14个地级市，为企业和乡镇提供安全生产服务；二是摄制《痛定思痛——重特大安全事故警示教育专题片》。三是编写《平安忠告》——职工安全教育读本；四是组织南宁、柳州、桂林、梧州等4市参加全国百城百万人签名活动；五是组织企业职工开展读一本安全教育的书、看一部安全教育的录像、出版一期安全生产宣传专栏、开展一次遵章守纪教育、开展一次安全事故隐患排查整治等“五个一”活动；六是组织全区安全生产咨询活动。各地也从安全生产工作的实际需要出发，组织开展了群众喜闻乐见、内容丰富多彩的宣传教育活动，收到了预期的效果。

8. 加强监管机构和执法队伍建设，履行好党和政府赋予的职责

全区14个地级市均已独立设置安监局，111个县（市、区）也已全部成立了安监局，其中，97个为政府独立机构，14个设在经贸局内。大多数地方机构、人员、装备、经费等方面都得到了较好的落实。一些乡镇及村委会也安排专职或兼职人员负责安全生产工作。目前，区、市、县“三级机构、四级网络”已初步形成，为全区安全生产工作的全面推进提供了组织保障。

9. 认真部署落实重要时期的安全生产工作，确保安全生产和社会稳定

在元旦、春节、“两会”、“五一”和“十一”黄金周、“中国—东盟博览会”等重要节假日和重大活动期间，自治区安委会及有关部门及时召开会议，下发文件，部署安排安全生产工作。要求各地、各部门和各单位组织安全生产大检查，深入开展安全生产专项整治，落实应急救援预案，安排值班工作。通过采取各项措施，全区保持了安全生产稳定好转的势头。特别是“中国—东盟博览会”期间，各市（县）特别是南宁市严防死守，全区未发生一起重大安全事故，为“南博会”顺利召开营造了一个安定、祥和的社会氛围。

此外，在应急救援体系建设、安全生产中介服务市场的培育、安全生产培训、安全生产检查督查等方面也取得了较好的进展。

二、取得的成绩和经验

在2004年的安全生产工作中，各地各部门勇于实践，大胆探索，取得了一些成绩和经验。南宁市政府重视抓乡镇和村（社区）安全生产管理机构网络建设，全市有7个县5个城区3个经济开发区共136个乡镇1365个村委（社区），乡镇（街道）建有安委办、安全生产工作领导小组或者安监站，

村委（社区）配备有安监员，初步构架出“横到边、纵到底”的安全生产管理网络格局。桂林市专门投入60万元、60平方米、6个人，组建了市级安全生产应急救援和安全生产监控指挥中心，受到了国家安监局的肯定和好评。桂林市兴安县成立了由县长任主任的安全生产委员会，并层层签订安全生产目标责任状，实施重大隐患整治跟踪督查制，推行安全生产事故目标与行政管理目标相结合的目标管理“一票否决”制。百色市在全市范围内努力构建安全生产联防共建网络，183个乡镇都成立了安全管理站及社会治安和安全生产联防队，保证了乡镇安全生产工作的正常开展。崇左市各乡镇配备安全助理，各村委会配备安全员，乡（镇）、村屯层层签订安全生产责任状，并定期召开安全生产工作例会或联席工作会议，防范安全生产事故，防城港市上思县认真汲取事故教训，每个乡镇指定两名交通助理员，每个行政村设1～2名交通安全信息员，建立起农村交通安全服务网络。贵港市平南县把安监网络建设作为全县安全生产工作的突破口，全县25个乡镇都设置了安监办，配备了专职安全员，全县282个行政村都落实了1名兼职安全员。北海市合浦县为强化烟花爆竹的安全管理，从县财政划拨专项资金用于成立烟花爆竹专业监管队伍，烟花爆竹专业监管员派驻各烟花爆竹生产企业进行现场监管，对企业的生产进行全过程的跟踪管理，及时消除安全隐患，避免和减少了烟花爆竹生产安全事故的发生。柳州上汽通用五菱厂借鉴国外成功经验，创新安全生产管理，建立了安全、健康、环境管理体系和职业安全健康管理体系，取得了良好效果。南宁永新灯饰城舍得投入，落实责任，消除隐患，彻底摘掉了自治区级重大安全生产隐患的帽子。

回顾一年来的工作，有以下几个特点和经验值得认真总结，并应在今后工作中坚持下去并不断完善：

一是依法监管，严格执法。开展安全生产工作必须认真贯彻落实《安全生产法》等安全生产法律法规，强化法治意识，坚持依法行政，依法监管。

二是强化责任感和使命感，创新观念，严格管理。各级安监部门，承担着安全生产综合监督管理的重任，肩负着维护人民群众生命财产安全和根本利益的神圣使命，必须进一步强化责任感和使命感。面对日益严峻的安全生产形势，从2004年下半年开始，自治区安监局和全区安监系统实行半军事化管理，为开展安监工作提供了有力保证。

三是完善制度，规范管理。2004年以来，各级安监部门坚持把制度建设作为内强素质、外树形象的一件大事来抓。自治区安监局组织制定了《安全生产行政许可制度办法》、《重大安全生产事故隐患整治监督管理办法》、《安全生产事故举报制度》、《安全事故定期通报制度》、《安全事故案例分析制度》等17项工作制度。对行政执法、执法监督、事故报告、隐患整治等方面的工作均进行了明确和规范，用制度管人、用制度管权、用制度管事，为依法推进全区安全生产监督管理行政执法打下了坚实的基础。

四是重视基层和基础工作，坚持标本兼治。安全生产工作基础薄弱，部分地区和部门监管不到位，工作落不到实处，落不到基层特别是乡镇、村。量大面广的中小企业特别是非公企业安全生产状况较差，是造成当前全区安全生产形势严峻的一个重要原因。2003年以来，全区安全生产工作从基层和基础工作抓起，各市县、各部门安全生产工作得到了普遍加强和改进。

五是齐抓共管，形成合力。安全生产是一项复杂的系统工程，涉及到方方面面，必须充分发挥各方面的积极性，坚持齐抓共管，努力构建“政府统一领导，部门依法监管，企业全面负责，群众参与监督，全社会广泛支持”的工作格局。

三、存在的问题和原因

虽然2004年安全生产工作取得了一定成绩，但由于受经济发展阶段、生产力水平，以及结构性矛盾、体制性障碍等深层次原因的影响和制约，安全生产基础还非常脆弱，加上一些地方和单位责任制不落实，工作不到位，安全生产形势依然严峻。主要表现在：

（1）重特大事故大幅增长。2004年共发生一次死亡3～9人重大事故109起，死亡473人，同比分别上升22.67%和19.62%；一次死亡10人以上特大事故7起，死亡121人，同比分别上升75%和95.16%。

（2）一些重点行业和领域事故多发，仍不能有效控制。2004年先后发生了5起一次死亡10人以上的特大道路交通事故，共造成74人死亡，道路交通安全形势非常严峻。10月4日钦州市浦北县白石水镇长岭爆竹厂发生的特大烟花爆炸事故，造成37人死亡、8人重伤、44人轻伤，造成了重大经济损失和严重的社会影响。

(3) 非法、无证生产企业伤亡事故总量较大。2004年非法生产经营、盗采等引起的事故起数和死亡人数分别为64起，死亡91人，其中，非煤矿山、制造业事故35起，死亡51人；煤矿事故11起，死亡22人；建筑行业12起，死亡15人；烟花爆竹死亡事故6起，死亡3人。特别是12月29日来宾市兴宾区一无证非法煤矿发生透水事故，造成10人死亡。

(4) 部分市重特大事故上升。全区14个市，有5个市重特大事故死亡人数同比上升，分别是河池市（死亡117人，同比多增加51人）南宁市（死亡64人，同比增加26人）、防城港市（死亡15人，同比增加11人）、贵港市（死亡26人，同比增加7人）、贺州市（死亡31人，同比多增加3人）。

造成当前安全生产形势严峻的主要原因是：

一是安全生产基础薄弱，安全生产投入少，大量事故隐患长期得不到有效整改。如不少乡村等外路交通安全隐患问题，南宁吴圩机场探空气球影响飞行安全问题等长期得不到彻底整改。有的烟花爆竹、打火机生产厂家、经营销售零售摊点，加油站、化工企业等高危行业和企业存在着安全隐患。

二是一些地方政府和领导对安全生产工作重视不够，责任不到位，一些领域、一些市县连续发生重特大事故。继2003年合浦县发生特大烟花爆炸事故后，2004年国庆节期间浦北县又发生了一起死亡37人的特大烟花爆炸事故。河池市都安县2004年连续发生了3起一次死亡10人以上的特大交通事故。同类事故重复发生，说明没有认真吸取教训，没有采取有效的防范措施。

三是一些企业片面追求经济利益，置工人的生命安全于不顾，群死群伤事故多发。

四是一些安全生产行政执法管理部门监管不力，执法不严，以罚代管现象严重。如8月份在上思县发生的一起死亡9人的交通事故中，该车辆因经常严重超载多次被有关部门处罚，其中，8月份就罚款3次，又是B类证开大巴车，没有对其采取吊扣驾驶证或其他强制性措施，最终导致了这次大事故发生。

五是乡镇、村和非公有制企业不断增加，有的地方安全生产管理工作基本处于无专门机构、无专职监管人员的状态。

对这些问题，要求各地在今后的工作中以更大的决心，加倍的努力，更有力的措施，切实加以解决。

海南省安全生产工作综述

2004年，在省委、省政府的领导下，在国家安全生产监督管理局的指导下，海南省各市（县）政府、省直各有关部门及各级安全生产监管部门以“三个代表”重要思想为指导，坚持“以人为本”的科学发展观，认真贯彻落实党和国家的安全生产法律法规和方针政策，按照省委、省政府关于安全生产工作的要求和部署，认真组织开展各项安全生产监督管理工作，依法行政，强化监管，顺利完成全年各项工作任务，取得了较好的成绩。

一、安全生产总体情况及特点

2004年，在全省生产总值增长10.4%，全社会固定资产投资增长13.9%，工业增加值增长17.4%的情况下，实现了全省安全生产形势基本平稳，道路交通、渔业生产等部分行业情况好转，没有发生死亡10人以上的特大事故。

1. 全省伤亡事故情况

2004年，全省共发生各类伤亡事故3245起，同比下降3.34%；死亡（失踪）643人，同比上升0.94%；受伤2304人，同比上升9.45%；直接经济损失3319.97万元，同比上升22.72%。

(1) 道路交通事故。全省共发生2037起，死亡519人，受伤2264人，直接经济损失792.04万元。与2003年相比，事故起数下降12.76%，死亡人数下降2.63%，受伤人数上升10.06%，直接经济损失下降31.51%。

(2) 工矿商贸企业事故。全省共发生98起，死亡95人，受伤24人，直接经济损失1027.13万元。与2003年相比，分别上升71.93%、86.27%、60.0%和211.55%。其中，全省建筑行业事故起数29起、死亡31人、受伤7人、直接经济损失389万元，分别比2003年增长93.33%、93.75%、40%和261.76%。

(3) 水上交通事故。全省共发生3起，失踪9人，直接经济损失1060万元。与2003年相比，事故起数下降40%，死亡人数上升28.57%，直接经济损失上升247.54%。

(4) 城乡火灾事故。全省共发生1092起，死亡7人，受伤13人，直接经济损失412.86万元。与2003年相比，事故起数上升16.29%，死亡人数下降41.67%，受伤人数下降27.78%，直接经济损失下降36.58%。

(5) 铁路交通、渔业船舶等行业死亡人数大幅度下降，安全状况明显趋于好转，民航行业继续实现安全飞行。

2. 重特大事故情况

2004年，全省共发生一次死亡3~9人的重大事故16起，死亡（失踪）65人，受伤58人，直接经济损失255.66万元，同比事故起数增加6起、死亡人数增加30人、受伤人数增加40人、直接经济损失增加106.16万元，分别上升60.0%、85.71%、222.22%和71.01%。其中，道路交通事故11起，死亡42人，受伤56人，同比事故起数增加3起、死亡人数增加17人、受伤人数增加38人，分别上升37.5%、68.0%和211.1%，直接经济损失21.66万元，同比减少17.84万元，下降45.16%；工矿商贸企业事故3起，死亡11人，受伤2人，直接经济损失128万元，同比事故起数增加2起、死亡人数增加8人、受伤人数增加2人、直接经济损失增加108万元；水上交通事故1起，死亡（失踪）9人，同比事故起数持平，死亡（失踪）人数增加2人；渔业船舶事故1起，死亡（失踪）3人，同比增加1起，死亡（失踪）人数增加3人。

全省没有发生一次死亡10人以上特大事故，同比事故起数减少2起，死亡（失踪）人数减少21人。

二、主要工作

1. 继续深化安全生产专项整治，进一步加强对安全生产重点领域的监督管理

2004年，按照国家的统一部署和要求，结合我省实际，全省各市（县）、各部门连续四年组织开展了安全生产专项整治工作。安全生产监督管理部门认真贯彻落实《国务院关于进一步加强安全生产的决定》，进一步组织、指导和协调各有关部门，重点抓好危险化学品安全管理、道路交通、公共聚集场所消防安全、非煤矿山、旅游、渔业生产和建筑施工安全等方面的专项整治工作。加强对危险化学品生产经营、道路交通运输、公众聚集场所消防及民爆器材与烟花爆竹生产经营等重点领域的监督管理，取得了较好效果。

一是在危险化学品安全管理专项整治方面。省安全生产监督管理局起草并以省政府办公厅名义印发了《海南省进一步深化危险化学品专项整治工作方案》，按照国务院《安全生产许可证条例》，以强化许可证管理为主线，严格市场准入条件，牵头组织和协调各有关部门，对危险化学品生产、经营、运输、储存和弃置等环节的整治工作职责予以明确，对各项工作措施予以落实，建立了定期汇报制度。并同时组织开展全省危险化学品重大危险源普查、登记工作，建立了危险化学品管理信息库，加大对重大危险源的监控。据统计，目前全省共登记危险化学品单位2335家，存在重大危险源企业386家，发放“杀鼠剂”临时经营许可证326张，危险化学品经营许可证164张。

二是在道路交通安全专项整治方面。省公安厅认真研究制定了今年的全省道路交通安全专项整治工作方案，提出了全省道路交通死亡人数控制目标和奖惩办法，组织开展清理更正“大吨小标”车、治理车辆运输超限超载、整顿无牌无证车、假牌、假证和非法拼装车等工作。目前全省已清理“大吨小标”车4535辆，共更正和恢复“大吨小标”和非法改装车3296辆，完成了72.68%。公安部门还强化车辆检验和报废车辆管理措施，共解体报废出租车1700辆、摩托车8200辆、中巴车及大客车49辆，全省建立了19个治理车辆超限超载运输固定检测站点，25个流动检测点，平均每天有450多名执法人员上路执勤执法，共检查货车41632辆，卸货231860t，处罚961人次。省安全生产监

督管理部门还会同省交通部门和公安交警部门，对各市县2003年排查而尚未治理的道路交通事故多发点段进行了认真的核实和清理，共排查事故隐患102处，并由省交通厅组织重点整治了72处，其余的也下发了《限期整改通知书》。省公安厅、省安全生产监督管理局等五部门，按照《道路交通安全告诫问责办法》的规定，向三亚、儋州等10个市（县）政府下达了《道路交通安全告诫通知书》，有力地促进了道路交通安全的专项整治工作。通过有效的专项整治，全省范围内已较彻底地解决了报废车辆参与客运问题，在我省机动车辆保有量增长12.2%的情况下，全省道路交通事故死亡人数只略有增长，万车死亡率明显下降。

三是在公共聚集场所消防安全专项整治方面。我省各级消防部门按照国家和省政府的部署和要求，共组成各类检查组104个，先后出动人员2456人次，对5439个单位进行了摸底排查。其中，确认符合纳入专项整治范围的单位3717个，发现火灾隐患929处，目前已消除632处。全省共下发各类法律文书539份，罚款单位12家，罚款91.1万元，责令不符合消防安全条件的13家单位停产停业，11家单位改变使用性质，14家单位被依法取缔。消防部门还对全市火灾隐患整改工作进行报道，在《海南日报》上对海南华侨大厦、爱心学生寄宿所等22家存在严重火灾隐患的公众场所实行公示，加强社会监督。2004年全省火灾事故的死亡人数比2003年同期下降了41.6%，没有发生恶性消防火灾事故，有效预防和减少了人员密集场所火灾事故的发生。

四是在非煤矿山安全专项整治方面。制定了《深化非煤矿山安全生产专项整治工作方案》，并认真贯彻落实国家局《关于进一步做好2004年深化非煤矿山安全生产专项整治工作的通知》精神，对整治工作进行了重点部署。在专项整治中，将整治工作与矿山安全评估结合起来，促使矿山企业夯实基础管理，及时发现和消除事故隐患。在国土环境资源部门的支持下，认真做好新建非煤矿山的安全评价工作，使非煤矿山的安全监管工作做到关口前移，重心下移；并对矿山实行分档排队，分级管理，建立全省非煤矿山安全生产数据库，形成各级监控和跟踪管理的动态管理机制。

五是在民爆物品和烟花爆竹的生产经营安全专项整治方面。以公安机关为主在全省开展了民爆器材和烟花爆竹安全生产专项整治。在整治过程中，全省共出动警力1260人次、车辆398辆次，检查民爆器材从业单位386家，整顿民爆物品仓库3个，共发出限期整治通知书222份，发出勒令停业整顿通知书7份，目前已督促整改落实181起，吊销许可证2起，取缔非法生产、经营、储存、使用点4个。整治期间，共查处非法买卖、储存民爆器材案件6起，抓获违法人员12人，其中逮捕2人，刑事拘留5人，收缴炸药93.06千克、雷管5315枚，导火索1764.1米、黑火药13.75千克、硝酸铵32.5千克，有效地消除了一批重大事故隐患。

六是在渔业生产安全整治方面。省海洋与渔业厅认真总结2003年渔业生产事故多发的教训，加强对渔船的检测检验工作。2004年全省共检验渔业船舶5871艘，要求补充配备救生衣4608件，救生圈1396个，灭火器1343个，其他航行救生设备2430件。完成3家渔船修造工厂换证和3家船厂的年审工作，并对43艘申请延期报废的渔船经严格检验后，同意其中的41艘延期使用；加强监督检查，做好事故预防和应急工作，各市（县）渔政部门严格执行规章制度，认真落实进出港签证制度，严禁给“三证”不齐和安全设施配备不全的渔船发放出海签证，并积极做好遇险渔船的救助工作，全年各港口共检查渔船21457艘，整改事故隐患渔船1523艘次；共出动渔政渔监船只144艘次，协助渔船385艘，救助遇险渔船126艘次，挽回经济损失2223万元；加强对渔民的培训教育，强化职务船员制度，全年利用休渔期间共举办职务船员培训班23期，培训职务船员2315人，颁发普通船员证5992本，“四小”证378本。由于措施可行，工作得力，今年全省渔业安全生产状况明显好转，渔业生产事故起数、死亡人数和直接经济损失分别比上年下降33.33%、75%和91%。

七是省安全生产监督管理局联合省有关部门还组织开展了旅游、水上交通和乡镇渡口、建筑施工等方面的专项整治工作，也取得了较好效果。

2．强化日常监督管理，切实做好重特大事故预防工作

为切实防止重特大事故的发生，2004年海南省主要采取了以下措施：

一是认真组织全省开展安全生产大检查。按照

省政府和国家局的总体部署，结合我省实际，一年来共组织开展了9次全省范围的安全生产大检查和专项安全检查。如组织开展了“两节”（元旦春节）、春运、“两会”、“五一”和“十一”黄金周等期间的全省安全生产大检查，以及矿用设备安全专项检查、防雷安全检查等。在检查工作中，充分发挥各有关职能部门、市（县）和基层政府的作用，力求做到横向到边、纵向到底，不留死角。

二是认真做好重大事故隐患的监督整改工作。通过组织开展大检查活动，全省安全生产监督管理系统及各相关部门认真查找事故隐患，对一般事故隐患当场责令整改或提出整改意见，对重大事故隐患落实整改责任，跟踪督办，限期整改，取得了良好的效果。一年来，全省共排查事故隐患1728处，已整改1469处，隐患整改率达85%，其中重大事故隐患23处，已整改15处。

三是加强重大危险源的普查、登记和监控管理工作。2004年，省安全生产监督管理局组织开展了全省危险化学品、矿山等行业重大危险源的调查摸底工作，对调查评估确认的重大危险源进行了登记，并按照国家有关规定对重大危险源的管理进行了检查，并对重大危险源单位的应急预案和应急准备工作进行了检查。

3．实施安全生产许可证制度，严格市场准入

按照国务院《安全生产许可证条例》的规定，积极组织开展安全评价和评估工作，对许可证发放实施严格审批，严把安全生产条件关。

一是加大对新建、改建、扩建项目工程的安全评价工作的监管力度，认真组织有关专家对中介机构编制的安全评价报告书进行严格的评审。一年来，已组织专家对文昌市龙楼镇白岭南锆钛砂矿开发利用项目、文昌市昌洒镇白坪坡锆钛砂矿开发利用项目、文昌福耀硅砂有限公司年产50万吨精砂采选项目、华能海口电厂大代小技改工程（2×330兆瓦机组）、三亚肖旗港—西岛码头及配套工程等13个建设项目安全评价报告进行了严格评审。

二是加强非煤矿山评估工作。截至2004年年底，全省非煤矿山安全评估工作基本结束，全省非煤矿山总数为341家，目前共完成安全评估312家，占总数的91.5%。其中，A级矿山8家，占已评估总数的2.56%；B级矿山119家，占已评估总数的38.14%；C级矿山128家，占已评估总数的41.03%；D级矿山57家，占已评估总数的18.27%。通过安全评估，促进了非煤矿山安全的基础工作建设，提高了矿山企业负责人的安全生产意识，夯实了安全生产基础工作。

三是开展危险化学品经营单位安全评价工作和安全评价报告的专家评审工作。2004年共完成危险化学品经营企业安全评价531家（成品油203家，杀鼠剂328家），已发证481家（成品油153家，杀鼠剂临时证328家）；开展了澄迈福山油气田等危险化学品生产、储存企业安全评价4家。

四是筹建省危险化学品登记办公室，建立和完善行政许可办证与审批分离机制。为了做好安全生产许可证的审核发证工作，按照《行政许可证》的要求，从2004年8月份起，开始实行各种许可证集中办理、一站式服务制度，将许可证受理与审批环节分离，由省危险化学品登记办公室（筹）负责许可证的受理和发放工作，由业务处负责审批和把关，并明确规定了“集中受理，窗口服务，及时反馈，限时办理”的工作程序，制定了《申请办证指南》，向社会公开承诺，这样既简化程序，又提高了办事效率，更重要的是方便群众，实现了“便民、利民、廉洁、高效”的优质服务。半年来，共受理申请危险化学品生产、经营许可证单位198家，已发证153家。

4．强化安全生产目标责任管理，落实基层政府安全生产责任

根据《中华人民共和国安全生产法》、《国务院关于特大安全事故行政责任追究规定》（国务院第302号令）、《国务院关于进一步加强安全生产工作的决定》以及《海南省重大安全事故行政责任追究的规定》的要求，结合全国安全生产控制指标制度的实施，进一步加强了对全省各市（县）政府安全生产目标责任管理。

一是按照国务院安全生产委员会的要求，向市县人民政府下达了2004年度安全生产控制指标，并对各级政府提出明确要求。同时，还将安全生产控制指标列入《海南省2004年安全生产工作要点》，初步建立健全安全生产控制指标体系，建立季通报制度，定期向各市（县）及省直部门通报全省安全生产控制指标目标控制情况，针对存在问题，提出整治意见。

二是组织开展督查活动，强化市县政府安全生产工作责任落实。省安委会办公室分别于1月5～13日、9月21～24日两次组成6个督查组到各市（县）开展督查活动，对市（县）政府贯彻落实《中华人民共和国安全生产法》、《国务院关于进一步加强安全生产工作的决定》，以及安全生产监管机构设置、人员编制、装备配置、安全投入、安全生产责任制落实、安全生产专项整治工作、安全生产控制指标进度目标、应急救援预案的制定等情况，特别是节假日期间的安全生产工作部署的情况进行了督查。促进了各市（县）政府的安全生产工作。

三是研究制定了《海南省安全生产工作责任目标考核办法》，进一步完善基层政府安全生产责任考核制度。

5. 认真组织开展安全生产宣传教育工作，提高全社会安全意识和安全管理水平

一是认真组织开展全省2004年“安全生产月”活动。我局与省委宣传部、省文体厅、省总工会、共青团省委等部门研究制定了2004年安全生产月活动方案，对活动的各项工作积极作出部署，共同组织开展了安全生产环岛行、海南省安全生产知识电视竞赛、安全生产征文及摄影竞赛，以及安全生产月主题咨询日活动。省长卫留成、副省长刘琦出席了主题咨询日活动并参加安全生产环岛行首发式。通过开展寓教于乐、形式多样的群众喜闻乐见的活动，对提高广大群众的安全意识起到了积极的促进作用。

二是组织开展“安康杯”竞赛活动。积极配合省总工会工作，按照全国“安康杯”竞赛活动办公室的要求，认真组织全省广大企事业单位参加“安康杯”竞赛活动，注重实效，积极组织广大职工结合岗位特点，开展“十个一”活动，效果显著。2004年，全省共有163家企事业单位参加了竞赛活动，参赛职工达28.3万人次，13家企业获得全国“安康杯”竞赛优胜企业称号，8家企业被评为全省“安康杯”竞赛优胜企业。通过这个活动，不仅树立了一批先进典型，而且强化了企业安全生产管理，提高了职工安全生产意识和自我防护能力。

6. 切实做好重大社会活动（会议）的安全保障工作

积极组织和协调相关部门，共完成了博鳌亚洲论坛2004年年会、第八届世界海南乡团联谊大会、首届中国青年欢乐节暨第五届海南岛欢乐节、中国科协2004年学术年会、世界家庭峰会等5项重大社会活动（会议）的安全保障工作。在保障工作中，充分发挥省安委会的组织、协调职能，充分依靠和调动各行业主管部门的工作积极性，加强指导和协调。各部门分工负责、密切配合，确保了安全供电、供水、通信保障、消防安全、道路交通安全、水上交通安全和民航安全等方面保障工作的落实。顺利实现了“零差错，无事故”的工作目标，得到了各级领导和有关部门的肯定。

7. 建立健全制度，规范安全生产综合监管

狠抓安全生产制度建设，组织起草并报省政府批准出台了《海南省人民政府关于进一步加强安全生产工作的决定》、《海南省危险化学品登记管理办法》、《海南省生产安全事故报告制度》、《海南省安全生产委员会工作规则》、《海南省民航例会工作制度》、《海南省安全生产专家管理暂行办法》、《关于加强重大公众活动安全管理的通知》等一系列规范性文件。《海南省工业事故应急处理预案》、《海南省无人看守道口安全管理办法》等文件已起草完毕，正在送审和征求意见。通过健全安全生产监管制度，有力地提高和促进了全省安全生产的规范化管理工作，并取得了积极成效。

一是强化了铁路道口的安全监管。2003年，海南省安全生产监督管理局牵头会同省交通厅、省公安厅、省建设厅和省农业厅共同制定了《关于加强我省铁路道口安全管理的意见》。在此基础上，2004年，以落实安全责任制为主线，狠抓落实，进一步督促铁路沿线的市（县）政府和铁路公司切实做好铁路道口的安全监管工作。通过对全部铁路无人看守道口实施专人监护的办法，2004年全省铁路路外事故起数和死亡人数均比2003年有较大幅度下降，安全管理成效明显，获得了铁道部有关部门的好评。

二是坚持民航安全生产例会制度，继续加强对民航安全生产综合监管。2004年，省安监局联合民航海南安全监督管理办公室共同召集省内主要民航企事业单位及有关部门、单位，以及南航部队等，召开了4次全省民航安全生产工作例会，协调解决民航专用无线电频道保护、机场治安环境整治、亚洲论坛等重大活动的民航安全保障等问题，

效果显著。民航例会制度对不断改进和强化民航安全生产监督管理具有特别重要的意义。2004年，省安监局对这种做法进行了总结归纳，形成了《海南省民航例会工作制度》，并以省安委会的名义下发执行。全省在省安委会构架之下的民航安全生产例会制度，实施两年半以来，在民航安全生产日常监管工作方面成效明显，深受各民航企事业单位的欢迎，同时得到了民航中南管理局和民航总局的高度肯定，要求在全国范围推广。

8. 加强和规范安全生产培训工作

加强了安全生产培训工作的制度化建设，研究出台了一批工作制度。全年共培训特种作业人员7029人，其中新证3207人，复审2931人；共举办危险化学品安全资格培训班8期，受训人员817人；举办非煤矿山安全资格培训班1期，受训人员63人。与国家局安科中心联合举办了1期“应急体系建设和应急预案编制”学习班，全省各级安监局和企业有关人员109人参加了学习。

9. 坚持依法行政，认真做好安全生产行政执法和行政复议工作

2004年，全省安全生产监管系统的安全生产执法工作有了很大进展，一改2003年对安全生产执法工作无法开展的状况，安全生产执法工作开始起步。为进一步加强和规范全省安全生产执法工作，做到依法行政、文明执法，提高执法工作水平，提高执法人员业务素质，省安监局结合《行政许可法》的颁布实施，加强了对省局机关工作人员的法律培训。9月份，省安监局还组织了一期安全生产监察人员培训班，对全省安监系统60人进行了业务培训，提高了执法队伍的业务素质，对加强队伍建设起到了积极的作用。

2004年共受理行政复议案件5件，已全部结案。

10. 认真做好事故调查处理工作

根据国家有关法律、法规及有关规定，按照“四不放过”原则，及时对临高“2·19”渔船被撞事故进行了调查处理；组织开展了海口市美兰区灵山镇儒范村异常气体的情况调查；牵头或指导有关部门和市（县）政府开展了东方市天安乡九公里石场“1·9”重大伤亡事故，琼海市“3·26”沉船事故，“7·21”东线高速公路万宁路段重大道路交通事故，“11·5”、“11·17”西线高速公路特大道路交通事故，“11·21”乐东抱伦金矿伤亡事故的调查处理工作。目前已完成了“2003·10·19”临高特大渔船沉船事故、“1·9”东方市天安乡九公里石场重大伤亡事故、“7·21”东线高速公路万宁路段重大道路交通事故的结案批复工作。

三、存在的问题

（1）全省伤亡事故仍居高不下，伤亡人数和经济损失均比上年有所上升，安全生产形势依然严峻。当前，海南省社会经济建设快速发展，伤亡事故呈多发上升趋势，安全生产面临的压力也相应增大。但由于全社会关注安全的程度普遍不够，广大群众的安全意识较为薄弱，特别是部分基层领导对安全生产工作的不重视，给安全生产的各项工作的推进造成了相当大的阻力。

（2）市（县）安全生产监管机构有待健全完善，基层安全生产监管工作有待于进一步加强。目前，海南省除海口市、三亚市单设安全生产监督管理局外，其余市（县）的安全生产监督管理局尚未单设，隶属于人事劳动保障部门管理，因此，大多数市县的安监部门人员、编制普遍不足，装备和经费十分缺乏。据统计，绝大部分市（县）的安监部门连起码的办公设备、交通工具都没有，全省仅有一半的市（县）将安全生产工作经费列入年度财政预算。在这种条件下，基层安全生产监督管理力量不足的问题十分突出。

（3）安全生产控制指标体系不完善。2004年省安委会只是分解了控制指标并下达到各市县，但未与市（县）签订责任书，没有建立起完善的目标考核体系，责任制就落实不下去，指标控制效果不理想。

（4）安全生产执法工作存在的问题较多。一是大多数市（县）安全生产执法工作没有开展起来。二是少数市（县）的安全生产行政处罚工作存在的问题较多。

2005年，我局将在国家局的指导下，认真贯彻落实全省经济工作会议精神，按照省委、省政府的统一部署和海南省人民政府《关于进一步加强安全生产工作的决定》的要求，总结经验和教训，坚持科学发展观，狠抓落实，进一步推进全省的安全生产工作。

重庆市安全生产工作综述

2004年，在市委、市政府的正确领导下，强化了对全市安全工作的统筹协调和监管力度。各地区各部门以贯彻实施《安全生产法》为主线，认真贯彻落实《国务院关于进一步加强安全生产工作的决定》，通过不懈的努力，全市安全生产形势稳定好转。

一、安全生产总体情况

2004年，在经济快速发展的同时，安全工作扎实推进，取得了明显成效，安全事故实现了“四个下降”。

一是安全事故总体下降。全市共发生各类事故2562起，比2003年减少165起，下降6.1%；死亡3035人，同比死亡人数减少578人，下降16%，但仍比全国0.23%的下降幅度高15.77个百分点。其中，道路交通事故1791起，死亡2113人，同比事故起数减少220起，死亡人数减少243人，分别下降10.9%和10.3%；水上交通事故20起，死亡28人，同比事故起数减少9起，死亡人数减少76人，分别下降31%和73.1%，未发生特大事故，水上安全形势为近10年最好的一年；煤矿事故342起，死亡419人，同比事故起数增加27起，死亡人数减少27人，分别上升8.6%和下降6.1%。

二是重大事故下降。全市共发生重大事故70起，死亡259人，同比事故起数减少28起，死亡人数减少125人，分别下降28.6%和32.6%。重大事故发生率是近几年最低的一年，前几年平均在90起左右。

三是特大事故下降。全市共发生特大事故4起，死亡52人，同比事故起数减少2起，死亡人数减少24人，分别下降33.3%和31.6%。重庆市成立直辖市后的前5年，特大事故平均每年发生12起左右。

四是特别重大事故下降。全市发生特别重大事故1起，死亡50人，同比事故起数减少1起，死亡人数减少244人，分别下降50%和83.1%（下降幅度大的原因是2003年开县“12·23”井喷事故死亡243人）。

从全国情况来看，在各类事故死亡人数下降的20个省（市）中，重庆市下降幅度居第2位；是特大事故起数下降的10个省（市）之一；工矿商贸企业事故死亡人数下降的23个省市中，重庆市下降幅度居第2位。国务院安全生产委员会办公室特致贺信，给予表扬。

二、主要工作

一是领导高度重视。书记黄镇东、市长王鸿举对安全生产工作多次作出批示和强调，对重大问题亲自研究和部署。市政府每个季度由市长主持召开安全工作专题会议，市安委会每月由分管副市长主持召开安全生产月度工作会议，分析安全生产形势，部署安全工作措施。市长王鸿举强调指出：要全面落实各级政府和部门的领导责任，特别是一把手要负起安全生产的法定责任，实行逐级负责，“一岗双责”和责任追究，落实以人为本、安全第一方针，保障人民群众生命财产安全。副市长周慕冰多次赶赴事故现场指挥抢险救灾，针对全市安全工作中的突出问题深入基层调研，督促各地的安全工作，研究制定了抓“双基三专”的重要内容。各有关副市长根据分管工作，也把安全工作纳入检查督促的重要内容。各区县党委、政府和市级相关部门把安全工作摆到突出重要位置，进一步落实了安全责任，各级领导班子抓安全的责任感和紧迫感明显增强。同时，加大了安全投入，实施了一批治本措施，公共安全设施、安全管理和生产经营单位的安全条件得到进一步改善。

二是健全了规章制度。为健全制度，理顺机制，统筹运转，按照《安全生产法》的规定，结合重庆市实际，市政府制定出台了一系列安全生产工作的规章制度。一是出台了《重庆市人民政府关于进一步加强安全生产工作的意见》（渝府发［2004］80号），明确了安全工作的大政方针，规定了一系列加强安全工作的政策和措施。二是制定了《重庆市安全生产委员会工作规则》、《重庆市安全生产委员会月度工作会议制度》、《重庆市重大、特大及特别重大安全事故现场处置程序》和《重庆市安全生产技术专家库管理办法》。三是编制了《重庆市人民政府突发公共事件事故灾难应急分预案》及各项子预案。国务院常务会议专题研究预案时把重庆的预案作为范本。同时，市安委会还组织有关部门建立了重大节日及活动前期全市安全督察制度、道路交通安全联系会议制度、水上交通安全中央与地方机构监管与应急联动制度、煤矿安全中央与地方部门监察监管协调制度，还建立和完善了市防火安全委员会每季度由分管副市长主持工作例会的制度。重庆市安全工作正在向制度化和法制化的方向发展。

三是认真开展督查。先后开展了春运、“五一”和“十一”黄金周及元旦春节期间等4次全市性安全生产督查。每次督查都做到有动员部署、有重点目标、有领导带队、有整改要求。并聘请了安全技术专家参加，以暗查暗访为主，敦促各区县和各部门的安全工作。如在年末的安全督查中，组织了10个市政府督查组，深入40个区县、2个开发区和280余个企事业单位进行督查工作，共查出764项隐患，已整改675项。狠抓工作到位，严防死守，2004年“五一”黄金周事故起数和死亡人数同比分别下降了73.8%和69.7%，“十一”黄金周又有明显下降，是近几年最好的一年。每逢重大节日，分管副市长都亲自率队检查安全。各区县也由领导带队，认真开展自查和督查。重庆市的安全工作4次受到国务院及国务院安委会检查、督查组的充分肯定。

四是启动了“双基”工作。为切实加强基层、基础工作，夯实乡镇、企业两大安全平台，针对我市安全生产基层薄弱、基础脆弱的突出问题，市政府启动了“113”安全生产示范工程（10个区县、100个社区、30个企业的安全示范）的试点工作，抓了合川市、万盛区、石柱县、九龙坡区及三峡油漆股份公司的试点工作。市长王鸿举、副市长周慕冰亲自到试点区县调研指导，听取汇报，提出明确要求。万盛区煤矿安全工作的经验已在12月份全市煤矿安全工作会上总结推广。其他几个试点工作也全面启动，并取得了实质性的进展。重庆市在全国率先出台了《重庆市委托颁发安全生产许可证规定》（政府令第175号），有力地推行了安全生产许可证制度，开展了安全质量标准化活动。

三、安全生产工作的主要特点

一是安全生产责任制得到加强。市政府明确指出：各级领导既要对生产负责，也要对安全生产负责，实行“行政谁主管谁负责”的责任制和追究制。建立安全生产控制指标考核体系。年初，副市长周慕冰代表市政府与区县政府和市级有关部门签订了安全生产目标责任书，做到全年目标任务分解落实到区县和部门，重大隐患整治项目分解落实到责任单位，层层落实安全生产责任制。对安全生产指标实行月度检查公布，并在《重庆日报》公布每月安全生产指标考评结果、年度检查考核结果。2004年，对全市40个区县政府的考核结果表明，有34个区县政府全面完成了控制指标。依法严肃查处各类事故，加大了事故责任追究力度。对石柱“9·25”特别重大道路交通事故首次启动了行政首长问责制，各级领导的安全责任意识得到进一步加强。初步形成“政府统一领导，部门依法监管，企业全面负责，群众监督参与，社会广泛支持”的安全生产监管机制。

二是安全生产监管力量得到加强。市安监局主要领导由兼职确定为专职，适当充实了机构编制，加快建设市、区县、乡镇三级监管体系，安全监管工作的权威性日渐加强。全市有26个区县组建了安全生产监察执法大队，有38区县的1065个乡镇挂了安监办的牌子，配备专职安监员2531名，安全协管员也正在配备之中；已有13个区县建立了应急救援中心，基层安全监管体系逐步形成，一线安监力量得到加强。市政府聘任了首批86名各行业安全技术专家，加强了事故及安全隐患的调查、技术分析和整改指导工作。

三是一批重点领域的安全专项整治得到加强。各部门密切配合，协同作战，齐抓共管，深化了道路、水上交通、煤矿、危险化学品、非煤矿山、公众聚集场所、建筑行业、中小学、民爆器材、烟花爆竹、液化石油气等11个方面的安全专项整治，其中，道路和水上交通、煤矿和非煤矿山、危险化学品和烟花爆竹等安全专项整治工作取得了明显成效。消除了39件重大火灾隐患，整治了28个市里挂牌的危化品重大隐患，查处了45个非煤矿山，取缔了800多个非法开采的小煤矿。

四是安全基础设施建设得到加强。市政府用于安全设施建设的投入比2003年增加了1500万元(2003年共投入资金2000万元)。道路交通完成了市级督办的25处国（省）道、100处县（乡）道危险路段的工程治理任务，完成了200多公里国（省）道危险路段波形防撞护栏的安装任务；102艘船舶安装了GPS船载监控终端，1500多辆“两客一危”车辆安装了GPS车载监控终端；更正“大吨小标”车辆3.5万台，更正率达到81%；148个高瓦斯煤矿安装了GPRS安全监控系统，21个煤与瓦斯突出矿井安装了抽放系统；8个未建公安消防队的县已建队执勤；改造中小学危房52万平方米；完成了860个重大危险源登记。同时，初步建立了车辆、船舶、煤矿、危化企业的安全监控体系；全市应急救援体系建设列入了全国4个试点省（市）之一。

四、安全生产面临的现状和问题

重庆市既是一个老工业城市，又辖有大面积的农村，地形地貌特殊，面临的客观条件差，安全隐患严重。突出的是道路等级低、航道滩险多、交通条件差、地质灾害频发；此外，危险化学品、乡镇煤矿、公众聚集场所等方面的安全隐患和问题也很严重。近几年，重特大安全事故较多，尤其是影响大、损失重的特别重大事故每年都有发生，因此，重庆市安全生产比其他省（市）面临的现状更加复杂、存在的问题更为突出，安全生产形势仍然严峻。

1. 安全生产基础十分薄弱

重庆市安全生产基础薄弱，有许多情况与其他城市不同，突出表现在6个方面：一是大城市与大农村并存，农村基础设施薄弱，老城区的各种隐患严重，城乡结合部的基础设施和管理方式落后，以致各种隐患问题突出，比一般大城市的安全工作更严峻。二是重庆市地质灾害严重，很多地区是高山峻岭，且沙泥岩和喀斯特地貌分布广，容易引起滑坡和崩塌。大江大河尤其是三峡成库后，地质条件处在不稳定时期，地质灾害防治工作形势严峻。三是重庆市很多区县（自治县、市）山高水远、交通不便，几乎所有的道路都在山边和江河边险要地段经过，弯多、坡陡、路窄，比比皆是，可以说“蜀道难，难于上青天”在重庆体现得很充分，这样的现状也会产生许多安全问题。四是长江水文复杂，浅滩水深只有几米，一碰就触礁，而深的航段又是深不可测，一旦船只沉下去很难打捞上来，加之冬季雾大，这对航运安全是一个很严峻的挑战。五是重庆市是老工业基地，老企业、老设备多，安全投入不足，隐患整改无力，随时都会有安全事故发生。六是城市规划和布局结构有很多不合理的地方，如缺乏战略性、远见性，随着城镇化的发展，原来偏僻的工厂也逐渐成为人口密集的中心城区，环境污染、安全隐患就突显出来。

2. 安全生产的软环境太软

一是全社会安全意识普遍淡薄，从业人员安全技能低，事故的受害者往往又是责任人，这在众多的事故中被反复印证。几乎所有的交通事故，不是驾驶人员违章，就是老百姓违规所造成。二是安全监管责任心不强，致使违章蛮干行为失控失管，很多事故都是安全隐患和习惯性违章长期存在的结果。官僚主义和渎职行为也较为严重。驾驶员违章固然是个人素质差，但个人素质差的背后是驾驶员所在单位和有关监管部门的管教不严。三是高危行业和高风险领域市场准入标准执行不严的问题，已严重影响到安全生产，现行交通客运体制机制方面对安全营运的不利影响日趋严重。四是危化行业监管工作分散于多个部门，与国家监管体制上下不一致，造成部门之间工作不协调。

3. 安全生产的硬环境不硬

一是由于经济水平等客观因素的限制，加上主观重视不够，安全生产基础条件改善的步伐不能适应经济社会的快速发展。道路交通危险路段、车船安全性能、煤矿瓦斯和水害、公共聚集场所消防通道、主城区危化企业等方面的安全威胁仍然严重，安全隐患仍未得到有效整治。二是生产安全设备设施、安全监测监控装备、应急救援装备等安全生产的硬件设施不能满足安全工作的需要。在事故防范中，安全生产的硬件设施对防止安全事故发生，往往起着决定性作用。比如，自实施道路交通“生命工程”后，2003年只发生了1起特大道路交通事故，比2002年的8起事故下降了87.5%，而2004年的4起特大道路交通事故均发生在没有安全设施的道路上。

4. 安全监管工作的任务繁重

重庆的幅员面积和人口相当于中等省，但与其他省区相比又少了一级行政管理层次（即缺少地级行政管理层次），由于市直管40个区县（自治县、市），管理层次和管理幅度不成正比，管理力量相对薄弱，对管理机构的效能和管理人员的素质比其他省市要求更高。由于特殊的市情和安全生产面临的现状，进一步增加了安全生产监督管理工作的难度，市、区县、乡镇三级安全监管体系不健全，特别是乡镇一级的安全监管力量十分薄弱，难以应付日常的安全监管工作。

重庆市煤矿安全生产工作综述

2004年，重庆市各级地方人民政府、各级煤矿安全监管部门、煤矿企业和重庆煤矿安全监察机构认真贯彻落实国务院、国家局、市委、市政府有关加强煤矿安全生产工作的一系列指示精神和工作部署，紧紧围绕国务院安全生产委员会下达的和市政府确定的煤矿安全生产目标任务，以贯彻国务院《关于进一步加强安全生产工作的决定》为主线，建立安全生产控制指标体系，落实企业安全责任主体，开展安全质量标准化建设，深化煤矿安全专项整治，以安全生产许可证制度实施为契机，突出重点，强化监管监察。全市煤矿安全状况保持了相对稳定、趋向好转的发展态势。

一、煤炭安全生产情况

2004年，全市煤矿生产原煤3092万吨，同比增产664万吨，增长27.3%。其中，市属重点煤矿生产原煤896万吨，同比增长9.8%；国有地方煤矿生产原煤278万吨，同比减产9.1%；乡镇小煤矿生产原煤1918万吨，同比增长47%。

2004年，全市各类煤矿共发生伤亡事故342起，死亡419人，煤炭百万吨死亡率13.55，同比，起数增加27起，上升8.6%；死亡人数减少27人，下降6.1%；百万吨死亡率下降4.81。

全市33个产煤区县（自治县、市）中有28个发生了煤矿死亡事故，丰都、忠县、江津、南岸、酉阳5个区县（市）未发生死亡事故。其中，永川、合川、长寿、大足、北碚、渝北、石柱、万盛、涪陵、武隆、万州、巫山、奉节14个区县（市）的事故起数和死亡人数同比均有所上升，共发生事故221起，死亡266人，同比，事故起数增加77起，死亡人数增加78人。荣昌、垫江、南川、綦江、巫溪、云阳6个区县（市）的事故起数和死亡人数同比均有所下降，共发生事故47起，死亡54人，同比，事故起数减少32起，死亡人数减少71人。

二、认真贯彻国务院《关于进一步加强安全生产工作的决定》（以下简称《决定》）

在国务院组织召开全国安全生产工作会议，以及国务院《决定》和国务院办公厅《关于完善煤矿安全监察体制的意见》（以下简称《意见》）出台后，重庆市各级地方政府、各有关部门和煤矿安全监察机构高度重视，把《决定》和《意见》的贯彻落实作为一项重要工作来抓，努力推进煤矿安全生产长效机制的建立健全。市政府结合重庆安全生产实际，印发了《关于进一步加强安全生产工作的意见》。

1. 建立煤矿安全生产控制目标体系

市政府将国务院安全生产委员会下达的全市煤矿安全控制目标，分解下达给了重庆煤矿安全监察机构、原重庆市煤炭工业局和各产煤区县（自治县、市）人民政府，并逐级分解到了煤矿安全监察办事处（工作站）各科和每个监察责任片区，再逐级分解到了各煤矿企业，并层层签订了安全生产目标控制责任书，明确了责任，制定了考核办法。初步形成了横向到边、纵向到底的煤矿安全监控目标责任体系。

2. 推进矿井安全质量标准化

全市共有27个产煤区县（市）落实了安全质量标准化的建设任务，993对矿井制定了三年达标规划。市属国有煤矿近年来始终抓住安全质量标准化这一煤矿安全的基础性工作不放松，常年开展安全质量达标活动，同时，在64个乡镇小煤矿也开展了安全质量标准化示范工作。各级煤矿安全监管、监察部门在工作中把煤矿企业贯彻《决定》中提出的各项政策措施，特别是维简费用提取使用、安全质量标准化建设和安全教育培训工作，以及安全生产管理制度的落实情况作为日常监察、定期监察、重点监察、专项监察的重要内容，促进了企业责任主体意识的增强，比较有效地推动了煤矿安全基础的加强。

3．理顺煤矿安全监察、监管体系

国务院办公厅下发《关于完善煤矿安全监察体制的意见》后，市政府领导及时作出批示。由重庆煤矿安全监察局组织市级有关部门召开专题座谈会，研究国务院办公厅《关于完善煤矿安全监察体制的意见》的贯彻意见，并且，市政府办公厅印发了《关于完善煤矿安全监察体制的实施意见》，进一步明确了煤矿安全监察机构和地方煤矿安全监管部门的职能职责，并为营造重庆煤矿安全监察、监管工作协调机制进行了有效的工作。

三、深化煤矿安全整治

2004年年初，市政府组织召开全市煤炭工作会议，提出：2004年的煤矿安全工作要构建安全监控、应急救援、技术服务“三大体系”，以及实施人才培训、质量标准化、采煤方法和支护改革“三大工程”，推进小煤矿“先抽后采”试点的工作思路。印发了《2004年全市安全生产工作要点》，下发了《关于深入开展安全生产专项整治工作的通知》和《关于查处非法开采行为遏制小煤矿安全事故的通知》。对全市煤矿安全生产工作、专项整治工作进行了部署。市政府每季度召开安全工作专题会，重点对煤矿安全生产工作进行研究，并多次召开全市安全生产电视电话会议，对煤矿安全生产工作提出要求。市安全生产委员会每月召开安全生产工作协调会，对煤矿安全生产的重大问题及时进行协调、平衡和妥善处理。针对煤矿安全生产工作中存在的突出矛盾，市委、市政府领导及时地作了重要批示和指示，使诸多问题得到了及时解决。在地方各级政府领导的重视和煤炭管理、煤矿安全监管、煤矿安全监察等部门的共同努力下，深化煤矿安全专项整治取得了新的进展。

1．加强领导，完善体制

市政府进一步明确了分管安全生产工作的市政府领导，调整了市安全生产委员会组成人员。为适应市场经济体制改革的需要，重庆市政府决定以原市煤炭工业局为主体，将南桐、天府、松藻、永荣、中梁山五大矿业公司及一些非煤炭企业联合改组成立重庆煤炭集团公司，将原市煤炭工业局煤炭行业管理职能划转给市经济委员会。

2．开展煤矿安全程度、评价

年初重庆煤矿安全监察机构向区县（市）人民政府通报了2003年度煤矿安全评估情况，并提出了加强和改善煤矿安全管理建议书。2004年，按照国家局部署，对全市煤矿安全程度评估工作进行了统筹安排，同时把安全评估工作与实施安全生产许可证制度进行的安全评价工作和日常监察执法工作结合起来，精心组织，使评估工作做到协调有序开展。2004年安全程度评估出A类62个、B类633个、C类477个、D类220个，全市A和B类矿井达到695个，占1392个生产矿井的49.9%。通过评估、评价有力地促进了各煤矿企业加大安全投入、加强安全管理，对评估、评价提出的问题和隐患进行整改。

3．加大安全投入，改善安全条件

利用近8000万元国债资金和市政府投入的150余万元对国有煤矿进行以“一通三防”为重点的安全改造和装备更新；各煤矿企业也按照规定提取安全费用和维简费用，加大了煤矿安全生产投入。建立全市煤矿瓦斯监控平台，已有35个矿井纳入了监控。26个市属国有煤矿中，18个煤与瓦斯突出矿井全部按规定建立了瓦斯抽放系统和安全监控系统，制定出防止煤与瓦斯突出的规定和措施；按规定应建瓦斯抽放系统的高瓦斯矿井都建有瓦斯抽放系统；7个高瓦斯矿井有6个建有安全监控系统。全市产煤区县（自治县、市）及地方、乡镇煤矿，全部安装了双风机；1034个产煤区县（自治县、市）及地方、乡镇煤矿实现了双电源供电或配备发电机组，占矿井总数的75.7%；在61个产煤区县（自治县、市）及地方、乡镇煤矿煤与瓦斯突出矿井中，有60个矿井安装了安全监控系统，占98.36%，3个矿井安装了瓦斯抽放系统；在150个产煤区县（自治县、市）及地方、乡镇煤矿高瓦斯矿井中，有106个矿井安装了安全监控系统，占70.67%；下井人员基本上配备了自救器；有491个矿井改革了采煤方法，实行壁式采煤法开采，占35.94%；有28个矿井的采煤工作面使用金属支柱，占2.04%。

4．建立健全煤矿事故应急救援体系

市政府从体制、装备、队伍等方面加强了煤矿应急救援体系建设。投入资金500万元，改造了救护装备和设施。成立了重庆市煤矿应急救援中心。

依托天府矿业公司救护大队组建了1个直属救护中心，依托南桐、天府、松藻救护大队为基础设立了3个救护基地，在奉节、黔江、开县设立3个煤矿救护分站，以3个基地和3个分站为辐射中心和23支区县及国有煤矿救护队为力量构建了6个救护协作片区。基本形成了覆盖全市煤矿的“11336”应急救援体系。同时，为解决小煤矿技术力量不足的问题，通过近两年的努力，整合了各区县的煤矿专业技术力量，先后在18个区县（市）组建了18个煤矿安全技术服务站，初步形成了煤矿安全技术服务体系。

5. 打击非法开采，取得阶段性成果

市政府对打击非法开采，多次作了部署，对落实责任制和查处相关责任人作了明确规定。市级有关部门多次组织开展了对非法开采比较严重地区的联合执法。重庆煤矿安全监察机构对监察发现的非法开采情况及时向有关区县（市）进行了通报，并向市政府进行了汇报。有关区县（市）政府也组织力量加强巡查，多次采取行动集中打击非法开采，对发现或举报的私挖乱采和已关闭矿井死灰复燃，区县（市）、乡镇政府及有关部门都立即组织力量，坚决果断地予以炸毁，情节严重的，依法追究了当事人的刑事责任，有力地打击了非法开采行为。一年来炸毁非法小煤矿近1500余处，非法开采得到控制。

四、强化煤矿安全监察执法

一年来，重庆煤矿安全监察机构紧紧围绕国家局和重庆市政府确定的煤矿安全生产目标任务和工作部署，认真贯彻《决定》，把安全监察与安全生产许可证实施、安全程度评估（评价）开展、安全事故查处、群众举报核查、深化煤矿安全整治、建设标准化矿井、加强外部协调、强化队伍建设和监察基础工作有机地结合起来，认真履行职责，以求真务实的精神，突出重点，强化监察，狠抓落实，加大执法力度，有力地促进了全市煤矿安全形势的总体稳定并趋向好转。

1. 狠抓安全生产许可证制度的贯彻实施

《安全生产许可证条例》颁布后，重庆煤矿安全监察局高度重视，把许可证的颁发作为一项重要的政治任务和全年工作的重中之重来抓，做了大量基础性工作，有力地推进了许可证制度的贯彻实施。

一是年初制定下发了《关于做好2004年全市煤矿安全生产许可证实施工作的通知》，对颁证工作提出了要求，成立了重庆煤矿安全监察局煤矿安全生产许可证颁证工作领导小组和煤矿安全生产许可证办公室；组织召开了全市区县地方乡镇煤矿和市属国有煤矿安全生产许可证颁证工作会议，专门对颁证工作进行了部署，印发了《重庆市煤矿企业颁发安全生产许可证工作实施意见》、《重庆市属国有煤矿安全评价办法》和《重庆市区县地方乡镇煤矿安全评价标准》。

二是按照国家局部署，结合重庆实际，9月份制定下发了《关于进一步做好煤矿企业安全生产许可证颁证工作的通知》，提出了全市煤矿的颁证目标和下一阶段的颁证工作措施及要求；制订了颁证工作“八不准”的纪律规定，设立了举报监督电话。

三是根据颁证工作进展情况，适时地召开了局内煤矿安全生产许可证颁发工作专题会、重点产煤县（自治县、市）煤矿安全监管部门、煤矿安全评价中介机构协调会，对颁证工作中存在的一些重要问题进行了研究解决和协调。与此同时，还强化了煤矿企业申办工作和安全评价工作的督促检查。

2004年，全市1483个煤矿中（包括新建、改建、扩建矿井91个）近1200个煤矿与中介机构签订了安全评价协议，1010个煤矿完成了现场安全评价，235个煤矿企业向煤矿安全生产许可证颁证办公室提出了颁证申请，颁发安全生产许可证29个。

2. 突出监察重点，加大执法力度

重庆煤矿安全监察局按照2004年本局工作会部署和年度煤矿安全监察行政执法计划要求，在加强日常安全监察的同时，突出10个重点区县、50个重点乡镇、300个重点乡镇矿井、4个国有重点矿区，开展了以“一通三防”、防治水、顶板灾害治理为重点内容的一系列监察执法活动。

一是加强了元旦及春节前后、全国“两会”、“五一”黄金周、“十一”国庆期间的重大节假日全市煤矿安全执法和安全督查；开展了以“实施安全生产许可，促安全生产条件改善”为主题的安全生产月集中监察执法，组织各办事处（工作站）开展了辖区交叉执法检查。为进一步推动全市煤矿安全生产，确保全年安全目标的实现，从9月21日起至年底开展了为期100天的百日煤矿安全监察执法活动，同时，也与市经委联合开展了秋冬百日安全检查。

二是根据煤矿安全生产特点和规律，适时组织防治水专项监察、“一通三防”专项监察、顶板控制专项监察和矿用安全产品专项监察，对受水害威胁严重和瓦斯灾害严重的煤矿实施了重点监控。督促了“有疑必探，先探后采（掘）”等防治水措施和“先抽后采、监测监控、以风定产”瓦斯治理十二字方针的落实，对超生产能力特别是超通风能力生产的行为，依法进行了严查重处。

三是强化了源头监察，对全市现有的91个新建、改建，扩建矿井进行了“三同时”监察，对违反“三同时”规定的，依法给予严肃处理。按照《煤矿建设项目安全设施监察规定》等有关规章，依法对67项煤矿建设项目安全设施设计进行了审查，对25项安全设施项目进行了竣工验收。

在监察执法中，注重执法的规范性，严格依法办事，对安全生产违法行为依法加大了处理、处罚的力度。2004年重庆煤矿安全监察机构出动4000余人次，监察矿井1305处、1605矿次，监察覆盖率为88.35%；查处事故隐患8450条，隐患整改率为96.78%；依法责令937个次采掘工作面停止作业，现场监察对245个矿井进行了立案查处，对233个矿井实施了停产整顿；依法制作和下达各类执法文书6383份，向地方人民政府主要是区县（市）政府提出加强和改善煤矿安全管理建议书81份。

3．严肃煤矿事故和举报查处

在事故调查处理中，坚持“四不放过”原则，严格现场勘察、调查取证、事故分析、责任认定、责任追究，严把了事故处理决定和结案质量关。全年计846人次参加了煤矿事故的调查处理，依法制作调查取证笔录1669份，下达行政处罚告知书、决定书等执法文书700余份。依法结案324起，1～2人事故按期结案率达到了100%，重大事故按期结案率达到85%。在结案事故中，依法追究事故责任人775人次。其中，行政处分43人，党纪处分3人，移送司法机关追究刑事责任30人。在查处事故的同时，积极协助和指导地方人民政府有关部门和煤矿企业进行事故抢险救灾。

2004年共受理煤矿安全群众举报125件，信访总量比2003年（85件）上升了47%。对每一群众举报，重庆煤矿安全监察机构的各级领导都十分重视，主办部门、主办人员认真负责地做好查处督办工作，做到了职责范围内的有报必查，查必有果，不属职责范围内的，及时转交有关部门处理。在已经督办查处的125件举报中，受理督办查处率和完成率均达100%。对查证属实的，依法进行了严肃处理。

五、狠抓煤矿安全培训

为解决煤矿技术人才短缺的问题，实施了人才培训工程战略。国有大矿与煤炭院校对接，选派青工进行定向培训，鼓励矿工子女学成回矿工作，对企业中高级管理人员进行知识提升培训。地方小煤矿主要以煤矿职工中专为依托，2004年举办了采矿中专班三期，为小煤矿培训了240多名急需的管理和技术人才。与此同时，还依托重庆工程职业技术学院，举办了干部培训班，对100多名非专业的管理部门负责人、分管乡（镇）长进行了短期培训，进一步夯实人才基础。

重庆煤矿安全监察机构、各煤炭管理部门、各煤矿安全培训中心和煤矿企业高度重视煤矿安全培训工作，坚持以安全生产为中心，以提高煤矿主要负责人、安全生产管理人员和特种作业人员素质和安全意识为重点，积极组织和开展煤矿安全培训。2月28日组织召开了全市煤矿安全培训工作会，对全市全年煤矿安全培训工作进行统一部署，提出了培训目标和任务。各煤矿安全监察办事处（工作站）、产煤区县（市）煤炭管理部门和安全培训机构制定了培训计划，以提高培训质量的着力点，坚持教、考分离，对煤矿企业主要负责人、安全生产管理人员、井下特种作业人员的培训考核工作进行了规范，加大培训工作力度。全年完成煤矿企业矿长资格培训595人、安全资格培训921人，安全生产管理人培训61人；特种作业人员操作资格培训14993人、复训1430人。为提高三级、四级煤矿安全培训机构教师的业务素质和水平，组织对186名煤矿安全三级、四级培训中心的教师进行了任职资格培训。

与此同时，进一步加强了煤矿安全技术培训基地的建设，按国家局规定，结合重庆实际，对构建全市四级煤矿安全培训机构提出了要求，集中时间，组织力量，严格标准和程序，对各产煤区县和煤矿企业建立四级煤矿安全培训机构进行了认真的评估、审查、验收和认证，验收合格89个。至2004年末，在重庆市基本建立起了较为完善的、布局较为合理的、层级职责明确的一级煤矿安全培训中心1个，二级煤矿安全培训中心1个，三级煤矿安全培训中心25个，四级煤矿安全培训中心89个的煤矿安全培训网络。

六、加强安全宣传教育

各地区、各部门、各单位结合实际，充分发挥政府网站、文件、《动态》等载体作用，利用各种会议、资料交换、专题活动、宣传咨询等多种方式。大力宣传了《决定》、《意见》等党和国家安全生产方针政策，《行政许可法》、《安全生产许可证条例》、《煤矿企业安全生产许可证实施办法》等安全生产法律法规，以及煤矿安全生产知识和安全生产理念。全国第三个"安全生产月"活动期间，认真开展了市级、区县级、煤矿企业三个层面的安全生产法律法规宣传月及咨询日活动。广大煤矿安全监管、安全监察人员在对煤矿实施安全监管、监察的过程中，坚持执法与普法并举，把安全执法与宣传教育和搞好服务有机地结合起来，结合查处的安全生产违法行为，有针对性地开展现场案例普法，努力营造"关注安全，关爱生命"的社会氛围和良好的安全生产法制环境。

在加强安全生产法制宣传的同时，也加强煤矿职业危害防治工作。全年组织辖区部分区县（市）煤矿主要负责人和部分市属煤炭企业管理者700余人进行了职业卫生知识培训，督促部分区县（市）对17000余名矿工进行了健康检查。向社会公布了已获得煤矿矿用安全标志产品的51个生产厂家和477个矿用安全产品。

四川省安全生产工作综述

在国家局和省委、省政府的正确领导下，四川省通过认真贯彻落实《国务院关于进一步加强安全生产工作的决定》、实施《安全生产许可证条例》和全面抓好安全生产控制指标体系三件大事，做好"抓专项整治、治安全隐患、压重大事故、建示范乡镇"工作，使全省安全生产形势总体稳定、趋于好转。

一、2004年安全生产情况

2004年全省安全生产形势总体上表现出下降、好转、稳定的发展态势。

全省发生各类伤亡事故39942起，死亡6099人（新口径死亡6838人），受伤29393人，直接经济损失22252.73万元，与2003年同期相比，事故起数下降19.55%，死亡人数下降4.51%，受伤人数下降9.3%，直接经济损失上升1.64%。死亡人数占省政府下达的全年控制指标的91.62%。

1．特大事故情况

全省共发生特大事故12起，死亡234人（省外肇事2起，死亡34人）。与2003年同期相比，特大事故起数增加8起，上升200%，死亡人数增加177人，上升310.53%。其中，特大道路交通8起，死亡121人，同比事故起数增加5起，上升166.67%，死亡人数增加77人，上升175%；特大工矿企业事故3起，死亡47人。发生国务院认定的特别重大水上交通事故1起，死亡66人。

发生特大事故的市（州）有：南充、巴中、自贡、达州、雅安、绵阳、成都、宜宾、甘孜、阿坝、凉山。

2．重大事故情况

全省共发生重大事故148起，死亡602人，与2003年同期相比，事故起数减少4起，下降2.63%，死亡人数减少32人，下降5.05%。其中，重大道路交通事故106起，死亡433人，同比事故起数减少13起，下降10.92%，死亡人数减少63人，下降12.7%；重大工矿商贸企业事故36起，死亡141人，同比事故起数增加14起，上升63.64%，死亡人数增加54人，上升62.07%；重大水上交通事故6起，死亡28人，同比事故起数增加2起，上升50%，死亡人数增加11人，上升64.71%。

3．事故特点

一是事故总量居高，重特大事故仍未得到有效遏制。2004年全省死亡人数占全国总死亡人数的4.75%，居全国第6位，发生特大事故12起，占全国129起的9.3%。

二是交通运输是各类事故发生频率最高的行业，道路交通仍然是全省安全生产工作的重中之重。2004年全省发生道路交通事故的起数和死亡人数分别占全省各类事故的71.31%、75.32%。南充蓬安“9·27”水上特别重大事故死亡66人，是四川省近四年来最大的一次事故，损失惨重，教训极为深刻。12起一次死亡10人以上特大事故中有8起是道路交通事故、1起水上交通事故，占总起数的75%。148起重大事故中有106起是道路交通事故，占重大事故总起数的71.62%。

三是工矿商贸企业事故四大指标“三降一升”，总体比较平稳。但仍发生特大事故3起，死亡47人，与2003年同期相比，事故起数增加2起，上升200%，死亡人数增加34人，上升261.54%。尤其是雅安宝兴发生了“10·10”非煤矿山特大事故，而我省近年来从未发生过非煤矿山特大事故。

四是地区间安全生产状况不平衡。全省21个市（州）有11个市（州）发生特大事故。在全省148起重大事故中，凉山州发生15起，达州市发生14起，成都市发生15起，阿坝州和宜宾市分别发生11起，上述5个市（州）仍然是继2003年以来，重大事故频发的集中区域，共发生重大事故66起，占全省重大事故件数的44.59%。

五是公共安全事故形势不容乐观。2004年发生了自贡“3·31”公交车特大事故，死亡15人，是新中国成立以来四川省死亡人数最多的城市公交车特大事故。

六是部分行业安全生产形势较为稳定。2004年铁路交通事故和消防火灾事故的起数和死亡人数均有所下降，民航飞行未发生伤亡事故。

二、控制指标执行情况

1. 国家下达的控制指标完成情况

按国家控制指标统计，2004年，全省各类伤亡事故死亡6099人，与国家下达的控制指标（6152人）同口径比较，减少53人，占国家下达的全年控制指标的99.13%，在全国控制指标范围之内。

工矿商贸企业全年死亡1071人，与国家下达的控制指标（1122人）同口径比较，减少51人，占全年控制指标的95.45%。

煤矿全年死亡562人，与国家下达的控制指标（580人）同口径比较，减少18人，占全年控制指标的96.9%。

煤矿百万吨死亡率为6.4，比国家控制指标（7.5）低1.1。

亿元GDP死亡率为0.95，10万人死亡率为7.46，工矿商贸企业10万人死亡率为21.76，道路交通万车死亡率为11.48。均比国家控制指标有所降低。

2. 四川省控制指标完成情况

按省按制指标统计，全省各类伤亡事故死亡6492人，和省政府下达的控制指标（7086人）同口径比较，减少594人，占省政府下达的全年控制指标的91.62%，在全省控制指标范围内。全省21个市（州）中各类伤亡事故死亡人数在控制指标以内的有18个市（州），占85.71%，分别是成都、自贡、攀枝花、泸州、德阳、绵阳、广元、遂宁、内江、乐山、宜宾、南充、广安、达州、巴中、眉山、资阳、甘孜；超过控制指标的有3个市（州），占14.29%，分别是雅安、阿坝、凉山。

三、2004年主要工作

1. 提高认识，加强领导

省委、省政府高度重视安全生产工作，主要领导对安全生产工作亲历亲为，省委先后3次召开常委会议研究安全生产工作，省政府5次召开常务会研究部署安全生产工作，省政府出台了《关于进一步加强安全生产工作的决定》，明确了当前和今后相当一个时期全省安全生产工作的基本思路和主要措施。省长张中伟2次主持会议，专题听取有关市（州）政府主要领导的安全生产工作述职。特别是4月30日，省委、省政府召开了全省所有县（市、区）领导参加的安全生产和环保工作电视电话会议，公布了对自贡“3·31”事故有关责任人的处理决定，震动很大，反响强烈。针对进入9月以后特大事故上升的问题，10月14日，省政府召开全省安全生产工作紧急会议，21个市（州）“一把手”及分管安全生产工作的领导和省级有关部门主要负责人参加了会议。11月4日、5日、8日、9日，副省长杨志文连续召集会议，听取省有关部门组织的道路和水上交通、烟花爆竹和危化品、公众聚集场所消防安全、煤矿和非煤矿山等14个暗访督察组的情况汇报，明确针对性措施。2004年，省委、省政府领导对安全生产工作的批示达120余条，数量为历年之最，省政府召开有关安全生产的会议达30余次，先后下发了20余个有关安全生产过硬措施的文件。

全省各地、各有关部门认真贯彻省委、省政府的部署，进一步提高认识，提高安全生产工作执行力，在落实上下功夫。德阳市创新安全监管，把深化安全生产示范乡镇活动与加强非公有制企业安全监管有机结合起来，在“重基层、打基础、强监管”上取得了新的进展。南充市认真吸取事故教训，全面推行安全质量标准化活动，努力提高本质安全水平。宜宾市认真吸取“12·19”特大煤矿事故教训，全面整顿矿业秩序，切实加大煤矿安全整治力度。雅安市在煤矿安全上保持高压态势，对一批违法业主和矿长依法公捕和拘留。泸州市不断健全完善安全生产监管体制，在组建安全监管执法队伍、建立健全应急救援体系等方面狠下功夫。

2. 改进工作方法，创新安全生产工作

在煤矿复工前，将全省2300个煤矿的业主分9批进行了强制性安全培训，进行面对面安全告诫，让事故煤矿业主现身说案情，以提高安全警示效果。

在全国“安全生产月”活动中，调整工作方法，注重全社会的参与，活动从形式到内容都比以往有明显提高，在深入人心上下功夫。

在汛期安全生产工作中，加大协调、配合和督查工作力度，及时召开汛期安全生产工作会议，制定安全度汛措施，明确汛期安全生产责任，并加大明察暗访力度。

把深化安全生产示范乡镇工作与进一步加强非公有制企业监管结合起来，提出深化安全生产示范乡镇的具体要求，逐步建立严密的基层安全生产监管体系。涌现出了德阳市、南充市等一批先进典型。

针对中央在川企业和省属企业安全生产工作中的新情况、新问题，认真贯彻国务院办公厅《关于加强中央企业安全生产工作的通知》精神，出台了《关于加强中央在川企业和省属企业安全生产工作的通知》，并于11月12日召开了中央在川企业和省属企业安全生产工作会议，明确了企业的安全生产主体责任，明确了有关部门的安全生产监管责任，消除了中央在川企业和省属企业安全生产工作的空当。

在矿山安全整治工作中，按照省委、省政府的部署，紧紧抓住干部这个关键、利益这个要害，全力以赴抓好以凉山州甘洛县为典型的非煤矿山整顿和以广元市旺苍县为典型的煤矿安全整顿工作。

在安全生产监督管理工作中，进一步转变观念，转变职能，认真学习贯彻安全生产行政许可制度，严把企业安全生产市场准入关。截至目前，全省已发放危化品经营许可证6805个、煤矿安全生产许可证54个。

在安全生产责任落实的工作中，从对准基层转向既对准基层，又对准企业、业主、特种作业人员；从督促落实安全生产管理责任转向既督促落实企业安全生产主体责任，又督促抓好部门安全生产监管责任的到位。在开展安全生产检查中，从单纯组织政府部门开展工作转向既组织协调部门开展工作，又积极发挥安全生产中介组织和专家技术人员的作用，有效提高了安全检查的质量和效率。

3. 突出针对性、实效性，开展形式多样的“三查”活动

根据不同时期、不同行业和领域安全生产工作的特点，围绕落实“全面自查、专业检查、综合督查”的“三查”要求，及时组织开展具有针对性的“三查”活动。

针对2004年以来道路交通特大事故严重反弹，尤其是自贡“3·31”特大城市公共交通事故和南充“9·27”特大沉船事故暴露出的交通安全问题，对全省道路和水上交通以及公共交通安全运行情况，组织开展了以“查岗位安全责任、查事故隐患、查违章行为”为主要内容的交通安全“三查”活动，全面落实“五整顿三加强”安全措施。

针对5月份以后全省煤矿事故逐月上升的严峻形势，在全省煤矿深入开展了“企业全面自查、管理部门深入检查、煤监机构严格监察”的“三查”活动。进入四季度，针对煤炭价格持续上扬，相当部分煤矿企业忽视安全生产，突击生产、盲目超产的现象有所抬头，安全生产压力很大的情况，从10月下旬开始至11月6日，组织7个督查组对全省7个重点监控市及15个重点监控县煤矿安全生产工作，进行以“查煤炭企业（含矿山救护队），

查县、乡政府，查煤矿安全管理部门”的“三查”工作。

针对全省危险化学品事故呈扩大化的趋势以及危险化学行业专业性强、技术要求高和危险化学品从业单位量多面广的特点，5～6月以及10～11月，先后两次组织开展了“企业自查、专家检查、安监督查”的危化品“三查”活动。

针对进入9月份后重特大事故上升情况，组织开展了“一查找薄弱环节，二查找主观原因，三查找领导责任”的安全生产“三查”活动。

针对重点地区组织开展了3次专题调研和重点督查。一是对雅安市垃圾场垮塌事故和非煤矿山垮塌事故，组织了6个督查组20余人对该市进行了为期5天的综合督查；二是对达州市煤矿和道路交通事故上升的问题，组织了4个督查组39人对该市进行了为期5天的综合督查；三是对巴中市运输公司2004年相继发生的3起特大交通事故情况，组织了2个调查组对该公司进行了专题调研和暗访检查。

4．加大投入，狠抓隐患整治

省安委会分别下达了道路、危化品企业、非煤矿山、病害水库及煤矿的隐患整治任务共140项。其中，道路50项、危险化学品企业16项、非煤矿山企业17项、病害水库30项、煤矿27项。做到隐患整治工作的责任、经费、时间、措施“四落实”。将整治工作纳入省政府2004年目标考核的重要内容。交警部门在全省范围内部署，对危险路段进行排查，共排查事故“黑点”5893处，全省道路交通已投入经费1.12亿元，治理“黑点”2398处。省交通厅投入750万元用于客运车辆安装GPS定位系统，建立企业监控平台，强化车辆动态监控。到目前为止，隐患整治任务已完成110项，总投入13亿元资金。其中，省财政投入2.5亿元，市、州财政投入4亿元，县级财政投入2.5亿元。在应急救援体系建设方面，省财政已经安排100万元启动资金。

5．严格“倒查制”，严查重处重特大事故

一方面实行事故责任“倒查制”，着力于两个主体（即政府的安全生产监管责任主体和企业的安全生产责任主体）的责任追究，从事故发生的全过程进行责任倒查。

另一方面在领导层面开展“三查找”活动。一查找薄弱环节，二查找主观原因，三查找领导责任，举一反三，千方百计遏制同类事故的发生。对2004年发生的9起特大事故，省长张中伟先后3次听取了事故所在市（州）“一把手”的述职汇报，要求认真分析事故原因，深刻汲取事故教训，举一反三抓好各项工作的落实。对“9·27”、“10·10”和“10·18”3起特大事故副省长杨志文于10月19日上午召开省级有关部门紧急会议，要求省公安厅、省交通厅、省国土资源厅等部门结合安全监督管理工作，认真开展“三查找”，切实找准问题，采取针对性措施，迅速扭转被动局面。

6．转变工作作风，安全生产行政执法与安全生产技术服务相结合

全省安全生产监管监察系统深入开展队伍作风建设，强调监管监察“办公地点在现场”，深入基层，深入企业，帮助企业“排隐患，固安全”，提高了服务意识和服务水平。四川省煤监局针对重点电煤供应县煤矿安全生产的问题，组织专家集中排查隐患。组织30名专家，对珙县的20个煤矿、古蔺县的25个煤矿、大竹县的20个煤矿进行了全面会诊和检查，分别查出安全隐患482条、580条、514条，对查出的安全隐患当场向煤矿和县政府提出了整治建议。3个县按照专家的要求认真整改，首批整改合格矿井已启动复产。

2004年，全省安全生产工作取得了一定成绩，收到了一定实效，但由于制约安全的基础脆弱、基层薄弱、安全投入严重不足、管理体制不顺等突出问题没有得到根本解决，安全生产形势仍然严峻。全省特大事故大幅反弹，总量居全国第三，增幅居全国第一。公共安全事故和危化品安全事故也呈上升趋势，全省安全生产工作面临很大的压力。总结原因主要是认识不到位、责任落实不全面和两基工作不扎实等，尤其需要加强抓责任落实工作力度，提高对特大事故的预见性和控制手段，增强对公共安全事故的突发性和社会危害性的预防和思想准备，创新安全生产工作。

云南省安全生产工作综述

2004年，省委、省政府高度重视安全生产，以“三个代表”重要思想和科学发展观为指导，扎实有效地贯彻落实党中央、国务院关于安全生产的一系列方针政策和重大部署，推动了全省安全生产工作的发展。地方各级党委、政府紧紧围绕省委、省政府的决策部署，以指标控制为中心，以责任制落实为主线，抓基层，打基础，求创新，组织开展了一系列极其艰辛、富有成效的工作，全面完成了国务院下达的各项安全生产控制指标任务，使得全省安全生产形势逐步趋于平稳。

一是事故总量上升的势头得到初步遏制。2004年，云南省发生各类事故15927起、死亡4227人，同比事故起数和死亡人数分别下降37.72%、1.35%。

二是重特大事故有所减少。2004年，云南省无一次死亡30人以上的特别重大事故，一次死亡10～29人的特大事故4起、死亡75人，一次死亡3～9人的重大事故139起、死亡512人，同比特大事故减少3起、少死亡24人，重大事故起数持平，死亡人数减少30人。

三是工矿商贸企业事故控制得力。2004年，工矿商贸企业事故起数与死亡人数同比减少43起、少死亡34人，无一次死亡10人以上事故。煤矿事故起数同比持平，死亡人数同比减少46人。

四是多数地区、行业实现了安全生产控制指标。2004年，云南省有10个州、市完成总的控制指标任务，道路交通和消防、工矿商贸（煤矿除外）、煤矿事故死亡人数分别低于控制指标6人、11人、32人。

应该说，2004年度，云南省在经济高速增长、多种金属原材料价格上扬、煤电油运供应紧张的大背景下，安全生产工作能取得这样可喜的成绩，来之不易，云南省政府第二十八次常务会议对此给予了充分肯定。这些成绩的取得，是在党中央、国务院和云南省委、省政府的正确领导下，全省安全生产战线广大干部职工共同努力的结果，是社会各方面广泛支持的结果，也是各有关负有安全监管职责部门通力合作、齐抓共管的结果。

一、2004年安全生产工作特点

1．安全生产工作的组织领导进一步加强

一是组织领导体系基本健全，省政府2003年初比照国务院安委会的设置成立了省安委会，16个州、市政府和80%以上的县、市、区政府都相应调整或新组建了安委会，建立了独立的安全生产监管机构，多数重点企业也有专门的安全生产组织协调机构。

二是安全生产工作已经被列入了重要议事日程，2004年至今，省政府3次召开常务会议研究解决了安全生产工作中带有全局性的问题，各州、县两级政府也至少召开过一次以上的常务会议研究安全生产工作，红河州州、县两级政府坚持每季度召开一次研究安全生产工作的常务会议。

三是主要领导亲自抓、分管领导具体抓的职责得到了落实。省长徐荣凯两次主持全国安全生产电视电话会议云南分会场会议，省政府分管领导经常深入基层搞检查、作指导，副省长李新华还亲赴富源煤矿瓦斯爆炸事故现场指导救援工作。楚雄、昭通、文山等多数州、市政府主要领导、分管领导经常亲自深入基层搞检查、抓整改，县、乡基层领导更是经常工作在安全生产第一线。

四是安全生产投入逐步有保障，各级政府和广大企业基本上做到了有专门机构、专门人员和专门经费。2004年，曲靖市投入了4250万元安全技措经费，楚雄州政府一次性为所有县级安全生产监管局配备了监察工作用车，并投入近400万元财政资金用于整改交通、消防、校舍等涉及公共安全的重大事故隐患处。

2．以控制指标为中心的责任制体系初步构建

2004年，全省上下以安全生产控制指标为中心层层签订责任状，落实责任制，一切围绕指标想、一切围绕指标转、一切围绕指标干。省政府向16个州、市政府下达了控制指标，并将控制指标

监控责任分别落实到了省公安厅、省安全生产监管局和云南煤矿安全监察局。省公安厅又分别与各州、市政府签订了安全责任书，云南煤矿安全监察局与系统内各单位签订了安全监察目标责任状。省安全生产监管局与各州、市安全生产监管局签订了工作目标责任书，与12个大型企业签订了责任状。各州、市也参照省里的做法将控制指标层层分解落实到了县、乡基层和广大企业，全省初步建立起了横向联动、纵向互保的安全生产控制指标责任体系。同时，为抓好指标监控工作，省安委办每月调度一次控制指标进度情况，每季度在云南日报上向社会公布各地区、行业的指标控制情况，每半年召开一次新闻发布会。省安全生产监管局对重点地区实行了局领导分片挂钩联系制度，对一季度超控制指标的8个州市安全生产监管局局长进行了问责，并于年中组织开展了责任状动态量化考核，及时发现和解决了责任状落实过程中的困难与问题。

3. 安全生产专项整治不断深入

在道路交通安全专项整治上，严格按照“五整顿”、“三加强”要求，以解决“三超”问题和事故高发路段监控为重点，加大路检路查力度，着重治理农用车、拖拉机违章载人行为，深化“平安大道”创建工作；在煤矿安全专项整治上，集中开展了“一通三防”工作，加大了对无证煤矿的清查力度，关闭整顿了一批小煤矿，推广了壁式采煤和煤矿瓦斯监控技术；在非煤矿山和危险化学品安全专项整治上，先后检查生产经营单位21000余个，查出安全隐患15000条，当场整改6500条，限期整改8500条，下发整改通知书4200份，整改验收非煤矿山4201个，审查颁发了100多个危险化学品从业单位资质许可证，集中对326公斤废弃氰化物进行了处置；在烟花爆竹专项整治上，各级安全生产监管、公安等部门联合开展了烟花爆竹大检查，摸清了全省25家烟花爆竹生产企业、14923家批发零售单位的底数，加强了对烟花爆竹销售、运输和储存领域的清理整顿。在人员密集场所消防安全整治上，突出了对商场超市、娱乐场所、学校和易燃易爆单位的检查与整治，曲靖市对消防隐患依法采取了坚决整改一批、上报政府挂牌督办一批、重处一批、关停一批的强硬措施。同时，云南省在隐患排查与整改中，充分发挥新闻监督和专家服务的作用，邀请新闻记者跟踪报道了大理州凤仪加油站等一批重大隐患整改过程，及时协调解决了向家坝水电站工程施工爆破作业隐患。红河州政府实行凡在县市发现2处、乡镇发现1处非法矿山的，均给予其政府主要领导人行政处分的强硬措施。通过这些工作，全省大批重大事故隐患得到了整改，安全生产状况有了明显改善。

4. 政策、机制、队伍和支撑体系建设有了新进展

在政策措施上，省政府出台了《云南省人民政府关于进一步加强安全生产工作的决定》，拟订了《云南省人民政府生产安全特大事故应急救援预案》、《云南省煤矿安全事故伤亡赔偿暂行规定》，省安委会完善了《云南省安全生产黄牌警示暂行办法》、《云南省安全生产重大事故隐患管理暂行规定》、《云南省道路交通事故告诫试行办法》，一些地区结合实际制定或完善了有关政策措施。在管理机制上，全省开展了煤矿、非煤矿山、危险化学品、建筑施工、烟花爆竹、民爆器材生产企业的安全评价、安全条件认证和审核颁证工作，昆钢、省化工集团等一批企业通过开展安全质量标准化和“一法三卡”活动，进一步夯实了企业管理基础。在监管队伍建设上，全省16个州、市全部成立了安全生产监管局，80多个县、市、区成立了政府直属的安全生产监管机构，全省安全监管人员已经增加到了近1000名，保山、文山、昭通等地还在一些重点乡镇建立了安全生产监管站。在支撑体系建设上，组建了云南省安全评价分会，认定了43个安全评价机构、10个安全培训机构，现有各类注册安全工程师、安全评价人员近300名。

5. “关爱生命、关注安全”的社会氛围日渐浓厚

全省上下以6月“安全生产月”活动为重点，通过多种形式加大安全生产宣传力度。昆明市在东风广场举办了“安全生产月主题咨询日活动”，楚雄州、大理州政府领导在当地电视台发表了安全生产电视讲话，德宏州政府分管领导在州委党校举办了安全生产专题讲座。省安全生产监管局在《云南日报》上开辟了“云岭安全透视”专栏、在云南电视台开播了“警钟长鸣”公益广告，会同省委宣传部、省广播电视局、省总工会等部门在昆明市、楚雄州、大理州组织开展了“安全生产纵深行”活

动，集中时段、集中版面、集中镜头进行系列宣传报道，并组织了“安全生产好新闻奖”评选活动。省公安厅交警总队深入开展了以贯彻《道路交通安全法》为重点的系列宣传活动，省公安消防总队深化了“消防日”宣传活动，省监狱管理局、中烟工业公司等单位也结合实际开展了安全知识竞赛等活动，营造了“关爱生命、关注安全”的社会氛围。同时，各部门、各企业、各单位积极开展各类专业技术和职业资格培训，省安全生产监管局还坚持面向基层抓培训，把培训班办到县乡、办到企业。初步统计，全省共培训各类特种作业人员17515人，生产经营单位主要负责人2265人，生产经营单位安全管理人员5146人，安全监察员近500人。

总结2004年以来的工作，我们感到有三点必须坚持：

一是必须坚持以控制指标为中心来落实安全生产责任制。立足国情、着眼于经济社会发展实际，对安全生产实行指标控制，是贯彻落实以人为本的科学发展观的重要途径，是控制事故总量上升、遏制重特大事故发生的有效措施。一年来，全省把控制指标作为责任制的主要内容，集中人力、物力、财力抓落实，保证了各项控制指标任务的完成。

二是必须坚持开拓进取，大胆探索，不断创新。围绕落实黄菊副总理提出的“五个转变”、国务院《决定》提出的“五项创新”，云南省首次将安全生产控制指标纳入责任制的核心内容，首次以省政府文件出台了《云南省人民政府关于进一步加强安全生产工作的决定》，首次责成事故控制不力的州、市政府领导在省政府第十七次常务会议上公开说明情况，首次要求指标监控不力的州、市安全监管局局长在大会上进行检讨，首次对43个县级安全监管机构扶持了690万元省财政资金，首次开展了多部门联合、新闻媒体广泛参与的“安全生产纵深行”宣传活动和“安全生产好新闻奖”评选活动，探索了加强安全生产工作新思路、新方法、新途径。

三是必须坚持关口前移抓基层、重心下移抓企业。安全生产监管的前沿在县、乡基层，安全生产的责任主体在企业。县、乡监管机构建立了、人员到位了、工作有保障了，关口就把住了。企业安全生产主体职责到位了、管理到位了、基础打牢了，安全生产的重心就到位了。一年来，云南省紧密结合实际紧抓“双基”工作不放松，积极争取编办、财政、法制、工会等部门的支持，着力健全了县级监管机构，充实和培训了县级机构监管人员，改善了县级机构监管条件，着力在企业推进安全质量标准化建设和“一法三卡”活动，夯实了企业安全管理基础，改善了安全生产条件，提高了安全管理水平。

二、正确把握形势，明确困难与问题

一是安全生产状况有所改善。“政府统一领导、部门依法监管、企业全面负责、群众广泛参与、社会监督支持”的安全生产格局正在形成，法制、信息、技术、培训等支撑体系已初步构建，企业的安全管理基础、安全条件正在改善，大批重特大事故隐患和危险源开始得到整改与监控，安全生产秩序得到初步整顿，从业人员安全素质有了提高。

二是发展形势趋于好转。安全生产在经济社会发展中的地位越来越高，各级党委、政府对安全生产工作越来越重视，社会对安全生产越来越关注与支持，安全生产的有利条件越来越多。事故上升的势头得到控制，重大事故逐步减少，特大事故大幅下降，一次死亡30人以上的特别重大事故已经连续6年没有发生。

三是事故控制水平差距较大。云南省每年各类事故总死亡人数均在4000人以上，10万人死亡率高达10左右，高于江苏、上海等地。全省煤矿百万吨死亡率高达5.68，美国为0.039，南非为0.13，印度为0.26，与这些国家相比差距更大。全省重特大事故平均每月12起，一次死亡10以上事故也有4起以上，而天津、江苏、海南等省已无10人以上事故。

四是一些行业和地区安全状况比较严峻。2004年，超控制指标的有5个州、市，发生一次死亡10人以上事故的有3个州、市。道路交通事故总量多年来一直占78%以上，重特大事故多集中在道路交通和煤矿上。特别是2004年2月15日，富源县还发生了一次死亡27人、伤15人的特大煤矿瓦斯爆炸事故，形势一度趋紧。

五是事故隐患还大量存在。农用车辆、微型车、机动三轮车非法运营载客问题严重，煤矿“一通三防”上的问题突出，非煤矿山事故隐患集中，火灾隐患分布广。全省4513个露天采石场、42座100万立方米以上的尾矿库中，80%以上的露天采石场是高陡边坡，20%的尾矿库是病库、险库。

六是安全生产领域的一些深层次矛盾突出。主要表现为安全监管工作点多面广、任务繁重与基层监管力量普遍不足的矛盾突出，农用车违章载人、事故多发与解决农民出行难的问题突出，基础建设力度加大、外来施工单位大量涌入与属地监管难以到位的矛盾突出，社会安全意识不强、基础条件差与人民群众安全需求大的矛盾突出。

安全生产发展规律表明，经济社会发展水平处于初级阶段时期的安全生产事故与经济增长速度呈正比关系，经济社会发展水平处于较高阶段时期的安全生产事故与经济增长速度呈反比关系。云南省当前安全生产形势的这些表现，是全省经济社会发展水平处于社会主义初级阶段较低层次的突出特征，表明了云南省现阶段还存在着安全状况的差异性、安全工作的不平衡性、安全形势的不稳定性及其反复性。应该说，现阶段云南省社会的主要矛盾以及各种现实因素，都不可避免地要对安全生产工作产生影响和制约，安全生产基础较差、事故总量大成了不可回避的现实。

从生产力发展水平看，目前云南省地区、行业发展差异大，总体水平还比较低，安全保障程度低，事故概率高。如“糖”、“茶”、“胶”等一批传统工业，技术装备和管理手段比较落后；小冶炼、小建材、小矿山、小造纸、小化工等一批小工业，规模小、科技含量低、人员素质不高、管理粗放；煤、铜、锡等一批矿产资源开发业，安全生产历史欠账多，设备设施陈旧。特别是云南省新型工业化起步后，大批“新、改、扩”建项目上马，安全准入不严。

从社会发展状况看，云南省集边疆、民族、贫穷、落后四位一体，安全生产基础差、工作难度大。特别是经济落后地区一些规模小、管理松散、效益低下、安全条件差的企业，是当地经济支柱和主要就业渠道，难以通过依法关停来保障安全生产。

从监管工作自身看，云南省安全生产基础差、水平低，安全监管系统机构新、人员新、工作新的问题突出，工作上还存在着较多的不适应。目前，云南省还存在着监管职能交叉、行业管理职能弱化、监管力量不足等体制性、结构性矛盾，具体监管工作中还存在着方法手段单一、工作前瞻性不够的问题，大量精力用在突击检查和事故查处上，源头管理、过程控制等关键环节比较薄弱。

这些影响和制约因素，是对云南省现阶段安全生产规律特点的原因剖析，说明了云南省的安全生产工作任重而道远，必须认真把握现阶段本省的安全生产规律特点，辩证地看待工作中的困难与问题，充分认识到当前安全生产工作的长期性、艰巨性和复杂性，始终保持坚定的信心和旺盛的进取精神，切实抓紧抓好当前的安全生产工作。

云南省煤矿安全生产工作综述

2004年，云南省各级各部门认真贯彻落实国务院《关于进一步加强安全生产工作的决定》（以下简称《决定》）、《安全生产许可证条例》和全国安全生产工作会议精神，紧密联系云南煤矿实际，认真开展煤矿安全监察工作，实现了“一增四降”。即：全省煤炭产量增加；煤矿事故总死亡人数、重大事故、特大事故起数和百万吨死亡率明显下降。全省煤矿安全形势呈现出相对稳定、趋于好转的态势。

一、以国务院《决定》精神指导全年煤矿安全监察工作

一是提高认识，明晰思路，把思想统一到《决定》精神上来。国务院召开的全国安全生产工作会议结束后，云南省局及时召开局长办公会议和煤矿安全监察工作会议，在总结2003年度煤矿安全监察工作，分析面临形势和任务的基础上，全面安排部署了2004年的煤矿安全监察工作，把思想统一到《决定》精神上，为做好2004年的煤矿安全监察工作奠定了较扎实的思想基础。

二是落实责任，严格考核，建立考核检查机制。2004年初，省局在认真考核兑现2003年责任目标的基础上，完善制定了《2004年安全监察工作责任目标考核办法》，对煤矿安全监察工作进行了细化，并与各办事处、机关各处室（部门）签订了安全监察目标责任状和党风廉政建设责任书，继续实行领导分片挂钩负责制，并把责任目标分解落实到科室和个人，做到了层层有责任、有指标，责任具体化、数量化。通过实行目标责任考核制度，调动了全体安全监察人员的工作积极性。

三是明确目标，突出重点，把各项监察工作落到实处。省局2004年初就制定、下达了安全监察效能目标。并把国家局和省政府下达的煤矿安全控制指标分解落实到各办事处、云南东源煤业集团公司和省监狱管理局，做到了目标明确，重点突出。

二、抓工作创新，积极探索安全监察新途径

一是突出重点，实施重点监察和专项监察。省局先后在“两节”、“两会”、“五一”及“国庆”期间组织开展了6次全省性的煤矿安全监察、督查活动，共出动34个督查组，先后督查了12个州（市）、45个县（市、区）的160对矿井，查出各类事故隐患886条，下达行政执法文书252份，责令停产整顿矿井14对。各办事处、昭通站在配合省局组织的督查外，结合各监察区域实际，开展专项督查。曲靖办事处在富源县“9·9”特大顶板事故后，开展了以顶板控制为内容的专项督查，并保持每季度还对国有煤矿进行一次专项督查。红河办事处不断创新监察方法，注重监察实效，工作中做到程序化（现场监察的10个工作步骤）、数字化（用实际测量的数字说话）、系统化（安全监察、复查、评估、罚款收缴、基础工作等一体化）。通过督查和监察，及时发现解决了一大批隐患和问题，有力地促进了全省煤矿安全生产工作的实施。

二是实施交叉监察，相互交流、互通情况、提高执法监察水平。2004年，省局在三个办事处和昭通站之间组织开展了交叉监察活动。同时，与安徽、陕西煤矿安全监察局互派监察人员开展了兄弟省区之间的煤矿安全交叉监察活动，起到了相互交流经验、互通情况、提高执法监察水平的作用。

三是以专题会议形式开展煤矿安全监察。省局针对省属国有煤矿事故多发，安全生产形势严峻的状况，召开了有企业决策层和管理层人员参加的安全专题督查会议，并组织了4个监察组对8个省属煤矿进行了专项监察。同时，还分别在滇南、滇东北和滇西三个片区召开煤矿安全工作座谈会，以会议形式督促各地政府及煤炭管理部门加强地方煤矿安全监管工作。

四是加强协调联系，推动联合执法。各办事处加强与地方政府及有关部门的协调联系，与州、市煤炭管理部门联合下发文件，将省局下达的督促地方煤炭管理部门及煤矿企业应达到的8项安全基础工作指标分解到县市区，并跟踪督促落实。加强与各市、县有关部门的联系，组织联合督查组，开展联合执法，推动全省煤矿安全工作。

五是盯住控制指标，抓实阶段性工作。省局机关各处室和各办事处（站）全体监察人员，紧紧围绕全局安全控制目标，抓好各阶段的安全监察执法工作。一年来，省局共召开19次局长办公会和3次处长办公会，定期检查责任目标和监察任务的进展完成情况；先后两次向省政府分管领导汇报了煤矿安全工作及安全监察工作，请求省政府解决煤矿安全专项整治及安全监察工作中的困难和问题；7月中旬省局召开半年工作会议，检查落实上半年各项工作进展情况，分析存在的困难和问题，制定下半年工作措施，进一步研究部署煤矿安全工作及安全监察工作。红河办事处定期召开主任办公会议，检查落实各阶段的煤矿安全控制指标完成情况，并要求各监察组的安全监察目标完成情况均做到月统计、季度分析、年终总结。大理办事处要求各监察片区负责人做到月初有计划、月未有总结。

六是充分发挥中介机构的作用，抓好煤矿安全评价工作。2004年，省局把煤矿安全评价工作作为一项重要工作，紧密结合深化煤矿安全专项整治工作，督促煤矿安全评价中心，积极开展煤矿安全评价工作。各办事处结合日常监察情况，对安全评价中心的评价结果进行认真初审，并充分运用评价结果，增强监察执法工作的针对性和有效性。

七是严格监察执法，加大行政处罚力度。全局共下达行政处罚决定书847份，实际收缴行政处罚罚款838.6万元，其中现场处罚罚款239.45万元，占28.55%；事故处罚罚款599.15万元，占71.45%。

三、抓制度创新，逐步规范执法行为

一是宣传贯彻安全法规，严格依法行政。省局组织开展了《行政许可法》和《全面推进依法行政实施纲要》的学习宣传活动，选派骨干人员参加了省政府法制办举办的“全省《行政许可法》培训班”，邀请省法制办领导分别到局机关和各办事处讲解《行政许可法》的基本原理、基本精神和主要内容，让煤矿安全监察人员及时学习、了解和掌握新出台的法律法规；结合6月安全生产月活动，在全局6个单位中开展了以《安全生产法》、《行政许可法》、《安全生产许可证条例》等法律法规为主要内容的知识竞赛活动；召开了曲靖、大理、红河、昭通4个片区煤矿建设项目安全设施“三同时”暨煤矿矿用产品“安全标志”工作宣贯会议；编印了3000多册《煤矿建设项目安全设施“三同时”、煤矿矿用安全产品“安全标志”有关文件汇编》，发至全省市、县、乡三级煤炭管理部门及煤炭企事业单位学习和贯彻执行；结合煤炭生产许可证年检工作，采取以会代训的形式，组织了全省产煤市、县煤炭管理部门负责人学习《行政许可法》、《安全生产法》等法律法规，有力地推动了监察人员依法行政的意识。

二是完善监察制度，不断规范执法行为。省局制定了《云南煤矿安全监察局煤矿安全行政执法工作规定》、《煤矿重特大事故批复及上报制度》、《煤矿安全生产管理人员培训管理办法》、《云南省煤矿生产矿井安全评价标准》等12个规范性文件；收集整理了有关煤矿安全生产的法律、法规，汇编成《云南煤矿安全监察局行政执法手册》。各办事处、机关各处室（部门）结合实际，修改完善了有关的工作制度，使煤矿安全监察执法工作进一步制度化。

三是规范执法程序，严格事故查处。针对事故调查和处理中存在的问题，省局制定了《云南煤矿安全监察局煤矿伤亡事故调查处理办法》、《云南省煤矿生产安全事故报告和统计制度暂行办法》、《云南煤矿安全监察局煤矿重特大伤亡事故调查处理和批复结案制度》等制度和办法；成立了云南省煤矿伤亡事故技术鉴定专家组。进一步规范了执法程序和事故处理程序。

四是编制安全发展规划，明确安全发展目标。按照国家局的要求，编制了《云南省煤矿安全生产“十一五”发展规划》，提出了云南省煤矿安全生产未来5年的发展方针、目标、主要任务、保障措施和重点工程。提出通过5年的努力，使云南省煤矿的生产力水平有较大的提高，安全生产的基础进一步夯实，安全生产状况得到较大程度的改善，煤炭产量大幅度增加，煤炭企业实现规模化、规范化、安全化生产，有力地保障全省社会经济发展对煤炭的需求。

四、抓《条例》的贯彻，实施安全许可制度

一是制定下发了《关于认真贯彻落实国务院〈安全生产许可证条例〉的通知》，安排部署了云南省煤矿安全生产许可证的颁证工作。

二是制定了《云南省煤矿实施〈煤矿企业安全生产许可证实施办法〉工作方案》，成立了煤矿安全生产许可证颁证办公室，设置了受理窗口。

三是组织相关人员深入基层进行调研，及时研究解决办证工作中存在的问题，努力推进煤矿安全生产许可证颁证工作。截止到2004年12月31日，在评价为B类及以上的1028处矿井（坑）中，430个煤矿企业和矿井已报省煤矿安全生产许可证发证办公室审查，598个煤矿企业和矿井正在开展自检自查，准备办证材料。年末，全省共颁发122个煤矿安全生产许可证。

五、抓专项整治，改善煤矿安全生产条件

一是在完成深化煤矿安全专项整治验收工作的基础上，制定了继续深化煤矿安全专项整治工作方案，并以省政府文件下发执行，明确了继续深化整治的目标和重点。

二是以政策为导向，提高煤矿企业安全保障能力。各办事处和昭通站认真贯彻国务院《决定》精神，督促煤炭管理部门和煤矿企业认真贯彻国家局、国家发改委、财政部［2004］119号文件，提取安全费用和维简费；督促煤矿企业建立安全风险抵押金制度。目前，富源、宣威、师宗、麒麟、石林、泸西等县、市、区已建立了安全风险抵押金制度。

三是推进矿井质量标准化，夯实安全基础工作。2004年，各办事处以及昭通站把8项煤矿安全基础工作列为监察工作的一项重要内容，以加强与地方政府及有关部门的协调，认真督促落实。各地煤矿生产矿井瓦斯等级鉴定、矿井生产能力核定、高瓦斯矿井装备监测监控系统、煤矿配备探放水设备、新增壁式工作面、国有煤矿矿井质量标准化、乡镇煤矿矿井通风质量标准化和矿井机电管理等8项基础工作都有了不同程度的推进。

四是实施安全设施“三同时”，严格安全产品检测检验。2004年，省局加大对煤矿建设项目的执法监察力度，严格煤矿建设项目安全设施“三同时”。同时充分利用产品检验中心积极开展井下电气设备防爆性能检测检验和煤矿甲烷测定仪的检定工作。对10个煤矿建设项目的安全预评价和18个煤矿建设项目的《安全专篇》设计进行了审查；对11个煤矿建设项目的安全设施进行了竣工验收；对5个州（市）、15个县（市、区）、796对矿井的14171台（件）电气设备进行了防爆性能检测；对12个州（市）、1217对矿井的4016台甲烷测定器进行了检定。

五是充分发挥新闻媒体的作用，实施舆论监督。在《云南日报》上分两批公告了通过省级验收合格的1555对矿井名单；通报了2004年1～8月份全省煤矿安全情况；组织《云南日报》、《云南经济日报》、《春城晚报》、《滇池晨报》等新闻单位，对师宗县煤炭局深化煤矿安全专项整治期间的典型经验进行了实地采访，并进行了集中宣传报道。

六、抓体系建设，三个体系建设取得新进展

一是安全教育培训体系基本建立。目前，省局除已建立的二级煤矿安全培训中心外，各地三级、四级煤矿安全培训中心也逐步建立，并加强了对培训机构的管理和指导，制定了煤矿安全培训档案管理制度，进一步规范了煤矿安全培训工作。2004年共组织了三期培训机构师资培训班，321名教师经培训取得了教师资格证；培训、复训矿长1119人；培训煤矿安全管理人员3147人；培训、复训特种作业人员17844人。

二是安全信息体系建设步伐加快。完成了云南煤矿安全监察局政府网站建设，并投入运行；制定了《云南煤矿安全监察局政府网站信息发布管理办法》；完成了《云南煤矿安全监察局政府信息化建设体系总体方案》、《云南省煤矿矿井安全监测监控系统建设策划方案》和《云南省煤矿安全生产信息建设总体方案》，拟定了办事处视频会议系统建设方案。

三是矿山应急救援体系建设开始起步。矿山应急救援中心工作机构，人员配置和资金问题正在抓紧进行。省局还召开了全省矿山应急救援专业会议，对全省煤矿救援工作进行了安排部署；制定了《云南省矿山救护队资质认证及等级评定管理办法》、《云南省军事化矿山救护中队资质标准及评定办法》等有关标准和办法，进一步规范救护装备、业务技术、队伍建设、人员培训等工作；对昭通市、富源县、宣威市、恩洪煤矿、圭山煤矿等10个矿山救护队的队伍建设和救援技术情况进行了检查指导。

七、抓队伍建设，不断提高执法水平

一是加强思想政治建设，提高队伍理论水平。省局党组召开了两次中心组理论学习扩大会议，围绕着如何以科学发展观为指导，推动煤矿安全监察执法工作的创新；如何推进依法行政，提高执法水平；以及如何增强党纪观念，切实加强党风廉政建设等，进行了认真的学习和研讨。机关各处室、各办事处采取集中学习与自学相结合的方法，用邓小平理论和“三个代表”重要思想武装监察人员的思想，提高安全监察人员的理论水平和思想政治素质，增强依法行政的意识。

二是加强业务建设，提高队伍素质。省局组织开展了以《安全生产法》、《行政许可法》、《安全生产许可证条例》等法律法规为主要内容的法规知识竞赛活动和煤矿安全监察优秀执法文书评比竞赛活动；组织23名办事处监察人员参加了国家局的监察实务培训；分别在3个办事处举办了全体监察人员参加的行政执法培训班；组织办事处全体监察员对《行政许可法》进行了学习培训。

三是加强组织建设，提高领导能力。省局制定了《云南煤矿安全监察局党组工作规则》、《云南煤矿安全监察局行政工作规则》、《云南煤矿安全监察局党组中心组理论学习制度》、《如强领导班子思想政治建设的实施意见》等工作制度；开展了党员民主评议和创先争优活动；完成了三个办事处、昭通站和安全培训中心等5个单位领导班子及14名班子成员的考核及后备干部的选拔工作，并根据考核情况调整充实了办事处和安全培训中心领导班子；省局领导和处室、部门主要负责人在全体职工大会上进行了述职述廉，首次打破处室、部门界线，在全体职工中采取无记名投票方式对副处级以上领导进行了年终考评。

四是加强党风廉政建设，树立良好执法形象。省局党组和局机关党委采取多种形式，组织监察人员深入学习了“三个代表”重要思想和胡锦涛总书记在中纪委三次全会上的重要讲话精神，大力弘扬求真务实精神，大兴求真务实之风；开展了理想信念和权力观的教育，以及党纪政纪教育、正面典型示范和反面典型警示教育，筑牢广大领导干部的思想道德防线；认真组织学习了《中国共产党党内监督条例（试行）》和《中国共产党纪律处分条例》。

在建立完善监督约束机制方面，层层分解责任目标，签订责任书，进行严格考核；制定了《云南煤矿安全监察局党风廉政建设联席会议制度》、《云南煤矿安全监察局干部谈话制度》，加强制度建设，强化内部监督；开展了四项专项清理，完成了处级以上领导干部在各类经济实体兼职情况的清理工作，对执行国家局6条纪律和云南省公务员8条禁令的情况进行了专项检查；继续实行“煤矿安全监察廉洁执法回执卡”、“办证（年检）廉政信息反馈表”、回访监察对象、聘请特邀廉政监督员、向监察对象发《征求意见函》等制度、办法，推行政务公开，加强社会监督；实行礼品礼金登记上交和拒收情况统计报告制度。通过开展一系列的活动，促进了全局党风廉政建设工作，较好地树立了煤矿安全监察队伍的形象。

由于2004年工作抓得早，抓得实，工作重点突出，措施比较得力，各办事处及机关各处室紧紧围绕2004年安全控制目标抓好阶段性工作措施的落实，煤矿安全效能、煤矿安全执法、煤矿事故查处、煤矿安全评价等较好地完成了国家局和省政府下达的煤矿安全控制指标，得到了国家局和省政府的好评和奖励。

2004年安全生产工作取得了一些成绩，但也存在一些问题：

一是宣传贯彻安全生产法律法规力度还不够，督促煤矿企业执行安全法律法规还存在一定差距。

二是煤矿安全监察方式、方法还有待进一步探索。2004年，我们在改进监察方法，强化行政执法方面做了一些工作，但是与国办发79号文件的要求还有一定差距。在监察执法中不同程度地存在着执法不严、查处不严的现象。

三是煤矿事故查处责任追究的跟踪监察还有待加强。2004年的事故牵头调查率为80.3%。有的事故委托地方政府调查处理，不按照程序依法进行调查，造成事故处罚不到位、对事故责任者的追究不严厉的现象，致使同类事故连续发生。对法律法规的掌握不够全面；在执法文书的制作、事故调查报告、法律条文的引用与书写方面还存在一定差距。有的事故调查中，事故单位的有关领导直接参与事故调查，直接干扰了对事故性质的认定，使事故调查处理难度增加。

四是监察质量和效果有待提高。由于抓监察覆盖率，加之监察业务量大，在一定程度上影响了监察质量。对隐患整改的跟踪监察还不到位。

五是与地方政府及有关部门的协调联系不够，在充分发挥地方煤矿安全监管机构的作用有待加强。

贵州省安全生产工作综述

2004年，贵州省各级政府、各有关部门、各生产经营单位在省委、省政府的领导下，认真贯彻落实《国务院关于进一步加强安全生产工作的决定》，结合贵州省安全生产工作的实际，在落实安全生产责任制实现控制目标、深化专项整治、建立健全安全生产监管机构、完善安全生产监管职能、加大安全投入力度、强化安全生产行政执法、规范执法依法行政、加强监管基层建设、建立长效机制、实施高危行业安全生产许可证制度、启动安全质量标准化工作、开展安全评估、实施分类指导、重点监管等方面做了大量工作，取得一定成效。

一、全省安全事故统计及控制指标完成情况

1. 全省安全事故统计

全省共发生各类事故5083起，死亡3229人，同比减少事故1569起，少死亡222人，事故起数和死亡人数分别下降23.58%和6.43%。其中：重大事故154起，死亡611人，同比减少重大事故18起，少死亡99人，事故起数和死亡人数分别下降10.47%和13.94%；特大事故14起，死亡209人，同比增加特大事故1起，多死亡9人，事故起数和死亡人数分别上升7.96%和4.50%。

2. 国家控制指标完成情况

全省工矿商贸、道路交通、消防火灾三类事故共死亡3083人，比控制指标少死亡203人，占全年控制指标的93.82%。其中：工矿商贸死亡1182人。比控制指标少死亡2人，占控制指标的

99.83%；煤矿死亡894人，比控制指标少死亡36人，占控制指标的96.13%。煤矿百万吨死亡率为9.07，比控制指标低2.43。

3. 省控目标完成情况

全省各类事故起数和死亡人数同比分别下降23.58%和6.43%。

以上情况说明，全省安全生产形势趋于好转，实现了国家控制指标和省政府提出的事故起数和死亡人数“双下降”的目标，呈现以下特点：一是道路交通和煤矿安全生产状况趋于好转，为实施国家“西电东送”战略打下基础；二是工矿商贸企业安全生产状况平稳，贵阳市、黔西南州、毕节地区、安顺市、黔东南州和黔南州事故起数和死亡人数同比达到双下降；三是部分地区和行业事故总量和重特大事故同比仍在上升，说明全省安全生产形势依然严峻。

二、2004年主要工作

1. 认真贯彻落实国家安全生产各项方针政策，全面推进全省安全生产工作

省政府于2004年2月23～27日、7月22～23日先后两次召开全省安全生产工作会议，贯彻落实全国安全生产工作会议和电视电话会议精神。省政府制定出台了《关于贯彻国务院关于进一步加强安全生产工作的决定的实施意见》（黔府发［2004］17号）和《关于进一步加强道路交通安全工作的意见》（黔府发［2004］12号）。2004年4月27日、9月23日、12月14日国务院安全生产电视电话会议结束后，省政府立即召开全省安全生产电视电话会议，对安全生产工作进行部署和落实。2004年4月28日、9月9日、11月10日、11月26日、12月5日，省委省政府分别在盘县、金沙县、黔西县、六盘水市和盘县银河煤矿召开煤矿安全生产工作现场会，省委、省政府领导到会并作重要讲话。省安委会多次召开全体成员单位会议和联络员会议，部署落实各行业安全生产工作。

各市（州、地）、省府各部门认真贯彻落实党中央、国务院和省委省政府关于安全生产的指示精神，把安全生产纳入社会、经济发展的总体要求里，做到同步规划、同步实施、同步发展地推进本地区、本部门的工作。

2. 明确任务，落实责任，脚踏实地，认真做好各项工作

在省委、省政府的领导下，省安委会、省安监局、贵州煤监局等职能部门做了以下具体工作：

第一，建立安全生产控制指标体系，全面落实安全生产责任制。根据国家关于建立安全生产控制指标体系的要求，省政府制定了2004年全省实现事故起数和死亡人数双下降的奋斗目标，省安委会制定下达了事故死亡人数，亿元GDP死亡率，工矿企业死亡人数、工矿企业10万职工死亡率、煤炭企业死亡人数、煤矿百万吨死亡率等项省内控制指标，并将指标分解下达各市（州、地）及各部门。

第二，省政府领导与9个市（州、地）政府（行署）和省有关部门负责人签定了安全生产工作责任书，并将控制指标作为工作责任书中一项重要内容进行考核。

第三，贵州煤监局制定《2004年度煤矿安全监察办事处目标管理考核办法》，并明确了煤矿安全监察目标管理考核兑现奖励的实施细则。

第四，省安委办、省安监局组织开展多次安全生产督查和检查，加大监督检查力度，提出整改对策措施。

第五，省安监局每月出一期《安全生产简报》和一期《安全生产工作动态》，通报安全生产工作信息，交流工作经验，指导各地、各部门的安全生产工作。

第六，认真组织开展安全生产大检查和安全生产专项督查。省安监局、省公安厅交警总队等部门领导全年平均有一半以上的工作日在基层组织安全检查、事故处理和工作调研。

第七，继续深化安全生产专项整治。在煤矿方面，严厉打击无证非法煤矿。2004年全省共关闭和炸封非法煤矿2800余处次。各煤矿安全监察办事处对煤矿采取覆盖监察和重点监察、定期监察和突击监察相结合方式，以“一通三防”为重点，检查煤矿是否合法，设备是否到位，设施是否可靠；检查煤矿执行瓦斯治理“十二字方针”的落实情况。在道路交通方面，严格按照全国预防道路交通事故电视电话会议提出的“五整顿”和“三加强”的要求，督促加快对危险路段和事故多发点段的改造；加强对客车客运单位、业主和驾驶员的教育管理；在2000余辆客运车辆上安装汽车行驶记录仪。在水上交通方面，加强基础设施建设和对船舶、码

头、渡口的安全检查；进一步明确库区水上安全管理责任制；查处超载船舶、非客运船载客和“三无”船舶。对非煤矿山、危险化学品和烟花爆竹等行业继续摸清底数，结合安全专项整治和安全评价以及安全许可证颁证工作，实施分类指导和监管，规范企业生产和经营的安全条件，落实隐患整改和灾害防治措施，增强防灾抗灾能力。

3. 认真贯彻落实《行政许可法》和《安全生产许可证条例》，稳步推进颁证工作

省安监局、贵州煤监局于2004年8月初设立行政许可办公室（设在局政策法规处），统一受理国家局公布的15种安全行政许可事项，制定煤矿、非煤矿山、烟花爆竹、危险化学品生产经营单位“安全生产许可证”的申办程序及安全评价中介机构行政许可资质申请认定程序，并在《贵州日报》上进行了公告。省国防科工办、省建设厅按照有关要求也制订了相关的实施办法和申办程序，推进实施民用爆破器材、建筑施工企业安全生产许可证的颁证工作。

4. 依法行政，严格执法，加大行政执法力度

(1) 道路交通方面。全年全省累计出动警力3.647万余人次，警车5100多辆次，共查处各类交通违法行为130.68万余起。其中：超速55873起，酒后驾车1837起，无证驾驶16065起，客车载客超员12365起，货车超载6541起。驾驶报废车拼装车3698起，驾驶无牌无证车1247起，货车、拖拉机载人7214起。客运车违法抄告740余辆次（停运34辆次），扣留驾驶证37693本，拘留1494人，对22名交通事故责任人进行了责任追究。

(2) 煤矿方面。全年共监察各类煤矿3153处次，覆盖率达98.53%。其中：国有重点煤矿为100%，地方国有煤矿为100%，乡镇煤矿为98.46%。查处事故隐患22120条，隐患整改率为94.62%。制作和下达各类执法文书12952条，其中：现场处理决定书3017份，调查取证笔录3970份，加强和改善煤矿安全生产监察建议书137份，行政处罚决定书1001份。

(3) 水上交通方面。检查船舶31510艘次，检查渡口5124处次，查获超载船舶617艘次，查获非客船载客1221艘次，强制解除船舶动力和“三无”船舶222艘。

(4) 消防安全方面。各级公安消防部门共组织373个检查组，检查人员密集场所6872个，查处火灾隐患8752起，督促整改7536处次，处罚单位115个，停产停业54家，工商部门吊销营业执照9家，取缔火险单位8个。

(5) 民爆物品方面。检查了96家涉爆单位，提出整改意见近600条，并规定了整改期限。

工作中按照“四不放过”原则，严肃查处各类生产安全事故。一是加强与各级监察、公安、工会、检察院的协调配合，对事故进行严肃查处。2004年全年共查处3人以上各类事故132起，结案率为85.71%；查处10人以上特大事故9起。对2004年发生的511起煤矿事故，已结案494起，结案率为96.67%。二是加大对瞒报事故的查处力度。2004年发生23起煤矿瞒报事故，已查处结案10起，另13起正在调查处理中。三是追究有关事故责任人，起到警示作用。对结案的33起煤矿重特大事故，已追究50人刑事责任，并给予政府和部门工作人员行政处分72人，党纪处分7人。四是对发生特大安全事故的地区实行问责制。如对发生煤矿特大事故的赫章县、金沙县、桐梓县政府进行问责。五是建立重特大事故通报制度，每月公布一次各地州市安全生产情况和安全控制指标完成情况。六是召开新闻发布会，向社会公布事故发生、调查情况和处理结果。

5. 进一步完善安全生产监督管理机构

贵州省安全生产监督管理局成立后与贵州煤矿安全监察局合署办公，同时加挂贵州省安全生产委员会办公室牌子。新机构从2004年6月11日正式挂牌运行以来，各项工作正常推进，先后制定下发了煤矿、非煤矿山、烟花爆竹、危险化学品生产企业安全生产许可证颁发管理方案，煤矿常见违法行为行政处罚参照标准，安全生产培训工作意见等；与省有关部门共同制定了深化煤矿、非煤矿山、危险化学品、烟花爆竹安全专项整治的实施方案，编制完成了贵州省煤矿安全生产“十一五”规划，贵州省矿山事故应急预案和贵州省危险化学品事故应急预案等。

到目前为止，全省9个市（州、地）和88个县（市、区、特区）全部成立了安全生产监督管理局，总编制1140人。部分地区还设立了乡镇安监站，有的县市还在乡镇设立了安委会。通过加强基层安监机构的建设，强化了安全工作源头监管工作，推进

了安全生产监管工作关口前移，重心下移。

6. 抓好安全文化宣传及教育培训工作

广泛深化、形式多样地开展“安全月”活动。省委宣传部、省安委会、省安监局等6个部门联合组建贵州省“全国安全生产月”活动指导小组，制定活动方案，举办安全知识讲座、安全知识竞赛、安全生产演讲比赛和事故救援演习；电信部门发送“安全生产月”知识信息；贵阳市、遵义市、六盘水市、凯里市等市县开展“百城百万人签名”活动，努力提高从业人员安全技术素质和全民安全意识，起到“以月促年”，保安全促生产的作用。

同时，认真抓好高危行业从业人员及特种作业人员的安全培训工作。到目前为止，省安监局已对590名安全监管人员，420名安全检查员，599名乡镇安全检查员进行了岗前培训；已举办煤矿矿长培训、复训班10期，1186人取得矿长安全资格证，953人复训取得矿长安全资格；举办非煤企业安全管理人员培训班6期，800余人考核合格；举办危险化学品企业负责人培训班5期，260人考试合格；对特种人员进行培训、考核，已发证27285人；注册安全工程师的报名、考试工作顺利进行，全省共有3076人参加考试，152人考试合格，取得国家注册安全工程师资质。

三、存在的主要问题

一年来，贵州省安全生产管理工作取得了一些成绩，为全省的经济发展，为“富民兴黔”战略作出了应有的贡献，但安全生产形势依然严峻，全省安全生产工作还存在很多薄弱环节和问题，其主要表现在以下几方面：

第一，从自然条件看，由于受自然地理条件限制和产业结构不合理的影响，贵州省安全生产基础条件比较薄弱，开展安全工作的局限性、危险性大，原材料生产或粗放型生产企业比重大，且多分布在崇山峻岭、开采和运输难度大，又点多面广，造成了安全生产工作形势相当严峻。

第二，由于历史的原因，贵州省生产企业大多数生产水平较低，技术装备和管理手段相对落后，安全保障能力相对较差。软件方面，一些企业安全生产制度不完善，管理不到位，从业人员素质较低，违章作业，违章指挥时有发生，特别是部分私营业主缺乏安全生产意识，不顾安全条件是否具备就盲目开工，造成事故多发。硬件方面表现在一些企业安全生产投入严重不足，欠账较多，安全设施设备陈旧，存在诸多隐患。

第三，从政府安全监管职能看，部分地区，特别是部分县、乡级领导不能正确处理安全生产和经济发展的关系。个别基层领导还与业主存在千丝万缕的利益关系，致使安全工作“严不起来，落实不下去”的问题比较突出。

第四，从事故查处看，对一些事故查处不严，责任追究不到位，对事故责任人存在处理失之于轻、失之于宽的现象。

第五，从安全监管自身看，由于安全生产监督管理机构成立不久，在人员、经费、装备、手段、工作经验等方面存在不足，至使还没有形成强有力的安全监管工作体系。

第六，从贵州省安全生产形势看，一些地区事故多发势头未得到有效遏制，部分地区安全生产基础薄弱的状况未得到明显改善，事故隐患依然存在，充分暴露安全生产管理、监督、监察等环节存在疏漏。

贵州省委，省政府、各有关职能部门和生产经营企业将在国家总局和省委、省政府的领导下，认真贯彻落实中央和国务院一系列方针政策，调动各方面的积极性，努力工作，扭转安全生产被动局面，促使全省安全生产工作上一个新的台阶。

西藏自治区安全生产工作综述

2004年，西藏自治区安全生产工作在自治区党委、政府的正确领导下，在国务院安全生产委员会的指导下，坚持以邓小平理论、“三个代表”重要思想和党的十六届四中全会精神为指导，以贯彻落实《国务院关于进一步加强安全生产工作的决定》（以下简称《决定》）为主线，从实际出发，强化指标监控，强化政府领导，加强专项治理，认真做好事故行政责任追究工作，积极开展安全生产宣传，全区安全生产形势明显好转，安全生产形势总体良好。

一、2004年安全生产基本情况

1. 指标完成情况

2004年，全区共发生各类安全生产事故1262起（不含3起水上交通事故），造成649人死亡。与2003年同期相比事故起数和死亡人数分别下降17.68%、4.28%，分别减少271起，少死亡29人。其中，发生一次死亡3～9人的重大事故46起，死亡178人，同比增加重大事故5起，多死亡16人；发生一次死亡10人以上的特大事故2起，同比持平。

全区安全生产控制指标完成情况较好，国家下达指标为674人，未超标。2004年，全区安全控制指标实际完成96.29%，与国家下达的安全控制指标相比减少3.71%，少死亡25人。

2. 安全生产形势的主要特点

一是连续几年的安全生产事故上升势头得到有效遏制。2004年事故总体与往年相比有所下降，但重、特大事故却有所上升。事故起数和死亡人数同比分别下降为14.42%和4.28%。安全生产形势有所好转，但一些潜在的问题仍旧存在，如重、特大事故比上年上升了12.2%。

二是全区安全控制指标完成情况较好，但地区完成情况分布不均衡。从分地区完成情况来看，日喀则、那曲、阿里地区和西藏驻格尔木交警支队管辖的青藏公路唐北段安全形势不容乐观。安全控制指标分别超标为11%、9%、69%、14%。其余地区情况较好，林芝地区为-13.64%；昌都地区完成情况最好为-22.22%。

三是火灾事故起数、死亡人数大幅下降，工矿事故有所上升。2004年火灾事故同比下降44起、减少死亡7人，下降43.75%。工矿商贸事故死亡45人。其中矿山事故死亡17人，建筑施工事故死亡26人，其他事故死亡2人。

二、2004年主要工作

1. 全面落实《决定》精神，明确安全生产责任制

从西藏自治区实际出发，制定了《西藏自治区人民政府贯彻国务院关于进一步加强安全生产工作决定的实施意见》（以下简称《实施意见》），即从四个方面对安全生产工作提出了具体要求。主要实行“三项制度”：一是实行“一岗双责”制度。各级政府领导要不仅对分管业务和职能部门负责，而且要对分管业务范围内的安全生产工作负责。二是实行行政领导干部履行安全生产职责考核制度，明确行政一把手是本地区安全生产第一责任人，对安全生产负有重大责任；分管领导对安全生产负有主要责任；部门领导（企业领导）对安全生产负有直接责任。对辖区一年内发生一次死亡10人以上的特大事故、一个季度内连续发生3起重大事故（死亡3～9人），地（市）行政一把手要向自治区人民政府写出书面报告。三是实行安全生产奖励制度。四是与各地区签订《预防道路交通安全责任书》。

2. 建立、健全安全生产工作领导机构和工作制度，落实控制指标的分解

根据自治区安委会的工作部署，充实和调整了安委会成员单位，由原来的32个单位增加到37个。同时，拟增加7个。制定了安委会的工作规则和安委会联络员工作制度。按照国家局给我区下达的控制指标，根据我区各地（市）不同情况，对控制指标进行了分解，做到层层落实，层层负责。

3. 突出重点，制定相关规定和办法

一是为了做好安全生产工作，调动各地（市）、部门和企业对安全生产工作积极性与责任感，根据《实施意见》，制定了《西藏自治区安全生产控制指标奖惩办法》（送审稿）。二是建立预警机制和通报制度。对安全生产指标和重大事故控制不力的，发出预警信号，对严重超指标和事故频发的，在全区通报。三是为了明确工作职责，做到上情下达、下情上达，制定了《西藏自治区安委会联络员工作制度》。四是结合我区预防道路交通整治工作，制定了《关于做好当前预防道路交通事故工作意见的通知》，以西藏自治区人民政府办公厅文件（藏政办发［2004］73号）下发。五是根据自治区人民政府办公厅的部署，初步编制了《西藏自治区安全生产特大事故应急救援预案》。六是结合我区实际，制定了《企业安全生产风险抵押金收缴管理办法》（送审稿）。七是与自治区财政厅、发改委联合下发了《关于我区煤矿企业提取生产安全费用及维简费的意见》。八是为了加强烟花爆竹管理制定了《烟花爆竹销售单位监督管理暂行规定》等文件。

4. 制定方案，开展各项安全生产专项整治

根据我区实际情况，与有关部门先后制定出台了一系列安全生产专项实施方案，对非煤矿山、危险化学品、烟花爆竹经营单位开展了专项整治。通过专项整治取缔10家采石场，下整改通知书20份，停产整顿5家；对20多家非煤矿山企业，提出整改意见20余条；对30多家危险化学品经营单位提出整改意见；对7家烟花爆竹经营单位及仓库和5家民爆器材仓库，分别提出整改意见10条和5条。

5. 组织开展全区安全生产大检查，有效防范事故隐患

一是按照国务院安委会的总体部署，在全区范围内开展了危险化学品安全管理大检查。遵照“五个整顿、两个关闭”的要求，对全区液化气站、加油站、烟花爆竹经营点、民爆仓库等经营企业和生产企业以及医院、学校进行全面检查。通过检查，提出整改意见25家，处罚5家，关闭3家。二是在节假日期间，配合有关部门开展对道路交通运输专项检查。三是参与了气象、质检、旅游、环保等部门组织开展的专项大检查。四是开展年末安全生产大检查。根据自治区安委会的总体部署，组成四个工作组对部分地区和企业安全生产进行检查和抽查。

6. 组织开展安全生产宣传活动，积极普及安全常识

一是根据全国“安全生产月”活动领导小组的部署，与自治区有关部门组织，2004年6月份在拉萨开展“安全生产月”活动。在此期间，进行了“安全生产万人签名”、“安全生产咨询”、“安全生产宣传图画展”等活动。出动宣传车6台，发送各种宣传资料12000余份，展出宣传展板60余块，悬挂各种宣传横幅、串旗100余条。营造了一种“关爱生命、关注安全”的社会氛围。二是组织开展安全生产知识竞赛活动，在《西藏日报》登出试题100道，约3000多干部、职工、工人、学生参加了竞赛，100人获个人奖，一个地区和部门获组织奖。三是开展“安全生产万里行”活动，组织有关部门赴各地进行安全生产宣传和检查。

7. 狠抓安全生产教育培训，提高安全生产意识

为了提高我区生产企业管理人员和从业人员的安全生产知识和意识，结合我区实际，采取“请进来、走出去”的方式，组织开展培训。一是聘请内地教授和专家对我区非煤矿山企业、危化企业、特种作业人员和管理人员进行培训。约有1000多人参加了培训，98%的培训人员获得资格证书；二是为了进一步提高安监人员自身素质和工作水平，选派我区部分安全生产监管部门人员到内地参加国家安全生产监察员执法资格培训，并获得执法资格。三是为了工作需要，选派部分人员到内地参加“安全评价资格”培训。四是在日喀则地区组织开展了全区首期安全生产监察员执法资格培训班。

8. 积极开展企业安全评价和评估工作

一是为了认真执行《安全生产许可证条例》，组织中介机构，聘请专家对我区部分地区非煤矿山企业和危险化学品企业进行安全评价，截止2004年底已有94家企业进行了前期评价。二是开展安全生产评估工作。按照国家局的安排，督促指导各地（市）安监局、区石油公司、非煤矿山企业、危险化学品生产储存企业安全生产评估。截止2004年底非煤矿山安全评估完成70%，危险化学品企业安全评估完成90%，基本达到了预定目标。

9. 认真做好内地安全生产监管系统对口援藏前期工作

2004年7月23日自治区安监局正式对外挂牌。国家安全生产监督管理局副局长孙华山一行来藏祝贺，并考察和指导我区安全生产工作。在此期间，与自治区党委、政府领导座谈中，自治区领导正式向国家局孙华山副局长提出对口援藏的请求。为了落实自治区领导的指示，我局立即开展此项工作。根据我区安全生产监管工作起步晚、底子薄、人员少等实际情况，向自治区人民政府报送了《关于将西藏自治区安全生产监管系统纳入对口援藏范围的请示》，请求在财力、物力、人力等方面对口支援西藏。

10. 加强局机关党政廉洁建设

一是加强基层党组织建设。结合局机关党员多的特点，在局领导班子还没有健全的情况下，成立临时党支部。二是制定了学习制度。规定每周星期五下午为全体党员干部学习时间。重点学习时事政治、自治区重要会议精神和业务知识。三是建立局机关规章制度。主要有考勤制度、请假制度、工作制度等，做到有章可循，秉公办事，依法行政。

三、存在的问题

西藏自治区安全生产监督管理局2004年7月23日正式组建挂牌，为区政府直属副厅级机构。初建伊始，主要存在以下问题：

一是全区安全生产监管机构相继组建，但机构尚未理顺，人员尚未到位。全区共有7个地（市），73个行政县。截止2004年底，全区7个地（市）先后组建安全生产监管机构，三定方案确定，但人员尚未全部到位。73个行政县安监局约85%尚未建立，县安监局不是县政府直属部门，其隶属于县政府办公室管理的副区级机构。

二是人员少、办公条件差。自治区安全生产监督管理局行政事业编制24人，其中事业编制6个，行政编制只有18人，地（市）安全生产监管机构平均编制为8人，县级安全生产监管机构编制为1～2人。截止目前，全区三级安监机构没有自己的办公地点、职工宿舍。自治区安监局租用商务厅办公楼一层楼，职工在外租房，地（市）安监局租用地（市）国资委办公楼，县安监局与县政府办公室一起办公。

三是公务经费少，装备差。自治区安监局组建伊始只有14万元的开办费，截至目前只解决了一辆猎豹越野车，由于公务经费严重紧缺，许多正常的公差不能参加，从而加深了与外界隔阂，减少了与内地兄弟省、市安监系统的沟通，加大了与内地的差距。地（市）、县安监局基本没有电脑、车辆等最基本的工作装备。

四是队伍建设严重滞后。截止目前，全区73个县安监局90%的人员没有参加安全生产监察员执法资格的培训，对安全生产工作生疏不了解，更不知道如何执法、怎样执法；地（市）安监局约50%的人员也尚未参加培训，安全生产行政执法十分薄弱。自治区安监局由于人员少，行政执法和对基层工作的指导也十分有限。

陕西省安全生产工作综述

2004年，陕西省各市（区）各部门、各单位在省委、省政府的正确领导下，坚持以人为本和“安全第一，预防为主”的方针，以贯彻落实国务院《关于进一步加强安全生产工作的决定》、实施《安全生产许可证条例》为主线，完善安全生产责任制，强化企业主体责任，深入开展安全专项整治，加大安全生产检查，消除整改事故隐患，全省安全生产形势总体相对稳定。

据统计，2004年，陕西省共发生各类伤亡事故21220起，比2003年增加1380起，上升6.96%；死亡3942人，比上年增加448人，上升12.82%。除非煤工矿企业、铁路路外、农机、水上交通、民航外，煤矿企业、道路交通、消防火灾三个行业事故起数和死亡人数有不同程度的上升，有的增幅还比较大。剔除统计口径的变化以及非生产事故的因素，各类事故起数和死亡人数，总体与2003年持平，共发生重大事故65起，死亡257人；发生特大事故6起，死亡255人。“11·27”四川巴中客车在西安市周至县境内翻车，造成26人死亡。“11·28”铜川矿务局陈家山煤矿发生瓦斯爆炸，造成166人死亡。这两起事故在国内外造成严重影响，使陕西省2004年1～10月份稳定好转的安全生产形势发生逆转，突破了国务院安委会下达的事故总死亡人数、工矿企业死亡人数、煤矿企业死亡人数、煤炭百万吨死亡率控制指标底线。

省委、省政府高度重视安全生产，采取了一系列措施加强安全生产工作。省委常委会议对安全生产工作进行了专题研究，省委十届四次、五次、六次全会分别对安全生产工作提出了明确的要求。省政府常务会议两次听取安全生产工作汇报，作出了《陕西省人民政府关于进一步加强安全生产工作的决定》。省政府、省安委会先后召开13次安全生产会议和电视电话会议，安排部署2004年阶段性安全生产工作，组织开展了6次全省性的安全生产督查检查，排查整改了一大批重大事故隐患。面对冬季重特大事故连续发生的严峻局面，省委办公厅、省政府办公厅连续下发了《关于切实做好今冬明春安全生产工作的通知》（陕办字［2004］80号）和

《关于进一步加强冬季安全生产工作坚决遏制重特大事故的紧急通知》（陕办字［2004］81号），采取断然措施对高瓦斯煤矿、非煤矿山、危险化学品、道路交通、民爆和烟花爆竹、人员密集场所消防等高危行业和领域实施全部停产整顿或排查整改，使重特大生产安全事故得到了初步遏制。

一、做好安全生产专项整治工作，消除事故隐患

煤矿、道路交通、危险化学品是事故高发的3个重点行业，极易发生群死群伤的重特大恶性事故。一年来，在抓好非煤矿山、消防、民爆物品和烟花爆竹专项整治的同时，特别突出了对上述3个重点行业及相关重点地区、企业的治理。

（1）煤矿方面。突出对渭北高瓦斯矿井“一通三防”的整治，加大国有煤矿安全技术改造工作力度，投入国债补助资金2.1亿元，改造项目完成16处，安装瓦斯监测系统48处。依法取缔和关闭非法开采及不具备基本安全生产条件的煤矿。白水县2004年10月炸毁了该县桥东矿、南桥一矿、南桥二矿、建安矿4处非法产煤矿井，拘捕了非法矿主，做到“三不留一闭毁”，消除了重大事故隐患。

（2）道路交通方面。深入开展了以降事故、保安全为主要内容的预防道路交通事故专项整治活动。对人、车、路、环境进行综合治理，交通部门加大了事故多发路桥的改造，公安交警加强了道路巡查。“11·27”特大事故后，交警、交通部门严厉查处公路客运中的违法行为，在恶劣气候条件下强制实施交通管制，有效控制了事故的发生。安康石泉汉江大桥、汉中西乡太白洞大桥、210国道西万路黑沟桥等一批事故多发路段经治理后，事故发生率同比大幅下降。210国道安康宁陕境内27km山区路段已成为事故多发整治工作样板。

（3）危险化学品方面。对全省危险化学品生产、经营、运输、储存、使用单位的事故隐患进行整改和监控。发放危化品经营许可证1630个，占应发总数的38.8%。化工企业积极引进新技术、新工艺、不断提高安全生产技术装备水平。陕西华山化工集团公司、中石化西安化工厂引入了DCS计算机控制技术，优化了生产工艺流程，提高了工效和安全技术水平。陕西渭河煤化工公司推进了职业安全健康管理认证，实行企业全员、全过程的安全管理控制体系。

二、加强安全生产督查检查力度，杜绝重大事故的发生

2004年7月，省安委会组织5个安全生产督查工作组，分别由厅局级领导带队，赴各市（区）、县，集中开展煤矿、非煤矿山、道路交通、人员密集场所消防等行业和领域安全生产督查检查。副省长巩德顺参加了西安、渭南两市危险化学品企业安全检查。各督查组督促各市（区）政府、有关部门和单位重点解决全省城市公共消防设施、消除装备投入不足的问题；国道、省道事故多发点段集中治理问题；军工、石化企业危险源外部安全距离问题；煤矿企业越界越层开采、偷挖保安煤柱及非法开采问题；道路交通运输中超重、超限和非法载客问题；非煤矿山尾矿库安全度汛问题。经过督查检查，促进了各市、县（区）及企业安全生产责任制的落实，整改了一批重大事故隐患，预防和减少了重特大事故的发生，扭转了上半年事故多发的被动局面。7月份全省各类生产安全事故起数同比减少291起，下降了27%，死亡人数同比减少36人，下降了1.9%。

2004年11月20日，省委、省政府部署了在全省范围内开展为期2个月的冬季安全生产大检查。“11·28”矿难发生后，省委、省政府立即采取断然措施，派出9个行业检查组和5个综合督查组，由厅局级领导带队，分赴各市（区）、各行业和各企业进行安全督查检查。督查检查重点是煤矿瓦斯治理，公路客运超载，危险化学品、烟花爆竹安全监管，车站、机场及大型购物娱乐场所消防安全。要求全省煤矿企业特别是韩城、铜川、蒲白、澄合矿务局等渭北高瓦斯矿区和其他高瓦斯煤矿，从11月29日起全部停产整顿，切实解决煤矿通风、防瓦斯、防煤尘、防火等方面存在的突出问题，不达安全生产标准，不允许开工生产。省安委办根据督查组反映，12月1日致函咸阳市政府，要求对咸阳秦虹制气厂渭河改造工程存在的事故隐患，立即实施停产整治，隐患消除后，方可恢复生产。12月7日，省安全监管局对迟报的两起重大交通事故情况进行了通报。重申了生产安全事故快报制度，明确要求，若发生迟报、瞒报事故现象，第一次迟报，市（区）安全监管局主要负责人到省局说明原因；第二次迟报，进行全省通报批评，并取消该市（区）局当年评优资格；第三次迟报，市

（区）安全监管局主要负责人必须向省局和市政府写出书面检查。

各市（区）在冬季安全生产大检查中，加大了事故隐患整治力度。渭南市对高瓦斯煤矿进行全面排查，查出事故隐患409处，停产整改矿井9处，炸毁非法小煤窑4处。商洛市检查农用车7377台，查处黑车1712辆，强行拆除报废1174台；收缴私藏炸药1328公斤，雷管1840枚，导火索1992米，硝铵35公斤。延安市投入资金100万元，对事故多发路段进行整改，修建了防撞墩、防撞土墙、减速带，设置了警示标志；对超员客运车辆按高限处罚，对发生重大责任事故的运输企业责令停产整顿。经过督查检查，全省重特大生产安全事故得到有效遏制，确保了节假日及重要会议期间的安全与稳定。

三、加强安全生产法规建设，加大行政执法力度

2004年5月28日，省人民政府颁布《关于进一步加强安全生产工作的决定》（陕政发［2004］22号）。《决定》阐述了安全生产工作在全面建设小康社会、统筹经济社会全面发展、实施可持续发展战略、政府履行社会管理和市场监管职能以及企业生存发展等方面的重要地位和作用，分别提出了到2007年和2010年安全生产工作的奋斗目标。规定了高危行业企业必须实行安全生产许可制度、提取安全费用制度、建立风险抵押金制度、工伤保险制度。在提高企业市场准入、加强产业政策引导、建立完善应急救援体系、安全生产控制指标体系、安全专项整治、安全监管机构和队伍建设、中小企业安全监管、事故查处和责任追究、政府加大对安全生产投入、落实政府安全责任制、推动安全生产基础管理科技成果转化和加大安全生产宣传教育等方面都作了明确规定。《决定》结合陕西实际有所突破和创新，主要表现在：一是确立安全生产是衡量各级政府执政能力的重要标志。把安全生产工作与经济发展和社会稳定工作同时安排、同时部署、同时考核，作为各级领导干部年度考核的重要内容，进一步落实了各级政府领导的责任。二是明确提出加强安全生产监管机构和队伍建设，建立安全生产保障制度，加大行政执法力度。三是夯实了企业主体责任，明确了高危行业企业提取安全生产费用具体标准和建立风险抵押金制度的原则，实行安全生产许可证制度。四是明确在生产安全事故查处和责任追究中，实行“关口前移”和引咎辞职制度、一票否决制度。

四、实施安全生产许可制度，培育发展安全中介机构

国务院在严格控制和取消行政审批的同时，出台实施了《安全生产许可证条例》，严把高危企业市场准入关，目的是淘汰和关闭一批达不到安全条件的生产企业，从源头上制止不具备安全生产条件的企业进入市场。根据国务院《条例》和国家安监局等部委的要求，陕西煤监局、省安全监管局、建设厅、国防科工委分别制定了安全生产许可证颁发管理的有关规定，明确了省内企业安全生产许可证申请、发放、管理程序，突出强调严把发证审批关，符合安全生产条件的，按程序发证，部分不符合的限期整改，达到标准后再发证。对既不符合条件又无法整改的，坚决不能发证。

为强化社会中介机构在安全生产监管中的作用，适应安全生产许可证颁发的需要，省安全监管局制定了《陕西省安全生产评价机构管理办法》，培训注册安全评价人员260人，认定了22家安评中介机构临时资质；组织全省1718人参加了全国注册安全工程师执业资格考试，188人考试合格，为中介机构的发展壮大储备了人才。

五、开展重大危险源普查登记工作，加快应急救援体系建设

重大危险源以及重大事故隐患是未发生的事故。省安委会在全省部署开展了重大危险源普查登记工作，各市（区）、各部门对本地区和本行业重大危险源的数量、状况和分布情况进行了逐企业、逐单位的调查，初步建立重大危险源数据库和定期报告制度，下一步还要建立省、市、县三级重大危险源监控信息管理网络系统，实现动态监控，有效管理。

结合重大危险源普查登记，全省上下加快了应急救援体系的建设步伐。按照“依托现有，整合资源，布局合理，功能实用，统筹规划，建立体系”的原则，省公安、交通、煤炭、国防工业、农机、石化等行业都制定了生产安全事故应急救援预案，大部分市（区）预案制定工作已经完成。省级生产安全应急救援体系建设方案和应急救援指挥协调机制暂行办法已编制完成。陕西煤监局建立了陕西省矿山安全应急救援指挥中心，省公安厅分别建立了道路交通安全和消防安全应急救援指挥部。西安市举行了危险化学品（液氯泄漏）重特大事故应急救援演练；汉中市安监局依托陕西汉江药业股份有限公司组建的危化品抢险救援分队，在百事特公司危化品泄漏事故中发挥了快速反应、运转协调、抢险高效的作用。

六、加强宣传教育和培训，强化基层基础工作

安全生产宣传教育和培训是贯彻“安全第一，预防为主”方针的基础工作。2004年6月，省委宣传部、省安全监管局、省广电局、省总工会、团省委联合开展了“安全生产月”活动。活动集中宣传了安全生产法律法规，宣传了先进经验，批评曝光因忽视安全生产而发生重特大事故的企业。以“以人为本，安全第一”为主题，开展了安全生产咨询日、交通安全“三秦行”和安全法律知识宣讲活动。巩德顺副省长在《陕西日报》发表了《以人为本，安全第一，促进我省安全生产形势进一步稳定好转》的署名文章；部分省安委会成员单位负责同志参加了省暨西安市咨询日和万人签名活动。由公安、交通、安监部门和新闻单位组织的“交通安全三秦行”采访团深入各地宣传《道路交通安全法》；西安、安康、榆林市组织市级班子成员学习安全生产法律知识。“安全生产月”活动推动了安全文化建设，加强了全民安全意识，也营造了“关注安全、关爱生命”的社会氛围。

安全教育培训工作重点抓了各级政府领导及企业从业人员的培训。宝鸡、渭南、咸阳、榆林、汉中、西安市分管副市长及户县、凤县、潼关、三原、神木、城固县分管副县长参加了由国家安全生产监管局举办的市县长培训班；各市县区普遍开展了生产经营单位负责人、安全管理人员和特种作业人员、从业人员的安全培训。

七、查处与追究重特大事故责任

2004年，全省共发生重特大事故71起，按照事故分类处理原则，截止到12月31日，省、市政府及有关部门办结事故66起。其中：发生一次死亡3～9人重大事故65起，结案62起；发生一次死亡10～29人特大事故5起，结案4起；发生一次死亡30人以上特别重大事故1起，由国务院调查处理。重特大生产安全事故有关责任人分别给予党纪处分和行政责任追究。

八、加快安全监管体制和队伍建设

继2004年6月省级安全生产监督管理机构调整，加强了领导、强化了职能之后，各市、县（区）安全监管机构建设也取得了较快进展。2004年12月31日前，市级机关机构改革已开展，多数安全生产监督管理部门已组建到位，成为市（区）政府主管安全生产综合监督管理的直属机构，强化了工作职责，加强了队伍建设。商洛市率先在市县两级组建了安全生产执法监察支队和大队；榆林市榆阳区在24个乡镇、7个街道办事处设立了安全生产监督管理办公室，配备了专职人员。延安市不断探索新形势下安全大检查的工作机制，实现了大检查由各级领导向专业技术人员的转变，由大规模向分行业分小组转变，由临时性突击性向日常有计划转变，由注重查事故隐患向治理隐患与健全安全制度相结合转变。

陕西省煤矿安全生产工作综述

2004年，广大煤矿安全监察人员认真贯彻落实党中央、国务院和国家局、省委、省政府关于煤矿安全生产工作的一系列重要指示和工作部署，以《国务院关于进一步加强安全生产工作的决定》统领全局各项工作，强化煤矿安全监察，注重队伍建设，监察工作取得了新的进展，确保了“双节”、“两会”期间和“五一”、“十一”黄金周期间的安全生产。

2004年是不平常的一年。全省煤炭产量达到13010万吨，同比增加1371万吨，创历史新高。发生各类事故99起，死亡299人，同比事故起数减少14起，死亡人数增加146人，百万吨死亡率2.298，同比上升74.75%。其中：国有重点煤矿发生事故23起，死亡211人，同比事故起数持平，死亡人数增加170人，百万吨死亡率3.331，同比上升97.91%；地方国有煤矿发生事故14起，死亡17人，同比事故起数减少4起，死亡人数减少2人，百万吨死亡率1.103，同比下降26.3%；乡镇煤矿发生事故62起，死亡71人，同比事故起数减少10起，死亡人数减少22人，百万吨死亡率1.383，同比下降36.88%。3人以上重大事故2起，死亡189人，同比事故起数减少4起，死亡人数上升152人。特别是铜川矿务局陈家山煤矿“11·28”特大瓦斯爆炸事故，死亡166人，也创我省历史最高。

一、逐级明确责任，认真分解安全生产控制指标

完善了控制指标体系，制定了《2004年度安全目标考核奖罚办法》，局长与各办事处、机关各处室的负责同志签订了安全目标考核责任书，把工作目标层层分解落实到每一个监察人员。虽然全省考核指标没有完成，但榆林、咸阳、渭南办事处完成了控制指标。同时，对应承担责任的局领导、处长、主任及有关监察人员进行了经济处罚。

二、突出重点，强化监察力度

按照年初确定的工作思路，组织全省性的监察活动12次，平均每月1次。一是对铜川和韩城矿区的高瓦斯和突出矿井多次进行专项监察，重点监察了“一通三防”措施，消除了一大批事故隐患。二是突出了对C、D类矿井的监察，监察覆盖率达到100%。三是对煤矿建设项目实施了重点专项监察，下达了责令停止施工的现场处理决定书。四是对一些重大隐患实行了跟踪监察。五是加大了对机电、运输、顶板事故的监察力度，减少了事故的发生。六是加大了雨季矿井防治水的监察力度，避免了淹井事故的发生。七是针对国有重点煤矿产量大幅增长的实际，对铜川、韩城局生产准备安排及瓦斯治理方案进行了专项监察。八是突击暗查，打击了非法开采和死灰复燃。九是认真开展煤矿重大危险源普查登记和监控管理工作，国有煤矿重大危险源建档工作已完成。十是完善了乡镇煤矿评估等级台账。

省局及办事处累计监察3026矿次，人均监察矿井25个，全省923处矿井无一漏检，监察覆盖率100%；查出安全隐患31394条，报告期内应整改隐患28629条，实际整改27141条，整改率为94.8%；制作各类执法文书7435份，其中现场检查笔录2907份，下达现场处理决定书2705份，下达行政处罚决定书238份，送达加强和改善安全管理建议书113份。依法查处各类事故99起，事故全部立案，立案率100%；达到结案的96起，实际结案96起，结案率100%。

三、认真学习宣传《安全生产许可证条例》，积极开展颁证工作

一是成立了《行政许可法》和《安全生产许可证条例》实施领导小组，举办了《行政许可法》和煤矿安全生产许可证学习培训班。

二是成立了“煤矿安全生产许可证”发放领导小组和办公室，具体负责全省的申领发放工作。

三是制定了《陕西省煤矿安全生产许可证实施办法》，召开了研讨会，对发放的原则、条件、时间等进行了规定，确定了颁证的工作步骤。

四是审批临时安全评价机构。认真进行了临时安全评价人员的培训、考核和临时评价机构的现场评审及发证工作。

四、抓“双基”，着力构建技术支撑体系

一是借鉴“七煤集团”的先进经验，推动企业开展安全质量标准化活动。各煤炭企业尤其是各国有重点煤矿充分利用经济效益好转的有利时机，加大投入力度，普遍开展了安全质量标准化活动，进一步夯实了煤矿安全的基础。

二是认真贯彻全国瓦斯治理现场会精神，坚持对国有煤矿高突矿井瓦斯超限情况实行每日调度，并在每周调度例会上汇报。有超限情况时，省局分管领导及处室立即下矿落实处理。为提高信息传输的速度和准确性，积极实施高突矿井瓦斯实时监测信息网络传输系统。韩城局对全局5套瓦斯监测系统进行了升级换代，铜川局也对全局3对重点矿井安全监测系统进行了改造，实现了局内实时数据传输。

三是筹建了陕西煤矿安全装备检测检验中心。制定了《陕西省煤矿矿用安全产品检测检验办法》。

四是建立煤矿安全生产应急救援体系取得进展。与省安监局联合向省政府报告了设立全省煤矿应急救援体系的设想，省政府已要求有关部门尽快提出解决意见。协助国家局在铜川、韩城局中心医院分别加挂了国家矿山应急救援医疗分中心的牌子。按照省政府的要求，编制了煤矿应急预案，正在建设具有快速反应能力的专业化救援队伍。五是完成了全省煤矿安全生产“十一五”发展规划编制工作。

年初召开了全省煤矿安全培训工作会议，对各类人员的教育培训工作实行教考分离，初步建立了试题库。各办事处把监督培训、组织考试、阅卷当作一项重要工作来抓，保证了培训工作有计划、有步骤地进行，做到从业人员持证上岗。全年共培训各类人员6341人，其中特种作业人员4366人，矿长457人，管理人员1518人。

五、强化煤矿安全培训工作，不断提高从业人员素质

一是狠抓制度建设。各办事处都建立了《重大危险源排查制度》和《主办监察员》制度，完善了业绩考核责任制等多项规章制度，提高了工作质量和效率。

二是狠抓党风廉政建设。召开了纪检监察工作会议，落实廉政责任制。局长与各处室及办事处签订了《党风廉政责任书》。制定了《2004年度反腐败抓源头工作实施意见》和《陕西煤矿安全监察人员行为规范》。积极配合地方检察机关，查办了两起违纪案件。与省监察厅、省安监局联合组成检查组，深入有关市县和煤炭企业，认真落实煤矿事故责任人的处分决定，提高了执法的权威性。

三是加强党纪教育，组织观看警示教育录像，组织在职党员干部学习两个《条例》测试活动。

四是录用了5名公务员。

五是召开了纪念建党83周年庆祝表彰大会，举办了乒乓球友谊赛和迎国庆55周年歌咏比赛。

六是开展了机关工作作风整顿，有针对性地进行了整改，进一步提高了工作效率。

七是4个办事处的基地建设工作进展顺利，都将竣工验收。

六、存在的问题

一是虽然地方国有和乡镇煤矿事故起数和死亡人数都较大上年有较大下降，但国有重点煤矿重特大事故没有得到有效遏制，没有完成国家局下达的控制指标。

二是顶板事故居高不下、瓦斯事故大幅上升。全年顶板事故60起，死亡68人，分别占事故总起数和死亡总人数的60.6%和22.7%；瓦斯事故5起，死亡194人，分别占事故总起数和死亡总人数的5.05%和64.88%，顶板和瓦斯事故两项合计，分别占事故总起数的65.6%和死亡总人数的87.6%。

三是受利益驱使，煤矿普遍存在不顾安全条件，超能力生产、设备带病运转、违章指挥和违章作业等现象。一些市、县不同程度地存在着非法生产现象。新井建设、老矿改造不能做到“三同时”。

四是工作中还存在着较多的不适应。思想观念不能适应形势任务的需要，思路不够开阔，方法手段比较单一；工作前瞻性不够，大量精力用在突击检查、抢险救灾和事后查处上，源头管理、过程控制两个关键环节仍然比较薄弱。

甘肃省安全生产工作综述

2004年，在甘肃省政府的领导下，全省各地各部门和各单位认真贯彻国家安全生产方针政策，坚持“安全第一，预防为主”的方针，按照国务院和省政府关于加强安全生产工作的总体部署，认真落实各级安全生产责任制，深入开展安全生产专项治理整顿，加强事故隐患整改，严肃查处事故，不断加大依法行政和宣传教育力度，各类生产安全事故明显减少。通过全省上下各方面的共同努力，全省安全生产形势基本保持稳定，形势趋于好转。

一、安全生产基本情况

2004年，全省共发生各类事故9877起，死亡2455人，受伤5754人，经济损失6444.15万元，与2003年相比，事故起数、死亡人数、受伤人数、经济损失分别下降13.52%，7.71%，8.11%，12.42%，这是历年来4项指标全面下降、形势最好的一年。

2004年，全省共发生死亡3人以上各类重特大事故68起，死亡293人，与2003年相比，减少重特大事故9起，少死亡28人，事故起数和死亡人数分别下降11.69%和8.72%。

从2004年伤亡事故统计分析看，全省安全生产形势有四个方面的特点：一是全省各类伤亡事故4项指标全面下降，是历史情况最好的一年；二是重特大事故起数减少；三是一些重点行业和领域安全状况好转，除煤矿外，道路交通、消防、非煤工矿企业、农机、铁路路外事故与2003年相比有较大幅度下降；四是大部分市州安全生产状况明显好转。

二、2004年的主要工作

1.周密部署，狠抓各项工作的落实

根据国务院对安全生产工作的安排部署和国家安全生产监督管理局关于2004年全国安全生产工作要点，结合我省实际，及时提出了全省安全生产工作总体思路："认真贯彻党的十六大和十六届三中全会精神，全面落实《国务院关于进一步加强安全生产工作的决定》（以下简称《决定》）和《安全生产许可证条例》，坚持"安全第一，预防为主"的基本方针，立足防范，强化监管，围绕形成长效机制，全面落实安全生产责任，继续推进体制、法制和执法队伍"三项建设"，着力遏制重特大事故的发生，努力实现全省安全生产状况的进一步好转。具体目标是，全省工矿企业事故死亡人数比上年降低2.5%；重点行业和领域安全状况继续好转；重特大事故有所减少。"按照这个总体思路，确定了2004年全省安全生产工作重点，概括起来，就是：围绕一条主线，落实两个文件，加强三项建设，深化七个整治，突出八项工作，确保全年责任目标的实现。

围绕一条主线，就是围绕贯彻落实《安全生产法》这条主线，监督指导企业全面落实《安全生产法》关于生产经营单位安全保障的各项制度，建立健全和严格实行安全生产责任制，推动企业加大安全投入，依靠科技进步提升企业的安全生产水平。

落实两个文件，就是要落实国务院《决定》和《安全生产许可证条例》，关键是要落实有针对性的政策措施，包括：一是建立安全生产许可制度，严格安全生产市场准入，从源头上防止和减少安全生产事故；二是建立安全生产控制指标体系，强化地方政府责任；三是建立安全生产风险抵押金制度，为事故抢险救灾和善后处理提供资金保障；四是建立高危企业提取安全费用制度，增加企业安全投入，提高企业安全生产条件；五是建立、健全应急救援体系，增强应对特大安全事故的能力，把事故损失降低到最低程度。

加强"三项建设"，就是要抓好体制、法制和执法队伍"三项建设"，努力适应新时期安全生产工作的要求，全面提升我们的监督管理水平。

深化7个整治，就是要在2003年专项整治的基础上，继续深化道路和水上交通、烟花爆竹和民用爆炸物品、煤矿、危险化学品、公众聚集场所消防安全、非煤矿山和建筑安全7个专项整治，推进安全生产从被动防范向强化管理转变，从集中治理向规范化、经常化、制度化转变，建立长效机制。

突出8项工作，就是要突出落实目标责任制、法制建设、专项整治、质量标准化活动、监督检查、应急救援体系建设、宣传培训和机构建设等工作，努力在思路上有所创新，在措施上抓实抓细，在工作上取得实效。

确保责任目标实现，就是要确保省政府与各市、州地签订的目标管理责任书落到实处，确保全省工矿企业事故死亡人数下降2.5%，确保重点领域和行业事故有所减少，确保安全生产形势的进一步好转。

按照上述的工作重点，2004年年初及时向全省进行了认真的安排部署。省政府召开常务会议专题进行了研究。杨志明副省长在全省安全生产工作会议上，就贯彻落实全国安全生产工作会议精神和2004年全省安全生产工作进行了重点部署。同时，省局在全省安监局长座谈会上，再次进行了具体安排。4月27日，为了进一步加强安全生产工作，省政府召开全省安全生产电视电话会议，通报了当前安全生产形势，又进一步进行了安排部署，省长陆浩作了重要讲话。在3月底至4月上旬，省局组织公安、交通、建设、国土、监察、工会等部门，分三个组，深入全省各市、州及重点厂矿企业、公众聚集场所进行安全生产大检查，特别是对液氯等危险化学品生产、经营、储存单位进行了重点检查。2004年5月23日山丹吴涛煤矿和6月5日靖远煤电公司特大透水事故发生后，陆浩省长、杨志明副省长亲临现场指挥抢险救援，并召开现场会，安排抢险救援，部署专项整治。2004年5月26日省政府专门召开煤矿安全专项整治电视电话会议，就全省煤矿专项整治工作进行了再安排、再部署。各地各部门也普遍加强了对这项工作的组织领导，狠抓各项工作的落实，为全省安全生产形势基本保持稳定奠定了基础。

2. 深入开展安全专项整治

公安、交通、建设、煤监等部门，在2003年安全专项整治基础上，根据《国务院关于进一步加强安全生产工作的决定》精神以及继续深化专项治理整顿的有关精神，认真落实决定，高度重视安全生产工作，深入开展安全生产专项整治工作，针对各行业特点，认真研究分析，制定了一系列切实有效的措施，明确目标和任务，把专项整治的任务分解到各地区，分解到基层，责任到人，基本形成了一级抓一级、层层抓落实的局面，取得了阶段性的成果，为保持全省安全生产形势持续好转起到了非常有力的推动作用。

2004年，道路交通、消防、民爆器材、建筑、煤矿专项整治，各地各部门作了大量扎实有效的工作，收到了实效，取得了阶段性成果。

在危险化学品整治方面，根据2003年危险化学品专项整治过程中暴露出的问题，2004年省安监局从探索具体的整治方法和手段入手，着眼于长效机制的建立，根据国家安监局关于深化整治工作的总体要求和甘肃省的实际研究制定了全省深化危险化学品整治工作实施方案。综合运用安全评估、安全评价、依法审批、登记注册、人员培训、法制建设等方法和手段，努力建立安全生产的激励机制、保证机制、制约机制、准入机制、退出机制等长效机制。确定整治目标，提出了整治任务，要求完成全省70%以上危险化学品生产、储存单位的安全评估工作，基本完成危险化学品经营单位的安全评价工作，开展危险化学品生产企业登记注册工作，全面开展危险化学品经营单位经营许可证工作，开展危险化学品从业单位主要负责人、安全管理人员和作业人员培训，实行持证上岗，取缔和关闭各类非法及不具备基本安全生产条件的危险化学品从业单位，遏止重、特大危险化学品事故发生。甘肃省危险化学品从业单位多、地域分布广、所有制形式复杂、从业人员素质普遍低，因此整治工作从实际出发，突出重点。省安监局在全省范围组织开展了“五整顿，两关闭”活动，在组织开展好全省整治工作的同时，主要抓了中央在甘、省属等重点涉危企业的监管和长效机制的建立，结合安全评估工作对中央在甘、省属石油化工企业进行了3次大检查，积极开展了有关危险化学品评价、评估、培训、发证工作。截至目前，全省自查整改的危险化学品从业单位约2256户；停产整顿137户；关闭或吊销营业执照156户；查处非法从业单位57户；各级政府和有关部门共组织专项整治检查635次；组织从业人员培训6000余人；对1432户危险化学品生产、储存企业进行了安全评估，占应评估总数的83%，对1590户危险化学品经营单位和生产装置进行了安全评价，占应评估总数的80%；依法发放危险化学品经营许可证1397家。通过整治进一步规范了危险化学品行业的生产经营秩序，使全省危险化学品从业单位的安全管理水平和本质安全性得到了大幅度提升。据统计，2004年全省没有发生危险化学品生产安全事故，专项整治效果明显。

在非煤矿山安全整治方面，按照国家开展和深化非煤矿山安全整治的精神，切实加强对深化整治工作的领导，针对非煤矿山监督管理工作中存在的薄弱环节和不足，采取多项措施，狠抓落实，对发现的重大隐患进行有效治理，依法取缔关闭了一批非法和不具备安全生产条件的小矿山，把实现非煤矿山安全整治工作目标和逐步建立安全生产的长效机制结合起来。为贯彻落实《国务院办公厅关于深化安全生产专项整治工作的通知》(国办发[2003]60号) 精神，进一步加强和深化甘肃省非煤矿山安全生产专项整治工作，在总结两年来整治工作经验的基础上，2004年年初，根据六部（局）《关于印发非煤矿山安全生产专项整治方案的通知》要求，针对甘肃省非煤矿山安全生产的现状，省局会同省国土资源厅、省监察厅、省公安厅、省环保局、省工商局联合下发了《关于进一步深化全省非煤矿山安全整治工作的通知》（甘安监管一字[2004] 1号)，就甘肃省进一步深化非煤矿山安全整治做了具体安排部署，一是依法取缔各类非法和不具备安全生产的小矿山（场)；二是对有采矿许可证，但达不到基本安全生产条件、存在重大事故隐患的，进行停产整顿并限期整改；三是对合法生产并具备基本安全生产条件的矿山企业督促其加强管理，按规程作业，实行规范开采；四是对已关闭的矿山，由县级政府负责，组织有关部门进行定期巡查，严防死灰复燃。五是按照《甘肃省非煤矿山安全生产专项整治工作验收办法》规定，组成专门的验收工作机构，对全省非煤矿山逐个、逐项进行验收。目前，已经完成市、州、地级验收的833个。目前，甘肃省累计依法取缔和关闭了755家无证非法开采和不具备基本安全生产条件的各类小矿山（场），其中2004年取缔关闭了127个；责令1200多家存在事故隐患的各类非煤矿山进行整改，共整改消除3000多条事故隐患。甘肃省非煤矿山山整治前的2607个减少到现在的1979个。经过整治，非煤矿山矿业秩序得到进一步规范，非煤矿山企业安全基础明显改善，各类非煤矿山事故得到遏制，呈下降趋势，非煤矿山安全生产形势趋于平稳，安全整治工作取得了阶段性成果。

3. 实行安全生产工作目标管理，强化各级安全生产责任

省政府2004年年初与全省14个市、州、地签定了《2004年度甘肃省人民政府工作目标管理责任书》，对全省各地安全生产工作提出了具体的要求和详细的考核目标。各地根据省政府的目标管理责任书，将安全生产责任层层分解到各县、各部门，基本形成了纵向到底，横向到边，安全生产齐抓共管的局面。同时，省委、省政府把安全生产管理目标的完成情况列入对市、州党政领导班子政绩的考核内容，进行严格考核。安全生产责任制的实施，对进一步强化领导安全责任，提高安全生产管理水平，减少事故，起到了非常重要的作用，使安全生产工作同其他工作挂钩，有力地促进了全省的安全生产工作。

按国务院安委会下达的控制指标口径，2004年，全省各类生产安全事故死亡人数比控制指标少死亡146人，低于控制指标5.96%，其中：道路交通事故万车死亡率19.16，比控制指标万车死亡率23.03，低3.87，低于控制指标16.8%。工矿商贸企业比控制指标少死亡41人，低于控制指标12.54%。全省有11个市、州各类事故死亡人数低于省上下达的控制指标。

从全国情况来看，全省安全生产控制指标完成较好。2004年，甘肃省全面完成了国家下达的控制指标，取得了各类生产安全事故死亡人数低于国家控制指标5.96%的显著成绩。根据国家安监局公布的统计数据，全省各类生产安全事故死亡人数下降幅度由大到小排名全国第13位，排名西部十二省区第4位，排名西北五省第2位；工矿商贸企业生产安全事故下降幅度排名全国第3位，排名西部省区第2位，排名西北五省第1位。全省GDP亿元死亡率、10万人死亡率由低到高在全国分别排名第25、第12位；在西部省区分别排名第7、第4位；在西北五省分别排名第2、第1位，比2003年分别上升1位和3位。

4. 进一步加快法制建设步伐，强化依法行政理念

在安全生产法制建设上，把工作重点放在法规体系的健全和完善上，在原有法规体系建设的基础上，一是制定了《甘肃省重特大事故应急救援预案》，并以省政府名义下发给各市、州及有关单位，督促各级政府完善了应急救援体系，并指导重点企业开展应急救援演练；二是起草了《甘肃省人民政府关于进一步加强安全生产工作的决定》并以省政府名义下发执行。三是在充分征求各方面的意见基础上起草了《甘肃省安全生产条例》已上报省政府。四是研究起草了《甘肃省重大事故隐患监督管理规定》，待省政府常务会议研究通过后正式出台。五是根据《行政许可法》和省政府的安排部署，对近两年出台的所有规范性文件、行政许可事项进行了清理和修订，把原22项审批事项削减为14项，进一步规范了行政许可行为，加强对《行政许可法》和《安全生产许可证条例》的宣传贯彻力度，规范和简化许可证程序，严格行政许可条件，力争从源头上防止和减少生产安全事故。截至目前，省安监局已经出台了21个规范性文件，初步形成了地方性安全生产法规规章体系的框架。

5. 加大安全生产宣传教育和培训工作力度

根据国家统一部署，省委宣传部、省安监局、省广电局、省总工会、团省委5个部门专门成立了省安全生产月活动指导委员会，制定了“甘肃省安全生产月活动实施方案”，认真组织开展了以“关注安全，关爱生命”为主题的6月份“安全生产月”和“安全生产陇原行”活动。

采取多种形式开展安全生产教育培训。一是依法对全省及中央在甘企业的主要负责人、安全管理人员进行培训，经考核发证，持证上岗3236人。二是加大了对全省特种人员的培训考核力度，全年共培训特种作业人员40000多人，复训特种作业人

员8000余人。三是积极组织开展注册安全工程师统报名考试工作，全省有1626人报名参加了全国统一考试，有213人考试合格，取得了注册安全工程师执业资格。四是大力开展从业人员的安全培训工作。全省共培训危险化学品从业单位、非煤矿山企业、建筑施工单位及其他生产经营单位主要负责人、安全管理人员1000余人，培训各类特种人员19300余人，危险品化学作业人员5837人，坚持严格的持证上岗制度，印发安全生产法律、法规书籍10000余册。对提高从业人员的安全技能和安全意识起到了非常重要的教育作用。

6. 加强对重大危险源的管理

为全面掌握全省重大危险源的数量、现状和分布情况，加强对重大危险源的管理，2004年投入很大人力、物力对全省重大危险源进行了全面普查登记，现已查明全省重大危险源1705个。并依据有关法规，根据危险程度，初步形成了省、市、县三级管理和监控网络，并针对不同级别的企业确定规范的现场监督方法，促使企业建立健全重大危险源控制机制，确保安全生产。

7. 做好节假日安全生产工作的部署和检查

在做好日常安全生产工作的同时，为确保人民群众渡过一个安全祥和的节日，还对"五一"、"十一"、"元旦"、"春节"期间的安全生产工作专门进行了重点部署和检查，先后在节前召开了3次全省安全生产电视电话会议，主管省长就"节日"期间的安全生产工作做了具体安排部署，对一些安全生产重点行业先后开展了4次节前安全生产大检查，煤监、交警、消防、铁路、民航、水运、旅游、农机、建设、质监等部门还根据各行业特点，制定了节日期间的专项应急救援预案，确保节日期间不发生重特大事故。据统计，2004年节日期间未发生一次死亡3人以上的重特大事故。

8. 严肃查处事故

全省各级各部门严格按照"四不放过"的原则，对68起重特大事故依法进行了严肃查处，结案率100%。对省安监局所管辖的4起重大事故全部在规定的期限内进行了调查处理，对责任人依法追究了责任，全部批复结案。

2004年安全生产监督管理工作概括起来有四个方面的变化：一是转变了工作重心。安全生产工作从过去重事后查处转向重事先防范，从重治标转向重治本，从重眼前转向重长远，从重部署转向重落实，从重政府推动转向促企业自动上来，真正落实生产经营单位的安全生产主体责任，切实做到关口前移，中心下移。二是转变工作方式和手段。把监管方法和手段从一般性的组织开展安全生产大检查，转向依靠科技手段，提高综合监管的科技含量上来；从行政型管理为主转向依法监管，依靠法律手段规范各方面的安全生产行为，把各个行业领域的安全生产纳入法制轨道上来；从注重事后验收把关和监督检查，转向注重事先控制搞好安全生产许可，严把市场准入上来；从依靠事后看管转向建立长效机制上来。三是转变工作作风。发挥求真务实的工作作风，真正做到重实际、鼓实劲、做实功、办实事、求实效，深入基层，加强调查研究，不断研究综合监管工作中出现的新情况、新矛盾、新问题，创出新思路、新办法、新措施，把综合监管工作抓细、抓实、抓好。四是协调和处理好安监部门与负有安全监管职责的其他部门的关系。既要履行自己的职责，又要注意协调相关部门充分发挥其安全监管职责。

甘肃省煤矿安全生产工作综述

2004年，在国家煤矿安全监察局和甘肃省委、省政府的正确领导下，在各产煤市（州）、县（区）政府和有关部门的大力协助与支持下，全省上下以"三个代表"重要思想和党的十六届四中全会精神为指导，坚持科学发展观和安全发展观，按照党和国家领导同志关于搞好煤矿安全生产工作的一系列批示、指示精神和国务院《关于进一步加强安全生产工作的决定》以及全国、全省安全生产工作会议的安排部署，坚持"安全第一，预防为主"的方针，紧紧围绕"强化监察塑形象，理机建制夯基础”的工作思路，全面贯彻落实国家煤矿安全监察局确定的抓好“三件大事”、构建“六个支撑体系”、推进“五项创新”的总体工作要求，始终如一地坚持“抓重点、抓难点、抓关键点”，努力加强制度建设和各项基础工作，深入开展煤矿安全监察，克服困难，团结一致，顽强拼搏，开拓进取，真抓实干，取得了较好成绩，保持了全省煤矿安全生产工作的平稳态势。

一、煤矿安全生产控制指标体系发挥了重要作用

根据国务院安委会下达的煤矿安全控制指标，向11个产煤市、州和省管3个煤业公司进行了分解下达。随后，各市、州和3个煤业公司又向所属33个县、区和各煤矿进一步分解下达，并提出了相应的奖罚措施，保证了目标的落实。同时，全省煤矿安全监察系统内部也建立了控制指标考核体系。通过层层分解，逐级落实，建立、健全了安全生产奖惩制度，明确了各级政府、部门以及企业在安全生产中的责任，形成了强有力的激励约束机制。此外，各级煤矿安全监察机构坚持对煤矿安全控制指标进行定期通报，对超过阶段控制指标的地区和企业及时下达执法建议书，时刻做到警钟长鸣，有效保证了安全控制指标的落实。全省11个产煤市（州）中，有3个市没有突破控制指标，2个市与控制指标持平；省属三个煤业公司都在控制指标以内。实施安全控制指标体系，对全省煤矿安全生产形势的稳定发展发挥了重要作用。

二、煤炭产量创历史新高，煤矿安全生产形势保持了总体稳定

2004年，全省共生产煤炭3503万t，同比增加580万t，增长20%。其中省属煤矿2530万t，国有地方煤矿327万t，乡镇煤矿646万t。全省煤矿共发生伤亡事故61起，死亡109人，原煤百万吨死亡率为2.97，低于全国平均水平。其中，省属煤矿发生事故15起，死亡21人，百万吨死亡率为0.63；国有地方煤矿发生事故19起，死亡26人，百万吨死亡率为7.96；乡镇煤矿发生事故27起，死亡62人，百万吨死亡率为9.6；基本建设死亡5人。在原煤产量大幅度增长的前提下，安全生产基本保持了总体较为稳定、逐步趋于好转的发展态势，靖远煤业、窑街煤电和华煤集团等原煤百万吨死亡率继续控制在1以下，低于全国平均水平，靖远煤业为0.54，华煤集团为0.21，均创历史同期最好水平。全省重点监控的高瓦斯矿区没有发生瓦斯事故，三个煤业公司未发生3人以上重大事故。

三、全省上下对煤矿安全工作形成齐抓共管的较好氛围和局面

各级政府及其主管部门、各煤矿企业认真贯彻国务院《关于进一步加强安全生产工作的决定》等一系列煤矿安全工作的重要文件、会议和指示、指令精神，煤矿安全工作得到进一步加强和改进。省委、省政府高度重视煤矿安全生产工作，主要领导和主管领导多次批示、指示煤矿安全生产和煤矿事故的抢救工作，组织全省性的安全大检查，关于煤矿安全工作的重要文件均以省政府及办公厅文件发出。全省各主要产煤市（州）、县（区）政府和相关部门，把煤矿安全生产工作摆在重要位置，进一步加强领导，明确责任制，不断改进政府对煤矿安全工作的监督管理，基本明确了市（州）、县（区）两级的煤矿安全监管部门，在深化专项整治、关闭整顿小煤矿、整治隐患、事故抢险救援以及搞好安全生产宣传教育与培训等方面加大了工作力度。省政府各有关部门，按照省委、省政府的统一安排部署，围绕一个目标，认真履行职责，密切配合，相互支持，形成了煤矿安全生产工作齐抓共管的良好局面。各煤矿企业，进一步强化主体责任，广泛开展煤矿安全质量标准化活动，加强“双基”工作和现场管理，加大安全投入，改善装备水平、提升科技含量，提高矿井防灾抗灾能力，加强企业安全文化建设和职工的教育培训。煤矿安全监察和监管机构坚持履行职责，加强执法和服务工作。各类新闻媒体，把煤矿安全工作摆在突出位置，加强报道宣传和舆论监督，在提高全社会对煤矿安全生产的重视、营造良好的安全生产环境方面发挥了重要作用。通过全省上下的共同努力，一个“政府统一领导、部门依法监管、企业全面负责、群众监督参与，全社会广泛支持”的安全工作的新格局和新局面正在形成。

四、全面开展安全质量标准化工作，夯实煤矿安全生产基础

2004年年初就召开会议，下发了全省煤矿安全质量标准化工作实施意见，对各项工作作了具体安排，明确了目标和步骤。从省局到各地、各企业都成立了领导机构，落实了专门的责任部门和人员。全年举办了7期煤矿安全质量标准化培训班，培训500多名矿长和技术负责人。9月份在华亭煤业集团召开了全省煤矿安全质量标准化现场会，推动了全省煤矿安全质量标准化工作的深入开展。一年来，各地、各企业都认真按照省局的实施意见和全省现场会的安排，深入开展安全质量标准化活动，做了大量扎实有效的工作，提高了矿井的安全生产水平，涌现出了一批安全质量标准化矿井。经过年底的综合考评，全省共有36对矿井达标，7对矿井被评为一级质量标准化矿井（均为省属煤矿）、18对矿井被评定为二级质量标准化矿井（省属煤矿11对、地县矿6对、乡镇矿1对）、11对矿井被评定为三级质量标准化矿井（省属煤矿3对、地县矿6对、乡镇矿2对），三个煤业公司初评为安全质量标准化公司，而且矿矿达标。省局还树立了10对安全质量标准化样板矿，将予以表彰奖励。

五、煤矿安全科技硕果累累，成效显著

一是组织完成了19项煤矿安全科技项目，全部通过了省科技厅组织的技术鉴定。二是认真组织了2004年度科技进步奖、安全科技成果奖等奖项的申报、评选工作，共有15项科技成果分别荣获甘肃省科技进步奖、国家安全生产监督管理局（国家煤矿安全监察局）第二届安全生产科技成果奖、中国煤炭工业协会科学技术奖、全国总工会职工技术创新成果奖。

六、加强安全信息网络建设，提高安全监管水平

省局机关建成了相对先进的内部局域网络，三个煤业公司也各自建立了内部监控网络。为了提高网络的覆盖面、加强监控的及时性，委托抚顺煤科院完成了全省煤矿安全监控信息网络方案设计工作。方案决定按照总体设计、分步实施的方式建设全省煤矿安全监控信息网络，第一期工程正在紧张进行，三大煤业公司监控网络和12对已装备矿井安全监控系统的重点地方煤矿与省局的联网正在积极准备；年产6万吨以上的煤矿正在装备安全监控系统，积极准备与省局联网。部分县区的安全监控网络平台也在积极准备之中。

七、深化煤矿安全专项整治，提高安全管理水平

组织制定了《关于深入开展煤矿安全专项整治工作的意见》，明确了整治的原则、目标、重点和主要措施，以省政府办公厅文件批转各地市执行。召开了全省煤矿安全专项整治工作电视电话会议，省政府领导作了重要讲话，对全省煤矿安全专项整治工作进行了全面安排部署。各地深入开展乡镇煤矿安全专项整治工作，巩固和扩大了专项整治成果。

八、煤矿安全监察工作成效显著

一是集中力量组织开展了大规模的集中安全监察活动。在狠抓办事处日常监察的基础上，一年来共组织煤矿安全集中监察督察活动12次，监察矿井1734处（次），监察覆盖率达100%，制作各类执法文书2867份，查出事故隐患8853条，督促整改7955条，隐患整改率96%。从2004年6月份起，还组织开展了百日安全监察活动。在下达执法文书的同时，对主要问题和隐患，还专门向有关地方政府进行书面通报，并提出建议，以引起地方政府的高度重视，共同督促做好安全防范工作，通过集中监察执法活动，真正达到了监察一点、带动一片、警示一面的效果。认真按照“四不放过”的原则，做好事故的调查处理工作。全年共发生各类伤亡事故61起，对达到结案期限的57起事故均及时结案，严肃事故处理，严格责任追究，共处理各类人员179人，其中追究刑事责任3人，受党纪政纪处分176人，发挥了事故的警示作用。同时加大了行政处罚力度，罚款总数和罚款的收缴率也有明显上升。

二是积极贯彻实施《安全生产许可证条例》，严把煤矿安全生产条件准入关。及时召开会议，下发并制定了《关于认真做好全省煤矿企业安全生产许可证颁发管理工作的通知》和《甘肃省煤矿企业安全生产许可证颁发管理办法》，对实行煤矿安全生产许可证的意义、办证条件、程序、颁发、管理和工作进度等作了明确要求。成立了全省煤矿安全生产许可证工作领导小组和办公室，设立了办证受理中心。组织宣讲团，局领导带队深入矿区进行宣讲。到12月底，已申请办证的有119对矿井，对具备条件的17对矿井颁发了煤矿安全生产许可证，有力推动了工作进程。

三是实行重点监控矿井责任制。按照矿井自然灾害的危害和办事处的实际情况，将全省矿区划分为5个瓦斯重点监控责任区和6个安全监察责任区，指定专人负责，每个责任区有一名处级干部负责，落实责任制，规定重点监控矿井发生事故，监控的责任人不得评为各类先进。要求责任区和责任人，对重点问题始终盯住不放，坚持日常性的动态跟踪监察，重点监控矿井每月至少监察一次，发现问题随时进行整改，确保安全。通过实施重点监控矿井责任制，有效降低了“一通三防”等重大事故。

四是认真搞好煤矿安全程度评估、评价工作。重新组织修订了煤矿安全程度评估办法，对全省煤矿进行了认真细致的评估，全省应评估矿井466处，实际评估466处，评估率达100%，评估结果为：A类矿井14处、B类矿井207处、C类矿井188处、D类矿井57处，评价机构对符合条件的A、B类煤矿全部提出了评价报告，省局对A类矿井将颁发标志牌并进行表彰，对D类矿井已经在甘肃日报上作出了停产整顿的公告，为煤矿安全生产许可证的发放奠定了基础。

五是进一步健全和完善煤矿安全监察体系和工作机制，为行政执法监察的规范化奠定基础。首先，总结几年来的煤矿事故调查处理情况，制定了《甘肃煤矿安全监察局煤矿职工伤亡事故报告和调查处理规定》，进一步规范了事故报告和调查处理程序，明确了各级在事故报告和调查处理中的责任，必将更加有效发挥事故的警示作用。其次，国务院办公厅关于完善煤矿安全监察体制的意见出台及全国煤矿安全工作座谈会后，针对新调整的煤矿安全监察体制，积极向省上领导和有关部门汇报，以尽快明确省级煤矿安全监管机构，并按照省政府的意见，代省政府起草了关于贯彻国办79号文件的意见。同时，召开了全省煤矿安全工作座谈会，传达了全国会议精神，向会议提交了关于建立煤矿安全监察执法协调机制等两个文件讨论稿。第三，为建立煤矿安全支撑体系、加强全省煤矿安全基础建设、提高事故预警和快速反应能力，成立了甘肃煤矿矿用安全产品检验中心、甘肃煤矿救援指挥中心和甘肃煤矿安全培训中心等三个中心，一批安全评估、检测检验、安全培训等安全中介机构也日趋完善，这些都对进一步理顺甘肃省煤矿安全监察体制将发挥重要作用。

六是安全培训和党风廉政建设取得较好成绩。全年共举办安全质量标准化培训班7期，培训人员528人；举办矿长安全资格培训班2期，培训195人；举办特种作业人员培训班35期，培训2589人。按照“教育、制度、监督”并重的原则，突出重点，强化监督，狠抓落实，召开了党风廉政建设工作会，签订了党风廉政建设责任书，开展了党风廉政建设检查，使全局的党风廉政建设迈上了新台阶，在煤矿安全监察执法工作中发挥了积极作用。

青海省安全生产工作综述

2004年，在省委、省政府的高度重视和领导下，青海省各地区、各部门和各单位按照省委、省政府的安排部署，联系本地区实际，始终坚持“安全第一，预防为主”的方针，突出“以人为本”的安全理念，以建立安全生产长效机制为重点，紧紧围绕全省经济发展这个中心，强化监督执法，狠抓基础工作，相继在安全生产法制建设、安全生产监管体制改革、深化安全生产专项整治、事故责任追究、安全生产应急救援体系建设、安全生产宣传教育培训、安全生产调度统计分析工作和全面落实安全生产控制指标等方面采取一系列切实有力的措施，从而使全省安全生产形势保持了总体平稳的态势，推动了青海省国民经济和社会各项事业的健康稳定发展。2004年青海省政府、省安委会共召开了6次安全生产工作会议，及时研究解决安全生产工作中存在的突出问题。在省政府召开的碰头会议上，有16次对安全生产工作提出了要求。省委、省政府领导还就安全生产工作和重大安全生产问题多次作出重要指示和批示，有力地促进了安全生产各项工作的顺利开展。

2004年，全省共发生各类伤亡事故2261起，死亡895人，重伤699人，直接经济损失1955.01万元。与2003年同期相比，事故起数减少370起，下降14.05%；死亡人数减少48人，下降5.08%；

重伤人数减少 1104 人，下降 61.23%；直接经济损失增加 343.36 万元，上升 21.35%。

一、抓学习宣传，把思想统一到国务院《关于进一步加强安全生产工作的决定》（以下简称《决定》）精神上来

全国安全生产工作会议之后，省政府组织召开了省安委会第五次全体会议，及时传达了全国会议精神，进一步提高了认识，统一了思想，明晰了工作思路。省安全监管局还于 2004 年 7 月召开了全省安全监管局长座谈会，就如何搞好安全生产监管工作形成了共识，进一步加深了对《决定》的理解。12 月 15 日，省安全监管局与省国资委联合召开了中央驻青暨省属企业安全生产工作会议，落实中央驻青企业和省属企业安全生产主体责任，明确各级安全监管部门对中央驻青企业和省属企业实施安全监管的职责、任务，以及省政府国有资产监督管理委员会对省属企业安全生产工作担负的职责、任务。12 月 15 日下午，省安全监管局与省公安厅、省质监局、省工商局、省供销联社等部门联合召开了全省烟花爆竹安全工作会议，传达了《青海省人民政府办公厅转发省安监局等部门关于加强烟花爆竹安全工作意见的通知》，印发了省安全监管局、省公安厅等五部门《关于加强烟花爆竹行业安全工作的通知》，针对烟花爆竹安全监管体制变化的实际，研究、探讨安全监管措施，对“两节”期间及今后一个时期烟花爆竹安全工作作了安排部署。12 月 16 日，省安全监管局还组织召开了全省安全监管系统工作座谈会，会议总结了 2004 年全省安全监管工作，对 2005 年“两节”期间及全年的安全生产工作进行了安排部署。

5 月 21 日省安委会组织了全省“安全生产月”活动动员，确定西宁市、格尔木市为省“全国百城百万人签名活动”城市。在“安全生产月”期间，各新闻媒体以评论员文章、专题采访、安全生产宣传专栏等形式加大安全生产宣传力度，各地区也充分利用多种形式宣传有关安全生产工作的方针、政策、法律法规。

6 月 13 日在全省各主要城镇开展了安全生产法知识竞赛、消防安全知识竞赛以及“百万人签名”等形式多样的安全生产咨询日活动，全省近 600 家单位和企业参加了宣传，悬挂宣传标语、横（条）幅 3000 余条，展板、挂图（图片）1500 余块（套），散发宣传小册子 2000 余册，书写安全生产警句 200 余幅，近 25000 人在条幅上签名。使全社会对安全生产的重视程度得到很大提高，“以人为本，安全第一”的理念深入人心，“关爱生命，关注安全”的舆论氛围日渐浓郁，为做好 2005 年的工作奠定了扎实的思想基础。

二、抓控制指标，落实各级安全生产责任制

根据国务院安委会下达的 2004 年度安全生产控制指标，省政府在《关于进一步加强安全生产工作的决定》中确定了 2004 年全省工矿商贸企业生产安全控制目标，即：事故死亡人数比 2003 年下降 2.5%，煤矿百万吨死亡率控制在 5 以下。省安委会与各州（地、市）政府分管负责人签订了目标责任书。各州（地、市）也把指标分解落实到了地方各级政府和生产经营单位，逐级签订了目标责任书。为及时掌握各级政府和相关部门安全生产责任制的履行情况，省安全监管局对各地区、各部门完成考核指标的情况及时进行了督查，针对存在的问题提出了意见和建议。同时，省安委办下发了《关于开展 2004 年度安全生产目标责任考核工作的安排意见》，对各地区完成考核指标的情况进行了全面考核。

三、抓“双基”，夯实安全生产工作基础

一是做好安全监管基础性工作。省安全监管局“三定”方案调整以来，各级安监部门加大基础性工作力度，基本摸清了全省煤矿、非煤矿山、危化品、烟花爆竹等领域的企业底数、分布状况、从业人数，以及重大危险源和重大隐患安全现状等方面的情况，基本形成了煤矿、非煤矿山、危化品、烟花爆竹等方面现有的工作机制。

二是抓法制建设，加大监管执法力度。以省政府和办公厅文件印发实施了《青海省人民政府关于进一步加强安全生产工作的决定》、《青海省安全生产管理目标责任考核办法》和《青海省特大生产安全事故应急救援预案》；起草了《青海省安全生产监督管理规定》（送审稿），已报省政府法制办。同时，《青海省职工伤亡事故报告处理办法》也已列入省政府 2005 年立法修订项目。

三是推进机构建设步伐，进一步加强监管力量。在省政府机构改革中，省安全监管局内设处室和人员编制都有所增加。省政府又及时调整补充了省安全生产委员会成员单位，进一步明确了省安全生产委员会办公室的工作职责。针对国家局“三定”方案中有关工作职能增加的实际，向省编办专题报送了关于加强地方各级安监机构的建议，各级安全监管力量有望在今后得到加强。同时，根据国务院办公厅《关于进一步完善煤矿安全监察体制的意见》，国务院决定在我省设立垂直管理的煤矿安全监察机构，目前已进入了实质性阶段。

四是加快应急救援体系建设，提高防灾救灾能力。为加快省的生产安全应急救援体系建设，出台了《青海省特大生产安全事故应急救援预案》，起草了《青海省事故灾难应急预案》，并督促各有关部门制定了专业应急救援预案、运输及城市生命线保障预案、自然灾害预案及重点高危企业生产安全应急救援预案，等等，初步构成了我省生产安全应急救援工作的预案体系。

四、抓整治，促进重点行业和领域的安全生产工作

（1）煤矿安全整治。对国有重点煤矿继续开展了以“一通三防”为重点的安全监察，对乡镇煤矿开展了以治理重大隐患和落实整改任务为目标的安全监察，对重点地区和重点矿区以及重点矿井实施了监控和督查。继续加强对全省煤矿瓦斯等级和煤尘爆炸指数的鉴定、检验、审查工作，煤矿评估完成100%。继续在高瓦斯和煤与瓦斯突出矿井安装瓦斯监测监控系统。对所有基建矿井按照“三同时”原则，全面开展了安全预评价和专项审查工作。同时对海北地区所有煤矿进行了全面的安全检查和评价，为煤矿安全生产许可证的核发奠定了基础。

（2）非煤矿山安全整治。集中力量整治了重点非煤矿区，对问题较多的矿区实施了监控和督查，建立了全省非煤矿山基本情况档案，特别是对存在重大隐患的矿山建档情况实施了有效监控。同时，围绕安全生产许可证的发放，对150余处非煤矿山进行了全面检查。

（3）危化品安全整治。根据《青海省人民政府办公厅关于加强危险化学品安全管理工作的紧急通知》，省安委会下发了《关于印发青海省2004年危险化学品和烟花爆竹安全生产监督管理工作要点的通知》。各级安监部门对全省危险化学品从业单位继续进行了摸底排查，对排查中发现的重大事故隐患，实行了“限期整改、指定部门、专人督办”的制度。全年共排查各类事故隐患1850余条，责令限期整改40家，停业整顿9家，依法取缔6家，事故隐患整改率达95%以上。全年完成危险化学品生产、储存单位安全评估、评价52家，完成经营单位安全评价400家，批准危险货物包装物定点生产厂家6家，审核发放危险化学品经营许可证259家，办理危险化学品临时经营许可证142家(杀鼠剂经营单位)，审核发放危险化学品安全生产许可证4家，全部完成中央驻青企业的安全生产许可证发放工作。同时，严格执行国务院“两关闭、五整顿”的规定，成立了非矿山生产经营单位重大危险源监督管理工作指导小组，按有关要求对全省的重大危险源进行了摸底排查和普查登记，着手建立重大危险源管理档案，突出重点进行监控检查。在烟花爆竹专项整治中，制定了《青海省2004～2006年深化烟花爆竹安全专项整治工作安排意见》，对烟花爆竹市场进行了严格检查，查处了一大批假冒劣质烟花爆竹，使烟花爆竹市场得到初步治理。省安全监管局、省公安厅联合下发了《关于烟花爆竹行业安全监督管理职能调整工作有关问题的通知》，对我省烟花爆竹安全监管工作进行了分工，明确了各自的监管职责。另外，加强了对矿山企业和隧道、电站施工现场爆炸物品使用、储存的监管，及时查处了违规违章储存、使用爆炸物品的现象。为加强经营、储存、使用、废弃处置剧毒化学品和放射性物品普查清理整顿工作，省安全生产监督管理局会同有关部门联合开展了对经营、储存、使用、废弃处置剧毒化学品和放射性物品普查清理整顿工作，在全省范围内组织开展了毒鼠强专项整治工作，加大了对“毒鼠强”等违禁杀鼠剂的监管力度，做到了窝点必端、禁药必收、案立必结、责任必究。在此基础上，进一步规范工作程序，严格杀鼠剂生产和登记审批制度。按照城乡结合、统一时间、统一培训、统一供药、统一检查的原则，确定每年春秋两季开展全省统一灭鼠行动。全省各地开展了统一灭鼠示范工作和收缴违禁药物的活动，共收缴各类药6200（其中违禁药1800多公斤）。

（4）道路交通安全专项整治。以学习宣传贯彻《道路交通安全法》为契机，进一步增强了全社会的交通安全意识。组织开展了为期100天的集中整治道路交通秩序专项行动，把超载超员、超速行驶、农用车载人、摩托车“黑车非驾”、机动车乱停乱放等严重交通违法行为作为治理重点，采取增加巡查密度、严格路面执法、治理道路黑点、加强交通安全宣传、督促落实安全防范责任制等措施，取得了明显成效。全省交通安全的“四项指标”全面下降。加大对事故黑点和隐患路段的治理力度，道路行车安全系数不断提高。交通部门完成了3条国道和2条省道上的1894处安全隐患整治工作，完成投资3065万元，实施公路里程317.33公里，通过整治，道路交通事故的发生率较2003年大幅下降。同时，按照国家有关部委的部署，还开展了集中治理车辆超限超载的专项行动，治理车辆超限超载工作取得了成效，超载运输车辆由治理前的71%下降到现在的2.5%。

（5）水上交通安全专项整治。省交通部门积极协调相关部门，在青海湖、李家峡、龙羊峡三大水域建立了安全管理机构，并出资200万元资金，解决了青海湖、李家峡、龙羊峡、贵德港的水上交通安全监管巡逻艇短缺的问题，加强了水上交通安全的现场监督力度，保障了水上交通的安全畅通。

（6）农机安全专项整治。农机监理部门在加大对“黑车非驾、违章载人、超速、超载”等违章行为整治力度的同时，积极开展“农机安全村”的创建活动。目前，全省已建成32个“农机安全村”，村内的农业机械挂牌率、检审验率均达95%以上，驾驶操作人员持证率达100%，农业机械事故发生率明显下降。

（7）公众聚集和人员密集场所消防安全专项整治。2004年，省政府办公厅转发了省公安厅等部门制定的《青海省消防工作责任制实施意见》，进一步推动了消防法制化建设，明确了各级政府和消防部队对消防工作的责任。公安消防部门会同省安委成员单位认真组织开展了“回头看”、人员密集、易燃易爆、学校、古建筑、“大排查、大整改、保安全”等7个专项治理，全年共检查社会单位8522家（次），查出火灾隐患24069条，整改火灾隐患15784条，下发《责令当场改正通知书》117份，《责令限期改正通知书》1905份，《重大火灾隐患责令限期改正通知书》192份，行政处罚411家，其中停产停业、停止施工174家，累计处罚金额80万元。同时还对全省重大火灾隐患进行了一次全面的调查摸底，在各地上报的180家火灾隐患单位中，审核确定了50家重大火灾隐患单位，已由省政府办公厅发文实行挂牌督办整改。

（8）建筑业安全专项整治。建设行政管理部门始终把高处坠落、坍塌、触电、机具伤害、物体打击作为重大危险源加以严密监控，开展了专项治理活动，促进施工企业加强安全生产工作，全省建筑业取得了事故起数、死伤人数下降的好成绩。2004年依法对发生死亡事故的建筑施工企业责令3个月限期整顿，在整顿期间不得参加本省行政区域内的工程招标活动。并将企业安全生产违法违规行为和安全伤亡事故作为企业不良行为记录在企业档案中，把安全伤亡事故的处理与企业资质年检挂钩、与招投标活动挂钩、与企业评优挂钩，与企业从业人员资格挂钩，实行一票否决制。同时，省建设厅制定下发了《关于在全省建筑行业推行建筑职工意外伤害保险的通知》，从2004年7月1日起在全省建筑行业全面实施建筑职工意外伤害保险工作。

（9）特种设备安全监察。特种设备主管部门实行“谁监察、谁负责，谁检验、谁负责”的安全监察责任制和检验责任制，初步建立了执法检查制度、强制检验制度、安全监察制度。开展了气瓶专项普查整治工作和压力管道专项普查工作，对发生事故易造成群死群伤的重点场所和重点设备进行了重点检查，对化学危险品从业单位进行了安全检查。2004年共检查锅炉1475台，定检率97%；压力容器398台，定检率94%；电梯735台，定检率95%；起重机械727台，定检率95%；游乐设施13台，定检率80%；气瓶定检率达70%，进一步强化了特种设备的安全检验工作。

铁路、民航部门继续加强安全监管工作，加强检查，整治隐患，确保了铁路、民航运输的安全。

为继续深化安全生产专项整治工作，制定了《青海省2005～2007年安全生产专项整治规划》。

2004年，全省各级政府按照省政府和省安委会的安排部署，组织开展了多次综合性的安全生产大检查、专项督查，各州（地、市）也组织开展了形式多样的安全生产检查，对排查出的事故隐患加大了跟踪整改力度，消除了一大批事故隐患。为加强重大节日、重大活动和重要会议期间的安全生产工作，各地区、各部门和各单位从严、细、实入手，精心组织，周密安排，相互配合，加大安全生产综合监管力度，狠抓安全生产“工作三到位”，做好应对突发事件和生产安全事故的应急救援准备工作，确保了重大节日、重大活动和重要会议期间的安全，维护了社会稳定。

五、抓事故查处，严肃追究事故责任

2004年继续加大了对各类违反安全生产法律法规行为的查处力度。一是认真查处结案了青海百河铝业扩建工程2003年“11·23”重大事故、海北州铁迈煤矿“1·29”重大事故、海西州乌兰县阿移项铁矿“6·28”事故。二是严肃查处了海北州煤电公司默勒四矿“5·12”重大隐瞒不报事故。三是对群众举报的信访问题进行了调查，及时给予政策解答，对不属安监部门受理的信访件及时转交有关部门处理。在事故查处中，有13名国家工作人员受到党纪政纪处分。

宁夏回族自治区安全生产工作综述

2004年，在自治区党委和政府的正确领导下，各地区、各部门、各生产经营单位认真贯彻《国务院关于进一步加强安全生产工作的决定》和自治区党委、政府关于安全生产的一系列重要批示和工作部署，落实安全责任、深化专项整治，加强事故防范，使全区安全生产形势保持了基本稳定，趋于好转的态势。主要表现在：一是全区安全生产形势总体稳定、趋于好转。2004年在全区工业增加值186.3亿元，增长18.1%的情况下，各类伤亡事故的死亡人数下降5.03%，受伤人数下降13.63%。二是道路交通事故4项指标出现多年来的首次全面下降。全区没有发生一次死亡10人以上特大道路交通事故，万车死亡率从2003年12.35下降到10.4，下降了1.95个点，居全国中上水平。三是全区安全生产控制指标没有突破国家下达的991人指标，比国控指标少死56人。四是全区煤炭工业百万吨死亡率为1.28，原煤百万吨死亡率1.00，控制在国家下达指标以内。总体看，我们经受住了煤电油供求关系紧张、工业经济快速发展和安全生产难度增加的严峻考验，年初确定的各项安全生产工作目标已基本实现，为全区国民经济继续保持快速增长作出了积极贡献。

一、认真落实安全生产责任制，确保了全年安全生产控制指标的实现

2004年，国务院安委会下达各类事故死亡人数控制指标991人。为使控制指标落到实处，自治区政府召开政府常务会议专门听取了安委会关于安全生产工作情况汇报，召开全区安全生产工作会议，对安全生产工作做了进一步的部署，对国务院安委会下达的安全生产控制指标逐市分解落实，并与5个市政府签订了安全生产控制指标责任状，进一步明确了安全生产目标和责任。各市、县（区）政府也相继召开专门会议与辖区内一些重点企业和单位包括个体经营户签订安全生产责任书，仅吴忠市政府签订各类安全生产目标责任书达11556份。从执行情况看，各市人民政府都能把落实安全生产控制指标作为一项重要工作，建立健全各级领导干部安全生产责任制，并把县（区）的安全生产控制指标完成情况纳入政绩考核内容，形成了一级抓一级，逐级负责，层层落实的良好局面。

二、抓重点领域的安全专项整治，企业责任得到了强化

按照国务院安委会办公室《关于继续深化专项整治工作的通知》精神，自治区政府召开专门会议，结合实际，明确了深化重点行业和领域专项整治重点，加强整治工作的领导，加大整治力度，多次开展安全生产大检查，消除了一批安全隐患。在煤矿安全整治方面，各级煤矿安全监察机构认真贯彻“预防为主”和“先抽后采、监测监控、以风定产”十二字方针，积极推进煤矿安全质量标准化和煤矿瓦斯监控网络建设工作，有效地提高了“一通三防”监测、监控水平，通过强化“双查”工作，严格煤矿企业市场准入制度，促进了全区煤矿安全生产形势的发展，全年依法监察各类煤矿1437个矿次，监察覆盖率为100%，制作各种执法文书1064份，行政罚款195.87万元，颁发煤矿安全生产许可证的企业和矿井97个；在非煤矿山安全整治方面，全年对101家非煤矿山企业进行了安全评估，累计验收合格或基本合格矿山企业308家，关闭非法和不具备安全生产条件的小矿山113处，对全区4条石油、天然气管道被占压的问题进行了专项清理整治；在危险化学品安全整治方面，严格实行“两关闭、五整顿”，关闭非法和不具备安全条件的危险化学品从业单位25户，停产整顿60户，调整经营范围的单位256户，销毁不合格的液氯罐149个，对埋藏多年的2个液氯罐和两个严重超期使用的光气瓶进行了处置，累计颁发甲种危险化学品经营许可证487个，乙种证22个，灭鼠药经营证175个，包装物定点证7个；在道路交通安全整治方面，各级安全监管部门和公安、交通等部门紧密配合，共同协作，联合开展了以“三整顿、五加强”和治理超载超限为重点的道路交通安全整治，全区共出动警力10.4万人次，检查车辆61.1万辆，查处各种违章车辆9.8万辆，卸载车辆2.2万辆，尤其是2004年在机动车辆增加、驾驶人员增加的情况下，自治区政府加大了对道路交通危险路段“黑点”的整治力度，由于采取的措施有力，对自治区政府安排的整治“黑点”基本上都已完成；在公众聚集场所消防安全整治方面，各级公安消防机构狠抓整治措施落实，集中力量对网吧、易燃易爆危险品场所等11个方面的突出问题进行了整治。2004年11月份，自治区安委会又在全区范围内开展了一次火灾隐患大排查，对银川、石嘴山、吴忠、中卫、固原市落实火灾隐患排查整治进行了督查。在这次火灾隐患排查整治中，全区各地各部门共组织检查组210个，排查各类单位4592家，发现火灾隐患1650处，整改火灾隐患1395处，由政府挂牌督办火灾隐患55家。与此同时，民用爆破器材和农用运输车的安全整治工作也都取得了新的进展，特别是农用车违章载客重、特大事故多发的势头得到了遏制。

三、不断加大安全生产和督查工作力度，事故隐患整改效果明显

2004年，自治区统一部署了4次安全生产大检查。第一次是“元旦”、“春节”期间，利用1个月时间开展了以隐患、查制度、查管理、查落实为主要内容的安全生产大检查。在各地区、各行业和企业自查自纠的基础上，自治区党委、政府组成5个督查组，对煤矿、化工、电力、交通和学校等行业以及易燃易爆危险物品和公众聚集场所的安全管理情况进行了检查和督查。第二次是国务院办公厅《关于加强安全生产工作的紧急通知》下发以后，自治区安委会及时下发了《关于开展全区安全生产大检查的紧急通知》，安排部署了全区范围内的安全生产大检查。在各地区、各企业自查自纠的基础上，自治区安委会组织总工会、消防、农机等部门成立了2个督查组，对5个地级市以及12家生产经营单位开展安全生产大检查的情况进行了重点督查。第三次是4月27日国务院召开全国安全生产电视电话会议后，自治区政府立即安排了“五一”节期间的安全生产大检查，这次检查的重点是旅游景点、游乐园、车站、机场、码头等公众聚集场所的安全状况。第四次是9月23日全国安全生产电视电话会议之后，自治区安全生产监督管理局牵头，组织交警、消防等单位组成三个督查组，对五个地级市、建筑和旅游行业的安全生产工作情况进行了督查。这四次安全生产大检查，工作务实，力度大，都突出了隐患整改，取得了实效。如：银川市共检查2400家生产经营单位，查处隐患1360余处，责令停业整顿20家。石嘴山市共抽查700余家单位和企业，发出各类隐患整改通知书210份，停业整顿6家。各级煤矿安全监察机构共查处事故隐患3699条，隐患整改率为91.4%。

四、广泛开展安全宣传教育和安全技术培训，进一步提高了安全生产工作水平

我们按照国家五部委的要求，结合实际，制定了《关于开展全国“安全生产月”活动的实施方案》。在全国“安全生产月”活动专题宣传咨询日，自治区安委会办公室会同自治区有关单位和银川市安委会办公室组织了650多个单位，在银川市城区主要街道开辟了安全文化一条街，还组织五市和自治区有关单位共12个代表队在宁夏电视台演播厅举办了“人财保险杯”安全生产知识竞赛活动，广泛宣传了安全生产法律法规和安全知识。各市、县（区）和一些重点骨干企业也不失时机地，采取多种形式大张旗鼓地开展了这一活动，宣传的声势和取得的实效比往年都大。我们在巩固“全国安全生产月”活动成果的基础上，按照国家安监局的要求又安排部署了“2004年“安全生产普法活动”，并把这次普法活动延伸到生产经营单位、街道、社区和农村，重点宣传了《安全生产法》以及煤矿、危险化学品、非煤矿山、水上运输、建筑、人员密集场所的一系列安全法律、法规和规章。8月份，自治区安委会办公室会同国家局宣传教育中心在全区生产经营单位发行《法佑平安》电视教育片200多套，并组织职工进行了收看和答题。9月份，配合《中国安全生产报》新闻西部行记者对中央驻宁企业和自治区重点骨干企业进行了新闻采访，在《中国安全生产报》连续刊登了4篇系列报道。一年来，在各新闻媒体刊登、播放有关全区安全生产工作的文章、稿件、会议报道40多篇（件），较好地反映和宣传了我区的安全生产工作情况。

在安全技能培训方面，主要抓了5件事：第一，抓了安全生产培训机构资质认定，自治区安监局会同质量技术监督局，建设厅对申报安全技术培训机构办学条件、管理制度等硬件，采取看实物、查资料，现场评分的方法，进行了严格审查，目前已有18个单位获得了国家三级安全生产培训资质。第二，抓了培训机构教师资格培训，先后举办了两期师资培训班，共有262名培训教师经培训合格后，取得了《安全生产培训机构教师资格证书》。第三，抓了建立教考分离制度，培训机构按照国家局统一的培训大纲、统一的教材、统一的考核标准和统一的各工种教学课时进行教学，自治区安监局负责考核发证。第四，抓了安全技术培训考核试题库的建立，目前自治区安监局试题库共有特种作业人员分工种试题各三套，安全生产管理人员试题四套。第五，抓了培训工作法制建设，现已制定出《安全生产培训机构管理办法》、《生产经营单位主要负责人、安全生产管理人员及特种作业人员安全技术培训考核发证暂行规定》、《特种作业人员安全技术培训考核管理细则》、《监考人员管理规定》，还编印了《安全生产培训考核工作指南》文件汇编等。2004年，累计培训特种作业人员40609人，为稳定全区安全生产形势作出了贡献。

五、加强安全评价机构管理，确保安全评价的科学性、公正性和严肃性

为了建立和完善安全评价制度，加强对安全评价机构的监督管理，进一步规范安全评价机构的行为，提高安全评价质量，保证安全评价的科学性、公正性和严肃性，自治区安监局先后制定了《宁夏回族自治区安全生产中介服务机构备案登记管理办法》、《宁夏回族自治区社会安全中介机构监督管理办法》，聘任52名高级工程师组建自治区安全评审专家库，批准备案11家外省来宁进行安全评价的机构，审批了3家安全评价临时资质，向国家安全生产监督管理局申报国家级安全评价资质1家。对全区危险化学品、非煤矿山、烟花爆竹企业进行专项安全评价。已完成的评价项目238个。同时，对个别评价机构出具虚假的经营危险化学品安全评价报告，进行了处理，规范了安全评价市场。

六、基础工作得到加强，安全生产监管工作初步实现规范化管理

2004年，各级安全生产监督管理机构针对本单位基础管理薄弱的现状，在一缺人手、二缺资料、三缺经验的情况下，克服重重困难，甚至从零做起，基本摸清了全区各地危险化学品、非煤矿山、烟花爆竹生产经营企业的底数、分布状况、从业人数以及重大危险源和重大隐患，安全状况等方面的情况，建立了基础数据库，确定自治区重点监管的危险化学品生产企业34家，非煤矿山企业28家；建立了安全生产技术培训基地18个，安全评价机构4家，得到国家二级资质的培训机构4家；自治区安监局制定了有关规章制度和工作人员行为规范等20个规章制度；自治区政府还颁发了《自治区政府关于进一步加强安全生产工作的决定》、《关于加强中央驻宁企业安全生产监督管理办法》、《危险化学品生产单位安全生产许可证办法的实施细则》和《非煤矿山企业安全生产许可证办法的实施细则》，明确提出了一系列具体的政策措施；各级安监机构还建立了各类伤亡事故统计信息数据库。这些基础性的工作，为完成各项安全生产工作打下了坚实的基础。

2004年，全区的安全生产工作虽然取得了较大的成绩，但安全生产形势仍然不容乐观，存在着以下6个比较突出的问题：一是事故总量和直接经济损失仍然较高。2004年全区共发生各类伤亡事故8662起，同比增加了260起，上升3.09%，经济损失3063.7万元，同比增加54.2万元，上升1.8%；二是工矿商贸企业尤其是建筑施工行业事故多发；三是煤矿伤亡事故4项指标全面上升；四是安全生产控制指标完成进度不一；五是城镇公共消防设施建设与日趋繁重的灭火和抢险救援任务矛盾突出；六是公共消防设施较差，公共消防设施建设与日趋繁重的灭火抢险救援任务矛盾突出。造成上述问题的原因，主要是一些生产经营单位在贯彻

“安全第一，预防为主”方针上有差距，安全工作不落实，一些单位重生产、轻安全，不顾安全生产条件突出生产、盲目超产现象有所抬头；部门市县（区）安全生产监督管理机构不健全，人员不到位，安全生产监督管理基础薄弱，安全生产长效机制尚未建立；还有一些生产经营单位的安全管理机构不全，安全生产责任制不落实，各项规章制度和操作规程不健全，安全生产资金投入不落实等。

随着改革开放，全区社会经济成分将会日趋复杂，尤其是非公有制经济成分、组织形式日益多样化，国有企业、国有股份制企业、集体企业、私营企业和个体工商户并存，这些企业的安全生产条件千差万别，存在着不少事故隐患。随着国民经济持续快速发展，全区的能源、重要原材料和运输的供求矛盾越来越突出，企业面临的安全生产压力明显加大。在这种情况下，为了满足经济、社会发展的需要，不少企业不得不超负荷运行、超能力生产。企业既要增运增产，提高效益和利润，又要确保安全、防范事故，安全生产工作将经受着很大压力。安全随着用工制度的改革，农民工、临时工和外来工，已成为职工队伍的主体。尤其是建筑行业和非公有制小企业，更是低素质劳动力集中的领域。员工素质低下，在客观上加大了安全生产监督管理工作的难度，违章现象屡禁不止，将会直接威胁企业的生产安全。同时，也说明了当前安全生产形势的严峻性、安全生产工作的复杂性和长期性。因此，我们必须付出长期艰苦的努力。把握住历史的契机，努力做好各项工作。

新疆维吾尔自治区安全生产工作综述

2004年以来，在自治区党委、人民政府的正确领导下，在自治区有关部门的密切配合下，在国家安全生产监督管理局的大力指导和帮助下，新疆以“三个代表”重要思想和科学发展观为指导，认真贯彻落实国务院《关于进一步加强安全生产工作的决定》和全国、自治区安全生产工作会议精神，紧紧围绕自治区安全生产工作目标任务，坚持“安全第一，预防为主”的方针和“以人为本”的安全理念，认真贯彻落实党中央、国务院领导同志关于安全生产工作的一系列重要指示精神，按照自治区的安排部署，全面落实安全生产责任制，深化安全生产专项整治，认真开展安全生产大检查，加大事故隐患整改力度，加强安全生产宣传教育培训工作，依法强化安全生产监督管理，做了大量扎实有效的工作。特别是各级政府及其部门和企业的领导，通过落实安全生产责任制，进一步提高了对安全生产工作重要性的认识，增强了做好安全生产工作的责任感，加强了对安全生产工作的领导，保证了2004年全区安全生产形势总体平稳，完成了国家下达的控制指标。

2004年，全区共发生各类伤亡事故13231起，死亡3419人，受伤9117人，直接经济损失7334.07万元，与上年同比，分别下降8.19%、上升5.30%、下降11.90%、下降2.66%。一次死亡3人以上事故118起，死亡434人，与上年同比，分别上升55.26%和46.13%。

国务院2004年给新疆下达的安全生产控制指标：工矿企业死亡人数控制在390人，其中煤矿企业死亡153人，煤炭百万吨死亡率4.00。实际工矿企业死亡346人，占控制指标的88.72%。其中煤矿死亡人数131人，占控制指标85.62%，煤炭百万吨死亡率减少0.84个百分点，达到近6年来百万吨死亡率最低的一年。

2004年，新疆维吾尔自治区没有发生一次死亡10人以上的特大事故。

围绕2004年年初自治区确定的安全生产目标，主要开展了以下工作：

一、明确各级安全生产责任制

按照国家关于建立安全生产控制指标体系的要求，将年度安全生产控制指标下达给15个地、州、市，15个厅局，43个大型企业，并层层分解到99个县、区、市，993个乡镇和街道办事处以及所属有关部门和生产经营单位，实行定量控制，逐级签订了安全生产目标管理责任书。自治区安委会专门制定了《自治区2004年安全生产目标管理实施意见》和《自治区2004年安全生产目标管理考核标准》，2004年11～12月，自治区安全生产委员会办公室组织有关部门已对15个地州、市，15个厅、局、43个大型企业安全生产目标管理进行了考核，自治区人民政府对安全生产目标管理优秀单位和不合格单位分别进行奖惩。坚持每月生产安全事故通报制度，向社会及时通报各地、有关部门、各企业安全生产情况。通过以上措施，进一步明确了各级安全生产责任制，形成了较为完善的安全生产目标责任和一级抓一级、逐级抓落实的工作局面。

二、贯彻落实安全生产工作的部署和要求

全年召开了自治区安全生产工作会议、3次全区安全生产电视电话会议、6次自治区安委会会议。集中研究起草了《自治区人民政府关于进一步加强安全生产工作的决定》，修订了《新疆维吾尔自治区矿山安全法实施办法》（征求意见稿）。结合实施《行政许可法》，对涉及安全生产的行政许可行为进行了全面清理，自治区人民政府已经公布了非煤矿企业、危险化学品、烟花爆竹生产企业的安全生产许可及从事特种作业安全资格认证。做好安全科技工作，将自治区安全生产科技工作列入自治区第11个五年科技规划，拟定了自治区安全生产科技发展规划提纲，启动了自治区安全生产项目库的建设工作。做好建设项目“三同时”监督管理，对建设项目进行安全审查，共审查30个预评价项目，5个初步设计项目和20个竣工验收项目。对各地群众反映的重特大事故隐患治理、举报瞒报事故等情况进行了认真核查，督促各地、各部门认真解决存在的问题。共接待上访人员13批25人次，信件25封，受理行政复议案件4起。

三、开展安全生产检查和重大事故隐患整治工作

按照国家的统一部署，针对容易引发不同事故的季节特点，结合重要时期和节假日的安全稳定要求，2004年，自治区先后组织开展了8次安全生产大检查和专项督查。自治区有6位副主席先后带领有关部门分别对所分管行业的大型企业、医院、学校、商场、仓库、清真寺院等重点单位进行了全面的安全检查。据不完全统计，自治区、各地检查各类企业12265次，督查658次，查处事故隐患13027项，下发整改指令书9623份，停产整顿577家，关闭、取缔342个。自治区安委会对历次大检查中发现的14项重大火灾事故隐患下达了督办通知，当地政府和存在事故隐患的企业积极采取措施进行整改，目前，7个已整改完毕，1个停产停业整改，3个正在按计划整改，3个无力整改的已采取了必要的措施。哈密市投入500万元对领先商厦存在的重大火灾事故隐患进行了整改；喀什地区对存在的8项重大事故隐患投入5000余万元，其中5项重大事故隐患已整改完毕，整改力度大，成效明显。交通部门投入1420.2万元，对“黑点”路段的标志、标线进行了完善，并通过路网改造和基本建设进行了整治。

四、深化安全专项整治工作

一是危险化学品“五整顿、两关闭”工作成效显著。各地查出事故隐患2884处，转产1户，拟搬迁的经营单位95户，吊销证照6户，停产整顿153户，关闭44户。掌握了全区6831个重大危险源的分布和控制情况。发放危险化学品生产登记证180个，使用登记证80个，储存登记证12个，发放危险化学品经营许可甲证1412个、乙证2561个。全面展开危险化学品从业单位评价工作。联合开展了危险化学品罐车专项检查整治工作。

二是非煤矿山安全专项整治达到预期目标。全区各地共组织检查、督查2498次，查出事故隐患11729项，下发整改指令书2411份，投入整改资金3728万元，整改10788项，整改率为91.98%。对140个非煤矿山实行停产整顿，关闭60个、取缔36个。对全区2013家非煤矿山进行了安全评估。

三是道路交通安全专项整治继续保持从严势头。按照“五整顿、三加强”的要求，在抓好国省道等干线交通秩序的同时，加强了县乡道路和城市道路的集中整治，严查交通违法行为，集中治理了车辆超限超载工作，积极采取先进技术，加强对营运驾驶员的动态监管，在全区范围内推广安装汽车行驶记录仪，目前，已安装了约1500台左右。公安交警、交通部门严格实行事故责任追究制度，自治区交警部门对今年以来发生的一次死亡3人以上的道路交通特大事故要对每起实行倒查，对发生一次死亡5～9人的道路交通特大事故，责成当地交警部门领导做出书面检查。加强了对营运驾驶员的动态监管，目前已对驾龄在3年以下的机动车驾驶员发生的360起、死亡440人的交通事故，分别从培训、考试和发证情况进行了责任倒查，并按规定严肃处理有关责任人。交警部门制定了《全区道路交通事故多发点段和公路安全隐患路段的排查整治方案》，对全区目前排查出的54处事故多发点、段和公路危险路段，逐一提出了治理建议和措施。

四是煤矿安全专项整治不断深入。共检查矿井735次，查出事故隐患14681条，完成整改13506条，整改率92%。

五是消防安全专项整治力度进一步加大。深入开展了火灾隐患大排查、大整改活动，通过政府公示、舆论监督、单位自律、行业联动、挂牌督办、跟踪问效等措施，形成了围剿火灾隐患的高压态势。对重大火灾隐患整改实行政府公示和挂牌督办，并建立隐患整改进度档案和火灾隐患倒查制度，全疆排查评估确定的39个重大火灾隐患单位，19个已经整改完毕，6个停产停业整改，其他的正在整改。

六是建筑施工安全专项整治重点突出。认真开展了施工现场多发性伤亡事故专项治理，重点加强了高处坠落、坍塌和建筑施工机械的监督管理，加大了建筑安全防护用品用具的专项整治。共督查抽查1211个施工现场，建筑面积1189万平方米，减少了施工过程中的安全隐患。

此外，民用爆炸物品和烟花爆竹、“三线”搭挂与交越、保护民用航空无线电专用频率等安全专项整治工作整体推进。通过深化安全专项整治，进一步规范了生产经营单位安全生产行为，提高了安全管理水平。

五、加强宣传教育与培训，增强全社会的安全生产意识

一是认真组织开展了“安全生产月”活动。全区县级以上城市及大型企业普遍开展了安全生产咨询日活动，受教育群众达800万人次。乌鲁木齐、昌吉、伊宁、喀什4个城市参加了全国安全生产百城万人签名活动。自治区党委宣传部、自治区安监局、总工会、团委和广电局等五部门共同组织了安全生产知识竞赛。全区各地组织开展了安全生产知识图片展、知识竞赛、文艺汇演、板报展览等丰富多彩的活动。开展了“11·9消防宣传日”活动。

二是广泛开展了经常性的安全生产宣传教育。公安交警、消防部门在全区深入开展了“安全社区”、“安全村”、“安全学校”、“安全企业”活动；全区工矿企业广泛开展了“安康杯”竞赛和“青年安全生产示范岗”活动；在建筑企业开展了创建“安全文明工地”活动，安全生产意识深入人心。

三是加强了对生产经营单位负责人、安全生产管理人员及特种作业人员的安全培训。经考核，3500余名企业负责人、12400余名安全管理人员、近30000名特种作业人员取得了资格证书。组织1200余名安全生产管理人员参加了全国注册安全工程师考试，对提高安全生产管理人员的素质起到了积极作用。

四是新闻媒体加大了宣传力度。各新闻媒体大力宣传安全生产法律法规和安全知识，及时报道安全生产情况，通报安全生产形势，加强安全生产舆论监督，进一步营造了全社会关心和重视安全生产工作的良好氛围。

六、加快应急救援体系的建设和应急救援预案的制定

自治区制定下发了生产安全重特大事故、危险化学品和煤矿重特大事故等3个应急救援预案，编制完成了《自治区生产安全应急救援体系建设方案》。各地、各部门和大型企事业也加快了应急救援预案的制定。通过制定和完善应急救援预案，各级政府对重特大事故应急救援的能力得到加强。各地专门组织了重特大事故应急救援演练，提高了政府对重特大事故的应急反应能力。吐鲁番地区、乌鲁木齐市在发生危险化学品泄漏和燃烧重大事故后，立即启动应急救援预案，大大减少了事故造成的损失。

七、严肃追究事故责任

按照事故原因不查清不放过，责任人员得不到处理不放过，整改措施不落实不放过，有关人员没有受到教育不放过的“四不放过原则”，共查处事故235起，处理责任人611人，其中地厅级干部3人，处级干部3人，给予党纪处分9人，建议追究刑事责任9人。

八、推动安全科技和管理工作

自治区2个安全科技项目分获全国第二届安全科技成果二、三等奖。其中，新疆三叶管道技术有限责任公司的《高精度管道漏磁在线检测系统》填补了国家空白，被纳入国家2004年度安全生产重点推广技术目录。开展了职业安全健康管理体系的推广试点工作，已有56家企业建立了职业安全健康管理体系。通过职业安全健康管理体系的建立，企业的整体安全管理水平大幅提高，职工的安全意识明显增强。

九、加强安全生产监管队伍建设

各地州市高度重视安全生产监管队伍建设，一些地区加快了县乡两级安全生产监管机构和队伍建设，增加了编制，充实了人员。如：昌吉州所属乡镇已全部建立了安全生产监管机构，配备了专职安监人员。伊犁州、巴州将自治州安全生产监督管理局独立设置，并要求各县市健全和完善安全生产监督管理机构。全区开展了安全监管人员执法培训，360余人受到教育，安全生产监管队伍素质得到了进一步提高。

十、充分发挥安全中介机构的作用

积极协调自治区物价局出台了《新疆维吾尔自治区安全评价收费方案》，规范了安全评价机构的市场服务行为。发展安全评价机构26家，取得了4类资质，41个资质证书，安全评价机构得到了有序培育和发展，基本形成了资质类别齐全的安全评价中介服务队伍。加强安全培训机构管理，修订了《自治区安全生产培训机构管理办法》，完成安全生产培训机构资质审核21家，举办四期培训班，共计培训300余人。目前已认证安全培训机构83家，其中二级培训机构2家，三、四级培训机构70家，安全培训机构基本覆盖了我区主要地州市和铁路、石油、化工、电力、冶金、建筑、交通等主要行业和领域，形成了安全生产培训网络体系。积极开展职业安全健康体系推广试点工作，有12家试点单位职业安全健康体系运行正常。据统计，我区已有56家企业建立了职业安全健康管理体系（含石油石化行业建立的HSE）。

2004年的安全生产工作虽然取得一定成绩，但也存在一些问题：

一是基层基础工作薄弱，安全投入不足，安全欠账多；二是安全监管力量严重不足，一些违法非法生产的行为难以及时发现和监督管理；三是企业，尤其是中小企业员工的安全意识不强，安全生产技能素质不高，“三违”现象仍然比较普遍。

2005年，我们将以“三个代表”重要思想为指导，树立和落实科学发展观，认真贯彻落实党的十六届四中全会和自治区党委八届六次全体（扩大）会议精神，坚持“安全第一，预防为主”的方针，以人为本，以落实安全生产责任制为重点，突出抓好各项工作落实，努力完成国务院下达的各项安全生产控制指标，努力杜绝特大事故、遏制重大事故、减少一般事故、使死亡人数下降。重点做好“强化四个责任，加快四项建设，抓好九项工作”，确保全年安全生产控制指标的完成，实现安全生产目标。

强化四个责任：一是强化各级政府的安全生产责任，切实加强对安全生产工作的组织领导；二是强化政府有关部门的安全生产责任，加大行政执法力度，加强对安全生产的监督管理；三是强化企业的安全生产主体责任，促使企业建立安全生产自律约束机制，提升安全管理水平；四是强化各类人员的安全生产责任，切实提高各类人员的安全素质。

加快四项建设：一是加快法制建设。起草制定《新疆维吾尔自治区安全生产条例》，逐步形成符合我区实际的安全生产地方性法规体系，使安全生产工作纳入健全的法制轨道；二是加快制度建设。落实安全生产许可制度，建立企业提取安全费用制度、安全生产风险抵押金制度和企业工伤社会保险制度；三是加快体系建设。加强和完善安全生产监管体系、控制指标体系、重特大事故应急救援体系；四是加强队伍建设。

抓好九项工作：一是进一步完善和落实安全生产责任制；二是抓好“双基”工作，夯实安全生产工作基础；三是抓好安全专项整治，遏制重特大事故发生；四是抓好政策制定，推动企业加大安全投入；五是抓好隐患整改，把各类事故消灭在萌芽状态。六是抓好科技进步，提高本质安全水平；七是抓好宣传教育，强化全民安全意识；八是抓好日常监管，加大行政执法力度；九是加强安全生产监管队伍建设。

新疆维吾尔自治区煤矿安全生产工作综述

2004年，全区煤炭产量4189万t，比2003年增加900万t，增长27.35%。其中，原国有重点煤矿产煤1051万t，地方煤矿产煤1117万t，乡镇煤矿产煤2021万t。销售原煤4040.93万t，在全区煤炭产量比2003年大幅增加的情况下，各类煤矿安全状况继续保持稳定好转。没有发生10人以上的特大事故，全区共发生伤亡事故101起，死亡131人，比2003年减少7起事故，少死亡7人，事故起数和死亡人数分别下降6.5%和5.1%，与国家煤矿安全监察局下达的死亡控制指标相比，少死22人。百万吨死亡率3.16，与2003年同期百万吨死亡率相比，下降1.14；与国家煤矿安全监察局下达的百万吨死亡率控制指标相比，下降0.84。事故死亡总数中，顶板事故占51%，运输事故占15%，瓦斯事故占12%，水害事故占8%。

一、全面贯彻落实国务院《关于进一步加强安全生产工作的决定》（以下简称《决定》），推动煤矿安全生产工作上新台阶

一是认真学习《决定》，提出了自治区煤炭行业贯彻《决定》的具体意见，自治区人民政府下发了《关于进一步加强煤矿安全生产工作的意见》、《自治区2004年深化煤矿安全生产专项整治工作实施方案》，《关于切实加强煤矿安全生产工作的紧急通知》、《转发国务院安全生产委员会办公室关于加强煤矿安全监督管理进一步做好小煤矿关闭整顿工作意见的紧急通知》。上述以政府名义下发的文件，紧紧围绕《决定》精神，提出了贯彻的具体措施，各地、州、市、县都狠抓贯彻落实工作，并取得了较好的效果。

二是根据国务院《安全生产许可证条例》和国家煤矿安全监察局《煤矿安全生产许可证实施办法》，制定了新疆煤矿安全生产许可证具体实施办法，下发了《关于做好煤矿安全生产许可证工作的通知》。根据国家三部委《煤炭生产安全费用提取和使用管理办法》和《关于规范煤矿维简费管理问题的若干规定》，制定了具体的实施意见。这些工作对加强煤矿企业的基础工作，严格市场准入，对管住源头，建立安全生产长效机制，推进煤矿安全生产工作的规范化、制度化，起到了积极的推动作用。

三是建立和完善煤矿安全控制指标体系。国家煤矿安全监察局从2004年开始下达安全生产控制指标，我们把煤矿安全控制指标分解到各地、州、市和国有重点煤矿企业，形成了全区自上而下的煤矿安全控制指标体系，落实了煤矿企业安全生产主体责任。各地、州、市围绕这个主要目标，积极努力开展工作，层层分解落实，确保了全区控制指标没有突破。

二、突出重点，提高煤矿安全监察行政执法效能

全年共监察矿井735矿次，监察覆盖率100%，查处事故隐患14681条，整改落实12256条，整改率92%，下达各类执法文书3214份，下达行政处罚决定书255份。对2004年全区发生的101起事故，按照“四不放过”的原则，全部进行了严肃查处，群众举报的煤矿违法违规案件查处率达100%。

1. 抓住重点，强化煤矿安全监察工作

按照2004年年初提出的工作思路，加大了以瓦斯治理和“一通三防”为重点的煤矿安全监察力度。督促高瓦斯矿井建立、健全瓦斯抽放制度，采掘工作面瓦斯监测制度，瓦斯异常情况定期报告制度，对辖区内高瓦斯矿井采取跟踪式监察，督促煤矿认真贯彻瓦斯治理“十二字”方针。把安全监察与安全程度评估紧密结合起来，以C类和D类矿井为重点监察对象，有效巩固了煤矿安全程度评估工作的成果。

2. 通过专项监察，增强监察的针对性

根据煤矿生产的季节性规律，特别是“两节”过后，黄金周前后，煤矿企业全面恢复生产，容易引发伤亡事故的特点，全区加大监察力度，对国有重点煤矿、高瓦斯矿井、水害严重的矿井进行不定期的专项监察。深入到南北疆各地、州、市，对各地贯彻落实“三同时”情况进行了专项督察，对煤矿建设项目存在的问题进行督促整改。按照煤矿安全设施“三同时”的要求，全年共审查安全专篇78部，从源头上严把准入关。随着自治区煤炭工业“十五”结构调整规划的稳步推进，全区基建、技改矿井不断增多，制定了基建矿井监察方案，对基建矿井的立项、安全专篇、初步设计的审批情况，安全设施、资金投入、工程进度等内容进行专项监察。同时加大了对在建矿井建设过程中的违法违规行为的行政处罚力度。针对拍卖、购并、改制重组的矿井，进行了专项监察，重点监察安全责任制落实情况，矿井证照是否齐全，矿井转让手续是否齐全，对不符合要求的坚决不许生产。

3. 加强沟通协调，完善煤矿安全监察机制

做好煤矿安全监察工作，必须保持与地方政府的密切联系，紧紧依靠地方政府及煤炭管理部门。在认真贯彻国家煤矿安全监察局有关法令的同时，积极主动向自治区党委、自治区人民政府和主管煤炭、安全的领导汇报工作，并提出具体的建议。在与地方人民政府沟通协调中，注重处理好三个关系，即煤矿安全监察机构与地方政府的关系；煤矿安全监察与煤矿安全管理的关系；经济处罚与煤矿利益的关系。煤矿安全监察机构定期参加地方人民政府召开的煤炭工作会、安全生产座谈会、事故分析会、安全知识讲座，经常走访辖区内地方人民政府和煤炭管理部门，听取各地对煤矿安全监察工作的意见和建议。对煤矿安全监察中发现的共性问题和重大隐患，以建议函的形式通报给当地人民政府，取得地方政府与相关部门的支持，协助和促进地方政府抓好煤矿安全生产。

三、严格执法，严肃查处各类煤矿事故

根据国务院302号令和有关法律法规的规定，坚持依法行政，按照“四不放过”的原则，按照职责权限，严肃查处了各类煤矿事故。2004年，批复煤矿事故调查报告82起，结案率98.8%，在这82起事故中，共处理各类人员380人。对事故的调查处理做到事实清楚、程序合法、处罚准确。及时组织召开事故分析会，剖析事故的原因，提出有针对性的防范措施。同时，配合监察、公安、经贸、工商等部门对有关责任人的处理情况进行检查和落实。

四、实施煤矿安全生产许可制度，提高准入门槛

煤矿安全生产许可制度是煤矿安全生产法制建设的一个突破性进展，是推动煤矿安全生产工作从事后查处向源头管理的转变，进而从根本上防止和减少事故的有力措施。组织起草自治区煤矿企业申领安全生产许可证的具体办法、安全评价报告编制细则，修订了生产矿井安全现状综合评价标准，并及时组织评价机构进行宣传贯彻，截止2004年底，已有14家经审查批准的评价机构开展工作。2004年12月6日，全区首批22家煤矿企业申领煤矿安全生产许可证，标志着安全生产许可制度的全面推进。

五、深入开展煤矿安全质量标准化活动

为夯实煤矿安全生产的基础，建立煤矿安全生产长效机制，按照国家煤矿安全监察局提出的“一年打基础，两年基本完善，三年初步规范”的要求，采取了以下措施：

（1）出台了《关于推进煤矿安全质量标准化工作的实施意见》，制定了自治区煤矿安全质量标准化达标规划和目标，明确了全区各类煤矿安全质量标准化的标准，工作目标和保障措施。

（2）在塔城昊源煤矿召开了全区煤矿安全质量标准化工作现场会，会议取得了非常好的效果，极大地促进了全区煤矿安全质量标准化的工作。

（3）分别对全区5个地、州的15个产煤县市的30个煤矿进行了检查，采取就近集中的原则，召集矿井有关人员近200个进行安全质量标准化的宣传、座谈和培训。2004年，全区国有重点煤矿中3个矿井达到国家一级标准，5个矿井达到国家二级标准，18个地方和乡镇煤矿达到县级以上标准，其中6个达到地、州级标准。

六、加快煤矿安全支撑体系建设

（1）加大煤矿安全技术培训力度，完善煤矿安全培训体系。经过近几年的努力，新疆煤矿安全技术培训体系已基本建立，现有二级培训机构1个，三级培训机构13个，形成了不同层次的网络体系，对提高煤矿全员安全技术素质发挥了重要支撑作用。2004年，全疆共培训各类人员11800多人。其中，矿（井）长资格培训361人，安全资格培训1685人，特种作业人员培训9754人。以典型案例研讨会的方式，对发生伤亡事故的煤矿矿长进行强化培训，共举办2期研讨班，100多名矿长受训。

(2) 加快矿山应急救援体系建设。出台《新疆煤矿重特大事故应急救援预案》。组织举办了新疆第二届矿山救护职业技能竞赛活动，13支救护队参加了比赛，通过练兵，提高了各救护队的技能和水平。

(3) 建立了国家矿山救援医疗中心省级医疗中心，新疆煤矿总医院和哈密煤业集团医院成为国家矿山医疗救援中心省级医疗分中心。

新疆生产建设兵团安全生产工作综述

2004年，新疆生产建设兵团认真贯彻全国安全生产工作会议精神和《国务院关于进一步加强安全生产工作的决定》，按照"安全第一，预防为主"的基本方针，认真开展"安全生产年"活动，在各级党政及行业主管部门互相配合、齐抓共管和各级安全生产监察人员共同努力下，加大安全生产综合管理力度，履行安全生产的监督检查和管理职能，使得安全生产形势总体稳定，趋于好转。

2004年，新疆生产建设兵团共发生企业职工死亡事故26起，死亡27人，直接经济损失274万元；与2003年相比，事故起数下降56.67%，死亡人数下降38.64%，直接经济损失下降16.21%。创造了近几年来安全生产的最好成绩。

其中：发生煤矿企业职工死亡事故8起，死亡13人；与2003年相比事故起数下降70%，死亡人数下降37.5%；建筑行业发生企业职工死亡事故4起，死亡4人，事故起数下降44.44%，死亡人数下降50%。煤炭行业发生重大企业职工伤亡事故1起，死亡6人。

2004年，兵团独立运输企业发生责任事故13起，造成责任死亡12.25人，伤16人，直接经济损失124.2万元。责任事故率0.131次/百万车公里，责任死亡率0.124人/百万车公里，责任受伤率0.161人/百万车公里，经济损失率1.25万元/百万车公里，分别比上年同期下降68.05%、17.3%、55.28%和26.4%。4项指标均控制在国家规定的行业指标范围内。

2004年，兵团共发生各类火灾事故530起，死亡10人，受伤13人，直接财产损失279.9万元。与2003年相比死亡人数持平，受伤人数上升18.2%，直接财产损失下降30.8%。

一、加强领导，落实责任，进一步推动安全生产工作

在兵团党委、兵团的大力支持下，各级领导对安全生产工作非常重视。2004年兵团共召开了4次安全生产电视电话会议，一次兵团安全生产暨消防安全工作会议，是历年来安全生产会议最多的一年，陈德敏政委、张庆黎司令员先后参加了这些会议，并做了重要讲话，刘新齐副司令员更是每次会议必到。在这些会议上总结了2003年安全生产工作及消防安全工作，部署了2004年的安全生产工作及消防安全工作；下发了兵团安全生产控制指标；对2003年度兵团安全生产先进师、先进部门、先进单位、先进个人进行了表彰；兵团领导同各师签订了"兵团2004年度安全生产责任书"。根据机构改革和人员变动情况，兵团及时调整充实了安委会。兵团安委会在2004年召开了4次安委会全体委员会议，专题研究部署安全生产工作，制订安全生产目标责任书，对重大事故的处理进行研究，针对兵团安全生产的重点工作及存在的问题提出了具体的安排意见和处理办法，有力地促进了兵团的安全生产工作。

各师、各部门又将安全生产目标层层分解，逐级签订了安全生产目标责任书，并实行了安全生产一票否决。兵团建设局、交通局、旅游局都召开了专题会议，安排部署安全生产工作，与各师及有关企业签订目标责任书。

二、坚持预防为主，加大监督检查力度，开展全兵团范围的安全生产大检查

根据兵团2004年2月8日安全生产电视电话会议的统一部署，兵团安委会组织有关部门对重点行业、重点师、重点单位进行了检查，并对各师安

全生产责任制、规章制度的建立健全和执行情况进行检查。检查各师安全生产监督管理的职能是否得到了落实、事故的调查处理和行政责任追究的情况、安全生产责任制和各项规章制度建立情况、特种作业人员的培训情况、安全专项整治的落实和开展情况。通过检查，进一步强化了安全生产工作。

各师及安全、监察、工会、建设、交通、公安、技术监督、农机、商务、旅游等部门对全兵团煤矿、非煤矿山、建筑、危险化学品、加油站点、交通运输、消防、农机、旅游等行业都进行了专项检查。各师及各部门在检查中加大了整改力度，采取了一些新的方法和举措。如各师的主要领导都参加了安全生产检查，分管领导基本上每次都参加检查。安委会组织了 6 次全兵团的安全生产大检查，检查了全兵团的 14 个师的各类企业，对煤矿、非煤矿山、危险化学品、烟花爆竹、建筑施工、消防安全、交通运输、农机和锅炉压力容器特种设备等方面进行全面细致的检查。共检查出事故隐患 400 余处，并限期整改，委托各师安全生产监督管理部门进行监督检查，将整改结果及时上报兵团安办。2004 年兵团安监局（煤监办事处）对全兵团的所有煤矿都进行了监察，监察矿井 120 次，监察覆盖率 100%，查处事故隐患 845 条，下达各类行政执法文书 320 份。其中，停产整顿 13 口矿井，下达加强和改善安全管理建议书 8 份，行政处罚 13 口矿井；兵团建设局对 14 个师的在建工程进行了抽查，共抽查工程项目 80 项，施工企业 30 家，监理单位 19 家，下发整改通知 58 份，评出兵团级文明工地 14 项，最差工地 5 项；兵团交通局 5 次对各师交通运输企业和公路建设施工现场进行了安全检查，并结合治理超限、超载活动，对不符合安全要求的车辆、人员，一律要求其停运，把事故隐患消灭在萌芽状态。

三、继续深化专项整治工作，结合实际，开展各类专项整治工作

兵团集中对煤矿、交通运输、建筑、农机、危险化学品、旅游、人员聚集场所消防安全等行业开展安全生产专项整治工作，刘新齐副司令员召开专题会议，对专项整治工作亲自部署。按照兵团“明确时限，内容具体，目标明确，落实责任，考核验收”的要求，兵团安监局、农业局、建设局、交通局、公安局、旅游局等部门制定了专项整治方案，并且精心组织，落实整治措施，全面部署安全生产专项整治工作的各项措施。各单位做到了安全生产专项整治与开展“兵团安全生产年”活动相结合，全面整治与重点整治相结合，系统整治与专项整治相结合，治本与治标相结合。按照专项整治的实施方案，查差距、查漏洞、查死角、查隐患，落实针对性措施，善始善终，切实抓紧抓好安全生产专项整治工作。在专项整治工作中，各师、各部门充分发挥主观能动性，精心组织，严格把关，对不符合安全生产条件的坚决进行整顿，保证了专项整治严肃性，保证了专项整治取得实效。兵团有关部门对专项整治工作进行了检查验收，从安全生产专项整治工作检查验收的情况和 2004 年的安全生产形势看，安全生产专项整治确实落到实处，确实取得了实效，对兵团的安全生产工作起到了积极的推动作用。

四、积极开展了“兵团安全生产年”和“全国安全生产月”活动，努力提高全社会的安全意识和职工的操作技能，营造安全文化氛围

兵团安委会紧紧围绕 2004 年“全国安全生产月”活动的主题，认真总结 2003 年“全国安全生产月”活动的经验，制定了“全国安全生产月”活动方案。并在兵团全面开展了主题为“贯彻决定，提高认识，完善机构，加强监管，落实责任”的“兵团安全生产年”活动，制定了“兵团安全生产年”的活动方案、宣传提纲和具体的系列活动计划。刘新齐副司令员在“兵团安全生产年”活动开始时在兵团电视台作了专题讲话，在活动期间各师分管领导和部分团场领导也均在电视上发表了讲话，对兵团和各师开展“安全生产年”和“全国安全生产月”活动起到了积极的推动作用。兵团安办在“全国安全生产月”活动期间在兵团日报上开辟了安全生产专栏，提出了开展“全国安全生产月”的重要意义，宣传了兵团安全生产先进单位的事迹，通报了发生的重大事故情况，并开展了“全国安全生产月”咨询日活动，在六师进行了“全国百城百万人签名”活动，创造了良好的“全国安全生产月”活动气氛，扩大了“安全生产月”活动的社会影响，提高了全民的安全意识。

各师、各部门、各企业按照兵团的安排部署，精心组织，大力宣传，认真实施。兵团工会连续组织开展了“安康杯”群众性安全生产竞赛活动，被全国总工会评为先进单位。各师普遍开展了“兵团安全生产年”和“全国安全生产月”的各项活动，利用广播、电视、报刊、标语、板报等方式，宣传贯彻国务院《关于进一步加强安全生产工作的决定》、《安全生产法》、《安全生产许可证条例》；举办了如“安全连着你我他”演讲比赛、“安全杯”亲情、友情、爱情演歌大赛活动；在中、小学生中开展了“安全伴我在校园，我把安全带回家”大型签名活动；在“安全生产月”活动期间，举办了“全国百城百万人签名”活动；举办安全生产法规知识学习，进行安全生产知识测验等活动，使安全生产年活动开展得有声有色，卓有成效。

五、以建立安全生产长效机制为目标，加强各项安全生产基础工作

根据《国务院关于进一步加强安全生产工作的决定》精神，兵团安委办起草了《兵团关于进一步加强安全生产工作的决定》（送审稿）、《兵团安全生产事故报告和调查处理暂行规定》、《兵团特大生产安全事故应急救援预案》、《兵团煤矿特大生产安全事故应急救援预案》等规定，对兵团的安全生产工作将起到极大的推动作用。

各师为加强安全生产基础工作，普遍开展了消防应急演练，兵团在二师召开了社区消防安全现场会；安监局在八师召开了煤矿安全应急救援现场会。这些演练促进了兵团的安全生产和消防安全工作。

六、加强培训、宣传工作

兵团安监局根据各师、各企业反映的具体要求和实际需要，组织开展了三期煤矿矿（井）长及安全生产管理人员安全资格培训，提高了煤矿矿长及安全管理人员的技术素质和安全意识，并取得了矿长安全资格证和安全管理人员资格证；对兵团各师管理危险化学品、非煤矿山的人员进行了培训，使他们对安全评价、许可证发放工作有了更深的了解；并组织有培训资格的培训部门对危险化学品经营单位、非煤矿山企业的主要负责人、安全管理人员、特种作业人员进行了培训。在兵团领导的支持下，兵团还派出人员到国外进行培训；组织重点煤矿领导、技术人员到外省大中型煤矿参观学习，取得了宝贵的经验；兵团建设局分期分批地对施工企业负责人、项目经理、安全员、一线特种作业人员进行了《建筑企业安全生产管理条例》的培训学习。全兵团举办各类安全培训班1000余期，培训人员50000余人，系统地学习了《安全生产法》及相关安全生产知识，并利用各种媒体对全社会人员宣传安全生产知识，使广大职工群众识灾、防灾的意识大大提高，有效地防止各类事故的发生。

七、认真做好各类企业的评估、评价工作

为配合《安全生产许可证条例》的实施，兵团大力加强了各类企业的安全生产评估、评价工作。根据国家的安排，由于时间紧，兵团各类企业的许可证发放的任务非常重，为了认真负责、高效优质地完成好安全生产许可证的发放工作，各有关部门积极开展工作，对各类企业进行摸底调查统计，对安全评价单位进行严格要求，现在兵团已对煤矿、危险化学品、非煤矿山等企业进行了安全评价，并对新建、改建和扩建的项目进行了安全预评价。兵团商务局在对成品油销售企业进行年审时，对未取得《危险化学品经营许可证》的企业，一律停止换发成品油经营证书。截至目前，兵团已对44个煤矿、358家危险化学品、80余家非煤矿山企业进行了安全评价。

八、加大了事故查处力度

兵团安监局、监察局、建设局、交通局等部门对本年度以来安全生产大检查中发现的隐患和问题，进行了动态跟踪检查，督促各师和各单位严格落实整改责任制，认真落实整改措施，确定专人负责，确保见到实效。对2004年以来发生的安全生产事故进行认真的调查处理结案。做到有法必依、执法必严、违法必究。每次重大事故发生后，兵团安监局及监察局、工会等有关部门总是派人立即赶赴现场，对事故进行认真的调查取证，掌握第一手资料，以便调查处理。对发生的几起重大事故，兵团领导对事故的处理工作高度重视，监察局、交通局、农业局、安监局对事故的处理情况进行了督查，使事故处理按照“四不放过”的原则进行严肃查处。针对第一季度伤亡事故有所上升的局势，兵团安委会专题听取了对几起特重大事故的调查，派出督查组对事故进行督查，对事故的查处和责任追究提出了严格的要求，发生重大事故的师都能按照“四不放过”的原则和要求，对发生的事故及时进行查处，目前2004年发生的伤亡事故处理已全部结案。

山西省平朔煤炭工业公司安全生产工作综述

2004年，山西平朔煤炭工业公司生产外运等各项指标创历史最好水平，公司剥采总量完成18321万立方米，完成计划的109.66%；原煤产量3837万吨，商品煤外运完成3269万吨，完成计划的115%，其中出口煤完成1221万吨。

安全生产形势总体平稳。原煤生产百万吨死亡率为零，工业生产百万吨死亡率为0.075。事故总起数50起（其中：死亡3起，重伤3起，轻伤6起，重大矿外交通事故2起，其他36起），直接经济损失107万元，与上年同比持平。

一、吸取教训，加强领导，强化责任意识

公司各级领导始终坚持“安全第一，预防为主”的方针，对安全工作给予了高度重视，无论是在日常管理、工作安排、资金投入上，还是在思想认识上，都把安全工作放在首要位置。公司主要领导在多次会议、多种场合都强调要做好安全生产工作。公司领导坚持每月下现场不少于2次的工作制度，公司管理前移，坚持24小时不间断现场指挥制度。公司共召开15次安全工作及办公会议，及时传达上级的重要指示及会议精神，安排部署安全工作，研究解决安全生产中存在的重大隐患和问题。

2004年选煤厂发生了3起死亡事故。这3起事故的发生，充分暴露出公司的安全管理不到位，对单人作业的岗位管理力度不够，用工管理存在问题，职工违章作业现象时有发生，安全培训还需进一步加强，对现场危险因素监控不够。对此，公司主要领导高度重视，并对有关责任人进行了严厉的惩处。2个露天矿及选煤厂认真吸取教训，在规章制度建设、安全培训、安全防范措施、隐患排查、“三违”人员处罚上做了大量的工作。

公司上下狠抓安全生产责任制落实，目标管理明确，考核兑现及时，严格执行安全管理制度。公司以3月份开展的安全生产整顿为契机，在整顿思想、整顿管理、整顿纪律、整治隐患和制度建设上狠下功夫，取得了一定的成效。

二、强化基础工作，及时整改隐患，不断提高装备水平，努力创造安全生产环境

公司在安全质量标准化、安全检查、安全投入、制度建设等方面做了许多工作，取得了一定的成效。

一是开展了安全质量标准化工作。2004年是本公司安全质量标准化起步阶段。通过召开现场会，加大宣传力度等，使广大干部职工对安全质量标准化的本质、内涵及重要意义的认识上有了一个很大的提高，为搞好安全质量标准化工作奠定了良好的思想基础。狠抓现场管理及班组建设，把抓基层、打基础作为安全工作的重心。矿容、矿貌发生了很大的变化。露天矿在运输道路、工作面等部位的安全质量标准化方面有了一定的提高。山下各单位的安全质量标准化工作全面铺开。修订了露天矿安全质量标准化标准及考核评级办法，此办法将上报国家局。

二是认真组织开展安全检查和安全活动。除停产整顿期间的安全检查外，公司共进行了7次安全大检查，开展了“一通三防”、雨季“三防”、入井检身、通勤车、危险化学品等专项检查。各单位共进行安全检查98次，共查隐患1105项，整改1037项，整改率94%。公司坚持每季不少于1次的安全检查制度。安监局坚持每周2次的专项检查制度，并且对井工矿、油库、危险化学品等重点环节、重点部位加大了监控力度。

各单位坚持矿（公司）月检查、部门周检查、班组日检查制度；深入开展了“安全生产月”活动；认真组织了第9个100天安全竞赛活动。严格按照“谁主管，谁负责”的原则整改隐患，责任到人，措施落实，确保整改及时、彻底。

三是狠抓制度建设。公司对所有的规章制度建设、特殊工种作业人员持证上岗及人员培训情况进行了整顿。共补充、完善了320个岗位责任制和规程，共增补了224个岗位责任制和规程，并且对所有人员进行了培训考试，对合格者颁发了安全生产

资格证。公司对各单位的岗位进行逐一排查及核实。

四是加大了安全投入。全年共投入2882万元，解决了57项安全技术措施项目及工程。随着一些大的安技措工程的建设，如修建安太堡矿硝铵库、安家岭公司防洪清淤工程、两矿安全标志的设置等，将为奠定坚实的安全基础，创造安全生产优良环境起到积极的推动作用。

五是达到安全许可标准，取得安全生产许可证。2004年，平朔公司、安太堡露天矿、安家岭露天矿、平安化肥厂取得了安全生产许可证。

三、严肃查处事故，强化安全培训教育及井工安全管理、危化品管理、矿山救护队建设等各项工作，建立健全各项管理机制

公司对安家岭矿选煤厂“3·22”胶带运输事故、“10·28”煤堆埋人事故，平安化肥厂尾气吸收塔爆炸事故、供应公司重大矿外交通事故、实业公司重伤事故进行了处理并对事故单位的领导班子成员及有关责任人进行了处罚。开除2人，撤职3人，行政处分8人，经济处罚92人，罚款60万元。

公司加大了职工安全教育与培训工作力度。除停产整顿期间进行的安全培训外，全公司共举办各类专业技术和安全培训班197期，培训人员9935人次。公司举办了2次中层领导干部培训班。外委培训管理人员107人。公司申报成立三级安全培训中心的工作已全面展开，所有的申报资料已上报。

安太堡矿开展的职业安全健康体系认证工作(OSHMS18000)已通过认证。安家岭公司开展了安全评价工作。

公司对井工矿1号井基建、采掘、机电、“一通三防”等方面进行了预评估。安监局按照国家制定的评价标准和安全质量标准化标准，逐项评估，逐项打分，使其具备必要的安全生产条件。

四、理顺、完善公司的安全管理机构，初步达到全方位、全过程的安全管理格局

2004年以来，公司党委、工会、共青团及各业务保安处室，配合公司做了大量扎实有效的工作，为安全生产作出了很大贡献。各级党组织开展的党员身边无事故活动取得了一定的成效。工会的群监员、共青团的青安岗、女工的协管员在安全工作中发挥了积极的作用。电视台、报社对安全文化建设起到了很大的作用。计划、财务、医院、消防、职教中心、保卫处等部门在各自职责范围内，对安全工作做出了很大贡献，形成了有效的安全管理网络。

辽宁省大连市安全生产工作综述

2004年，大连市委、市政府高度重视安全生产工作，按照“三个代表”的要求，认真贯彻落实党中央、国务院关于安全生产工作的一系列指示精神，全面贯彻实施《安全生产法》，牢固树立安全生产“责任重于泰山”的观念，以加强“双基”工作、建立长效机制为目标，以遏制重特大事故发生为重点，以加强体制和队伍建设、完善地方性安全生产法规、开展专项整治等工作为主要内容，完成了省政府下达给我市的各项安全生产控制指标，在全市经济持续高速增长的形势下，安全生产继续保持平稳态势。

2004年，全市发生各类事故6815起，死亡719人，事故起数比2003年多发生739起，上升12.2%；死亡人数减少51人，下降6.7%。其中工矿商贸企业死亡83人，同比上升6.4%；道路交通事故死亡547人，同比下降7.3%；火灾事故死亡26人，同比上升13%；铁路路外事故死亡63人，同比下降8.7%。省政府下达大连市全年道路交通死亡事故和工矿商贸企业死亡控制人数分别为605人和95人，没有超过控制指标。

一、突出重点，开展了安全生产大检查和专项治理工作

2004年，我市先后组织了元旦、春节、五一、夏季、国庆、冬季6次大范围的安全生产大检查。检查出较大安全隐患620处，整治589处，整改率95%，未整改的隐患也处在有效监控下。专项治理突出了以下3个重点：

1. 危险化学品、非煤矿山、烟花爆竹的专项

治理

全年对危险化学品生产企业多次进行检查，特别是11月份对危险化学品企业开展了以“五整顿、两关闭”为主要内容的专项整治。查处40余项较大的隐患，目前隐患已整改；对全市54户矿山企业进行了检查，查处105项隐患，取缔无证、非法开采小矿山5个、小煤井29个；为确保烟花爆竹生产企业安全生产，建立了烟花爆竹生产企业“五级监管，九级责任人”的监管体系，实行发生爆炸事故的企业立即关闭的政策。责令全市不具备冬季生产条件的烟花爆竹企业全部停止生产。烟花爆竹作为高危行业，全年未发生一起爆炸事故，创6年来安全生产最好形势。

2. 公众聚集场所消防、民用爆炸物品、道路交通专项整治

在市安委会的组织下，相关部门相互配合，抽查了1196个公众聚集场所，发现隐患和不安全因素375项，下发整改通知书44份，责令限期改正通知书134份，停止施工3家，累计处罚3.82万元。检查涉爆企业684家，涉枪单位6家，发现各类安全隐患65处，下达整改通知书65份。全市道路交通共出动警力6450人次、警车2800台次，查处交通违法行为14470次，对9400人进行了处罚，罚款141万元。

3. 水运、建筑施工等行业专项整治

检查水运企业61家，船舶115艘，查处隐患6大类，157项；检查港口企业14家，查出隐患42项。90%隐患已整改完毕。全市还重点开展了建筑施工、特种设备、渔业生产、城市燃气等安全专项检查与治理整顿。确保了安全形势基本稳定。

二、实施安全生产许可制度

按照国家、省安全生产监管局统一部署，大连市从2004年开始实施了安全生产许可制度，严把了高危行业安全生产市场准入关，全年有617家危险化学品经营单位获得安全生产经营许可证，全市完成率92%。

三、对重大事故危险源加强普查和监控力度

对已查清的583处重大危险源实施进行分类分级管理，落实责任，全面实行监控。狠抓了各级重大事故应急救援体系建设。大化医院作为大连市危险化学品应急救援体系中的重要一员，2004年发挥了重要作用，先后从死亡线上救治重度烧伤患者319例。

四、积极开展安全生产专业培训

2004年，全市各类培训机构共培训生产经营企业厂长（经理）2231人、企业安全生产管理人员800人，企业特种作业人员13389人。

五、存在问题

一是有法不依，违章指挥，违规操作。二是部分领导，尤其一把手安全意识淡薄，重生产效益、重工程进度，安全管理、安全投入明显不足。主要表现以下五个方面：

（1）生产组织不合理。企业的生产能力不能适应快速增长的市场需求，当这两方面发生矛盾时，想方设法提高人的效率和设备利用率，由此给安全生产带来了隐患和负面影响，导致各类事故频繁发生。

（2）劳动组织不合理。为了完成任务指标和工程进度，企业在突击生产的同时，把相当一部分生产任务委托给外协队伍和外来人员承担，但在管理上却未引起各级领导的重视。特别是几支队伍在同一地点作业时缺乏统一指挥协调，导致生产作业现场人员处于混乱松散的自由状态，加之缺乏强有力的安全监督管理保证，使已有的有效劳动组织管理制度形同虚设。

（3）经营组织不合理。很多企业在将生产任务、建设工程、设备维护和辅助工程对外发包时，不按规定签订书面合同，以明确双方安全责任，致使发生事故后经济责任不清，安全责任不明，这样不仅难以进行有效的安全监管，而且产生了众多不应有的矛盾和纠纷。

（4）人员使用不合理。企业在安排新上岗作业人员从事从未接触过的工作时，缺乏详细的安全交底和必要的安全培训，而以口头简单交代代替必要的安全培训教育。由于从业人员不懂工艺过程，不懂操作规程，导致一些从业人员盲目乱干，死亡事故不断发生。

（5）成本核算不合理。部分企业为了减少生产成本，减少新建、改建、扩建项目中安全设施的投入；在承揽工程中以低价格中标后，为能获得最大利润，减少安全投入。致使生产及施工现场的安全设施缺少、作业环境恶劣，工人在无安全保障的情况下冒险盲目作业。由此造成的死亡事故占全年事故的1/4。

山东省青岛市安全生产工作综述

2004年，全市各级部门围绕创建“平安青岛”活动，坚持关口前移，强化“双基”建设，全面落实安全生产措施，有效地遏制了重特大事故的发生，维持了全市安全生产形势的稳定好转。2004年，全市共发生各类安全事故11603起，死亡1046人，伤6942人，直接经济损失4253万元。与2003年同期相比，事故起数下降32.5%，死亡人数下降21.3%，受伤人数下降15.6%，直接经济损失下降61.3%，安全生产形势继续保持稳定好转。

一、领导重视，始终把安全生产工作摆在突出位置来抓

省委、市委领导非常重视安全生产工作，多次作出批示，要求进一步加强安全生产管理，消除事故隐患，加强防范，确保不出大的安全生产问题。多次召开了全市安全生产工作会议，学习国务院《关于进一步加强安全生产工作的决定》传达贯彻全国、全省安全生产工作会议精神，统一思想，确定工作思路、工作目标和具体措施。要求全市各级政府、各部门和企事业单位都要牢固树立“安全第一，预防为主”的思想，积极创新安全生产监管方式。市政府以一号文件下发了《关于认真做好2004年安全生产工作的通知》。市委、市政府还多次召开会议研究解决有关安全生产问题，有效地促进了青岛市安全生产工作的开展。在2004年的机构改革中，市委、市政府作出决定，将安全生产监督管理局升格为市政府的组成部门（正局级），同时成立青岛市安全生产监察大队，增强了政府对安全生产工作的监督管理力量，为今后工作奠定了良好的基础。

二、抓控制指标和工作指标考核，落实各级安全生产责任制

国务院和省政府已建立起新的安全生产控制指标体系，要求青岛市各项安全生产指标同比下降3.5%。为确保全市安全生产指标的完成，市政府确定各市区、各单位各项安全生产指标同比要下降4%，力争下降6%。在全市安全生产工作会议上，夏耕市长与各区市、各部门和有关单位分别签定了安全生产目标责任书，并要求各区市、各部门和各单位要以落实控制指标体系为总抓手，明确安全生产责任，通过层层签定安全生产目标责任书，推进了各项安全生产措施的落实。市政府1号文件对市政府33个部门、12个区市和10个有关单位的安全生产责任进行了细化，同时，分解下达了全市安全生产控制指标和工作指标。各级、各部门通过召开会议、下达文件等形式将指标层层分解落实到最基层。市安办注意加强指标落实的监督指导，对各区市、各部门、各单位指标控制情况，每月进行一次通报，每季进行一次调度，督促各级一把手履行好第一责任人的责任。全市安全生产指标控制体系已经基本形成，并已取得初步成效。据统计，1～10月份，全市33个部门、12个区市，有44个责任单位完成了市政府下达的安全生产控制指标，占97.78%。

三、抓“双基”，夯实安全生产工作基础

坚持抓好132个“双基”试点企业的典型推广，组织编写了《安全生产“双基”工作典型经验材料汇编》，发到基层企业，指导面上工作；研究制定了《青岛市安全生产“双基”工作考核办法》，并纳入了“平安青岛”考核范围；率先在全国推行了注册（助理）安全工程师制度，考录了566名注册（助理）安全工程师，加强了中小企业安全生产管理力量；实施安全生产协管员制度，分布市内四区49个街道办事处，帮助企业查找安全隐患，建章立制等，实现了市内四区的社区安全生产“无缝隙”安全管理。在城阳区召开了现场会，总结交流各区市经验，推广学习城阳经验。

四、抓重大危险源监控，防止重特大安全生产事故的发生

按照国务院302号令的要求，结合青岛市安全工作实际以及专项治理工作的需要，按照市政府的要求，市安办组织有关部门修改、完善原有应急预案。目前，青岛市现有20个各类重特大事故应急预案。近期根据国家安科中心发布的《城市重大事

故应急预案编写指南》，市安办又组织有关部门进一步修改、完善相关应急预案，在此基础上，将制定《青岛市重特大生产安全事故应急救援综合预案》，所有应急预案将由市政府颁布实施。借助我市作为国家“城市公共安全综合试点”的试点城市的优势，市政府决定投资8000万建立“青岛市公共安全应急指挥系统”。“城市公共安全应急指挥系统”由信息产业局牵头，在统一GIS地理信息系统基础上，进一步完善青岛市原有的110、119、120、122、地震、防汛、森林防火指挥中心及新建的重大危险源监控系统等子系统，做到技术、标准统一，由应急指挥系统整合各子系统，达到互通互利、资源共享。对青岛市重大危险源进行调查摸底，逐步完善了监控管理系统。经初步核查，青岛市现有重大危险源单位634个，因青岛市危化品单位较多，重大危险源的评价工作尚在进行之中，初步估计重大危险源单位将在1000个左右。下一步将在初步确认的基础上对重大危险源进行全面评价，提出监控管理要求，完善重大危险源监控管理系统，为青岛市“城市公共安全应急指挥系统”的建立提供相关数据技术支持。

五、深入开展安全生产大检查，消除各类事故隐患

通过“综合与专业、明查与暗访、突击与日常”相结合的方法，定期开展全市性的安全大检查，督促基层单位纠正在安全生产工作中存在问题，并积极开展“回头看”复查活动。结合发生的各类事故，实施“案例检查法”，举一反三；组织安全隐患整改“回头看”，消除各类安全生产隐患。重点做好道路和水上交通运输、旅游景区、公园、游乐园和公众聚集场所及劳动密集型企业消防安全、非煤矿山、危险化学品、民用爆破器材和烟花爆竹、建筑施工以及城市燃气、特种设备等行业的检查。重视对节日期间安全生产进行部署。全年节日期间的安全生产稳定。在第十四届青岛国际啤酒节开幕前，市安监、公安、卫生、旅游、质监等11个部门对啤酒城，进行安全生产“会诊”，查找安全隐患，落实安全责任；对田横岛营运摩托艇等存在的安全隐患进行了督查，并召集市交通委、市海事局、即墨市政府等单位专题研究提出了将11艘摩托艇解决措施，从根本上消除安全隐患。被列入省重点监控的青岛帝阳皮包有限公司、民多服饰有限公司和碱业集团天柱化肥等单位的9项重大安全隐患得到了有效整治。据不完全统计，2004年1～10月份全市共组成大检查7次，组成各类安全检查组600多个，检查生产经营单位1.8万余家，查出各类问题和事故隐患28032余项，下达各类事故隐患整改通知书21226余份，解决安全隐患8542项，杜绝重特大安全生产事故的发生。

六、抓整治，促进重点行业和领域的安全生产工作

按照国家和省安监局要求下发了关于继续深化专项整治工作的通知，进一步明确了2004年深入开展各项安全生产专项整治工作的重点。截至目前，对全市215家从事危险化学品生产、储存企业进行了安全评估，评估率100%。通过评估、评价关停不具备安全生产条件的企业5家，搬迁重建企业13家。关闭违法偷采私开矿以及各类非法开采、证照不齐的矿（点）429处、在2003年全面完成了全市700家在册矿山企业的安全生产现状评估的基础上，又开展了矿山安全生产管理等级考核评估工作。公安部门在全市清缴了炸药3200千克以上，雷管3500余枚，导火索1300米以上，烟花爆竹1000余万响。组成625个检查组，对全市经营性场所进行不间断夜查，检查经营场所1600余次，对210余家经营场所下达了限期整改通知，查处整改各类火灾隐患近万处。为了打造海上渔业安全整治氛围，市政府每年从财政拨款60万元用于建立海上渔船遇险救援基金，海洋与渔业部门还在城阳区设立了海上“110”船和渔民海上SOS求救电台，24小时不间断设专人值守。市安监局会同公安、交通等部门对全市道路交通事故重要点、段进行实地调查摸底，研究确定了2004年重点整治的23处道路交通事故“黑点”，明确了整治的工作措施、责任单位和整改时限；适时组织了对同三高速公路疏港路段、204国道、804省道重点路段安全检查，确保了该路段交通安全。对专项整治中排查出的60项重大安全生产隐患，以市政府办公厅和市安委会名义下达了文件，确定整改责任单位和时限。目前，已有20处道路事故黑点、4项重大生产安全隐患、19项消防安全隐患得到了有效整治。

七、抓群众监督，实行安全隐患举报制度

为及时发现和消除重大安全隐患，有效遏制重特大生产安全事故的发生，全面构建“政府统一领导，部门依法监管，企业全面负责、群众参与监督、全社会广泛关注”的安全生产工作格局，青岛市建立了安全生产事故隐患有奖举报制度。市安监局向社会公布安全生产违法行为种类、举报电话和电子信箱，便于职工和市民举报。对群众举报的安全事故隐患和违法行为，进行鉴别后，下发《安全事项督办通知书》，督促有关部门认真查处，并分别给予举报人100～10000元不等的奖励。2004年以来，共收到举报2405件，受理并督查129件，经查属实存在问题的108件安全隐患进行了整改。建立有奖举报制度以来，激发了群众对安全的关注和热情，社会安全意识进一步提高，共收到举报1279件，组织查实和整改107件，收到较大成效。

八、抓宣传教育，强化舆论的导向作用

充分发挥新闻媒体的宣传优势，积极畅通安全生产宣传渠道，扩大对外宣传窗口，加快安全信息网络建设，进一步开发完善青岛安监网站的功能，努力构建安全生产社会信息交流平台。深入开展安全生产法律法规宣传教育，营造安全生产社会舆论氛围。市委宣传部、安监局等5部门联合下发了《关于开展2004年“全国安全生产月”活动的通知》，确定13项具体活动。6月13日，在青岛市、12各区市和有关市直企业单位在人员聚集场所举办了“安全生产月”集中咨询日活动，设置宣传展板，设置咨询台，发放宣传材料，组织在发生事故单位和重点单位“万人签名活动”、“青钢杯”安全知识答卷和安全知识抢答赛、“石化杯”安全演讲和征文比赛、“平安青岛”安全生产《QTV对话》电视特别节目，等等。营造了良好的安全生产舆论氛围。

九、加快配套法规建设，确保国家、省的重要精神落到实处

为使国务院、省政府《关于进一步加强安全生产工作的决定》在青岛市得到全面、深入的贯彻实施，2004年2月份，市安监局会同市法制办认真分析研究青岛市安全生产面临的实际情况，广泛征求了市政府有关部门和各个区、市政府的意见，通过反复酝酿和探讨，组织起草了《青岛市关于进一步加强安全生产工作的决定》。为更好地贯彻落实国务院《关于特大安全事故行政责任追究的规定》，从2003年开始，市安监局会同市法制办在多次调研基础上，形成了《青岛市重大生产安全事故行政责任追究办法》（初稿），近期市政府法制办牵头已召开协调会议征求意见，待进一步修改后，提交市长办公会研究。《安全生产许可证条例》颁布实施后，市安监局把贯彻实施《条例》作为建立安全生产长效机制的一件大事来抓，结合青岛市近年来安全生产管理方面取得的成果和经验，正在抓紧研究制定符合我市实际的建设项目安全设施“三同时”、危险化学品和非煤矿山安全管理的有关办法。

十、加大培训考核力度

围绕贯彻落实《安全生产法》及国家有关安全生产的方针、政策和市委、市政府提出的创建“平安青岛”的总体工作要求，以预防和减少各类伤亡事故为目标，以提高安全生产监管、监察人员和各类从业人员的安全素质为重点，树立大教育、大培训的观念，理顺安全技术培训工作关系，建立协调、合作、互补、有效的安全技术培训机制，创新培考模式，构建强有力的安全技术培训支撑体系，实行了全市统一报名、统一培训、统一教材、统一考试标准、统一阅卷、统一发证和培考分离的培训考试新模式。建立了安全技术培训学员的个人资料数据库，对全市的特种作业人员和安全管理人员实现信息化统一管理。围绕打造“安全虹桥”的服务品牌，实施“一站式”服务，从提高服务质量、提高工作效率入手，重新规范安全技术培训报名程序和考试程序，相关业务流程对外公示。

广东省深圳市安全生产工作综述

2004年，在市委、市政府的正确领导下，深圳市各级部门以“三个代表”重要思想和党的十六届四中全会精神为指引，全面贯彻落实科学发展观，紧紧围绕“减少一般事故，遏制重特大事故，杜绝特别重大事故”的目标，大力加强机构队伍建设，努力创新安全监管机制，进一步夯实安全工作基础，不断加大监管力度，推进安全长效机制和责任制建设，深化安全检查和专项整治，全力降压各类事故，广泛开展安全生产宣传教育活动。2004年，全市共发生道路交通、工矿企业、消防火灾等各类安全事故11143起，死亡1146人，受伤11095人，直接经济损失5690.5万元，与2003年同比分别下降21.27%，11.91%，18.08%和7.43%。全市安全生产形势保持总体稳定，已连续5年没有发生一次死亡10人以上的重特大恶性安全事故。

一、加强全市安监机构建设

在2004年的机构改革中，深圳市委、市政府按照科学发展观的要求，强化政府的社会管理和公共服务职能，安全生产工作得到了市委、市政府的进一步重视。深圳市安监局由改革前的原市经贸局内设二级局升格为正局级的市政府直属机构，人员编制相应增加到37名。与此同时，各区也加强了机构队伍建设，全市6个区均明确了区安监局的危险化学品安全监管职能并增加行政编制共16名，其中福田、南山、宝安、龙岗4区安监局均成立了专门的危化品监管科。同时，全市安全管理部门服从机构改革大局的需要，始终保持团结、奋进的作风，做到思想不散、工作不断、队伍不乱，进一步加强安全工作的组织领导，有序推进大安全管理格局，促进了全市社会经济的和谐发展。市政府结合机构改革的实际和安全管理工作的需要，适时调整和增加了安委会成员单位，目前全市已达47个成员单位。

二、建立健全安全生产事故目标管理体系

根据广东省政府下达的2004年事故控制指标总体要求，深圳市安委办按照权责对等的原则，实行指标分解。2004年4月，深圳市政府同各区政府分别签订道路交通、工矿企业安全工作责任书，将事故控制指标下达到各区政府，全面实施目标管理。各区政府也相应建立了安全生产目标管理责任体系，与辖区内各单位签订了安全生产目标责任书。

三、开展安全质量标准化试点活动

按照《国务院关于进一步加强安全生产工作的决定》的要求，深圳市安委办积极部署，在宝安区开展企业安全质量标准化试点工作。宝安区编制了《企业安全生产规范化管理标准》、《宝安区安全生产规范化管理工作指南》，从组织机构、制度建设、教育培训、安全投入、安全设备和环境、事故应急救援、安全检查和安全操作规程等方面实行量化管理。由于工作扎实、成效显著，此项工作得到了广东省安委办的肯定，深圳市宝安区被列为全省开展安全质量标准化试点地区。

四、全面推行注册安全主任制度

根据《安全生产法》和《国务院关于进一步加强安全生产工作的决定》，深圳市安监局印发了《关于加强注册安全主任管理工作的通知》，积极指导企业配备注册安全主任，加强监督管理，推进注册安全主任制度的实施，充分发挥注册安全主任的管理作用，从制度上强化和落实企业安全生产主体责任。

五、建立了重大危险源监控体系

深圳市安委办按照国家颁布的新标准，结合全市安监工作实际，在全市范围内开展重大危险源普查登记工作，重新核定重大危险源，掌握了全市油气库、危险化学品等445个重大危险源的基本情况。在此基础上，进一步修改完善重大危险源信息系统。运用信息化手段对重大危险源实施有针对性的监控，增强安全管理工作的预见性。

六、初步建立全市安全事故预警体系

深圳市安监局加强了生产安全事故的统计分析和研究，建立事故旬报、月报制度，查找事故原因，分析事故规律，初步建立了预警机制，进一步提升了安监工作的前瞻性、针对性和科学性。

七、建立生产安全应急救援体系框架

深圳市安监局编制了《生产安全特大事故应急救援预案》，制订了《深圳市安全生产专家组管理办法》，为特大生产安全事故的救援工作奠定了基础。同时，为应对可能发生的危险化学品重大突发事故，积极探索建立市、区政府和企业三位一体的事故应急救援体系，市、区分别制定了全市性或区域性的危险化学品事故应急救援预案，并根据《危化品事故应急救援预案编制导则（单位版）》，督促和指导危化品从业单位建立应急救援预案。

八、进一步健全安全生产中介服务体系

根据《广东省安全中介机构管理办法》，深圳市安监局制定出台了安全评价机构管理工作意见，扶持和培育了一批安全中介机构；完成了宝安、龙岗两区216家危化品生产储存企业的评价工作，进一步加强了企业安全监管的分类指导和动态管理；在有关区政府和消防、国土、规划、交通等有关部门的大力支持下，清水河、南山半岛片区油气库安全评价工作得到了深入推进。

九、强化政府部门安全工作约束机制

深圳市安委办起草制订了《市政府工作部门安全监督管理职责规定》，并广泛征求各有关部门的意见和建议，不断充实、细化和完善，增强可操作性和权威性。该规定将作为政府规范性文件，进一步推动深圳市政府工作部门“一岗双责”法定职责的落实，强化各部门依法监管的法律意识。

十、依法开展行政许可审批工作

按照全市行政审批制度改革领导小组的统一部署，深圳市安监局拟定了安全监管事项的行政许可实施办法，确认了行政执法主体，对取消的行政许可项目提出了后续管理办法，并重点加强了危化品行政许可审批工作的制度化和规范化，制订了审批工作规范，建立了行政许可事项联合审查、专家审查、安全隐患督办、市区两级现场核查等工作制度，严把审批关口。全年共受理各类危化品审批、登记项目605项；已开展安全评价的危险化学品从业单位共633家。同时，针对国家对危化品安全管理体制的重大调整，积极加强与公安、消防、规划、法制、发改、贸工、工商、环保等各部门之间的横向联系，推动各有关部门共同做好全市危化品安全监管工作。

十一、推进安全监管工作信息化

2004年，深圳市安监局在国家和省安全生产信息化建设的总体框架下，统筹规划，制订了全市安监系统信息化建设的总体方案，积极推进各级安监部门的信息资源共享。进一步完善了危化品信息系统，实现了危化品企业网上登记；组织开发完成全市企业安全状况普查系统，并在宝安区公明镇试用，为建立全市企业安全生产数据库奠定了基础；开发了事故统计分析管理系统，使各类安全事故的报告、统计工作更加快速和规范。

十二、开展安全生产专项整治

在工伤事故多发企业整治方面，深圳市安监局与市劳动保障等部门确定重点整治企业名单，共检查企业1410家，占重点整治企业的93.8%，检查设备39163台，发出整改指令书957份，查封设备557台，有效地遏制了全市工伤事故高发态势。

在矿山安全整治方面，市安监局与公安、监察、国土、工商、环保等部门密切配合，对全市12家C级采石场进行专项整治和整改，对全市采石场的负责人和安全管理人员进行了安全知识培训，进一步加强了综合管理。

在危险化学品安全整治方面，市安监局与公安、质监、交通、环保等部门联合，对全市危险化学品企业实施了普查，对清水河及南山半岛油气库区开展安全评估，并评估了危化品生产储存企业216家，关闭不合格企业10家，按评估结果进行分类指导，重点监控，落实安全监管措施；组织开展民爆物品、烟花爆竹交叉检查4次，检查储存、使用、作业、燃放场所115处，提出整改意见45条，整改安全隐患10项；检查道路危险化学品运输企业210家次，查处车辆1304台。

在地铁劳动安全检查方面，市安监、交通部门联合成立了验收组，聘请专家，经过实地勘察、考察调研、调阅资料等，提前高质高效完成了地铁劳动安全检查验收工作。

十三、开展安全生产宣传培训教育

培训考核方面，深圳市安监局共培训考核各类安全业务人员近5万人，发证46428人，其中培训特种作业人员33478人，安全主任7396人，生产经营单位主要经营管理者6784人，危险化学品生产、经营、储存、使用单位负责人和安全管理人员1106人，矿山企业培训班125人。培训总量与去年同期相比增长34%。

宣传教育方面，充分利用新闻媒体资源，对市民开展全方位的安全宣传。在深圳广播电台新闻频率开设了“安全三分钟”栏目，在市电视台播放两个月公益广告片，在《深圳晚报》连续七周开办“关爱生命，关注安全”专栏，还在《晶报》开辟了30期特约专栏。此外，还利用公交车、公交候车亭进行安全公益宣传，取得了良好的宣传效果。精心策划、认真组织开展“全国安全生产月”活动，通过图片展览、咨询、有奖竞答、发放宣传资料等形式，组织“安全生产宣传咨询日”活动，向市民宣传各安全知识；积极组织“首届广东安全知识竞赛暨粤港澳安全知识选拔赛”，获得全省企业组第三名、工会组第三名的好成绩，市安监局获得比赛组织奖。通过一系列安全宣传活动，在全社会营造了“关注安全、关爱生命”的良好氛围。

浙江省宁波市安全生产工作综述

2004年，在市委、市政府的正确领导下，宁波市安全生产工作以“三个代表”重要思想为指导，认真贯彻国务院《关于进一步加强安全生产工作的决定》，大力开展安全生产检查，深化专项整治，扎实开展“平安宁波”二号行动，努力推进“平安宁波”建设，取得了显著成效。

2004年，全市各类事故死亡人数1095人。比2003年少死亡9人，同比下降1.0%。这是宁波市近5年来各类事故死亡人数首次出现同比下降，死亡人数逐年攀升势头得到一定遏制。全年各类事故直接经济损失6000.8万元，同比下降10.7%。工矿企业、渔业生产、水上交通安全生产形势相对稳定、道路交通等重点领域安全生产成效较明显。2004年道路交通事故死亡917人，同比降低3.17%。矿山事故死亡人数下降幅度较大。2004年矿山事故死亡19人，同比少死亡9人，下降32%。火灾事故起数、经济损失均有较大幅度下降。全年共发生火灾事故2054起，同比降低52%；直接经济损失1488.6万元，同比降低22.3%。事故死亡人数、重特大事故全部控制在省考核指标以内，达到省考核要求。

重点时段安全生产平稳，尤其节假日、夏季电供应紧张、抗台、大型活动等重点时段没有发生重特大事故，保持了社会稳定。

一、安全生产重要地位进一步确立

随着我国经济社会的发展，安全生产问题日益凸现。按照国务院《关于进一步加强安全生产工作的决定》和省人民政府《关于进一步加强安全生产工作的决定》要求，宁波市的安全生产工作也日益受到重视和加强。市委常委会议、市长办公会议多次听取宁波市安全生产工作情况汇报。围绕安全生产问题。巴音朝鲁书记、毛光烈市长、余红艺副市长作出了一系列重要批示。特别是在2004年8月4日的市安委会（扩大）会议上，毛光烈市长全面分析了我市安全生产现状，就如何加强我市的安全生产工作做了十分重要的讲话。强调指出：当前宁波的安全生产工作怎么抓也不过分。这极大地鼓舞了全市各级干部狠抓安全生产工作的决心和信心。市委、市政府把安全生产工作纳入了建设“平安宁波”的总体部署，建设“平安宁波”的二号行动主要是围绕加强全市的安全生产工作。在“平安宁波”二号行动中，全市上下按照市委、市政府的统一部署、围绕二号行动方案提出的目标任务，认真组织、全面发动，扎实推进。各县（市）、区和市有关部门都建立了由主要负责人挂帅的工作班子，召开各种会议安排部署，结合各地、各部门实际制定出台相应的实施意见，抽调得力的机关干部，分组分批深入镇（乡）、街道、企业、学校、社区检查落实。县（市）、区都调整充实了安全生产委员会组成人员，由行政一把手担任安全生产委员会主任。市安全生产监督管理局和11个县（市）、区的安全生产监督管理机构都已经单列并升格。到目前为止，市安全生产监督管理局人员逐步到位，全市11个县市区安全生产监督管理局“三定方案”都已确定，批准编制总人数154人（其中行政编制99人，事业编制55人），现已到位122人。市级有关部门也通过增设部门、增加人员等方式，加强安全生产工作。一个重视安全生产的氛围在全市上下空前形成，在思想上和行动上进一步确立了安全生产的重要地位。

二、安全生产知识进一步传播

宁波市各地、各有关部门广泛开展了安全生产培训和宣传教育活动。市安监局除了抓好经常性的培训工作外，还牵头组织了注册安全工程师培训；针对宁波夏季电力紧张，自备发电机较多易造成事故的状况，组织了全市自备发电机操作人员培训。各地、各有关部门积极开展了“交通安全宣传周”、“119消防日”、“中小学生安全教育周”、“安康杯”竞赛等形式多样、内容丰富的宣传教育活动。在2004年6月份“全国安全生产月”活动中，全市各地组织开展了安全生产广场文艺演出、安全咨询、图板展览、安全知识竞赛和“全国安全生产月”主题万人签名等活动，共印发各类安全宣传资料100余万份。特别是“平安宁波”二号行动中，以“千千万工程”为抓手，全市上下再次掀起了安全生产宣传教育高潮。市安监局专门组织力量，对我市近年来发生的生产安全事故编纂了《警钟长鸣》一书，印发各有关部门及企业。新闻媒体以“安全知识进万家”为主要内容，开辟了相应宣传栏目和点评，开展了“局长民生热线”和“平安宁波大家谈”等群众广泛参与的讲座和咨询活动。各县（市）、区都运用贴近实际、喜闻乐见、可学可用的方式传播安全生产知识，开展了“我与文明同行”、“安全是效益”、“安全知识进学校”等宣传教育活动。市级各有关部门也结合各自的工作特点，组织安全生产的宣传教育。市经委召集了13家大企业（大集团）负责人开展安全生产座谈，并联名发表了《致全市生产经营单位业主的倡议书》。市安监、贸易等部门及时编印了安全生产防范宣传册5万余份，全部分送到企业和商场。一些部门利用“十一”黄金周组织消防疏散演练和防化模拟演练，一些单位深入社区、商场宣讲安全生产知识。据不完全统计，“平安宁波”二号行动中，全市共刊出各种宣传广告栏（条幅）2848块，编印各类宣传资料29.8万余份，编印各类简报专辑209期，发表新闻稿件1078篇，办墙报、黑板报4081期，宣传安全生产典型136个。通过上述宣传教育活动，安全生产知识进一步传播，安全防范意识进一步增强。

三、安全生产责任进一步强化

市政府与各县（市）、区政府和市有关部门签订安全生产责任书，在2003年与15个县（市）、区和15个市级部门签订责任书的基础上增加了3个考核部门，使考核的单位增加到33个。各县（市）、区又将责任书确定的指标逐级进行了分解，基本形成了一级抓一级，一级对一级负责的安全生产目标管理责任体系。2004年6月份对责任制执行情况进行了半年度考核，督促执行不够好的几个县（市）、区进行整改。通报了几起重大安全生产事故，督促有关县（市）、区向市政府作书面检查。“平安宁波”二号行动中，各县（市）、区政府按照政府组成部门的职责和分工，进一步健全和完善安全生产行政责任体系。在明确各级行政一把手是安全生产第一责任人的前提下，进一步强化了各个领导岗位的安全生产责任，确立了“安全生产人人有责”的理念。市级有关部门对条块结合、责任交叉的安全生产事项进行了梳理，为下一步完善安全生产行政责任体系做了必要准备。按照强化“两个责任体系”的要求，市安全生产监督管理局、市监察局共同研究起草了《宁波市安全生产事故行政责任追究规定》，目前已进入报批阶段，不久将出台实施，必将对进一步强化安全生产行政责任起到积极的推动作用。市安监局及时公布了四个重大安全生产事故的责任追究和处罚结果，并组织安全生产事故责任追究听证活动，在全市的企业界产生较大影响。一些个私企业逐步认识到：企业必须承担安全生产的主体责任，经理（厂长）是企业安全生产第一责任人。从而逐步树立起“以人为本”、“安全第一”的理念和意识，安全生产的主体责任意识进一步得到增强。

四、安全生产隐患进一步得到排查治理

各地、各部门按照全市的统一安排，有计划、有步骤地开展了安全生产大检查。其中最具影响的是两次全市范围内的安全生产大检查。2004年2～3月份，按照市委办公厅、市政府办公厅《关于进一步加强安全工作的紧急通知》要求，全市开展了为期一个多月的安全生产大排查，对以公众聚居场所安全为重点的各类安全隐患进行了一次全面的排查。在这次大排查工作中，全市共组织各类检查组1241个，参检领导1155人，参检人员8877人，被检查单位27439个，发现隐患9924个，发出整改通知书1610份，限期整改隐患3981个，发现重大隐患156个，停业整顿110家，罚金30.12万元，关闭企业12家。2004年9～11月份，按照建设“平安宁波”二号行动要求，各地、各部门从查事故、查隐患入手，对易燃易爆等危险化学品、矿山（采石场）、道路交通、建筑工程、渔业船舶、特种设备、学校、“三合一”企业、商场超市等各类人员密集场所、企业自备发电机组以及旅游景点等部位进行了深入排查。据不完全统计，全市各地、各部门累计派出检查组1177个，参检人员4058人次，检查企业、工地、场所、商场、宾馆11264家，共查出重大安全隐患849个，及时消除各种安全隐患596个，重点整改208个，发出书面整改通知书783份。通过全市性的安全生产大检查，发现、消除了一大批事故隐患，推动了一些重点、难点安全生产隐患的整改，取得了良好的效果。

五、安全生产专项整治进一步深化

各地、市级有关部门按照国家关于进一步深化安全生产专项整治的要求，突出重点，加大力度，认真开展安全生产专项整治工作，推动了宁波市安全生产专项整治工作的进一步深化。市公安交警部门狠抓事故高发路段的治理和路面行车秩序的整治，全年共投入3845万元治理危险路段和道口，查处交通违法行为15万余人次，罚款5026万元，省市级事故黑点整治率达到100%。市交通部门加强了道路安全隐患整治，全年共投入5669万元用于设置危险路段安全设施，修复公路病害桥梁，完善公路标志标线，治理国道、省道上的事故多发地段。公安交警、交通部门还联合开展了公路道口和车辆超限超载整治，依法关闭道口42个，检查货运车辆12449辆，查处超限超载车辆5397辆，卸载货物4.3万t，使全市道路交通安全状况进一步改善。市安监局开展了以实施“五整顿、两关闭”为主要内容的危险化学品安全专项整治和以推广分层开采和中深孔爆破技术为主要内容的矿山安全专项整治。督促搬迁危险化学品企业3家，停产整顿25家，关闭非法企业10家。对全市危险化学品重大危险源进行了地毯式普查，确定重大危险源1197家。关闭不符合基本安全生产条件的矿山企业14家，责令停产整顿48家，停止开采作业2家，限期整改171家，罚款36.5万元，追究矿山事故责任者刑事责任2人。市公安消防部门开展了消防安全专项整治。对市重点消防单位和省、市重大事故隐患单位进行了重点整治。建设部门开展了预防高空坠落、建筑用钢管扣件、模板支撑等专项整治。整治中，抽查建筑工地502个，发出整改通知498份，涉及各类隐患1854条，查处违法违规施工企业22家，项目经理96名，罚款65万元。同时和质监部门联合开展了塔式起重机安全专项整治，调查排模、检验检测塔式起重机520台。海洋与渔业部门认真开展小型渔船、挂靠渔船、休闲渔船、渔船号灯等专项整治工作。在专项整治中，检查渔船修造企业100家次，渔船4568艘次，发出停航通知书96份，查处违规渔船240艘次。农机部门积极开展农用车安全整治，在全市推广“农机安全村”，目前已基本完成了2个乡镇，102个村的创建工作。

总结2004年工作，我们深切感到，搞好安全生产工作，保障人民群众的生命安全，是“三个代表”重要思想的具体体现，是坚持以人为本，全面建设小康社会的内在要求，是维护改革发展稳定大局的重要保证。同时，在社会主义初级阶段安全生产工作具有长期性、艰巨性和复杂性，要求我们把安全生产作为一项长期艰巨的任务，牢固树立常抓不懈的思想，努力推进五个转变：一要推进安全生产工作从人治向法治转变，建立和完善安全生产法制秩序；二是推进安全生产工作从被动防范向源头管理转变，建立安全生产许可制度；三要推进安全生产从集中整治向规范化、经常化、制度化转变，建立长效机制；四是推进安全生产工作从事后查处向强化基础转变，加强企业安全基础建设；五是推进安全生产工作从以控制伤亡事故为主向全面做好职业安全健康工作转变，把职工安全健康放在第一位。

福建省厦门市安全生产工作综述

2004年，在市委、市政府的领导下，厦门市坚持“安全第一，预防为主”的方针，认真贯彻落实党中央、国务院、国家局领导的指示和全国、全省安全生产工作会议精神，认真贯彻落实《国务院关于进一步加强安全生产工作的决定》，突出重点，广泛深入开展安全专项整治，认真排查整改事故隐患；坚持依法行政，严肃查处各类事故；逐步健全完善安全生产许可证制度，有效地减少了各类事故的发生。2004年，全市安全生产总体平稳，事故起数、死伤人数和经济损失均大幅度下降，全市共发生各类事故2920起，死亡375人，受伤1805人，直接经济损失2594.9万元。与2003年相比，事故起数、死亡人数、受伤人数、经济损失4项指标分别下降53.18%、2.34%、22.13%、48.24%。一次死亡3人以上重特大事故下降幅度较大，其中，重大道路交通事故同比下降75%。安全生产环境得到改善。

强化检查整治工作，消除事故隐患。重视安全生产大检查。把安全大检查贯穿于日常工作中，切实加强了对春节、“五一”、“十一”黄金周、“投洽会”等重大节日和大型活动的安全生产工作的领导和协调，特别强化对道路交通、海上交通和消防安全的监管，切实有效地遏制了各类生产安全事故的发生。认真开展危险化学品、非煤矿山、道路交通等9项安全生产专项整治，为采取切实有效的措施整改事故隐患，收集了2004年厦门市第一批生产安全事故隐患，得到了市政府的高度重视。到目前为止，第一批涉及危险化学品、海陆空交通、电力等方面的26项生产安全事故隐患已基本整改完毕。市安全监管局还专门设立24小时举报值班电话，开通网站，专门受理群众对各类生产安全事故隐患的举报。2004年以来共受理涉及生产安全事故隐患举报案件243起，每一起均能做到及时登记立案、立马到场核实、严肃督促整改，及时将各类安全隐患消灭在萌芽状态。为国家和人民挽回经济损失逾千万元，确实保障人民群众的生命安全。

加大对安全生产事故责任人的处理力度。对2004年以来发生的300起（死亡1人以上，含交通事故）各类生产安全事故依法开展调查，对事故责任者依法严肃处理，追究刑事责任95人，拘留352人，处分53人。

一、落实安全生产责任制

市政府于2004年4月9日召开了全市安全生产工作会议，市长与各区、各委办局签订了2004年责任状。会后，各区及时组织召开区安全生产工作会议，传达全市安全生产工作会议精神，对2004年工作进行了部署，并由各区主要领导与辖区镇、街道办事处和相关部门签订目标管理责任状。各级部门领导认真地负起了安全生产第一责任人的责任，高度重视安全生产工作，层层签订责任状，认真落实、监督检查各责任单位把责任指标分解细化，落实到镇（街道）、居（村）委会、企业，形成安全生产分级管理、一级抓一级、层层负责的格局。2004年，厦门市连续第3年被评为福建省安全生产目标管理责任制考核第一名。

二、设立隐患举报奖励制度和24小时隐患举报电话

为更为深入地发动全社会的力量关注安全生产，把事故隐患消除在萌芽状态，市安委会在2003年制定的《厦门市举报生产安全事故隐患奖励办法》基础上，制定了《厦门市举报生产安全事故隐患奖励办法实施细则》。对举报生产经营单位无资质、不符合有关条件从事生产经营活动，瞒报或不及时如实报告生产安全事故，存在消防隐患等12类生产安全事故隐患的单位和个人，给予以精神和物质相结合的奖励，对一般事故隐患的举报给予表扬。物质奖励分为三类十级，最高可获得5000元奖励。2004年3月24日，市安委会组织专家对群众举报的85项事故隐患进行了评估，公布了首批举报生产安全事故隐患奖励者名单，共有66人获奖，奖金总额3.27万元，最高者获3000元。此举在我省尚属首次。12月对第二批生产安全事故隐患举报者进行了奖励，奖金总额为4.28万元。

2004年2月，厦门市安全生产监督管理局开通了24小时值守的隐患举报电话（2035555），受理有关生产安全事故隐患和安全生产违法行为的举报。群众举报的范围涉及危险化学品、建筑施工、消防、道路交通、电力、工矿及特种设备等多个领域。接报后，厦门市安全生产监督管理局都根据举报的内容和职责分工，迅速组织、协调有关部门予以查处，把隐患消除在萌芽状态，并及时向举报者反馈办理结果。

全年共受理群众举报243件，出动691人次，及时消除了38个可能酿成重特大事故的隐患，避免了逾千万元的经济损失。

三、开展“全国安全生产月”活动

2004年是“全国安全生产月”活动的第3个年头，主题是“以人为本，安全第一”。根据全国统一部署，结合我市实际，“安全生产月”活动集中开展了12项活动：一是市安委会领导在电视台、电台就安全生产接受访谈；二是“安全生产月”宣传咨询日活动；三是安全生产知识竞赛活动；四是安全生产隐患整改“回头看”活动；五是领导干部安全生产责任追究警示教育活动；六是安全生产进社区活动；七是在小学开展安全常识教育活动；八是举办安全生产文艺演出活动；九是印发安全知识读本；十是向生产经营单位负责人赠送安全生产警句、格言活动；十一是组织观看消防安全教育影片《极度险情》；十二是安全生产优秀建议征集活动。

四、推广殿前街道经验，推动“创安”活动的开展

安全工作的落脚点要放在基层，确保基层安全生产工作“有人管、会管和管得好”。11月9日，市安委会在湖里区殿前街道召开了由各区分管副区长、各镇镇长和街道主任等安全生产主管领导参加的“创安全生产合格镇（街道）经验交流会”，推广经验，寻找差距，全面推动市创安全生产合格镇（街道）活动的全面开展。湖里区殿前街道为加强安全监管队伍建设，组建了街道安全生产管理工作站，在安全工作任务较重、事故隐患较突出的高殿、马垅社区配备了18名专职安全生产管理人员，确保每个居民小组都有一名专职安全员，形成了安全监管工作横向到边、纵向到底的工作格局，促进了基层安全工作的落实。

五、举办生产安全事故单位领导培训班

6月17日，市安全生产监督管理局组织举办了全市发生生产安全事故单位领导培训班，来自45个生产经营单位的82个单位主要负责人和安全生产管理人员接受了这次为期10天的免费义务培训。在“安全生产月”期间举办生产安全事故单位领导培训班，在安全中寻找差距，在培训中提升责任，这在全省尚属首次。将发生过生产安全事故单位的负责人召集在一起学习，有针对性地清点问题，总结教训，增强大家的守法意识、责任意识和防范意识。

六、开展危险化学品事故救援演习

7月26日，厦门市在翔鹭石化有限公司成功举行了危险化学品事故救援演习。公安、消防、安全监管、卫生、环保、电信以及翔鹭石化企业有限公司等部门180多人参演，2名化学救援专家通过网络传输系统提供相关咨询。通过相关部门的快速反应，周密部署，有力施救，大量“外泄”发生爆燃的气体在半小时内被堵漏，现场人员和伤者被及时疏散和抢救。这是厦门市首次举行的危险化学品事故救援演习，是对市生产安全事故应急救援预案实施的一次检验。

七、加强安全教育培训，提高全民安全意识

认真组织开展了多种形式的安全教育培训，举办了多期安全培训班，聘请安全生产领域的专家授课；授权中介机构组织了800多人参加的全国注册安全工程师统一考试；培训特种作业人员、矿长和安全员9345人次。通过强化培训，进一步提高了安全生产管理人员和广大从业人员安全素质。

充分发挥新闻媒体的强大推介力、感染力，与厦门电视台、厦门广播电台合作开播了《安全你我他》专题栏目和安全生产公益广告，并针对社会普遍关注的安全生产热点、瓶颈问题开展了媒体互动讨论。2004年已播出电视节目49期630分钟、广播节目近3000分钟；建立了市安全生产监督管理局网站，宣传安全法规，传播安全信息，公开政务动态，在全社会引起了较大反响，效果日渐凸显。

八、加强私房出租屋安全管理

城乡结合部私房出租屋的安全问题特别是消防安全问题不容乐观。针对海沧新安村、湖里殿前寨上村私房出租带来的安全问题，市、区安全监管局敦促区、镇政府采取有力措施，加强人力、物力投入。海沧区成立了私房出租屋管理协会，为出租房配备消防设备、防盗系统，实现消防安全与治安、卫生三者综合管理。重视抓“两头”管理，一头抓出租户的管理，一头抓承租人的管理；发挥“两个”作用：一个是村委会的作用，一个是企业的作用，引导企业员工入住合格出租屋。湖里区殿前街道建立健全安全生产管理网络和工作运行机制，为街、村（居）配备专职安全管理员，将安全监管延伸到村（居、社区），并组建了6支义务消防队，配备了必要的消防器材，定期进行培训和演练，为村民和外来居住人员营造了一个安全、卫生、文明的生活环境。

九、曝光隐患，鞭策整改

年初，经过各区、市直有关部门的多次调查摸底，厦门市安委会最后确定了2004年我市第一批26项生产安全事故隐患。为确保隐患的按期整改，保护国家财产和人民生命财产安全，4月，市安委会把隐患整改任务逐一分解到各责任单位，明确了相应的协助单位和监督单位，并将《关于2004年第一批生产安全事故隐患的整改通知》下发到各有关单位，要求隐患整改必须坚持高标准、严要求，谁审批、谁主管、谁负责，全程监管、严格把关的原则将隐患整改完毕。市安委会办公室还在与厦门电视台合办的《安全你我他》栏目上对26项事故隐患予以曝光，引起了责任单位的高度重视，也大大提高了市民对安全生产的监督和参与意识。如今，第一批涉及危险化学品、海陆空交通、电力等方面的26项生产安全事故隐患已如期整改完毕。

十、开展专项整治工作，消除事故隐患

1. 非煤矿山安全专项整治

市安全生产监督管理局以同安、翔安、海沧区为重点，加大执法检查力度，进一步强化区、镇矿山安全责任制。联合国土、公安、质监等部门召开全市矿长会议，按照省、市领导要求，强化整治。委托中介组织对全市矿山开展安全评价。对本市辖区内所有非煤矿山的矿长和安全员进行专门培训，提高办矿人员安全素质。到目前为止，已如期完成本市范围内所有非煤矿山的评估分类工作，对被评为D类（不合格）的采石场已提请国土资源管理部门予以关闭。到目前为止，已关闭了161家不符合安全生产条件的矿山企业。通过专项整治，整合资源，择优汰劣，提高了非煤矿山安全生产水平和事故灾害防范能力。

2. 危险化学品安全专项整治

认真汲取重庆等地区危险化学品事故的深刻教训，严格对危险化学品从业单位的监督管理，不断加大对危险化学品经营、生产、储存、使用企业的执法检查力度，消除事故隐患。2004年以来，共检查、复查、复核企业1314家（次），查出或督促整改隐患1300多处，查处非法经营企业303家，取缔非法经营企业35家，责令17家企业限期整改；依法关闭了4家加油站；责令5家不符合安全生产条件的企业限期进行搬迁或转产。

3. 人员密集场所安全专项整治

在开展人员密集场所疏散通道、高层建筑、地下（隐蔽）工程、劳动密集型企业和民办学校安全等的集中检查、整治活动中，投入9000余人次，印发宣传材料12200份，开展联合检查94次，共检查集贸市场757个次，出租私房2980户，“三合一”场所、建筑工地、消防重点单位和公共娱乐场所8651家（次），发出整改意见书1847份，查处并督促整改隐患2186条。在道路交通安全专项整治中，共开展7次专项统一行动，出动59562人次，纠正违章112194起，扣车8688部，治安拘留40余人。

4. 建筑安全专项整治

先后开办6期《安全生产许可证条例》培训班，对1606人进行集中培训；组织对全市范围内177个在建项目进行全面检查，发出责令整改通知书357份，责令停工18处。

十一、对危化品企业实施安全许可

依据《安全生产许可证条例》，厦门市安全生产监督管理局逐步建立、完善了安全生产许可制度，严格市场准入，对危险化学品生产经营实行安全许可，防止不具备安全生产条件的企业进入生产、经营领域，控制事故源头。目前已完成对全市85%危险化学品生产、经营单位的安全评价，并给221家已具备基本安全条件的危险化学品经营单位发放了《经营许可证》。

第七部分

安全生产宣传教育与培训工作

全国安全生产宣传教育工作

一、2004年安全生产宣传教育工作要点

2004年，国家安全生产监督管理局下发了安监管政法字［2004］16号文，规定了2004年安全生产工作要点。文件规定2004年是全面落实“十六大”和“十六届三中全会”精神，深化改革、扩大开放、促进发展的重要一年，也是全国安全生产工作开创新局面的重要一年。2004年的宣传教育工作要以邓小平理论和“三个代表”重要思想为指导，以实施《安全生产法》和贯彻落实2004年全国安全生产工作会议精神为主线，以实施《国务院关于进一步加强安全生产工作的决定》（以下简称《决定》）和《安全生产许可证条例》（以下简称《条例》）为重点，牢牢把握团结奋进、昂扬向上、开拓创新、求真务实的宣传基调，营造全社会“关爱生命，关注安全”的良好氛围，为促进安全生产形势的进一步好转，提供舆论支持和精神动力。规定2004年宣传教育工作主要做好以下7方面工作。

1．深入学习宣传贯彻党中央国务院关于安全生产的一系列重大举措

一是从实践“三个代表”重要思想的高度，把思想统一到全国安全生产工作会议精神上来。国务院2004年1月18日召开的全国安全生产工作会议和1月9日颁发的《决定》（国发［2004］2号）是党中央、国务院为加强安全生产工作采取的重要举措。宣传学习贯彻全国安全生产工作会议精神，是今年宣传教育工作的一条主线。要以深入宣传学习贯彻黄菊同志在1月18日召开的全国安全生产工作会议上的讲话为重点，把握讲话的精神实质，用讲话精神统一思想，进一步强化责任感、使命感和紧迫感，在贯彻落实上下功夫，在加强安全生产工作上真抓实干。

二是广泛深入宣传贯彻《决定》。作为指导今后一个时期安全生产工作的纲领性文件，《决定》进一步明确了安全生产工作的指导思想、目标任务、工作重点和政策措施，对做好安全生产工作具有十分重要的指导意义。要宣传《决定》的重大意义，提高对新时期安全生产工作重要地位和作用的认识，增强做好安全生产工作的使命感和责任感；要宣传《决定》提出的一系列政策措施，深刻理解其丰富内涵，全面贯彻落实到安全生产工作实践中去。

三是广泛深入宣传贯彻《条例》。《条例》的颁布标志着我国依法建立起了安全生产许可制度，是强化安全准入和市场监管的重大举措，是我国安全生产法律制度的重要组成部分，是实践“三个代表”重要思想的具体体现。要广泛宣传《条例》的重要意义、基本要求，深刻理解《条例》的立法精神，促使矿山企业、建筑施工企业和危险化学品、烟花爆竹、民用爆破器材生产企业的经营者自觉遵守法规，从源头上防止和减少生产安全事故，确保人民群众生命和财产安全。

2．紧密围绕安全生产中心工作搞好宣传教育

国家安全生产监督管理局确定的2004年重点工

作有8项；一是建立、健全安全生产控制指标体系，落实各级安全生产责任制；二是全面贯彻实施《安全生产法》，推进依法行政、强化安全监督执法工作；三是继续深化重点行业、重点领域的安全生产专项整治，消除各种事故隐患；四是全面开展企业安全质量标准化活动，强化企业安全生产基础工作；五是进一步推进安全监管体制创新，健全、完善安全生产监管体系和支撑体系；六是实施“科技兴安”战略，推动科技创新、依靠科技进步提升安全生产水平；七是加强安全文化建设，强化全民安全意识，提高从业人员的安全素质；八是适应新形势、新任务的要求，切实加强执法队伍建设。要围绕上述安全生产中心工作，有的放矢开展宣传教育。围绕建立健全安全生产控制指标体系，开展强化安全生产责任意识的教育；围绕全面开展企业安全质量标准化活动，搞好强化企业安全生产基础工作的教育；围绕全面贯彻实施《安全生产法》，开展安全生产法律法规，尤其是《条例》的宣传教育。

3．广泛开展群众性宣传活动，促进全社会安全意识的进一步提高

群众性的安全生产宣传教育活动是广泛宣传安全生产法律法规、普及安全知识、提高全民安全素质的有效途径。2004年6月的“全国安全生产月”活动主题是“以人为本，安全第一”。要紧紧围绕这一主题，精心筹划、组织开展好“全国安全生产月”、“安全生产万里行”、“安康杯”竞赛、创建“青年安全示范岗”、创建安全社区等活动。各种活动要继承过去行之有效的办法，并在创新上下功夫。要突出党和国家对人民生命与健康的人文关怀，着眼于人民大众安全生产意识的普遍增强，营造“关爱生命，关注安全”的良好氛围。

4．充分发挥新闻媒体的作用，做好安全生产的舆论引导和监督

新闻宣传既是安全生产强大的宣传教育媒介，又是舆论监督的有效手段。要充分发挥现代媒体的新闻宣传和舆论监督作用，为安全生产大局服务。各级宣传部门要坚持团结稳定鼓劲、正面宣传为主的方针，牢牢把握正确舆论导向；要完善特大生产安全事故快速报道机制、新闻发布制度，使安全生产新闻宣传规范化、制度化；要研究安全生产宣传工作的规律，提高新闻宣传引导水平，正确引导媒体对安全生产进行正确适度的宣传报道。要充分发挥现代媒体的作用，与新闻媒体密切联系和协作，尤其是与电视台密切协作，创办安全生产专栏、制作专题、刊登播出公益广告等，强化人们的安全观念、安全意识，规范人们的安全行为。安全生产类的报刊、网站，要大力宣传安全生产的法律法规、党和国家采取的重大举措、工作中涌现的先进典型和先进经验；要定期发布安全生产统计数据、特大事故处理结果；要揭露和批评隐患严重、管理不善并导致重特大事故的典型案例和违法行为。

5．深入宣传安全监管监察工作中涌现出的典型，推动安全生产执法队伍的建设

国家安全生产监督管理局和人事部联合表彰了39名，全国安全生产监督管理和煤矿安全监察系统先进工作者，以及国家安全生产监督管理局表彰的安全监管监察先进单位和先进个人，是安全生产监管和煤矿安全监察系统广大干部职工的优秀代表，也是我们学习的榜样。要广泛宣传先进典型的先进事迹，弘扬先进典型的奉献精神和思想品德，倡导求真务实的作风，开展“学先进、比奉献、争一流、创佳绩”活动，推动安全执法队伍的建设。

6．倡导安全文化，加快安全文化建设步伐

安全文化建设是安全生产领域的一项基础性工作，对于营造安全生产舆论氛围，增强公众的安全意识，有效防范生产安全事故，具有重要作用。要随着社会和经济的发展，树立与时代发展相适应的安全文化理念，在理论上、观念上、方法上提出创新思路和方法，要以加强企业安全文化建设和城市社区安全文化建设为重点，汲取国外安全文化建设的先进经验，探索安全文化建设的新途径和新方法，唱响“关爱生命，关注安全”的安全文化主旋律。

7．加强领导，做好安全生产宣传教育工作

加强宣传教育工作、提高全民的安全意识，是新时期做好安全生产工作的重要环节。要高度重视，加强领导，健全机构，以求真务实的精神扎扎实实地做好安全生产宣传教育工作，使“安全第一，预防为主”的方针深入人心，使安全生产“责任重于泰山”的观念深入人心，为安全生产状况稳定好转提供思想保证和精神动力。

二、“生命之歌”全国安全歌曲大赛启动和选举“安全文化大使”

由国家安全生产监督管理局、国家广播电影电

视总局、中华全国总工会、共青团中央、中国音乐家协会，共同组织的“生命之歌”全国安全歌曲大赛活动于2004年1月开始在全国展开。各省、自治区、直辖市相关机构、各行业文联、文协和各产业工会，都积极地对本地区、本系统的作品进行了评选和推荐。一些艺术院校、文艺团体、中央企业也参见了活动。组委会组织专家评选，举办专场晚会，对评出的优秀歌曲进行颁奖，并组织巡回演出。此次活动的参赛作品要求：内容要紧紧围绕“以人为本，安全第一”的主题；作品必须是2002年以来创作的；歌曲独唱、重唱、小合唱、表演唱均可。此次活动设立了金、银、铜、优秀作品和优秀组织奖，对评选出的金、银、铜奖颁发证书、奖杯、奖金，优秀作品奖、优秀组织奖颁发证书、奖牌。其中，金奖3个、各奖10000元；银奖6个、各奖5000元；铜奖12个、各奖3000元；优秀组织奖、优秀组织奖若干。获奖歌曲汇编成光盘进行出版。

为使此次活动引起全社会广泛关注，“生命之歌”全国安全歌曲大赛活动组织委员会决定，通过大众票选方式在知名影、视、歌明星及其他社会名流中，推出一批“安全文化大使”，由“安全文化大使”首唱并录制“生命之歌”安全歌曲大赛获奖歌曲CD，参加颁奖晚会、巡回演出及其他安全文化宣传活动，借此传播先进的安全文化、安全理念，推动安全文化建设。后来，经过投票选举歌星藏天朔、孙楠以及著名主持人朱军等当选为“安全文化大使”。

三、全国安全生产工作会议在宜昌召开

2004年5月27日至28日，全国安全生产宣传工作会议在宜昌召开。国家安全生产监督管理局副局长赵铁锤、湖北省副省长任世茂参加了会议并做了重要讲话。来自全国各安全监管机构主管宣教的负责人，以及全国相关安全生产的媒体主要领导参加了会议。会上要求：要把安全生产宣传教育工作纳入党的宣传工作的总体布局，要求各单位要加强与党委宣传部门、政府文化教育机构以及工会、共青团等部门的沟通和协作，来保证宣传教育工作的顺利进行；要求各单位积极探索和建立统一、高效、协作的安全生产宣教新格局，加快建立安全生产宣教工作体系；各地要创造性地开展安全文化建设，创新意识，探索建立安全生产宣教工作的新机制。

四、全国“安全生产月”活动

2004年，继续在6月份举行全国“安全生产月”活动，主题是“以人为本，安全第一”。2004年全国“安全生产月”活动由中共中央宣传部、国家安全生产监督管理局、国家广播电影电视总局、中华全国总工会、共青团中央共同组织，并以安监管政法字［2004］35号文下发文件，要求各地确实搞好“安全生产月”活动。

2004年6月13日，全国“安全生产月”咨询日活动在北京朝阳公园举行。国家安全生产监督管理局、中共中央宣传部、国家广播电影电视总局、中华全国总工会、共青团中央等部门的领导到会并做了重要讲话。北京市安全生产监管局、交通局等单位组成了咨询队，并制作了展板，向市民宣传安全知识。上海市在“安全月”期间，排演了滑稽剧《阿王下岗》、《千里从情》等在上海的艺海剧场进行演出，使市民在欢笑中得到了安全教育。山东省在“安全月”期间，在济南市举办的咨询日活动当天，山东省安全监管局审理了展板240块、赠书5000多本、免费发放宣传资料3万多份；同时，山东省在“安全月”里开展了“三个一”活动，即看一部安全宣教片、读一本安全书、参加一次安全知识竞赛。烟台市在“安全月”期间共组织宣传车100多辆，发放宣传资料20多万份；咨询日当天全市横挂条幅2000多条，有3万人参加了咨询。2004年，全国“安全生产月”营造了良好的安全文化气氛，使“以人为本，安全第一”的理念不断深入人心。

五、“安全生产万里行”和“专题行”采访活动

根据中共中央宣传部、国家安全生产监督管理局、国家广播电影电视总局、中华全国总工会、共青团中央共有关“安全生产月”活动的要求，2004年“安全生产万里行”采访活动继续开展。采访团由人民日报、中央电视台、中央人民广播电台、新华社、工人日报、中国青年报、中国安全生产报等媒体记者组成。6月13日，采访团从北京出发，在“东三省”的锦州、大连、沈阳、长春、吉林、延吉、大庆、哈尔滨等地开展了为期20天的采访活动，采访涉及建筑、钢铁、煤炭、石化等行业企业安全和社区安全等方面的内容。

在做好“安全月”万里行采访活动的同时，中

共中央宣传部、国家安全生产监督管理局、国家广播电影电视总局、中华全国总工会、共青团中央共在2004年10月和11月，分别组织了两次“专题行”。一次是“安全生产万里行浙江专题行”，采访团对浙江的私营经济安全生产情况进行了采访和报道，有利地促进了当地的私营企业的安全意识。另一次是“安全生产万里行河南专题行”，对河南省煤矿安全情况进行了采访。

六、百城百万人签名活动

2004年7月9日，“以人为本，安全第一”全国百城百万人签名长卷对接仪式，在北京全国政协礼堂举行。全国百城百万人签名活动于2004年6月13日开始在全国100座城市同时展开，数百万市民在长卷上签上了自己的名字，以此表示对平安生活的祝福。此次活动在社会各界产生了巨大影响，参与人数众多，据不完全统计有几百万人参加了此次活动，仅河北省一个省就有90万人参加了签名。同时，人民日报、新华社、中央人民广播电台、中央电视台、光明日报、经济日报、法制日报、工人日报、中国青年报、中国安全生产报、中国政协报。北京日报、北京青年报、北京晚报、中国新闻网、新浪网、搜狐网、现代职业安全、劳动保护等四十几家媒体对此次活动进行了报道。7月9日，100幅长卷完成了对接，在全国政协礼堂进行了展出，30多位政协委员也在长卷上签上了自己的名字。全国政协副主席郝建秀，国家安全生产监督管理局局长王显政、副局长赵铁锤，及本次活动赞助单位中国石油天然气集团公司的领导参加会议。青岛市副市长吴经建代表参加活动的百座城市向全国所有城市倡议，大张旗鼓地开展创建“平安城市”活动，营造一个安全、少灾、无害、和平、稳定的城市。

七、第二届中国国际安全生产论坛召开

第二届中国国际安全生产论坛于2004年9月1～4日在北京胜利召开，此次会议的主题是“安全、健康与发展”。国务委员兼国务院秘书长华建敏，国务院副秘书长尤权，国家安全生产监督管理局局长王显政，国际劳工组织东亚地区局局长克里斯廷，以及来自20多个国家的近500名代表参加了会议。会上，华建敏发表了重要讲话，他说，搞好安全生产、维护劳动者生命安全和身心健康是社会文明进步的标志，也是中国政府始终坚持的一项基本政策。与会代表围绕着“安全、健康与发展”，分别对危险化学品安全管理、注册安全工程师国际互认、安全生产应急救援、安全文化与社区安全、企业质量安全标准化与风险评价等5方面的内容进行了广泛的交流和探讨。同期，第二届中国国际安全生产及职业健康展览会在北京国际贸易中心举行，来自国内外的200多家企业参加了展览，展览面积达到7000多平方米，创造了亚洲地区规模最大的一次职业安全健康展览会。

八、国务院新闻办就安全生产情况定期举行新闻发布会制度

国家安全生产监督管理局自2003年年末以来，保持了每季度在国务院新闻办举行新闻发布制度。2004年，每个季度过后国家安全生产监督管理局都定期地向国内外媒体，公布中国安全生产该季度现状、面临的问题和下一步工作打算，以及通报近期发生的重特大事故和一些事故处理情况，让社会很好地了解我国安全生产现状。几次发布会，国家安全生产监督管理局的几位领导分别到会回答了记者们提问。每次发布会都吸引了包括路透社、法新社、新华社、中央电视台等多家国内外媒体到场；同时，针对一些在社会上影响大的重特大事故，国家安全生产监督管理局不定期召开新闻发布会，及时地向社会公布有关情况。

九、全国消防安全知识竞赛暨消防安全管理新思路征文活动

由国家安全生产监管局、公安部消防局、全国总工会主办，《劳动保护》杂志社和消防协会科普技术委员会承办的“全国消防安全知识竞赛暨消防安全管理新思路征文活动”从2004年年初开始酝酿，作为全国安全生产月的重要活动之一，5月份在全国范围内全面启动，至8月30日止，历时5个月。在各地政府有关部门、各企业事业单位的积极组织和参与下，全国31个省、市、自治区100余万人参加了竞赛活动，收到答题卡80余万份，收到论文1500余份。经组委会组织，评选出了“竞赛”和“征文”的各种奖项。

从各地、各单位反馈的情况看，此次活动各方面给予了高度重视，组织领导得力、影响范围广、参加人数多，起到了广泛普及消防安全知识，保障企业安全生产，维护社会安定的作用，取得了较好的社会效果。

全国安全生产培训工作

2004年，在国家局党组的正确领导下，安全培训工作以邓小平理论和“三个代表”重要思想为指导，紧紧围绕国家局党组提出的抓好“三项建设”、构建“六个支撑体系”、推进“五项创新”的工作思路，以贯彻《国务院关于进一步加强安全生产工作的决定》为主线，以预防和减少各类伤亡事故为目的，以提高安全监管监察水平和企业安全管理水平、以及各类人员的安全素质为重点，进一步加强了安全培训体系建设，逐步完善了安全培训法规、制度和相关培训大纲、考核标准，强化了安全培训的宏观管理，积极组织开展了各类培训，有效促进了全国安全生产形势的稳定好转。

一、安全培训体系建设取得新进展

1. 加快推进安全培训法规、标准建设

在法规建设上，为把安全培训工作纳入法制化、科学化、规范化轨道，2004年重点制定出台了《安全生产培训管理办法》。该《办法》于11月20日通过了局长办公会审定，以第20号局长令颁发。该《办法》的颁发，明确了有关方面的职责，规范了培训机构的资质管理、培训考核和发证以及培训监督管理等工作行为，对进一步加强和规范安全培训工作具有重要意义。同时，为进一步规范生产经营单位的安全培训工作，还起草了《生产经营单位安全培训暂行规定》和《煤矿安全培训暂行规定》初稿，并组织进行了讨论，目前正在进一步修改中。

在标准建设上，完成了《烟花爆竹生产经营单位主要负责人、安全管理人员培训大纲及考核标准》和《民爆器材生产经营单位主要负责人、安全管理人员培训大纲及考核标准》的制定，至此，所有高危行业生产经营单位主要负责人、安全管理人员培训大纲及考核标准全部完成。此外，组织开展了特种作业人员范围的确定工作，分煤矿、非煤矿山、建筑施工、危险化学品、烟花爆竹、民爆器材和通用作业共7个工作组开展调研，经过5个月的调研，完成了调研报告，进行了汇总，形成了特种作业人员范围初稿，已进入征求意见和进一步讨论阶段。

在制度建设上，为落实安全生产许可证发放的实施意见，下发了《关于安全生产许可工作中有关培训问题的通知》，印发了《关于做好煤矿矿井安全监控系统管理人员安全培训考核的通知》，对矿井安全监控系统管理和维护人员的培训考核提出了要求。与此同时，各省局也根据有关法律法规和国家局相关规定，制定了一系列培训规章制度。通过这些工作，进一步完善了有关培训工作制度，培训宏观管理得到明显加强。

2. 大力加强培训机构、师资、教材“三项”建设

在培训基地建设上，根据培训需要以及培训范围、对象和要求的不同，继续做好安全培训机构的评估和检查工作。经统计，2004年全国各级各类安全培训机构已达2372家。其中：按级别划分：全国一级培训机构25家；二级培训机构129家；三、四级培训机构共计2218家（由于机构改革等原因，有些省的三、四级培训机构尚未区分开）。按行业划分：非煤行业安全培训机构1609家，比2003年的868家增加85%；煤矿安全培训机构763家，比2003年的569家增加34%。

在师资队伍建设上，努力建设一支数量充足、相对稳定、能胜任安全培训的高素质、专业化的各级培训队伍。各培训机构把师资队伍建设作为培训的一项重要工作去抓，除建设好一支稳定的专职教师队伍外，积极网罗各方面的专家，构建师资库。总局委托职业安全职业技术培训中心、中国矿大（北京校区）对全国安全培训机构教师进行培训，提出了方案和计划，2005年全面启动。

在培训教材建设上，加紧编写与培训大纲配套的教材，组织修订了煤矿主要负责人和安全管理人员培训教材，并积极引导开发了电子教材。各有关

单位和安全培训机构也编写了一批质量较高的安全培训教材，为提高培训质量提供了重要保障。

二、积极组织开展各类安全培训

1. 继续组织开展全国部分市（地）、县（市）领导干部安全生产专题研讨班

为贯彻落实《安全生产法》和《国务院关于进一步加强安全生产工作的决定》，进一步提高市（地）、县（市）领导干部的安全生产法治意识和管理水平，经中组部批准同意，2004年继续举办了4期市（地）、县（市）领导干部安全生产专题研讨班，共培训市、县长237人，其中2期市长班在国家行政学院举办，共培训126人；2期县长班分别在昆明、北戴河举办，培训111人。至2004年底，全国共有177个市（地）和166个县（市）分管安全生产工作的领导干部参加了国家局组织的培训。

2. 加大各级安全监管、监察人员的培训力度

为建设高素质的安全生产监督监察队伍，提高安全生产监督监察执法人员的素质和行政执法水平，国家局分别在北京、山东、吉林、湖南、重庆等地举办了10期煤矿安全监察实务专题培训班，培训559人，取得了较好效果。同时，继续做好安全生产监察员执法资格培训，在南昌、哈尔滨、西安举办了3期省级安全生产监察员执法资格培训班，培训269人，并指导各省（区、市）安全生产监管部门做好了地（市）、县级安全生产监察员的执法资格培训工作。2004年，各省（区、市）安全生产监管部门和各省级煤矿安全监察机构在国家局指导下共举办各类安全监察员培训班299期，培训12632人。其中：煤矿安全监察机构共举办各类培训班159期，培训办事处安监员662人，省级煤监机构安监员314人；安全生产监督管理部门共举办各类培训班140期，培训县（市）级安监员6623人，市（地）级安监员3349人，省（区）级安监员761人。

从培训内容上看，安全监察员业务知识培训班共计216期，占所有培训班的72%，以外还举办了执法培训、计算机应用知识培训、消防知识培训、工商管理培训等各类培训班以及公务员岗前培训班等。同时，在培训形式创新上也进行了有益的尝试，如湖南煤监局举办了一期中日合作的安全监察员培训班，效果很好。

3. 加强对生产经营单位主要负责人、安全管理人员和特种作业人员的培训

（1）进一步做好生产经营单位主要负责人、安全管理人员的安全资格培训。2004年，各有关部门、生产经营单位按照国家有关规定，积极组织开展各项培训工作，共培训生产经营单位主要负责人、安全管理人员65万人，比2003年的56万人提高了16%。其中：主要负责人25万人，安全管理人员40万人。在已培训的25万生产经营单位主要负责人中，非煤行业的主要负责人培训21万人，包括非煤矿山主要负责人9.7万，危险物品经营单位6.1万，仅这两项就占全国非煤行业主要负责人培训的75%，成为全国生产经营单位主要负责人培训的重点；煤矿安全生产主要负责人共培训4.5万人。在安全管理人员培训方面，本年度共培训非煤行业安全管理人员34万人，其中培训人数在前两位的是非煤矿山安全管理人员9.1万、危险物品经营单位安全管理人员8.3万，占全国非煤行业培训总数的43.5%；煤矿安全生产管理人员共培训6万人。

（2）积极做好特种作业人员安全培训、考核和发证工作。2004年，全国共培训特种作业人员263万人，比2003年的196万人提高了34%。其中：煤矿特种作业人员为48.5万人、非煤行业特种作业人员为214.5万人，按专业工种划分，非煤行业电工作业人员70.6万，煤炭行业的井下电钳工6.1万，二者共占2004年度全国特种作业人员安全培训人数的29.2%，成为全部19个作业类别的特种作业人员培训中的重点。

2004年全国生产经营单位各类人员安全生产培训情况见正文后附表。

4. 积极开展其他培训工作

为保证安全生产许可证顺利发放，举办了1期中央管理企业主要负责人安全资格培训班，培训36人；举办了2期原国有重点煤炭企业主要负责人安全资格培训班，培训90人；积极与全国总工会协商和沟通，完成了2004年全国企业职工安全生产知识电视培训活动，2万多人参加了电视培训。

三、强化对安全培训的科学规范管理

组织召开了国家局安全培训工作指导委员会专家组成员第一次全体会议，研究了安全培训的发展规划和相关政策问题。完成了《2005～2010年安

全培训规划》初稿的起草工作。完成了“国内外安全培训比较研究”课题研究，提交了最终研究报告。国家局针对培训市场不规范行为，制定下发了《关于安全生产许可工作中有关培训问题的通知》等一系列文件，并专门召开在京有关单位安全培训座谈会，就办班实行备案、严格收费标准、加强基地建设等问题提出了要求。与此同时，各级安全生产监督管理部门、煤矿安全监察机构突出抓好安全培训的组织、培训、考核和发证工作，加强对安全培训机构的监督管理和评估检查，进一步规范了培训市场，初步扼制了各种乱办班、乱收费、乱发证等现象。

四、加强安全人才培养与安全工程学科建设

在组织各高校积极推荐和专家评选的基础上，成立了2004～2008年高等学校安全工程学科教学指导委员会，并经教育部同意，组织召开了本届指导委员会第一次会议，研究落实教育部关于指导委员会的工作要求，讨论了安全工程学科建设与安全人才培养等问题，研究了教学指导委员会下一步的工作计划。

积极与教育部协商，研究讨论矿业专业人才培养有关问题，并向教育部提出了加强矿业专业人才培养的建议，教育部正着手将安全常识纳入基础教育必选课程。

与华北科技学院一道，开展了“我国安全科技人才现状与对策”课题研究工作，对安全人才的现状、知识能力结构、培养模式、激励机制、社会贡献等进行了摸底调查，基本摸清了安全人才队伍底数，查找了人才工作中存在的突出问题。

五、召开了全国煤矿安全培训工作经验交流现场会

2004年7月下旬，国家局在黑龙江鸡西组织召开了全国煤矿安全培训工作经验交流现场会，国家局副局长孙华山出席会议并作了重要讲话，各省级煤矿安全监察机构主管安全培训工作的负责人和人事培训处处长，部分原国有重点煤矿企业主管领导和培训部门负责人，国家局部分直属事业单位主管领导，以及国家局机关有关司（室）的同志共150多人参加了会议，会议取得了圆满成功和显著成效。这次会议是国家局第一次就煤矿安全培训为主题召开的经验交流现场会，会议总结了全国煤矿安全培训工作，学习推广了鸡西矿业集团公司等单位全员培训的先进经验，研究探讨了依法加强煤矿安全培训工作的有效途径。这次会议对全国煤矿安全培训工作起到了积极的推动作用，会后许多原国有重点煤矿企业自己组织有关人员到鸡西取经。

六、加大对安全培训工作的宣传力度

为了扩大安全培训工作的声势，增强各类人员参加安全培训的积极性和自觉性，积极采取在《中国安全生产报》、《劳动保护》、《现代职业安全》等杂志报刊上组织编辑安全培训专栏或专版、在国家局政府网站等网络上开辟安全培训专栏等多种方式和途径，加强安全培训的宣传报道，积极宣传安全生产培训的先进经验和做法，取得了较好效果。

七、积极推进安全培训的国际交流与合作

2004年，落实了中美矿山项目中监察员、矿长及矿工的培训计划和中日培训项目。组织3个培训团分别赴美国、德国、澳大利亚进行了煤矿安全监察与管理、煤矿灾害与应急救援、安全卫生与健康的培训。同时，积极创造条件，邀请国外高层次专家来华进行培训和交流，学习借鉴发达国家安全培训理念和经验，并与国外安全生产培训组织建立了联系，有效地促进了安全培训的国际交流与合作。

附表　2004年全国安全生产培训统计汇总表

序号	分类 / 省份	主要负责人培训人数		安全生产管理人员培训人数		特种作业人员培训人数	
		煤矿	非煤	煤矿	非煤	煤矿	非煤
1	北京	332	2369	1712	2641	6115	139499
2	天津	0	3685	0	6699	0	63793

续表

序号	分类/省份	主要负责人培训人数		安全生产管理人员培训人数		特种作业人员培训人数	
		煤矿	非煤	煤矿	非煤	煤矿	非煤
3	河北	384	17285	5204	12227	51326	197626
4	山西	8294	4379	21684	9580	59510	37853
5	内蒙	618	1961	380	4139	19099	23224
6	辽宁	874	7080	823	11919	22659	42037
7	吉林	154	1583	1603	1476	8500	19700
8	黑龙江	507	3633	248	6557	12441	36659
9	上海	0	13279	0	31979	0	223138
10	江苏	116	28946	1428	29581	12268	205267
11	浙江	5	32379	4	31700	277	75655
12	安徽	778	10368	931	14877	30552	81025
13	福建	664	1310	0	1040	1093	363151
14	江西	741	8622	1368	9316	8229	46241
15	山东	261	1520	5517	33480	75366	0
16	河南	6043	5485	4527	4829	76115	84652
17	湖北	0	2010	1529	3971	1077	76769
18	湖南	1416	18377	2780	20967	13940	58855
19	广东	18766		11700		0	0
20	广西	192	7468	98	9114	842	52464
21	海南	0	2601	0	12434	0	4098
22	重庆	936	3603	48	4980	14393	39322
23	四川	326	15871	1862	39720	13348	98297
24	贵州	1200	1764	945	3910	16567	25218
25	云南	1139	2060	3064	6985	17862	8054
26	西藏	0	308	0	299	0	386
27	陕西	457	4867	1518	5372	4366	60065
28	甘肃	0	608	0	1370	0	39568
29	青海	8	959	5	1068	500	6555
30	宁夏	127	1208	936	4195	10705	7708
31	新疆	372	8268	1324	5465	7552	26393
32	兵团	20	520	300	560	0	2300
合计		28236	230870	61255	342553	484702	2145572

第八部分

安全科学技术研究与职业安全健康工作

全国安全科学技术研究工作

2004年，安全科技工作深入实施“科技兴安”战略，贯穿以人为本思想，围绕全面落实科学发展观，着力推动安全科技进步，全面加强安全科技基础研究、应用研究和新技术推广工作，着力体制、机制创新，尽快健全完善依法行政、高效运作的安全监管体制，为全面建设小康社会提供强有力的科技支撑。

在最近制定的《国家中长期科学和技术发展规划战略》中，我国首次对公共安全领域中的科技发展问题进行了战略规划。安全生产关键技术研究，已被国家发展改革委列入国家重大产业技术开发专项；安全生产领域重点研究方向，列入科技部社会公益研究专项指南；《改善煤矿安全状况综合配套和关键技术》、《煤矿安全数字化网络监控技术》和《HAN阻隔防爆技术的推广应用》等，列入了国家重点科技成果推广计划。

一、安全生产科技规划

2004年，安全生产科技规划进展显著。

国家中长期科技发展规划中将未来的公共安全科技发展的战略重点和重大任务概括为关注7个重点领域，突出两个优先主题，实施一个重大专项。这7个领域是：食品安全领域、生产安全领域、防灾减灾领域、核安全领域、火灾与爆炸安全领域、社会安全领域、国境检验检疫领域。两个优先主题是：公共安全科技理论基础研究、突发公共安全事件预测、预防、预警与调查处置关键技术研究。一个重大专项是公共安全工程——国家公共安全预测、预防、预警和应急处置技术体系与示范。

《安全生产“十一五”发展规划》被纳入《国家“十一五”专项规划目录》，安全生产问题日益成为各级政府总体规划的重要组成部分。2004年国家局相继出台了《煤矿主要灾害治理专项规划》、《国家安全生产科技发展规划》、《国家安全生产发展规划纲要》，以及《安全生产“十一五”发展规划》（包括《煤矿安全生产“十一五”发展规划》和《危险化学品安全生产“十一五”发展规划》）草案等。

《国家安全生产科技发展规划（2004～2010）》围绕国家中长期科技发展规划战略，对安全生产科技发展做出了战略性部署，明确了“十五”中后期和“十一五”期间我国安全生产科学技术发展的指导思想。思路和目标，研究确定了安全生产领域的重点任务，即8个安全生产基础理论研究重点领域、60个优先发展的重大安全科技研究方向、100项重点推广技术、8项安全技术示范工程、6个安全生产科技支撑平台（“86186”战略工程）。上述重点科技工作，为满足全面建设小康社会对安全生产科技工作的要求，提高安全生产及其监管监察工作的科技含量，为降低事故发生率，大幅度减少重特大灾害事故，提升国家安全生产整体水平，提供强有力的科技支撑。

二、科技成果

2004年是安全科技硕果累累的一年。2004年10月，“十五”国家科技攻关计划“重大工业事故与大城市火灾防范及应急技术研究”项目的5个课题已经通过验收。在前期攻关的基础上，国家局协助科技部组织了5个课题的滚动攻关研究的可行性论证工作，科技部已正式批准该项目立项，国家拨给专项经费2000万元。除了“十五”国家科技攻关计划外，国家局还组织申报了科技部相关科技计划，推荐国家科技奖励2项，各类研究项目及课题共30项。安全生产关键技术已经纳入了国家发改委重大产业技术开发专项首批启动项目。

2004年由国家安全生产监督管理局组织的鉴定（评审）科研项目共计41项，其中“煤岩动力灾害电磁辐射监测预警技术及装备”、“城市突发重大事故应急预案及应急决策支持系统研究”、“煤矿地测空间管理信息系统的研制”、“KTE5型矿山救援可视化指挥系统及装置”等项目成果经专家鉴定具有国际先进水平。

2004年国家安全生产监督管理局组织了第二届安全生产科技成果奖的申报及评选工作，申报奖励项目共计351项，比第一届增长39%；申报单位达200多家，比第一届多出20多家。该届共有143个研究项目获得安全生产科技成果奖。这143个获奖项目是从351个申报项目中精心评选出来的，研究内容涉及煤矿、民航、交通、火灾、石油化工、石油、电力、铁路、民爆器材以及地质灾害、职业病、管道运输等众多行业和领域。

(1) 由新疆三叶管道技术有限责任公司、沈阳工业大学共同承担的“新疆高精度管道漏磁在线检测系统”成果获得了2004年度国家科学技术进步二等奖。

项目通过对长输管道进行采集和探伤，并对取得的信号进行处理和仿真，可获得精确的管道缺陷信息，为管道运行、维护、安全、评价等提供科学依据；适用于直径159～1200毫米任意钢质输油、气管道在线腐蚀检测，不仅可完成管道缺陷、管壁变化、管壁材质变化、缺陷内外分辨、管道特征（管箍、补疤、弯头、焊缝、三通等）识别的检测，还可提供缺陷面积、程度、方位、位置等全面信息。随着各国政府对管道建设和检测力度的加大以及各级管输企业对检测服务的需求，今后在巩固国内市场的基础上，逐步开展国际技术服务，应用前景广阔。

(2)“十五”国家科技攻关课题“城市公共安全规划与应急预案编制及其关键技术研究”。课题在公共安全科技领域率先以重大危险源辨识、重大事故风险评价和控制为主线，以威胁城市公共安全的重大危险源为主要对象，围绕城市公共安全规划和城市重大事故应急预案及应急决策支持技术开展攻关研究，取得多项具有国际先进水平成果，部分成果达到国际领先水平。该项目已在南宁市、青岛西、浙江宁波大榭开发区、北京市通州区、广西高峰矿业集团等城市、区县、企业进行了试点及应用。该成果对建立安全生产应急救援体系和制定重大事故应急预案发挥了重要作用，同时为国务院有关部门和有关省市应急预案编制提供了技术支持。

(3)“十五”国家科技攻关课题“城市埋地燃气管道与工业特殊承压设备安全保障关键技术研究。”课题围绕不开挖检测、在线检测和安全评定、风险评估技术开展联合攻关，在埋地燃气管道、工业压力管道和高温压力容器三个方面实现关键技术重大突破和研究成果的综合集成与示范应用。课题成果总体上达到了国际先进水平，部分成果填补了国内空白，其中的19项成果已分别在相关行业40多家企业的300多公里管线、100多台关键装备的检测、风险评估和安全评定中得到成功应用，解决了一系列工程技术难题，保障了企业生产运行和人民生命财产安全，避免了大量不必要的设备、管道的报废、返修，尤其是相应的停产损失，取得了很大的经济效益和社会效益。

(4)“十五”国家科技攻关课题“矿山重大瓦斯煤尘爆炸事故预防与监控技术”。课题以瓦斯灾害监控与事故预防为重点，围绕矿井瓦斯煤尘爆炸危险性预测评价、煤与瓦斯突出的区域预测、煤与瓦斯突出动态预测、瓦斯综合防治和矿井通风系统安全可靠性评价等5个方面的共性关键技术开展攻关研究，取得了显著成果，并初步形成了瓦斯煤尘爆炸事故预防与监控的技术体系。该成果在淮南矿区得到应用，其瓦斯抽放量大幅度提高，2004年矿区瓦斯抽放量达到1.5亿立方米，矿井瓦斯抽放率由1997年的4%提高到2002年的31%。2002年创造了10年来首次杜绝3人以上重大事故，矿区百万吨死亡率为0.7。2003年和2004年更是杜绝了瓦斯伤亡事故，矿区百万吨死亡率下降到0.5以下，保持了相对稳定的安全生产局面。

(5)“十五”国家科技攻关计划“深部矿床开

采关键技术研究”。课题针对深部矿床开采条件，深入研究卸荷开采技术并应用于盘区机械化水平高分层上向凿岩充填采矿方法，取得良好效果；首次在硬岩矿山建立了一套多通道全数字化的实时微震监测系统和深井地压灾害综合预报模型；开发了深部通风系统网络优化分析计算软件，建立了高温井下通风网络数字化模型；应用探地雷达（GPR）和瑞雷波（Rayleigh Wave）探测技术解决了地下复杂空区分布及形态探测的技术难题。提出了贫化损失控制技术，优选出复杂多空区条件下的分段凿岩、连续崩矿联合回采方案。研究成果在条件类似的矿山推广应用，将对提升矿山采矿技术、促进矿业发展起到积极的推动作用。

（6）危险品运输安全监控管理系统。课题采用了法国 Thales 公司的运营网络平台和终端产品，结合了我国危险品运输安全管理的实际需要，它能实时、全面、动态地监控和记录车辆的状态，当车辆遭遇紧急情况时，可向监控中心求救，当车辆发生交通事故时，车载终端将自动启动“黑匣子”功能，记录和上传事故发生前 26 秒车辆状态的详细信息；可根据用户的特定需要安装温度、压力、流量、碰撞等多种传感器，实现对危险品运输过程中的安全监控。

三、安全科技成果推广

加大安全生产科技成果推广应用力度，是实现科技兴安的重要环节。依据“为促进安全生产领域新技术、新工艺和新产品的推广应用，引导企业采用先进、实用技术，提高防灾、抗灾能力，实施科技兴安战略”的指导思想，国家安全生产监督管理局组织编制了《2004 年度安全生产重点推广技术目录》。该目录经过相关行业、部门专家的评审，从近年来具有重要影响的 450 多项目安全科研成果中遴选出来。

2004 年国家重点推广计划项目，包括煤矿安全生产数字化网络（WebGIS）实时监测与监管系统、基于虚拟现实技术的可控可视化矿井通风系统、高速公路雾监测和预警系统、机场安检信息综合管理系统、视频交通动态信息采集系统等。其中，煤矿安全生产数字化网络（WebGIS）实时监测与监管系统已经在山西、黑龙江、江苏、安徽、新疆、陕西、贵州等地区推广。山西已经初步建立了全省高瓦斯矿井监测监控网络，黑龙江等 9 个省煤矿安全监察局应用了矿井监测联网技术。

国家重点新产品计划是国家科技计划体系中科技产业化环境建设的重要组成部分，是一项政策性引导计划。2004 年，国家重点新产品计划项目中涉及安全生产的项目，包括油气井口安全截断系统、TA21 型牵引变电所安全监控及综合自动化系统、油容器安全环保清洗移动式工作站、船用火灾探测报警控制系统等。

国家局围绕 5 项战略起步工程和瓦斯治理“十二字”方针，以抓好瓦斯防治技术和运输车辆安装安全仪为重点，开展技术推广与示范工作。组织实施了安徽淮南煤矿瓦斯综合治理、山西晋城小煤矿安全监测网络技术等安全科技示范工程。中国航天科技集团天泰雷兹公司开发的“危险品运输车辆安全监控系统”，在中石化集团北京石油公司示范应用，对危险品运输车辆实施动态监控。危化品 HAN 隔阻防爆技术、BF 快速堵漏技术等，在各地也得到广泛推广应用。

安全生产应急救援体系建立是国家局 2004 年重点工作之一。应用“十五”国家科技攻关课题“城市公共安全规划与应急预案编制及其关键技术研究”课题成果，在全国应急体系和应急预案的总体框架内，完成了生产安全应急救援体系的调研论证、体系规划、预案编制等基础性工作。该课题成果还在南宁、青岛等城市、地区成功地进行了试点和应用。以城市地理信息系统数据平台为依托，建立重大事故和灾害的识别、诊断、监测、预防、评估、预警和应急反应系统；建立城市公共安全基础数据库、应急处置预案库和专家库；建立重大危险源辨识、分类、评价和动态监控系统。

四、建设安全生产技术支撑体系

国家局组织编制了《安全生产技术保障专业技术中心建设项目建议书》，争取国家发改委、国家财政对从事安全生产检测检验、事故调查分析、危险性鉴定等技术中心建设的支持。国家发改委对煤矿安全检测检验中心建设已开始安排资金，并将逐步加大支持力度。《建议书》提出建设矿山安全生产技术支撑中心、重大危险源检测监控与重大事故分析鉴定中心、危险化学品事故预防与技术鉴定分析中心、职业危害检测与事故技术鉴定分析中心、省级安全生产技术支撑中心、安全生产技术支撑基础研究中心等 6 个方面的专业技术中心。

2004年，国家局批准成立安全生产技术支撑机构有18家，通过统一规划和整合社会资源，集中各科研单位和高等院校的安全科研力量，开展科技攻关，解决安全生产中的重大科技问题。

为适应安全生产科技工作需要，进一步提升中国安全生产科技整体水平，2004年9月经中央机构编制委员会办公室批准，在国家安全生产监督管理局安全科学技术研究中心的基础上组建中国安全生产科学研究院，这充分体现了党中央、国务院对安全生产科学研究工作的高度重视。

中国安全生产科学研究院是国家安全生产监督管理局的科研事业单位，是面向全国的安全生产领域，实施科技兴安战略，推动安全生产科技进步和科技创新构公益研究机构；是国家安全生产监督管理的主要科技支撑。是面向各行各业，联系全国安全生产科研机构，充分利用社会科研资源，建设安全生产技术支撑体系的重要载体。以开展安全生产领域基础性、综合性、前瞻性科学研究和解决重大事故预防、监控、预警与应急响应等重大技术关键为主要科研方向。面向国际先进的安全科学技术前沿，研究开发重大安全科研项目，培养优秀安全科技人才，开展安全科学学术交流的综合性科研机构。

中国职业安全健康协会工作

2004年，在第四届中国职业安全健康协会（原中国劳动保护科学技术学会）理事会的领导下，充分发挥协会全国性社团组织的主导作用，在为政府、社会服务，为工矿企业安全生产、为社区安全建设服务等方面，在职业安全健康、安全生产、安全科学技术领域的国际交流、学术研讨、科研与开发、教育与人才培养、科技成果评定与新技术推广等方面，有了长足进步，扩展了新领域，开创了新局面，取得了可喜成绩。

一、重大科研项目及其成果

（一）首次承担中国科协指定的重大科研课题

"2020年的中国安全科学和技术综合专题"是中国科协"2020年中国科学和技术发展研究"的重要组成部分。2004年1月底，经中国科协指定，由中国职业安全健康协会牵头，负责并组织该课题工作。由中国生态学学会、中国食品学会、中华预防医学会、中国档案学会和中国灾害防御协会及中国职业安全健康协会，推荐和特邀全国安全科技界的知名专家、学者40余人组成了"2020年中国安全科学和技术综合研究"课题组。张宝明理事长担任课题组长，中国科协冯长根书记等为副组长，中国科协原副主席刘恕、钟群鹏、周国泰、范维澄为顾问。2004年3月17日在京召开了《中国安全科学和技术战略发展》研讨会，课题组报告了工作进展和专题研究主要内容。

课题组成立以来，先后召开了3次研讨会、2次向协会理事长及院士的汇报会和一次总结报告会，组织了一次书面征求意见活动。

2004年3月底完成了15万字的"课题"初稿；4月上旬完成了课题修改稿和浓缩本样稿；4月中旬完成了10万字的最终稿和2.5万字的浓缩本最终稿；4月下旬向中国科协上报"2020年中国安全科学和技术发展研究综合专题报告"（最终修改本约12万字，浓缩本2.5万字）。

由中国职业安全健康协会牵头、负责并组织的"2020年中国安全科学和技术综合专题"，在中国科协钟群鹏院士、周国泰院士、范维澄院士和理事长的关怀和指导下，经过4个多月的努力，与中国生态学会、中国食品学会、中华预防医学会、中国档案学会、中国灾害防御协会的40余名专家、学者密切配合，分工协调，互相尊重，认真切磋，克服了时间紧迫、人员分散、专业跨度大、学科交叉多、地域分布广等困难，充分发挥了学会、协会间的亲密合作，取长补短，调动了各方面的积极性，体现了理论创新、思想创新、技术创新的科学技术发展观，贯彻了中国科协提出的"突出主题，重在质量，专家为主，科学分析"，不搞表面文章，瞄准20年后中国安全科学技术发展的趋势和热点，提出目标和建议，如期优质完成了2020年中国安全科学和技术综合专题预定的任务。

“2020年中国安全科学和技术综合专题报告”的完成，不仅为“2020年中国科学和技术发展研究”提供了重要科学依据，也为中国科协向中央书记处制定全国科学和技术规划和决策提供了重要参考的资料，同时也显示了中国职业安全健康协会在安全科技界，在中国科协184个学会、协会、研究会中，具有全国性协会（社团）的主导作用和不可取代的位置。

（二）组织并完成重大科研项目

1. 安全小康发展战略及目标研究

该课题是经国家科技部批准，并得到中国科协安全生产监督管理局、中华全国总工会大力支持，由我会承担，有中国地质大学、中国疾病防控中心、煤炭科研总院、国家安全生产监督管理局监管二司、中国建筑业协会建筑安全分会和国家安全生产监督管理局安全科学技术研究中心的专家、学者近30人参加的国家软科学计划项目。

经过2次专题可行性研究，一年的调查、探讨和潜心研究，5次修改，研究报告于2004年2月下旬鉴定结束。

报告中提出了2个新观点：一个是实施安全健康优先战略，即在全面建设小康社会的进程中，把安全健康与人口、资源、环境一样列入可持续发展的一项基本国策；第2个是为小康社会发展设计了两类目标体系，即预防与发展目标体系和事故控制目标体系。

2. 全国尘肺病调研

按照胡锦涛主席关于尘肺病的批示精神，结合贯彻《职业病防治法》、《安全生产法》，国家安全生产监督管理局、卫生部、中华全国总工会决定联合开展尘肺病调研工作。中国职业安全健康协会作为该项调研工作的协调单位，负责组织和具体实施。

张宝明理事长亲自带领课题组员赴山西、辽宁两省落实调查方案。目前，在两省的尘肺调研工作已取得较大进展。

二、国内外重大学术交流活动

1. 主办第20届亚洲太平洋地区职业安全健康组织年会（APOSHO－20）

由中国职业安全健康协会主办的亚太地区职业安全健康组织第20届年会，于2004年8月31日至9月3日在北京举行。会议的主题是“职业安全健康与社会经济协调发展”。中国政府对于此次盛会非常重视，并给予了大力支持。全国政协副主席王忠禹作重要讲话，国家安全生产监督管理局王显政局长以及卫生部、全国总工会、中国科协等部门的领导分别致辞。

王忠禹指出，安全生产和职业健康事关人民群众生命财产安全，对保证经济和社会发展，保持社会稳定，具有十分重要的作用。长期以来，APOSHO为促进亚太地区职业安全健康事业的发展，促进区域内职业安全健康和事故预防发挥了重要作用。他要求中国职业安全健康协会加强与亚太地区和世界各国职业安全健康界的交流与合作，推动中国的安全生产和职业安全健康事业的发展，为国际职业健康事业作出贡献。

王显政在致辞中强调，中国政府始终高度重视安全生产和职业健康工作，坚持“安全第一，预防为主”的方针，实行“以人为本”的科学发展观。由于我国尚处于社会主义初级阶段，生产力水平不均衡，安全工作基础薄弱，实现全国安全生产和职业健康状况的根本好转，还要进行长期不懈的艰苦努力。中国职业安全健康协会成立以来，为促进职业安全健康事业的发展，为推动职业安全健康领域的国际交流与合作，做了许多富有成效的工作。我们也十分赞赏APOSHO为此所作的努力。希望通过这次年会，使这个组织得到进一步的发展。

中国职业安全健康协会理事长、APOSHO轮值主席、第20届年会组委会主席张宝明先生致欢迎词。他赞扬亚太地区职业安全健康组织在职业安全健康和事故预防领域作出的重要的贡献，并且已发展成为亚太地区职业安全健康事业的重要力量。中国自参加APOSHO以来，一直关注和参加APOSHO的活动，加强与亚太地区和世界各国的职业安全健康界的交流与合作，对于提高中国职业安全健康事业的职业水平，促进事业的发展，发挥了重要的作用。

张宝明指出，减少人员伤害、安全健康将成为人类生活质量和核心价值观的重要组成部分。APOSHO及其成员更迫切需要广泛的交流与合作，共同分享职业安全健康的成功经验。中国职业安全健康协会和中国职业健康界，将一如既往地加强与亚太地区和世界各国职业安全卫生界朋友的密切合作，促进职业安全健康事业的发展。

APOSHO-20的主题是《职业安全健康同社会

和经济协调发展》(Coordinated Development of Occupational Safety & Health with Society and Economy)。年会交流的主要内容有：安全管理、风险评价、职业安全健康管理体系、应急救援响应、安全教育、安全文化、社区安全、综述评论、最新科技成果等。

APOSHO-20大会有15位专家、学者进行了主题报告，其余近70篇论文分组进行了交流。中国职业安全健康协会编印了APOSHO-20论文集。

来自美国、日本、澳大利亚、印度、英国等30多个国家和地区的主要专业团体、非政府组织的领导人以及国内外职业安全健康界专家、学者共400多人参加了会议。

2. 2004年中日产业安全研讨会

2004年中日产业安全研讨会于2月18日至19日在安徽合肥举行。中日产业安全研讨会由中国职业安全健康协会与日本中央劳动灾害防止协会共同主办，每年召开一次。本次研讨会由北京劳动保护科学研究所和中国科技大学具体协办。中日双方代表、相关高等院校、科研院所、大型企业的专家与代表共90余人出席会议。

中国职业安全健康协会秘书长向衍荪研究员和日本中央劳动灾害防止协会代表后藤博俊先生分别作了中日双方职业安全健康发展规划和执行方面的发言；日本Sumitomo化工公司佐古先生、北京市劳保所丁辉研究员、香港理工大学周允基教授、中国科技大学廖光煊教授、《中国安全科学学报》主编徐德蜀研究员等先后作了主题报告。

与会代表对加强企业安全的新举措、新观点、新信息表现了极大的兴趣，与专家学者进行了现场交流和深入探讨，有的企业与日方达成了初步的合作意向。中日产业安全研讨会达到了预期的目标。日方代表赞赏会议举办成功。双方都希望今后更好地开展中日产业安全研讨活动。会议期间，与会代表参观了中国科技大学火灾科学国家重点实验室。

3. 协会首届年会暨职业安全健康论坛

2004年7月2日至4日，协会在重庆市召开首届年会暨职业安全健康论坛。此次会议受到全国安全生产和职业健康领域工作者的高度重视，近400名代表参加了会议。协会理事长张宝明、国家安全生产监督管理局副局长孙华山到会讲话；协会副理事长纪明波、洪善祥、鲍培德、阎三忠，重庆市副市长周慕冰等出席会议。

著名安全科学技术专家、中国科学院院士、山东科技大学的宋振骐和中国工程院院士、平顶山煤业集团的张铁钢也参加了年会。中央电视台、中国安全生产报、科技日报、工人日报等新闻媒体的记者也云集山城。

“中国职业安全健康协会首届年会及职业安全健康论坛”的主要内容为：

(1) 建设全面小康社会中安全生产职业健康的重要意义、发展战略、目标与对策；

(2) 当代安全生产职业健康领域难点热点话题；

(3) 职业安全健康工作的社会功能和中介组织的作用；

(4) 安全文化与安全社区；

(5) 职业安全健康管理经验；

(6) 职业安全健康新理论、新技术、新方法、新装备。

论坛除大会安排的主题报告外，按照矿山、石油化工、建筑交通、公共安全和职业卫生分组进行了交流，发表论文80余篇。

与会代表结合各自的工作和研究领域，讲观点、摆事实，从经验到教训，从国内到国外，阐述了各自对安全生产和职业安全健康的观点、意见以及对策和建议。

会议期间，代表们还分别参观了长安集团公司、重庆市消防总队、煤科总院重庆分院等。

4. 2004年安全管理高峰论坛暨全国安全生产先进典型经验交流会

由中国职业安全健康协会和人民日报海外版联合举办的“2004年安全管理高峰论坛暨全国安全生产先进典型经验交流会”，于2004年5月22日至23日在北京钓鱼台国宾馆隆重开幕。国家安全生产监督管理局副局长孙华山同志，人民日报海外版副总编曹瑞天，原中国政治协商会议副主席孙孚凌，原中华全国总工会书记处书记、本协会副理事长纪明波，以及全国69家地方政府、企事业单位的110余名代表出席了会议。

原中国政治协商会议副主席孙孚凌到会并对会议成功召开表示祝贺。国家安全生产监督管理局副局长孙华山到会祝贺并在会上作了重要讲话。原中华全国总工会书记处书记、协会副理事长纪明波代表协会，向出席会议的各界代表表示热烈欢迎并致以亲切问候，同时向与会代表介绍了协会有关职能和工作思路。人民日报海外版副总编曹瑞天到会发表讲话并对会议成功召开表示祝贺。会议围绕如何做好本企业的安全生产工作等实际问题，展开了讨论，代表们发言踊跃，会议气氛活跃、热烈。会议对来自全国各地提交的先进经验和优秀论文进行了评选，对先进企业经验进行了表彰并颁发了证书。

会议特别邀请了北京市劳动保护科学研究所所长丁辉研究员，国家安全生产监督管理局安全科技研究中心副主任吴宗之研究员到会并举办专题讲座。代表们反映，本次高峰论坛是一次非常成功、高规格的学术研讨会议。

5．职业安全健康课程教学基本要求及课程认证研讨会

2004年8月5日至6日，协会秘书处与安全工程教育专业委员会、管理专业委员会共同在北京组织召开了《职业安全健康课程教学基本要求及课程认证研讨会》，向衍荪研究员、沈阳航空学院吴穹教授、东北大学王艳华教授、贵州工业大学林大泽教授、首都经贸大学王毅复副教授等出席了会议。

会议认真研究了英国职业安全健康协会(IOSH) 有关职业安全课程教学基本要求及课程汇编的基本内容，研讨了英国（IOSH及英国院校）开展这一领域交流与合作的可能性。与会代表一致认为，加强在职业安全健康课程领域的国际交流与合作，对于提高我国安全健康课程质量与水平，促进我国安全工程教育及人才评价标准与国际接轨，将起到积极作用。

三、中国职业安全健康协会举办安全社区建设启动会议，稳步推进我国安全社区建设

1．举办安全社区建设启动会议

2004年6月25日，协会召集北京、上海、无锡、济南、大连、长沙和开滦、平朔、潞安等城市和社区有关负责人，研究城市安全社区建设方案。张宝明理事长到会并讲话，副理事长纪明波主持会议。国家安全生产监督管理局安科中心副主任吴宗之研究员就建设安全社区的标准作了主题发言，济南市槐荫区青年街道办事处主任朱军介绍了安全社区建设情况。北京市副市长吉林率东城、西城、朝阳三区负责人出席会议，并就北京建设安全社区问题发表了讲话。上海市职业安全健康协会、无锡市安全生产监督管理局、大连市总工会、长沙市雨花区安监局，以及来自开滦集团公司、中煤能源集团公司的代表先后发言，表达了建设安全社区的强烈愿望，希望协会在安全社区建设方面多给予指导和帮助。

2．开滦集团公司创建安全社区建设启动仪式

2004年7月30日，开滦集团公司创建安全社区启动仪式在钱家营社区举行，张宝明理事长、唐山市委书记张和、开滦集团公司董事长杨中以及钱家营、荆各庄两个社区的代表分别讲话。张宝明理事长代表中国职业安全健康协会和社区安全支持中心对启动仪式开幕表示祝贺。他希望通过各方面的努力，结合矿区实际，创造性地开展工作，争取经过2～3年的努力，建成获得WHO命名的安全社区。为矿区安全生产形势稳定好转，促进矿区两个文明建设作出贡献，为唐山地区和全国的安全社区建设作出榜样。

3．北京市朝阳区“安全社区”建设启动仪式

2004年10月26日，朝阳区创建“安全社区”启动仪式在望京体育公园广场举行。全国政协常委、人口环境资源委员会副主任、中国职业安全健康协会理事长张宝明，北京市副市长吉林，中国职业安全健康协会副理事长兼秘书长吴宗之，以及朝阳区的领导闫学烽、李国、张和平等出席了启动仪式。张宝明理事长、吉林副市长、李国副区长就“安全社区”创建工作做了重要讲话，望京街道代表试点单位作了发言。朝阳区“安全社区”创建推进委员会全体成员、21个街道办事处及大屯地区办事处主任、主管主任及望京街道的社会单位、居民、学生代表近千人参加了启动仪式。

与会领导现场观摩了望京西园四区的安全社区创建工作，参观了科普长廊、消防演练、消防控制室和社区服务中心。张宝明理事长对望京街道的安全社区创建给予充分肯定，并指出：朝阳区的领导重视，起步早，起点高，效果明显。他要求按照WHO组织的6条准则，结合国情，创建出中国特色，希望尽早通过世界卫生组织的认可，带动北京市的安全社区创建工作。

4．山西潞安集团公司安全社区启动仪式

2004年11月10日，张宝明理事长代表全国政协人口资源环境委员会和中国职业安全健康协会，赴山西潞安集团公司出席安全社区启动仪式并表示祝贺。张宝明理事长在致辞中说，希望潞安集

团公司安全社区按照世界卫生组织倡导的安全社区的建设标准，结合矿区实际，创造性地开展工作，经过1～2年的努力，建成世界卫生组织命名的安全社区。为矿区职业安全健康事业发展，促进两个文明和现代化建设作出贡献，为山西省和全国的安全社区建设作出榜样。

5. 中国职业安全健康协会作为安全社区支持中心，将稳步推进安全社区建设

经国家安全生产监督管理局总局同意，并与世界卫生组织安全促进合作中心协商，中国职业安全健康协会为其在中国的"安全社区支持中心"。为指导安全社区建设，协会秘书处组织编写了《安全社区建设指南》，并派出师资，为安全社区建设服务。

至2004年12月，已有开滦集团荆各庄社区、钱家营社区，北京市朝阳区麦子店社区、建外社区、望京社区、亚运村社区，潞安矿业集团的王庄社区、王阳社区、石圪节社区、常村社区、漳村社区、侯堡社区等13个社区启动了安全社区建设。

四、协会秘书处要闻

1. 中国职业安全健康协会系统安全专业委员会成立

协会系统安全专业委员会于2004年4月28日在太原召开成立大会。来自兵器工业科研、生产、贸易等单位的安全管理人员40名代表出席了大会。原兵器工业集团公司质量安全局张国顺副局长报告了系统安全专业委员会的筹备情况，宣读了中国劳动保护科学技术学会第四届常务理事会同意成立该专业委员会的批复。会议讨论通过了《系统安全专业委员会章程》和近期工作计划。按照程序，经无记名投票，选举了系统安全专业委员会的委员20名。16名到会委员选举产生了该专业委员会的领导机构。主任委员：张国顺研究员；副主任委员：张幼平高级工程师、崔和芳高级工程师、张鹏主任医师；秘书长：包斯高级工程师。

与会代表表示，中国职业安全健康协会系统安全专业委员会的成立，使兵器工业乃至国防工业领域安全生产工作者有了自己的组织，可以更好地为国防工业职工的安全生产和职业健康工作服务，成为职工与政府、军工集团公司的桥梁和纽带。

2. 中国职业安全健康协会安全工程教育委员会成立

协会安全工程教育委员会成立大会于2004年5月15日在四川成都召开。来自西南交通大学、空军第一研究所、中国安全科学学报、四川大学、沈阳航空学院、北京理工大学、同济大学、大连海事大学、北京工业大学、《安全》杂志社等院校、科研机构、媒体的53名代表出席了会议。中国职业安全健康协会、四川职业安全健康协会派人到会祝贺。

西南交通大学张殿业教授向代表作了筹备工作报告。按照程序，51名代表无记名投票，选举产生了中国职业安全健康协会安全工程教育委员会委员25名；17名到会委员选举了安全工程教育委员会领导机构。主任委员：张殿业教授；副主任委员：姬永兴研究员、李昌吉教授、徐德蜀研究员、吴穹教授、刘浩学教授；秘书长：张之勇博士。

经认真研究，原则通过了《中国职业安全健康协会安全工程教育委员会章程》，并一致同意张殿业主任委员提出的近期工作安排。安全工程教育委员会将按照协会和专业委员会的章程，努力开创发展空间，不断完善企业安全生产管理教育和提高全国安全生产工作水平的研究，广泛推广安全科技，大力宣传安全文化，在减少事故、保证职工职业安全健康方面作出积极的贡献。

3. 罗海珠同志获第八届中国青年科技奖

为大力实施科教兴国战略和人才强国战略，表彰奖励在国家经济发展、社会进步和科技创新中作出突出成就的青年科技人才，促进科技人才成长，中共中央组织部、人事部、中国科学技术协会根据《中国青年科技奖条例》的规定，经中国青年科技奖评审委员会评审，报请中国青年科技奖领导工作委员会批准，决定授予98名同志第八届中国青年科技奖。

2004年6月28日，中共中央组织部、人事部、中国科学技术协会联合在京召开了第八届中国青年科技奖颁奖表彰大会，其中我会选拔、推荐的煤科总院抚顺分院优秀青年科技工作者罗海珠同志，荣获第八届中国青年科技奖。中国石油大学李根生教授（博士）是我会推荐的荣获中国青年科技奖表彰的第一位优秀科技工作者。

4.《中国安全科学学报》被收入为中国科技核心期刊

《中国安全科学学报》由中国科协主管，中国劳动保护科学技术学会主办，创刊于1991年1月20日，获准国内外公开发行。创刊时受到严济慈、

钱三强、钱学森、裴丽生等著名科学家的关怀并亲笔题词祝贺。该《学报》也是世界上最早的一本"安全科学"学术期刊，从创刊起就引起了国内外专家、学者和国际职业安全卫生社团的广泛关注和极大兴趣。

安全科学是保护人民在生产、生活和生存领域身心安全与健康的新兴学科，是促进生产发展、社会文明和弘扬先进安全科技文化的综合科学。《中国安全科学学报》是我国安全科学技术一级学科学术刊物，能及时反映我国安全科学技术的发展动态和学科建设理论及实践，是国内外安全科学学术交流的重要窗口。

《中国安全科学学报》1995年由季刊变更为双月刊；从1997年第五期开始，由64页变更为80页；2003年1月变更为月刊；2004年1月由80页增至112页。

2004年3月，经多项学术指标综合评定及多位专家评议推荐，《中国安全科学学报》被收录为国家科技部"中国科技论文统计源期刊"（中国科技核心期刊）。

5. 召开全国职业安全健康与安全生产相关团体联席会议

为密切各组织间的联系、交流与合作，加强网络沟通，搭建同步推动我国安全生产与职业健康事业的平台，由我会牵头，于2004年12月14日至15日在京召开"全国职业安全健康与安全生产相关团体联席会议"。有关团体负责人、部分安全生产监督管理部门代表、我会各分支机构和办事机构负责人、部分理事单位代表等共79人出席了会议。

中国职业安全健康协会理事长张宝明、副理事长纪明波、副理事长兼秘书长吴宗之、顾问刘潜等出席会议并讲话。张宝明理事长指出：各相关团体要认清当前安全生产的严峻形势，提高认识，增强做好职业安全健康工作的紧迫感、责任感；落实"以人为本"的科学发展观，与时俱进，推动社团工作持续健康发展。吴宗之秘书长代表协会总结了协会2004年工作，报告了2005年工作计划。刘潜顾问重点回顾了协会成立20年来的主要成就，对协会未来发展寄予了厚望。

石油天然气分会、安徽省劳动保护科学技术学会、黑龙江省安全生产管理协会、四川省职业安全健康协会等代表介绍了各自组织经验，代表们围绕社会团体改革发展和充分发挥社会团体的优势、特点与作用，做好服务，加强交流合作，推动我国安全生产与职业安全健康事业等大家共同关心的问题进行了交流和讨论。

协会秘书处各业务部门分别就协会组织建设、会员发展、职称评审、培训教育、评价咨询和学报的今后工作设想做了专门发言。

6. 加强安全培训工作，注重教育教材创新

（1）全国注册安全工程师执业资格考前辅导培训。2004年，国家首次举行注册安全工程师执业资格考试，协会积极配合国家安全生产监督管理局开展工作，帮助参加全国注册安全工程师执业资格考试人员做好考前复习准备。

（2）开展多种类型的安全培训。协会组织开发了《安全生产主要法规选编》、《执业健康安全管理体系内审员培训课程》、《安全社区建设指南》等培训教材。举办了"安全生产许可证条例"、"安全评价"、"危险源辨识与控制"、"重大事故应急救援预案编制与演练"、"安全社区建设标准"等培训班。

（3）推进安全工程专业教育。受教育部委托，国家安全生产监督管理总局于2004年成立了2004～2008年高等院校安全工程专业教学指导委员会（指委会）。指委会秘书处设在协会秘书处，承担指委会的日常工作。

7. 中国职业安全健康协会北京安创管理顾问有限公司成立

为适应社会主义市场经济的发展需要，进一步发挥协会的中介作用，更好地为会员、会员单位和广大企事业单位服务，协会在积极扩充秘书处人力、物力的基础上，决定与煤炭科学研究总院联合成立北京安创管理顾问有限公司。

公司主要业务有：企业管理咨询，组织文化交流活动（不含演出），科技产品的技术开发、技术转让、技术培训与咨询。经国家安全生产监督管理局批准，现公司已获得了安全评价和职业安全健康管理体系咨询等资质。

公司的成立标志着我会的运行机制更加丰富与灵活。

安全生产与经济社会发展研究

王显政　黄盛初　胡予红　彭　成

一个国家或地区的安全生产状况是一个错综复杂、涉及面广的庞大系统工程，与社会政治制度、法制建设、经济发展水平、科技管理水平密切相关。全面地对安全生产与经济社会发展的关系进行研究，揭示其内在规律，并用这一规律指导安全生产工作的实践，具有十分重要的理论与实践意义。为此，国家安全生产监督管理总局委托安全生产信息研究院开展"安全生产与经济社会发展关系研究"课题，组织有关专家经过近2年的努力，完成了约100万字的研究报告。2005年7月13日国家安监总局规划科技司召开课题成果论证会，由中国科学院和中国工程院院士、中国社会科学院、中国自然科学基金会、国务院发展研究中心煤炭科学研究总院等有关研究机构的社会学家、经济学家和技术专家组成的论证委员会，通过全面、客观的论证与质询，一致认为这一研究成果是安全生产理论研究方面的一个重要的创新。

"安全生产与经济社会发展研究"课题应用多元统计分析方法，建立多元函数关系模型，全面地研究、分析世界不同类型国家在各个经济社会发展阶段的安全生产状况及其变化趋势，同时建立起安全生产与经济社会发展之间的数学模型，用主因素分析法来研究影响安全生产（事故死亡人数和10万人死亡率）的主要经济社会因素，并在此基础上预测我国在现阶段国家宏观经济与社会发展条件下，今后一定时期的安全生产发展趋势，此外还系统地研究了世界不同类型国家的安全生产监管体系和监管经验。

一、立项背景

安全生产是全社会非常关注的问题，同时也是备受争议的问题。纵观发达国家的发展历史，大都经历了从事故频发、逐步下降到平稳发展的过程。科学认识和正确把握安全生产的特点和规律，是做好安全生产工作的重要前提。因此为了学习借鉴发达国家的经验，研究、认识和把握安全生产工作的内在规律，从规律当中找出降低事故率，做好安全生产工作的思路、对策和办法，尽快实现我国安全形势好转的目标，原国家安全生产监督管理局党组决定，设立专项研究课题，对安全生产与经济社会发展的关系进行研究，王显政同志为课题组长，安全生产信息研究院主要研究技术骨干组成了课题组。2003年8月22日，王显政同志在第一次课题专家研讨会上明确提出，此课题要全面、系统地分析不同类型国家在经济社会发展的不同阶段，安全生产状况与经济发展趋势之间的关系，重点要揭示安全生产与经济社会发展之间的内在规律，为制定国家安全生产发展战略和研究制定安全生产事故防控措施提供理论依据。

二、世界主要国家安全生产状况

1. 世界常用安全生产统计指标

目前，世界各国采用的安全事故指标不统一，最常用的几种统计指标是：绝对伤亡人数指标、10万人伤亡率指标、千人伤亡率指标、100万工时伤亡率和20万工时伤亡率指标，见表1示。为便于统计与对比，国际劳工组织目前主要采用10万人伤亡率指标来评价各国的安全生产状况，为此本课题也采用这个指标。

2. 世界各国职业事故10万人死亡率趋于逐年下降

据国际劳工组织的报告，目前全世界劳工总人数为27亿人，每年有130万工人死于与工作相关的事故或职业病。自1990年以来，世界各国职业事故10万人死亡率总趋势是逐年降低的。1990年，世界大部分国家10万人死亡率分布要15以下，1994年世界平均为14，而2000年大多数国家降至10以下。目前，我国10万人死亡率为11左右，详见表2。

表1 世界部分国家和地区主要工伤事故统计指标使用情况

名称＼伤亡情况	绝对伤亡人数	10万人伤亡率	1000人伤亡率	100万工时伤亡率	20万工时伤亡率	伤亡率百分比
国际劳工组织	√	√				
美　国	√				√	
澳大利亚	√	√		√		√
英　国	√	√				
德　国	√			√		
加拿大	√			√		
日　本	√			√		
印　度	√		矿山			
韩　国	√	√				
南　非	√		√			
波　兰	√		√	√		
俄罗斯	√		√			
香　港	√		√			
台　湾	√	√	√			

表2 1994～2004年世界部分国家工伤死亡10万人死亡率情况

名称＼年份	1990	1994	1996	1998	1999	2000	2001	2002	2003	2004
英　国	1.6	1	0.9	0.8	0.7	0.9	0.8	0.79	0.79	0.81
澳大利亚		7	5	4	3	3	3	2		
德　国	5.07	4.63	3.96	3.42	3.42	3.05	2.95	2.92		
美　国		5.3	4.8	4.5	4.5	4.3	4.3	4.2	4.2	
波　兰	6.5	5.7	5.7	5.5	4.5	5.2	5.1	4.95	5	
吉尔吉斯坦	10	6.9	9.3	11	6	7	7	7	5	
加拿大	8.5	6.4	6.1	6.7	6.7	7.1	7.2	7.2		
罗马尼亚	10	7	8	8	7	7	7	7	6	
埃　及	15	12	9	9	8	7	7	7		
西班牙	14.2	10.6	9.8	9.8	9.5	9.2	8	6.1	5.5	
中国香港	9.9	10.4	11	10.1	9.7	8	7.1	8.6		
马来西亚		7.7	13.4	15.1	10.6	11.3	10.9	10.8		
泰　国	30.9		17.7	15.4	11.5	11.3	11.1			
墨西哥		17	13	13	12	14	12	11	12	
俄罗斯	12.9	13.3	15.5	14.2	14.4	14.9	15	15		
巴　西		13.6	18.7	19.7	18.5	11.5				
毛里求斯	44	63	22	33	22					
土耳其		28.3	32.2	22.5	22.9	24.6	20.6			
韩　国	30	37	33	29	19	26.7	26	24.6	27.6	27

资料来源：国际劳工组织，2004年。英国为跨年度计算，如2003/2004。

(1) 工业发达国家10万人死亡率普遍下降。工业发达国家10万人死亡率普遍比较低，并呈逐年下降趋势。平均为5.3/10万人，最低的国家在1以下。最低的是英国，2002年为0.79。澳大利亚居第二位，也是10万人死亡率下降最快的国家，1992年时还高达7，到2002年已下降到2，10年的时间里降低5，下降了71.43%，年均降低7.1%。德国居第三位，且其下降速度也非常迅速，1990年10万人死亡率为5.07，到2002年下降到2.92；降低了2.15，下降42.4%，年均下降速度为3.53%。美国居第四位，呈稳定下降趋势，由1992年的5.3下降到2002年的4.2。日本居第五位，为4.5。

(2) 发展中国家职业事故居高不下。发展中国家10万人工伤事故死亡率一般在10以上。欧洲独联体国家、印度及拉美和加勒比地区国家为工业发达国家的2倍或2倍以上，一般在10～20之间。南亚、中东、非洲等经济相对落后国家工伤死亡率为工业发达国家的4倍或4倍以上，其中毛里求斯等国10万人死亡率在30人以上。韩国经济虽然发展很快，但其加工制造业所占比重仍很高，因而其10万人死亡率还在25左右徘徊。

三、安全生产与经济社会发展水平密切相关

为全面、系统地揭示安全生产与经济社会发展之间的内在规律，科学描述不同类型国家在经济社会发展不同阶段的安全生产状况与发展趋势，课题组在广泛参考和充分借鉴国内外权威机构有关经济研究成果基础上，较科学、客观地确定了样本国家和经济社会发展水平指标选择原则。

1. 样本国家的选取

课题组选取了处于低收入水平、中等偏下收入水平、中等偏上收入水平和高收入水平的27个样本国家（分类标准见表3），具体包括：

(1) 低收入国家2个：孟加拉国、乌克兰；

(2) 下中等收入国家8个：白俄罗斯、保加利亚、中国、埃及、泰国、马来西亚、土耳其和罗马尼亚；

(3) 上中等收入国家7个：阿根廷、巴西、捷克共和国、匈牙利、墨西哥、波兰和委内瑞拉；

(4) 高收入国家10个：澳大利亚、加拿大、法国、德国、意大利、韩国、新加坡、瑞典、英国和美国。

表3　世界银行按人均国民生产总值的国家分类标准　　美元

类别＼年份	1990	2000
低收入国家	610以下	755以下
下中等收入国家	611～2465	756～2995
上中等收入国家	2466～7620	2996～9265
高收入国家	7621以上	9266以上

2. 经济社会发展水平指标的确定

课题组同时确定5大类18个与安全生产关系较为密切的，且能够全面反映经济社会发展水平的指标：

(1) 综合发展指标。国内生产总值（GDP），人均国民生产总值；

(2) 社会结构指标。第一产业产值占GDP比重，第三产业产值占GDP的比重，货物和服务进口总额占GDP的比重，货物和服务出口总额占GDP的比重，城市人口占总人口的比重，公共教育经费占国内生产总值的比重，科研投入占国内生产总值的比重；

(3) 人口素质指标。中学生入学率，平均预期寿命，人口自然增长率，婴儿死亡率；

(4) 生活质量指标。每千人医生数，人均能源消费量（恩格尔系数）；

(5) 社会稳定指标。非农部门就业人数占总就业人数的比重，失业率，通货膨胀率。

3. 对安全生产状况产生重要影响的主要因素

为科学、客观地分析不同类型国家在各个经济社会发展阶段安全生产状况与经济社会发展间的内在规律，课题组通过建立安全生产指标（事故死亡人数和10万人事故死亡率）和经济社会发展指标之间的多元回归数学模型，用主因素分析法来分析研究影响安全生产状况的主要经济社会因素。对样本国家1990年至2000年安全生产状况和经济社会发展指标间的内在关系进行的全面研究分析表明，对安全生产状况产生重要影响的4个主要因素分别是产业结构、社会保障程度、科研与教育保障程度及经济发展程度。

（1）产业结构。对安全生产状况的影响程度达30%以上。韩国就是典型一例。韩国虽然经济发展迅速，并已步入高收入国家的行列，但其经济结构中，加工制造业占有很高比例，因而其10万人死亡率仍在25左右徘徊。孟加拉国因为以农业为主，得以保持较低的安全生产事故死亡率及职业病发生率。

（2）社会保障程度。对安全生产的影响程度约为25%以上。在很多国家，由于失业率过高，雇主往往忽视安全生产，而恶劣的生产作业环境又导致工人产生抵触情绪，加剧了安全生产状况的恶化。但如果失业率太低也是不利于安全生产的，因为工作太容易找了，企业制度的约束力就会变弱。

（3）科研与教育保障程度。对安全生产的影响程度在15%左右。该主因子由公共教育经费占GDP的比重、科研投入占GDP的比重等组成，这些指标也是影响安全生产的重要因素。

（4）经济发展程度对安全生产的影响力在20%左右。经济社会发展水平愈高，安全生产状况愈好。当人均GDP处于1000～3000美元之间时，为事故易发期；当人均GDP超过5000美元后，10万人死亡率将趋于稳定下降的态势。但这个指标显示的规律离散性较大，如韩国在人均GDP超过10000美元后，事故死亡人数仍处于高位波动，目前10万人死亡率高达25；而波兰、巴西在人均GDP不超过3000美元时，事故死亡人数就呈现明显下降趋势。

四、安全生产阶段理论

通过全面、系统地对发达国家工业化发展进程中，安全生产事故死亡人数与经济社会发展水平间诸多实例进行分析研究的结果表明，安全生产状况与经济社会发展水平间关系十分密切，其关系呈现非对称抛物线函数关系，如图1。

阶段Ⅰ之前，农业经济时代，安全生产事故率很低；

阶段Ⅰ～Ⅱ，工业化发展初期阶段，安全生产事故快速上升，为事故易发期；

阶段Ⅱ～Ⅲ，工业化发展中期阶段，安全生产事故达到高峰，且有较大波动；

阶段Ⅲ～Ⅳ，工业现代化发展阶段，安全生产快速下降阶段；

阶段Ⅳ之后，知识经济时代，安全生产事故率很低，继续稳定缓慢下降阶段。

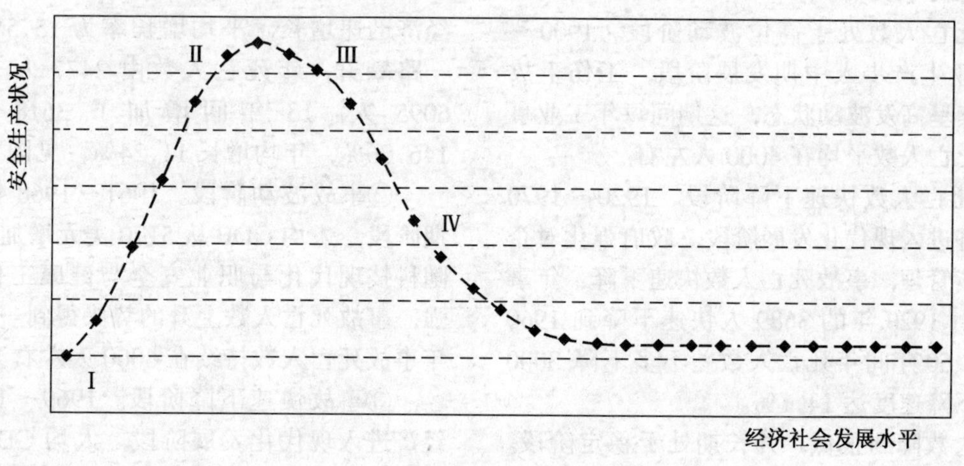

图1　安全生产与经济社会发展阶段变化关系

1. 部分国家安全生产与经济社会发展阶段性变化趋势

英国、日本、美国工业化发展进程中安全生产状况变化趋势实证研究充分说明了安全生产与经济社会发展阶段变化关系，详见图2、图3、图4示。

(1) 英国职业安全与经济社会发展阶段性变化情况。英国自1770年工业革命以来，经历了安全生产事故死亡人数高发、波动、快速下降与事故死亡人数很少并趋于稳定的发展历程，详见图2。

①事故逐年增加阶段。1770～1860年，工业革命初期，工业生产蓬勃发展，工伤事故逐年增加，工伤事故对雇员造成的伤害开始引起人们的关注。

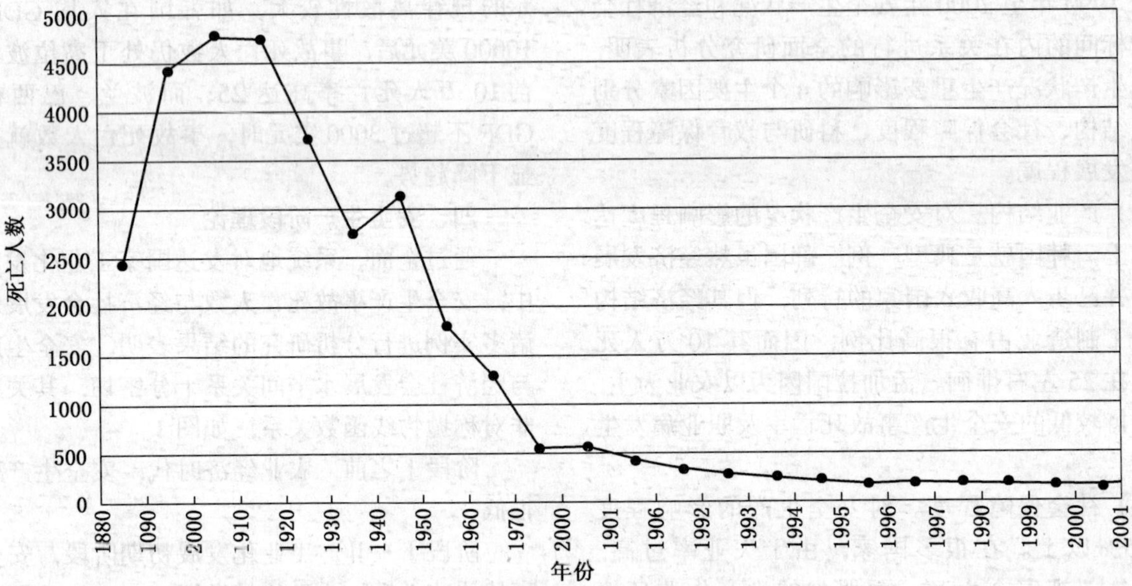

图2 1880～2003年英国工业事故死亡人数变化趋势

②工伤事故频发，死亡人数快速增长阶段。1860～1900年，工业生产快速发展期，工伤事故频发，年死亡人数由1880年的2437人快速增长到1900年的4753人，20年间年死亡人数差不多增长一倍，年均增长4.75%。

③事故死亡人数处于高位波动阶段。1900～1920年，工业生产步入中期发展阶段，工伤事故死亡人数持续呈高发波动状态，这期间每年工业事故造成的年死亡人数平均在4000人左右。

④事故死亡人数快速下降阶段。1920～1970年，工业经济进入现代化发展阶段，政府强化对企业的安全生产管理，事故死亡人数快速下降，年事故死亡人数由1920年的3689人快速下降到1960年的556人，50年间年死亡人数差不多下降3000多人，年均下降速度达14.1%。

⑤死亡人数降到很低，并长期处于稳定阶段。1970～2003年，进入知识经济时代，事故死亡人数稳定下降，年死亡人数由1970年的556人下降到2003年226人，10万人死亡率降到0.78。

(2) 日本职业安全与经验社会发展阶段变化情况。

①事故多发阶段。1948～1960年，工业化发展初期阶段，人均GDP在4800美元以下。此阶段经济迅速增长，平均增长率为15.5%，工伤事故一路攀升，年死亡人数由2477人，快速增加到6095人，13年间增加了3618人，增长了146.06%，年均增长11.24%，见图3。

②事故波动阶段。1961～1968年是工业化中期阶段，人均GDP从5170美元增加到9172美元，随科技现代化与职业安全与健康工作的进一步加强，事故死亡人数上升的势头得到一定的控制，但年事故死亡人数持续在6000人左右波动。

③事故快速下降阶段。1969～1984年，日本经济进入现代化发展阶段，人均GDP由10149美元增加到16620美元。这期间第三产业得到迅速发展，加之1972年颁布了《劳动安全健康法》，提出

严格控制事故措施，从此年事故死亡人数大幅度下降，由6208人下降为2635人，平均每年减少227人、降低5.2%。

④事故缓慢下降阶段。1985年以后，日本经济进入知识经济阶段，国民教育发达，人口素质居世界前列，科技实力雄厚，自此事故死亡人数保持平稳下降趋势。

(3) 美国煤矿死亡人数发展阶段性变化趋势。美国是世界主要产煤家国之一，目前经济社会发展水平已进入知识经济时代。近10年来，美国每年

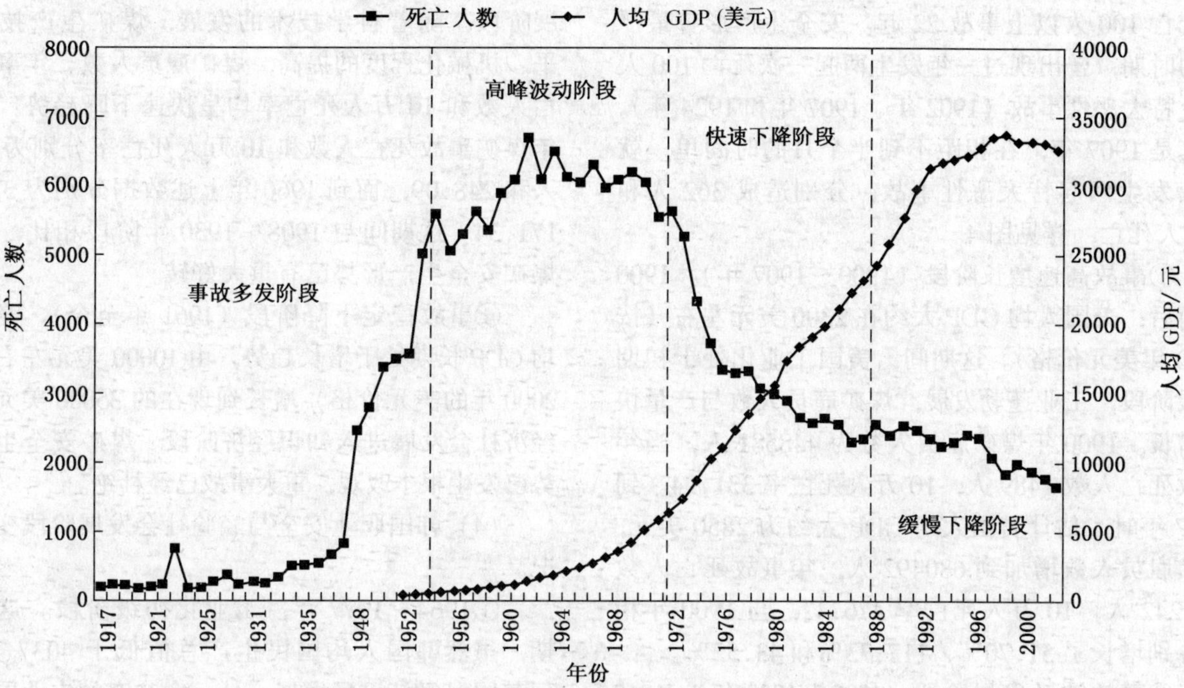

图3　日本安全生产与经济社会发展阶段变化趋势

图4　1900～2002年美国煤矿死亡人数变化趋势

生产商品煤10亿吨左右，煤矿死亡人数稳定在30人左右，成为比较安全的行业。其实，美国煤矿也经历了一个从事故多发，到加强立法和执法，强化安全管理，提高科技保障水平，最终进入安全生产事故很少的漫长发展过程。据美国矿山安全与健康监察局统计，1900～2004年，美国煤矿共发生一次死亡100人以上事故22起。安全生产形势最严峻的时期，曾出现过一年发生两起一次死亡100人以上特大恶性事故（1902年、1907年和1924年）。尤其是1907年，在相距不到半个月的时间里，就连续发生两起特大恶性事故，分别造成362人和239人死亡，详见图4。

①事故高速增长阶段（1900～1907年）。1900年前后，美国人均GDP大约在2300美元左右（按2000年美元价格）。这期间，美国工业化处于初期发展阶段，工业蓬勃发展，煤矿雇员人数与产量快速增长。1900年煤矿雇员人数为448581人，当年事故死亡人数1489人，10万人死亡率331.94。到1907年时，估计美国人均GDP大约为2850美元，煤矿雇员人数增加到680492人，年事故死亡人数为3242人，10万人死亡率476.42，与1900年相比分别增长了51.70%、117.73%和43.52%。

②事故波动发展阶段（1908～1930年）。1910年时，美国的人均GDP估计大约为3100美元，处于工业发展的中期阶段。在该阶段煤矿雇员、煤炭产量虽然持续呈现增加趋势，与前一阶段相比，煤矿事故次数、死亡人数开始下降。1908年美国煤矿事故死亡人数为2445人，10万人死亡率354.08；1930年死亡人数为2063，10万人死亡率320.34。

③事故快速下降阶段（1931～1960年）。20世纪20年代中期至50年代中期，美国人均GDP已由6500美元左右增长到10000美元左右（按2000年价格计算）。美国经济已进入较发达的现代化发展阶段，随着科学技术的发展，煤矿生产技术水平、机械化程度的提高，煤矿雇员人数、年事故死亡人数和10万人死亡率均呈快速下降趋势：1931年煤矿事故死亡人数和10万人死亡率分别为1463人和248.09，而到1960年上述数据分别为325和171.34。这期间与1908～1930年阶段相比，美国煤矿安全生产形势已有重大好转。

④事故稳定下降阶段（1961年至今）。美国人均GDP长期处于增长趋势，由10000美元左右（按2000年的美元价格）增长到现在的35000美元，其经济社会发展进入知识经济阶段。煤矿安全生产形势已发生根本改观，重大事故已经杜绝。

（4）韩国职业安全与经验社会发展阶段变化情况。

①1964～1977年，工业化初级阶段。这一时期，虽然韩国人均国民生产总值低于4037美元，但其国民经济迅猛发展，从一个贫穷的农业国迅速过渡到工业化国家，国民生产总值中农林渔业的比重迅速下降，工矿业的比重快速上升。这一阶段也是韩国安全事故最严重的时期，1964年事故死亡人数仅有33人，1977年猛增至1174人，1971年

图5　韩国经济社会发展不同阶段的安全生产变动

10万人工伤事故死亡率达到最高峰83。

②1978～1992年工业化中级阶段。在该阶段，韩国倡导"重化工业宣言"，通过重化工业的强劲发展带动来国民经济快速增长，产业结构发生了根本变化，在国民经济中工矿业比重首次超过农林渔业。人均国民生产总值从2702增加到4808美元。这期间，年事故死亡人数继续快速上升，死亡人数由1978年的1397人增至1992年2492人，详见图5。

③1992至今，工业化高级阶段。伴随着世界范围的新技术革命浪潮，韩国政府开始进行产业结构调整和产业政策变革，以钢铁、电子和汽车工业为先导工业，带动中小型企业专业化和现代化发展。人均国民生产总值从5283增加到9184美元。随着经济的发展，韩国民众安全生产意识有了很大提高，为实现工作场所的安全与健康作业，韩国于1987年成立了职业安全与健康的监察机构，强化安全生产监察执法，安全生产形势开始好转，1992～2001年间，韩国年职业事故死亡人数大约以年均71人的速度缓慢增加，并最终在2500人上下波动。10万人死亡率继续呈下降趋势，年均降低0.5。

2. 安全生产阶段理论揭示了安全生产与经济社会不同发展阶段的发展变化规律

通过对英国、日本、美国、巴西和韩国的工业化发展进程中安全生产状况变化趋势实证研究，以及对世界27个不同类型国家在1990年和2000年的安全生产与经济社会数据回归分析结果，充分论证了安全生产阶段理论所揭示的安全生产与经济社会不同发展阶段的事故死亡发展变化规律。

（1）安全生产阶段发展理论客观地反映了安全生产与经济社会发展水平间的规律。在发达国家的工业发展过程中，安全生产状况与经济社会发展水平间关系十分密切。在工业化前期，工伤事故造成的死亡人数很低，伴随工业化进程的发展与加快，事故死亡人数呈快速上升趋势。这一状况体现在非对称抛物线的左侧，即为事故快速上升阶段。许多发达国家都经历了这个时期，事故多发，迫使政府出台更为严格的安全生产法规、加强政府对安全生产的监管力度。当工业发展水平进入现代化阶段后，事故将趋于稳定并出现波动下降趋势。而在进入知识经济时代，产业结构进一步得到优化，经济增长主要不是依靠工业，而是依靠信息经济的增长，科技进步高度发达，全民安全意识高，因此事故造成的死亡人数已经很少，并逐步趋于稳定，而职业病等成为导致作业人员伤害的重要因素，并引起人们高度关注。

（2）不同经济社会发展阶段，安全生产状况差别较大。发达国家安全生产发展历程说明，一个国家或地区安全生产状况与其经济社会发展水平密切相关。农业经济时代，事故死亡人数处于较低水平；工业经济快速发展阶段，死亡人数在一定期间内持续快速增长，并在工业化发展中期阶段，安全生产事故达到高峰，且有较大波动；工业现代化时代和知识经济时代，生产事故已完全得到控制，基本实现人、经济与社会的和谐发展。

（3）不同经济社会发展水平的国家，安全生产状况处于不同的阶段。通过对27个样本国家安全生产状况与经济社会发展关系的研究发现，在同一时间截面上，不同经济社会发展水平的国家，处于不同的安全生产状况阶段，详见表4。

表4　不同国家或地区所属安全生产阶段

I阶段前	I－II阶段	II－III阶段	III－IV阶段	V阶段
孟加拉	中国、泰国、巴西、阿根廷、墨西哥、俄罗斯、白俄罗斯、马来西亚、委内瑞拉、埃及、罗马尼亚、保加利亚、乌克兰、土耳其	韩国、新加坡、波兰、匈牙利、捷克	加拿大、意大利	英国、瑞典、德国、美国、澳大利亚

如处于工业化进程初期阶段的孟加拉，因农业经济是国家的主导经济，其事故死亡人数比较少。该国的安全生产状况处于I前。大多数发展中国家与部分经济转型国家，则正处于工业化进程的中期向现代化发展阶段，则安全生产事故死亡人数与死亡率均比较高，这类国家主要有中国、泰国、马来

西亚、委内瑞拉、埃及等。而韩国、新加坡等国，目前事故死亡人数与死亡率多处于较高水平，并呈波动下降趋势，这类国家的安全生产状况属于Ⅱ～Ⅲ阶段。英国、瑞典、德国、美国、澳大利亚等国，事故死亡人数与死亡率也很低，且多年来一直保持缓慢下降趋势，这类国家的安全生产状况已处于第Ⅳ阶段之后。

五、我国安全生产状况及发展趋势预测

1. 我国安全生产发展变化情况

据统计资料，我国工伤事故死亡人数，1953 年为 3282 人，1957 年增长到 3702 人。其后几经波折，持续增长，至 2002 人增至 14924 人。具体发展变化趋势见图 6。总体来看，自 1953 年以来，我国安全生产与经济社会发展关系密切，经历过几次事故明显波动的时期，如 1957～1962 年的大跃进期间，因违背经济社会发展的基本规律，一味追求超越式发展，结果导致安全生产事故频繁，事故死亡人数剧增。1960 年工伤事故死亡人数达到最高，为 21938 人，也是我国历史上工伤事故死亡人数最高的年份；1968～1973 年期间，受“文革”影响，安全生产成为无人监管的无政府状况，致使 1972 年事故死亡人数高达 17901 人；1994 年前后，因经济变革与统计口径变化，使 1995 年死亡人数成为历史上第二次超过 2 万人的年份。为突出我国安全生产状况与经济社会发展水平的规律性，对我国自 1953～2004 年工伤死亡趋势变化曲线呈现波动跳跃状况进行数学方面的调整，剔除 1958～1963 年、1969～1981 年两个阶段由于非经济因素影响所造成的异常波动后，清楚地显现我国由落后的农业经济逐步向初级工业经济发展的过程中，工伤事故死亡人数呈现明显的逐渐上升趋势。显示我国在不同经济社会发展阶段，安全生产状况呈现不同特点。通过系统分析研究发现，我国工伤事故死亡人数的剧烈变化与我国曲折的经济发展进程有着十分密切的关系，尤其与工业化的发展速度和产业结构重大调整的关系更为紧密，以农业经济为主时，安全生产事故率相对较低；而在工业经济初级向中级发展阶段，工业生产死亡事故呈快速增长趋势，事故率高。

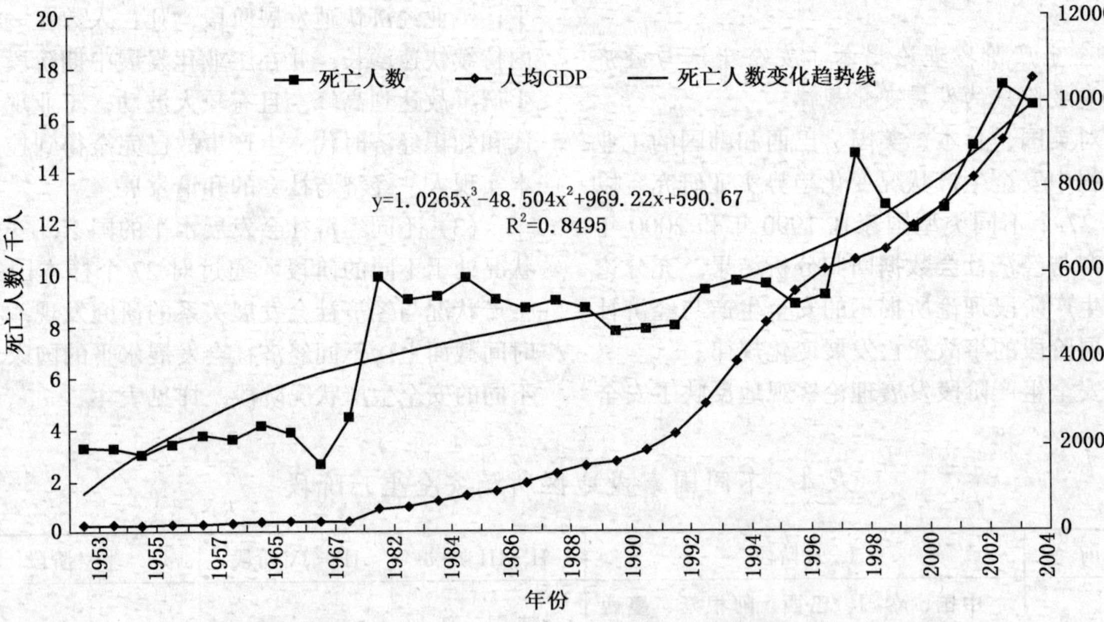

图 6　1953～2004 年我国工伤死亡人数发展趋势

2. 我国安全生产趋势预测

近年来，我国经济社会快速发展，与之不协调的是安全生产事故数量与死亡人数居高不下。课题组选取了人均 GDP、产业结构、就业结构、城市化水平和国民教育水平等经济社会发展的主要指标，对我国的安全生产状况进行了剖析。

研究结果表明，事故发生率低与其以服务业为主导的产业结构有极大关系，我国第二产业比重过大，三个产业之间的比值为 15.4∶51.1∶33.5，且在未来 20 年内，第二产业还将发展。而工业发达国家为 3.19∶27.67∶69.13。此外，我国仍属中等收入国家，城市化水平滞后世界平均水平 15%左右，教育水平也落后发达国家 20 多年。以上指标综合显示，我国目前仍处于工业经济中级发展阶段，而这个时期，正是事故易发期。

据中国社会科学院研究，我国 2030 年前后的经济社会发展特征与日本 1968 年、韩国 1990 年前后的情况具有相似性。课题组由此对照日本和韩国安全生产的发展历程，以我国 1952～2003 年全国年事故死亡人数为基础，分析研究人均 GDP、农业产值占 GDP 的比重、第三产业产值占 GDP 的比重和非农业就业人口比重 4 项指标，对我国安全生产形势进行预测，预测结论为我国安全生产事故的易发阶段可能还会持续 20 年左右。

3. 我国煤矿事故死亡人数与百万吨死亡率变化情况

据相关统计数据，建国以来，我国煤矿安全生产形势一直十分严峻。主要表现为死亡人数多，居高不下，长期呈增长趋势。从 1965 年以来，死亡人数逐年递增，平均每年增加约 400 人，年平均增幅为 7% 左右，并于 1994 年达到最高峰，死亡人数首次超过 7000 人。以后虽有所下降，但每年的死亡人数一直在 6000 人上下浮动。2004 年，死亡人数仍超过了 6000 人，为 6027 人，见图 7。

从百万吨死亡率看，1949 年是最高的一年，1961 年达到第二个高峰，此后开始呈下降趋势。尤其是 1978 年后，尽管煤炭产量有较大幅度增加，但百万吨死亡率处于明显下降的趋势，尤其是进入 21 世纪以来，我国煤炭产量从 2000 年的 10 亿吨快速增加到 2004 年的 19.5 亿吨，在 4 年内产量增加了 1 倍，但是煤矿的百万吨死亡率从 5.86 降到 2004 年我国的 3.08，4 年内几乎降低了一倍，创历史最低水平。

图 7　我国煤矿死亡人数与百万吨死亡率变化趋势

我国煤矿安全生产形势严峻，在很大程度上是与煤炭生产结构有重要影响。乡镇煤矿生产方式落后，加之人员素质非常低、安全投入严重不足等原因，其百万吨死亡率一直在高位徘徊。1990～2004 年的 15 年间，乡镇煤矿百万吨死亡率平均是国有重点煤矿的 8.6 倍，是国有地方煤矿的 2 倍。煤矿生产技术水平的提高对改善安全生产状况可起到极大的促进作用，其中采煤机械化水平的提高对降低百万吨死亡率和死亡人数的作用最大。因此，提高我国煤矿机械化装备程度，可以明显改善煤矿安全生产水平。

六、发达国家事故得到有效控制的经验与教训

安全生产事故的大幅度下降，取决于多种因素。工业化快速发展过程中事故上升的规律虽无法回避，但这一过程受社会客观因素影响可能延长，也可能缩短。因此，借鉴发达国家在安全生产管理上的成功经验，通过采取综合措施，缩短事故易发期是完全有可能的。

发达国家安全生产的主要经验是强化安全监察、安全技术保障和工伤保险三大系统建设，共同构建安全生产保障体系，从而使职业事故死亡人数得到有效控制，具体表现在以下几方面：

(1) 在工业化发展阶段，大都依法设立了权威、高效的安全与健康监察机构，以强化监察机构的权威性，统一监管全国或行业的职业安全与健康工作。

(2) 制定严格的《职业安全与健康法》和操作性强的职业安全与健康标准，作为重要保证手段，定性、定量进行严格执法。一切严格依据标准进行监督检查，凡是违反标准的行为将视情况轻重予以处罚。

(3) 特别强调雇主应承担的责任，其《职业安全与健康法》都明确规定了雇主对雇员的安全和健康所应承担的责任。

(4) 建立职业安全委员会，鼓励工人积极参加安全与健康管理，同时雇主清楚知道，只有让工人参与安全与健康管理，执行和落实保障职业安全和健康的措施才更有效。

(5) 充分发挥科研与中介机构在对职业安全与健康环境与条件因素进行检测、检验、评估、认证、鉴定，以及在开展宣传、培训、教育和信息服务工作中的作用，可促进职业安全与健康工作朝科学化方向发展，同时还可降低企业安全生产成本。

(6) 社会制约机制完善，促使企业重视安全与健康工作并舍得投入。否则，若企业安全状况不好将受到方方面面的制裁与制约：违反法规将受到监管部门的惩处。不注重安全或高危企业的社会信誉低，进而导致投资者和客户信心动摇，使其股票价值下降、银行贷款难度增加、保险费率提高。同时工会组织将会组织雇员要求雇主改善劳动条件和安全水平；事故伤亡者及其家属可能诉之法庭并要求高额赔偿。总之，如果企业事故伤害严重，所面临的风险或受到的损失是非常大的，从而迫使企业不得不重视安全生产，舍得加大安全生产投入。

(7) 工伤保险体系完善，在保障工伤职工合法权益的同时，还有利于促进事故预防，使遭受伤害的员工及时得到救治。

七、发挥后发优势，缩短事故易发期

揭示规律、把握规律，目的是为了引起人们关注安全生产工作、重视安全生产工作，充分发挥社会主义制度的优越性，扎实做好各项工作，努力缩短事故易发期，减少安全生产事故的发生，加快实现安全生产形势的根本好转。

从总体上看，我国目前正处于工业化中期阶段，为事故易发期，做好安全生产工作面临着很大的困难与挑战。同时也要看到，做好安全生产工作，具有许多有利条件。我们认识到，发达国家在工业化进程中，大都经历了从事故多发、高发到趋于下降、稳定的过程。这是他们经历的规律，并不是意味着我国也一定要重复这个规律。我国今天所处的时代与欧美国家在上世纪的情况有很大不同，我们可以借鉴发达国家的成功经验和做法，吸取他们的教训，采取先进的安全生产技术和有针对性的政策措施，充分发挥后发优势，尽可能缩短工业化快速进程中事故频繁、人员伤亡增加的情况。同时我国是社会主义国家，这是做好安全生产工作的制度保证；党中央、国务院和各级领导高度重视，是做好这项工作的政治保证；科技进步，经济发展，综合国力不断增强，是做好这项工作的物质技术保证；全社会安全意识不断提高，各地区、各部门和企业安全生产工作逐步加强，是搞好安全生产的思想和工作保证。因此我们要坚定信心，坚持按客观规律办事，充分发挥社会主义制度的优越性，扎实做好各项工作，努力减少安全生产事故的发生，实现安全生产形势的根本好转。

八、对策建议

一个国家的安全生产与其经济社会发展水平密切相关，不同国家在工业化发展阶段，安全生产事故大多都经历增长、波动、下降的阶段。本课题所揭示的是一般规律，可为安全生产监管提供决策方向。就我国情况而言，应充分重视本课题成果所揭示的规律，唤起人们对安全生产工作的高度重视，充分发挥我们的制度优势、科技与管理方面的后发优势，全面借鉴发达国家的成功经验和做法，吸取他们的教训，采取先进的安全生产技术和有针对性的政策措施，以尽可能缩短工业化快速进程中事故频发阶段。据此，就我国目前经济社会发展水平条件，为改善安全生产形势严峻的局面，建议应作好与加强下述几方面的工作：

(1) 坚持“以人为本”的思想，强化政府对安全生产监管的作用，把安全生产工作置于政府战略优先发展的位置。工业发达国家经验表明，在工业化发展阶段，通过强化国家安全生产监管力度，是减少事故的有效方式。因此，要求各级政府部门管理，从国家战略发展高度，把安全生产作为一项基本国策，将安全生产工作纳入国家经济社会发展规划之中，常抓不懈，并针对我国安全生产事故死亡人数可能处于上升趋势的安全观实际，借鉴工业发达国家安全生产监管经验教训，切实坚持“以人为本”的科学发展观，在现阶段就致力于建设“安全、健康、舒适”的工作或生产环境，不断加强安全生产监管工作，严格督促企业加强安全生产管理，尽量避免为了经济快速发展，而导致的急功近利行为，有效消除各种事故隐患，有效控制事故的频率和死亡人数，尤其是要防止重特大事故的发生。

(2) 加快产业结构调整，发展新型工业化。发达国家事故伤亡率之所以小，与产业结构有很大关系。改革开放以来，我国的产业结构发生了显著变化。三次产业增加值在国内生产总值中的比重，从1978年的28.1:48.2:23.7转变为2002年的15.4:51.1:33.5。所体现的基本特点是，第一产业所占份额持续而稳定下降，第二产业处于波动之中，第三产业持续稳定增长。工业发达国家经验表明，以服务业为主的第三产业，职业事故死亡人数、死亡率显著低于以制造业、建筑业占主导地位的国家。2000年世界发达国家产业结构平均比重约为3.19:27.67:69.13，10万人死亡率仅有5.4。因此，加快我国工业化发展进程，调整产业结构，使高风险行业萎缩，伤亡事故高危人群减少，工作环境本质安全条件提高。

(3) 加强安全生产法制建设，将安全生产工作真正纳入法制化轨道。我国重、特大伤亡事故与职业病危害严峻的一个重要原因，就是安全生产、劳动保护法制观念淡薄、有法不依、执法不严。国外工业化国家的经验表明，将安全生产法规标准作为予以强制性、优先实施是降低工业事故伤亡率的有效措施。因此必须抓紧完善安全生产责任追究制度、安全生产许可制度、事故报告制度、安全评价制度、安全举报制度、安全事故损害赔偿制度等，并建立相关保障机制，予以严格、可靠实施，使安全生产工作真正从“人治”转向“法治”，才能有效控制事故的发生。

(4) 加强对职工的安全生产教育培训工作，增强从业人员的安全意识。大量事实表明，不少事故是由于作业人员安全意识、违章操作、冒险蛮干等行为造成的。当前，我国产业工人整体文化知识和能力素质不高，且随着工业化的推进和城镇化的提速，越来越多的农民工将成为产业工人的主体。据统计，目前第二产业中，农民工占从业人数的57.6%，其中在加工制造业中占到68%，在建筑业中占到近80%，特别是煤矿企业，从业人员基本上是农民工。因此，加强对产业工人的安全教育培训，增强对事故的防范和应变能力，提高安全意识，是避免和降低工伤事故发生的有效途径。

(5) 针对安全生产重点领域和薄弱环节加强投入。事故调查结果表明，不少重特大事故的发生是由于缺乏必要的安全生产技术装备、监测装置所致。究其深层次的原因是安全投入不足，为改变我国安全生产形势，一方面国家要加大安全重点领域和行业的投入，不断改善安全生产基础设施建设，同时也要针对事故多发领域和薄弱环节；其次要通过立法，分行业确定最低准入门框和安全生产保障与技术投入的最低标准，不符合基本安全生产条件的企业予以整顿与关停。

(6) 尽快完善工伤保险体系，作为保障我国的安全生产工作的重要手段。国外将工伤保险作为是职业安全与健康体系的三大支柱之一，对工伤事故的预防、赔付、康复起到了重要作用。目前我国安全生产形势十分严峻，每年与工伤直接相关的事故死亡人数超过15000人，而工伤人数若按海因里希理论推测则是死亡人数的数十倍甚至上百倍。为数众多的人员伤亡不仅导致受害职工与家庭遭受重大损失，同时也使企业经济负担沉重。为此我国要尽快将工伤保险引入安全生产监督管理机制，建立起符合中国特色的工伤保险制度，以有效改善我国严峻的安全生产局面。

(7) 要建立与完善安全生产统计指标，并将其纳入国民经济统计指标体系。发达国家大都建立起了比较完善、便于比较的职业安全与健康统计指标体系，有效地推动与促进了高危险行业高度重视职业安全与健康工作，消除事故隐患、减少职业安全与健康事故，并为控制和研究职业安全与健康问题提供科学依据。我国长期以来，由于安全生产统计指标体系不健全，各行业间大多使用各自的安全生产统计指标，以致不同行业间的产状况好坏不易进行对比，更不便与国际接轨。为此我们建议，应尽快建立与完善我国的安全生产统计指标体系，如10万人死亡人率，10万人工伤率等指标等，并将其纳入到国家经济发展统计指标体系中，科学反映国民经济和安全生产协调发展的程度，以便及时、准确、全面地反应全国安全生产状况，为国家、省（区）政府部门科学决策和正确指导我国安全生产工作提供可靠的依据。

九、课题成果主要创新点

2005年7月13日来自中国科学院、中国工程院、中国社会科学院、国务院发展研究中心、中国自然科学基金会及相关领域与部门的院士和专家学者共90多人，在北京举行“安全生产与经济社会发展研究”课题专家论证会，经过充分讨论和质询，认为研究成果达到国际先进水平，主要创新点有：

(1)《安全生产与经济社会发展研究》课题深入、系统地分析了不同类型国家在经济社会发展过程中不同阶段的安全生产状况和发展趋势，把安全生产放在国民经济和社会发展宏观环境中进行研究，应用多元统计分析方法，建立多元函数关系模型，揭示了安全生产与经济社会发展之间的内在规律，建立了安全生产与经济社会发展之间的关系模型，构建了安全生产与经济社会和谐发展关系的理论基础，是安全生产理论的重大创新。该课题研究成果为国家有关部门研究制定全国安全生产战略目标和应对措施提供了重要理论依据，为完善我国安全生产监管体系提供了重要借鉴。

(2) 首次提出了安全生产阶段发展理论，揭示了安全生产状况与经济社会发展水平间呈现非对称抛物线函数关系。论证了工业化国家在经济发展过程中，安全生产大致上都经历了从事故上升、高发，然后逐步稳定、下降这样一个周期。特别是在经济社会发展水平为工业化中期阶段，人均GDP处于1000～3000美元区间时，是安全生产事故易发期。

(3) 利用多元回归主因素分析法，开创性地建立了经济社会发展多因素对安全生产影响的数学模型，揭示出一个国家安全生产状况与经济社会发展综合因素密切相关；产业结构、教育与社会保障、科研投入和经济发展程度是影响安全生产状况的4个主因素。为指导今后制定国家宏观经济政策和经济社会发展规划奠定理论基础。

(4) 对我国安全生产形势与趋势进行了科学预测。随着我国工业化进程的加快，经济总量的快速增长，安全生产严峻形势还将持续一段时间。同时从理论上证实了，充分发挥我国的制度优势、政治优势和科技后发优势，学习借鉴国外经验，同时改善宏观经济与社会发展环境，完全可以实现有效遏制事故多发的势头，缩短这一事故易发的过程。

(5) 提出必须将安全生产指标纳入到国家经济统计指标体系中，必须把安全生产规划纳入国民经济发展规划中，统筹考虑安全生产与国民经济和社会发展规划，促进我国安全生产与经济社会的协调发展。

(6) 课题对不同类型国家的安全生产法规、安全监管、事故应急救援、安全科技、安全文化和工伤保险等体系和国家安全生产战略进行了全面、系统、深入的研究，其成果和结论为我国制定有效的防控措施与政策提供了可靠的理论支持与借鉴。

(7) 课题研究成果样本数量多（40余个国家）、时域跨度大（最长的达150余年），为安全生产阶段发展理论研究提供了可靠的信息支持，是安全生产理论的一项重大创新，为更好的把握安全生产发展规律奠定了理论基础，对于贯彻落实科学发展观，构建和谐社会具有重要现实意义。

第九部分

重大事故案例选编

矿山事故

湖南省郴州市宜章县梅田镇罗卜远煤矿"1·6"煤与瓦斯突出特大事故

2004年1月6日3时，湖南省郴州市宜章县梅田镇罗卜远煤矿+50米水平上山掘进工作面，发生了一起煤与瓦斯突出特大事故。造成10人死亡，1人重伤，直接经济损失195.5万元。

一、事故经过

2004年1月5日早班(8～16时)和中班(16～24时)，罗卜远煤矿+50米水平上山掘进工作面完成了一个循环的掘进工序。放炮员在早班下井时，检查钻孔内的瓦斯浓度达到7%～8%，工作面瓦斯浓度为0.5%。中班出班时，该工作面的矸石已出完。该巷道的砌碹支护已接近上山起坡点，上山掘进工作面还未进行永久支护。

1月6日零时，该矿安排10人下井，其中带班长兼瓦斯检查员1人，+110米水平推车兼挂钩工1人，暗斜井绞车司机1人，+50米水平推车兼挂钩工1人，其余6人在+50米水平上山掘进工作面作业。

据当班地面绞车司机反映，从零时进班一直到事故发生前，均未开绞车。1月6日3时，地面工作人员听到一声类似放炮的声音，并发现井口工业广场附近的绞车房、煤棚、铲车、充电房、监测室、调度室等设施和建筑物均起火了，井口也在燃烧。

经技术鉴定，这次事故是一起煤与瓦斯突出事故。+50米水平上山掘进工作面发生煤与瓦斯突出后，瓦斯逆流至地面绞车房，遇取暖煤火，引燃瓦斯，造成地面火灾。据测算突出煤矸约296吨，涌出瓦斯30000立方米。

二、事故原因分析

1. 直接原因

(1) 煤层具有突出危险性。Ⅵ煤层瓦斯应力高，属于突出危险煤层；残余构造应力大，F16倾向断层落差达50米，+50米水平上山掘进工作面见煤地点正处于向斜的轴部。在瓦斯压力、构造应力的综合作用下，具备了发生煤与瓦斯突出的潜能。

(2) 没有采取"四位一体"的综合防突措施。在+50米水平上山掘进工作面在掘进过程中，既没有按《煤矿安全规程》第199条的规定编制设计并报县煤炭局审批，也没有按照《煤矿安全规程》第200条和《防治煤与瓦斯突出细则》第60条的规定采取综合防治突出措施。1月5日早班工作时井下钻孔内瓦斯浓度达到7%～8%，但未采取措施进行处理，仍违章安排工人冒险作业。

(3) 违章放炮。带班长没有执行全井撤人放炮的规定，违章放炮造成误穿突出煤层，诱导煤与瓦斯突出，导致井下作业人员窒息死亡。

(4) 地面绞车房明火取暖。瓦斯逆流从主斜井喷射至地面绞车房后，遇取暖煤火，引起瓦斯燃烧，造成地面火灾，扩大了事故范围和后果。

2. 间接原因

（1）罗卜远煤矿没有严格落实安全生产规章制度。一是该矿主要投资人、主要股东不具备从事煤矿生产经营活动相应的安全生产知识和管理能力；二是拒不整改煤矿安全监管部门提出的隐患；三是矿井回风系统断面小、风阻大；四是 +110 米水平反向风门质量差，强度低；五是安全投入不足，井下无避灾硐室，无压风自救系统、无瓦斯抽放系统、甲烷传感器数量不够；六是特殊工种人员和作业人员未按规定培训，入井人员未随身携带自救器；七是没有配备专职瓦斯检查员，没有严格落实瓦斯检查制度；八是该矿主要负责人策划、组织隐瞒事故。

（2）梅田镇安监站没有及时发现并消除罗卜远煤矿 +50 米水平上山掘进工作面无揭煤措施、掘进过程中未执行“四位一体”综合防突措施等重大事故隐患；对 +50 米水平掘进要谨防误穿煤层和必须严格执行全井撤人井口放炮的整改意见，督促落实不到位；策划、组织隐瞒事故。

（3）梅田镇人民政府没有严格落实每个季度召开的防范特大安全事故工作会议制度；没有按规定制订安全事故应急救援预案；没有及时发现并消除罗卜远煤矿 +50 米水平上山掘进工作面无揭煤措施、掘进过程中未执行“四位一体”综合防突措施等重大事故隐患；相关领导参与隐瞒事故。

（4）宜章县煤炭工业局没有及时发现并消除罗卜远煤矿 +50 米水平上山掘进工作面无揭煤措施、掘进过程中未执行“四位一体”综合防突措施等重大事故隐患；相关人员参与隐瞒事故；宜章县矿山救护队 3 次出具虚假证明材料，作伪证，参与隐瞒事故不报。

（5）宜章县人民政府没有认真组织安全大检查，排查重特大事故隐患；季度防范特大安全事故工作会议流于形式；对干部管理教育不严，以致个别国家工作人员违法违纪，组织或参与瞒报事故。

三、事故处理结果

（1）事故当班带班长兼瓦斯检查员、放炮员，鉴于已在事故中死亡，免予追究责任。

（2）罗卜远煤矿法人代表和主要投资人、罗卜远煤矿矿长、技术负责人、安全副矿长，均被移送司法机关追究刑事责任。

（3）对事故有关人员，均按有关规定，给予处分。

（4）鉴于宜章县人民政府分管工业和安全的副县长任职时间较短（2003 年 9 月 15 日任职），责成其向郴州市人民政府和郴州市人民政府写出书面检查。

（5）责成郴州市人民政府向湖南省人民政府写出书面检查。建议郴州市委向湖南省委写出书面检查。

山西省晋中市介休市连福镇金山坡煤矿“3·1”特大瓦斯爆炸事故

2004 年 3 月 1 日 23 时 20 分，山西省晋中市介休市连福镇金山坡煤矿发生一起特大瓦斯爆炸事故，死亡 28 人，受伤 1 人，直接经济损失 318.7 万元。

一、事故原因分析

1. 直接原因

因电网停电和备用发电机故障，局部通风机停止运行，使西一运输巷以里处于无风状态，从而造成瓦斯积聚。来电后，未按规程要求检查和排放瓦斯便进行作业。在局部通风机未开、工作面瓦斯超限的情况下，采煤工启动煤溜，失爆开关腔内代替保险丝的裸铜线烧断产生电弧，引起瓦斯、煤尘爆炸。

2. 间接原因

该矿现场管理混乱，在停电后没有撤出井下作业人员；总风量不足，局部通风机数量不够，配风不合理，掘进面无风、微风、循环风作业；以掘代采，多头作业；忽视了对备用发电机的管理维护，电网停电未能正常启用备用发电机供电送风；管理人员及职工安全意识淡薄，停电停风未制定相应的安全技术措施，安全员、瓦检员未认真履行职责，违章作业、违章指挥。该矿私自开采2号煤层；在煤炭生产许可证过期、未取得晋中市煤矿安全生产专项整顿领导组办公室批准恢复生产文件的情况下，违法组织生产；基层政府和有关部门对煤矿安全生产监控不力，安全管理存在漏洞，对该矿擅自组织生产监督、制止不力，这是造成事故的间接原因。

二、事故处理结果

(1) 金山坡煤矿电工、当班2号煤采区掘进队长、金山坡煤矿安全副矿长、金山坡煤矿技术副矿长，移送司法机关依法追究刑事责任。

(2) 金山坡煤矿机电副矿长兼机电队队长、金山坡煤矿矿长，移送司法机关依法追究刑事责任并给予开除党籍处分。

(3) 介休市连福镇煤炭工业管理办公室安检员(聘用人员)，建议给予留党察看一年处分、解除聘用关系。

(4) 对介休市连福镇煤炭工业管理办公室副主任，给予撤销煤办副主任职务处分。

(5) 对介休市连福镇煤炭副镇长，给予撤销副镇长职务处分，并建议给予留党察看一年处分，建议检察机关对其进行立案侦查。

(6) 对介休市连福镇党委副书记（兼镇长)、党委书记，分别给予撤销职务处分并建议给予党内严重警告处分。

(7) 对介休市安全生产监督管理局（煤炭工业局）安监股包片片长兼驻矿特派员、安监股股长、总工程师、副局长、局长分别给予撤销职务、行政降级及行政记大过处分，并建议给予党内警告处分。

(8) 对介休市人民政府副市长，给予行政记过处分。

(9) 对晋中市安全生产监督管理局安全监察大队队长，给予行政警告处分。

(10) 责成介休市人民政府向晋中市人民政府作出书面检查；晋中市人民政府向山西省人民政府作出书面检查。

(11) 根据山西省人民政府令（第151号）的有关规定，吊销该坑口（事故坑口）煤炭生产许可证，由介休市人民政府实施关闭。金山坡煤矿二坑在煤炭生产许可证以外的其他有关证照办理齐全后方可生产。根据《山西省劳动保护暂行条例》第44条的规定，由晋中煤矿安全监察站给予该矿罚款5万元的行政处罚。

附山西省煤矿2004年重特大事故统计表（10人以上)。

山西省煤矿2004年重特大事故统计表 (10人以上)

事故时间	事故单位	企业性质	事故类别	死亡人数	受伤人数	直接经济损失/万元
3月1日	晋中市介休市连福镇金山坡煤矿	乡镇煤矿	瓦斯爆炸	28	1	318.7
4月30日	临汾市隰县梁家河煤矿	地方国有矿	瓦斯爆炸	36	9	365.9
5月18日	吕梁市交口县蔡家沟煤矿	乡镇煤矿	煤尘爆炸	33		293.3
7月19日	朔州市怀仁县芦子沟煤矿	地方国有矿	瓦斯爆炸	12	1	169.9
8月6日	运城市河津市下化乡小湾沟煤矿	乡镇煤矿	瓦斯爆炸	21	5	
11月5日	朔州市平鲁区石崖湾煤矿	乡镇煤矿	瓦斯爆炸	16		187.3
11月23日	太原市万柏林区王封乡红花沟煤矿	乡镇煤矿	火药爆炸	12	13	130.5
12月9日	阳泉市盂县大贤煤矿三坑	乡镇煤矿	瓦斯爆炸	33		
12月22日	临汾市乡宁县南午沟煤矿	乡镇煤矿	瓦斯燃烧	13	1	270

贵州省毕节市杨家湾镇华祥煤矿“3·12”特大瓦斯爆炸事故

2004年3月12日8时17分，贵州省毕节市杨家湾镇华祥煤矿（无证）发生特大瓦斯爆炸事故，死亡14人，轻伤1人，直接经济损失70多万元。

一、事故经过

2004年3月12日5时起，华祥煤矿陆续有15名矿工自行入井，其中8人分别在2个作业点出煤，另外7人负责提升和运输。8时左右，二级提升绞车司机入井，刚到绞车处（距井口30～40米），从井下吹来的一股热浪将其推到在地，面部被擦伤，他意识到井下可能发生了瓦斯爆炸，就赶紧往外跑。正在这时，早班当班瓦检员准备入井工作，刚到井口，就听到爆炸声并看到一股黑烟从井口冲出。10多分钟后，当班瓦检员等5人入井施救，走到三级提升绞车处（距井口约300米），发现绞车司机已死亡，风流中的有害气体浓度增大，入井人员觉得不适，便撤出井外。

当班值班股东得知井下发生瓦斯爆炸后，立即电话通知了其他所有股东，股东们到事故现场后，得知遇难矿工较多，便各自找借口逃跑了。

11时30分，毕节市矿山救护队入井侦察并搜救遇险人员，14日0时15分，抢险工作结束。

3月24日，潜逃的大部分股东被公安机关缉捕归案，同时，事故调查工作基本结束。

本次事故共造成14人死亡、1人受伤，直接经济损失约70万元。

二、事故原因分析

1．直接原因

（1）事故发生前，华祥煤矿主要通风机从11日19时开始停止运行直至事故发生，井下处于无风作业状态，造成瓦斯积聚。

（2）根据毕节地区矿山救护队提供的现场勘查报告和调查取证，确认爆炸火源系作业人员开启局部通风机时，风机叶轮摩擦风机外壳产生火花，引起瓦斯爆炸。

2．间接原因

（1）非法煤窑业主利欲熏心，非法盗采国家煤炭资源；在矿井不具备安全生产条件的情况下，冒险组织工人下井作业；无视省政府［2003］77号文件责令所有农村家庭生活自用煤矿井一律停止生产的禁令，仍继续擅自非法开采，最终酿成事故。

（2）杨家湾镇党委、镇政府没有摆正安全与生产、脱贫、发展的关系，片面追求地方财税的收取，忽视安全管理，放任非法煤窑生产。杨家湾镇没有按省政府［2003］77号文件要求对镇内的农村家庭生活自用煤矿井进行停产清理。毕节市小吉场镇大地煤矿（农村家庭生活自用煤矿井）“1·3”重大瓦斯爆炸事故发生后，杨家湾镇对镇内的非法开采情况也没有采取切实可行的有力措施进行整治。

（3）毕节市国土资源局在对农村家庭生活自用煤矿井发放采矿许可证方面重发证、轻管理。没有严格按照毕市府复（2002）12号文件对发放农村家庭生活自用煤矿井发放采矿许可证的规定发放采矿许可证，毕节地区行署［2003］13号文件下发后，没有及时吊销包括杨家湾镇在内的布局不合理和验收不合格的农村家庭生活自用煤矿井采矿许可证。在取缔非法开采方面措施不力，执法不严，导致全市矿业秩序极为混乱，非法开采事故频发。

（4）毕节市煤炭管理局对全市范围内农村家庭生活自用煤矿井监管不严，检查走过场。对华祥煤矿等农村家庭生活自用煤矿井不执行省政府［2003］77号文件规定、违法组织生产的行为制止不力，处罚不严，致使农村家庭生活自用煤矿井安全事故屡屡发生。

（5）毕节市人民政府片面追求地方财税的收取，忽视安全生产。对毕节地区行署［2003］13

号文件（未对杨家湾镇批准一家民用煤井）没有认真予以贯彻。且2003年8月，省政府［2003］77号文件下发后，毕节市没有认真按要求责令辖区内所有农村家庭生活自用煤矿井停止生产并进行清理，致使事故接连不断。

（6）中共毕节市委对清理农村家庭生活自用煤矿井和取缔打击非法开采工作督促不力。

三、事故处理结果

（1）对华祥煤矿9名股东，建议移交司法机关，依法追究刑事责任。

（2）对杨家湾镇乡企站站长，建议给予开除公职的行政处分，并移交司法机关依法追究其刑事责任。

（3）对杨家湾镇人民政府分管安全生产工作的副镇长，建议给予开除党籍的党纪处分和开除公职的行政处分，并移交司法机关依法追究其刑事责任（已刑拘）。

（4）对杨家湾镇人民政府分管煤矿安全生产工作的副镇长，建议给予行政撤职处分。

（5）对杨家湾镇人民政府镇长，建议给予行政降级处分。

（6）对毕节市国土资源局局长，建议给予行政记大过处分。

（7）对毕节市煤炭局局长，建议给予行政记大过处分。

（8）对毕节市人民政府市长，建议给予行政记过处分。

（9）对毕节市市委书记，建议责成其向毕节地委写出书面检查，并在全地区进行通报。

（10）华祥煤矿无证非法开采，建议责成毕节市人民政府依法关闭华祥煤矿，没收该矿股东的非法收入。

湖南省涟源市斗笠山煤业有限责任公司香花台井“3·29”瓦斯爆炸特大伤亡事故

2004年3月29日17时12分，湖南省涟源市斗笠山煤业有限责任公司香花台井发生一起瓦斯爆炸特大伤亡事故。造成12人死亡，直接经济损失95.43万元。

一、事故经过

2004年3月29日晚班（16～24时）共安排31人下井，其中，暗副井上车场值班电工1人（死亡）、暗副井绞车司机1人（死亡）、暗副井装运潜水泵8人（死亡）、专用排水下山看水工2人（死亡）、其他地点19人（生还）。

29日16时40分，暗主井停泵，看水工听到专用排水下山水泵仍在运转。没多久，他们突然听到一声猛烈的爆炸声，随即一阵大风夹着灰砂自上而下吹来，他们立即向调度室打电话，但电话不通。与此同时（17时12分）地面11×10^4伏降压站跳闸断电。

事故发生后，涟源市政府迅速成立抢救指挥部组织事故抢救和善后处理。

二、事故原因分析

1．直接原因

（1）矿井被淹后，－300米中央水泵房顶部被水封堵的空间积聚了含有瓦斯的压缩混合气体，在强排水接近井底时，由于水压降低，这部分被水封堵的瓦斯经管道从暗副井水中大量涌出，并迅速扩张体积，在短时间内充满了暗副井上车场及绞车房等巷道；强排水期间暗副井采用局部通风机通风，局部通风机打循环风且出口风量不足，暗副井绞车房处于局部通风机回风流的并联巷道中，在微风状态下，从暗副井岩石裂隙中逸出的瓦斯和－300米水中涌出的瓦斯不能及时排出，在绞车房积聚达到爆炸浓度。

（2）暗副井绞车房联络巷与上车场交叉处（回风流）安装有一台矿用一般型变压器。由于该区域空气潮湿，高压接线室的电气绝缘（空气介质）被破坏，电气相间产生高温电火花，燃熔了电缆铝芯的端部（接线柱端面有熔点），点燃了空气中的瓦斯，引起瓦斯爆炸。

(3) 安全投入不足。在回风流中安装使用矿用一般型电气设备，没有装备矿井安全监控系统，暗副井排水作业地点及回风流中未安装瓦斯电闭锁装置，导致暗副井瓦斯浓度超限时不能及时切断电源。

2. 间接原因

(1) 安全生产责任制不落实。煤业公司没有设置专门的安全生产管理机构，香花台井没有建立健全安全生产责任制。

(2) 技术管理不到位，现场管理混乱。没有制订防治被水封住的有害气体突然涌出的安全措施。没有编制矿井通风系统调整方案，暗副井局部通风机出口风量严重不足且打循环风。没有安排救护队员跟班检查水面上的有害气体，绞车房长期不检查瓦斯。下井作业人员没有配备自救器，下井管理人员和流动电钳工没有配备便携式瓦斯检测报警仪。没有经常性组织严格安全检查、及时整改并消除各类事故隐患。

(3) 没有按照煤矿安全监察机构和安监站下达的安全监察、监管意见整改事故隐患。煤业公司没有制订防治瓦斯的专项安全措施和拆除不防爆设备，娄底市、涟源市煤炭局没有制订排水复产指导督查工作方案，涟源市、斗笠山镇政府没有切实加强对排水安全工作的领导。

(4) 没有认真吸取事故教训。2001 年 2 月 22 日，黄港井发生一起瓦斯爆炸特大伤亡事故（死亡 21 人），煤业公司没有认真吸取事故教训，加强安全管理，增大安全投入，以致事故接连不断。

三、事故处理结果

(1) 对煤业公司香花台井经理，移交司法机关追究刑事责任。

(2) 对斗笠山镇党委副书记，移交司法机关追究刑事责任。

(3) 对煤业公司董事长，给予留党察看 2 年处分。

(4) 对煤业公司总工程师，给予留党察看 2 年处分。

(5) 对涟源市电业局斗笠山供电所所长（临时工），给予留党察看 1 年处分。

(6) 对香花台井技术主管，给予留党察看 1 年处分。

(7) 对煤业公司分管安全生产工作的副总经理，给予党内严重警告处分。

(8) 对斗笠山镇镇长兼镇安全生产领导小组组长，给予行政记过处分。

(9) 对涟源市煤炭局分管安全工作的副局长，与安平镇银广石煤矿“2004·7·26”事故并案处理。

(10) 对涟源市煤炭局党组书记兼局长，与安平镇银广石煤矿“2004·7·26”事故并案处理。

(11) 对涟源市政府主管安全生产等工作的副市长，与安平镇银广石煤矿“2004·7·26”事故并案处理。

福建省龙岩市新罗区“4·14”煤矿特大火灾事故

2004 年 4 月 14 日 22 时 30 分左右，福建省龙岩市新罗区雁石镇大吉村林坑 +224 米煤矿发生一起特大火灾事故，造成 11 人死亡，1 人重伤，直接经济损失约 130 万元。

一、事故经过

2004 年 4 月 14 日 16 时 30 分，福建省龙岩市新罗区雁石镇大吉村林坑 +224 米煤矿夜班 19 名工人正常上班。19 时 30 分左右，在第 5 道下山采煤工作面的工人发现作业点附近顶板下沉垮落无法继续生产，于是采煤工作面 5 名矿工提前下班，但还有 14 名矿工在井下。22 时 30 分左右，在主平硐左侧运巷的采煤工作面打眼的矿工闻到一股难闻的味道，便叫同班组的运输工出去将空压机关掉，由于烟雾太大，运输工无法靠近空压机，便跑出主平硐，遇到当班运输工并告知里面着火了，随后跑出硐口向工头报告。22 时 40 分左右，在第 5 道下山掘进工作面的运输工拉车往硐口时，发现前面烟雾很大，便趴在地面爬行了大约 3 米，发现没有烟雾后即便跑出硐口。

4月15日2时，龙岩市、新罗区两级党委、政府接到事故报告后，立即赶赴事故现场，启动矿山事故应急救援预案，迅速成立了以市长为总指挥，政法委书记、副市长、区委书记、区长等领导为副总指挥的抢救指挥部。现场抢救指挥部调集市、区安监、公安、消防和卫生等部门200多人展开救援工作，并对井下被困矿工人数进行核实，通过调查，证实矿井内共有11名当班矿工及1名擅自进入井下抢救的人员被困井下。经过56个小时的日夜抢救，救出了一名矿工，其他11名矿工全部遇难。

二、事故原因分析

1. 直接原因

该无证矿井非法组织生产，空压机长期无人值守，维护不当，断油引起烧缸，电机过载，电缆过流、燃烧，导致巷道木支架着火，从而引发矿井火灾。

2. 间接原因

（1）关闭无证煤矿工作不落实；

（2）对电力、民爆物品、煤炭准运证的管理不到位。

三、事故处理结果

（1）对新罗区雁石镇煤管站站长、矿管所所长、企管站站长，分别给予行政撤职处分。

（2）对新罗区雁石镇镇长、雁石派出所所长，分别给予行政降级处分。

（3）对龙岩市电力公司（区属）经理、新罗区矿管办主任和省煤炭工业协会副会长，分别给予行政记大过处分。

（4）对新罗区区长，给予行政警告处分。

（5）对林坑+224米煤矿股东和林坑+224米煤矿现场管理人员（包工头、监工），由司法机关依法追究其刑事责任。

（6）对龙岩天源水电有限公司董事长、法人代表，龙岩市人大代表、新罗区人大代表，按有关规定予以处分。

（7）对新罗区雁石镇大吉村村民委员会主任，按有关规定予以处分，并按法定程序罢免其村民委员会主任职务。

（8）对新罗区雁石镇副镇长、新罗区副区长，按有关规定予以处分。

（9）龙岩天源水电有限公司无《供电营业许可证》，长期违法向无证煤矿提供电力，龙岩市新罗区经贸局依照《中华人民共和国电力法》的规定对其予以处罚。

甘肃省张掖市山丹县吴涛煤矿“5·23”特大水害事故

2004年5月23日11时40分，甘肃省张掖市山丹县吴涛煤矿副井井下南翼三槽一水平巷开采工作面发生一起特大水害事故，致使17人死亡，直接经济损失325万元。

一、事故经过

2004年5月23日上午7时，该矿矿长没有召开班前会就安排2名带班班长带领27名工人下井采煤。下到工作面后，发现工作面煤壁底部有水渗出，且煤比平常要湿，但未采取任何措施，继续工作。9时30分左右，带班班长来到该工作面检查之后，就去了其他工作地点。11时左右，矿工把工作面煤壁底部有水渗出这一情况向带班班长作了汇报，同时也汇报说工作面的煤湿湿的，但2名带班班长均没有表态就离开了。11时30分，三槽一水平南翼巷采工作面放完炮，过了约10分钟，工作面突然发生透水，在平巷推车的2名矿工侥幸脱险，而在工作面工作的2人被困井下。

12时，带班班长向矿长汇报了井下的情况，矿长和安全矿长商量后到井下去察看，当他走到副井口时，已经有4、5名工人出井了，告诉他井下透水了。大约14时，水淹没了井底车场。经反复清点核实，当班下井29名矿工，除12人脱险外，其余17人被困井下，遇难身亡。

二、事故原因分析

1. 直接原因

(1) 山丹县吴涛煤矿越界约350米，超深约100米，进入相邻煤矿井田范围内盲目冒险作业，在已报废的采空区下部进行回采，放炮诱发相邻矿井采空区积水瞬间突出，是导致事故发生的直接原因。

(2) 当班作业人员和当班现场负责人，安全意识淡薄，在发现工作面有透水征兆时，未及时撤出所有受水害威胁的作业人员，造成事故死亡人数扩大的严重后果。

2. 间接原因

(1) 吴涛煤矿管理混乱，没有认真执行国家有关煤矿安全生产的法律法规，工作人员安全意识淡薄。矿井无地质图和水文地质图，自2003年以来，无实测的井上下对照图和采掘工程平面图，无防探水措施和设备，井下无有效的通讯设备；没有作业规程，对职工防水等安全教育不到位，作业人员缺乏必要的安全生产知识，致使发现水害事故征兆时未能及时撤出矿井。

(2) 吴涛煤矿没有按规定落实安全程度评估报告中提出的完善管理资料、做好防水措施等建议，无视甘肃煤矿安全监察局兰州办事处4月27日下达的停产整顿建议书中提出的要求，盲目冒险作业，导致事故发生。

(3) 山丹县政府及其有关部门，对吴涛煤矿严重超层越界开采的行为未能及时制止，监督检查和管理工作不到位。

三、事故处理结果

(1) 矿长及2名带班班长，由司法机关依法追究刑事责任。

(2) 对山丹县东乐乡经委副主任，给予行政记大过处分。

(3) 对山丹县东乐乡乡长,给予行政记过处分。

(4) 对山丹县煤炭工业管理局局长，给予行政降级处分。

(5) 对山丹县国土资源局副局长兼地质矿产局局长，给予行政记大过处分。

(6) 对山丹县政府对乡镇企业管理局局长通报批评。

(7) 对山丹县人民政府副县长，给予行政记大过处分。

(8) 责成山丹县人民政府县长写出书面检查。

(9) 责成山丹县人民政府和张掖市人民政府分别向上级政府写出书面检查。

(10) 山丹县人民政府依法对山丹县吴涛煤矿实施关闭。

河北省鸿达煤矿“6·3”特大瓦斯燃烧事故

2004年6月3日8时许，河北省鸿达煤矿副井四平巷发生一起瓦斯燃烧特大责任事故，14人死亡，直接经济损失207万元。

一、事故经过

2004年6月2日19时30分，鸿达煤矿安排60名工人下井，在6个采掘工作面作业。6月3日早晨8时许，作业工人用煤电钻打眼时，突然电缆的接头处打火，引起瓦斯燃烧。事故发生后，该矿矿长串通有关责任人，对事故进行隐瞒。

二、事故原因分析

1. 直接原因

南四平巷作业区内无风作业造成瓦斯积聚，采用干式变压器供电的煤电钻负荷电缆“鸡爪子”接线处芯线裸露，造成短路产生火花引起瓦斯燃烧。

2. 间接原因

(1) 矿井通风管理混乱。事故前，矿井主要通风机未开，南四平巷作业区无局部通风机通风，是瓦斯积聚的主要原因。

(2) 矿井瓦斯管理制度不完善、不落实。没有专职瓦检员，瓦检员和电工由一人兼任；矿井没有通风瓦斯日报；井下采掘工作面未安设甲烷断电仪，致使瓦斯超限不能及时发现并进行处理。

(3) 矿井机电管理混乱。井下有明刀闸、接触器、白炽灯，煤电钻采用干式变压器供电，低压电缆多处有“鸡爪子”、“羊尾巴”，是导致电器火花引燃瓦斯的主要原因。

(4) 该矿停产整顿期间偷着生产出煤，是导致这起事故的主要原因。

(5) 该矿井没有实测的采掘工程平面图、通风系统图等。

(6) 职工安全培训教育差。未按规定组织安全培训教育，井下电工、瓦检员和放炮员等未经过安全技术培训，无证上岗。工人不带自救器下井，致使灾害发生后人员伤亡扩大。

(7) 乡煤炭公司对辖区煤矿疏于管理，对煤矿的安全检查和监控不到位。

(8) 县有关部门对煤矿的安全检查、安全管理、停产整顿、实测井巷、查处越层越界行为措施不力，有检查但落实不够，指导煤矿安全整改不到位，致使该矿存在的重大安全隐患长期未能解决。

三、事故处理结果

因该矿安全管理混乱，导致特大事故发生。根据省政府办公厅《关于切实加强煤矿安全生产工作坚决遏制重特大事故发生的紧急通知》(冀政办传[2003] 134号）文件规定，建议邯郸市人民政府对邯郸市鸿达煤矿实施关闭。

(1) 对夜班瓦检员兼电工、副井瓦检员兼电工组组长、副井生产系统包工头、矿长兼法人代表，分管副井生产系统生产、安全工作的副矿长、分管副井生产系统的机电和技术工作的副矿长、分管煤矿地面工作的副矿长、康庄乡停驷头村委会主任、邯郸市康庄乡煤炭公司经理，分别由司法机关立案侦查，依法追究其刑事责任。

(2) 对康庄乡分管乡经贸委工作的副乡长、邯郸市煤炭行业办公室技术科副科长，给予行政撤职处分。

(3) 对康庄乡党委副书记、乡长、邯郸市煤炭行业办公室主抓全县煤矿行业管理工作的副主任，给予行政降级处分。

(4) 对邯郸市煤炭办公室负责全市煤矿行业管理工作的副主任、市国土资源局矿管科科长，给予行政记大过处分。

(5) 对市安全生产监督管理局局长兼煤炭办公室主任、邯郸市国土资源局分管矿管科工作的副局长，给予行政记过处分。

(6) 对邯郸市国土资源局局长、市分管安全生产、安监、国土资源、煤炭等工作的副市长，给予行政警告处分。

(7) 责成邯郸市市长向邯郸市人民政府写出书面检查。

吉林省万宝煤矿红旗二井“6·10”特大火灾事故

2004年6月10日2时35分左右，吉林省万宝煤矿红旗三井发生特大火灾事故，造成11人死亡，2人重伤，直接经济损失100万元。

一、事故经过

2004年6月10日凌晨2点，吉林省万宝煤矿红旗二井三采区－220米水平水泵房正在运行的水泵突然停止运转，再启动时电机略有声音但不运转，电钳工临时兼当班水泵司机将这一情况报告井调度室，随后其被－235米水平掘进工人找去修煤电钻，在修煤电钻过程中，水泵局部通风机停止运转。2时35分左右，－185米水平瓦斯检查员和在－185米作业的3名发碹工人发现距施工地点向上30米处高压电缆响了一声，并伴随有火花，瓦斯检查员立即向井调度室报告。4人意识到出事后，忙从副井跑到地面。在三采区作业的17名工人在出事后，也佩戴好自救器先后逃生。

3时30分，万宝煤矿救护队队长接到矿调度报警电话后，带领3名救护队员立即赶赴现场，和值班技术井长入井到±0米水平水仓。6月10日17时，辽源矿务局救护队赶到现场，参加事故抢救和灭火工作。至6月12日1时，救护队员共救出12名矿工，其中10人死亡，2人生还。6月14日，井下火灾全部扑灭。6月18日4时50分，－270米水平的水抽完后，在三采区－270米水平车场躲避硐内又发现一名遇难人员，至此抢救工作全部结束。

二、事故原因分析

1. 直接原因

－220米水平采区变电所高压开关触头接触不良，使绝缘油过热达到燃点喷出燃烧，并引燃变电所及其周围可燃物，大量有毒有害气体经入风巷道进入三采区采掘工作面，造成11名工人中毒窒息死亡。

2. 间接原因

(1) 机电管理混乱。井下电气设备缺少保护；矿井地面和井下中央变电所的高压馈电线路上未安设单相接地保护；对供电设备没有定期进行试验而且日常维护不及时；消防火器材数量不足。

(2) 安全管理不到位。没有严格执行自救器管理制度，部分工人不佩戴自救器入井。

(3) “一通三防”管理混乱。矿井通风设施不全，－185米水平以下未形成通风系统；未认真贯彻《灾害预防与处理计划》，没有进行反风演习；三采区回风上山及采掘工作面编制的作业规程巷道断面不符合《煤矿安全规程》的规定，审批把关不严。

(4) 矿井安全投入不足。井下机电设备老化，完好率低，没有及时进行更换、更新；消防火系统不健全，没有消防火管路。

三、事故处理结果

(1) 对红旗二井机电段长，给予行政开除留用察看一年处分，并建议给予留党察看一年处分。

(2) 对红旗二井负责机电管理工作的机电井长，给予行政撤职处分。

(3) 对红旗二井负责矿井安全管理工作的安全井长，给予行政记大过处分。

(4) 对红旗二井负责技术管理工作的技术井长，给予行政记过处分，并建议给予党内警告处分。

(5) 对红旗二井井长，给予行政撤职处分，并建议给予撤销党内职务处分。

(6) 对万宝煤矿负责机电管理工作的机电处处长，给予行政记大过处分。

(7) 对万宝煤矿负责安全生产监督管理工作的副矿长，给予行政记过处分，并建议给予党内警告处分。

(8) 对万宝煤矿副矿长兼总工程师，给予行政记大过处分，并建议给予党内警告处分。

(9) 对万宝煤矿矿长，给予行政撤职，并建议给予撤销党内职务处分。

陕西省黄陵矿业公司“6·15”瓦斯爆炸事故

2004年6月15日，黄陵矿业集团公司一号煤矿“6·15”特大瓦斯爆炸事故，死亡23人（含2名救护队员），直接经济损失316.68万元。

一、事故经过

2004年6月15日，陕西省黄陵矿业集团公司一号煤矿，在402工作面发生透水事故后，将水排至300工作面回风巷，因水泵故障和挡水墙漏水，积水封堵了300工作面回风巷道，形成盲巷。而长时间停风造成瓦斯积聚。300工作面回风巷在排水过程中恢复了局部通风，通风工将2号水坑处断开的风筒接上直通开切眼正头，造成里面积聚的高浓度瓦斯“一风吹”排出，工人摆弄矿灯产生电火花引爆瓦斯。造成23人死亡的特大瓦斯爆炸事故。

二、事故原因分析

1. 直接原因

矿安全、通风管理部门没有按规定安排探测和排放瓦斯，巷道内瓦斯遇火花发生爆炸。

2. 间接原因

黄陵矿业集团公司及一号煤矿对安全生产工作重要性认识不到位，在通风和瓦斯管理工作中存在严重漏洞；公司、矿、作业队和班组四级安全生产监督管理责任制不健全，安全生产责任落实不到位，公司和矿内部管理部门有些业务工作划分不合理，没有形成有效的执行、监督和控制机制；水文地质工作不到位，造成402工作面透水事故，在排水方案不完善、措施不到位的情况下，将402工作面的水排到300工作面回风巷，造成300回风巷积水封堵巷道，形成盲巷；矿安全、通风管理部门对瓦斯管理缺乏足够的认识，在300工作面回风巷排水过程中恢复局部通风时，没有按规定安排瓦斯探测和排放；企业对职工安全教育不到位。

三、事故处理结果

对事故责任人，按照有关规定，分别给予党纪、政纪处分，有2人被追究刑事责任。

湖北省黄石市阳新县鹏凌矿业有限公司“6·16”特大透水事故

2004年6月16日凌晨3时左右，湖北省黄石市阳新县白沙镇鹏凌矿业有限公司发生特大透水事故，造成11人死亡，直接经济损失400多万元。

一、事故经过

6月16日凌晨零点，鹏凌公司4名工人下井作业，其中两人在-135米处负责提矿，12人在井下-345米处工作面负责运矿石。凌晨2点50左右，在-345m处工作的1工人发现运矿吊桶速度偏慢，便主动向班长要求到-135米处帮忙提矿。得到了同意，上到-135米工作面后，推了两矿车矿石。在放到第三车时，突然听到一声巨响，随之，井下蹿出一股强大的冷风。发现下面不断有水向上翻腾，当即叫卷扬工放下吊桶到-345米中段准备救人，放到约-260米水平时，发现水位已升至该水平。因强大的水流冲击，提升机失灵，电机随之冒出火花，造成井下断电。3人迅速出井报告，井下发生了事故。井上矿工下井查看情况，从斜井下到-193米中段，发现Ⅳ号矿体采空区有大量水流涌向Ⅸ号矿体采空区至-225米中段。经该公司现场核实，在-345米作业的11名工人被困井下。

二、事故原因分析

1. 直接原因

经事故调查组技术分析小组分析、论证，此次事故的发生有以下3个因素：

(1) 水文地质因素。矿区水文地质因素是本次透水事故的直接因素。本矿区水文地质条件复杂，矿床属于溶洞充水为主、直接充水型岩溶充水矿床。由周围矿山开采历史得知，几次采矿活动都有透水、淹井现象发生，说明矿体21线西北方向的大理岩溶洞、裂隙发育，并与赵家港河水力联系密切。

(2) 降雨因素。由于连续的强降雨，地表水通过第四松散层及大理岩岩溶区渗入补给，使大理岩岩溶水区域地下水位上升，地下水动水压力增大。

(3) 采矿活动因素。据调查，-193米Ⅳ号矿体采场顶板围岩在透水前有垮塌现象，缩短了采空区与上部溶洞发育大理岩之间的距离（约为7.5米）；Ⅳ号矿体采空区北端护壁与上潘村老窑-193米水平巷道平面距离仅6米左右；Ⅳ号矿体采空区西北端护壁与溶洞发育的大理岩最近点仅5米左右。这三个方向均有产生透水的可能。

2. 间接原因

(1) 在-193米Ⅳ号矿体采空区垮塌后，该公司未针对复杂的水文地质条件采取封闭充填，造成采空区护壁（或顶板）抗压力减弱，导致透水。

(2) 该公司对-193米Ⅳ号矿体重大水患没有给予足够重视，发现渗水问题，未制定监测监控措施，未能及时发现透水险情。

(3) 该公司未按安全规程要求编制-135米以下采矿工程施工设计和作业规程，未按规定进行设计审查和竣工验收，-135米以下开拓工程未经验收就开始进行采矿生产，也未形成第二安全通道。

(4) 该公司没有制定应急预案，对上级部门下达的有关整改指令未按时整改到位。

(5) 阳新县和白沙镇政府对鹏凌矿业公司水患治理没有督促落实到位。

三、事故处理结果

(1) 给予阳新县副县长行政记过处分。

(2) 给予阳新县安全生产监督管理局局长行政降级处分。

(3) 给予阳新县国土资源局局长行政记大过处分。

(4) 给予阳新县白沙镇镇长行政降级处分。

(5) 给予阳新县白沙镇镇委副书记行政降级处分。

(6) 依法追究阳新县白沙镇鹏凌矿业有限公司董事长刑事责任。

(7) 给予阳新县鹏凌矿业有限公司原总经理开除党籍处分，并依法追究刑事责任。

(8) 依法追究阳新县鹏凌矿业有限公司总工程师刑事责任。

湖南省湘潭县谭家山镇双扶煤矿“7·14”火灾特大事故

2004年7月14日8时25分，湖南省湘潭县谭家山镇双扶煤矿发生一起火灾特大事故，死亡10人，伤15人。直接经济损失330万元。

一、事故经过

2004年7月14日早班时，由于－450米水平处电缆被挂断，生产的煤炭无法运出，各水平作业人员陆续提前出井。在－450米作业的绞车司机出班后将电缆被拉断的情况向矿长、安全副矿长、生产副矿长作了汇报。

领导们得知井下电缆被拉断的情况后，安排安全副矿长带电工于中班时间下井维修，其他作业人员正常进班。

7月14日约7时30分左右，中班作业人员开始陆续进班下井，当班双扶煤矿共有95人下井。8时，在－450米水平以下的作业人员陆续到达－450米水平运输平巷，由于下部停电，都在运输平巷内休息。

－350米水平推车工进班后于8时10分左右，将2捆用于巷道支护的竹枝从暗立井扔下。－450米水平运输平巷的推车工8时左右到达暗主井底，看到电缆被拉断，上段悬吊在井筒内（高2米左右），下段掉落在地上，用来固定电缆的坑木也被拉出来斜插在井筒内。他把拉出来的坑木作了临时处理之后，就离开暗主井底作推车准备工作。离暗主井底50米时，听到暗立井竹枝落地的声音，就前去拿竹枝，距井底2米处时，听到“轰”的一声，茅柴就燃起来了，此时约为8时25分。

－350～－450米暗立井井筒起火后，部分井下作业人员自救撤至地面。

9时30分，双扶煤矿向当地政府及有关部门作了汇报。

事故发生后，立即启动了省级矿山应急救援预案，省政府领导、湖南煤矿安全监察局领导、当地政府及有关部门领导相继赶赴现场，成立了事故抢救指挥部，组织指挥抢救与善后处理工作。

15日6时，救出遇险人员90人，其中受伤20人（后来在医院抢救中5人死亡），遇难人员2人，失踪3人。16日20时，经专家论证，事故抢救指挥部同意，矿井封闭。至此，救护工作结束。

二、事故原因分析

1. 直接原因

这起事故是由于绞车提升时，钢丝绳钩头拉断电缆，电源相间短路产生电弧，引燃茅柴、吊篓、木支柱等，造成火灾事故。

(1) 提升装置未装设防止过速装置、限速装置、松绳保护装置等保险装置，且提升容器与提升钢丝绳之间未使用能防止脱钩的连接装置，造成提升容器在下放过程中自行脱钩，钩头进入电缆与井壁之间。

(2) 立井提升装置未安装提升信号装置，导致钢丝绳钩头钩住电缆后，井底不能发信号停止提升。

(3) 矿井井下供电低压馈电线未装设检漏保护装置且过流保护装置不起作用。电缆拉断后，带电芯线掉落在地下，已经直接接地，因为没有检漏保护装置，故不能自动切断故障电路的电源；茅柴接触电缆断头造成电源相间短路产生电弧火花时，因为过流保护装置不起作用，也不能自动切断故障电路的电源。

(4) 当班作业人员从暗立井井筒扔下的茅柴是

造成本次火灾事故的初期可燃物，随着火势加大，着火点附近的橡胶吊篓、木支护材料、煤也参与了燃烧。

2. 间接原因

(1) 矿井安全资金投入不足，生产系统不合要求。使用不符合要求的提升装置，地面主要提升绞车和井下所有提升绞车均使用调度绞车；没有两个能行人的直达地面的安全出口；没有合格的双回路供电系统；没有建立井上、下通讯系统；井下供电系统保护装置不齐全，缺少漏电保护、过流保护装置失效；没有配备足够的自救器。

(2) 矿井安全管理混乱。没有设立专门的安全生产管理机构；井下没有专门的安全检查人员；没有建立健全安全技术审批制度、安全隐患排查制度、安全办公会议制度；井下未设置各类灾害的紧急避灾路线标志牌。

(3) 县、镇政府及行业管理部门监管不力。双扶煤矿长期违法组织生产，县、镇政府仅发出文件要求停产整顿，没有落实具体的措施、责任单位和责任人员，县、镇政府行业管理部门没有采取有效措施予以制止。

(4) 安全生产责任制落实不到位。县、乡政府没有严格落实防范重、特大安全事故工作会议制度；谭家山镇政府安全目标管理责任制不完善，相关人员安全责任不明确，安全目标管理责任制没有考核办法；县、镇没有按规定制定和实施安全事故应急处理预案。

3. 造成事故扩大的原因

(1) 双扶煤矿两趟供电线路均取自湘潭矿业公司供电所，当一趟供电线路停电时，另一趟供电线路也不能正常供电，井下发生火灾后的第35分钟时，全矿井停电，主要通风机停止运转，火灾产生的有毒有害气体向附近的停风巷道中蔓延，造成灾区扩大，伤亡人员增加。

(2) 井下作业人员未随身携带自救器，导致作业人员撤离灾区时因无个体安全防护而中毒。

(3) 矿井没有两个独立的能够行人并直达地面的安全出口，当双扶井井筒发生火灾时，井下作业人员只能通过处于回风侧的行人风井撤离，造成了从行人风井撤离人员的伤亡。

(4) 双扶煤矿证照不全，煤矿主要负责人拒不执行煤矿安全监管指令，违法组织生产。

三、事故处理结果

(1) 对双扶煤矿矿长、安全副矿长及主要投资人，均移送公安机关追究刑事责任。

(2) 对双扶煤矿生产副矿长，给予撤职的处分，并根据《中华人民共和国安全生产法》，依法给予行政处罚。

(3) 对谭家山镇矿管所长，给予行政记大过的处分。

(4) 对谭家山镇分管小煤矿安全生产工作的镇长助理，给予行政记过的处分。

(5) 对谭家山镇镇长，给予行政警告处分。

(6) 对谭家山镇党委书记，给予行政降级和党内严重警告的处分。

(7) 对湘潭县矿产资源管理局（煤矿安全生产办公室）负责煤炭安全管理工作的煤安股副股长，给予行政记大过的处分。

(8) 对湘潭县矿产资源管理局（煤矿安全生产办公室）分管煤炭安全生产管理工作的副局长，给予行政记过的处分。

(9) 对湘潭县矿产资源管理局(煤矿安全生产办公室)局长，给予行政降级和党内严重警告的处分。

(10) 对湘潭县分管矿管、安监等方面工作的副县长，给予行政记过的处分。

(11) 对湘潭县常务副县长（其中2003年11月至2004年2月仍然分管安全工作），给予行政记过的处分。

(12) 对湘潭县县长，责成其向湘潭市人民政府写出书面检查。

湖南省涟源市安平镇银广石煤矿“7·26”煤与瓦斯突出特大伤亡事故

2004年7月26日17时03分，湖南省涟源市安平镇银广石煤矿发生一起煤与瓦斯突出特大伤亡事故，造成16人死亡，1人重伤，直接经济损失131万元。

一、事故经过

2004年7月26日早班（8～17时），开切眼下山掘进作业人员（4人）到达作业地点，发现甲烷传感器在报警，带班班长检查当头瓦斯，瓦斯浓度2%多。1名工人用手镐挖煤，其余3人装煤。在挖煤过程中，当头不断地响煤炮，瓦斯浓度一直在2%以上。16时30分，4人一齐出班，走到+80m大巷五石门时，遇到进班的2名防突工。

16时50分，这两名防突工到达开切眼下山，甲烷传感器仍在报警，其中一人去当头打钻，另一个人约17时到达2152工作面煤斗处去喊带班班长来检查瓦斯。几分钟之后，突然一股大风吹来，在场的人昏倒在地上。事故后调阅安全监测系统数据，发现7月26日17时03分，开切眼下山瓦斯浓度达最高量程（39.6%），瓦斯突出时间应为17时03分。瓦斯突出后，2152采煤工作面作业人员，有的往+80米运输大巷撤退，有的伏在原地待救。

暗斜井水仓掘进工发现出事后，立即跑到井底车场挂电话向调度室报告。地面接到报告后，矿长向驻矿安监员和安平镇政府作了汇报。驻矿安监员马上向涟源市救护队求救。涟源市政府迅速成立抢救指挥部组织事故抢救和善后处理。

本次事故，突出煤量120吨，涌出瓦斯18740立方米，井下14人安全撤出，7人获救、16人死亡。

二、事故原因分析

1. 直接原因

（1）银广石煤矿开采煤层瓦斯压力大，具有突出危险性。开切眼下山所处区域地质条件复杂、断层发育，残余构造应力大。矿井采掘工程布置不合理（开切眼下山掘进工作面位于2152回采工作面下部，且相距50米），2152工作面回采后，造成开切眼下山煤层支承压力与构造应力及瓦斯压力叠加，加大了煤与瓦斯突出危险性。

（2）该矿没有采取“四位一体”的综合防突措施，实施的局部防突措施（钻孔排放瓦斯）没有使工作面前方形成安全屏障，煤与瓦斯突出危险性没有消除。掘进采用手镐落煤，破坏了工作面前方煤体的应力平衡，在煤体应力平衡处于临界状态下实施防突钻孔，诱导了煤与瓦斯突出。

（3）矿井生产水平和采区没有实行分区通风，采掘工作面串联通风，通风设施不完善，灾变时扩大了灾区范围，造成其他作业地点人员伤亡，是导致事故扩大的直接原因之一。

（4）下井作业人员没有配备自救器，避灾硐室内无压风自救系统，是导致事故扩大的又一直接原因。

2. 间接原因

（1）银广石煤矿承包者越界非法采矿和违法组织生产，矿井存在重大事故隐患，经煤矿安全监察机构和安全监管部门多次提出后，仍不退界和停止生产，违法指挥职工冒险作业。

（2）银广石煤矿安全管理混乱。没有建立和健全安全生产责任制及各种安全生产规章制度，没有设置安全生产管理机构，没有配备专职瓦斯检查员和工程技术人员，开切眼下山掘进没有编制作业规程和防突安全技术措施。

（3）银广石煤矿安全投入不足，没有建立瓦斯抽放系统，井下无压风自救系统，下井工人未配备自救器。

（4）涟源市、安平镇政府及有关部门没有认真落实煤矿安全监察机构的安全监察意见，制止该矿的违法生产行为，督促落实整改安全隐患。

（5）煤炭票据管理混乱。准销办、镇财政所7月份超计划供应该矿票证。准销办、镇财政所、公安局在收到“三停”文件后，没有采取措施收回(封存)该矿的票证及火工产品，为该矿违法生产提供了便利条件。

(6) 执法大队没有去该矿落实停产整顿的指令，及时制止违法生产。安监站、安监大队没有跟踪落实该矿重大事故隐患的整改情况。

(7) 安平镇人民政府在乡镇安监站体制改革后，放松了对镇安监站的行政管理，松懈了对合法煤矿的安全监督管理。

三、事故处理结果

(1) 矿井主要出资承包人，被移送司法机关追究刑事责任。

(2) 对安平镇安监站安监员，给予留用察看1年处分。

(3) 对安平镇安监站负责人，给予留党察看2年处分。

(4) 对涟源市煤炭局准销办主任，给予行政记过处分。

(5) 对涟源市煤炭局副局长，给予行政降级和党内严重警告处分。

(6) 对涟源市煤炭局党组书记兼局长，给予行政记大过和党内警告处分。

(7) 对涟源市公安局危爆中队中队长，给予行政记过处分。

(8) 对安平镇财政所副所长,给予行政记过处分。

(9) 对安平镇，分管安全工作的副镇长，给予行政记大过处分。

(10) 对安平镇镇长，给予行政记过处分。

(11) 对涟源市政府主管安全生产工作的副市长，给予行政记过处分。

涟源市政府对有关部门落实煤矿安全监察机构的安全监察意见,执行市政府“三停”规定,制止该矿非法采矿和违法生产检查督促不力,对事故应负领导责任。责成涟源市市长向娄底市政府作出深刻检讨。

云南省曲靖市富源县团结煤矿“9·9”特大顶板事故

2004年9月9日13时40分，云南省曲靖市富源县竹园镇团结煤矿一水平C8煤层1801回采工作面发生特大顶板事故，造成10人死亡，1人受伤，直接经济损失141.8万元。

一、事故经过

2004年9月9日8时正，早班采煤队在当班安全员和大班长的带领下，共计17名工人入井至C8煤层1801回采工作面工作。13时左右工作面全部打好炮眼、装完炸药和雷管，其中下段约25米处已开始放炮，工人正在攉煤和支护。13时40分，工作面下段约25米的范围内顶板突然出现大面积垮落，10名当班作业人员被垮落的矸石掩埋，下落不明，1人受伤，其余人员迅速撤离工作地点，并及时向井口值班室作了汇报，矿部接到报告后立即安排紧急救援，并及时上报上级相关部门。

9月13日，井下被掩埋的10名矿工全部找到，但均已遇难死亡。

二、事故原因分析

1. 直接原因

(1) 事故工作面C8煤层直接顶为厚度1.1～1.3米的粉砂岩及菱铁质粉砂岩互层，属中等稳定，直接顶初次垮落步距较大（为7米）且呈环状结构和节理发育，造成初次放顶时顶板压力较大；乡镇煤矿在推广壁式工作台面开采过程中，对采煤工作面顶板危害认识不足。

(2) 事故工作面支护质量差。一是支柱架设的迎山角不够，在现场勘察中测定的30余根支柱中，只有两根为迎山架设，其余的均为退山架设（退山角为2°～3°)，迎山支撑力差；二是工作面无端头支护，端头为普通支护且下出口高度较低（高度为0.8～1.0米)；三是木垛是采用圆木架设在浮矸上(浮矸厚度为30厘米左右)，且未垂直煤层顶底板架设，没有达到支撑效果。

(3) 事故工作面回采未按正规的循环作业方式作业，规程贯彻学习差，作业人员没有正确理解支护质量要求；工作面工序安排混乱，顶板得不到及时的支护，造成工作面顶板处于临时支护的时间较长。

(4) 事故工作面初次放顶虽制定了初次放顶措施，但措施不具体，没有规定初次放顶期间应当采用的有效支护方式；没有按规定成立矿初次放顶领导小组负责初次放顶工作。

2. 间接原因

(1) 团结煤矿事故工作面作业规程内容不健全、不完善，且在实施过程中贯彻落实不到位。

(2) 煤矿缺少熟悉壁式开采的技术人员，从业人员素质低，对壁式工作面支护缺乏经验和技能，缺乏对壁式采煤工作面支护及顶板控制的经验。

(3) 市、县煤炭工业局在积极推行壁式工作面的同时，对壁式采煤的从业人员未开展专门的壁式采煤工艺培训，在推广过程中缺乏对壁式采煤方法、支护及顶板控制的技术指导，没有要求对壁式工作面进行矿压观测，找出矿压显现规律，及有效支护措施。

(4) 县煤炭局和竹园煤炭分局在贯彻落实上级有关安全生产的要求上，虽有部署、有检查，但对事故隐患督促整改不到位。

三、事故处理结果

(1) 对团结煤矿主管矿井壁式工作面采掘工艺的矿委会成员，建议对其处以5000元的罚款。

(2) 对团结煤矿技术副矿长、安全副矿长，建议分别对其处以5000元的罚款。

(3) 对团结煤矿矿长，建议对其处以15万元的罚款。

(4) 团结煤矿，鉴于其安全生产管理制度不健全，贯彻落实安全生产措施不到位，在壁式工作面采煤顶板管理上存在很多问题，未能及时消除安全隐患，以致酿成此次特大事故。建议对煤矿处以11万元罚款；并责令其进行停产整顿。

(5) 对富源县竹园镇煤炭分局安全员兼事故煤矿片区安全检查组组长，建议给予行政记过处分。

(6) 对富源县竹园镇煤炭分局分管安全管理工作的副局长，建议给予行政警告处分。

(7) 对富源县竹园镇煤炭分局分管技术管理工作的副局长，建议给予行政记过处分。

(8) 对富源县竹园镇煤炭分局局长，建议给予行政记大过处分。

(9) 对富源县煤炭局煤炭安全监督管理局局长，建议给予行政记过处分。

(10) 对富源县煤炭局分管生产技术的副局长，建议给予行政记过处分。

(11) 对富源县煤炭局分管煤炭安全的副局长，建议给予行政警告处分。

(12) 对富源县煤炭局局长，建议其向富源县人民政府写出深刻的书面检查。

(13) 富源县人民政府对2004年1月以来全县已发生的3起煤矿顶板事故，没有吸取教训，未督促煤炭管理部门采取有针对性地防范措施，建议富源县人民政府向曲靖市人民政府写出书面检查。

(14) 曲靖市煤炭工业局，在推广壁式采煤法的工作中，片面注重数量的增加，没有强调对壁式采煤工作面顶板管理的技术指导和服务，建议向曲靖市人民政府写出书面检查。

(15) 曲靖市人民政府，因辖区内发生特大安全生产事故，建议向云南省人民政府写出书面检查。

四川省雅安市宝兴县“10·18”特大岩体垮塌事故

2004年10月18日11时40分，四川省雅安市宝兴县陇东镇老场村陇东大沟头锅圈岩小沟工作面一平台发生岩体垮塌事故，死亡14人，直接经济损失200余万元。

一、事故经过

2004年10月18日11时40分，雅安市宝兴县陇东镇宇通矿山（陇东大沟头）进行开采爆破作业时发生特大岩体垮塌事故，当时事故现场有施工人员28人。此起事故造成9人死亡，5人失踪，9人受伤（其中重伤2人）。

二、事故原因分析

1. 直接原因

矿山开采爆破作业已违反《建材矿山安全规程》的规定，采用危险性高的陡壁硐室爆破开采方式，且爆破没有按照《爆破安全规程》进行爆破设计，也无施工作业方案。2004 年 10 月 18 日实施的开采爆破，对岩体原有裂隙扩张产生直接或间接影响，造成岩体垮塌，是这次事故发生的直接原因。

2. 间接原因

(1) 矿山的安全设施建设未执行“三同时”的规定，未形成台阶，在开采中留下隐患。

(2) 技术管理人员水平低，对岩体节理、裂隙的组合特征缺乏认识，且监测手段缺乏。

(3) 矿山的安全机构和人员的设置未达到规定要求。矿山技术负责人由矿长兼任，全矿只有 1 人从事安全工作，且兼任爆炸材料管理员、库房材料管理员、生活资料管理员等多项工作，安全职责不落实。

(4) 在已存在潜在威胁的工作面，安排人员，在深约 80 米的坡底，沿超过 100 米的沟内违章冒险作业。

(5) 矿山违规储存、购买和使用炸药。

(6) 宝兴县公安部门内部对民爆物品的回收管理不严。陇东派出所在手续不全的情况下，将其他公司退回陇东镇库房的炸药处理给宇通矿山。

(7) 雅安市有关部门和宝兴县政府及相关部门对雅安金鸡关垃圾场发生的“9·30”垮塌事故未引起足够的重视，对非煤矿山安全生产工作重视不够，隐患排查不彻底，督促整改不力，特别是对违规的开采方式失察。对县、乡两级安全监察人员的选配不合理，安全监管装备投入不到位。

三、事故处理结果

(1) 宇通公司矿山矿长兼技术负责人、宇通公司总经理，已涉嫌构成重大事故责任罪，建议移交司法机关追究刑事责任。

(2) 对宇通公司董事长，处以 4 万元的罚款。

(3) 对安全管理员兼爆炸材料管理员、库房材料管理员、生活资料管理员，建议吊销其安全管理员资格证书，并处以 2000 元罚款。

(4) 对宇通公司后勤部经理兼矿山爆炸材料采购员，建议公安机关给予治安拘留处罚。

(5) 对宝兴县陇东镇派出所所长，建议给予行政记过处分。

(6) 对宝兴县陇东镇党委副书记、镇长，建议给予行政警告处分。

(7) 对宝兴县国土资源局分管矿产资源和矿山安全工作的副局长，建议给予行政记大过处分。

(8) 对宝兴县国土资源局局长，建议给予行政记大过处分，免去其宝兴县国土资源局局长职务。

(9) 对宝兴县安监局局长，建议给予行政记过处分。

(10) 对宝兴县人民政府分管矿产和安全工作的副县长，建议给予行政记过处分。

(11) 对宝兴县副书记、县长，建议给予行政警告处分。

(12) 对雅安市安监局局长，建议给予行政警告处分。

(13) 宇通公司不重视安全投入，致使矿山不具备安全生产条件，且违规作业，造成了此次特大事故。根据《四川省劳动安全条例》的规定，对宇通公司处以 15 万元罚款。

(14) 责成雅安市人民政府向四川省人民政府写出书面检查。

四川省彭州市白鹿镇水观宏盛煤矿“11·13”特大瓦斯爆炸事故

2004 年 11 月 13 日 12 时 10 分，四川省彭州市白鹿镇水观宏盛煤矿 +889 米水平独线子煤层工作面发生特大瓦斯爆炸事故，造成 19 人死亡，直接经济损失 450 万元。

一、事故经过

2004 年 11 月 13 日 7 时 40 分左右，彭州市白鹿镇水观宏盛煤矿的作业人员在未召开班前会的情况下，63人自行入井。

+889米水平采煤工作面超前巷掘进工兼放炮员（无证）于13日上午8时左右入井，从+889米水平回风巷到达独线子煤层一水平采煤工作面下方后，进入采煤工作面超前掘进巷立眼从事掘进工作，由于碛头煤质变硬，其建议放炮掘进碛头。此时，瓦检员来到掘进碛头立眼下，问在立眼内的放炮员是否感到头晕，放炮员回答不晕，瓦检员便没有上立眼检查瓦斯。在其走后不久，放炮员安放好炸药包即下到大巷，往进风方向撤退了8米左右，即行放炮，同时引起瓦斯爆炸，造成19人死亡。

二、事故原因分析

1. 直接原因

煤矿管理人员违章指挥，安排+889米水平采煤工作面超前掘进碛头且不使用机械通风，无风作业，造成瓦斯聚积，瓦斯检查员和采煤工作面超前掘进巷掘进工未执行“一炮三检”制，违章放明炮，是引起此次特大瓦斯爆炸事故的直接原因。

2. 间接原因

(1) 该矿现场管理十分混乱，管理人员违章指挥、工人违章作业现象突出。放炮员无证放明炮，瓦斯早检数据假检虚填；矿主和管理人员刻意逃避煤矿安全监察机构和地方安全监管部门的监管，拒不执行停产整改指令，顶风违规生产，冒险作业。

(2) 煤矿违反规定在独线子采区总回风巷布置帽子煤工作面，导致采区通风系统不健全，两个掘进超前眼与两个采煤工作面串联通风，造成重大安全隐患；帽子煤工作面施工无设计，无审查，指派一名无文化、无资质的工人组织施工，采用落后的多小巷采煤法，增加了安全隐患，工作面投产后又未制定专门的作业规程；现场瓦斯检查制度不落实，瓦斯早检弄虚作假，瓦斯检查员每天早班上班前不下井，填虚假早检瓦斯数据，并轮流在记录本上签字；独线子采区一水平采煤工作面超前巷掘进没有使用局部通风机。

(3) 重生产、轻安全，隐匿重大安全隐患，拒不执行煤矿安全监察指令和监管部门的整改通知是事故发生的重要原因。

河北省沙河市李生文矿“11·20”火灾事故

2004年11月20日8时10分左右，河北省沙河市李生文矿发生特大火灾事故，造成70人遇难，直接经济损失604.75万元。

一、事故经过

2004年11月20日8时10分左右，在河北省沙河市李生文矿盲1井井筒南侧距井口6～15米处，维修工在井筒内使用电焊，焊割下的高温金属残块及焊渣掉落在井壁用于充填护帮的荆笆上，造成长时间阴燃，最后引燃井筒周围的荆笆及木支护等可燃物，引发井下火灾。

二、事故原因分析

河北省沙河市“11·20”事故是一起由维修工在井筒内进行电焊作业引发火灾、矿山越界开采、井下没有安全出口导致灾害扩大的一起责任事故。5个矿山越界开采，造成各矿井下巷道贯通，风流紊乱，火灾烟气蔓延，各矿均未按要求设置井下作业人员逃生的安全通道，事故发生初期部分矿山采取的自救措施不当，直接导致了事故的升级和扩大。

湖南省湘潭县谭家山镇新立煤矿“12·13”火灾特大事故

2004年12月13日17时25分，湖南省湘潭县谭家山镇新立煤矿发生一起火灾特大事故，死亡18人，轻伤3人。直接经济损失300万元。

一、事故经过

2004年12月13日晚班（16时），该矿安排27人下井作业。－480米水平岩石掘进工作面6人，－540米水平采煤工作面13人，－580米水平煤平巷2人，辅助工种6人。

17时25分，－480米水平作业人员发现空气压缩机突然起火，并迅速引燃了地面上的油垢及可燃物，火势不断增大，井下工作人员立即报告了地面指挥部。

矿长接到事故报告后，于18时坐吊篓至－400米处，发现有烟雾，马上原路返回地面，既不向有关部门报告事故，也不组织抢救，当即逃匿。井下6名辅助工种人员自救出井，其余21人被困井下。

18时30分，灾区有害气体（烟雾）窜入湘潭矿业公司一矿井下，井下人员报告了调度室。19时10分，湘潭矿业公司向湘潭县政府、谭家山镇政府及有关部门报告了事故情况。

湘潭县政府接到事故报告后，县长立即组织有关部门赶赴事故现场，成立现场抢救指挥部组织事故抢救，并紧急请求湘潭矿业公司和湘潭市救护队支援。长沙煤矿安全监察站同时赶到事故现场参与抢救。

14日23时30分，18名遇难人员先后运送至地面，抢救工作全部结束。

二、事故原因分析

1. 直接原因

（1）事故当日17时10分，该矿全井停电。停电后，井下事故地点（即－480米水平机电硐室内）空压机的电源开关因改装而没有自动断开。17时22分全井恢复送电后，由于电源开关未断开，空压机没有卸压，造成空压机直接带负荷启动，电机严重超负荷，漆包线被烧坏产生火源。

（2）电机烧坏产生的火源引燃了空压机附近的润滑油油污、部分供电电缆及堆放的坑木等易燃物，火势迅速扩大。燃烧产生的大量有毒有害气体随风流漫延至井下各作业地点，导致井下作业人员中毒伤亡。

（3）由于－540米与－480米水平串联通风，且－540米水平风流方向是由新立煤矿进风井流向湘潭矿业公司一矿－500米回风大巷，火灾产生的一部分有毒有害气体直接进入了－540米水平，造成灾区扩大，伤亡人员增加。

（4）井下各作业地点虽放置了自救器，但由于作业人员不会使用，导致作业人员在撤离灾区时因为缺少个体安全防护装备而中毒伤亡。

2. 间接原因

（1）该矿超越采矿许可证规定的矿区范围非法开采矿产资源。没有取得安全生产许可证和煤炭生产许可证，违法组织生产。

（2）矿井安全管理混乱。没有建立健全安全生产责任制，没有组织制定并实施本单位的生产安全事故应急救援预案，未建立专门的安全管理机构及制定相应的安全生产规章制度、作业规程和操作规程。

（3）矿井隐患严重，不具备安全生产基本条件。矿井及井下各生产水平缺少两个能运送井下人员直达地面的安全出口；井下各水平之间串联通风；提升装置违反《煤矿安全规程》要求；井下供电系统及电气设备自动安全保护装置失效。

（4）县矿产资源和煤炭行业管理部门长期没有分开设立，县矿管局局长及谭家山镇党委书记长期不能到位，削弱了对煤矿安全监管的力度。

（5）县、镇政府及资源、煤炭行业管理部门监管不力。新立煤矿长期非法超深开采和违法组织生产，县、镇政府及资源、煤炭行业管理部门没有认真落实省政府8号明电指示精神及湖南安全监察局和长沙安监站的安全监察意见，没有采取有力措施制止该矿超深非法开采和违法组织生产的行为，没有落实整改事故隐患。

三、事故处理结果

（1）新立煤矿临时电工、主要投资人、矿长、生产副矿长及安全副矿长，均被移送司法机关追究刑事责任。

（2）对谭家山镇安监员（聘用），予以辞退。

（3）对谭家山镇安监站站长，给予撤职处分。

（4）对谭家山镇分管全镇煤矿安全监管工作的镇长助理，给予行政撤职处分。

（5）对谭家山镇长，给予党内严重警告处分。

（6）对湘潭县矿管局（煤安办）主管全县矿产资源管理工作的副局长，给予党内严重警告处分。

（7）对湘潭县煤安办（矿管局）分管全县乡镇煤矿安全监管工作的副主任，给予党内严重警告处分。

（8）对湘潭县矿管局（煤安办）党组书记，给予行政记大过处分，并建议给予党内严重警告处分。

（9）对湘潭县分管矿山管理、安全监管等方面工作的副县长，给予行政记大过处分。

（10）对湘潭县县委副书记、县长，给予行政记过处分。

（11）湘潭市煤炭行业管理办公室负责监管全市煤矿安全和行业指导工作的副主任，给予行政警告处分。

四川省兴文县银方矿业有限责任公司“12·19”煤与瓦斯突出事故

2004年12月19日1时40分，四川省兴文县银方矿业有限责任公司（五号煤井）+956米水平西翼B3煤层14号上山碛头，发生煤与瓦斯突出事故。造成14人死亡，直接经济损失122万元。

一、事故经过

2004年12月18日夜班23时，安全生产副矿长在井口召开班前会后，19日零时，当班安全员与16名工人共17人陆续入井。其中4人到+956米水平西翼B3煤层13号上山掘进2号联络巷，4人到14号上山掘进；4人做11号上山密闭和12号上山风门。2号联络巷和14号上山打完炮眼装好药，瓦检员进入两碛头检查完瓦斯浓度后将2号联络巷、14号上山作业人员撤至+956米水平西翼B3煤层运输平巷11号上山口以外（距14号上山碛头110.4米，另有2人躲在12号上山口风门处）后，19日凌晨1时40分放炮员将2号联络巷和14号上山炮眼炮线并联在一起，在+956米水平西翼B3煤层运输平巷11号上山以里7.5米处（距14号上山碛头102.9米）启动放炮，井下风流突然反向，绞车房的3名工人发现风流反向便迅速往井外撤，但很快均失去知觉摔倒昏迷，其中1人死亡，另外2人约在2时10分相互搀扶出井，随即向地面汇报井下发生了事故。

二、事故原因分析

1．直接原因

该矿存在煤与瓦斯突出危险，在14号上山掘进施工中，未按规定采取防突技术措施，放炮诱发煤与瓦斯突出。

2．间接原因

（1）受地质构造变化影响和采掘部署不合理。14号上山内距下口10米处遇一条落差1.5米的逆断层，受断层影响，造成14号上山煤体结构发生变化，煤层增厚达3米，倾角增大，煤层结构紊乱，强度降低。再加上14号上山和2号联络巷相向掘进，造成采动应力叠加，矿山应力集中，煤与瓦斯突出危险性增大。

（2）未按规定采取“四位一体”防突措施，防突设施不完善。矿井无避难硐室和压风自救系统。

12月9日启封西翼时，反向风门被撤除后一直未恢复；该矿培训有4名防突队员，但并未安排从事防突工作；14号上山和2号联络巷掘进中一直未进行煤与瓦斯突出危险性预测预报。

（3）瓦斯监控系统未正常运转。12月18日13时，瓦斯监控系统信号中断，至事故发生时未修复，不能及时监测、掌握井下瓦斯变化情况。

（4）放炮和瓦斯检查管理混乱。14号上山和2号联络巷并联启爆，震动诱发煤与瓦斯突出；放炮员配备不足，全矿仅有1名班长持有放炮证（另有1名持证人员一直未被安排从事井下作业和放炮工作）；井下无避难硐室、又未执行县政府规定的井外放炮制度；瓦检员配备不足，全矿有瓦检员4名，每班多个地点作业，仅安排1名瓦检员入井检查瓦斯，各采掘面未安排专人检查瓦斯。

（5）自救器未按规定配备使用。井下未设置压风自救系统，入井人员又未随身携带自救器（仅在+965米下车场存放5台，且未培训工人使用），致使发生突出后高浓度瓦斯涌出，风流反向，井下人员不能自救。

（6）违规组织生产。违反县煤管部门12月8日对该矿恢复西翼回采的批复中明确的“不得在13号上山以西进行采掘作业”的要求，擅自在13号上山以西的14号上山和2号联络巷施工。

湖南省郴州市嘉禾县行廊镇珍珠岭煤矿“12·31”煤与瓦斯突出特大伤亡事故

2004年12月31日，湖南省郴州市嘉禾县行廊镇珍珠岭煤矿发生一起煤与瓦斯突出特大伤亡事故，10人死亡，1人轻伤，直接经济损失130万元。

一、事故经过

该矿在未经验收批准的情况下，于2004年12月25日全面恢复生产。12月31日16点班，共安排14人下井作业：+143米水平2人、+50米水平2人（绞车司机、推车工），+40米一平道煤掘工作面5人，±0米水平4人（石门、±0米北底板巷掘进工作面各2人），安检员1人。

19时49分，+40米一平道煤掘工作面人员撤至+50米北暗斜井进行班中放炮（放炮地点位于+50米北暗斜井与+30米 二平道交汇处），启炮后即发生了煤与瓦斯突出。此次事故突出煤矸约500吨，涌出瓦斯30000立方米，死亡10人，轻伤1人。

二、事故原因分析

1. 直接原因

（1）该矿开采的煤层具有煤与瓦斯突出危险性，+40米一平道煤掘工作面处于地质构造变化带，增大了突出危险性。+50米水平巷道布置不合理，造成+40米一平道煤掘工作面处于三条巷道（+40米一平道、+30米二平道与+50米运输大巷）的集中应力叠加区，加大了煤与瓦斯突出的危险性。

（2）矿井没有进行瓦斯抽放，+40米一平道煤掘工作面没有采取突出危险性预测、防治突出措施、防治突出措施的效果检验，煤与瓦斯突出危险性没有消除。

（3）安全防护措施不到位。作业人员违规近距离（90米）井下班中放炮；职工没有随身携带自救器；避难硐室压风自救系统没有压风。

（4）矿井通风系统不合理、不可靠，事故区域通风系统混乱，巷道通风困难。+40米一平道、+30米二平道与+50米北暗斜井进风巷之间，没有按规定安设反向风门，突出后造成大量的瓦斯逆流进入北暗斜井进风流中，扩大了事故范围，导致作业人员伤亡。

2. 间接原因

（1）该矿严重超深越界进入大矿范围非法采矿，借整改之机，非法、违规组织生产。矿井存在重大事故隐患，经煤矿安全监察机构和安全监管部门多次提出后，仍不退界和整改，违法指挥职工冒险作业。

（2）珍珠岭煤矿安全管理混乱。没有建立健全安全生产责任制及安全生产规章制度，没有按规定配备专职安全管理人员，没有设立专门防突机构和队伍，+40米一平道煤掘进工作面没有编制作业规程和防突安全技术措施。

(3) 县、镇政府及有关部门没有认真贯彻落实省政府2004年8号明电指示精神。嘉禾县2004年重特大事故多发（重大事故4起，特大事故1起，共死亡26人），政府及相关部门没有认真吸取教训，采取有力措施，遏制事故发生。

(4) 政令不通，停产整改落实不到位。镇分管安全工作的领导及安全监管人员没有深入或入驻煤矿落实停产整改；国土资源部门没能有效制止该矿超深越界非法开采的行为；煤炭行业管理部门没有指导该矿制订出切合实际、能真正消除重大事故隐患的整改方案，并督促进行整改；公安部门没有停供火工产品。

(5) 有关部门安全监管手段简单，没有真正树立起为企业服务的思想，不是严格依法行政、帮助企业解决实际困难，而是以罚代管，一罚了事。

三、事故处理结果

矿主及该矿管理人员等3人被移送司法机关追究刑事责任，分管安全的副县长等10人分别受到行政记过、行政记大过、行政降级、留党察看等党纪、政纪处分。

交通事故

重庆市秀山土家族苗族自治县"1·7"特大道路交通事故

2004年1月7日14时10分，重庆市秀山县溶溪镇发生一起死亡11人、伤15人的特大道路交通事故。

一、事故经过

2004年1月7日13时左右，秀山县溶溪镇晨光居委会村民驾驶渝AU0619"万达牌"旅行小客车，在黔江地区汽车运输公司秀山分公司（以下简称秀山分公司）汽车北站门口载客27人（核定载客16人），朝溶溪方向行驶。14时10分，当车行至溶溪柳水村小面坡路段（秀溶路15公里+200米处）时，对面行驶的一辆川路牌翻斗小货车，因下雨路滑，路面坡陡，翻斗小货车开不上来而暂停在路中间。渝AU0619小客车便从翻斗小货车左侧会车，由于司机操作不当，致使方向未及时回位，加之雨天路滑，刹车失控，所载26人（中途一人下车）随车翻入公路左侧78米深的坡下，造成死亡11人（其中事发现场到县医院抢救途中死亡1人，县医院抢救过程中死亡1人）、轻重伤15人、车辆报废的特大道路交通事故。

二、事故原因分析

1. 直接原因

(1) 渝AU0619万达牌中巴车，与对向暂停的川路牌翻斗小货车会车时，驾驶员违章从左侧会车，因下雨路滑，制动效果差，回方向稍迟，造成中巴车翻入公路左侧的坡下。

(2) 渝AU0619万达牌中巴车，准载16人，事故发生时实载26人，汽车严重超载，不仅增大了驾驶员临危正确处置的难度，而且也增加了事故发生的可能性，是造成事故的重要原因。

2. 间接原因

(1) 秀山分公司汽车北站安全管理混乱，对进站营运车辆的安全监督检查不到位，让未办理春运合格证的肇事车辆进站载客，对肇事车在本站大门口超载11人的严重安全隐患失察。

(2) 交通运管部门对秀山分公司汽车北站安全监督检查不到位，没有指定专人对该站站内及站门口的营运秩序进行管理和整治，对车站从业人员的安全教育不够，对肇事车在该站大门口超载11人的严重安全隐患失察。

（3）公安交警部门对春运交通安全监督检查不到位，当天没有安排警力上路巡查春运交通安全，也未设立春运交通安全检查站，对肇事车辆超载营运的严重安全隐患失察。

三、事故处理结果

（1）肇事车车主，同时也是驾驶员，鉴于其在本次事故中已死亡，免于追究责任。

（2）对秀山汽车北站聘用的管理人员，解除其与秀山汽车北站的聘用关系，并移送司法机关依法追究其刑事责任。

（3）对秀山汽车北站的承包人,解除其与秀山分公司的承包关系,移送司法机关依法追究其刑事责任。

（4）对秀山汽车北站聘用的另一名管理人员，解除其与秀山汽车北站聘用关系，给予留党察看一年处分。

（5）对秀山分公司安全科科长，给予党内严重警告处分。

（6）对秀山分公司行车支部书记兼副经理，给予党内严重警告处分。

（7）对秀山分公司经理，给予行政记大过处分。

（8）对秀山县运管所副所长，给予行政记大过处分。

（9）对秀山县运管所所长，给予行政记过处分。

（10）对秀山县交通局长，给予行政警告处分。

（11）对秀山县交警大队大队长，给予行政记过处分。

（12）对秀山县公安局分管交警大队工作的副局长，责成其向秀山县人民政府作出书面检讨。

四川省金川县“1·11”特大道路交通事故

2004年1月11日11时11分，四川省阿坝州金川县境内发生一起翻车事故，死亡16人，轻重伤29人。

一、事故经过

2004年1月11日11时11分，四川省甘孜州康定汽车运输总公司53队职工周某驾驶一辆车牌为川V02532的峨嵋牌大客车，搭载43人由甘孜州色达县开往成都，当行至刷炉线163公里+200米处（阿坝州金川县境内）时，翻入5.9米深的公路坎下，当场死亡13人，送医院抢救无效死亡3人，共计死亡16人，轻重伤29人。

二、事故原因分析

造成此次事故的直接原因是大客车驾驶员安全意识淡薄，超速行驶，临危处置不当，以及违章超员。

三、事故处理结果

（1）康定汽车运输总公司川V02532峨嵋牌客车驾驶员、车主，鉴于其已在事故中死亡，不再追究责任。

（2）对康定汽车运输总公司三分公司安全科科长，给予撤销行政职务处分，并处以4000元罚款。

（3）对康定汽车运输总公司三分公司分管分公司行车安全工作的副经理，给予行政降级处分，并处以4000元罚款。

（4）对康定汽车运输总公司三分公司经理，给予行政降级处分，并处以3000元罚款。

（5）对色达县汽车站副站长，给予行政记大过处分，并处以4000元罚款。

（6）对康定汽车运输总公司安全处处长，给予行政记大过处分，并处以2000元罚款。

（7）对康定汽车运输总公司副总经理，给予行政记大过处分，并处以4000元罚款。

（8）对康定汽车运输总公司总经理，给予行政记大过处分，并处以5000元罚款。

（9）对色达县交通局运管所所长，给予行政记大过处分。

（10）对色达县交通局分管全县交通安全生产工作的副局长，给予行政记过处分。

（11）对色达县人民政府常务副县长，给予行政警告处分。

（12）责成阿坝州人民政府对金川县交通局副局长和金川县交警大队观音桥中队中队长进行通报

批评；责成甘孜州人民政府对色达县公安局交警大队大队长进行通报批评。

(13) 康定汽车运输总公司，对安全生产工作重视不够，对公司安全管理制度落实不够，对从业人员的安全教育培训不够，处以20万元罚款，并向甘孜州交通局写出深刻的书面检查。

(14) 责成金川县交通局、金川县公安局向金川县人民政府写出深刻的书面检查；责成金川县人民政府向阿坝州人民政府写出深刻的书面检查。

(15) 责成阿坝州、甘孜州人民政府向四川省人民政府写出深刻的书面检查，两州州长向省长作出深刻检查。

广西壮族自治区都安县"1·13"特大交通事故

2004年1月13日14时左右，都安县五竹乡境内乡道四级公路高岭至下坳线18公里+230米处，车牌号为桂MA3138的大客车与车牌号为桂M81242的客车发生刮擦后，桂MA3138大客车坠入山谷。造成15人死亡、11人受伤，直接经济损失12.139万元的特大交通事故。

一、事故经过

2004年1月13日上午8时左右，肇事司机驾驶桂M81242客车从拉仁乡二谭站发班往都安。到达高岭弄池路段春运检查点时，接受检查人员的检查。10时30分左右，到达都安总站，下客后，司机将车辆送去安检、报班。总站调度员发现该车没有参加春检，因而不给该车报班。约11时20分左右，肇事司机将车开出车站，自行揽客往板岭方向行驶，一路上共揽到16名乘客。约13时，司机在板岭下客后返回都安，在返回路上揽到1名乘客。14时41分左右，车行驶到下高线18公里+230米右转弯下坡处时，由于天下小雨，道路路面潮湿，道路又为山岭重丘四级，受转弯山体影响，行车视距仅有38米，道路东侧为深80米的山谷，该侧路肩外设有安全墩。桂M81242客车在转弯过程中突然发现对面来车，避让不及，车尾与桂MA3138大客车会车当中发生刮擦，致使桂M81242客车冲下道路坠入80米深的山谷。事故造成桂MA3138大客车上15人死亡，11人受伤，车体严重受损报废，桂M81242客车部分受损。

二、事故原因分析

1. 直接原因

经都安县及河池市公安交警部门调查认定，此起事故的直接原因是双方驾驶员违章驾驶造成的。桂M81242客车没有靠右行驶，发现对面来车后避让不及，致使车辆甩尾占道是事故发生的主要原因；桂MA3138大客车驾驶员驾车冲坡，没有减速行驶，盲目驶进弯道，发现对面来车时来不及采取措施，致使两车相刮擦后坠入山谷，是事故发生的另一原因。双方的违章行为共同导致了此起事故的发生。

2. 间接原因

(1) 河池集联运输有限责任公司（以下简称池河集联公司）对聘用的驾驶员管理不严，安全教育不够，致使驾驶员在运营过程中未经单位同意，自行换人驾驶，驾驶员在驾驶过程中不按操作要求操作。

(2) 都安县客运服务站没有认真对进站驾驶员进行安全教育，在没有对驾驶员进行安全教育的情况下，准许桂M81242客车进站经营，致使刚开始营运的桂M81242号客车在没有排班的情况下违章私自揽客营运。

(3) 都安县政府组织的春运安全检查第四检查组，负责在下高公路设点检查。但在事故发生前，对桂M81242客车和驾驶员的检查中，没有发现驾驶员未取得2004年春运驾驶资格，没有能够及时制止桂M81242号客车违章运营。

三、事故处理结果

(1) 对桂M81242客车驾驶员和河池集联公司的聘用顶班驾驶员，建议司法机关依法追究其法律责任。

(2) 对河池集联公司聘用的另一驾驶员，建议责成河池集联运输有限责任公司解除其聘用驾驶员资格，并给予经济处罚。

(3) 对都安县客运服务站站长，建议给予党内警告处分，并给予经济处罚。

（4）对都安县客运服务站分管安全生产的副站长，建议给予党内严重警告处分，并给予经济处罚。

（5）对都安县客运服务站安全科长，建议按照有关程序解聘其科长职务，并给予经济处罚。

（6）对河池集联公司原总经理，建议给予党内严重警告处分，并按有关程序解聘其总经理职务，给予经济处罚。

（7）对河池集联公司分管安全生产工作的副总经理，建议给予党内警告处分，并给予经济处罚。

（8）对河池集联公司车队队长，建议按照有关程序解聘其队长职务，并给予经济处罚。

（9）对河池集联公司安全科长，建议按照有关程序解聘其科长职务，并给予经济处罚。

（10）对河池集联公司法定代表人、董事长，建议给予党内警告处分，并给予经济处罚。

（11）对都安县春运安全检查第四检查组组长兼都安县交警大队办公室副主任，建议给予其行政警告处分。

（12）河池集联公司，安全管理工作不到位，没有从以往多次发生的重特大事故中认真吸取教训，平时对驾驶员管理教育不严，安全管理制度不健全，建议对存在严重安全隐患的河池集联公司进行停产整顿，给予经济处罚，并在全区运输行业中进行通报批评。

（13）河池市公路运输管理处，作为运输行业管理部门，对河池集联公司的道路交通安全生产工作监督管理不够，对河池集联公司多次发生重特大道路交通事故的情况，未能督促其进行有效地整改，建议责成河池市公路运输管理处向河池市人民政府作出深刻检查，并在全区公路运输管理系统通报批评。

（14）都安县人民政府在组织春运安全检查过程中，组织不严密，检查要求不明确，工作没有真正落到实处，以致发生“1·13”特大春运事故，建议责成都安县人民政府向河池市人民政府作出深刻检查。

江西省分宜县汽运总公司“1·14”特大道路交通事故

2004年1月14日5时10分，江西省分宜县汽车运输总公司一辆大客车在昌樟高速公路药湖大桥撞击护栏后坠落桥下，发生特大交通事故，死亡16人，重伤4人，轻伤17人，直接经济损失约13万元。

一、事故经过

2004年1月14日5时10分，江西省分宜县汽车运输总公司驾驶员驾驶赣K30992金龙牌大型客车（核定载客35人，实际载客35人），由浙江省温州市往江西省分宜县方向行驶，途经江西省昌樟高速公路31公里+300米处时，车辆撞击左侧护栏后又撞击右侧护栏，然后冲出路面坠落桥下稻田中（落差9.1米），造成死亡16人，重伤4人，轻伤17人，事故车辆严重损毁，直接经济损失约13万元，事故伤害赔偿221万元。

二、事故原因分析

1．直接原因

驾驶员驾驶大客车在高速公路行驶，遇天下小雨，路面打滑，未有效控制速度，在车辆左右摇摆失控时，采取措施不当。

2．间接原因

（1）分宜县汽车运输总公司安全制度不健全，对驾驶员安全教育不到位，安全管理存在漏洞，特别是对临时跑长途的驾驶员没有进行安全教育；

（2）分宜县交通局对分宜县汽车运输总公司的安全生产工作领导、检查和监督的力度不够，事故防范措施不力；

（3）昌樟高速公路公司在接到江西省公安厅交警总队直属支队关于要求对昌樟高速公路31～32公里（西线）路面进行治理整改的通知书后，没有及时整改。

三、事故处理结果

(1) 分宜县汽车运输总公司肇事车驾驶员，鉴于其已在事故中死亡，免于追究刑事责任。

(2) 对分宜县汽运总公司总经理，给予行政撤职和撤销党内职务的处分。

(3) 对分宜县汽运总公司分管公司安全生产工作的副总经理，给予行政记大过的处分。

(4) 对分宜县汽运总公司分管公司运输业务工作的副总经理，给予行政记大过的处分。

(5) 对分宜县交通局分管运输管理工作的副局长，给予行政记过的处分。

(6) 对昌樟高速公路公司养护工程公司经理，给予行政记过的处分。

(7) 对昌樟高速公路公司副总经理，给予行政警告处分。

湖北省神农架林区“1·15”特大道路交通事故

2004年1月15日21时40分左右,湖北省神农架林区发生一起特大道路交通事故。一辆金杯牌小型普通客车坠入路基旁崖下70余米,沉入鱼头河水库中,造成11人死亡,1人受伤,直接经济损失8万余元。

一、事故经过

2004年1月15日，神农架林区松柏镇私营车主驾驶车牌号为鄂P01460的金杯牌小型普通客车(核载11人)，载送神农架林区松柏镇11人回家过春节。15日21时40分左右，当车行至神农架林区阳日镇桃园村省道白茨线57公里+900米一右转弯处时，由于操作失误，致使车辆向左行驶12.7米，撞断路边两根警示桩，车辆左边前后轮胎驶离路面，车底部沿公路边缘刮擦11.6米后，坠入公路左侧路基下约73米的鱼头河水库中，导致车上7人当场死亡，3人失踪，2人受伤（其中1人于次日因抢救无效而死亡）；落水车辆于1月16日下午被打捞出水，17日10时15分被吊回路面，车辆已完全报废；失踪的3人中，1人于16日16时从水库中被打捞上岸，确认已死亡；另1人和驾驶员分别于18日15时20分、16时从水库中被打捞上岸，确认已死亡。事故共造成11人死亡、1人受伤，直接经济损失8万余元。

二、事故原因分析

省政府“1·15”事故调查组与林区党委、政府及有关部门一道，经过对事故现场的勘查、调查取证，对“1·15”事故原因、事故责任展开了全面调查，认定如下：

(1) 造成此次事故的直接原因是驾驶员（已死亡）夜间行车，在雨雪天气、能见度低、下坡转弯、路面湿滑的情况下，操作处置不当所致。

(2) 林区交警大队阳日中队对该危险路段发生过的数次机动车辆坠崖事故重视不够，原因分析不透彻，未制定防范措施，也未及时向上级或者政府报告并提出书面整改建议，是导致事故发生的重要原因。

(3) 神农架林区交通局在道路改建工程中，没有依法将建设项目的安全设施与主体工程同时施工、同时投入使用，也是导致事故发生的重要原因。

三、事故处理结果

(1) 给予神农架林区副区长党内严重警告、行政降级处分。

(2) 给予神农架林区交通局副局长党内严重警告、行政降级处分。

(3) 给予神农架林区公路处副主任（试用期）党内严重警告、行政降级处分，取消其林区公路管理处副主任试用资格。

(4) 给予神农架林区公安局副局长行政记过处分。

(5) 给予神农架林区交通大队大队长行政记大过处分。

(6) 给予神农架林区阳日镇副镇长兼阳日交警中队负责人党内严重警告、撤销阳日镇副镇长、阳日派出所所长职务的处分。

浙江省淳安县“1·17”特大道路交通事故

2004年1月17日凌晨3点30分许，浙江省淳安县境内发生一起特大道路交通事故，造成12人死亡，22人受伤，直接经济损失达200多万元。

一、事故经过

2004年1月16日22时30分许，肇事司机（持有大客驾驶证）驾驶杭州国贸商厦的长江型大客车，私载44名乘客，从杭州拱墅区方家塘出发，开往淳安县汾口镇。1月17日凌晨3点30分许，车在途经淳杨线45公里+582米处的一段上坡直道上，司机因疲劳驾车，车辆失控，冲出右侧路基，翻下落差22米的山坡，坠落千岛湖水库支流，造成12人死亡，22人受伤，大客车报废，直接经济损失达200多万元。

发生事故时，路上没有来往车辆。事故现场道路走向为东西走向，沥青路面，路面潮湿无积水。道路等级为山区四级公路。从事故现场勘查看，现场未发现制动印迹，且未采取任何措施，从弯道路肩上轮胎轨迹显示，车辆呈切线驶出路基。

二、事故原因分析

1. 直接原因

（1）肇事车驾驶员不顾行车安全，在过度疲劳状态下驾驶车辆，严重违反交通法规。

（2）该车行驶证上核定载客人数为41人，但在发生事故时，车上共乘载44人，属违章超载。

（3）在行车中明知淳杨线有“22时至次日6时禁止营运车辆通行”的禁令，但为赚运费，故意违反交通禁令，走禁行线。

（4）客源组织者无视国家有关法律和规定，非法印制、设点出售车票，违法私自组织客源，从中谋取经济利益。1月16日又直接组织、安排了该车的客运行程，留下了严重的事故隐患。

2. 间接原因

（1）肇事车挂靠国贸商厦，国贸商厦又从属于浙江现代工贸集团公司。浙江现代工贸集团公司对下属企业车辆安全运行缺乏监管，安全责任和管理措施不认真落实。

（2）杭州市交通安全教育学校工作管理不严，秩序混乱，给没有按规定参加春运安全学习的肇事司机有机可乘，并以不正当的手段领取了交通安全专项学习登记卡。

（3）交警、运管部门在春运、路检、车辆和客运市场管理，以及打击“黑车”方面有具体的工作要求，但在具体落实上存在着薄弱环节和不到位的地方，对客运车辆超载和运输市场监管不严。

三、事故处理结果

（1）肇事车驾驶员和客源组织者，由司法部门追究相关的法律责任。

（2）对浙江现代工贸集团追究主要负责人的责任，承担事故所造成的经济责任，并根据《安全生产违法行为处罚办法》，给予行政处罚。

（3）对杭州市交通安全教育学校，建议追究校主要领导的行政管理责任。

（4）对杭州商学院，追究院分管领导和相关人员的责任。

（5）对市交警、运输管理部门，由杭州市按干部管理权限，对相关人员给予必要的处理，并报省有关部门备案。

（6）杭州市政府对这起特大事故的发生负有辖区安全管理的责任。责成杭州市政府向省人民政府作出书面检查。

广西壮族自治区贵港"1·18"特大道路交通事故

2004年1月18日8时5分左右，贵港市港北区庆丰镇省道20133线30公里处，一辆由北向南行驶的车牌号为桂M03357的金杯专用救护车（载14人），与相向行驶载有48人的贵F00968宇通牌大型普通客车发生碰撞，造成11人死亡、4人受伤、直接经济损失12.448万元的特大道路交通事故。

一、事故经过

2004年1月16日晚10时左右，洛西镇卫生院职工何某得到本单位领导的同意，驾驶桂M03357救护车与肇事司机一起从洛西镇卫生院往深圳非法拉客。驾车到龙岗和龙华接了11名民工后，于20时30分左右，由何某驾车出发往广西，车上总共14人。18日零时左右，车过广东肇庆后，换由肇事司机驾驶，8时左右，桂M03357救护车行至贵港市港北区庆丰镇省道20133线30公里附近，当时天正下着大雨，由于驾驶员过度疲劳，无法正常驾驶，致使车辆越过道路中心线，与相向行驶的贵F00968大客车发生碰撞，造成事故。救护车上8人当场死亡，3人送医院抢救无效死亡，3人受伤；大客车上1人受伤，两车严重损坏。

二、事故原因分析

1. 直接原因

根据贵港市交警支队的调查，认定该事故的直接原因是：桂M03357救护车与贵F00968大客车会车时，由于救护车驾驶员过度疲劳而不能正常操作车辆，致使救护车失控驶入相向机动车道，其车头右部与大客车右部发生碰撞，造成事故。

2. 间接原因

宜州市洛西镇卫生院严重违反《医院工作制度》六十一条第1项关于救护车管理使用规定，同意卫生院职工使用救护车进行非法营运；对职工安全教育和管理不到位，驾驶员动用单位的救护车进行非法营运，并且在驾驶过程中将特种车辆交给他人驾驶；当地卫生主管部门对救护车的使用监督管理不到位也是造成洛西镇卫生院对救护车管理不善的原因之一。

三、事故处理结果

（1）对肇事救护车驾驶员，建议司法机关依法追究其法律责任。

（2）洛西镇卫生院职工何某，鉴于其已经在事故中死亡，免予追究责任。

（3）对洛西镇卫生院院长，建议给予党内开除党籍、行政开除公职处分，建议司法机关依法追究其法律责任。

（4）对洛西镇卫生院副院长，建议给予行政撤职处分。

（5）对宜州市卫生局局长，建议给予行政记大过处分。

（6）对宜州市卫生局副局长，建议给予行政降级处分。

（7）对河池市卫生局医政科长，建议给予行政撤职处分。

（8）对宜州市分管卫生工作的副市长，建议给予行政警告处分。

（9）对河池市卫生局局长，建议责成其向河池市人民政府写出深刻检查，并在全区卫生系统通报批评。

（10）洛西镇人民政府没有认真履行安全生产职能，在监督管理辖区内卫生单位的救护车安全使用方面存在漏洞，建议责成洛西镇人民政府向宜州市人民政府作出深刻检查。

（11）宜州市人民政府，没有认真履行安全生产职能，在监督管理辖区内卫生单位的救护车安全使用方面存在漏洞，建议责成宜州市人民政府向河池市人民政府作出深刻检查。

云南省文山州丘北县"1·26"特大交通事故

2004年1月26日12时，丘北县境内省道205线13公里+400米处，发生一起特大道路交通事故，造成27人死亡，轻重伤55人。

一、事故经过

2004年1月26日上午，丘北县腻脚乡大铁村一车牌号为云南H·09770的拖拉机搭载89人，由腻脚乡大铁村民委小塘子村驶往八道哨赶集并到普者黑参加"花山节"。该车行驶到洗马塘岔口有9人下车，之后沿省道S205线继续驶往普者黑。12时10分许，当车行至S205线13公里+400米处时，与同向在前方行驶的一辆两轮摩托车发生追尾碰撞，摩托车向前驶出2.7米后倒于公路右侧路上，拖拉机沿公路右侧跑偏22米，越过0.2米高的防护墩，翻下4.9米高的路坎，头北尾南停于旱地中，造成20人当场死亡、7人送医院抢救无效死亡、重伤55人的特大道路交通事故。

二、事故原因分析

1. 直接原因

(1) 拖拉机驾驶员未经培训，也未取得合法的机动车驾驶资格，其驾驶技术与事故的发生有直接的因果关系。

(2) 拖拉机驾驶员违反机动车装载规定，严重超载，其重量大大超过核载质量，车辆在下坡连续使用制动过程中，造成制动系统产生严重的热衰现象，致使制动效能大幅下降，不能有效减速，也是造成事故的直接原因。

(3) 拖拉机转向系直拉杆后球销松动，不符合机动车运行技术条件规定，在车辆行驶和转弯过程中不起作用，因此对该事故的发生也有着直接的影响。

(4) 发生事故路段为下坡左急弯，由于其超速行驶，该拖拉机车速约为59公里/小时，在转弯过程中加大了离心力，因此，其行为与事故的发生有直接的因果关系。

2. 间接原因

丘北县委、县人民政府对安全生产特别是道路交通安全的重要性认识不足，对全县道路交通安全形势未进行认真分析研究，对预防道路交通事故的工作，特别是对贯彻春运期间国务院在2004年1月15日召开的全国道路交通安全电视电话会议精神和省（州）有关道路交通安全管理文件落实不到位，组织协调督查不够；春节期间举行道路交通安全活动组织安排不到位；道路交通安全宣传教育不够深入和广泛，致使部分群众道路交通安全意识差。公安交警部门工作方案不落实，在路面巡查监控工作中重点不突出，勤务制度不完善；对春节期间举行系列活动的道路的交通安全预见不够，处置预案不完善，在落实道路交通安全事故预防工作上有差距，管理措施不到位，执法不严格。农业部门对农机安全宣传教育不够深入，农机安全监管有漏洞。县政府办公室办文不规范，致使文山州人民政府制发的《文山州进一步加强道路交通安全工作方案》未及时转发给各乡镇、各部门贯彻执行。

三、事故处理结果

(1) 拖拉机驾驶员，鉴于其已在事故中死亡，故不再追究其刑事责任。

(2) 拖拉机车主，承担一定的民事赔偿责任。

(3) 对丘北县委副书记、县政法委书记，给予党内警告处分。

(4) 对丘北县分管政法、行政执法工作的副县长，给予行政记大过处分。

(5) 对丘北县分管农业、林业、水利工作的副县长，给予行政警告处分。

(6) 对丘北县公安局副政委，给予行政记过处分。

(7) 对中共丘北县腻脚乡党委书记，给予党内警告处分。

(8) 对丘北县农业局局长、副局长，分别给予行政记过、记大过处分。

(9) 对丘北县农机监理站副站长、丘北县人民政府办公室主任、内勤秘书、丘北县腻脚乡人民政府乡长、副乡长，分别给予行政记过处分。

(10) 对丘北县交通局局长，副局长，责成其写出深刻书面检查，并予以通报批评。

黑龙江省哈尔滨市“1·28”特大道路交通事故

2004年1月28日6时10分，黑龙江省哈尔滨市方正县境内，发生一起特大交通事故，造成5人当场死亡，6人抢救无效死亡，22人受伤，两车严重破损，直接经济损失16万元。

一、事故经过

2004年1月28日6时10分,哈尔滨市方正县境内同三公路412公里(蚂蚁河一号桥)处发生一起特大道路交通事故,黑龙江省龙运客运股份有限公司牌号为黑A21037的金龙大客车在由哈尔滨向佳木斯方向行驶至同三公路蚂蚁河一号桥时,与迎面驶来的方正县道路旅客运输有限公司牌号为黑A73518的金龙中巴客车相撞,造成当场死亡5人,送医院抢救无效死亡6人,共计死亡11人,伤22人,两车严重破损,直接经济损失16万余元。

二、事故原因分析

1. 事故的直接原因

经事故调查组进行现场勘察，调查取证，研究分析，认定这起事故是由于黑龙江龙运客运股份有限公司大客车驾驶员驾车时，遇有障碍强行会车，超速行使，违反会车规定，没有及时让行，采取措施不当是构成这起事故的主要原因。方正县道路旅客运输有限公司驾驶员驾驶违反装载规定的车辆，严重超员，加重了此起事故的损害后果，是构成这起事故的次要原因。

2. 事故的间接原因

(1) 黑龙江龙运客运股份有限公司及所属哈同公司在明知肇事司机没有从业资格证的情况下，仍然违规安排其上岗。

(2) 方正县道路旅客运输有限公司安全管理混乱，没有建立安全生产责任制，无安全管理机构和专兼职安全管理人员，对从业人员安全培训教育不到位。

(3) 方正县客运站安全管理混乱，没有建立健全安全生产规章制度和安全生产组织机构，对站内超员问题监管失控。

(4) 方正县交通局及运管部门未认真履行道路运输行政主管部门安全监督管理职责，对春运期间的道路旅客运输安全工作管理措施落实不到位，对客运站和路面客运车辆监督检查不力，对客运车辆超员上路行驶失察。

(5) 方正县交、巡警大队处理凌晨事故时，在未将逆向停放的大卡车拖离现场完全恢复道路交通和安排警力疏导交通的情况下，撤离现场，工作严重失职；方正县交、巡警大队城镇中队没有认真执行《方正县公安局交、巡警大队2004年春运和“四节”期间交通安全工作实施方案》“关于对客运站点进行监督检查的要求”，在初一至初七期间自行中断了客运站执勤工作，放任了对站内超载问题的管理，工作严重失职。

三、事故处理结果

(1) 黑龙江龙运客运股份有限公司哈同公司大客车司机移交司法机关处理。

(2) 方正县道路旅客运输有限公司司机因其在事故中死亡，免予追究其责任。

(3) 分别对黑龙江龙运客运股份有限公司哈同公司经理、党支部书记，方正县客运站站长、党支部书记，方正县运管站稽查队代理队长，方正县交通局局长兼县道路旅客运输有限公司总经理，方正县公安局交、巡警大队大队长等19名责任人员给予党纪政纪处分。

广东省广州市惠州高速公路“2·8”特大道路交通事故

2004年2月8日下午13时许，广东省广惠高速公路发生一起两辆大客车迎面相撞的特大道路交通事故，造成13人死亡，18人受伤，两车严重损坏。

一、事故经过

2004年2月8日下午13时许，揭阳市辉龙客货交运公司的两名驾驶员驾驶粤V00449亚星奔驰大客车（核载46人，实载19人）从揭阳市榕城镇开往广州。该车于当日下午16时30分左右，途经广（州）惠（州）高速公路72公里+800米处时，由于当时天气正下着小雨路面潮湿，道路微左弯、微下坡，在车辆从主车道变更到超车道过程中，失控冲入中央隔离绿化带（宽度为10.45米，无防撞护栏），右前轮碰撞隔离带内的通信管道口后，再冲向对向车道，与相对方向正常行驶的同为揭阳市客货交运公司的粤V00268沃尔沃大客车（核载45人，实载12人）迎面相撞，造成粤V00449大客车上7人当场死亡，粤V00268大客车上5人当场死亡、1人送医院抢救无效死亡，两车驾乘人员共18人受伤（其中3人重伤，15人轻伤），两车严重损坏。

二、事故原因分析

1．直接原因

（1）粤V00449大客车驾驶员违章超速行驶、操作不当。经检测，该车碰撞前速度为120公里/小时以上，而且遇雨天路面潮湿，在变更车道时采取措施不当，致使车辆偏离行驶车道，失控冲向对向车道。

（2）肇事路段没有设置中央防撞护栏。

2．间接原因

（1）揭阳市辉龙客货交运有限责任公司安全生产管理组织机构、规章制度不健全。管理松散，安全检查和教育薄弱，责任不落实；对车主、司机的管理不到位，交通安全教育工作不落实。

（2）揭阳市交管处、交通局办理新增旅游包车标志牌把关不严。不按要求对旅客运输企业非自营客车安全隐患开展排查整治，对营运驾驶员从业资格检查不及时。

（3）揭阳市安捷交通运输职业培训中心未按国家规定培训从业人员，擅自减少培训课时，严重影响培训质量。

（4）惠州市公安局交警支队高速二大队路面监控警力不足，对超速行驶车辆查处力度不够。

三、事故处理结果

（1）粤V00449号大客车驾驶员，由司法机关追究其刑事责任，并附带民事诉讼。

（2）责令揭阳市辉龙客货交运有限责任公司停业整顿，并对事故损害的经济赔偿承担相应的责任；对公司法人代表兼总经理处以10万元罚款；对公司副经理给予撤职和党内严重警告处分。

（3）责令揭阳市安捷交通运输职业培训中心停业整顿；对培训中心原负责人分别给予行政记过处分和行政记大过处分。

（4）对揭阳市交管处运管科副科长、市交通局运管科副科长，分别给予行政降级，党内严重警告处分。

（5）对市交通局运管科科长、市交管处安技科科长，分别给予行政记大过处分。

（6）对市交管处副处长，给予行政记过处分。

（7）对市交通局副局长，给予行政警告处分。

（8）肇事路段没有设置中央防撞护栏，存在明显交通安全隐患，经调查组派专人到交通部咨询，可不追究广惠高速公路有限公司的行政责任，但责成其尽快安装防护装置。

陕西省商洛市丹凤县“2·10”交通事故

2004年2月10日上午8时许，陕西省商洛市丹凤县发生一起农用三轮车侧翻事故，造成19人死亡，4人轻重伤。

一、事故经过

2004年2月10日上午8时许，商洛市丹凤县寺坪镇寺坪村东三组村民驾驶一辆五征牌农用三轮车，违章营运，载客23人（其中驾驶室7人），自寺坪镇驶往丹凤县城。在丹寺公路3公里+930米下坡左转弯处，冲出路面，翻入公路右侧斜高40米的坡下，造成19人死亡、1人重伤、3人轻伤、车辆严重受损的特大交通事故。

二、事故原因分析

1. 直接原因

(1) 肇事车驾驶员违章载客，并严重超载，是造成事故的主要原因。

(2) 事故路段陡坡、急弯，车辆限速为15公里/时。而据现场勘查测算，肇事车行至肇事地点时车速为35公里/时，属超速行驶。

(3) 由于驾驶室严重超员（驾驶室乘7人，超4人），严重影响驾驶员正常操作。

(4) 该车制动性能不良，制动效能明显不足。

(5) 肇事司机驾车行至肇事地点时，临危采取措施不当，加重了事故后果。

2. 间接原因

(1) 丹凤县寺坪镇赵塬村白源组村民明知农用三轮车不准拉人的规定，却2次与肇事司机电话联系，请求其于10日清晨将其组织的准备前往西安打工的18名民工送到丹凤县城。

(2) 寺坪镇政府在安全生产管理工作中存在薄弱环节。尤其是在春运关键时期，由于人事变动，在长达20余天的时间里，未明确分管安全生产工作的领导，形成安全生产管理工作的空当。基层农机安全管理网络不健全，责任落实不到位，对雇主私自组织民工搭乘肇事司机的农用三轮车去县城未能及时发现。

(3) 丹凤县农机监理站于2001年8月，在肇事司机未参加培训的情况下，收取其驾驶员培训费，发给结业证，并同意其参加驾驶员资格考试，取得驾驶证；2003年11月4日，丹凤县农机监理站在路查时，发现肇事司机驾驶的未挂牌照的农用车，收取其牌照报户费，但未办理挂牌手续；11月18日，丹凤县农机监理站在巡查中再次发现其驾驶未挂牌农用车运粮食，巡查人员仅对其进行了批评教育，没有采取其他有效措施。

(4) 丹凤县交通局地方道路管理站2001年12月接管丹寺路后，一直未在危险路段设立道路交通警示标志，未采取其他防范措施，也未向上级主管部门报告。县交通局运管站对丹寺公路客车营运中存在的问题没有认真调研解决，尤其对春运期间客流量情况了解不够，未能及时增加车辆和运力，仅靠一辆小型客车不定时运客，客观上增加了群众搭乘农用三轮车的可能性。

(5) 丹凤县农业局作为县农机监理站的主管部门，在农机安全管理、农机驾驶员培训考核发证、农机管理工作人员上路巡查等方面监督管理不力。

(6) 丹凤县工商行政管理局监督管理工作不到位，对县城内汽修门市部业主无证营业和刹车片经销门市部业主持过期营业执照超范围经营行为，未及时检查和纠正，对上述两个门市部均未及时予以取缔或补办证照。2003年12月，肇事车驾驶员因自己的三轮车刹车有问题，正是在上述两门市部购买刹车片并修理刹车的，修理质量根本达不到标准。为事故的发生埋下了隐患。

(7) 丹凤县人民政府在安全生产管理工作中存在薄弱环节；在农机安全管理、农机驾驶员培训考核发证、农机管理工作人员上路巡查等方面工作不力；对辖区内危险路段设立道路交通警示标志及采取有效防范措施工作不到位。

三、事故处理结果

此起事故共处理6人，其中5人给予政纪处分，1人被追究刑事责任。

云南省曲靖市会泽县“2·18”特大道路交通事故

2004年2月18日21时40分，云南省曲靖市会泽县境内嵩待高速公路119公里+350米处，发生一起特大道路交通事故，造成15人死亡，轻重伤17人，直接经济损失21.4万元。

一、事故经过

2004年2月18日21时，昆明市第二汽车运输公司一辆车牌号为云A33678的大型卧铺客车，载有乘客31人，驾驶员2人。由昆明市驶往四川省泸州。21时40分，当该车行至会泽县嵩待高速公路119公里+350米处时，驾驶员停车检修车辆。此时，一辆车牌号为鄂D04278的大型货车（车载3人）因刹车失灵，冲撞卧铺大客车右后部，致使大客车与前方一辆车牌号为川H01858的大型货车相撞，大客车翻至右边路基，车牌号为鄂D04278号大型货车继续向前冲翻至左边路基，造成大客车乘客当场死亡11人，3人经医院抢救无效死亡。鄂D04278号大型货车死亡1人，事故共死亡15人，轻重伤17人。

二、事故原因分析

1. 直接原因

车牌号为鄂D04278的大型货车驾驶员，驾驶制动系统性能不符合安全要求且严重超载的车辆在下长坡路段时，车辆连续制动产生热衰退，导致制动失效，是造成此次事故发生的主要原因；大客车驾驶员在禁止停车的地方停车检修车辆是造成此事故发生的另一原因。

2. 间接原因

（1）客运部门存在管理漏洞，应追究有关人员在客运管理中的责任。

（2）高速公路无紧急停车带和服务加水区，长下坡警示、提示标志不足。

（3）公安交警和路政部门对车辆严重超载管理不力。

三、事故处理结果

车牌号为鄂D04278号大型货车驾驶员对此事故负主要责任，大客车驾驶员负次要责任，由司法机关依法追究刑事责任。

重庆市万州区“2·29”特大道路交通事故

2004年2月29日凌量1时10分，四川省巴中汽车运输（集团）有限公司一辆大客车在重庆市万州区境内发生一起死亡12人的特大道路交通事故。

一、事故经过

2004年2月29日凌晨1时10分，四川省巴中汽车运输（集团）有限公司159队驾驶员驾驶一辆宇通牌大客车（牌照号为川Y03910，核载45人，实载47人），由四川省巴中市平昌县发往广东潮阳市。当车行至国道318线1808公里+800米处，因驾驶员极度疲劳，判断操作失误，导致车辆撞垮左侧桥栏后，翻坠入12.6米高的桥下干河滩上，造成12人当场死亡、35人受伤（其中9人重伤）的特大道路交通事故。

二、事故原因分析

1. 直接原因

经对现场勘查，鉴定所获证据证实，该车肇事前沿道路右侧通行时，因右侧崖壁的影响，司机需要在临近岔路口时方能发现岔路，加之事发时已是深夜，使驾驶员对道路两侧环境的感知能力降低，当车临近岔路口时，司机发现路边停驶待修车辆和建筑物时，因疲劳产生错觉，在采取向左避让动作时左转方向角度过大，导致车辆撞垮左侧桥栏后坠入桥下干河床的乱石堆中。驾驶员的行为违反了《中华人民共和国道路交通管理条例》第二十六条第九项之规定，是造成此次事故的直接原因。

2. 间接原因

车辆进站、出站、报班、发班等车辆运输流程放任车主一人办理，没有认真执行超长客运的管理制度；安全管理制度未落实；安全管理部门对车主、驾驶员的安全教育不到位；安全监督职责未落实。

三、事故处理结果

（1）对肇事车所有人，移交司法机关追究其刑事责任及民事赔偿责任，并给予经济处罚。

（2）对159队分队长，移交司法机关依法追究其刑事责任。

（3）对巴中汽车运输（集团）有限公司在利川安全检查站的负责人，移交司法机关依法追究其刑事责任。

（4）对159队副队长，给予记大过处分。

（5）对159队安全科科长，给予其撤销行政职务处分。

（6）对159队线路管理员，给予严重警告处分。

（8）对159队队长，罚款1万元，并给予记过处分。

（9）对平昌车站站长，给予撤销行政职务处分。

（10）对巴中汽车运输（集团）有限公司副总经理，给予记过处分。

（11）对巴中汽车运输（集团）有限公司法定代表人，罚款10万元，并责令其写出书面检查。

贵州省正安县“4·5”特大道路交通事故

2004年4月5日12时30分，贵州省遵义市正安县发生一起特大道路交通事故，造成28人死亡（含2名驾驶员），4人受伤，两车报废，直接经济损失165万元。

一、事故经过

2004年4月5日11时30分，贵州省遵义市正安县万通公司驾驶员驾驶贵C32037客车（核载19人，实载17人，含驾驶员）从正安县班竹乡驶往正安县城凤仪镇。当行驶至九道拐第九拐（行车方向下九道拐第一拐）时，发现从中观镇晏溪村同方向驶往正安县城凤仪镇的贵C34410客车（核载19人，实载15人，含驾驶员）在前方行驶，于是贵C32037客车加速追赶贵C34410客车。12时30分，当贵C32037客车行至九道拐第一拐（行车方向下九道拐最后一拐）时，贵C32037客车速度加快，两车相距趋近，随即贵C32037客车追尾撞在第一拐外弯行驶的贵C34410客车右后部，致使两车相继冲出路面，坠下约180米深的悬崖。两车32名司乘人员中，除4人因被抛出车外坠落在路边平台上受伤外，其余28人随车坠入山谷死亡，两辆客车报废，直接经济损失165万元。

二、事故原因分析

1. 直接原因

贵C32037中型客车右后轮制动气室皮膜呈陈旧性裂痕，在使用制动时因制动气压导致裂痕薄弱处贯通，连续制动情况下造成制动气压迅速下降，制动失效，致使事故发生。

2. 间接原因

（1）驾驶员违章驾驶贵C32037客车与贵C34410客车同方向行驶时，在连续下坡弯道上，车速加快、跟车距离不断趋近造成追尾冲撞。

（2）贵C34410客车驾驶员的准驾证与所驾驶车辆的车号不符；贵C32037客车驾驶员准驾证过期失效，行驶证被扣、强制措施凭证已过期，违章驾驶未按规定进行二级维护保养的车辆进行营运。

（3）运管干部参与班竹线客运经营，利用职务之便，霸道经营。

（4）万通公司保养场不执行二级维护保养制度，在贵C32037客车车没有进行二级维护保养的情况下，为该车办理了二级维护保养合格证。

(5) 万通公司对安全工作不重视，管理混乱。对本公司保养场出具虚假二级维护保养合格证的情况失察；对下属车队和驾驶员疏于管理，安全教育不够；公司客运车辆不进站发车，逃避始发例检。

(6) 县交通运管部门对交通安全重视不够，执行“三关”、“一监督”不力。对正安县交通运输秩序混乱的状况，没有采取有效措施予以治理；运管所内部管理混乱，工作不负责任，严重失职；对客运车辆不进站发车、二级维护保养制度和客运车辆始发例检工作不落实等问题，监督检查不力；对驾驶员安全教育培训不到位。

(7) 县公安交警部门预防重、特大道路交通事故措施不落实，执法把关不严，对客运车辆监管不力。对贵 C32037 车驾驶员准驾证过期的情况失察；在贵 C32037 车行驶证被查扣，强制措施凭证过期时，没有及时进行处理；对客运例检督促检查不力，没有按规定对例检记录存档备查；对驾驶员管理教育不力，未按规定督促贵 C32037 驾驶员办理准驾证。

三、事故处理结果

(1) 贵 C32037 驾驶员，鉴于其已在事故中死亡，不再追究责任。

(2) 贵 C34410 驾驶员，鉴于其已在事故中死亡，不再追究责任。

(3) 对万通公司保养场职工，建议司法机关依法追究其刑事责任。

(4) 对万通公司保养场质量检验员兼修理工，建议司法机关依法追究其刑事责任。

(5) 对贵 C32037 客运车辆经营业主及其他合伙人，建议依法追究民事赔偿责任。

(6) 万通公司作为客运运输企业，对本公司的客运车辆以包代管，对本公司保养场有关人员不执行二级维护保养制度，对驾驶员准驾证过期失效、违章驾驶客运车辆等问题严重失察；对本公司下属车队客运车辆不进站发车、逃避始发例检等情况，未进行有效管理，对此起事故负有直接管理责任。责成正安县交通局对该公司进行全面整顿，并由遵义市有关部门进行验收。建议依法追究该公司民事赔偿责任。

(7) 对正安县运管所分管道路客运管理工作的副所长，给予行政记大过处分。

(8) 对正安县运管所分管稽查大队直属中队工作的副所长，给予行政撤职处分。

(9) 对正安县运管所分管客运车辆运输秩序管理和稽查大队工作的副所长，给予行政记过处分。

(10) 对正安县稽查大队直属中队中队长，给予开除公职处分。

(11) 对正安县稽查大队原直属中队副中队长，给予行政记过处分。

(12) 对正安县交通局局长，给予行政警告处分。

(13) 对正安县交通局分管运秘所、稽查大队工作的副局长（挂职干部），给予行政警告处分。

(14) 对正安县公安交警大队大队长，给予其行政警告处分。

(15) 对正安县公安交警大队分管一中队工作的副大队长，给予行政记过处分。

(16) 对正安县公安交警大队一中队中队长，给予行政记大过处分。

(17) 对正安县公安交警大队一中队的 2 名干警，均给予行政记大过、降衔处分，并调离公安交通管理部门。

(18) 对正安县公安交警大队车管股股长，给予撤职处分，并调离公安交通管理部门。

(19) 对正安县公安局分管交警工作的副局长，给予行政记过处分。

(20) 对正安县公安局局长，给予行政警告处分。

(21) 对正安县县长，给予行政警告处分；对分管交通工作的副县长和分管公安交警和安全工作的副县长，分别给予行政记过处分。

(22) 遵义市人民政府，对此起事故负有领导责任。责成遵义市人民政府主要负责人向贵州省人民政府作出书面检查，认真吸取教训，切实加强对安全生产工作的领导，防止类似事故再次发生。

浙江省乍嘉苏高速公路“5·12”特大道路交通事故

2004年5月12日13时20分，杭州长运运输集团有限公司一辆大客车，在乍嘉苏高速公路开往嘉兴、桐乡出口处，翻入落差7.8米的桥下，造成死亡23人，受伤10人的特大道路交通事故，直接经济损失达1200多万元。

一、事故经过

2004年5月12日13时20分，杭州长运运输集团有限公司的浙A74502号大客普通班车（核定载客34人），从杭州汽车东站载客32人，开往江苏省昆山，14时27分，在行车道上行驶至乍嘉苏高速公路嘉兴、桐乡出口（34公里+906米）处，遇桐乡市高桥联合砖瓦厂所属浙FE2882桑塔纳轿车，轿车本应从该出口驶离高速公路，但因错过减速车道口，经车上乘客提醒后，驾驶员在未打转向灯的情况下，减速由超车道变更进入行车道，欲从出口驶离。浙A74502客车司机发现情况，先踩制动（未紧急制动）、往右打方向，同时鸣喇叭，在避让过程中，浙A74502号客车进入漆划斑马线区域，先是车辆左前、后轮及车体左侧刮擦匝道口水泥挡墙前端，然后冲出匝道右侧护栏，翻坠入落差7.8米的桥下，造成浙A74502号大客车上23名旅客死亡，10名旅客受伤，大客车报废，直接经济损失达1200多万元。

二、事故原因分析

1. 直接原因

（1）浙A74502号大客车驾驶员在雨天驾驶车辆行驶时，没有降低速度确保安全；遇前方浙FE2882号轿车变更车道时，采取了右打方向等措施，操作不当。

（2）浙FE2882号轿车驾驶员在行车中未注意交通标志，至高速公路出口路段，没有进入减速车道，而是继续在超车道上行驶，从超车道向行车道变更时，影响了在行车道上行驶的浙A74502号大客车的正常行驶。

（3）浙FE2882号车驾驶员驾驶轿车在临近高速公路出口时，未打转向灯并违反规定从超车道变更。

（4）浙A74502号车驾驶员驾驶大客车在发现前方出现险情时，未及时采取紧急制动，而是向右急打方向，致使所驾车辆翻坠桥下，造成严重后果。

2. 间接原因

（1）杭州长运运输集团有限公司在驾驶员管理中存在着漏洞，在招聘相关人员时没有严格的资格审查把关。按照道路运输行业管理部门规定，从事营运客车驾驶员必须具备一定的安全年资或安全公里，而肇事车驾驶员没有安全公里、安全年资的有效证明。驾驶员应急处置经验不足。

（2）杭州长运运输集团有限公司安全管理工作中存在着薄弱环节和不到位的情况。缺乏对驾驶员处置应急避险能力教育和培训，肇事车驾驶员的日常安全教育档案不齐全。

（3）杭州市交通部门和相关单位对下属企业安全生产监管不严，安全生产责任落实存在不到位的情况。

三、事故处理结果

（1）对浙A74502号大客车驾驶员和浙FE2882号桑塔纳轿车驾驶员，由司法部门分别追究刑事责任。

（2）对杭州长运运输集团有限公司，给予客运一公司经理和分管驾驶员招聘的副经理行政记大过处分；给予总经理撤销行政职务的处分。同时，由杭州市安全生产监管部门依法对杭州市长运运输集团有限公司给予经济处罚。

（3）对杭州市道路运输管理局，建议该局局长“引咎辞职”，具体由有关监察部门落实。

（4）对杭州市交通局，给予局长和交通资产经营公司董事长行政记大过处分。

（5）对桐乡市高桥镇镇政府，由有关部门给予分管领导行政记过处分。

四川省达州市万源“5·24”特大道路交通事故

2004年5月24日13时30分左右，一辆中巴客车在行至万源市黄钟镇五（郎溪）黄（钟）公路9公里+100米处发生翻车，造成23人死亡，6人受伤的特大道路交通事故。

一、事故经过

2004年5月24日13时30分左右，一辆车牌号为川S26314的中巴客车载客29人（核载19人），从万源市城区开往万源市黄钟镇，行至国道210线往黄钟镇方向9公里+100米处时，由于司机过度疲劳致使操作不当，中巴客车从垂直高度40米左右的悬崖坠入沟底，造成23人死亡、6人受伤的特大道路交通事故。

二、事故原因分析

1．直接原因

车辆严重超载、驾驶员疲劳驾驶是造成此起事故的直接原因。

2．间接原因

万源市出租汽车服务公司对驾驶员安全培训教育不到位，代学代考现象严重，定期学习形式化，走过场；万源市运营所未认真履行监管职责，内部管理混乱，职责不清，责任不明，对驾驶员的安全培训流于形式；万源市公安交警大队也放松对驾驶员的安全教育培训；万源市交通局内部管理不严格，对安全工作重视不够，监管不到位，运管所内部管理混乱，违规审批加班客车是造成此起事故发生的间接原因。

三、事故处理结果

（1）肇事车驾驶员，鉴于其已在事故中死亡，不再追究刑事责任。

（2）对万源市出租汽车服务公司技安员、安委会成员，公司黄钟片区安全稽查工作负责人，以及万源市出租汽车服务公司董事长兼总经理，移送司法机关追究刑事责任。

（3）对万源市交通局局长，给予行政记过处分，并责令其辞去万源市交通局局长和党组书记职务。

（4）对万源市公安局交警大队大队长，给予行政记过处分，并责令其辞去交警大队大队长职务。

（5）对万源市人民政府常务副市长，给予行政记过处分。

（6）对中共万源市市委副书记、市长，给予行政警告处分。

（7）对达州市公路运输管理处处长，给予行政记大过处分。

（8）对达州市交警支队支队长，给予行政记过处分。

（9）对达州市交通局局长，给予行政记过处分。

（10）万源市出租汽车服务公司对本公司所属营运车辆驾驶员安全教育不够，监督检查不力，决定对万源市出租汽车服务公司处以20万元罚款。

（11）责成达州市政府向四川省委、省政府写出深刻的书面检查，达州市市长向省政府述职。

（12）责成达州市政府追究该事故其他相关责任人员，并将处理意见在10日内报省政府安全生产办公室、省监察厅。

江西省抚州市汽车运输总公司“5·24”特大道路交通事故

2004年5月24日9时30分，江苏省抚州市汽车运输总公司某司机在超越前方正在行驶的客车时，与迎面开来的东风自卸车侧面相撞，导致客车严重损毁，车上11名乘客死亡，1人重伤，6人轻伤的特大道路交通事故，直接经济损失170万元。

一、事故经过

2004年5月24日9时30分，抚州市汽车运输总公司驾驶员驾驶本公司依维柯小型客车乘载19名乘客（该车限载17名），由鹰潭市往抚州市方向行驶，途径鹰潭市余江县境320国道713公里+640米处，驾驶员在“抢上前，多上客”的思想动机支配下，超车心急，跟车太近，视线不良，在弯道而且有会车的情况下，违规超速（100公里时）、强行、盲目超越前面正在行驶的一辆依维柯快客。驶入左车道时，与迎面开来的东乡县珀玕乡仙基村怡司桥组驾驶员驾驶的东风自卸车侧面相撞，并且未采取制动措施，导致依维柯小型客车严重损毁，车上11名乘客死亡，1人重伤，6人轻伤，东风自卸车轻度损坏，直接经济损失170万元。

二、事故原因分析

1. 直接原因

驾驶员驾驶依维柯小型客车违规超速，强行、盲目超车，驶入左车道与迎面开来的东风自卸车侧面相撞。由于时速快、未刹车、冲力大，致使依维柯客车车厢壳与车体分离，车内座椅多数被掀走，车辆严重损毁，乘客受到机械撞击和挤压导致死伤。

2. 间接原因

（1）抚州市汽运总公司安全生产管理不到位。安全生产制度不够健全，公司部分相关科室安全生产责任制、公司安全生产规章制度及操作规程不够完善，已经建立的规章制度执行不力；驾驶员安全管理教育不严格；安全生产资金投入较少；公司438辆挂靠车（占98.9%），存在以包代管、包而不管现象，以及车主包而不服管的问题。

（2）有关部门安全监管有漏洞。余江县道路交通安全管理秩序存在问题；东乡县交警大队，对超期临时牌照的东风自卸车在该县境内外运营行驶，查处不力；抚州市交通局对企业的安全监管有疏漏。

三、事故处理结果

（1）对抚州市汽运公司驾驶员，移送司法机关依法追究其刑事责任，并由余江县公安交警部门依法吊销其驾驶执照。

（2）对东风自卸车司机，给予行政罚款2000元、吊扣驾驶执照1年、治安拘留15天的处罚，并责令其补办东风自卸车注册登记手续。

（3）对抚州市汽运公司总经理党委副书记，给予行政撤职、撤销党内职务处分。

（4）对抚州市汽运公司分管公司安全生产工作的副总经理、党委委员，给予行政记大过处分。

（5）对抚州汽运公司安全科科长，给予记大过处分。

（6）对抚州汽运公司501车队队长，给予降级处分。

（7）对余江县交警大队教导员，给予行政警告处分。

（8）对东乡县交警大队长，给予行政警告处分。

（9）对抚州市交通局分管运输企业工作的副局长，给予行政警告处分。

辽宁省丹东凤城市“6·13”特大道路交通事故

2004年6月13日23时20分许，辽宁省丹东凤城市境内发生一起特大道路交通事故，造成18人死亡，14人受伤(其中重伤7人)，直接经济损失700余万元。

一、事故经过

2004年6月13日上午，宽甸客运公司（隶属于丹东市东运集团有限公司宽甸分公司）客车司机，驾驶车牌号为辽F－71803的“金刚石”牌大客车，受雇于中国天狮集团驻宽甸办事处，载乘24人前往沈阳参加天狮集团捐赠庆贺大会。大会结束后约当晚6时许，肇事司机驾驶该车载原车人员和新乘车8人（共32人）从沈阳返回宽甸。23时20分许，当该车行至258公里＋900米处凤城市爱阳镇爱阳城西桥头时冲出路面，造成17名乘客当场死亡，15人受伤入院（其中1人抢救无效死亡），车辆严重损坏的特大道路交通事故。

二、事故原因分析

1．直接原因

肇事司机深夜超速行驶，转弯未采取减速措施，是造成这起事故的直接原因。

2．间接原因

(1) 东运集团片面追求企业发展，忽视安全生产工作，重效益，轻安全，各项安全生产规章制度没有真正得到落实。该集团在日常安全管理中，对挂靠客运公司车辆的安全管理措施不力。在与经营者（车主）签订的责任状中，对安全生产方面只作原则性的规定，没有具体条款，无法操作。对事故查处不力。2004年以来，该公司发生了3起伤亡事故，特别是在“6·13”特大道路交通事故前，驾驶员于4月22日曾发生过一起造成2人重伤、6人轻伤的交通事故，在事故处理中没有按照“四不放过”的原则进行严肃处理，仅对其作出了“停驾”1个月的处理，于5月22日重新恢复了客运驾驶工作。东运集团及司机没有从“4·22”事故中真正吸取教训，致使发生了“6·13”特大道路交通事故。

(2) 宽甸县交通管理部门对运输经营企业，特别是客运经营企业安全监管不力，没有认真履行职责，对东运集团与单位及个人包车从事客运工作，未签订安全协议便投入长途营运的违规问题没有及时采取措施进行整改。“4·22”事故后，针对客运安全管理方面存在的问题，没有采取有效措施。

(3) 丹东市公路管理部门在铁长线的道路标志标线施工过程中，未按照设计图纸要求在事故路段设置“急转弯”警示标志，留下了事故隐患。

(4) 凤城市公路管理部门在公路的养护、管理上存在漏洞，对公路沿线安全设施的巡查工作不到位，发生事故的路段原有警示标志柱18个，事故前缺损严重，没有及时进行修复或者更换。

(5) 凤城市交警大队对事故多发路段监控不力。事故路段曾多次发生交通事故，并于2003年9月15日被凤城市交警大队确定为事故多发路段。凤城市交警大队虽然对该事故多发路段存在的问题提出了整改措施，但没有向凤城市政府报告，也没有通知有关部门进行整改。

三、事故处理结果

(1) 建议司法机关追究肇事车辆驾驶员刑事责任。

(2) 对东运集团宽甸分公司营运科科长、安全科科长，处以9500元罚款；对东运集团宽甸分公司副经理，处以9000元罚款；对东运集团副总经理兼宽甸分公司经理，处以11万元罚款；对东运集团公司董事长兼总经理，处以18万元罚款。

(3) 对宽甸县交通局运营所副所长，给予行政记大过处分；对宽甸县交通局副局长兼运管所所长，给予行政记过处分；对宽甸县政府副县长，给予行政警告处分。

(4) 对凤城市公安局交通警察大队事故科科长，给予行政记过处分；对凤城市公安局交通警察大队爱赛路巡逻中队长、交通警察大队副大队长，分别给予行政记过处分；对凤城市公安局交通警察大队大队长，给予行政警告处分；对凤城市公安局副局长，责成向凤城市政府写出书面检查；对凤城市公路管理段副段长，给予行政记过处分；对凤城市公路段段长，给予行政警告处分；对凤城市交通局副局长，给予行政警告处分。

(5) 对丹东市交通局公路管理处路政科科长，给予行政记大过处分；对凤城市政府副市长，责成向凤城市政府写出书面检查。

(6) 责成宽甸县政府向丹东市政府写出书面检查。

江西省宜春市汽车运输总公司“6·16”特大道路交通事故

2004年6月16日12时45分，江西省宜春市汽车运输总公司驾驶员驾驶车牌号为赣C07242的中型普通客车，装载28名在分宜县昌山庙烧香返回的香客，途经分宜县昌田村级公路吉家冲路段，在与赣K30970车交会时，翻入水深为4.1米的袁河中，造成特大交通事故，21人死亡。

一、事故经过

2004年6月16日上午，萍乡市芦溪县宣风镇竹垣村村民53人自动邀集、自发包租宜春市汽车运输总公司袁州分公司三辆牡丹牌中型客车前往新余市分宜县昌山村昌山庙参加“昌山孝通庙牌坊竣工仪式暨圣母金身开光三周年法会”。其中赣C/07242号肇事车辆，当天早晨从宜春市袁州区发车至萍乡市芦溪县后未按规定返回，既不向公司报告，又没有申请办理包车手续，擅自参与包车揽客。

16日中午，天下暴雨，在昌山庙集体用完中餐后，三辆车载客一同返程。中午12时45分，当车辆行驶至昌田村级公路吉家冲路段，与对面一辆车号为赣K30970的客车交会时，赣C07242号客车右前轮驶出路外向前行驶10余米后，翻入公路东面的袁河中，造成21人死亡。

二、事故原因分析

1. 直接原因

驾驶员交通安全意识淡薄，驾驶严重超员的客车，在路面不宽、天下暴雨、视线不良的情况下，与对向车辆交会时，判断失误，操作不当，致使车辆驶离路面，又未采取紧急制动措施，导致客车翻入河中。

2. 间接原因

(1) 肇事单位宜春汽车运输总公司及其收购的袁州汽运分公司对安全生产工作重视不够，安全管理不到位，对客运车辆的安全管理存在死角，特别是对挂靠车辆的安全管理基本上处于失控状态。肇事车辆16日早晨从袁州发车后未按照规定时间返回，车站管理人员未及时与车辆驾驶员取得联系将车辆召回，分公司和总公司安全管理部门也未及时处理，致使其在外私自参与包车接客过程中造成特大事故。

(2) 新余市仙女湖风景名胜区铃阳管理处昌山庙修复领导小组举办“昌山孝通庙牌坊竣工仪式暨圣母金身开光三周年法会”，未报上级及公安部门审批，未制定安全防范措施。

三、事故处理结果

(1) 肇事车驾驶员，因涉嫌重大交通事故罪现已刑事拘留，由发证公安机关交通管理部门吊销其驾驶证，并移送司法机关依法追究其刑事责任。

(2) 对肇事车车主，移送司法机关依法追究刑事责任。

(3) 对宜春汽运总公司袁州分公司分管行政、工会和汽车运营工作的副经理，给予撤销党内职务的处分。

(4) 对宜春汽运总公司袁州分公司分管安全生产工作的副经理，给予行政撤职处分，并建议给予撤销党内职务的处分。

(5) 对宜春汽运总公司袁州分公司经理，给予行政撤职处分，并建议给予撤销党内职务的处分。

(6) 对宜春汽运总公司总经理，法人代表，给予撤销党内职务的处分。

(7) 对宜春汽运总公司副总经理，给予撤销党内职务的处分。

(8) 对宜春汽运总公司分管生产、运行工作的副经理，给予行政记大过的处分。

(9) 对宜春汽运公司总公司安全处处长，给予降级处分。

(10) 对宜春市交通局分管运输管理工作的副局长，给予行政记过处分。

(11) 对新余市仙女湖风景名胜管理区钤阳管理处主任，给予行政撤职处分，并建议给予党内严重警告的处分。

重庆市江津市“6·17”特大道路交通事故

2004年6月17日12时10分，在重庆江津市的县道343线15公里处发生一起农用拖拉机侧翻事故，造成16人死亡，14人受伤。

一、事故经过

2004年6月17日12时10分，江津市电力建筑安装工程有限责任公司租用江津市龙吟镇永明村某村民驾驶的重庆A19603川江蛟龙牌农用多功能拖拉机，装载29名电力工程施工民工，由江津市四面山往付家镇行驶，当车行至县道343线15公里处，该车下坡右转弯时向左侧翻，造成当场死亡14人、送医院抢救无效死亡2人、轻重伤14人的特大道路交通事故。

二、事故原因分析

1. 直接原因

(1) 拖拉机违法载人。驾驶员驾驶的重庆A19603多功能拖拉机在事发前共载有30人（含驾驶员），其中驾驶室有3人，货厢载有27人，属于严重超载。

(2) 驾驶员所驾驶车辆的安全设施不全。根据车辆技术性能鉴定结论，四轮制动蹄片严重磨蚀，致使蹄片厚度不够，轮鼓与蹄片的间隙过大，增大了制动蹄片的行程，导致车辆制动性能下降。驻车制动系统失效，在车辆因长下坡导致制动蹄片过热，出现热衰减的情况下，无法控制车速，在车辆下坡向右转弯时，离心力过大，导致车辆向左侧翻覆。

(3) 事故发生时，事发路段只有肇事车行驶，事故的发生纯属肇事车驾驶员自身操作不当引发的单车事故。

综合分析认为，肇事车驾驶员负此次事故的全部责任。

2. 间接原因

(1) 安全责任制落实不到位。江津市交警大队未按规定与江津市公安局签定安全责任书；江津市农机监理站未制定安全管理规章制度，安全工作没有得到有效落实；农用车及其驾驶员的管理台账形同虚设，不能准确反映全市农用车及驾驶员的分布、变化、年检审查情况，从而造成大量漏检现象；检验车辆不按规定到现场年检，以致年检工作走过场；农机安全监理检查没有计划、内容和记录，没有建立安全监理检查的台账。

(2) 安全教育不力。江津市交警大队对辖区驾驶员的安全学习督促不力，以致组织安全学习时参加的人员不齐，肇事车车主和驾驶员一次都没学习过。蔡家镇派出所对驾驶员的安全教育工作不力，肇事车驾驶员长达18个月没参加学习，蔡家镇派出所只在2004年3月进行了通知，但没有采取进一步的有效措施。

(3) 安全管理混乱，有关管理人员未正确履行安全生产监督管理职责。江津市电力建筑安装工程有限责任公司任用不具备执业资格的人员担任项目负责人，租用重庆A19603拖拉机从5月31日至6月17日违法运送民工。江津市交警大队车管科未发现肇事车驾驶员的驾照已于2004年5月5日到期。江津市农机监理站检验人员无有效证件从事检验工作。根据相关规定，车辆年检必须到场，并按车辆检验程序和安全技术条件进行检验，而肇事车重庆A19603于2004年3月30日年检时，农机监理站站长在车辆没到场的情况下仅凭车主爱人拿来的车辆照片、车辆保险单、车辆道路运输证就在车辆年检表上签上“基本合格”的年检意见。江津市交管所驾培维修科运管员对肇事车二级维护记录登记备案卡审验签章把关不严，没有发现该车实际未进行过二级维护。

(4) 安全监督检查不到位。江津市电力建筑安装工程有限责任公司付家至四面山工地35千伏输电线路工程项目部，租用重庆A19603拖拉机作施工车辆，从5月31日起至6月17日事发，一直运送民工沿途施工。这一违法行为在长达18天的时间里，江津交警大队李市中队从未发现。江津市电力建筑安装工程有限责任公司对工程施工过程中安全生产的监督检查不到位，对项目部租用拖拉机违法载人的行为失察。江津市供电有限责任公司作为江津市电力建筑安装工程有限责任公司的上级主管单位，对江津市电力建筑安装工程有限责任公司的安全生产情况没有开展认真的督促检查。同时，江津市供电有限责任公司作为工程建设单位（甲方），与江津市电力建筑安装工程有限责任公司签订了工程施工安全协议，但没有认真履行组织、协调、监督的安全管理职责，对工程施工过程中存在的拖拉机非法载人的严重隐患失察，监管不到位。

三、事故处理结果

(1) 肇事拖拉机驾驶员，依法被江津市公安局监视居住在江津市人民医院，由司法机关依法追究刑事责任。

(2) 付家至四面山35千伏输电线路安装工程质量、安全负责人，涉嫌重大责任事故罪，依法被江津市公安局提请逮捕，由司法机关依法追究刑事责任。

(3) 付家至四面山35千伏输电线路安装工程民工组织者，涉嫌重大责任事故罪，依法被江津市公安局提请逮捕，由司法机关依法追究刑事责任。

(4) 付家至四面山35千伏输电工程2名负责人。涉嫌重大责任事故罪，现负案在逃，由司法机关依法追究刑事责任。

(5) 肇事拖拉机车主，涉嫌交通肇事罪，由司法机关依法追究刑事责任。

(6) 江津市电力建筑安装工程有限责任公司经理，已引咎辞职。

(7) 对江津市电力建筑安装工程有限责任公司副经理，给予行政降级、党内严重警告处分。

(8) 对江津市电力建筑安装工程有限责任公司派驻付家至四面山35千伏输电线路工程现场代表，给予留用察看处分。

(9) 对江津市供电有限责任公司副总经理，给予行政记过处分。

(10) 对江津市供电有限责任公司派驻该项目的施工现场代表，给予留党察看一年处分。

(11) 对中共江津市水利农机局党组书记、局长，给予行政警告处分。

(12) 对江津市水利农机局农机安全监理和技术推广站站长，给予党内严重警告处分。

(13) 对江津市水利农机局农机监理站车辆检验员，给予开除留用察看处分。

(14) 对江津市交警大队副大队长，给予行政警告处分。

(15) 对李市中队负责人，给予行政记过处分。

(16) 对负责江津市行政服务大厅车辆技术等级、档次和二级维护的审验工作人员，给予行政警告处分。

(17) 责成江津市人民政府向重庆市人民政府写出书面检查。

(18) 责成江津市交通局取消江津市圣泉农机修理服务站和江津市大通贸易服务中心二类汽车维护资格。

广西壮族自治区都安县“6·26”特大道路交通事故

2004年6月26日9时左右，都安县板岭乡境内县道加脉至永乐线45公里+500米处，一辆车牌号为桂M80507的大客车在行驶中坠入刁江河，造成21人死亡、14人受伤、直接经济损失2.58万元的特大道路交通事故。

一、事故经过

2004年6月26日早晨8时左右，桂M80507大客车从板岭乡发班往宜州，该车出站后一路揽客，发生事故前，车上有乘客、司乘人员共56人（核定载客39人）。约9时左右，该车行至都安县板岭乡境内县道加脉至永乐线45公里+500米上坡处（这里的道路为南北走向，北偏西30度，沙土路面，有效宽度3.7米，坡度为5度，路肩不规则，属于等外公路，道路东侧为刁江河，路坎到刁江河水面垂直高度5.65米，斜坡高度8.50米，斜坡坡度为80度；刁江河宽80米，最深处达15米；道路西侧为高于路面的地埂和民房），该车行至此正在上坡时，突然左前钢板弹簧前端卷耳处发生断裂，方向猛然转向左边，车辆失控冲出路面坠入刁江河。

事故发生后，驾驶员和周围的群众一起打捞抢救落水乘客，并赶往附近的拉仁派出所报案（事故地点无移动通信信号）。2004年6月26日10时，都安县交通警察大队接到报警电话后，立即派员赶赴事故现场，随后向上级机关和都安县人民政府和有关部门报告。至29日，共打捞出遇难者尸体21具，整个搜救工作于7月2日结束。这次事故共造成21人死亡，经自救和抢救，35人生还，其中14人受伤。

二、事故原因分析

1. 直接原因

经都安县公安交警部门调查认定，此起事故的直接原因是肇事司机驾驶未经认真检查的车辆，在驾驶过程中未能及时发现存在的安全隐患，超载行驶，行至事故地点时，车辆左前钢板弹簧第二片卷耳突然断裂（第一片卷耳属陈旧性断裂），导致车辆前桥后移，方向失控，造成事故。

2. 间接原因

(1) 桂M80507客车车主及经营者法律意识、安全意识淡薄，为了经济利益不认真要求和督促驾驶员遵守道路交通安全规定，擅自加装车辆钢板弹簧，加剧弹簧钢板磨损，并严重超载。

(2) 宜州市客货运输服务站对在本站发班的客运车辆检验把关不严，没有发现该车左前弹簧钢板卷耳裂纹，未能有效地督促驾驶员遵守客运安全规定，对驾驶员的安全教育不够。

(3) 都安县板岭乡政府对在本乡发班的运营客车监控不力，对驾驶员的安全教育不够。

三、事故处理结果

(1) 对桂M80507客车驾驶员，建议司法机关追究其刑事责任。

(2) 对桂M80507客车车主，建议有关部门吊销其营业执照，取消其旅客营运资格，并追究法律责任。

(3) 对都安县板岭乡党委分管安全生产和道路交通安全的副书记，建议给予党内严重警告处分。

(4) 对都安县板岭乡人民政府乡长，建议给予行政记过处分。

(5) 对都安县交警大队下坳中队中队长，建议给予行政记过处分。

(6) 对都安县运管局分管稽查和行业安全生产的副局长，建议给予行政记过处分。

(7) 对都安县运管局局长，建议给予行政记过处分。

(8) 对宜州市客货运输综合服务站车检员，建议取消其车辆检验员资格，按有关程序解除其劳动合同。

(9) 对宜州市客货运输综合服务站分管安全生产的副站长，建议给予行政撤职处分。

(10) 对宜州市客货运输综合服务站第一副站长，建议给予行政记大过处分。

(11) 对河池市运输管理处副主任，建议给予其行政警告处分。

(12) 对都安县人民政府分管交通安全工作的副县长，建议给予行政警告处分。

(13) 都安县交警大队，对下属的下坳中队督促检查不够，建议责成都安县交警大队向都安县人民政府写出深刻检查，并在全区交警系统进行通报批评。

(14) 都安县人民政府，预防道路交通事故的措施不力，未能有效地督促有关部门和乡政府抓好道路交通安全工作，建议责成都安县县长向河池市人民 政府写出深刻检查，并在河池市通报批评。

(15) 宜州市运管局对宜州市客货运输综合服务站检查督促不够，建议责成宜州市运管局向宜州市人民政府写出深刻检查，并在全区运管系统进行通报批评。

(16) 河池市运管处，审批客运班线不严格，对下级都安县、宜州市运管部门检查督促不够。建议责成河池市运管局向河池市人民政府写出深刻检查，并在全区运管系统进行通报批评。

河北省衡水市武强县“8·4”特大交通事故

2004年8月4日4时许，河北省衡水市武强县省道302线发生特大交通事故，造成15人当场死亡，6人经抢救无效死亡，3人受伤，车辆不同程度损坏。

一、事故经过

2004年8月4日4时许，肇事司机无证驾驶东风重型普通货车（冀F65902冀FC363挂）沿省道302线由西北向东南行驶至138公里+400米处，因疲劳驾驶、超速、侵占对方行车路线，将正常行驶在公路右侧的“时风”农用三轮车撞至公路北侧边沟中，并导致“时风”农用三轮车与正常停放的另外一辆“巨力”农用三轮车相刮擦，东风货车撞断公路北侧一通讯电线杆后又撞入一民房中，挂车仰翻。“时风”农用三轮车驾驶员及乘车的15人当场死亡，6人经武强县医院抢救无效死亡，3人受伤；“时风”农用三轮车报废，东风重型普通货车严重损坏，“巨力”农用三轮车轻微损坏，民房及房内部分物品损坏，造成特大交通事故。

二、事故原因分析

（1）肇事司机无证、疲劳、超速（时速为80公里/小时）、违章越线驾驶机动车，在未采取任何措施的情况下将三轮车撞至路外，是导致事故的主要原因。

（2）货车车主作为合法驾驶人，明知肇事司机没有驾驶证，却纵容其违法驾驶车辆，是导致事故的主要原因。

（3）“时风”农用三轮运输车非法载客，其中驾驶室乘坐5人（驾驶室核定载客2人），车厢乘载19人，是导致事故发生的主要原因。

三、事故处理结果

（1）肇事司机无证、疲劳、超速、违章越线驾驶，违反了《中华人民共和国道路交通安全法》第十九条、第二十二条第二款、第三十五条，以及《中华人民共和国道路交通安全法实施条例》第四十五条第二项之规定，涉嫌交通肇事罪，被武强县人民检察院批准依法逮捕。

（2）货车车主违反了《中华人民共和国道路交通安全法》第二十二条第三款之规定，涉嫌交通肇事罪，已被武强县人民检察院批准依法逮捕。

（3）“时风”农用三轮车司机，违反了《中华人民共和国道路交通安全法》第五十条之规定，鉴于其已在事故中死亡，免于追究其刑事责任。

广西壮族自治区都安县“8·7”特大道路交通事故

2004年8月7日8时30分左右，都安县拉烈乡境内县道都安至拉烈线30公里+590米急转弯下坡处，一辆车牌号为桂M80696的中型客车在行驶中失控，坠入68.6米深的山谷，造成11人死亡、4人重伤、4人轻伤、车辆报废、直接经济损失5.5万元的特大道路交通事故。

一、事故经过

2004年8月7日6时30分许，桂M80696客车载客18人由百旺乡发班往都安县城，约8时30分，该车行至拉烈乡境内县道都安至拉烈线30公里+590米转弯下坡处，由于车速过快（该路段限速30公里/时，经测算，该车当时车速为42.5公里/时），驶入急弯路段时采取措施不当，致使车辆甩尾，方向失控，碰撞路边石块后侧翻出路外，滚下垂直高度为68.6米的山谷。

9时，都安县公安交警大队接到报警电话，

立即派员赶赴事故现场，同时向县公安局、县人民政府和有关部门报告。至下午1时30分，全部伤员被送到县医院救治，整个事故当场死亡9人，抢救途中因受伤过重死亡2人，4人重伤，4人轻伤。

二、事故原因分析

这是一起由于驾驶员交通安全意识淡薄，违法超速行驶，遇险情时操作不当，造成的特大道路交通责任事故。

1. 直接原因

经都安县公安交警部门调查认定：肇事车驾驶员驾驶车辆超速行驶，遇险情时操作不当，致使车辆甩尾，并碰撞路边石块后侧翻，是事故发生的直接原因。

2. 间接原因

河池市、都安县政府及有关部门、单位未能认真吸取“1·13”、“6·26”等特大道路交通事故的教训，没有采取有力的措施对山区道路进行监控，对驾驶员的安全教育不到位，是造成事故的间接原因。

三、事故处理结果

(1) 对桂M80696客车驾驶员，建议司法机关依法追究其法律责任。

(2) 对都安县运输管理局分管稽查和行业安全生产的副局长，建议给予其行政记大过处分。

(3) 对原都安县交警大队大队长（“8·7”事故后引咎辞职)，建议给予其行政记大过处分。

(4) 对都安县运输管理局局长，建议给予其行政记过处分。

(5) 对都安县分管交通安全工作的副县长，建议给予其行政记过处分。

(6) 对都安县县长，建议给予其行政警告处分。

(7) 对原河池市运输管理处主任（“8·7”事故后免去职务，调离该处)，建议给予其行政警告处分。

(8) 对河池市交警支队分管道路交通秩序等工作的副支队长，建议给予其行政警告处分。

(9) 建议责成河池市人民政府向自治区人民政府作出深刻检查。

广东省京珠高速公路韶关梅花段“8·12”特大道路交通事故

2004年8月12日零时20分，京珠高速公路韶关梅花路段19公里+848米处发生一起特大道路交通事故，造成18人死亡，21人受伤，经济损失约500万元。

一、事故经过

2004年8月11日23时10分左右，鄂F00891大客车搭乘47人由广东省中山市开往湖北省襄樊市。行至京珠高速公路韶关梅花段19公里+848米时，在超车道上超越前面两辆大货车，而此时，在主车道行驶的豫NA1098大货车欲超越前面车辆，于是把车转向左边超车道，由于其车与后面正在超车道上行驶的鄂F00891大客车距离过近，造成大客车头部右侧撞到大货车尾部左侧，并被挤向中间护栏，与中间护栏相刮约9米后，两车停在超车道上。造成客车头部右侧及货车尾部左侧不同程度损坏。车停后，因大客车车门不能打开，乘客从车尾部车窗爬出，该起事故没有造成人员伤亡。韶关高速公路交警大队接警后，即派出交警赶赴现场处理，并将乘客及有关人员（共49人）安全转移到道路右侧防护栏以外的草地上，并展开先期调查处置工作。

12日零时20分，陕E21428大货车由南往北在主车道上行驶，行驶至梅花段20公里处时，忽然发现前方大客车（车牌号不详，该车未受损，事故发生后已开走）在超车道上停了下来，于是他也在距大客车约十几米的主车道上停了下来。车刚停稳，一辆由南往北在主车道上行驶车牌号为湘K01384的大货车，在驶近陕E21428车时，突然发现其车制动失灵，大声惊叫，并急往超车道打方向，为避开正停在超车道上的大客车，于是又往右打方向，欲从停在主车道上的陕E21428车及其前面的大客车中间穿过，半挂车将陕E21428大货车的左倒后镜刮下后，沿高速公路右边防护栏滑行约30米，然后撞毁防护栏，冲出路面，又沿小山坡边缘滑行，最后大货车翻倒在小山坡旁，车上的铁矿粉及车体压向小山坡旁草地上正在等候转运的人群，酿成惨剧。

二、事故原因分析

1. 直接原因

(1) 湘K01384大货车驾驶员违反有关规定严重超载（核载31吨，实载68.2吨）行驶。制动鼓长时间受重负荷制动摩擦，刹车摩擦系数下降，致使车辆制动失灵，遇到紧急情况后无法制动，导致车辆失控。

(2) 湘K01384大货车驾驶员发现车辆无法制动后，临危措施不当。急打右转方向盘，任由失控车辆冲向滞留护栏外的人群，最终导致特大事故的发生。

2. 间接原因

(1) 豫NA1098大货车驾驶员违反机动车行驶的有关规定，在安全条件不足情况下，突然变更车道超车，使在快车道上紧随其后正常行驶的鄂F00891大客车与其追尾相撞而引发第一次事故，导致大客车上的乘客滞留并被疏散到护栏外，为第二次事故的伤亡埋下了祸根。

(2) 湘K01384大货车的车主聘请不具备道路运输从业资格的驾驶员（其所持从业资格证是伪造的），致使其非法参与道路货物运输业务。

(3) 娄底市涟鑫汽运有限公司安全生产管理混乱，对从业人员没有进行安全教育；对车辆没有定期进行维护保养；没有执行当地政府有关“治超”工作的部署。导致湘K01384大货车驾驶员严重超载行驶及车辆没有得到维护保养。

(4) 娄底市娄星区交通运输管理所在为娄底市涟鑫汽运有限公司办理有关证件时把关不严，没能发现湘K01384大货车驾驶员的从业资格证是伪造的，使其顺利取得合法的道路运输证。

(5) 广州港集团有限公司及其黄埔港务分公司在生产调度管理上存在漏洞，有关超载车辆不准驶出站场的规定在具体工作中没有得到真正落实，没有把住车辆超载的源头，导致湘K01384大货车严重超载。

(6) 在鄂F00891大客车与豫NA1098大货车碰撞事故中，交警到达现场后，警车停放不够合理，削弱了警示作用。

三、事故处理结果

(1) 湘K01384大货车驾驶员，鉴于其已在事故中死亡，不再追究刑事责任。

(2) 湘K01384大货车车主，承担事故损失的经济赔偿责任。

(3) 娄底市涟鑫汽运有限公司，承担事故损失的连带经济赔偿责任。

(4) 豫NA1098大货车驾驶员，由公安交警部门按有关规定对其进行处理。

(5) 对广州港集团有限公司处以3万元罚款，并给予公司下属黄埔港务分公司货运科科长行政警告处分。

(6) 责成处理事故现场的交警负责人向市政府作出书面检查。

(7) 对湖南省方面的有关责任人、责任单位的责任追究，由广东省安全生产监督管理局提请国家安全生产监督管理局批转湖南省有关部门依法追究，并将情况通报广东省安全生产监督管理局备案。

福建省连江县“8·22”特大道路交通事故

2004年8月23日凌晨1时左右，福建省连江县发生一起特大道路交通事故，造成16人死亡，11人受伤。

一、事故经过

2004年8月22日23时许，一辆客车（挂靠连江县宏顺运输有限公司经营）由苔菉镇发车开往福州，车上共载有30人（核载27人，属超载），23日凌晨1时左右，车辆行驶到东苔线55公里+330米黄岐岭下坡路段（三级县道）处，驾驶员发现前方下坡路段左侧停放一辆货车，随即停车，两个售票员下车了解情况准备返回客车时，客车已向下坡方向行驶，与货车发生刮擦后，继续下行，冲出路面，坠落60米深的山坡下，造成16人死亡、11人受伤的特大道路交通事故。

二、事故原因分析

1. 直接原因

驾驶员操作不当，临危时慌乱失措，未及时使用制动系统和应急制动装置，导致车辆失控。

2. 间接原因

（1）车辆承包人、驾驶员法治意识和安全生产意识淡薄，长期违反国家关于三级及三级以下公路夜间禁止通行客运车辆的规定，违规营运。

（2）宏顺运输有限公司重收费、轻管理，对挂靠的车辆疏于管理，对车辆承包人违反客运车辆夜间营运的有关规定没有进行检查、制止，安全教育不落实。

（3）县交通运管部门对客运企业违反客运车辆夜间营运的有关规定监督不力，对客运路线的营运监管工作不够到位。

（4）县公安巡警部门、派出所对辖区客运车辆夜间违规营运的路面巡查、监控不力。

（5）苔菉镇政府没有及时传达贯彻上级道路交通安全整治的有关文件精神，对村民交通安全宣传教育不够落实。

（6）连江县政府对有关职能部门履行职责情况督促不够到位，福州市有关职能部门对连江县相关部门履行职责情况监督、指导不够到位。

三、事故处理结果

（1）对连江县交通局黄岐交管站站长、公安局苔菉镇派出所所长，分别给予撤销职务的处分。

（2）对连江县公安局副局长兼交巡警大队长，给予降级的处分。

（3）对连江县公安局黄岐镇派出所所长、连江县苔菉镇镇长，分别给予记大过处分。

（4）对连江县公安局局长，给予记过处分。

（5）对连江县县长、福州市公安局副局长兼交巡警支队长、福州市交通局局长，分别给予通报批评。

重庆市石柱县“9·25”特大道路交通事故

2004年9月25日13时25分，重庆市石柱县汽车运输公司一辆中型客车，载客51人（核定载客9人），行经该县下路镇龙河牛栏口桥时，由于全县连日大面积降雨，龙河河水猛涨形成漫水桥，驾驶员强行冒险驶上该桥，途中客车自桥右侧翻落龙河中，致使所有乘车人员全部坠入河内。造成50人死亡的特别重大道路交通事故。

一、事故经过

2004年9月25日12时20分，石柱县三星乡五斗村驾驶员驾驶该县汽车运输公司渝AX1086中型普通客车（核定载客9人）从石柱县城南车站载客到该县下路镇三树村，沿途各站不断有乘客（包括周末放假回家的学生）上下车。13时15分左右，驾驶员驾驶该车行至龙河牛栏口桥的北引桥处，发现洪水已漫过桥面。他将车停下，揭开引擎盖，拆卸空气滤清器上的进气管道，把进气管道置于车内（防止因空气滤清器进水使发动机无法吸入空气导致发动机熄火）。同时，又在此处上了3名学生（此时车上包括驾驶员在内共有52人）。13时25分，驾驶员驾车上桥过河，当车行至桥的南岸主桥与引桥的接合部时，驶出桥面右侧，翻落龙河中。车辆被洪水冲走，车上人员全部落水，除2名乘客生还外，其余人员下落不明，造成特大道路交通事故。

二、事故原因分析

经现场勘查、询问事故目击者、车辆检验，重庆市石柱县“9·25”特大道路交通事故调查组已初步查明该事故发生的直接原因是：

（1）该车驾驶员无视交通法律，在行经漫水桥前没有停车观察水情，确认安全后再通过，置全车人员的生命于不顾，强行冒险驾车过桥。由于桥面左侧路面有损毁，该车紧靠桥的右侧行驶，在行至南桥头与引桥接合部时，客车驶出桥面向右侧侧翻，导致该车翻入河中。

(2) 该车驾驶员所驾车辆严重超载（该车核定载客9人，实际载客52人），其行为违反了“机动车载人不得超过核定的人数”的规定，加大了此次事故的损害后果。

(3) 雨后河水猛涨，形成漫水桥，桥面破损、无桥栏，缺乏对洪水的预警及采取相应措施，也是事故发生的原因之一。

综上所述，此次特大道路交通事故，排除因机械故障造成的可能，是一起人为的特大责任事故。驾驶员应负该事故的全部责任。

江苏省合徐高速公路“9·30”特大交通事故

2004年9月30日4时55分，江苏省合徐高速公路97km+648m处，发生特大道路交通事故，造成27人死亡，45人不同程度受伤，直接经济损失800余万元。

一、事故经过

2004年9月30日4时55分，江苏省邳州市天力汽车贸易服务有限公司驾驶员驾驶苏CT1808挂CT439半挂货车从邳州市送货至浙江省奉化市，行至合徐高速公路97公里+648米处时，因操作不当，左驾方向撞断两道中央隔离护栏并越过防炫目绿化带驶入逆行线车道，与从江苏无锡载满返乡民工的利辛县海港客运有限责任公司的皖S12088号大客车相撞，造成27人死亡，45人不同程度受伤，车辆、货物与公路损坏的特大交通事故，直接经济损失800余万元。

二、事故原因分析

合徐高速公路“9·30”特大交通事故是因江苏省邳州市货车驾驶员严重违法驾驶造成的特大安全责任事故。

1. 直接原因

江苏省邳州市货车驾驶员在超车道行驶过程中，未能按照操作规范安全驾驶，并且车辆严重超载（核载12吨，实载23吨，超载92%），致使车辆撞上并越过道路中央隔离护栏驶入逆行线，是造成该事故的直接原因。

2. 间接原因

利辛县交通主管部门和有关运输企业安全管理工作不规范，对驾驶员安全教育管理不严，站外发车、人员超载等违法违章现象没有得到有效的控制，是造成该事故的间接原因。利辛县海港客运有限责任公司皖S12088号大客车严重超载（核载51人，实载72人），造成了该事故损伤程度的扩大。

三、事故处理结果

(1) 江苏省邳州市天力汽车贸易服务有限公司驾驶员，涉嫌交通肇事罪，移送司法机关追究其刑事责任。

(2) 利辛县海港客运有限责任公司驾驶员，鉴于其在事故中已死亡，免于追究责任。

(3) 撤销利辛县海港客运有限责任公司利辛至苏州客运班线经营许可。

(4) 对利辛县海港客运有限责任公司经理、副经理，分别罚款1万元和5000元。

(5) 对事故后果扩大负有管理责任的利辛县海港客运有限责任公司负责保险事务的管理人员，罚款2000元。

(6) 对事故后果扩大负有监管不力责任的利辛县交通局公路运输管理所所长，给予行政记过处分。

(7) 对事故后果扩大负有管理责任的利辛县交通局稽查队书记，给予行政警告处分。

(8) 对负有管理责任的利辛县海港客运有限责任公司，罚款2万元。

甘肃省天祝县“10·3”特大交通事故

2004年10月3日8时10分，甘肃省天祝县华藏寺向西5公里处，一辆农用车与陕西省一辆拖挂车相撞，死亡12人，重伤3人。

一、事故经过

2004年10月3日8时10分，永登县武胜驿镇富强堡村三社村民无证驾驶自有的无牌照兰驼牌三轮低速汽车，搭载本村村民14人，由国道312线2340公里+850米处村民违法毁坏公路护网形成的变道口驶入国道312线二级汽车专用道，由东向西驶往天祝县安远镇方向进行道路维护，行至国道312线2350公里+970米处，与由西向东从乌鲁木齐驶往西安方向的陕D16965东风重型半挂车会车时，将车驶入左道，致使两车左侧刮擦相撞，造成12人当场死亡、3人受伤、三轮汽车报废、大货车受损的特大交通事故。

二、事故原因分析

(1) 三轮汽车驾驶员违法载人进入高等级公路并违反行驶规定，是造成此次事故的主要原因。

(2) 陕D16965大货车在没有限速标志的路段，行驶速度过快而且严重超载。

(3) 甘肃省宏达高等级公路养护有限公司，雇佣村民在事故路段进行完善修复作业时存在安全隐患。

三、事故处理结果

(1) 三轮汽车驾驶员，鉴于其已在事故中死亡，免于追究刑事责任。

(2) 徐古二级汽车专用道界古段公路养护队负责人，被移送天祝县人民检察院审查起诉，依法追究其刑事责任。

(3) 对大货车驾驶员，处以1000元的罚款。

西藏自治区阿里地区措勤县“10·4”特大道路交通事故

2004年10月4日10时许，西藏自治区阿里地区措勤县发生一起特大道路交通事故，造成10人死亡，14个受伤。

一、事故经过

2004年10月4日10时许，西藏昌都地区类乌齐县甲桑乡瓦日村驾驶员因无证驾驶藏BA3703东风牌大货车客货混装，当时车上载客32人。为躲避检查站的检查，连夜疲劳行驶，当行驶至拉狮公路阿里地区措勤县达雄乡境内时，坠入0.7米深的左侧路沟内，致使车辆侧翻90度，造成8人当场死亡，1人在送往医院途中死亡，5人重伤，10人轻伤。后经措勤县人民医院抢救无效死亡1人。事故共造成10人死亡，14人受伤。

二、事故原因分析

此次事故是由肇事车司机无证驾驶，违反交通法律、法规，用货运机动车非法载客并且疲劳驾驶造成的。

四川省绵阳市平武县“10·10”特大道路交通事故

2004年10月10日，在四川省绵阳市平武县古城新路弯省道205线147公里+700米处，一辆客车发生翻车事故，死亡24人，直接经济损失775万元。

一、事故经过

2004年10月10日上午，重庆中国旅行社一辆车牌号为渝A92666的大巴车，载客45人（准载45人）。在行驶至平武县古城镇省道S205线147公里+700米一弯道处时，由于车速过快，临危处置措施不当，致使大巴车与道路右侧内挡墙擦刮后，翻坠入河中。经抢救生还21人，死亡24人。

二、事故原因分析

大巴车驾驶员驾驶车辆行经弯道时，车速过快，且没有采取有效安全措施，致使车辆失控，与道路右侧内挡墙擦刮后，临危处置措施不当；重庆市汽车运输集团第一汽车运输有限公司未认真督促落实各项安全生产规章制度，未及时发现基层安全管理工作中的薄弱环节，对驾驶员的安全意识教育不足，对“配双驾”的规定未采取有效的监控措施。

三、事故处理结果

(1) 肇事车驾驶员，鉴于其已在事故中死亡，不再追究责任。

(2) 对重庆市汽车运输集团第一汽车运输有限公司总经理，处以14万元罚款。

(3) 对重庆市汽车运输集团第一汽车运输有限公司分管安全工作的副总经理，建议给予党内严重警告处分，并免去其公司副总经理职务。

(4) 对重庆市汽车运输集团第一汽车运输有限公司总经理助理兼安全保卫部部长，建议给予党内严重警告处分，并撤销其行政职务。

(5) 对重庆市汽车运输集团第一汽车运输有限公司驾驶员，建议由企业给予开除的处分。

(6) 重庆市汽车运输集团第一汽车运输有限公司，对安全生产工作重视不够，公司安全管理制度不健全且制度落实不到位，对从业人员的安全教育培训不足，对该事故的发生负有管理责任，责成其向重庆高新技术产业开发区道路运输交通局写出深刻的书面检查。

(7) 责成重庆高新技术产业开发区道路运输交通局向重庆高新技术产业开发区人民政府写出深刻的书面检查。

(8) 责成绵阳市人民政府向四川省委、省政府写出深刻的书面检查，绵阳市领导向四川省政府述职。

云南省迪庆州德钦县“10·12”特大交通事故

2004年10月12日15时30分，云南省迪庆州德钦县境内德维公路65公里+100米处，发生一起特大道路交通事故，造成23人死亡，4人失踪，轻重伤11人。

一、事故经过

2004年10月12日，迪庆州德钦县燕门乡谷扎村村委会在尼通村民小组举办民间斗牛比赛活动。15时30分，春多乐村村民无证驾驶一辆车牌号为云R09320的南骏牌轻型货车（车载37人，驾驶员1人，共计38人），载送前来观看斗牛比赛的村民返回乡政府所在地，当车行至德维公路65公里+100米处时，由于驾驶员操作不当坠入澜沧江中，造成23人死亡、4人失踪、轻重伤11人的特大道路交通事故。

二、事故原因分析

调查组根据现场勘察和分析，认为肇事司机无证驾驶云R09320南骏牌轻型货车，违法载客，在下坡转急弯过程中车辆重心偏移，驾驶员操作不当，其过错行为是造成此次事故的主要原因。

三、事故处理结果

（1）肇事司机，鉴于其已在事故中死亡，不再追究责任。

（2）对德钦县燕门乡党委书记，给予党内警告处分。

（3）对德钦县燕门乡代理乡长，给予党内严重警告处分。

（4）对德钦县燕门乡副乡长，给予党内警告处分。

（5）有关行政村对此次事故负有责任的领导，均予以罢免；县委、县政府对此次事故负有责任的人员，按照有关规定予以处理。

陕西省西安市周至县“11·27”特大交通事故

2004年11月27日凌晨4时30分，在陕西省周至县境内发生一起大客车翻车事故，造成26人死亡，46人受伤。

一、事故经过

2004年11月27日凌晨4时30分，由四川省通江县驶往上海的川Y69999宇通牌大客车，载客72人，途经陕西省108国道周城段时，翻车坠入黑河河床上，造成26人死亡、46人受伤、客车严重损坏的特大交通事故。

二、事故原因分析

1.直接原因

肇事驾驶员驾驶车辆超员载客，在连续下坡、转弯及结冰路段超速行驶，临危采取措施不当。

2.间接原因

（1）四川省巴中运输（集团）有限公司通江汽车客运站管理工作存在漏洞，肇事车在26日9时30分提前办理出站手续，实际出站时间为中午12时，出站时已经超员。

（2）四川省巴中运输（集团）有限公司对驾驶员安全管理教育不够，肇事驾驶员违规超员载客，逃避检查，超速行驶，造成事故。

（3）四川省巴中运输（集团）有限公司擅自将肇事客车营运线路由“通江至常州”变更为“通江至上海”，违规短线长运。

三、事故处理结果

事故主要责任人被追究刑事责任。

广西壮族自治区昭平县“12·5”特大道路交通事故

2004年12月5日10时左右，贺州市昭平县境内发生一起四轮农用普通货车非法载客，造成16人死亡。

一、事故经过

2004年12月5日上午9时许，肇事司机驾驶四轮农用普通货车，从巩桥乡北莱村张家寨沿途载客前往巩桥赶圩。上午10时，当该车行驶至乡道巩桥至黄姚线2公里+50米处时，在超越前方一辆方向盘式拖拉机的过程中操作不当，致使车辆向左驶出道路坠入姚江河中，事故发生时，车上载有33人（含驾驶员），造成车上乘客16人死亡、车辆损坏的特大道路交通事故。

二、事故原因分析

1.直接原因

经昭平县公安交警部门调查认定，造成这起事故的直接原因有3个方面：一是驾驶员操作不当；

二是驾驶员驾驶不符合技术标准的机动车；三是驾驶员驾驶车辆严重超载。

2. 间接原因

昭平县政府、巩桥乡政府及有关部门未能认真履行职责，没能落实“五整顿”、“三加强”以及《广西壮族自治区人民政府办公厅关于加强全区道路交通安全工作的紧急通知》（桂政办电［2004］166号）和广西壮族自治区安全生产委员会《关于吸取河池市都安县“8·7”特大道路交通事故的教训，加强全区山区道路客运安全监管的紧急通知》（桂安委字［2004］53号）有关“三盯”、“三包”及相关措施要求，对辖区内农用车非法载客行为打击不力，是造成这起事故的间接原因。

三、事故处理结果

（1）对肇事车辆驾驶员，建议司法机关依法追究其法律责任。

（2）对昭平县交警大队巩桥中队中队长，建议给予其行政记大过处分。

（3）对昭平县巩桥乡政府分管交通安全等工作的副乡长，建议给予其行政记大过处分。

（4）对昭平县巩桥乡乡长，建议给予其行政记过处分。

（5）对昭平县交警大队副大队长，建议给予其行政警告处分。

（6）对昭平县政府分管交通安全等工作的副县长，建议给予其行政警告处分。

（7）建议给予昭平县交警大队大队长在贺州市范围内通报批评。

（8）建议给予昭平县巩桥乡北莱村党支部书记在昭平县内通报批评。

（9）建议给予昭平县巩桥乡北莱村村委主任在昭平县内通报批评。

（10）建议责成昭平县巩桥乡中心学校向昭平县教育局写出深刻检查，并在贺州市范围内通报批评。

（11）建议责成昭平县交警大队向昭平县人民政府写出深刻检查。

（12）建议责成昭平县人民政府向贺州市人民政府写出深刻检查。

河北省滦平县“12·6”特大道路交通事故

2004年12月6日7时50分，河北省滦平县一大客车翻山掉入一民宅，造成12人当场死亡，4人抢救无效死亡，3人重伤，大客车报废的特大交通事故。

一、事故经过

2004年12月6日7时50分许，滦平县马营子乡于营子村个体驾驶员驾驶大客车（共载45人）由于营子村驶往滦平县城，沿X515线行驶至4公里+160米处（滦平县火头山乡兴隆庄村四道梁），车辆驶出右侧路面，翻入110米深山坡下的滦平县火斗山乡兴隆庄村村民院内，大客车当场报废，造成12人当场死亡、4人经医院抢救无效死亡、3人重伤的特大交通事故。

二、事故原因分析

（1）由于肇事大客车前桥右侧制动铁管与车架之间无固定螺母，由此造成制动铁管与水箱架接触部位发生摩擦逐渐变薄，车辆在制动的过程中制动铁管突然爆裂，致使前桥制动系统失效，这是造成此次事故的直接原因。

（2）大客车在前桥制动突然失效、左后轮无制动的情况下，右后轮制动强度增大，造成右后轮蹄下片剪切脱落，加之右后轮前蹄缸渗油、轮胎花纹磨损过大，致使该轮制动性能大大降低。

三、事故处理结果

（1）肇事司机驾驶机件不符合技术标准、安全设施不全、具有安全隐患的机动车上路行驶，是造成此事故的直接原因，应负事故全部责任。肇事司机因涉嫌交通肇事罪，已于2004年12月6日被滦平县公安局依法刑事拘留。

（2）滦平县帝依汽车修理厂修理工，2004年12月11日因涉嫌重大责任事故罪，被滦平县公安局依法刑事拘留。

（3）滦平县交通局汽车综合性能检测站负责人，已于2004年12月11日因涉嫌玩忽职守罪被滦平县人民检察院依法刑事拘留。

除上述3人外，其他12名滦平县公安局、交通局有关人员，滦平县政府已分别给予了撤职、降级等处分。

西藏自治区日喀则地区昂仁县“12·7”特大道路交通事故

2004年12月7日，西藏自治区日喀则地区昂仁县发生一起特大道路交通事故，造成10人死亡，11人受伤。

一、事故经过

2004年12月7日19时许，西藏自治区拉萨市堆龙德庆县计委驾驶员，驾驶牌照为藏A·A8954的5吨中型自卸货车，从事客货混载运输（车上装载物品1.5吨左右，后货厢上搭乘乘客25人，驾驶室内包括司机共5人），由多白乡向昂仁县行驶，当车行至距国道219县3.78公里处（属乡村道路）时，车辆脱离习惯线侧滑16.70米后翻滚225°后侧翻在公路东侧，造成10人死亡、11人受伤的特大交通事故。

二、事故原因分析

此起事故是由肇事车司机违反交通法律法规，用货运机动车非法载客造成的。

三、事故处理结果

（1）责成地区行署专员向自治区政府作出书面检讨；

（2）自治区政府取消了该地区的安全生产评先评奖资格；

（3）对昂仁县委常委、政法委书记、公安局局长，给予撤销其党委常委、政法委书记、公安局局长职务的处分；

（4）对公安局副局长分别给予党内严重警告和行政记大过的处分；

（5）昂仁县多白乡党委、政府有关领导也受到了相应的行政责任追究。

“华商”轮与“浙嵊97071”轮“2·10”碰撞事故

2004年2月10日约17时58分，从上海港开航的荷兰籍集装箱船“华商”轮航行至上海港长江口圆圆沙航道附近时，与从上海长兴岛开航驶往浙江省嵊泗大洋山岛的中国籍杂货船“浙嵊97071”轮在上海长兴岛西南侧约1.3海里处水域的出口航道中发生碰撞，造成“浙嵊97071”轮当即倾覆，船上11名人员全部落水，其中1人获救，6人死亡，4人失踪。

一、事故经过

2004年2月10日约17时56分，在上海长兴岛西南侧约1.3海里处的出口航道中。“华商”轮船长发现在本船左舷45度、距离不足100米附近有一艘小船（即为“浙嵊97071”轮）。与此同时，船长听到引航员命令“左满舵”，但船长立即纠正为“右满舵”，将航速减至40%，并拉一长声。

约17时58分，在“华商”轮船长下达“右满舵”舵令和减速命令后约30秒钟，“华商”轮船首左侧与“浙嵊97071”轮右舷后部发生碰撞。碰撞发生时，“华商”轮航速约10节，航向约120°，碰撞夹角约60°。

受两船相撞产生的撞击力影响，“浙嵊97071”轮船尾的一名船员从甲板掉入水中。

约17时59分，“浙嵊97071”轮向左侧倾覆，船底朝上，船舶倒扣。

二、事故原因分析

1. 主要原因

“华商”轮与“浙嵊97071”轮发生碰撞事故，主要是由于“浙嵊97071”轮没有配备足够的、适任的人员值班，没有按照最低安全配员的规定进行配员，导致该船在航行过程中无法按规定进行航行和避让。

事故发生前，“浙嵊97071”轮驾驶台上只有一名船员值班，且该名船员不具备驾驶值班的资格，不符合驾驶台值班的要求。由于该名船员已经在事故中死亡，现在已经无法确定该船员在碰撞发生之前是否发现“华商”轮，但“浙嵊97071”轮作为穿越航道的船舶，不应妨碍在航道中正常航行的“华商”轮，在穿越顺航道中与“华商”轮造成紧迫局面后，也没有采取相应的避碰措施，最终导致事故的发生。

2. 次要原因

“华商”轮没有保持正规瞭望。事故发生前，该轮驾驶台共3名人员，分别为船长、大副和引航员，船舶由引航员操纵，大副操舵，船长坐在驾驶台右侧使用电脑，船上没有安排专门的瞭望人员。“华商”轮驾驶台人员直到碰撞前约1分钟才发现“浙嵊97071”轮，发现时两船相距不超过100米，此时引航员命令左满舵，船长听到引航员命令后立即纠正为右满舵和减速，未能及时采取有效的避碰措施。当时的天气情况较好，视程在2000米左右，但“华商”轮却没有及早发现“浙嵊97071”轮，也就无法及早对局面和碰撞危险作出充分的估计。

“华商”轮在发生事故前一段时间，一直使用全速前进，当时落潮流，船舶顺水航行。而“华商”轮所处的航道为狭水道，且航行船舶密度较大，附近又有一些为上海长兴造船基地围堰、吹填工程施工区作业的小型船舶。该船在事故发生地附近水域航行时，应谨慎驾驶，采取适合当时环境和情况的安全航速。

“环宇8”轮与“长江63003”船队“4·4”碰撞事故

2004年4月4日约6时30分，“环宇8”轮与“长江63003”船队在长江下游芜湖水道蛟矶下白浮下约300米水域处发生碰撞，“环宇8”轮当即沉没，船上共有船员13名，其中6人死亡，4人失踪，3人获救。

一、事故经过

2004年3月31日，“环宇8”轮装载石板材1050吨，自福建省罗源港开航，目的港是湖北省武汉市。4月3日16时30分，“长江63003”船队第29航次拖四驳载原油21500吨自江苏省仪征市开航上驶，目的港是江西省九江市。4月4日5时45分，“长江63003”船队通过芜湖长江大桥后，沿南岸一侧航道上行驶入芜湖水道。约5时57分，“环宇8”轮通过芜湖长江大桥后，沿南岸一侧航道上行驶入芜湖水道，航速约6.6节。驶至桥区水域上双槽时，“环宇8”轮见前方有一船队（即“长江63003”船队）已由南岸一侧航道向北岸一侧航道横驶至江心，上驶至戈矶山时，“长江63003”船队已完成横驶，沿北岸一侧航道上行。“环宇8”轮在戈矶山处由南岸一侧航道向北岸一侧航道横驶过江，至江北调顺船身后追越“长江63003”船队，此时右舷与“长江63003”船队横距约60～70米。约6时30分，在芜湖水道蛟矶下白浮下约300米、距左岸水沫线约270米处，“环宇8”轮右舷船尾与“长江63003”船队左排首驳分节油65005左首角发生碰撞，并迅速倒头横困船队首部，随即先左倾后右倾，并迅速沉没。

二、事故原因分析

(1)“环宇8”轮在追越“长江63003”船队过程中，没有与被追越船保持安全距离，没有及早主动地采取有效避让措施，未尽到追越船应当主动避让被追越船的责任，是造成此次事故的主要原因。

(2)“长江63003”船队在被追越过程中，没有及时采取减速等协助避让措施，未尽协助避让的责任，是造成此次事故的次要原因。

(3)“环宇8”轮在追越前未按规定鸣放追越声号引起“长江63003”船队的注意，并未取得“长江63003”船队同意，违法进行追越，是造成此次事故的重要原因之一。

“长江63003”船队从雷达上发现左后方有一亮点后未连续跟踪，并在发现“环宇8”轮追越本船时未保持正规瞭望，以致未能及时对局面和碰撞危险作出充分的估计，是造成此次事故的又一重要原因。

(4)“长江63003”船队重心居拖船首尾线左侧，保向航行船位向左小幅位移；另外在追越过程中，两船横距渐近且双方均未减速；具备产生船吸的条件，加速了紧迫局面的形成，是此次事故的重要因素。

三、事故处理结果

根据《中华人民共和国内河交通管理条例》第七十七条之规定，建议对“长江63003”船队负有责任的当班大副给予吊销“船员职务适任证书”的行政处罚。鉴于“环宇8”轮负有责任的当班大副在此次事故中已死亡，对其免于处罚。

河南省原阳县“5·1”黄河翻船事故

2004年5月1日9时30分，河南省原阳县韩董庄乡张双井村村民用一木船非法搭载村民27人至黄河南岸，途中发生颠覆。造成5人死亡，9人失踪，直接经济损失7.6万元。

一、事故经过

4月29日，黄河南岸有文艺演出，韩董庄乡几个村有不少人想过河观看。船主王某驾驶该船当天往返黄河4趟，运送客人约100人，共收费27元。5月1日，河南岸又有演出，船主王某让村民张某驾事故船载运家人和亲戚朋友到南岸观看文艺演出。事故船只在张双井控导工程6号坝和7号坝之间停靠（自然堤岸）上下人员。从早上开始到事故发生共运送3趟，收费5元。其中，第一趟运送8人，第二趟运送20人。第三趟承载27人（男性10人，女性17人，其中儿童8人），9时许，张某驾船驶离停靠地点向下游行驶，行驶100米左右绕过浅水区，掉转船头向对岸（南岸）行驶，向南行驶约50～60米，进入主流，然后向上游行驶。此时有人发现船艏进水，又行驶20多分钟，船艏舱进水加剧。此时船艏已明显下沉，张某随即熄灭发动机，船上的乘坐人员全部站起来。船失去动力后，在水流的作用下船头向左舷偏转，横于主流。由于人员站立，木船重心上移和水流推力作用，致使木船瞬间向左舷翻转倾覆，27人全部落水。事故发生后，省、市、县迅速组织抢救，到上午10时20分，落水群众已被营救上岸17人，其中13人生还，14人死亡（或失踪）。

二、事故原因分析

1. 直接原因

(1)船舶严重超载。该船载重量0.45吨，最小干舷364毫米。而此船搭载27人后，船舶舱口上沿距水面仅有200毫米左右，船艏复板上缘距水面也仅有300毫米。其所载重量已超过了船舶的承载重量。

(2)船舶破旧。船艏甲板右侧距复板下缘0.14米处，有一处3厘米×4厘米漏洞未修复，船艏甲板与复板有0.8厘米缝隙未密封，致使船舶在航行中船艏涌起的河水经漏洞不断进入船舱。在船机熄灭后，船舶失去动力，船头迅速沉入水中。随后船舶转向，横于主流倾覆。

(3)驾驶员麻痹大意，自救措施不当。当船转向逆水行驶时，船艏舱已进水，张某不但没有采取措施补救，仍驾船行驶。当有人再一次说船舱进水时，其没能驾船就近抵滩自救，却将船机熄灭，致使船舶失去控制，导致倾覆。

2. 间接原因

(1)船主王某违反了《中华人民共和国内河交通安全管理条例》第二章第六条第一、二款之规定，使用不符合航行条件的“三无船舶”（无船名牌、无船籍港、无船舶证书），在非通航水域非法载人航行，驾船人张某违反了《中华人民共和国内河交通安全管理条例》第二章第九条之规定，未经有关部门培训，无证驾驶，非法载人航行，是事故的主要原因。

(2) 原阳县县、乡两级政府对沿黄乡镇船舶的实际情况掌握不清，对非法船只在非通航水域非法载人现象打击不力，是事故的又一主要原因。

(3) 原阳县交通管理部门，仅有一名兼职人员负责航运交通监管，监管力量严重不足。对“三无船舶”在黄河非法载人摆渡现象监督管理不力，是事故的重要原因。

(4) 原阳县县、乡两级政府和交通管理部门对沿黄村民的安全教育不足，村民安全意识淡薄，冒险搭乘不符合航行条件的非法船舶渡河，也是发生事故的重要原因。

三、事故处理结果

(1) 事故船只驾船人张某，由司法机关依法追究其刑事责任。

(2) 事故船只船主王某，由司法机关依法追究其刑事责任。

(3) 对此次事故负有行政领导责任的有关人员都给予了相应的党、政纪处分。

河南省济源市小浪底水库“6·22”特别重大沉船事故

2004年6月22日19时54分，河南省济源市小浪底明珠岛旅行社有限公司所属、由济源市交通航运中心经营的“明珠岛二号”客船在黄河小浪底库区距济源张岭码头5.3km处倾覆，约20时35分沉入水底（沉船位置：34°57′240″N，112°16′454″E)，船上69人（包括65名游客、3名导游、1名船员）全部落水，经施救，有27人生还，20人死亡，22人失踪，6月28日在搜救打捞过程中又有1人溺水死亡。事故造成直接经济损失约2000万元。

四川省南充市“9·27”特大沉船事故

2004年9月27日7时30分，在四川省南充市嘉陵江李子坝水域发生一起客船翻船事故，死亡66人，直接经济损失720余万元。

一、事故经过

2004年9月27日7时30分，四川省南充市蓬安县“蓬安客029号”客船（主机功率22千瓦，核载80人）搭载135人，由船长驾驶，从嘉陵江万和乡史家码头驶往金溪途中翻沉，船上人员全部落水，经抢救生还69人，死亡66人。

二、事故原因分析

1. 直接原因

(1) 金溪航电枢纽二期左岸工程围堰进入主航道，对通航环境产生了影响，主航道被严重侵占，使水流态势发生急剧变化，通航条件极度恶化，是导致事故发生的主要原因。

(2) 客船严重超载，致使船舶操纵性能降低，是导致事故发生、死亡人数扩大的重要原因。

(3) 当班驾驶员对危险程度估计不足是导致事故发生的重要原因。

2. 间接原因

(1) 水电五局第五分局金溪航电枢纽工程施工局，在未核实工程是否具备水上水下施工作业许可证，而且也未办理该证的情况下，于2004年7月31日向工程监理单位提出了开工申请报告，8月1日按照工程监理单位下达的 开工令开始施工，事实上形成左岸工程无证违规施工；对工程施工招标及合同文件存在航运安全设计疏忽的问题未予重视，在编制的左岸工程《施工截流及二期围堰填筑方案》中也未制订保证通航安全的有关措施；9月22日该局向项目总监提出《关于金溪航电工程施工区范围封航的报告》，但在该报告尚未获得有关部门批准时，仍按原施工方案的进度要求继续施工，致使左岸上游围堰进占主航道，形成重大航运安全隐患；在9月22～26日施工期间，已发现因围堰进占引起航道变化、上行船只通过困难的情况，但既未采取设置安全警示标志等措施也未及时向有关方面报告。

(2) 水电五局第五分局对金溪航电枢纽工程施工局安全生产工作督促检查不力，对有关单位未办理水上水下施工作业许可证违规开工、施工的情况失察，未能及时发现左岸工程围堰施工存在的重大航运安全隐患也未督促采取相应的安全措施。

(3) 水电五局，对所属有关单位工作督促检查不力，对安全生产规章制度贯彻执行的情况监督不力，未能及时发现左岸围堰施工存在的重大航运安全隐患也未能及时督促整改。

(4) 金溪公司在金溪航电枢纽工程开工前未办理水上水下施工作业许可证，造成该工程无证开工；未对监理单位履行法定职责情况加强监督检查；在左岸工程中，没有针对围堰进占河道影响航运安全的问题进行研究并提出安全防范措施；在施工单位提出封航申请待批期间，没有督促监理单位采取保证航运安全的措施，导致围堰进占航道，给航运安全造成重大隐患。

(5) 港航公司对企业落实安全生产法律法规及方针、政策情况督促检查不力；对金溪航电枢纽工程项目在开工时未按照国家有关规定取得水上水下施工作业许可证的情况失察；对金溪航电枢纽工程项目部履职尽责情况督促检查不力。

(6) 四川二滩建设咨询有限公司金溪航电枢纽工程监理项目部，未认真审核该工程是否具备水上水下施工作业许可证，违规下达开工令；对《施工截流及二期围堰填筑方案》没有认真组织审查也未及时按规定审批，没有发现该方案未制订保证通航安全的有关措施，导致左岸围堰工程在未制订保证航运安全技术措施的情况下施工，给航运安全造成重大隐患；对施工单位在提出封航申请待批期间继续推进围堰进占的施工行为，没有履行监理职责，没有下达停工令，致使围堰施工继续进行，直接影响航运安全；对嘉陵江金溪航电枢纽工程项目监理部疏于管理，对工程项目监理制度的落实监督不到位。

(7) 中国水电工程顾问集团公司成都勘测设计研究院（原为国家电力公司成都勘测设计研究院），在《四川省嘉陵江航电枢纽左岸泄洪闸、挡水坝及船闸土建工程施工招标及合同文件》的“施工导流和水流控制”技术条款中虽列出“施工期通航”的条目，但由于设计疏忽，未写明施工期通航安全、限航相关技术指标和封航的技术措施。

(8) 四川省交通管理部门对水上交通安全责任制不落实，对乡镇船舶监管不到位，对金溪航电枢纽工程项目违规施工督促检查和落实整改不力，对其存在隐患的问题失察；四川省交通厅航务管理局对有关单位未向当地海事部门申请办理该工程的水上水下施工作业许可证即开工建设的行为未能及时发现并督促其办理。

(9) 南充市人民政府及有关部门对水上交通安全责任制不落实，对乡镇船舶监管不到位，有关职能部门对金溪航电枢纽工程项目违规施工检查和督促落实整改不力，对其存在隐患的问题失察。南充市人民政府有关领导未有效督促相关部门加强对涉及水上交通安全的工程项目的安全生产监督管理。

(10) 蓬安县人民政府的相关职能部门贯彻执行有关水上交通安全行政法规、规章不力，对辖区内水上交通安全未能实施有效的综合监督管理，未能针对在水上交通安全专项检查中发现的问题，督促有关部门加强对签单发航、途中检查和到站码头验单各环节的监管，未能有效治理超载问题；未明确相关部门、单位针对金溪航电枢纽工程建设中的安全生产工作实施监管的具体职责，没有落实安全生产责任制。蓬安县人民政府有关领导未有效督促有关部门加强对涉及水上交通安全的工程项目的安全生产监督管理。

三、事故处理结果

(1)“川蓬安客029号”客船实际经营人和驾驶员，因涉嫌交通肇事罪，已被依法逮捕。

(2) 蓬安县万和乡史家坝村村委会主任、党支部委员，已被依法逮捕，建议依法罢免其村委会主任职务。

(3) 蓬安县万和乡武装部部长兼万和乡船舶管理站站长，因涉嫌玩忽职守罪，已被依法逮捕。

(4) 水电五局第五分局金溪航电枢纽工程施工局副局长和安全保卫部副主任，因涉嫌重大责任事故罪，已被依法逮捕。

(5) 对水电五局第五分局金溪航电枢纽工程施工局局长助理、金溪公司工程处负责工程技术和质量的副处长，建议给予行政撤职、党内严重警告处分。

(6) 对水电五局第五分局总工程师兼金溪航电枢纽工程施工局总工程师，建议给予行政降级处分。

(7) 对水电五局第五分局副局长兼任金溪航电枢纽工程施工局局长、金溪公司项目经理、万和乡党委副书记（乡长）、蓬安县航务所（海事处）所长、蓬安县交通局分管安全和营运工作的副局长、蓬安县分管交通和安全工作的副县长，建议给予行政撤职、撤销党内职务处分。

(8) 对水电五局第五分局局长、港航公司董事长、四川二滩建设咨询有限公司总经理、南充市航务（海事）局分管安全工作的副局长、南充市嘉陵江航道管理处分管生产和安全的副处长、南充市交通局局长和分管水陆交通安全工作和航务工作的副局长，建议给予行政记大过、党内警告处分。

(9) 对水电五局第五分局分管生产和安全工作的副局长兼总工程师、南充市分管交通工作的副市长、四川省交通厅分管安全和航务工作的副厅长，建议给予行政记过处分。

(10) 对水电五局局长，建议给予行政警告处分。

(11) 对四川省嘉陵江航运开发有限公司总工程师（金溪公司总工程师、港航公司党委委员）、蓬安县交通局局长（党委书记）、蓬安县县长，建议给予行政降级、党内严重警告处分。

(12) 对港航公司分管金溪公司工程建设和安全生产工作的副总经理（四川省嘉陵江航运开发有限公司董事、金溪公司董事），建议给予行政记大过处分。

(13) 对四川二滩建设咨询有限公司金溪航电枢纽工程监理项目土建部部长和项目总监，建议给予行政降级处分，解除聘任职务，并吊销其执业资格证书。

(14) 对万和乡船舶管理站船员、蓬安县航务所（海事处）执法大队大队长、南充市嘉陵江航道管理处蓬安段段长，建议给予行政降级、党内严重警告处分。

(15) 对蓬安县航务所（海事处）港口股股长兼金溪港监站站长，建议给予行政降级处分。

(16) 建议责成四川省交通厅、南充市人民政府向四川省人民政府作出深刻检查；建议责成中国水利建设集团公司向国务院国资委作出深刻检查。

火灾爆炸事故

浙江省海宁市黄湾镇五丰村“2·15”火灾事故

2004 年 2 月 15 日 14 时 10 分，浙江省海宁市黄湾镇五丰村一土庙因焚烧冥钞发生火灾，死亡 40 人，受伤 3 人，烧毁简易茅草棚近 60 平方米及木桌、木凳等物品，造成直接财产损失 1000 元。

一、事故经过

2004 年 2 月 15 日上午，海宁市黄湾镇五丰村村民在自行搭建的简易草棚内进行所谓的“铺堂忏”（意为年老者死后能顺利到达“阴间”）活动，参加该活动的人员达 60 余人。14 时 5 分许，参加“铺堂忏”活动的最年长的村民拿着用锡纸叠成的“元宝”，持一根点着的小蜡烛，到草棚门口外焚烧，以示“谢山门”（按当地风俗，“谢山门”的“元宝”必须在香炉之外烧）。由于当时正刮 3～4 级东南风，出门后风将蜡烛吹灭，其又返回取了一支大一点的蜡烛出去继续焚烧锡纸“元宝”。返回草棚内约 5 分钟后，未熄灭的锡纸“元宝”被风吹到下风向的草棚西南角，引燃用毛竹片和稻草帘搭成的外墙，草棚开始燃烧。此时，火借风势，燃烧速度很快，由于草棚仅有 1 个约 1.2 米宽的出口，将棚内人员困住，加之均为老年人，行动迟缓而且惊慌失措，大多数人员未能及时跑出。不到 10 分钟草棚塌落。

2月15日14时14分，海宁市公安局110指挥中心接到报警。14时17分，海宁市消防大队接海宁市公安局110指挥中心报警，立即就近调派袁花镇专职消防队（距火场9公里）、盐官镇专职消防队（距火场30公里）赶往火场扑救。14时30分左右，消防队赶到火场时，草棚已全部烧塌并已基本烧毁，只有少量余火。于14时40分扑灭残火。15时许，开始伤员救助和火场清理工作。经现场清理，火灾造成39人当场死亡，4人烧伤(其中1人因抢救无效于次日死亡)。

二、事故原因分析

经现场勘查、调查访问和模拟试验，认定起火部位在草棚西南角，火灾起因是由于村民参加“铺堂忏”活动时，在草棚门口外焚烧的锡纸“元宝”未熄灭被风吹到草棚西南角，引燃草棚引起的。这起火灾事故反映了农村老人等弱势群体消防意识淡薄和消防常识贫乏，以及逃生自救能力差等问题。

三、事故处理结果

火灾是由迷信活动的组织者焚烧冥钞引起的，故组织者应负直接责任。鉴于该组织者已在火灾中死亡，故不予追究。

吉林省吉林市中百商厦“2·15”火灾事故

2004年2月15日11时许，吉林省吉林市中百商厦因职工乱扔烟头引起火灾，造成54人死亡、70人受伤，烧毁建筑面积达2040平方米，直接财产损失426.4万元。

一、事故经过

2004年2月15日11时许，吉林市中百商厦北侧锅炉房锅炉工发现紧邻中百商厦搭建的3号库房向外冒烟，于是便找来租用该库房的，中百商厦伟业电器行业主的雇工用钥匙打开门锁，发现仓库着火。他们边用铁锹铲雪灭火，边喊人从商场里取来干粉灭火器扑救，但仍未能控制火势。大火突破该库房与商厦之间的窗户蔓延到营业厅。

11时28分，吉林市公安消防支队调度指挥中心接到报警电话，立即调集4个消防中队、18辆消防车、67名消防官兵赶赴现场。15时30分将大火扑灭，并从火灾中抢救被困人员190人，其中136人生还，54人死亡。

二、事故原因及分析

经现场勘查并调查询问相关人员，确定火灾直接原因是中百商厦伟业电器行雇工在当日9时许向3号库房进纸板时，不慎将嘴上叼着的烟头掉落在地面上（木板地面），引燃地面可燃物引起的。

三、事故处理结果

1.相关责任人的刑事判决

吉林市船营区人民法院在吉林市中级人民法院法庭对火灾事故相关责任人进行了刑事判决。

（1）中百商厦伟业电器行雇工，犯失火罪，判处有期徒刑7年。

（2）吉林市中百商厦总经理、副总经理，犯消防责任事故罪，分别被判处有期徒刑6年和5年。

（3）吉林市中百商厦保卫科长，犯消防责任事故罪，判处有期徒刑4年。

（4）吉林市中百商厦保卫科副科长、保卫干事，犯重大责任事故罪，分别被判处有期徒刑3年6个月和有期徒刑3年。

（5）吉林市中百商厦保卫科防火员，犯重大责任事故罪，免予刑事处罚。

2.相关领导的行政处分

有关部门对相关领导进行了行政处分：

（1）吉林市市委副书记、市长，作为安全生产工作第一责任人，对事故的发生负有重要领导责任，引咎辞职。

（2）吉林市副市长，对事故的发生负有重要领导责任，省委、省政府决定给予党内警告和行政记大过处分。

（3）吉林市商业委员会主任，对事故的发生负有重要领导责任，给予党内严重警告和行政降级处分。

（4）吉林市商业委员会副主任，对事故发生负有主要领导责任，给予撤销党内职务和行政撤职处分。

(5) 吉林市商业委员会企业指导处处长，对事故的发生负有主要领导责任，给予党内严重警告和行政撤职处分。

(6) 吉林市中百商厦保卫副科长，对事故人员伤亡的扩大负有主要责任，给予留党察看1年和开除留用察看1年处分。

(7) 吉林市中百商厦负责防火的保卫干部，对事故的发生及人员伤亡的扩大负有主要责任，给予开除留用察看1年处分。

(8) 吉林市公安局船营分局副局长，对事故的发生负有重要领导责任，给予行政记过处分。

(9) 吉林市建设规划执法大队大队长，对事故的发生负有重要领导责任，给予党内警告和行政记太过处分。

(10) 吉林市船营区工商分局向阳工商所所长，对事故造成的巨大损失负有重要领导责任，给予行政记过处分。

(11) 吉林市消防支队防火监督处处长，对船营区消防大队的消防监督工作指导不力，给予行政严重警告处分。

(12) 船营区消防大队大队长，对事故发生负有重要领导责任，给予行政记过处分。

(13) 船营区消防大队参谋，对消防监督检查不细，给予行政记大过处分。

河北省新光化工有限公司“2·22”特大爆炸事故

2004年2月22日17时2分，河北省易县新光化工有限公司新建乳化炸药车间发生特大爆炸事故，造成13人死亡，15人受伤，直接经济损失463.3万元。

一、事故经过

2004年2月22日17时2分，河北省易县河北新光化工有限公司新建乳化炸药生产线试产开机后不久，乳化基质升温异常，并发生了管道及设备内基质泄漏故障，现场人员进行清洗后，为进一步查找设备发生故障的原因，将乳化器单机重新启动调试，设备在存在机械故障和有残留乳胶基质的情况下运转，由于摩擦热升温，导致乳化器发生爆炸。乳化器爆炸后，通过钢性连接管道传爆使冷却器内乳胶基质也发生爆炸，继而激起北门口处暂存的从制粉塔内清理出来的粉状乳化残药爆炸，发生特大爆炸事故，造成13人死亡，15人受伤，直接经济损失463.3万元。事故发生后，省政府副省长、省安监局局长等省直部门的负责同志立即赶赴事故现场。以副省长任组长的“2·22”事故抢救处理领导小组随即成立，统一指挥协调事故抢救处理工作。

二、事故原因分析

1．直接原因

“2·2”爆炸事故是在乳化炸药连续化生产线工艺及设备的基础理论和技术还不太成熟及存在许多不确定因素的情况下，尤其是尚处于试生产阶段，在分析和排除故障时发生的，存在一定的偶然性。但是，由于技术转让方提供的设备存在缺陷及技术转让方和使用方在对乳化器清洗方法上不够规范，致使乳化器在存有残留乳胶基质的情况下，现场人员重新启动乳化器运转，造成摩擦热升温，导致乳化器发生爆炸。

2．间接原因

(1) 技术转让方所提供的JWL型乳化炸药生产线机电设备，没有起到技术转让合同中所规定的“乳化器、混合器、冷却水断流和轴承超温自动安全保护”的作用。

(2) 计算机数据显示，乳化器轴温窜动，说明乳化器冷却水水流不畅，致使乳化器内乳胶基质热升温。

(3) 技术规程上虽规定有用热水冲洗乳化器的条款，但在水的温度、冲洗时间及方法等方面没有作出明确、严格的规定。而在试生产实际操作过程中，技术转让方和技术使用方一直用自来水冲洗，此方法不能保证将乳化器内的基质完全清洗干净。

(4) 新光化工有限公司在试生产阶段，该公司

（包括技术转让方）对职工培训不够。对新设备车间安全生产管理工作不到位，未完全按照操作规程进行操作。

三、事故处理结果

（1）公司乳化炸药车间控制室操作工，技术安全科代理副科长，负责生产、安全技术工作的副总经理，鉴于其在此次事故中已死亡，不再追究其责任。

（2）公司顾问（协助总经理工作），建议其所在党组织给予其党内严重警告处分。

（3）公司总经理（主持公司全面工作），建议给予其行政警告处分。

山东省临沂市莒南县阜丰发酵有限公司“5·11”爆炸事故

2004年5月11日8时30分左右，山东省临沂市莒南县阜丰发酵有限公司酒精储罐发生特大爆炸事故，造成11人死亡，5人受伤。

一、事故经过

2004年5月11日8时30分左右，莒南县阜丰发酵有限公司黄原胶分公司由于在焊接作业时，破损裸露的电焊电缆与酒精管道接触造成连电，漏电打火引起酒精储罐内气相空间爆炸，造成酒精储罐罐体移位，酒精飞溅燃烧，发生酒精储罐爆炸事故，当场造成10人死亡，2人重伤，4人轻伤，其中1名重伤人员在抢救治疗过程中死亡。此次事故共造成11人死亡，5人受伤，直接经济损失396.8万元。

二、事故原因分析

（1）企业违规擅自建设蒸馏、罐区系统，不符合国家《建筑设计防火规范》（GBJ 16—87）规定的安全防护距离；酒精储罐周边未建防火堤，成品酒精罐和酒精废液罐布局不合理。

（2）企业没有执行建设项目“三同时”制度。黄原胶分公司蒸馏罐区工程竣工后，未经相关部门组织专项验收，企业擅自投入生产。

（3）企业安全生产管理不严，违规审批动火证。该厂有关部门及人员在不具备动火条件的情况下，签发动火证。

（4）企业对安全生产工作重视不够，存在重生产、轻安全的问题。对职工安全教育培训不到位，职工安全意识不强，业务素质低，特别是黄原胶分公司负责人及有关工程技术人员，业务素质不适应本职岗位，导致违章指挥。作业人员无证上岗、安全意识差；公司内各项规章制度针对性不强，安全生产管理网络、机构的设置以及人员配备等不适应公司迅速发展的需要。

（5）莒南县政府及有关部门，对所管辖企业的安全生产监管力度不够，安全生产责任制落实不到位。

三、事故处理结果

（1）对阜丰发酵有限公司，处以10万元罚款，并责令其停产整顿。

（2）对阜丰发酵有限公司黄原胶车间副主任、黄原胶事业部主任、黄原胶车间维修班长、黄原胶车间安保班班长，移交司法机关处理。

（3）对阜丰发酵有限公司总经理，处以10万元罚款，并给予党内严重警告处分。

（4）对阜丰发酵有限公司副总经理和安全保卫部经理，处以1万元罚款，并给予党内警告处分。

（5）对莒南县经贸局运行办主任、副局长，分别给予行政记大过处分。

（6）对莒南县经贸局局长，给予行政记过处分。

（7）莒南县副县长，给予行政警告处分。

（8）责令莒南县政府向临沂市政府作出书面检查。

（9）责令临沂市政府向山东省政府作出书面检查。

北京市京民大厦“6·9”特大火灾事故

2004年6月9日15时56分，位于北京市朝阳区华严北里的京民大厦西配楼游泳馆在装修施工过程中发生特大火灾事故，过火面积达600平方米以上，造成11人死亡，38人受伤，直接经济损失368万元。

一、事故经过

2004年6月9日下午，锐标公司的施工人员在京民大厦西配楼游泳馆东侧自北向南进行地面刷涂聚氨酯防水涂料作业，该公司从社会上临时招用的几名闲散人员在二层北侧平台焊装平台护栏。15时56分，焊接过程中的焊花掉落至一层涂刷的聚氨酯防水层上起火并蔓延，造成特大火灾事故，死亡11人，受伤38人。

二、事故原因分析

1. 直接原因

锐标公司非法承包工程，制作虚假资质，在承包工程中违反《建设工程安全生产管理条例》规定，在没有专业防水施工资质，不具备防水工程作业能力的情况下，承接防水工程；违反《北京市建设工程施工现场消防安全管理规定》，施工前未向公安消防机构报送工程施工组织设计、施工现场消防安全措施和安全保卫方案，逃避政府部门的监督；违反《中华人民共和国安全生产法》规定，未对作业人员进行必要的安全教育培训考核；私招乱雇没有特种作业操作资格的人员进行氩弧焊接特种作业；指派不具备相应资格的人员管理施工工作，施工现场安全管理混乱；违章指挥作业人员冒险作业，形成了既有明火焊接又在焊接处下方有易燃防水涂料存在的立体交叉作业，最终酿成此次特大火灾事故。

2. 间接原因

京民大厦在该工程中安全管理不力，缺少监督；北京市军队离退休干部安置办公室（以下简称市军休办）对京民大厦装修工程监督管理不力，致使长期存在的事故隐患得不到解决。

（1）装修工程未按规定进行招标。京民大厦在未进行工程招标，也未对锐标公司的资质和施工能力进行严格查验的情况下，便确定锐标公司为装修工程的施工单位，并于2004年3月15日与该公司签订了《建设工程施工合同》。京民大厦违反《中华人民共和国招标投标法》、《北京市工程建设项目招标范围和规模标准规定》、《北京市人民政府军队离休退休干部安置办公室专项资金管理办法》的有关规定，致使不具备相应资质、安全管理混乱的企业在大厦施工，埋下了事故隐患。

（2）京民大厦未向建设主管部门申请领取施工许可证。作为建设单位的京民大厦始终未向建设行政主管部门申请施工许可证，致使建设行政主管部门未能掌握该项建设工程，难以对其以及承揽该工程的施工队伍实施有效的监督检查。

（3）施工安全管理不力，缺少监督。2004年3月，锐标公司承揽工程后，始终未向公安消防机构报送施工组织设计、施工现场消防安全措施和保卫方案。对施工单位规避消防部门监督管理的行为，京民大厦并未引起重视，也未采取措施督促其完善有关消防手续；对施工单位私招乱雇不具备操作资格的人员进行氩弧焊接特种作业，指派不具备相应资格的人员管理施工等行为未予以制止。这些问题暴露出京民大厦对施工安全管理不力，缺少监督。

（4）未对施工现场采取特殊防火措施。京民大厦在其内部进行游泳馆装修施工时，并未中断对外经营。未制定有针对性的防火消防措施。京民大厦防火委员会虽然制定了《使用电气焊及喷灯的防火安全制度》，但未认真执行。特别是6月8日消防部门通知京民大厦6月9日不得动用明火后，也未对施工现场加强监督管理，以至施工人员动用明火的行为得不到制止，最终导致火灾发生。

（5）京民大厦在这次装修工程中违规操作，不搞招投标、不申请施工许可，以及未对施工现场采取特殊防火措施，对施工安全管理不力，缺少监督等问题，形成了重大消防安全隐患。市军休办作为京民大厦的上级主管单位，监督检查不力，未能及时发现京民大厦装修工程中存在的问题。

三、事故处理结果

(1) 北京锐标装饰装潢有限公司法定代表人，对事故负有重要责任。其行为涉嫌重大责任事故罪，经公安机关立案侦查，检察机关已批准逮捕。

(2) 北京锐标装饰装潢有限公司项目经理，对事故负有主要责任。其行为涉嫌重大责任事故罪，经公安机关立案侦查，检察机关已批准逮捕。

(3) 北京锐标装饰装潢有限公司不锈钢加工队队长，对事故负有直接责任。其行为涉嫌重大责任事故罪，经公安机关立案侦查，检察机关已批准逮捕。

(4) 北京锐标装饰装潢有限公司施工队队长，对事故负有直接责任，其行为涉嫌重大责任事故罪，经公安机关立案侦查，检察机关已批准逮捕。

(5) 京民大厦副总经理、党总支副书记，对此事故负有直接管理责任，北京市民政局给予其行政撤职处分，市军队离休干部安置办公室给予撤销党内职务处分。

(6) 京民大厦总经理、党总支书记，对此事故负有主要管理责任，北京市民政局给予其行政撤职处分，市军队离退休干部安置办公室给予其撤销党内职务处分。

(7) 对市军队离退休干部安置办公室主管安全工作的副主任、安保部副部长、干部活动中心安保部消防主管分别给予行政记大过、撤职及开除留用察看一年的处分。

(8) 北京市建委依据相关法规吊销了北京锐标装饰装潢有限公司的建筑业企业资质证书。

江西省芦溪县花园鞭炮烟花厂“6·9”特大爆炸事故

2004 年 6 月 9 日 6 时 30 分，江西省芦溪县花园鞭炮烟花厂发生特大爆炸事故，造成 16 人死亡，3 人受伤。

一、事故经过

2004 年 6 月 9 日 6 时左右，花园鞭炮厂工人陆续到厂上班。6 时 30 分左右，2 名工人同时到 18 号工房领硝饼后，回到 14 号工房，用前 1 天剩余的引线开始插引工作；另外 3 名工人在 26 号工房领了硝饼后，回到 28 号工房插引。车间主任拿了一箱引线（726 股、重量 22 公斤）先到临时工棚发放，后到 28 号工房发引线，再带着剩余引线返回工棚处。当时，24、25 号固引工房存有 3260 饼引饼，其东南侧的工棚存有 170 饼硝饼（总药量达 170 公斤）；在工棚里的 2 名工人领硝饼时，违规抢领、拖拉硝饼与地面残余药物发生摩擦，产生爆炸，当场造成工棚处 12 名女工死亡，4 名女工重伤（经抢救无效死亡），28 号工房 3 名女工受伤。

二、事故原因分析

1. 直接原因

2 名插引工在工棚内违规抢领、拖拉硝饼。

2. 间接原因

(1) 现场工人集体违反烟花爆竹安全生产操作规程。

(2) 业主严重违章指挥。

(3) 业主法制观念和安全意识淡薄，企业安全管理混乱，职工安全生产知识缺乏。

(4) 安全监管不力，隐患整改落实不到位。

三、事故处理结果

(1) 花园鞭炮烟花厂 2 名插引工，鉴于其已在事故中死亡，不予追究其责任。

(2) 花园鞭炮烟花厂车间主任，鉴于其已在事故中死亡，不予追究其责任。

(3) 对花园鞭炮烟花厂股东、厂长、法人代表，给予撤销县政协委员职务处分，并移送司法机关依法追究其刑事责任。

(4) 对花园鞭炮烟花厂分管安全生产、协助销售的工作人员，移送司法机关依法追究其刑事责任。

(5) 对花园鞭炮烟花厂协助厂长分管生产和安全、人员调度及修理机器的股东、副厂长，移送司法机关依法追究其刑事责任。

(6) 花园鞭炮烟花厂装硝工、配药工，由司法机关依法追究其刑事责任。

(7) 花园鞭炮烟花厂分管销售工作股东，由司法机关依法追究其刑事责任。

(8) 对花园鞭炮烟花厂分管本厂财务和后勤工作的股东，给予行政撤职处分，并给予党内严重警告处分。

(9) 对源南乡政府副乡长（事业编制），给予行政撤职，并建议给予党内严重警告处分。

(10) 对源南乡党委副书记、乡长，给予行政撤职，并给予党内严重警告处分。

(11) 对源南乡党委书记、乡人大主席，给予党内严重警告处分。

(12) 对源南乡党委委员、源南派出所所长，给予行政记过处分。

(13) 对芦溪县公安局治安大队副大队长，给予行政警告处分。

(14) 对芦溪县经贸委党委委员、县安全生产监督管理局副局长（事业编制），给予其行政警告处分。

(15) 对芦溪县政府分管安全生产工作的副县长，给予行政记大过处分。

(16) 对芦溪县委副书记、县长，给予行政记大过处分。

(17) 对源南乡源溪村委会主任、村党支部书记、源南乡计划生育委员会办公室干部兼花园鞭炮烟花厂驻厂员、源南乡拆迁办公室主任兼花园鞭炮烟花厂驻厂员、源南乡安全办公室主任和源南乡党委副书记，责成芦溪县委、县政府作出处理。

浙江省平阳县温州辉煌皮革有限公司“7·28”火灾事故

2004年7月28日19时20分，浙江省平阳县温州辉煌皮革有限公司因砂边机作业时产生的火花引起皮带粉尘阴燃起火，造成18人死亡，12受伤，烧毁厂房建筑面积2033平方米，烧毁半成品、成品、机器设备等物品，直接财产损失98.5万元。

一、事故经过

起火单位位于浙江省平阳县水头镇，是一家生产皮带的中外合资企业。该单位东面与平阳县第二人民医院相邻，南、北与民房毗邻，西靠民房并有唯一进出通道与金山路相连。2004年7月28日19时20分，生产厂房内，工人在操作砂边机作业时产生火花，火花引燃皮带粉尘，阴燃起火。19时36分56秒，平阳县消防大队119通信调度室接到水头镇温州辉煌皮革有限公司发生火灾的报警，并称火势非常猛烈，有部分人员被困。消防大队立即赶到现场，进行扑灭。火灾最终造成18人死亡，12受伤。

二、事故原因分析

经调查认定，此次火灾系砂边机作业时产生的火花使皮带粉尘阴燃起火，并扩大成灾。主要原因是：

(1) 火灾发现迟、报警晚，火势发展迅猛，受困人员因得不到及时疏散和救助而造成大量伤亡。

(2) 建筑物内堆放着大量可燃物。有PU（一种树脂）、再生革、半成品皮及包装纸板箱等，在二层车间存放有生产使用的溶剂10余桶。这些可燃物在火灾发生时极易造成火灾蔓延，并产生强烈的热辐射和有毒气体，致人死亡。

(3) 建筑物耐火等级低。三层木屋架顶及简易钢结构在火灾中很快坍塌。

(4) 建筑物内部疏散楼梯均为敞开楼梯，且与升降梯布置在一起，并堆有大量的可燃物。火灾发生后，不但不能作为人员疏散的通道，反而成了火和烟气垂直蔓延的主要途径，使人员无法安全逃生。

(5) 室内疏散通道狭窄，部分通道被大量的货物阻塞，造成人员逃生困难。

(6) 防火间距不足且被占用。严重影响人员疏散和灭火救援行动的顺利开展，并使大量浓烟从起火部位扩散至车间内。

(7) 该公司未按生产工艺流程制定切实有效的消防安全制度，未落实消防安全责任，未按有关规范要求配备足够的消防器材和消防设施，致使火灾初期无法进行有效控制。

（8）该公司未组织开展消防安全知识培训。消防责任人、消防安全管理人及员工消防安全意识淡薄，火灾发生后员工不懂如何进行初期灭火扑救和逃生自救。

（9）该公司未组织开展切实有效的消防安全自查自纠工作，对违法违规行为和火灾隐患未及时消除。建筑工程施工前未将消防设计报经公安消防部门审核同意，竣工后未经消防验收擅自投入使用。

三、事故处理结果

（1）平阳县检察院对涉嫌重大责任事故罪的温州辉煌皮革有限公司法人代表予以批准逮捕。

（2）温州市人民政府给予负有重要领导责任的平阳县常务副县长行政撤职处分，副县长行政记大过处分。

（3）平阳县监察部门对在此次事故中负有责任的有关干部进行了处理。

湖南省南县河口乡河东烟花鞭炮厂“9·16”特大烟花爆竹爆炸事故

2004年9月16日，湖南省益阳市南县河口乡河东烟花鞭炮厂发生一起特大烟花爆竹爆炸事故，死亡11人，伤8人。

一、事故经过

9月16日下午1时15分左右，从河东烟花鞭炮厂生产区3号包球工房方向传出轻微爆炸声，并冒出烟雾；接着，引起晒球场、3号包球工房相邻包装工房两声爆炸，并冒出浓烟；紧接着中转库、1号包球工房、2号包球工房、硝库几乎同时发生爆炸。顷刻间房屋倒塌，厂区被烟尘笼罩。经当地公安机关侦查，此次爆炸事故当场死亡11人（全部为女工），8人住院治疗，其中4人为重伤。

二、事故原因分析

1. 直接原因

3号包球车间一名操作工违反操作规程，在挪动盛药球的编织袋时，摩擦散落在地面的残留药物引起燃烧，随即引发爆炸，继而引发传爆和殉爆，因厂房布置及操作违反了有关规章制度，扩大了事故后果。

因摩擦引发燃烧继而爆炸的原因是：

（1）在产品的烟火药中大量使用了国家明令禁止的氯酸钾作氧化剂。经对该厂事发当天生产的产品进行成分检测，所用烟火药的原料为氯酸钾、硫磺和银粉三种，配比为5:3:2；所用发射药的原料为氯酸钾、木炭和硫磺三种，配比为5:2.5:0.25。烟火药和发射药的摩擦感度、撞击感度、静电感度高，安全性能极不稳定。

（2）未及时清理操作过程中散落在工房地面上的药粉。

（3）在工房内使用容易产生静电的塑料制品，如编织袋、塑料盆、塑料薄膜。

2. 间接原因

（1）河东烟花鞭炮厂整体设计布局存在严重缺陷：①该烟花鞭炮厂的选址不符合《烟花爆竹工厂设计安全规范》要求，使危险源紧邻村镇和街道的人群密集区和居民建筑物；②危险工序的工房和危险品仓库的内、外部距离达不到《烟花爆竹工厂设计安全规范》的规定，特别是小礼花弹晾晒场的设置，既缩小了本来就达不到要求的安全距离，又造成了危险品生产工房内逃生通道的堵塞；③工艺布置不符合国家标准规定，生活用房、办公用房、危险品仓库（成品库）和生产工房联建，使整个工艺流程无法做到生产区与生活区、生产区与办公区、有药工序与无药工序、危险区与非危险区分开；④属于危险品生产区A级建筑物的军工硝库和小礼花弹中转库未按《烟花爆竹工厂设计安全规范》设置防护屏障。

（2）企业严重违反《烟花爆竹劳动安全技术规程》。①领药超限量，从事药物操作的包球工房没有遵守少量多次的规定，致使药物的停滞量超过限量2倍；②装填高感度火药工房每间超过2人，装发射药工房多达4人；③工人穿硬底鞋和容易产生静电积累的化纤衣物操作，在产生静电积累的操作工房地面铺塑料薄膜；④对新进厂和变换工种的工人没有进行安全教育和技术培训，没有取得操作合格证就直接上岗。

(3) 企业安全管理混乱。①该厂负责人没有履行安全生产职责，对本厂的布局和安全隐患没有检查整改；②危险工序无操作规程，对操作工人和进入操作工房人员的行为没有统一的规范；③没有按照规定设置专职安全员和兼职安全员；④未经批准擅自改变工房用途。

(4) 有关部门安全监管不力。①安全检查中较明显的安全隐患没有及时发现和纠正；②对查出的安全隐患缺乏严格的隐患整改强制措施；③有关监管部门对烟花爆竹行业存在的普遍问题和历史遗留问题缺乏有针对性的处理措施，致使该烟花爆竹生产企业习惯性违规生产。

(5) 县、乡两级人民政府对安全工作重视不够。河口乡人民政府作为事故发生地的属地政府，未按照国务院《关于进一步加强安全生产工作的决定》，认真履行安全监管职能。对安全生产工作认识不足，未能依法履行其组织有关部门按照职责分工对辖区内重大安全隐患进行严格检查和监管的职责。南县人民政府行使安全管理职责不到位，对辖区内烟花爆竹行业的重大安全隐患缺乏有效的监管，对乡镇政府和有关部门安全责任制督促落实不力。

3. 事故扩大的原因

(1) 厂房工艺布置不合理，安全防护设施不全。包球工房、上硝工房等高危作业建筑与打底工房、包装工房、成品仓库及住宅等联建，工、库房内部安全距离不够，安全疏散通道不畅，缺少灭火器材和安全防护屏障。

(2) 部分工房超员，药物严重超量。《烟花爆竹工厂设计安全规范》要求A、C级工房人均使用面积不得少于3.5平方米，而该厂3号包球工房人均使用面积为3.3平方米；上硝与包装工序在同一工房内进行，人员超过国家标准规定1倍；包球工房内半成品的停滞量超过国家标准规定的2倍。

(3) 擅自在3号工房与其他工房的安全通道（水泥地面）上晒药球，导致传爆至中转库，引发其他车间相继发生剧烈爆炸。

三、事故处理结果

(1) 南县河东烟花鞭炮厂三号车间违反操作规程的一名操作工，鉴于其在事故中死亡，不再追究其责任。

(2) 南县河东烟花鞭炮厂法人代表，也是该厂的投资人，被移送司法机关追究其刑事责任。

(3) 对南县中鱼口民爆服务部法人代表，由益阳市安全生产监督管理局给予行政处罚。

(4) 对南县公安局河口派出所所长，给予行政记过处分。

(5) 对河口乡党委副书记，给予党内严重警告处分。

(6) 对南县河口乡乡长，给予行政降级和党内严重警告的处分。

(7) 对河口乡党委书记，给予党内警告处分。

(8) 对南县公安局治安大队教导员，给予行政记过处分。

(9) 对南县公安局副局长，给予行政警告处分。

(10) 对南县分管公安工作的副县长，给予行政记过处分。

(11) 对南县县长，责成其向益阳市人民政府写出书面检讨。

河北省新兴铸管集团新兴铸管股份有限公司“9·23”煤气发电锅炉特大爆炸事故

一、事故经过

2004年9月23日，河北省新兴铸管股份有限公司锅炉点火前，操作人员在将DN400毫米的焦炉煤气主切断阀打开后，检查、校验燃烧器前的20个电动闸阀（共分4组，每组5个DN65毫米）时间长达15～20分钟。期间，左前2号、3号、左后3号电动闸阀处于全开状态，致使大量燃气通过该3个电动闸阀进入并充满炉膛、烟道及烟囱，且达到了爆炸极限。16时，公司在建发电厂煤气发电锅炉在锅炉点火瞬间，炉膛及排烟系统内发生煤气一次性爆炸，致使锅炉、管道、烟囱等设备垮塌，造成锅炉等设备严重损毁，13人死亡，8人受伤，直接经济损失630万元。

二、事故原因分析

（1）锅炉不具备点火运行条件。一是燃气管道（焦炉煤气）上的电动阀门的近台控制系统及远程集中控制系统（DCS）尚未调试合格即转入锅炉点火工序。二是点火前没有组织人员对存在的缺陷是否得到消缺进行再确认。三是没有燃气锅炉运行安全操作方面的专门技术文件。四是尚未达到《新兴铸管股份有限公司煤气电站调试大纲》（尽管不完善）规定的启动前应的具备条件。

（2）在点火前，未对炉内可燃气体浓度进行检测。且在《煤气锅炉司炉岗位工作标准》中对此也未做出规定。

（3）各单位之间缺乏集中统一的领导。虽然成立了启动验收委员会，但启动验收委员会未按行业有关规定设置4个工作小组（试运指挥组、生产准备组、验收工作组、办公室）。虽然确定了启动委员会的主要领导，但有的未告知本人，有的虽然本人知道，但具体任务不明确，无法实施有效的组织领导工作。

（4）现场管理混乱。一是对各项准备工作、消缺事宜是否真正完成缺乏严格的验收程序。二是关键技术环节有的把关不严，有的无人把关。三是点火前未按要求指挥非调试工作人员撤离现场，造成众多人员伤亡。

（5）其他问题。一是该工程没有进行工程监理。二是未按该锅炉的结构、燃烧特点制定专门的运行操作规程和防爆、防火、防毒等安全管理制度。

三、事故处理结果

（1）对邯郸电业科技实业公司调试队锅炉组组长，副总工程师，新兴铸管股份公司动力部煤气工段副段长，建议司法机关立案侦查，依法追究其刑事责任。

（2）邯郸电业科技实业公司总工程师、经理、法人代表，对事故发生负有重要管理责任，建议给予撤销职务，党内留党察看处分。

（3）新兴铸管股份公司动力部副部长，对事故发生负有直接管理责任，建议给予撤销职务处分。

（4）对新兴铸管股份有限公司动力部部长、工程部副部长，建议给予行政降级处分。

（5）对新兴铸管股份有限公司副总经理，邯郸供电公司企业管理办公室主任，建议给予行政记过处分。

（6）对邯郸供电公司副经理，建议给予行政警告处分。

湖南省常德市临澧县官亭乡马路花炮厂“10·27”特大烟花爆竹爆炸事故

2004年10月27日，湖南省临澧县官亭乡马路花炮厂发生一起特大烟花爆竹爆炸事故，死亡13人，伤5人。

一、事故经过

2004年10月27日12时50分，马路花炮厂施家湾烟花生产车间2号成品仓库东北侧偏屋内，合弹操作工违章兑药，因摩擦引发燃烧，引起违规存放在屋内的半成品发生爆炸，引起毗邻的2号成品仓库内成品发生殉爆，爆炸产生的巨大冲击波将位于该仓库正前方的7号仓库和左前方的9号包球工房推倒，并引爆7号仓库的成品和9号包球工房内的药球。7号仓库内成品的爆炸传爆了该房前方坡下约17米的8号包球工房内的药球和位于7号仓库西侧15米处6号包球房偏屋内存的半成品，继而引起位于6号包球房西侧的3号杂屋、西北侧的1号成品库、水塘西侧的5号组装工房、10号贮弹房和11号包球工房相继发生爆炸。爆炸产生的冲击波推倒了1号仓库西侧2个包球工房，并引起山火，山火蔓延约1小时后，引起了1、2号仓库北侧的军工硝库发生爆炸。整个爆炸使现场共留下明显炸坑7处10个，不明显炸坑5处8个。共造成12栋房屋倒塌，13人死亡，5人受伤，事故直接经济损失75.6万元。

二、事故原因分析

1. 直接原因

马路花炮厂施家湾烟花生产车间制（上）药操作工，违反规定在2号仓库东北侧偏屋内兑药时，因操作不当，摩擦引发燃烧，继而引起违规存放在此偏屋内的10编织袋已包好并干燥过的药球（每袋含药量约10公斤）和1编织袋引线（80000米）爆炸，然后引发紧邻的2号成品仓库内的成品殉爆。

2. 间接原因

（1）生产车间布局不符合要求。整个烟花生产车间未设置原材料仓库，有药工序和无药工序之间未设置隔墙，没有设立与生产工艺相配套的中转库，造成原材料仓库、成品仓库、半成品仓库、操作工房共用，整个生产车间未建围墙，无关人员可自由出入生产车间。

（2）生产车间工房私搭乱建。六位出资人各自根据需要自建工房，造成与原设计相比多建8栋工房、改建4栋杂屋，使办公用房、生产工房、原材料仓库呈混合状态分布，工房之间达不到规定的安全距离。

（3）规章制度不健全。该烟花生产车间没有严格依照《烟花爆竹劳动安全技术规程》等标准建立管理制度、操作规程和各工种岗位责任制，使操作人员的行为没有得到统一规范。

（4）生产组织混乱。六个股东在各自的生产车间独立组织生产；违反烟花爆竹安全生产法律法规，在仓库、工房旁违章搭建偏屋充当中转库和仓库；在紧邻仓库的偏屋内兑制毛药；将不同危险等级的引线、小礼花弹、氧化剂、可燃物、包装物等多种危险物混合存放。

（5）安全监管不力。县政府有关部门和官亭乡政府对烟花生产车间设计审查、竣工验收把关不严，致使该烟花生产车间存在先天性的安全检查隐患；在安全检查中一些明显的安全隐患没有被及时发现，对查出的安全隐患缺乏严格的整改强制措施；驻厂安监员和联厂干部工作责任心不强，对企业存在的重大事故隐患没有及时发现并进行整改。

（6）县、乡政府对烟花爆竹生产企业及安全监管行政部门履行职责督促不力。官亭乡人民政府作为事故发生地的属地政府，未按照国务院《关于进一步加强安全生产工作的决定》，认真履行安全监管职能，没有及时排查烟花爆竹企业存在的重大安全隐患，对生产企业和监管干部履行安全生产职责的情况检查督促不力。临澧县政府未严格履行安全生产管理职责，对辖区内存在的重大安全隐患检查、整改督促力度不够，对县政府有关部门落实安全生产责任制的情况督促不力。

三、事故处理结果

（1）施家湾烟花生产车间制（上）药操作工，鉴于其已在事故中死亡，不再追究其责任。

（2）施家湾烟花生产车间主要投资人、安全生产管理员、生产车间负责人及马路花炮厂企业法人，均被移送司法机关追究刑事责任。

（3）对临澧县危爆大队分管马路花炮厂责任干警，给予行政记大过处分。

（4）对临澧县烟花局安全生产股股长，给予行政记过处分。

（5）对临澧县官亭乡与事故有关的干部，给予行政记大过处分。

（6）对临澧县公安局危爆大队副大队长，给予行政记过处分。

（7）对临澧县烟花局党组副书记，给予党内警告处分。

（8）对临澧县公安局危爆大队大队长、工会主席，分别给予行政警告处分。

（9）对临澧县官亭乡人大主席、党委副书记，给予行政记过处分。

（10）对临澧县官亭乡人民政府乡长，给予行政记过处分。

（11）对临澧县人民政府副县长兼烟花爆竹产业管理办公室主任，给予行政警告处分。

建筑施工事故

河南省安阳信益二期工程“5·12”特大伤亡事故

2004年5月12日上午9时20分，河南省安阳信益二期工程工地发生特大伤亡事故，造成21人死亡，10人受伤。直接经济损失268.3万元。

一、事故经过

2004年5月10日，安阳信益电子玻璃有限公司信益二期工程在安装烟囱爬梯时，因捆绑在烟囱上的缆风绳影响施工，在滑模工程施工负责人的同意下，两名作业人员（2人已在事故中死亡）拆开了井架北侧捆绑在烟囱上40.0米和57.5米标高处的两根缆风绳。烟囱爬梯安装完毕后，未对2根缆风绳进行恢复。

5月12日，在施工负责人的安排下，由现场领工组织井架拆卸工作。参加拆卸作业的人员共42人，部分人员是长期跟施工负责人干活的工人，其余人员为当地村民。拆卸作业时，地面上有8人，井架上部有6人，其余作业人员沿井架高度方向，间距2.5米，站立在井架南面架体上，以便传递井架顶部拆卸掉的设备、杆件。当井架顶部的红旗、把杆、吊轮拆除后，由于需要拆除井架顶部杆件，现场领工要求作业人员松开井架顶部缆风绳的地锚。南侧地锚卸掉绳卡后，因缆风绳被浇注在玻璃槽基坑混凝土地板中，不能拔出。北侧缆风绳地锚松开绳卡后，因缆风绳绕在地梁上被土埋住，也未能拔出。当作业人员松开了井架顶部西侧缆风绳地锚后（东侧缆风绳尚未松开），作业人员用铁锹挖被埋在土里的北侧缆风绳，在挖土过程中，北侧缆风绳迅速滑出，造成井架向南倾斜，随即倒塌，导致了此次事故的发生。

二、事故原因分析

经调查分析，这是一起严重违章指挥、违规作业、违反建设程序、有关各方监督管理不力、安全责任不落实而导致的一起特大责任事故。

1. 直接原因

5月12日，已经施工完毕的烟囱开始拆除井架，在被拆掉的两根缆风绳没有恢复的情况下，井架北侧仅有22.5米、75.0米高度处的两根缆风绳来平衡井架南侧的4根缆风绳所产生的拉力，以保持井架的稳定。当作业人员松开了井架北侧75米高处埋在土中的缆风绳时，井架上力系失去平衡。南侧4根缆风绳所产生的拉力对井架形成向南的倾覆力矩，从而导致井架在瞬间向南倒塌。

滑模工程施工现场负责人安全意识淡薄、违章指挥。现场施工人员安全防护意识差，违规作业，在没有恢复北侧揽风绳的情况下，盲目拆除顶部揽风绳是造成此次事故的直接原因。

2. 间接原因

(1) 井架为滑模施工负责人自行加工的非标准井架，未委托有资质的单位进行专项设计，制作粗糙，使用前也未经检验及验收；使用的施工方案未经监理审批，施工中也未认真按此方案组织作业；拆卸作业前，没有进行技术交底，对关键部位也没有进行检查。

(2) 施工和监理单位未能履行其相应的职责。项目经理部负责人、监理人员 均不在现场，且无专职安全员，现场安全管理混乱。

(3) 进行井架拆除的作业人员，大部分为临时招募的当地农民，未进行专门的安全作业培训，安全意识和自我防护意识差。

3. 重要原因

(1) 河南省第七建筑工程公司未对滑模作业队的资质、从业人员资格进行审查，现场没有配备专职安全员，安全生产责任制不落实，对信益二期工程安全管理失控。

(2) 郑州高新建设监理有限公司第六监理部没有

认真履行监理职责，对井架拆除方案未进行审查，现场监理工作不到位；没能及时发现重大的安全隐患。

(3) 信益二期工程指挥部在有关建设手续未办理完备的情况下，急于开工建设，且要求施工单位把合同约定工期110天压缩到71天，严重违反了《建设工程安全生产管理条例》的有关规定。

(4) 安阳市开发区管委会作为政府派出机构，没有认真履行市政府赋予其规划建设等方面的行政管理职责，放弃了对开发区内信益二期工程的管理，导致安全监管缺位。

三、事故处理结果

(1) 对河南省第七建筑工程公司给予降低资质等级的处罚，将房屋建筑工程施工总承包资质等级由一级降为二级。

(2) 安阳信益二期工程项目总监，未对烟囱物料提升架安装拆卸施工方案进行审核，未组织实施有效的监理，对这起事故负主要责任，给予吊销监理工程师注册证书，终身不予注册的处罚。

(3) 烟囱项目滑模作业队负责人、烟囱物料提升架拆卸施工现场负责人、河南省第七建筑工程公司安阳信益二期工程项目部经理、副经理、项目总监、现场监理、招募民工负责人。对这起事故负主要责任，由司法机关依法追究其刑事责任。

(4) 对河南省第七建筑工程公司第一项目承包公司经理、安全处处长、公司总经理、副总经理分别给予行政开除留用察看、行政撤职、行政降级及党内严重警告处分。

(5) 对安阳信益二期工程处一组组长，安彩集团工程处副处长、处长，信益二期工程指挥部指挥长，安阳高新技术开发区规划建设局施工管理处负责人，以及安阳高新技术开发区管委会副主任，分别给予行政记大过和党内严重警告处分。

其他事故

北京密云“2·5”特大伤亡事故

2004年2月5日19点30分左右，北京市密云县密虹公园内云虹桥西侧，由于参观迎春灯展的游人过多，发生踩死挤伤游人的特大事故，造成37人死亡，37人受伤。

一、事故经过

为了营造喜庆、祥和的节日气氛，北京市密云县于2004年1月31日至2月10日，在密云县密虹公园西大桥至云虹桥（俗称彩虹桥）间的白河两岸举办第二届迎春灯展，主办单位是密云县委、县人民政府，承办单位是密云县委宣传部和县文化委员会。

第二届密云迎春灯展自1月31日开幕，前5天，每天有2000～3000名游人自发到现场观灯。2月5日（元宵节）19点30分左右，游人剧增，公园地区游人达到3～4万人，公园内观灯游人达到4000～5000人。

据现场群众反映，当时，潮白河西岸的居民区内有人燃放烟花，因群众中也有正月十五要放礼花的传言，不少游人误认为是在放礼花，因此河东岸的大量游人拥上云虹桥，短时间内通过云虹桥的游人骤增。晚7点45分左右，云虹桥西侧下坡处1游人跌倒，其身后游人向前拥挤，造成踩死挤伤游人的特大事故，造成37人死亡，37人受伤。

二、事故原因分析

1．直接原因

事发当晚到密虹公园观灯的群众增多，又有人传说桥西侧要放烟花，所以，短时间内通过云虹桥到白河西岸的人员骤增，而负责安全保卫的执勤人员没有到岗，现场无人对游人进行组织、控制和疏导，加之部分游人被桥面西侧台阶破损上翘的金属压条绊倒，且桥的坡度较陡，桥东侧游人看不到桥西侧发生的情况，仍继续由东向西拥挤，导致部分游人在桥西侧跌倒后相互挤压，致使多人窒息，造成特大伤亡事故。

2．间接原因

(1) 灯展的主办、承办单位参与灯展组织管理和安全保卫工作的有关人员严重违反《北京市大型社会活动治安管理规定》，未认真履行职责、落实好灯展活动方案提出的各项要求，思想麻痹，作风飘浮，玩忽职守，疏于管理、检查和监督。

(2) 负责灯展活动重点部位（云虹桥）安全保卫工作的单位严重失职。负责云虹桥安全保卫工作的密云县公安局城关派出所，对云虹桥的安全管理工作极不重视，未对云虹桥采取任何保卫、管理和疏导措施；该所主要负责人擅自决定将事发当晚公安执勤人员上岗时间向后推迟1小时，致使事发时事故现场无人管理、控制和疏导，且灯展活动方案中关于要有消防部门参加，并配备两辆消防车在现场备用的要求，也没有落实到位。

(3) 灯展的承办单位未认真履行安全管理职责。作为承办单位的密云县委宣传部、县文化委员会，未能认真履行安全管理职责，对县里召开的协调会上提出的由承办单位协调县城管大队抽调20人，重点对灯展区进行巡逻，维护现场秩序的要求没有很好落实；县文化委员会在《举办大型社会活动申请登记表》中填报的由县文化委员会抽出10名工作人员，作为内保力量负责现场管理和保护的承诺也未完全落实，只抽出3个人，在1月30日组织的现场安全检查中，未对灯展重点部位（云虹桥）进行检查，所以没有发现和整改云虹桥上的金属压条存在的事故隐患。另外，事故发生时承办单位的负责人都不在事故现场。

(4) 灯展组织单位思想麻痹，安全责任不落实。作为灯展组织者的密云县委、县人民政府，对整个灯展活动的安全保卫工作只是一般要求，没有认真抓好责任和措施的落实工作；对2月5日（元宵节）观展人数骤增的情况估计不足，没有采取有力的防范措施；制定的灯展活动方案不严密，在应急预案中没有紧急医疗救助方案；在活动的具体组织过程中，没有建立县级领导值班制度和现场统一指挥机构；对整个活动中的安全保卫工作责任、任务及措施的落实情况没有进行督促检查。

三、事故处理结果

根据事故责任调查结果，依据《中国共产党纪律处分条例》、《国务院公务员暂行条例》、《国务院关于特大安全事故行政责任追究的规定》和《北京市关于重大安全事故行政责任追究的规定》，经报国务院批准，市委、市政府决定对相关责任人员进行严肃处理。

(1) 密云县委书记，对事故发生负有重要领导责任，给予党内警告处分。

(2) 密云县委副书记（兼县长），作为安全工作第一责任人，对事故发生负有重要领导责任。市委同意其引咎辞去县长职务，同时免去其县委副书记、常委、委员职务。密云县第十三届人大常委会第二次会议已审议同意该同志辞去密云县县长职务。

(3) 密云县委副书记，对事故发生负有主要领导责任，给予撤销党内职务处分。

(4) 密云县副县长，对事故发生负有重要领导责任，给予行政记大过、党内警告处分。

(5) 对事故中涉嫌玩忽职守犯罪的2名直接责任人员，移交司法机关处理。其他8名事故责任人也分别受到党纪、政纪处分。

(6) 北京市第二中级人民法院对北京市密云县“2·5”特大伤亡事故中两名玩忽职守人员一审宣判，以玩忽职守罪分别判处北京市密云县公安局城关派出所所长、政委3年有期徒刑。

辽宁省大连市“3·1”200吨汽车起重机特大事故

2004年3月1日18时左右，大连造船重工有限公司（以下简称造船重工）30万吨船坞的600吨×182米龙门起重机（以下简称600吨吊）建设工地，在将200吨汽车起重机（简称200吨汽车吊）从船坞底吊出时，发生坠落事故，致使200吨汽车吊严重损坏，直接经济损失782万元（其中财产损失762万元，善后处理费用20万元）。

一、事故经过

造船重工为30万吨船坞配套建设的600吨吊，是由重工集团总承包的“交钥匙”工程。其中，钢结构安装工程由江苏天目建设集团有限公司（以下简称天目公司）分包，工程的监理由中国船级社实业公司（以下简称监理公司）负责。

2004年2月，为缩短600吨吊安装工期，加快提升塔架的组装速度，将原来塔架单节组装改为多节整体组装方式。为此，重工集团、天目公司、造船重工和监理公司4个单位商定由重工集团负责租用大型起重机供天目公司使用。

2月26日，重工集团向中国石化集团第十建设公司（以下简称十建公司）租用了一台德国产全路面200吨汽车吊（型号GROVEGMK5200）。

3月1日16时30分左右，200吨汽车吊在船坞内完成提升塔架吊装作业。随后天目公司技术负责人请造船重工提供海吊1号将200吨汽车吊吊出船坞。17时30分左右，天目公司施工队长带领10多名工人到达吊装现场，并安排4人在船坞门上拽拉稳绳和向海吊1号传递起吊指令。在起吊前，未在吊装点棱角处加护角，便开始起吊，对此做法现场没有任何人制止。当天目公司的工人在船坞门上听到船坞内吊装人员发出起吊的指令后，随即将指令向海吊1号传递，海吊1号随即开始起吊。当200吨汽车吊被吊起距坞底约15.5米高时，绑挂在200吨汽车吊支腿箱的4根钢丝绳突然断裂3根，致使200吨汽车吊坠落到坞底严重损坏。

二、事故原因分析

1．直接原因

此次吊装作业违反了《起重机械安全规程》（GB 6067—85）中的“绳、链所经过的棱角处应加衬垫”的规定。在将200吨汽车吊从坞底吊出过程中，没有在吊索钢丝绳和绑挂点棱角处之间采取加衬垫（护角）等避免弯折的有效措施，只是在支腿处包裹了质地单薄且柔软的化纤衬布，起不到活动支腿箱棱角对钢丝绳剪切的防护作用，致使吊装用钢丝绳被剪断，造成200吨汽车吊坠损事故的发生。

此外，吊索钢丝绳安全系数不够。《港口装卸用钢丝绳吊索具使用技术条件》（GB 14738—93）规定，钢丝绳吊索具的最小安全系数不得小于5.0，而吊装200吨汽车吊所选用吊索钢丝绳的最小安全系数仅为3.7。

2．间接原因

（1）起重作业现场管理混乱。违反了《起重机械安全规程》（GB 6067—85）规定的要求，在多人绑挂时没有明确指挥人员，在绑挂点选择、绑挂方式的确定、吊索具的选择特别是绑挂点棱角处加护角问题的处理上表现为忙乱无序，并且十分随意，导致此次事故发生。

（2）违规组织起重吊装作业。违反了《建设工程安全生产管理条例》（国务院令第393号）第二十六、二十七条的规定，在对200吨汽车吊吊装作业中，未在吊装作业前编制专项施工方案，并经技术负责人、总监理工程师签字后实施；也没有指派专职安全生产管理人员进行现场监督；施工前，施工单位的技术人员没有就有关安全施工的技术要求向施工作业班组以及作业人员作出详细说明，并签字确认，致使吊装作业现场管理混乱。

（3）总包、监理和设备租赁单位均未能认真履行职责。

三、事故处理结果

（1）对天目公司造船重工600吨吊项目部施工队长、项目总负责人分别处以8000元罚款；对技术负责人处以5000元罚款。

（2）对中国船级社实业公司监理工程师、造船重工600吨吊项目总监代表，给予行政记过处分。

（3）对重工集团造船重工600吨吊项目部现场总指挥，给予行政记过处分。

（4）对十建公司职工、200吨汽车吊正、副司机，分别给予行政记过处分。

（5）对十建公司西太平洋项目部经理，给予行政警告处分。

广东省揭阳市“4·8”特大触电伤亡事故

2004年4月8日晚7时左右，广东省中润钢铁实业有限公司发生一起因基建施工移动工棚不慎接触到10千伏高压电线，导致现场施工人员触电的特大伤亡事故，造成12人死亡，3人受伤。

一、事故经过

广东省中润钢铁实业有限公司为扩建厂房，在该厂毗邻的后墙外扩大用地面积，并已基本完成了“三通一平”工作，转入打桩阶段。在工地东北面距边缘内约30米处有3条东西走向的10千伏高压电线。4月8日下午，打桩承包人载了一台打桩机到工地，并把带到工地的电机、电线、斗车等物资放在工地北面的地方。为看管这些物资，中润钢铁有限公司副总经理叫来打桩承包方的8名工人，将位于扩建工地东面远处的钢铁结构瞭望亭（重约700公斤）搬过来。由于瞭望亭太重，又叫来13名工人。到晚上7时左右，在搬移了约200米时，瞭望亭的上端直接碰触到上方的10千伏高压电线，导致事故发生。

二、事故原因分析

1. 直接原因

中润钢铁实业有限公司副总经理违章指挥，在不了解情况和打桩承包人不在场的情况下，擅自要求该厂工人搬动瞭望亭，导致了事故发生。

2. 间接原因

(1) 中润钢铁实业有限公司未及时处理高压线方面的安全隐患。高压线的架设是采用12米电杆；架设后的高压线距原地面有7米以上，因厂方进行“三通一平”填土，致使高压线距现地面的高度缩短，厂方又未及时与供电部门联系，也未向有关部门申办手续，逃避了政府部门的监控，使重大安全隐患未能及时排除。

(2) 工人缺乏安全用电常识和自我保护的安全意识。由于瞭望亭是钢铁结构，十分沉重，所以在搬动瞭望亭时，只顾下面，没顾上面，而瞭望亭高达5.35米，搬动时又要相应抬高，导致触电。

(3) 公司扩建工程没有交由有相应资质和合法经营的施工单位承建，基本的安全生产条件没有得到有效保障。

(4) 揭阳市榕城区仙桥街道办事处屯埔村南山经联社和桂南村桂林经联社违法出租土地，从而使中润钢铁实业有限公司的扩建工程逃避了有关部门的监管。

(5) 仙桥街道办事处农业办公室为桂南村桂林经联社的《土地有偿使用合同》违规鉴证，促成了违规用地行为的发生。

(6) 揭阳市国土资源执法监察大队在例行巡查中工作不深入，出现漏查，未能及时发现和制止违法用地行为。

(7) 揭阳市行政执法局榕城分局第一中队对中润钢铁实业有限公司未经规划许可的违章建设未能及时发现和制止。

(8) 榕城区政府、仙桥街道办事处和桂南村委会的安全生产管理不规范、不到位。

三、事故处理结果

(1) 对广东中润钢铁实业有限公司等7个事故责任单位，视情节分别作出依法追究相关法律责任、责令停业整顿、取消工商营业执照、写出书面检讨等不同的处理。

(2) 对13名事故责任人，视情节分别作出追究刑事责任、撤职、党内严重警告、行政记大过、行政记过、罚款、行政警告等不同的处理。

河南省郑州市陈砦冷藏贸易有限公司“5·5”特大货架倒塌事故

2004年5月5日11时许，河南省郑州市金水区庙李镇陈砦村郑州陈砦冷藏贸易有限公司30号库房内存放蒜苔的货架突然倒塌，致使正在货架间作业的34名民工被困，经抢救，有19人生还，15人死亡，直接经济损失约177.5万元。

一、事故经过

2004年4月，郑州陈砦冷藏贸易有限公司将30号库房租赁给中牟县大孟镇彦岗村和城关镇等3名村民使用，用于存放蒜薹。2004年4月22日开始往30号库房内存放大捆的蒜薹（每捆约5公斤)，29日入库完毕，合计入库蒜薹369.8吨。由于大捆存放不利于冷藏保鲜，为了达到冷藏保鲜、长期存放的目的，从5月4日开始，货主雇佣民工把已摆放好的大捆蒜薹分成小捆存放（民工的任务是：从货架上把大捆的蒜薹取下，在地面上分成小捆后，再放回货架上)，至事故发生时，民工正在分装货架1～5层的蒜薹。

2004年5月5日8点多钟，34名民工根据分工陆续进入货架间分装蒜薹。约11时货架在几秒钟内突然全部倒塌，将正在货架间作业的民工埋压。经多方奋力抢救，34名被困的民工被全部抢救出来，其中19人生还、15人死亡。

二、事故原因分析

1. 直接原因

常熟市金塔金属制品有限公司在没有资质的情况下，违规生产用于冷库的仓储货架，且在设计、生产、安装过程中存在严重的质量问题，致使货架的整体稳定性差、承载能力不足造成失稳坍塌，是事故发生的直接原因。

2. 间接原因

(1) 陈砦村党支部、村委会及陈砦冷藏贸易有限公司，在未对常熟市金塔金属制品有限公司的资质进行确认的情况下，盲目与该厂签定买卖合同，购买和使用无合格证的货架；对供货方违规设计、生产、安装造成产品质量存在严重问题缺乏监督；货架安装完毕后，没有组织进行质量验收；安全生产管理规章制度不健全，仓储管理人员及操作人员均未经培训，是造成事故的主要原因。

(2) 金水区、庙李镇政府及有关管理部门对陈砦冷藏贸易有限公司安全生产工作监督不力、管理不严，是事故发生的重要原因。

三、事故处理结果

(1) 对常熟市金塔金属制品有限公司业务员兼陈砦冷库货架安装负责人，移交司法机关依法追究其刑事责任。

(2) 对常熟市金塔金属制品有限公司质检员、安装工，移交司法机关依法追究其刑事责任。

(3) 对常熟市金塔金属制品有限公司负责生产的厂长，移交司法机关依法追究其刑事责任。

(4) 对常熟市金塔金属制品有限公司总经理，建议移交司法机关依法追究其刑事责任。

(5) 对陈砦冷藏贸易有限公司副经理，建议移交司法机关依法追究其刑事责任。

(6) 对陈砦村党支部副书记、村委会主任兼北环实业总公司董事长，建议给予撤销党内职务处分，依法罢免其村委会主任职务，移交司法机关依法追究其刑事责任。

(7) 对本次事故负有行政领导责任的有关人员都给予了相应的党、政纪处分。

第十部分

全国事故统计资料

2004年全国各类死亡事故情况统计表

类别	总计		其中：一次死亡3～9人事故		一次死亡10人以上事故	
	事故起数	死亡人数	事故起数	死亡人数	事故起数	死亡人数
合计	803573	136755	2721	10180	129	2530
一、工矿商贸合计	14704	16497	543	2172	59	1311
1. 煤矿	3641	6027	247	1085	42	1008
2. 金属与非金属矿	2248	2699	85	300	4	106
3. 建筑业	2582	2789	67	247	2	33
4. 危险化学品	193	291	28	109	1	11
5. 烟花爆竹	138	322	25	98	7	112
6. 工商贸其他	5902	4369	91	333	3	41
二、火灾	252701	2557	101	387	3	83
三、道路交通	517889	107077	2028	7429	55	852
四、水上交通	562	489	34	146	4	128
五、铁路交通	11921	7992	14	42		
六、民航飞行	4	61	1	4	1	55
七、农业机械	5047	1431				
八、渔业船舶	682	570			4	43
九、其他	63	81			3	58

2004年全国工矿商贸企业死亡事故情况统计表（按行业分类）

类别	总计		其中：一次死亡3～9人事故		一次死亡10人以上事故	
	事故起数	死亡人数	事故起数	死亡人数	事故起数	死亡人数
合计	14704	16497	543	2172	59	1311
A 农、林、牧、渔业	146	135	6	19		
B 采矿业	5889	8726	331	1382	46	1114
C 制造业	4511	3374	89	337	10	149
D 电力、燃气及水的生产和供应业	368	393	12	43		
E 建筑业	2582	2789	67	247	2	33
F 交通运输、仓储和邮政业	230	207	5	17	1	15
S 公共管理和社会组织	6	6				
G 信息传输、计算机服务和软件业	52	51				
H 批发和零售业	135	132	4	16		
I 住宿和餐饮业	55	54	3	10		
J 金融业	2	2				
K 房地产业	44	47	1	3		
L 租赁和商务服务业	139	139	7	28		
M 科学研究、技术服务和地质勘查业	61	65	3	9		
N 水利、环境和公共设施管理业	35	44	3	12		
O 居民服务和其他服务业	207	209	4	16		
P 教育	19	26	2	10		
Q 卫生、社会保障和社会福利业	7	4				
R 文化、体育和娱乐业	13	13				
其他行业	203	81	6	23		

2004年全国工矿商贸企业死亡事故情况统计表（按经济类型分类）

类别	总计		其中：一次死亡3～9人事故		一次死亡10人以上事故	
	事故起数	死亡人数	事故起数	死亡人数	事故起数	死亡人数
合计	14704	16497	543	2172	59	1311
国有经济	3412	3586	104	433	13	506
集体经济	1428	1633	53	216	4	73
股份合作	1119	1114	23	83	1	13
联营经济	156	164	6	22		
有限责任公司	1243	1238	30	108	1	13
股份有限公司	499	476	14	49	1	11
私营经济	5893	7510	296	1198	38	682
港澳台投资	306	87	1	3		
外商投资	263	126	2	6		
其他经济	385	412	14	54	1	13

2004年全国工矿商贸企业死亡事故情况统计表（按事故类别分类）

类别	总计		其中：一次死亡3～9人事故		一次死亡10人以上事故	
	事故起数	死亡人数	事故起数	死亡人数	事故起数	死亡人数
合计	14704	16497	543	2172	59	1311
物体打击	1710	1490	13	45		
车辆伤害	906	889	9	33		
机械伤害	1907	998	2	9		
起重伤害	519	464	11	41		
触电	1103	1121	9	29	1	12
淹溺	115	122	2	7		
灼烫	210	123	5	17		
火灾	76	164	14	66	4	50
高处坠落	2538	2371	14	47		
坍塌	959	1379	96	348	4	60
冒顶片帮	2292	2701	63	243	1	10
透水	118	367	38	179	5	82
放炮	363	425	8	31		
火药爆炸	191	383	28	110	6	102
瓦斯爆炸	165	1058	74	341	24	627

续表

类别	总计		其中：一次死亡3~9人事故		一次死亡10人以上事故	
	事故起数	死亡人数	事故起数	死亡人数	事故起数	死亡人数
锅炉爆炸	18	18				
容器爆炸	112	154	10	41	1	11
其他爆炸	173	288	20	79	3	36
中毒和窒息	721	1538	120	479	10	321
环境污染	1					
其他伤害	446	232	4	17		

2004年全国工矿商贸企业死亡事故情况统计表（按事故原因分类）

类别	总计		其中：一次死亡3~9人事故		一次死亡10人以上事故	
	事故起数	死亡人数	事故起数	死亡人数	事故起数	死亡人数
合计	14704	16497	543	2172	59	1311
技术和设计有缺陷	286	562	30	130	4	188
设备、设施、工具、附件有缺陷	1178	1193	26	98	2	29
安全设施缺少或有缺陷	1651	1827	68	260	7	157
生产场所环境不良	2671	3407	126	499	9	277
个人防护用品缺少或有缺陷	925	897	11	39	1	15
没有安全操作规程或不健全	668	764	28	109	2	31
违反操作规程或劳动纪律	5963	6540	201	820	29	544
劳动组织不合理	241	240	7	29		
对现场工作缺乏检查或指挥错误	624	769	39	147	3	38
教育培训不够缺乏安全操作知识	766	758	25	99	1	13
其他	1010	989	46	184	7	102

2004年全国工矿商贸企业死亡事故情况统计表（按地区分类）

地　　区	总　　计		其中：一次死亡3～9人事故		一次死亡10人以上事故	
	事故起数	死亡人数	事故起数	死亡人数	事故起数	死亡人数
合　计	14704	16497	543	2172	59	1311
北　京	150	177	5	17	1	10
天　津	165	101	3	11		
河　北	382	589	21	76	5	139
山　西	261	638	39	165	10	215
内蒙古	275	332	4	18	1	15
辽　宁	620	701	32	124	1	15
吉　林	258	322	13	55	1	11
黑龙江	272	399	9	56	3	59
上　海	1241	431	5	16		
江　苏	663	624	16	54		
浙　江	917	951	20	70		
安　徽	466	504	4	13		
福　建	403	411	7	21	1	11
江　西	321	477	26	125	1	16
山　东	413	494	16	66	3	36
河　南	416	710	30	125	4	218
湖　北	586	636	13	41	1	11
湖　南	902	1052	48	199	9	110
广　东	1234	859	28	107	1	12
广　西	476	481	10	36	1	37
海　南	98	95	3	11		
四　川	907	1129	43	166	3	47
贵　州	826	1182	63	248	8	120
云　南	659	819	25	105	1	10
西　藏	37	44	3	11		
重　庆	696	825	20	85	1	13
陕　西	273	492	8	33	2	189
甘　肃	260	308	12	48	1	17
青　海	86	92	4	15		
宁　夏	102	98	1	4		
新　疆	313	346	11	45		
新疆兵团	26	27	1	6		

2004年全国分地区火灾事故情况统计表

地区	火灾概况						特大火灾				重大火灾			
	事故起数	死亡人数	受伤人数	损失			事故起数	死亡人数	受伤人数	直接损失/万元	事故起数	死亡人数	受伤人数	直接损失/万元
				直接损失/万元	烧毁面积/m^2	受灾户数								
合计	252804	2562	2969	167357.0	3683852	71303	27	131	156	29549.9	261	394	154	10476.0
北京	9302	59	127	3525.9	36827	1733	1	11	37	81.9	1	3	2	0.2
天津	4659	34	27	1766.0	24610	834					3	8		91.2
河北	7690	74	68	4106.3	81703	1497					6	18		173.1
山西	3571	48	71	2539.0	34334	1052	1			316.9	8	17	6	231.0
内蒙古	4577	26	32	1473.0	36352	1323					3			163.1
辽宁	27190	176	133	11637.6	123060	5496	1			487.9	3	15	10	3.1
吉林	21354	148	138	4385.7	190110	7581	1	54	70	426.4	4	1	3	150.9
黑龙江	14523	106	87	5878.1	184326	4919	1			199.5	10	15	1	413.2
上海	5133	30	47	1797.8	104786	2998					3			230.6
江苏	16475	187	172	11011.9	216502	2318	2			1897.6	10	11	2	479.2
浙江	13724	339	198	14491.1	348937	2907	3	58	18	276.2	31	37	9	1532.6
安徽	7214	96	123	4669.5	119241	2645	1			292.3	13	22	10	400.7
福建	7727	89	120	7374.9	228350	2556	2			540.8	18	20	29	948.9
江西	6335	40	59	4526.9	135468	2456	1	1		303.6	5	10		170.3
山东	16058	37	55	6032.2	278525	5522					6	14	3	196.8
河南	12206	84	127	6148.7	128267	3497					4	18	12	7.5
湖北	7519	48	55	4399.3	59118	998					2	7	11	55.3
湖南	5611	63	114	24687.5	185954	1835	2		23	19711	8	8		440.1
广东	15756	279	383	17452.0	296087	936	1	2	4	3440.4	49	94	22	1796.5
广西	2926	115	127	4155.4	186145	2492	6	1	3	598.9	19	16		768.4
海南	1092	7	13	798.3	12184	206					1			60.9
重庆	7388	63	97	3372.9	45197	1786					4	7	1	163.2
四川	9141	138	139	4514.7	162716	3232					6	9	1	157.8
贵州	2028	63	50	2058.2	130703	1509	1			51.1	8	16	1	151.2
云南	3564	90	118	3595.9	121163	2109					7	9	15	102.7
西藏	203	14	23	502.4	5966	63					4	2		191.4
陕西	6954	43	70	3659.6	86245	1495	2	4	1	435.4	8	10	5	378.0
甘肃	3029	24	30	2411.1	48549	1771					9	3		491.5
青海	958	10	47	590.5	12995	589					1			48.0
宁夏	3384	4	24	800.8	6261	333					2	1	3	142.0
新疆	5513	28	95	2993.9	53171	2615	1			490	5	3	8	336.8

2004年特种设备严重以上事故统计对比表

种类 \ 对比		事故合计	特别重大事故	特大事故	重大事故	严重事故	死亡人数	受伤人数	直接经济损失/万元
锅炉	2004年	35		1	2	32	37	41	949.2
	2003年	23				23	12	38	125.45
	增减/%	52				39	208	8	657
土锅炉	2004年	26				26	14	47	68.95
	2003年	43			2	41	30	58	88.8
	增减/%	-40			-100	-37	-53	-19	-22
压力容器	2004年	35			4	31	44	60	1207.73
	2003年	45			4	41	38	70	1113.28
	增减/%	-22			0	-24	16	-14	8
气瓶	2004年	46			1	45	35	104	488.29
	2003年	33			1	32	19	87	158.8
	增减/%	39			0	41	84	20	207
压力管道	2004年	16			3	13	23	63	207.6
	2003年	15			1	14	15	28	293.3
	增减/%	7			200	-7	53	125	-29
电梯	2004年	22				22	18	9	206.05
	2003年	53				53	39	18	133.8
	增减/%	-58				-58	-54	-50	-54
起重机械	2004年	84			3	81	91	62	1086.82
	2003年	44			1	43	40	16	673.5
	增减/%	91			200	88	128	288	61
房屋起重机械	2004年	18			3	15	30	28	209.5
	2003年	23			3	20	34	60	441.7
	增减/%	-22			0	-25	-12	-53	-53
场（厂）内机动车辆	2004年	7				7	7		47
	2003年	8				8	7	3	47.8
	增减/%	-13				-13	0	-100	-2
客运索道	2004年	2				2		7	80.8
	2003年	1				1	1		10
	增减/%	100				100	-100		708

续表

对比 \ 种类		事故合计	特别重大事故	特大事故	重大事故	严重事故	死亡人数	受伤人数	直接经济损失/万元
大型游乐设施	2004 年	4				4		5	1
	2003 年	1				1		1	5
	增减/%	300				300		400	-80
总对比	2004 年	295	0	1	16	278	299	426	4552.94
	2003 年	289	0	0	12	277	235	379	3091.43
	增减/%	2			33	0	27	12	47

注：房屋建筑工地和市政工程工地起重机械，简称“房屋起重机械”。

第十一部分

安全生产法律、法规、规章及文件

国务院有关安全生产的行政法规及文件

关于进一步加强安全生产工作的决定

国发［2004］2号

安全生产关系人民群众的生命财产安全，关系改革发展和社会稳定大局。党中央、国务院高度重视安全生产工作，建国以来特别是改革开放以来，采取了一系列重大举措加强安全生产工作。颁布实施了《中华人民共和国安全生产法》（以下简称《安全生产法》）等法律法规，明确了安全生产责任；初步建立了安全生产监管体系，安全生产监督管理得到加强；对重点行业和领域集中开展了安全生产专项整治，生产经营秩序和安全生产条件有所改善，安全生产状况总体上趋于稳定好转。但是，目前全国的安全生产形势依然严峻，煤矿、道路交通运输、建筑等领域伤亡事故多发的状况尚未根本扭转；安全生产基础比较薄弱，保障体系和机制不健全；部分地方和生产经营单位安全意识不强，责任不落实，投入不足；安全生产监督管理机构、队伍建设以及监管工作亟待加强。为了进一步加强安全生产工作，尽快实现我国安全生产局面的根本好转，特作如下决定。

一、提高认识，明确指导思想和奋斗目标

1．充分认识安全生产工作的重要性。搞好安全生产工作，切实保障人民群众的生命财产安全，体现了最广大人民群众的根本利益，反映了先进生产力的发展要求和先进文化的前进方向。做好安全生产工作是全面建设小康社会、统筹经济社会全面发展的重要内容，是实施可持续发展战略的组成部分，是政府履行社会管理和市场监管职能的基本任务，是企业生存发展的基本要求。我国目前尚处于社会主义初级阶段，要实现安全生产状况的根本好转，必须付出持续不懈的努力。各地区、各部门要把安全生产作为一项长期艰巨的任务，警钟长鸣，常抓不懈，从全面贯彻落实“三个代表”重要思想，维护人民群众生命财产安全的高度，充分认识加强安全生产工作的重要意义和现实紧迫性，动员全社会力量，齐抓共管，全力推进。

2．指导思想。认真贯彻“三个代表”重要思想，适应全面建设小康社会的要求和完善社会主义市场经济体制的新形势，坚持“安全第一、预防为主”的基本方针，进一步强化政府对安全生产工作的领导，大力推进安全生产各项工作，落实生产经营单位安全生产主体责任，加强安全生产监督管理；大力推进安全生产监管体制、安全生产法制和执法队伍“三项建设”，建立安全生产长效机制，实施科技兴安战略，积极采用先进的安全管理方法和安全生产技术，努力实现全国安全生产状况的根本好转。

3. 奋斗目标。到2007年，建立起较为完善的安全生产监管体系，全国安全生产状况稳定好转，矿山、危险化学品、建筑等重点行业和领域事故多发状况得到扭转，工矿企业事故死亡人数、煤矿百万吨死亡率、道路交通运输万车死亡率等指标均有一定幅度的下降。到2010年，初步形成规范完善的安全生产法治秩序，全国安全生产状况明显好转，重特大事故得到有效遏制，各类生产安全事故和死亡人数有较大幅度的下降。力争到2020年，我国安全生产状况实现根本性好转，亿元国内生产总值死亡率、10万人死亡率等指标达到或者接近世界中等发达国家水平。

二、完善政策，大力推进安全生产各项工作

4. 加强产业政策的引导。制定和完善产业政策，调整和优化产业结构。逐步淘汰技术落后、浪费资源和环境污染严重的工艺技术、装备及不具备安全生产条件的企业。通过兼并、联合、重组等措施，积极发展跨区域、跨行业经营的大公司、大集团和大型生产供应基地，提高有安全生产保障企业的生产能力。

5. 加大政府对安全生产的投入。加强安全生产基础设施建设和支撑体系建设，加大对企业安全生产技术改造的支持力度。运用长期建设国债和预算内基本建设投资，支持大中型国有煤炭企业的安全生产技术改造。各级地方人民政府要重视安全生产基础设施建设资金的投入，并积极支持企业安全技术改造，对国家安排的安全生产专项资金，地方政府要加强监督管理，确保专款专用，并安排配套资金予以保障。

6. 深化安全生产专项整治。坚持把矿山、道路和水上交通运输、危险化学品、民用爆破器材和烟花爆竹、人员密集场所消防安全等方面的安全生产专项整治，作为整顿和规范社会主义市场经济秩序的一项重要任务，持续不懈地抓下去。继续关闭取缔非法和不具备安全生产条件的小矿小厂、经营网点，遏制低水平重复建设。开展公路货车超限超载治理，保障道路交通运输安全。把安全生产专项整治与依法落实生产经营单位安全生产保障制度、加强日常监督管理以及建立安全生产长效机制结合起来，确保整治工作取得实效。

7. 健全完善安全生产法制。对《安全生产法》确立的各项法律制度，要抓紧制定配套法规规章。认真做好各项安全生产技术规范、标准的制定修订工作。各地区要结合本地实际，制定和完善《安全生产法》配套实施办法和措施。加大安全生产法律法规的学习宣传和贯彻力度，普及安全生产法律知识，增强全民安全生产法制观念。

8. 建立生产安全应急救援体系。加快全国生产安全应急救援体系建设，尽快建立国家生产安全应急救援指挥中心，充分利用现有的应急救援资源，建设具有快速反应能力的专业化救援队伍，提高救援装备水平，增强生产安全事故的抢险救援能力。加强区域性生产安全应急救援基地建设。搞好重大危险源的普查登记，加强国家、省（区、市）、市（地）、县（市）四级重大危险源监控工作，建立应急救援预案和生产安全预警机制。

9. 加强安全生产科研和技术开发。加强安全生产科学学科建设，积极发展安全生产普通高等教育，培养和造就更多的安全生产科技和管理人才，加大科技投入力度，充分利用高等院校、科研机构、社会团体等安全生产科研资源，加强安全生产基础研究和应用研究。建立国家安全生产信息管理系统，提高安全生产信息统计的准确性、科学性和权威性。积极开展安全生产领域的国际交流与合作，加快先进的生产安全技术引进、消化、吸收和自主创新步伐。

三、强化管理，落实生产经营单位安全生产主体责任

10. 依法加强和改进生产经营单位安全管理。强化生产经营单位安全生产主体地位，进一步明确安全生产责任，全面落实安全保障的各项法律法规。生产经营单位要根据《安全生产法》等有关法律规定，设置安全生产管理机构或者配备专职（或兼职）安全生产管理人员。保证安全生产的必要投入，积极采用安全性能可靠的新技术、新工艺、新设备和新材料，不断改善安全生产条件。改进生产经营单位安全管理，积极采用职业安全健康管理体系认证、风险评估、安全评价等方法，落实各项安全防范措施，提高安全生产管理水平。

11. 开展安全质量标准化活动。制定和颁布重点行业、领域安全生产技术规范和安全生产质量工作标准，在全国所有工矿、商贸、交通运输、建筑施工等企业普遍开展安全质量标准化活动。企业生产流程的各环节、各岗位要建立严格的安全生产质量责任制。生产经营活动和行为，必须符合安全生产有关法律法规和安全生产技术规范的要求，做到规范化和标准化。

12. 搞好安全生产技术培训。加强安全生产培训工作，整合培训资源，完善培训网络，加大培训力度，提高培训质量。生产经营单位必须对所有从业人员进行必要的安全生产技术培训，其主要负责人及有关经营管理人员、重要工种人员必须按照有关法律、法规的规定，接受规范的安全生产培训，经考试合格，持证上岗。完善注册安全工程师考试、任职、考核制度。

13. 建立企业提取安全费用制度。为保证安全生产所需资金投入，形成企业安全生产投入的长效机制，借鉴煤矿提取安全费用的经验，在条件成熟后，逐步建立对高危行业生产企业提取安全费用制度。企业安全费用的提取，要根据地区和行业的特点，分别确定提取标准，由企业自行提取，专户储存，专项用于安全生产。

14. 依法加大生产经营单位对伤亡事故的经济赔偿。生产经营单位必须认真执行工伤保险制度，依法参加工伤保险，及时为从业人员缴纳保险费。同时，依据《安全生产法》等有关法律法规，向受到生产安全事故伤害的员工或家属支付赔偿金。进一步提高企业生产安全事故伤亡赔偿标准，建立企业负责人自觉保障安全投入，努力减少事故的机制。

四、完善制度，加强安全生产监督管理

15. 加强地方各级安全生产监管机构和执法队伍建设。县级以上各级地方人员政府要依照《安全生产法》的规定，建立健全安全生产监管机构，充实必要的人员，加强安全生产监管队伍建设，提高安全生产监管工作的权威，切实履行安全生产监管职能。完善煤矿安全生产监察体制，进一步加强煤矿安全生产监察队伍建设和监察执法工作。

16. 建立安全生产控制指标体系。要制订全国安全生产中长期发展规划，明确年度安全生产控制指标、建立全国和分省（区、市）的控制指标体系，对安全生产情况实行定量控制和考核。从2004年起，国家向各省（区、市）人民政府下达年度安全生产各项控制指标，并进行跟踪检查和监督考核。对各省（区、市）安全生产控制指标完成情况，国家安全生产监督管理部门将通过新闻发布会、政府公告、简报等形式，每季度公布一次。

17. 建立安全生产行政许可制度。把安全生产纳入国家行政许可的范围，在各行业的行政许可制度中，把安全生产作为一项重要内容，从源头上制止不具备安全生产条件的企业进入市场。开办企业必须具备法律规定的安全生产条件，依法向政府有关部门申请、办理安全生产许可证，持证生产经营。新建、改建、扩建项目的安全设施必须与主体工程同时设计、同时施工、同时投入生产和使用（简称“三同时”），对未通过“三同时”审查的建设项目，有关部门不予办理行政许可手续，企业不准开工投产。

18. 建立企业安全生产风险抵押金制度。为强化生产经营单位的安全生产责任，各地区可结合实际，依法对矿山、道路交通运输、建筑施工、危险化学品、烟花爆竹等领域从事生产经营活动的企业，收取一定数额的安全生产风险抵押金，企业生产经营期间发生生产安全事故的，转作事故抢险救灾和善后处理所需资金。具体办法由国家安全生产监督管理部门会同财政部研究制定。

19. 强化安全生产监管监察行政执法。各级安全生产监管监察机构要增强执法意识，做到严格、公正、文明执法。依法对生产经营单位安全生产情况进行监督检查，指导督促生产经营单位建立健全安全生产责任制，落实各项防范措施。组织开展好企业安全评估，搞好分类指导和重点监管。对严重忽视安全生产的企业及其负责人或业主，要依法加大行政执法和经济处罚的力度。认真查处各类事故。坚持事故原因未查清不放过、责任人员未处理不放过、整改措施未落实不放过、有关人员未受到教育不放过的“四不放过”原则，不仅要追究事故直接责任人的责任，同时要追究有关负责人的领导责任。

20. 加强对小企业的安全生产监管。小企业是安全生产管理的薄弱环节，各地要高度重视小企业的安全生产工作，切实加强监督管理。从组织领导、工作机制和安全投入等方面入手，逐步探索出一套行之有效的监管办法。坚持寓监督管理于服务之中，积极为小企业提供安全技术、人才、政策咨询等方面的服务，加强检查指导，督促帮助小企业搞好安全生产。要重视解决小煤矿安全生产投入问

题，对乡镇及个体煤矿，要严格监督其按照有关规定提取安全费用。

五、加强领导，形成齐抓共管的合力

21.认真落实各级领导安全生产责任。地方各级人民政府要建立健全领导干部安全生产责任制，把安全生产作为干部政绩考核的重要内容，逐级抓好落实。特别要加强县乡两级领导干部安全生产责任制的落实。加强对地方领导干部的安全知识培训和安全生产监管人员的执法业务培训。国家组织对市（地）、县（市）两级政府分管安全生产工作的领导干部进行培训；各省（区、市）要对县级以上安全生产监管部门负责人，分期分批进行执法能力培训。依法严肃查处事故责任，对存在失职、渎职行为，或对事故发生负有领导责任的地方政府、企业领导人，要依照有关法律法规严格追究责任。严厉惩治安全生产领域的腐败现象和黑恶势力。

22.构建全社会齐抓共管的安全生产工作格局。地方各级人民政府每季度至少召开一次安全生产例会，分析、部署、督促和检查本地区的安全生产工作；大力支持并帮助解决安全生产监管部门在行政执法中遇到的困难和问题。各级安全生产委员会及其办公室要积极发挥综合协调作用。安全生产综合监管及其他负有安全生产监督管理职责的部门要在政府的统一领导下，依照有关法律法规的规定，各负其责，密切配合，切实履行安全监管职能。各级工会、共青团组织要围绕安全生产，发挥各自优势，开展群众性安全生产活动。充分发挥各类协会、学会、中心等中介机构和社团组织的作用，构建信息、法律、技术装备、宣传教育、培训和应急救援等安全生产支撑体系。强化社会监督、群众监督和新闻媒体监督，丰富全国"安全生产月"、"安全生产万里行"等活动内容，努力构建"政府统一领导、部门依法监管、企业全面负责、群众参与监督、全社会广泛支持"的安全生产工作格局。

23.做好宣传教育和舆论引导工作。把安全生产宣传教育纳入宣传思想工作的总体布局，坚持正确的舆论导向，大力宣传党和国家安全生产产针政策、法律法规和加强安全生产工作的重大举措，宣传安全生产工作的先进典型和经验；对严重忽视安全生产、导致重特大事故发生的典型事例要予以曝光。在大中专院校和中小学开设安全知识课程，提高青少年在道路交通、消防、城市燃气等方面的识灾和防灾能力。通过广泛深入的宣传教育，不断增强群众依法自我安全保护的意识。

各地区、各部门和各单位要加强调查研究，注意发现安全生产工作中出现的新情况，研究新问题，推进安全生产理论、监管体制和机制、监管方式和手段、安全科技、安全文化等方面的创新，不断增强安全生产工作的针对性和实效性，努力开创我国安全生产工作的新局面，为完善社会主义市场经济体制，实现党的十六大提出的全面建设小康社会的宏伟目标创造安全稳定的环境。

二〇〇四年一月九日

中华人民共和国国务院令

第 397 号

《安全生产许可证条例》已经 2004 年 1 月 7 日国务院第 34 次常务会议通过，现予公布，自公布之日起施行。

总理　温家宝

二〇〇四年一月十三日

安全生产许可证条例

第一条　为了严格规范安全生产条件，进一步加强安全生产监督管理，防止和减少生产安全事故，根据《中华人民共和国安全生产法》的有关规定，制定本条例。

第二条　国家对矿山企业、建筑施工企业和危险化学品、烟花爆竹、民用爆破器材生产企业（以下统称企业）实行安全生产许可制度。

企业未取得安全生产许可证的，不得从事生产活动。

第三条　国务院安全生产监督管理部门负责中央管理的非煤矿矿山企业和危险化学品、烟花爆竹生产企业安全生产许可证的颁发和管理。

省、自治区、直辖市人民政府安全生产监督管理部门负责前款规定以外的非煤矿矿山企业和危险化学品、烟花爆竹生产企业安全生产许可证的颁发和管理，并接受国务院安全生产监督管理部门的指导和监督。

国家煤矿安全监察机构负责中央管理的煤矿企业安全生产许可证的颁发和管理。

在省、自治区、直辖市设立的煤矿安全监察机构负责前款规定以外的其他煤矿企业安全生产许可证的颁发和管理，并接受国家煤矿安全监察机构的指导和监督。

第四条　国务院建设主管部门负责中央管理的建筑施工企业安全生产许可证的颁发和管理。

省、自治区、直辖市人民政府建设主管部门负责前款规定以外的建筑施工企业安全生产许可证的颁发和管理，并接受国务院建设主管部门的指导和监督。

第五条　国务院国防科技工业主管部门负责民用爆破器材生产企业安全生产许可证的颁发和管理。

第六条　企业取得安全生产许可证，应当具备下列安全生产条件：

（一）建立、健全安全生产责任制，制定完备的安全生产规章制度和操作规程；

（二）安全投入符合安全生产要求；

（三）设置安全生产管理机构，配备专职安全生产管理人员；

（四）主要负责人和安全生产管理人员经考核合格；

（五）特种作业人员经有关业务主管部门考核合格，取得特种作业操作资格证书；

（六）从业人员经安全生产教育和培训合格；

（七）依法参加工伤保险，为从业人员缴纳保险费；

（八）厂房、作业场所和安全设施、设备、工艺符合有关安全生产法律、法规、标准和规程的要求；

（九）有职业危害防治措施，并为从业人员配备符合国家标准或者行业标准的劳动防护用品；

（十）依法进行安全评价；

（十一）有重大危险源检测、评估、监控措施和应急预案；

（十二）有生产安全事故应急救援预案、应急救援组织或者应急救援人员，配备必要的应急救援器材、设备；

（十三）法律、法规规定的其他条件。

第七条 企业进行生产前，应当依照本条例的规定向安全生产许可证颁发管理机关申请领取安全生产许可证，并提供本条例第六条规定的相关文件、资料。安全生产许可证颁发管理机关应当自收到申请之日起45日内审查完毕，经审查符合本条例规定的安全生产条件的，颁发安全生产许可证；不符合本条例规定的安全生产条件的，不予颁发安全生产许可证，书面通知企业并说明理由。

煤矿企业应当以矿（井）为单位，在申请领取煤炭生产许可证前，依照本条例的规定取得安全生产许可证。

第八条 安全生产许可证由国务院安全生产监督管理部门规定统一的式样。

第九条 安全生产许可证的有效期为3年。安全生产许可证有效期满需要延期的，企业应当于期满前3个月向原安全生产许可证颁发管理机关办理延期手续。

企业在安全生产许可证有效期内，严格遵守有关安全生产的法律法规，未发生死亡事故的，安全生产许可证有效期届满时，经原安全生产许可证颁发管理机关同意，不再审查，安全生产许可证有效期延期3年。

第十条 安全生产许可证颁发管理机关应当建立、健全安全生产许可证档案管理制度，并定期向社会公布企业取得安全生产许可证的情况。

第十一条 煤矿企业安全生产许可证颁发管理机关、建筑施工企业安全生产许可证颁发管理机关、民用爆破器材生产企业安全生产许可证颁发管理机关，应当每年向同级安全生产监督管理部门通报其安全生产许可证颁发和管理情况。

第十二条 国务院安全生产监督管理部门和省、自治区、直辖市人民政府安全生产监督管理部门对建筑施工企业、民用爆破器材生产企业、煤矿企业取得安全生产许可证的情况进行监督。

第十三条 企业不得转让、冒用安全生产许可证或者使用伪造的安全生产许可证。

第十四条 企业取得安全生产许可证后，不得降低安全生产条件，并应当加强日常安全生产管理，接受安全生产许可证颁发管理机关的监督检查。

安全生产许可证颁发管理机关应当加强对取得安全生产许可证的企业的监督检查，发现其不再具备本条例规定的安全生产条件的，应当暂扣或者吊销安全生产许可证。

第十五条 安全生产许可证颁发管理机关工作人员在安全生产许可证颁发、管理和监督检查工作中，不得索取或者接受企业的财物，不得谋取其他利益。

第十六条 监察机关依照《中华人民共和国行政监察法》的规定，对安全生产许可证颁发管理机关及其工作人员履行本条例规定的职责实施监察。

第十七条 任何单位或者个人对违反本条例规定的行为，有权向安全生产许可证颁发管理机关或者监察机关等有关部门举报。

第十八条 安全生产许可证颁发管理机关工作人员有下列行为之一的，给予降级或者撤职的行政处分；构成犯罪的，依法追究刑事责任：

（一）向不符合本条例规定的安全生产条件的企业颁发安全生产许可证的；

（二）发现企业未依法取得安全生产许可证擅自从事生产活动，不依法处理的；

（三）发现取得安全生产许可证的企业不再具备本条例规定的安全生产条件，不依法处理的；

（四）接到对违反本条例规定行为的举报后，不及时处理的；

（五）在安全生产许可证颁发、管理和监督检查工作中，索取或者接受企业的财物，或者谋取其他利益的。

第十九条 违反本条例规定，未取得安全生产许可证擅自进行生产的，责令停止生产，没收违法所得，并处10万元以上50万元以下的罚款；造成重大事故或者其他严重后果，构成犯罪的，依法追究刑事责任。

第二十条　违反本条例规定，安全生产许可证有效期满未办理延期手续，继续进行生产的，责令停止生产，限期补办延期手续，没收违法所得，并处5万元以上10万元以下的罚款；逾期仍不办理延期手续，继续进行生产的，依照本条例第十九条的规定处罚。

第二十一条　违反本条例规定，转让安全生产许可证的，没收违法所得，处10万元以上50万元以下的罚款，并吊销其安全生产许可证；构成犯罪的，依法追究刑事责任；接受转让的，依照本条例第十九条的规定处罚。

冒用安全生产许可证或者使用伪造的安全生产许可证的，依照本条例第十九条的规定处罚。

第二十二条　本条例施行前已经进行生产的企业，应当自本条例施行之日起1年内，依照本条例的规定向安全生产许可证颁发管理机关申请办理安全生产许可证；逾期不办理安全生产许可证，或者经审查不符合本条例规定的安全生产条件，未取得安全生产许可证，继续进行生产的，依照本条例第十九条的规定处罚。

第二十三条　本条例规定的行政处罚，由安全生产许可证颁发管理机关决定。

第二十四条　本条例自公布之日起施行。

国务院综合管理部门有关安全生产的规章及文件（目录）

一、综 合 管 理

关于印发《国家安全生产监督管理局（国家煤矿安全监察局）工作规则》的通知（安监管办字〔2004〕166号）

关于认真学习宣传和贯彻落实全国安全生产工作会议精神的通知（安监管办字〔2004〕13号）

关于贯彻落实《国务院关于进一步加强安全生产工作的决定》的指导意见（安监管办字〔2004〕30号）

关于表彰2003年安全生产监管监察先进单位和先进个人的决定（安监管办字〔2004〕1号）

关于表彰全国安全生产监督管理和煤矿安全监察系统先进工作者的决定（国人部发〔2004〕6号）

关于做好宏观调控过程中安全生产工作的通知（安监管办字〔2004〕70号）

关于认真做好安全生产控制指标调度统计工作的通知（安监管办字〔2004〕105号）

关于印发《矿山救援工作指导意见》的通知（安监管办字〔2004〕128号）

关于印发《安全生产专项经费管理暂行规定》的通知（安监管财字〔2004〕169号）

关于加强安全生产标准工作的通知（安监管政法字〔2004〕120号）

关于推进依法行政搞好行政许可工作的意见（安监管政法字〔2004〕125号）

关于进一步做好安全生产许可证颁发管理工作的意见（安监管政法字〔2004〕156号）

关于印发《各业务司对口监管中央企业的工作方案》的通知（安监管司办字〔2004〕52号）

关于认真做好中央企业事故调度统计工作的通知（安监管司办字〔2004〕63号）

关于对特大事故抢救工作总结进行备案管理的通知（安监管司办字〔2004〕67号）

二、煤矿安全监察

（一）工作部署

关于推进乡镇煤矿安全质量标准化建设的意见（安委办字〔2004〕6号）

关于加强煤矿安全供电工作的通知（安委办字

〔2004〕7号）

关于印发《2004年深化煤矿安全生产专项整治方案》的通知（安委办字〔2004〕13号）

关于加强大中型煤矿防治水工作的指导意见（安委办字〔2004〕14号）

关于进一步加强小型煤矿安全生产专项整治工作的通知（安委办字〔2004〕21号）

关于2003年全国煤矿安全程度评估工作情况的通报（煤安监办字〔2004〕13号）

关于完善煤矿安全监察工作机制进一步加强行政执法工作的意见（煤安监办字〔2004〕22号）

关于2003年全国煤矿开展建设工程安全设施“三同时”专项监察情况的通报（煤安监办字〔2004〕25号）

关于印发《煤矿企业安全生产管理制度规定》的通知（煤安监办字〔2004〕42号）

关于加强煤矿安全生产工作的紧急通知（煤安监办字〔2004〕67号）

关于进一步转变工作作风切实加强煤矿安全监察执法的通知（煤安监办字〔2004〕79号）

关于开展乡镇煤矿集中监察执法工作的通知（煤安监司办字〔2004〕15号）

关于做好煤矿矿井安全监控系统管理人员安全培训考核的通知（煤安监司办字〔2004〕20号）

关于认真做好煤矿安全监察罚款收缴工作的通知（煤安监司办字〔2004〕28号）

关于下阶段国有煤矿安全质量标准化工作安排的通知（煤安监司办字〔2004〕40号）

关于国有煤矿企业安全生产许可证发证情况的通报（煤安监司办字〔2004〕43号）

关于2004年大中型煤矿企业安全监察工作的指导意见（煤安监监一字〔2004〕21号）

关于2003年国有大矿瓦斯防治重点监控工作的通报（煤安监监一字〔2004〕27号）

关于加强煤矿安全生产工作的紧急通知（煤安监监一字〔2004〕62号）

关于切实加强瓦斯管理遏止煤矿重特大事故的紧急通知（煤安监监一字〔2004〕71号）

关于认真贯彻落实国务院办公厅紧急通知精神进一步做好关闭整顿小煤矿工作的通知（煤安监监二字〔2004〕74号）

关于2003年全国小型煤矿特大事故和特大事故批复结案情况的通报（煤安监监二字〔2004〕12号）

关于印发《煤炭生产安全费用提取和使用管理办法》和《关于规范煤矿维简费管理问题的若干规定》的通知（财建〔2004〕119号）

(二) 事故处理

关于山西省大同市杏儿沟煤业有限责任公司“8·11”特大瓦斯爆炸事故的处理决定（煤安监监一字〔2004〕2号）

关于江西省丰城矿务局建新煤矿“11·14”特大瓦斯爆炸事故的处理决定（煤安监监一字〔2004〕34号）

关于山西省临汾市隰县梁家河煤矿“4·30”特别重大瓦斯爆炸事故的处理决定（煤安监监一字〔2004〕90号）

关于山东省枣庄市滕州市木石镇木石煤矿“7·26”特大透水事故的处理决定（煤安监监二字〔2004〕14号）

关于黑龙江省鸡西市煤业集团穆棱公司百兴煤矿“2·23”特大瓦斯爆炸事故的处理决定（煤安监监二字〔2004〕50号）

关于山西省吕梁地区交口县蔡家沟煤矿“5·18”特大煤尘爆炸事故的处理决定（煤安监监二字〔2004〕82号）

三、安全生产监管

(一) 工作部署

关于继续深化安全生产专项整治工作的通知（安委办字〔2004〕10号）

关于印发《2004年至2006年深化烟花爆竹安全专项整治工作安排意见》的通知（安委办字〔2004〕18号）

关于切实做好当前烟花爆竹安全生产工作的通知（安委办字〔2004〕20号）

关于做好2004年国家重点建设项目安全设施“三同时”工作的通知（安委办字〔2004〕23号）

关于做好当前安全生产工作的紧急通知（安委办字〔2004〕28号）

关于近期发生的几起特别重大水上和道路交通事故的紧急通报（安委办明电〔2004〕5号）

关于加强作业场所职业卫生监督检查工作的通知（安监管协调字〔2004〕48号）

关于开展重大危险源监督管理工作的指导意见（安监管协调字〔2004〕56号）

关于进一步加强和规范重大危险源监督管理工作的通知（安监管司办字〔2004〕127号）

关于海洋石油作业安全监督管理有关事项的通知（安监管海油字〔2004〕17号）

关于做好2004年非煤矿山安全评估工作的通知（安监管管一字〔2004〕25号）

关于进一步做好2004年深化非煤矿山安全生产专项整治工作的通知（安监管管一字〔2004〕45号）

关于《非煤矿矿山企业安全生产许可证实施办法》若干问题说明的通知（安监管管一字〔2004〕100号）

关于加强输油气管道占压清理工作的通知（安监管管一字〔2004〕118号）

关于加强非煤矿山安全生产工作的紧急通知（安监管管一字〔2004〕153号）

关于加强仓储企业安全生产监督管理工作的通知（安监管管二字〔2004〕75号）

关于进一步加强汛期安全生产工作的通知（安监管管二字〔2004〕50号）

关于2003年全国危险化学品生产、贮存企业安全评估工作情况的通报（安监管危化字〔2004〕9号）

关于印发《危险化学品事故应急救援预案编制导则（单位版）》的通知（安监管危化字〔2004〕43号）

关于印发《烟花爆竹生产企业安全评价导则（试行）》的通知（安监管危化字〔2004〕71号）

关于危险化学品经营许可证发放工作情况的通报（安监管危化字〔2004〕82号）

关于切实做好夏季高温期间危险化学品安全生产工作的通知（安监管危化字〔2004〕85号）

关于杀鼠剂经营单位危险化学品经营许可证（临时）发放情况的通报（安监管危化字〔2004〕98号）

关于开展2004年烟花爆竹安全“三下乡”活动的通知（安监管危化字〔2004〕112号）

关于危险化学品经营许可证发放情况的通报（安监管危化字〔2004〕146号）

关于加强强腐蚀性危险化学品购用管理的通知（安监管危化字〔2004〕164号）

关于印发进一步开展整治油气田及输油气管道生产治安秩序专项行动工作方案的通知（公治〔2004〕177号）

关于开展危险化学品罐车专项检查整治工作的通知（国质检特联〔2004〕249号）

关于加强城镇燃气安全管理工作的通知（建城〔2004〕105号）

（二）事故处理

关于中石油川东钻探公司“12·23”井喷特大事故结案的通知（安监管管一字〔2004〕53号）

关于中国石油化工集团公司“10·27”特大事故结案的通知（安监管管二字〔2004〕12号）

关于重庆涪陵“6·19”特大水上交通事故结案的通知（安监管管二字〔2004〕22号）

关于广东省东源县“6·6”特大道路交通事故结案的通知（安监管管二字〔2004〕32号）

关于吉林市中百商厦“2·15”特大火灾事故结案的通知（安监管管二字〔2004〕64号）

关于北京市密云县“2·5”特大伤亡事故结案的通知（安监管管二字〔2004〕66号）

关于广东省连州市“12·21”特大道路交通事故结案的通知（安监管管二字〔2004〕131号）

关于河北省辛集市“7·28”特大爆炸事故结案的通知（安监管危化字〔2004〕73号）

关于辽宁省昌图“12·30”特大烟花爆竹爆炸事故结案的通知（安监管危化字〔2004〕86号）

四、安全培训和宣传教育

（一）安全培训

关于印发2004年《注册安全工程师执业资格考试大纲》的通知（安监管人字〔2004〕59号）

关于印发《民用爆破器材生产经营单位主要负责人、安全生产管理人员培训大纲及考核标准（试行）》的通知（安监管人字〔2004〕60号）

关于安全生产许可工作中有关培训问题的通知（安监管人字〔2004〕103号）

关于印发《烟花爆竹生产经营单位主要负责人、安全管理人员培训大纲及考核标准（试行）》的通知（安监管人字〔2004〕133号）

关于继续开展安全生产监察员执法培训工作的通知（安监管司办字〔2004〕39号）

（二）宣传教育

关于印发《2004年安全生产宣传教育工作要点》的通知（安监管政法字〔2004〕16号）

关于学习宣传贯彻《中华人民共和国行政许可法》的通知（安监管政法字〔2004〕24号）

关于开展“2004《安全生产法》普法活动”的通知（安监管政法字〔2004〕29号）

关于开展2004年“全国安全生产月”活动的通知（安监管政法字〔2004〕35号）

关于进一步落实“2004《安全生产法》普法活动”工作的通知（安监管司办字〔2004〕79号）

五、科技、装备、安全评价和中介机构管理

关于印发国家安全生产科技发展规划的通知（安监管司办字〔2004〕16号）

关于国家安全生产监督管理局负责备案的金属非金属矿山及相关行业建设项目（工程）安全预评价报告审查、备案的通知（安监管司办字〔2004〕4号）

关于国家安全生产监督管理局负责备案的金属非金属矿山及相关行业尾矿库安全评价报告评审、备案的通知（安监管司办字〔2004〕46号）

关于国家安全生产监督管理局负责备案的化工建设项目（工程）安全预评价报告审查、备案工作的补充通知（安监管司办字〔2004〕58号）

关于同意长沙矿山研究院开展国家安全生产监督管理局负责备案的金属非金属矿山及相关行业建设项目（工程）安全预评价报告评审工作的批复（安监管司办字〔2004〕71号）

关于同意国家安全生产监督管理局安全科学技术研究中心开展石油天然气建设项目（工程）安全预评价报告评审工作的复函（安监管司办字〔2004〕153号）

关于对北京桑莱咨询中心安全评价报告严重失实情况的通报（安监管办字〔2004〕165号）

关于授予中天宏国际咨询有限责任公司等65个单位安全评价资质的通知（安监管规划字〔2004〕10号）

关于印发《安全现状评价导则》的通知（安监管规划字〔2004〕36号）

关于暂停河北煤炭科学研究所安全评价资质的通报（安监管规划字〔2004〕77号）

关于认定煤矿、非煤矿山、危险化学品及烟花爆竹生产企业安全评价临时资质的通知（安监管规划字〔2004〕88号）

关于授予辽阳华泰安全评价有限公司等单位安全评价资质的通知（安监管规划字〔2004〕101号）

关于授予中水新华国际工程咨询公司等32家单位安全评价资质的通知（安监管规划字〔2004〕151号）

关于国家安全生产监督管理局负责备案的机械、轻工、纺织、烟草、电力和贸易等行业建设项目（工程）安全预评价报告审查备案的通知（安监管司办字〔2004〕28号）

六、机构编制管理

关于印发国家安全生产监督管理局（国家煤矿安全监察局）调度中心职责范围机构设置和人员编制方案的通知（安监管司办字〔2004〕1号）

关于成立国家安全生产监督管理局（国家煤矿安全监察局）研究室的通知（安监管司办字〔2004〕12号）

关于同意煤炭工业职业医学研究所加挂矿山职业卫生研究中心牌子的复函（安监管司办字〔2004〕26号）

关于成立国家安全生产监督管理局（国家煤矿安全监察局）重大危险源监督管理工作领导小组的通知（安监管司办字〔2004〕31号）

关于成立国家安全生产监督管理局（国家煤矿安全监察局）人才工作协调领导小组的通知（安监管司办字〔2004〕36号）

转发中央机构编制委员会办公室关于化学品登记中心变更隶属关系批复的通知（安监管司办字〔2004〕55号）

关于成立2004～2008年高等学校安全工程学科教学指导委员会的通知（安监管司办字〔2004〕57号）

关于同意煤炭工业展览中心（安全生产宣传教育中心）调整机构设置的复函（安监管司办字〔2004〕64号）

转发中央机构编制委员会办公室关于煤炭工业展览中心更名等问题批复的通知（安监管司办字〔2004〕80号）

关于公布国家安全生产监督管理局（国家煤矿安全监察局）非常设机构清理结果的通知（安监管司办字〔2004〕87号）

关于调整国家安全生产监督管理局（国家煤矿安全

监察局）职称工作领导小组的通知（安监管司办字〔2004〕116号）

关于同意成立石油天然气安全生产工程技术研究中心的复函（安监管司办字〔2004〕117号）

关于印发国家安全生产监督管理局化学品登记中心职责范围机构设置和人员编制方案的通知（安监管司办字〔2004〕121号）

关于同意中国煤炭科技博物馆加挂中国矿业安全博物馆牌子的复函（安监管司办字〔2004〕142号）

关于成立《生产安全事故应急救援条例》起草工作领导小组的通知（安监管司办字〔2004〕159号）

关于同意成立甘肃煤矿安全监察局煤矿救援指挥中心的复函（煤安监司办字〔2004〕1号）

关于同意成立煤矿安全工程技术研究中心的批复（煤安监司办字〔2004〕3号）

关于同意成立山西矿山救援指挥中心的复函（煤安监司办字〔2004〕11号）

关于同意成立新疆煤矿矿用安全产品检验中心的复函（煤安监司办字〔2004〕30号）

关于同意成立内蒙古煤矿矿用安全产品检验中心的复函（煤安监司办字〔2004〕31号）

关于同意成立吉林煤矿矿用安全产品检验中心的复函（煤安监司办字〔2004〕32号）

关于同意成立河北煤矿矿用安全产品检验中心的复函（煤安监司办字〔2004〕33号）

关于同意成立甘肃煤矿矿用安全产品检验中心的复函（煤安监司办字〔2004〕37号）

关于同意成立重庆煤矿矿用安全产品检验中心的复函（煤安监司办字〔2004〕40号）

关于同意成立江西煤矿救援指挥中心的复函（煤安监司办字〔2004〕44号）

关于同意成立吉林矿山救援指挥中心的复函（煤安监司办字〔2004〕45号）

关于同意成立宁夏煤矿矿用安全产品检验中心的复函（煤安监司办字〔2004〕48号）

关于同意山西裕智国际科技文化交流中心加挂山西煤矿安全监察局培训中心牌子的复函（煤安监司办字〔2004〕52号）

关于同意山西煤矿安全装备技术测试中心更名的复函（煤安监司办字〔2004〕54号）

关于同意成立辽宁煤矿矿用安全产品检验中心的复函（煤安监司办字〔2004〕55号）

国务院行业主管和相关部门有关安全生产的规章及文件（目录）

公安部

消防监督检查规定（中华人民共和国公安部令第73号 2004年6月9日发布，2004年9月1日实施）

全国总工会

关于加强非公有制企业工会劳动保护工作的意见（2004年发布）

关于开展全国职工安全生产普及教育活动的通知（2004年发布）

建设部

建设部关于贯彻落实国务院《关于进一步加强安全生产工作的决定》的意见（建质［2004］47号 2004年3月17日发布）

关于对厦门市湖里区禾山镇“8·9”村民自建房施工坍塌重大伤亡事故的通报（建质［2004］56号 2004年4月5日发布）

关于印发《建筑施工企业主要负责人、项目负责人和专职安全生产管理人员安全生产考核管理暂行规定》的通知（建质［2004］59号 2004年4月8日发布）

关于印发《建设工程重大质量安全事故应急预案》的通知（建质［2004］75号 2004年4月30日发布）

关于印发《建筑施工企业安全生产许可证管理规定

实施意见》的通知（建质［2004］148号　2004年8月27日发布）

关于印发《建筑施工企业安全生产管理机构设置及专职安全生产管理人员配备办法》和《危险性较大工程安全专项施工方案编制及专家论证审查办法》的通知（建质［2004］213号　2004年12月2日发布）

关于加强汛期安全生产工作的通知（建质电［2004］30号　2004年7月10日发布）

关于印发《中央管理的建筑施工企业（集团公司、总公司）主要负责人、项目负责人和专职安全生产管理安全生产考核管理实施细则》的通知（建质函［2004］189号　2004年8月30日发布）

关于近期发生的两起建筑施工重大伤亡事故的紧急通报（建质电[2004]46号　2004年9月30日发布）

关于加强冬季施工安全生产工作的通知（建质电［2004］55号　2004年11月3日发布）

关于印发2003年全国建设系统伤亡事故综合统计报表的通知（建办质［2004］12号　2004年2月26日发布）

关于建筑施工企业主要负责人、项目负责人和专职安全生产管理人员安全生产考核合格证书有关问题的通知（建办质［2004］23号　2004年4月13日发布）

关于建立全国建筑安全生产联络员制度和印发《全国建筑安全生产联络员工作办法》的通知（建办质［2004］32号　2004年4月13日发布）

关于对河南、广东等八省（区）建筑施工安全检查情况的通报（建办质［2004］55号　2004年7月12日发布）

关于对河南省安阳市信益二期工程"5·12"特大施工伤亡事故的通报（建办质［2004］100号　2004年11月19日发布）

关于对十省市建筑安全生产工作督查情况的通报（建办质［2004］101号　2004年11月19日发布）

铁道部

铁道部行业标准《铁路行车事故统计代码》TB/T T2184—2004

印发《2004年全路运输安全生产工作要点》的通知（铁安监［2004］2号）

铁道部贯彻国务院加强安全生产工作决定的实施意见（铁安监［2004］28号）

关于规范对铁路局安全管理评估工作的通知（铁安监［2004］158号）

印发《2005年全路运输安全生产工作要点》的通知（铁安监［2004］162号）

关于印发《铁路营业线施工安全管理规定》（铁办［2004］29号）

交通部

突发公共卫生事件交通应急规定（卫生部/交通部令2004年第2号　2003年11月25日交通部第15次部务会议通过，2004年3月4日公布，2004年5月1日实施）

中华人民共和国海船船员适任考试、评估和发证规则（2004年交通部令第6号　2004年8月1日实施）

中华人民共和国船舶最低安全配员规则（2004年交通部令第7号　2004年6月18日第15次部委会议通过，2004年6月30日发布，2004年8月1日实施）

交通行政许可实施程序规定（2004年交通部令第10号　2004年11月5日第24次部委会议通过，2004年11月22日公布，2005年1月1日实施）

交通行政许可监督检查及责任追究规定（2004年交通部令第11号　2004年11月5日第24次部委会议通过，2004年11月22日公布，2005年1月1日实施）

中华人民共和国内河海事行政处罚规定（2004年交通部令第13号　2004年11月5日第24次部委会议通过，2004年12月7日公布，2005年1月1日实施）

中国民航总局

中国民用航空人员医学标准和体检合格证管理规则（CCAR－67FS）（中国民用航空总局令第101号　2001年8月31日发布，2001年8月31日实施，2004年8月12日修改）

一般运行和飞行规则（CCAR－91FS）（中国民用航空总局令第120号　2004年1月14日发布，2004年6月1日实施）

中国民用航空危险品运输管理规定（CCAR－276）（中国民用航空总局令第121号　2004年7月12日发布，2004年9月1日实施）

平行跑道同时仪表运行管理规定（CCAR－98TM）（中国民用航空总局令第123号　2004年5月26日发布，2004年6月26日实施）

飞行训练中心合格审定规则（CCAR－142）（中国民用航空总局令第128号2004年10月12日发布，

2005年6月1日实施)

民用机场建设管理规定(CCAR－158)(中国民用航空总局令第129号 2004年10月12日发布，2004年12月1日实施)

民用航空用化学产品适航规定(CCAR－53)(中国民用航空总局令第131号 2004年10月12日发布，2005年1月1日实施)

正常类、实用类、特技类和通勤类飞机适航规定(CCAR－23－R3)(中国民用航空总局令第132号 2004年10月12日发布，2005年1月1日实施)

通用航空经营许可管理规定(CCAR－135TR－R2)(中国民用航空总局令第133号 2004年12月2日发布，2005年1月2日实施)

中国民用航空总局关于修订《民用航空器驾驶员、飞行教员和地面教员合格审定规则》的决定(CCAR－61－R2)(中国民用航空总局令第137号 2004年12月16日发布，2005年1月15日实施)

电监会

国家电力监管委员会安全生产令(电监会1号令 2004年2月18日颁布实施)

电力安全生产监督管理办法(电监会2号令 2004年3月9日颁布实施)

水电站大坝运行安全管理规定(电监会3号令 2004年12月1日颁布，2005年1月1日实施)

电力生产事故调查暂行规定(电监会4号令 2004年12月28日颁布，2005年3月1日实施)

电力二次系统安全防护规定(电监会5号令 2004年12月20日颁布，2005年2月1日实施)

国防科工委

国防科工委关于印发《民用爆破器材安全生产许可证实施办法》的通知(国防科工委，科工法[2004]1080号 2004年8月25日实施)

中国核工业集团公司

中国核工业集团公司职业卫生管理规定(中核安发[2004]76号 2004年6月7日发布实施)

中国核工业集团公司安防环保管理规定(中核安发[2004]52号 2004年8月16日发布实施)

中国石化集团公司

安全生产监督管理制度(2004年发布)

中国石化安全生产重大事故行政责任追究规定(2004年发布)

隐患治理管理规定(2004年发布)

中国航天科工集团公司

中国航天科工集团公司生产安全事故行政责任追究办法(2004年发布)

中国航天科工集团公司生产作业现场安全检查指导规范(2004年发布)

中国航天科工集团公司民用产业控股子公司安全生产责任制管理办法(2004年发布)

中国航天科工集团公司预防“三违”行为积分奖惩制度(2004年发布)

中国航空工业第一集团公司

中国航空工业第一集团公司安全生产监督管理责任制(航规[2004]71号 2004年4月26日发布)

关于印发《中国航空工业第一集团公司重、特大生产安全事故应急预案》的通知(航质[2004]283号 2004年5月18日发布)

关于印发《中国航空工业第一集团公司危险点控制管理办法》的通知(航规[2004]76号 2004年11月29日发布)

中国船舶工业集团公司

立即开展安全生产大检查的紧急通知(2004年发布)

国务院办公厅关于加强中央企业安全生产工作的通知(船工经[2004]542号 转发国办发[2004]52号文)

外包工程队安全管理规定(2004年发布)

重大安全生产事故应急响应预案(2004年发布)

重大安全生产事故、自然灾害应急预案(2004年发布)

中国船舶重工集团公司

关于印发《中国船舶重工集团公司船舶建造、修理消防安全管理规定》的通知(船重生[2004]726号 2004年9月13日发布)

关于印发《中国船舶重工集团公司关于成员单位领导班子定期召开安全生产会议的规定》的通知(船重生[2004]918号)

关于印发《中国船舶重工集团公司危险化学品管理

暂行办法》的通知（船重生［2004］1155号）

中国兵器装备集团公司

中国兵器装备集团公司重特大生产安全事故应急救援预案（2004年发布）

中国兵器装备集团公司"十一五"安全生产工作发展规划（2004年发布）

中国兵器工业集团公司

关于印发《中国兵器工业集团公司重、特大生产安全事故应急预案》的通知（兵器质安字［2004］254号）

关于印发《中国兵器工业集团公司交通安全管理规定（试行）》的通知（兵器质安字［2004］349号）

水利部

水利部安全生产领导小组工作规则（2004年发布）

转发国务院安委会办公室《关于作好2004年国家重点建设项目安全设施"三同时"工作的通知》（2004年发布）

关于进一步加强农村水电工作的通知（2004年发布）

关于加强农村水电工程验收管理的意见（2004年发布）

关于做好2004年元旦、春节期间水利安全生产工作的通知（2004年发布）

关于进一步加强春节期间水利安全生产工作的紧急通知（2004年发布）

关于做好"两会"期间水利安全生产工作的通知（2004年发布）

关于加强"五一"节和汛期水利安全生产工作的通知（2004年发布）

关于做好国庆节期间水利安全生产工作的通知（2004年发布）

关于做好黄河中游地区水土保持淤地坝防汛工作的通知（2004年发布）

关于开展全国水利系统农村水电安全生产大检查的通知（2004年发布）

水利水电施工企业主要负责人、项目负责人和专职安全生产管理人员安全生产考核管理规定（2004年发布）

农业部

中华人民共和国农业机械化促进法（2004年6月25日　第十届全国人民代表大会常务委员会第十次会议通过）

拖拉机驾驶培训管理办法（农业部第41号令　2004年8月15日发布，2004年9月1日实施）

拖拉机驾驶证申领和使用规定（农业部第42号令　2004年9月21日发布，2004年10月1日实施）

拖拉机登记规定（农业部第43号令　2004年9月21日发布，2004年10月1日实施）

拖拉机号牌（农业部公告第451号　2004年1月17日发布实施）

拖拉机行驶证证件（农业部公告第451号　2004年1月17日发布实施）

拖拉机驾驶证证件（农业部公告第451号　2004年1月17日发布实施）

联合收割机号牌（农业部公告第451号　2004年1月17日发布实施）

联合收割机行驶证证件（农业部公告第451号　2004年1月17日发布实施）

关于印发《拖拉机登记工作规范》和《拖拉机驾驶证业务工作规范》的通知（农机发［2004］5号）

关于印发《中华人民共和国渔业船舶水上事故报告和统计规定》的通知（农渔发［2004］13号）

关于印发《农业部草原火灾应急预案》的通知（农牧发［2004］24号）

国家林业局

林业机械林用绞盘机保证安全的技术措施（2004年发布）

便携式脉冲烟雾机使用安全规程（2004年发布）

林业机械修枝油锯安全要求和试验（2004年发布）

林业机械杆式动力修枝锯安全要求和试验（2004年发布）

林业机械杆式背负动力修枝锯安全要求和试验（2004年发布）

国家质检总局

关于特种设备动态监督管理体系建设要求及工作目标的意见（国质检特函［2004］264号）

中国海洋石油总公司

关于印发《中国海洋石油总公司生产经营型投资活动健康安全环保管理规定》的通知（海油总安［2004］118号）

中国石油天然气集团公司

中国石油天然气集团公司关于进一步加强安全生产工作的决定（中油办字［2004］373 号）

关于印发《中国石油天然气集团公司安全生产管理规定》等六项制度的通知（中油质安字［2004］672 号）

关于印发《集团公司机关安全生产责任制》的通知（中油质安字［2004］686 号）

关于发布《中国石油天然气集团公司 HSE 管理体系管理手册》的通知（中油质安字［2004］716 号）

省、自治区、直辖市有关安全生产的地方性法规、规章及文件（目录）

北京

北京市安全生产条例（2004 年 7 月 29 日　北京市第十二届人民代表大会常务委员会第十三次会议通过）

天津

关于印发《天津市安全生产管理规定》的通知（津人发［2004］11 号　2004 年 3 月 25 日　天津市第十四届人民代表大会常务委员会第十次会议通过）

上海

上海市危险化学品生产企业安全生产许可证申办工作程序（2004 年发布）

关于切实加强小企业安全生产监管工作的指导意见（2004 年发布）

上海小企业安全生产信用程度评估导则（2004 年发布）

上海市小企业安全生产指南编制大纲（2004 年发布）

上海小企业安全生产信用程度评估评分细则（2004 年发布）

上海市安全生产“十一五”规划（2006～2010）（2004 年发布）

上海市危险化学品“十一五”规划（2006～2010）（2004 年发布）

上海市安全生产专项整治三年规划（2005～2007）（2004 年发布）

上海市危险化学品安全生产违法行为举报奖励实施办法（试行）（2004 年发布）

河北省

2004 年河北省安全生产目标管理考核办法（2004 年发布）

河北省奖励举报生产安全事故及事故隐患暂行办法（2004 年发布）

关于加强驻冀中央企业和省属企业安全生产工作的通知（2004 年发布）

河北省非煤矿山企业、危险化学品生产企业、烟花爆竹生产企业安全生产许可证实施细则（2004 年发布）

河北省铁路道口安全管理实施细则（2004 年发布）

河北省铁路道口标准化建设标准（2004 年发布）

河北省特大事故应急救援预案（2004 年发布）

河北省危险化学品特大事故应急救援预案（2004 年发布）

山西省

山西省煤矿安全生产监督管理规定（山西省人民政府令第 171 号　2004 年 2 月 20 日发布，2004 年 3 月 10 日实施）

山西省安全生产监督管理办法（山西省人民政府令第 172 号　2004 年 2 月 23 日发布，2004 年 3 月 10 日实施）

关于落实煤矿安全责任预防重特大事故发生的规定（山西省人民政府晋政发［2004］44 号　2004 年 11 月 30 日发布，2004 年 11 月 30 日实施）

内蒙古自治区

加强监管监察队伍建设试行办法（2004 年发布）

行政执法监督与行政执法过错责任追究暂行办法（2004 年发布）

煤矿安全监察行政处罚统一裁量指导意见（2004 年

发布）

辽宁省

辽宁省人民政府关于印发《辽宁省市级人民政府安全生产工作目标管理考核办法》的通知（辽政发［2004］25号）

关于印发《辽宁省国有企业负责人安全生产工作考核暂行办法》的通知（辽安监发［2004］108号）

关于印发《辽宁省企业安全费用提取和使用管理暂行办法》的通知（辽财企［2004］713号）

吉林省

吉林省人民政府贯彻落实国务院关于进一步加强安全生产工作决定的实施意见（吉政发［2004］12号 2004年3月24日发布，2004年3月24日实施）

吉林省人民政府工作部门安全监管（管理）职责（吉政发［2004］45号 2004年11月24日发布，2004年11月24日实施）

吉林省安全生产委员会工作规则（吉安委字［2004］1号 2004年2月26日发布，2004年2月26日实施）

吉林省危险化学品安全生产许可证工作程序（吉安监管危化字［2004］123号 2004年8月13日发布，2004年8月13日实施）

吉林省非煤矿山企业安全生产许可证颁发程序（吉安监管一字［2004］124号 2004年8月18日发布，2004年8月18日实施）

吉林省烟花爆竹企业安全生产许可证工作程序（吉安监管危化字［2004］126号 2004年8月20日发布，2004年8月20日实施）

黑龙江省

关于印发深化烟花爆竹安全生产专项整治方案的通知（2004年发布）

烟花爆竹临时销售许可证审批发放工作指导意见（2004年发布）

黑龙江省关于开展2004年烟花爆竹安全“三下乡”活动的方案（2004年发布）

关于烟花爆竹安全监管职能交接的通知（2004年发布）

关于加快非煤矿山安全生产状况评估工作的紧急通知（2004年发布）

江苏省

省政府关于进一步加强安全生产工作的决定（苏政发［2004］29号 2004年3月15日发布，2004年3月17日实施）

关于贯彻落实《省政府关于进一步加强安全生产工作的决定》的意见（苏安监［2004］43号 2004年4月30日发布，2004年4月30日实施）

关于印发《关于贯彻落实〈法治江苏建设纲要〉的意见》的通知（苏安监［2004］135号 2004年10月20日发布，2004年10月25日实施）

关于印发《江苏省安全生产行政许可实施程序规定》的通知（苏安监［2004］137号 2004年10月20日发布，2004年10月25日实施）

浙江省

浙江省人民政府关于切实加强安全生产工作的决定（浙政发［2004］21号 2004年8月12日发布，2004年8月12日实施）

浙江省人民政府办公厅转发省公安厅关于加强消防安全工作意见的通知（浙政办发［2004］70号 2004年8月12日发布，2004年8月12日实施）

浙江省人民政府办公厅转发省安全生产监督管理局关于浙江省安全生产事故报告和调查处理暂行规定的通知（浙政办发［2004］73号 2004年8月24日发布，2004年8月24日实施）

浙江省人民政府办公厅转发省质量技监局关于加强特种设备安全工作意见的通知（浙政办发［2004］74号 2004年8月24日发布，2004年8月24日实施）

浙江省人民政府办公厅转发省安全监管局关于切实加强全省生产安全应急救援体系建设意见的通知（浙政办发［2004］75号 2004年8月26日发布，2004年8月26日实施）

浙江省人民政府办公厅转发省经贸委等部门关于进一步做好工业和商贸若干重点领域安全生产工作意见的通知（浙政办发［2004］76号 2004年8月30日发布，2004年8月30日实施）

浙江省人民政府办公厅转发省建设厅关于切实加强建筑施工安全管理工作意见的通知（浙政办发［2004］77号 2004年8月30日发布，2004年8月30日实施）

浙江省人民政府办公厅转发省交通厅关于切实加强交通运输行业安全生产工作意见的通知（浙政

办发［2004］78号　2004年8月30日发布，2004年8月30日实施）

浙江省人民政府办公厅转发省公安厅等部门关于进一步加强道路交通安全工作意见的通知（浙政办发［2004］79号　2004年8月31日发布，2004年8月31日实施）

安徽省

安徽省人民政府关于进一步加强安全生产工作的决定（皖政［2004］37号　2004年5月9日发布）

关于印发《安徽省人民政府突发公共事件总体应急预案（试行）》的通知（皖政［2004］80号　2004年10月22日发布）

关于印发安徽省非煤矿山危险化学品和烟花爆竹生产企业安全生产许可证颁发管理工作方案的通知（皖安监办［2004］118号　2004年8月12日发布）

关于印发安徽省安全生产监督管理局工作规则的通知（皖安监办［2004］163号　2004年11月10日印发）

关于印发省安全生产监管局加强安全生产监督管理推进依法行政实施方案的通知（皖安监综［2004］139号　2004年8月12日发布）

关于印发《安徽省企业安全费用提取管理办法》的通知（皖安监综［2004］147号　2004年9月28日发布）

关于印发《烟花爆竹生产单位特种作业人员安全技术培训大纲及考核标准（试行）》的通知（皖安监人［2004］178号　2004年12月13日发布）

福建省

关于印发福建省安全生产目标管理责任制考核暂行办法的通知（2004年发布）

关于印发2004年安全生产工作任务分解意见的通知（2004年发布）

福建省深化危险化学品专项整治实施方案（2004年发布）

福建省渔港安全事故应急救援预案（2004年发布）

建设工程质量安全巡查办法（2004年发布）

建设系统特重大质量安全事故应急预案（2004年发布）

江西省

江西省人民政府关于进一步加强安全生产工作的决定（赣府发［2004］5号）

江西省非煤矿矿山企业安全生产许可证办法（2004年发布）

江西省歌舞娱乐场所消防安全技术标准（2004年发布）

山东省

山东省人民政府关于进一步加强安全生产工作的决定（山东省人民政府鲁政发［2004］13号　2004年2月11日发布）

山东省森林防火管理规定（山东省人民政府令第167号　2004年4月27日发布）

山东省建筑装饰装修工程消防安全管理办法（山东省人民政府令第170号　2004年6月9日发布）

山东省安全生产行政执法质量考核评议暂行办法（省安委会鲁安监发［2004］23号　2004年4月5日发布、实施）

安全生产“双基”工作考核办法（试行）（省安委会鲁安发［2004］8号　2004年4月6日发布、实施）

山东省非煤矿山企业、剧毒危险化学品生产、储存企业安全费用提取办法（省安监局、财政厅、国税局、地税局鲁安监发［2004］36号　2004年5月9日发布和实施）

河南省

河南省安全生产条例（2004年5月28日　河南省第十届人民代表大会常务委员会第九次会议通过　2004年8月1日实施）

河南省人民政府贯彻落实国务院关于第一步加强安全生产工作决定的实施意见（豫政［2004］29号）

湖北省

湖北省重大安全事故行政责任追究规定（湖北省人民政府第261号令）

湖北省人民政府关于进一步加强安全生产工作的决定（鄂政发［2004］53号）

湖南省

湖南省安全生产条例（湖南省第十届人民代表大会常务委员会公告第41号　2004年9月28日发布，2004年12月1日实施）

广东省

广东省人民政府《关于进一步加强安全生产工作的决定》（粤府［2004］122号 2004年11月25日发布，2004年11月25日实施）

关于印发《广东省煤矿安全质量标准化标准及考核评级办法（试行）》的通知（粤安监管一［2004］10号 2004年9月9日发布，2004年9月9日实施）

关于印发《交通、建筑、邮电、旅游、机械、轻工、电力等行业中央驻粤、省属企业集团安全生产工作考核办法》的通知（粤安监管三［2004］13号 2004年12月9日发布，2004年12月9日实施）

关于印发《广东省有限空间危险作业安全管理规程》的通知（粤安监［2004］79号 2004年10月29日发布，2004年10月29日实施）

关于印发《广东省生产安全轻伤事故报告及处理办法》的通知（粤安监［2004］126号 2004年12月30日发布，2005年2月1日实施）

广西壮族自治区

广西壮族自治区人民政府关于贯彻落实国务院进一步加强安全生产工作决定的意见（桂政发［2004］37号）

关于印发《广西壮族自治区安全生产事故举报制度》的通知（桂安委字［2004］62号 2004年8月30日发布）

广西壮族自治区人民政府关于印发广西壮族自治区安全生产委员会成员单位安全生产工作职责规定的通知（桂政发［2004］69号 2004年12月9日发布）

四川省

关于进一步加强安全生产工作的决定（2004年发布）

关于加强中央在川企业和省属企业安全生产工作的通知（2004年发布）

云南省

云南省人民政府关于进一步加强安全生产工作的决定（云政发［2004］140号 2004年7月26日发布）

云南省安全生产监督管理局关于印发《云南省安全生产行政许可工作规则（试行）》的通知（云安监管［2004］94号 2004年7月1日发布，2004年7月1日实施）

西藏自治区

西藏自治区人民政府贯彻国务院关于进一步加强安全生产工作决定的实施意见（2004年发布）

关于作好当前预防道路交通事故工作意见的通知（藏政办发［2004］73号）

关于我区煤矿企业提取生产安全费用及维简费的意见（2004年发布）

烟花爆竹销售单位监督管理暂行规定（2004年发布）

陕西省

中共陕西省委办公厅、陕西省人民政府办公厅关于印发《2004年全省重要工作目标管理责任制一览表》的通知（陕办发［2004］19号 2004年4月17日发布）

陕西省人民政府关于进一步加强安全生产工作的决定（2004年发布）

关于切实做好今冬明春安全生产工作的通知（陕办字［2004］80号）

关于进一步加强冬季安全生产工作坚决遏制重特大事故的紧急通知（陕办字［2004］81号）

关于进一步加强安全生产工作的决定（陕政发［2004］22号 2004年5月28日发布）

陕西省安全生产评价机构管理办法（2004年发布）

关于印发《陕西省安全生产监督管理局主要职责内设机构和人员编制规定》的通知（陕政办发［2004］56号 2004年6月23日发布）

甘肃省

甘肃省人民政府办公厅关于印发《甘肃省特大安全事故应急救援预案》的通知（甘政办发［2004］75号）

关于进一步深化全省非煤矿山安全整治工作的通知（甘安监管一字［2004］1号）

关于印发《甘肃省安全生产培训考核管理办法》的通知（甘安监政发［2004］82号 2004年10月26日发布）

青海省

青海省人民政府关于进一步加强安全生产工作的决定（2004年发布）

青海省安全生产管理目标责任考核办法（2004年发

布）

青海省特大生产安全事故应急救援预案（2004年发布）

宁夏回族自治区

自治区人民政府办公厅关于印发《宁夏回族自治区非煤矿矿山企业安全生产许可证实施细则》的通知（宁政办发［2004］179号　2004年8月25日发布）

自治区人民政府办公厅关于印发《宁夏回族自治区危险化学品生产企业安全生产许可证实施细则》的通知（宁政办发［2004］180号　2004年8月25日发布）

新疆生产建设兵团

兵团安全生产事故报告和调查处理暂行规定（2004年发布）

兵团特大生产安全事故应急救援预案（2004年发布）

兵团煤矿特大生产安全事故应急救援预案（2004年发布）

新疆维吾尔自治区

自治区2004年安全生产目标管理实施意见（2004年发布）

自治区2004年安全生产目标管理考核标准（2004年发布）

自治区安全生产培训机构管理办法（2004年发布）

海南省

海南省人民政府关于进一步加强安全生产工作的决定（琼府［2004］62号　2004年11月22日发布）

海南省人民政府办公厅关于印发海南省生产安全事故报告制度的通知（琼府办［2004］47号　2004年6月16日发布）

海南省人民政府办公厅转发省安全生产监督管理局关于海南省危险化学品安全管理专项整治工作方案的通知（琼府办［2004］52号　2004年7月9日发布）

海南省安全生产委员会关于加强大型公众活动安全管理的通知（琼安委［2004］1号　2004年2月13日发布）

海南省安全生产委员会关于开展2004年全省安全生产专项整治工作的通知（琼安委［2004］5号　2004年4月7日发布）

海南省安全生产委员会关于印发《海南省安全生产委员会工作规则》的通知（琼安委［2004］6号　2004年5月26日发布）

海南省安全生产委员会关于印发《海南省民航例会工作制度》的通知（琼安委［2004］10号　2004年12月13日发布）

海南省安全生产委员会办公室关于印发《海南省安全生产专家管理暂行办法》的通知（琼安委办［2004］45号　2004年11月26日发布）

海南省安全生产监督管理局关于印发生产安全事故调查处理指导意见的通知（琼安监［2004］108号　2004年8月26日发布）

海南省安全生产监督管理局关于印发《进一步加强安全生产培训工作意见》的通知（琼安局办［2004］78号　2004年8月26日发布）

重庆市

重庆市人民政府关于进一步加强安全生产工作的意见（渝府发［2004］80号　2004年9月3日发布，2004年9月3日实施）

重庆市委托颁发安全生产许可证规定（渝府令第175号　2004年9月9日发布，2004年9月9日实施）

厦门市

厦门市举报生产安全事故隐患奖励办法实施细则（2004年发布）

厦门市征集安全生产合理化建议奖励办法（2004年发布）

宁波市

关于进一步加强安全工作的紧急通知（2004年发布）

青岛市

关于认真做好2004年安全生产工作的通知（2004年发布）

关于开展2004年“全国安全生产月”活动的通知（2004年发布）

大连市

大连市机构编制委员会办公室《关于市安全生产监督管理局内部机构、人员和领导职数配置的函》（大编办函［2004］13号　2004年10月6日发布）

关于坚决禁止复州湾地区违法采煤的紧急通知（大

安监发［2004］21号　2004年11月30日发布）

关于确认建设项目的安全设计审查和安全设施竣工验收行政许可项目的复函（大政发办函［2004］22号　2004年11月30日发布）

关于调整市安全生产委员会成员的通知（大政办发［2004］182号　2004年12月22日发布）

第十二部分

安全生产大事记

2004年安全生产大事记

1 月

△1日 《工伤保险条例》正式实施。

△9日 《国务院关于进一步加强安全生产工作的决定》发布实施（2004年1月7日国务院常务会议审议通过，国发（2004）2号）。

△20日 《安全生产许可证条例》发布实施（2004年1月13日，中华人民共和国国务院令第397号）。

2 月

△5日 北京市密云县密虹公园密云县第二届迎春灯展第6天，因一观灯游人在公园桥上跌到，引起身后游人拥挤，造成踩死挤伤游人特大恶性事故，37人死亡，24人受伤。

△15日 吉林省吉林市中百商厦发生特大火灾事故，53人死亡，68人受伤，其中12人重伤。

△同日 浙江省海宁市黄湾镇五丰村一土庙发生特大火灾，死亡40人。

△23日 黑龙江省鸡西市鸡西煤业集团公司百兴煤矿发生瓦斯爆炸事故，37人死亡。

4 月

△30日 山西省临汾地区隰县梁家河煤矿发生瓦斯爆炸事故，36人死亡，13人受伤。

5 月

△1日 《中华人民共和国道路交通安全法实施条例》施行。

△12日 河南省安阳市安彩集团信益二期工程工地发生上料架倾斜倒塌事故，21人死亡，10人受伤。

△17日 国家安全生产监督管理局（国家煤矿安全监察局）令第8号，《煤矿企业安全生产许可证实施办法》施行。

△同日 国家安全生产监督管理局（国家煤矿安全监察局）令第9号，公布《非煤矿矿山企业安全生产许可证实施办法》，自公布之日起施行。

△同日 国家安全生产监督管理局（国家煤矿安全监察局）令第10号，《危险化学品生产企业安全生产许可证实施办法》发布并施行。

△同日 国家安全生产监督管理局（国家煤矿安全监察局）令第11号，《烟花爆竹生产企业安全生产许可证实施办法》颁布并施行。

△21日 国家安全生产监督管理局（国家煤矿安全监察局）令第12号，公布《注册安全工程师注册管理办法》，并决定于10月1日起施行。

7 月

△1 日　《行政许可法》开始施行。

△同日　《危险废物经营许可证管理办法》施行。

△5 日　建设部公布《建筑施工企业安全生产许可证管理规定》，并自公布之日起施行。

9 月

△27 日　四川省南充市蓬安县一艘客船于嘉陵江行驶途中翻沉，船上人员全部落水，经过抢救，69 人生还，66 人死亡。

10 月

△4 日　广西壮族自治区钦州市浦北县白石水镇长岭烟花爆竹厂发生特别重大爆炸事故，34 人死亡，55 人受伤，900 多平方米的生产厂房被毁，直接经济损失达 130 多万元。

△20 日　国家安全生产监督管理局（国家煤矿安全监察局）第 13 号局长令，公布《安全评价机构管理规定》，自 2005 年 1 月 1 日起施行。

△22 日　河南省郑州煤炭工业（集团）有限责任公司大平煤矿发生瓦斯爆炸事故，148 人遇难。

11 月

△1 日　国务院第 423 号令颁布《劳动保障监察条例》。

△3 日　国家安全生产监督管理局（国家煤矿安全监察局）令第 16 号，修订后的《煤矿安全规程》已经 2004 年 10 月 18 日国家安全生产监督管理局（国家煤矿安全监察局）局务会议审议通过，现予公布，自 2005 年 1 月 1 日起施行。2001 年 9 月 19 日国家煤矿安全监察局发布、2001 年 11 月 1 日起施行的《煤矿安全规程》同时废止。

△11 日　河南省平顶山市鲁山县新生煤矿南店报废井区发生瓦斯爆炸事故，33 人死亡。

△20 日　河北省沙河市李生文矿发生矿难，70 人死亡。

△21 日　东方航空公司云南分公司一架从包头飞往上海的航班发生事故，47 名乘客和 6 名机组人员全部遇难，地面 2 人死亡。

△28 日　陕西省铜川矿务局陈家山煤矿发生特别重大瓦斯爆炸事故，死亡 166 人。

12 月

△9 日　山西省阳泉市盂县南娄镇大贤三坑发生瓦斯爆炸事故，33 人遇难。

图书在版编目（CIP）数据

中国安全生产年鉴 .2004/国家安全生产监督管理总局组织编写 .—北京：煤炭工业出版社，2005

ISBN 7-5020-2758-0

Ⅰ.中…　Ⅱ.国…　Ⅲ.安全生产-中国-2004-年鉴　Ⅳ.X93-54

中国版本图书馆 CIP 数据核字(2005)第 113672 号

煤炭工业出版社　出版
（北京市朝阳区芍药居 35 号　100029）
网址：www.cciph.com.cn
煤炭工业出版社印刷厂　印刷
新华书店北京发行所　发行
*
开本 889mm×1194mm $^{1}/_{16}$　印张 $26^{1}/_{2}$　插页 60
字数 758 千字　印数 1—1,200
2005 年 12 月第 1 版　2005 年 12 月第 1 次印刷
社内编号 5539　定价 168.00 元

国家安全生产监督管理总局 信息研究院（煤炭信息研究院）

黄盛初 院长

窦庆峰 书记

院长致辞

信息研究院是国家安全生产监督管理总局直属国家级科研事业单位。自1959年煤炭信息研究院创建以来，几代信息人辛勤耕耘四十六载，在煤炭和安全两大领域，励精图治，信息研究和出版事业不断发展。2004年初，经中央编办批准，加挂“安全生产信息研究院”牌子，为信息院的发展创造了新的历史性机遇，全院上下欢欣鼓舞，精神振奋，必将在安全生产领域写下新的发展篇章。

信息研究院拥有一只高素质的研究队伍，有一批国家级专家、教授、研究员、博士和出国留学回国人员等高层次研究人员，全院职工总数600多人，总资产达2.35亿元，年营业收入超过1亿元，具有较强的基础和发展实力。

信息研究院集信息研究、图书音像出版、印刷、物业开发四大产业于一体，体系完整，具有很强实力，在国内、国际相关领域居于领先地位。信息研究院始终把信息研究放在首位，为全国安全生产和煤炭行业发展提供重要的信息支撑和决策咨询服务，涉及安全生产、煤炭、能源、环境、信息技术和法律等领域。与美国、英国、德国及澳大利亚等二十多个国家的政府部门、公司及联合国开发计划署、世界银行、亚洲开发银行等国际组织建立了合作关系，并出色地完成了一批国际合作项目。

信息研究院致力于安全生产和煤炭技术推广和科学普及，出版《中国安全生产》、《中国煤炭》、《当代矿工》、《中国煤层气》等刊物。建成了面向全行业的“中煤信息网”、“中国安全生产数字图书馆”和“中国煤炭数字图书馆”，是全国安全生产和煤炭工业文献中心。

信息研究院所属煤炭工业出版社和音像出版社都是国家一级出版社，每年出版图书360余种，音像制品30余种，还出版《中国安全生产年鉴》、《中国煤炭工业年鉴》等，为传播安全生产和煤炭科技知识不断奉献新的高质量产品。

2004年，信息研究院新一届领导班子提出新的发展思路，实施人才强院战略和创新发展战略，加强核心竞争力建设，做强、做大四大产业，全面提升经营规模和经济效益，为把我院建设成为具有强大竞争力、凝聚力、综合发展实力的信息出版产业集团而奋斗，为实现全国安全生产状况的根本改善，为加快我国煤炭行业的发展做新贡献。

借此机会，热诚期望各级领导、同行和社会各界一如既往地给予信息研究院支持和帮助，在此谨致以衷心感谢！

黄盛初　院长 研究员

2005年11月

组织结构

国家安全生产监督管理总局信息研究院（煤炭信息研究院）

- 综合部门
  - 综合办公室
  - 人事处
  - 科技管理处
  - 经营管理处
  - 基建房产处
  - 财务处
- 二级单位
  - 能源安全研究所 / 安全生产法律研究所
  - 安全评价与咨询中心
  - 新闻中心
  - 信息资源部
  - 煤炭工业出版社
  - 煤炭音像出版社
  - 物业开发部
  - 盈东公司
  - 煤炭工业出版社印刷厂

团结务实的新一届领导班子

院　长：黄盛初　党委书记：窦庆峰　副院长：张文山　伊　烈　何国家

综合部门：

办公室	孔　亮	84612550
人事处	魏　琴	84657886
财务处	张晓萍	84657990
经营管理处	张大孟	84657941
科技管理处	徐启敏	84657827
基建房产处	李世强	84613288

地址：北京市朝阳区芍药居35号中煤信息大厦
邮编：100029
电话：(010) 84657848
传真：(010) 84612550
Email: CCII@coalinfo.cn
网址：www.coalinfo.net.cn

能源安全研究所

主要领域：能源、安全、环境、信息技术

主要业务

- 技术、经济、法律、政策研究与咨询
- 市场调查
- 国际咨询
- 国际会议
- 信息工程技术

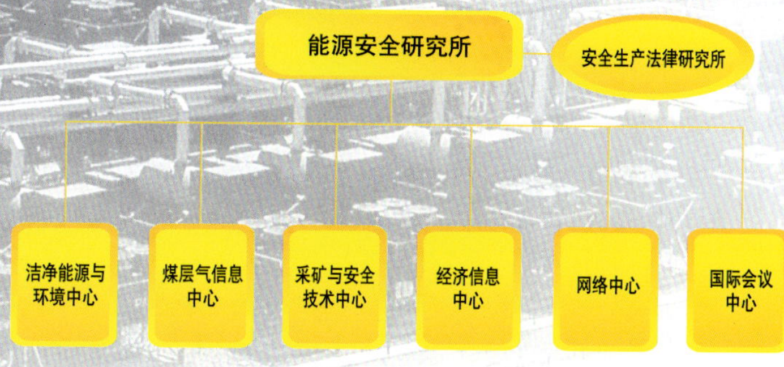

能源安全研究所

负责人	刘文革	84657806	经济中心	84657850
采矿与安全技术中心		84657939	法律研究所	84657872
洁净能源与环境中心		84657850	网络中心	84657792
煤层气中心		84657948	国际会议中心	84657948

安全评价与咨询中心

主要业务

- 安全评价和信息咨询
- 安全生产和煤炭技术培训
- 安全和煤矿新技术推广
- 图文设计制作中心
- 国际信息交流中心

安全评价

具有国家安全监管总局批准的安全评价资质，拥有专业评价专家，已经在全国相关地区开展了业务。

安全评价与咨询中心

负责人	孙洪灵	84657860
安全评价中心		84657931
图文设计制作中心		84657865

峰峰集团有限

矿长　李文昌

党委书记　杨连生

峰峰集团有限公司梧桐庄矿地处河北省南部，磁县境内，地理条件优越，交通十分便利。

矿井是按照高产高效要求，设计和建设的大型现代化新型煤矿，年设计生产能力120万吨，服务年限80年。主采煤层为2号煤，是国家紧缺的低灰、低硫、低磷，高挥发分、高发热量的优质肥煤。

近年来，该矿瞄准“跨越发展，强企康员”的最高目标，以确保安全为依托，大力弘扬“人本为上，安全第一”的企业宗旨和“团结拼搏、求实创新”的企业精神，依靠科技创新、制度创新、管理创新，不断开创安全生产工作新局面。企业先后荣获“集团公司文明矿”、“省级园林式企业”、“全国煤炭工业双十佳煤矿”等荣誉称号。

创新安全教育培训体系，强化员工安全意识。结合企业新理念、新机制的特点，建立健全了“四个一”安全培训教育机制，培训内容以《安全生产法》、“三大规程”等行法、行规为主，并广泛营造舆论氛围，不断树立和提升员工的安全生产意识，逐步实现了由“要我安全”向“我要安全”的转变。

创新安全技术管理，强化安全工作基础。开发应用“煤矿生产安全监察系统”软件，构建矿井安全信息传输网络，实现了生产现场安全状况的实时监控和管理。在集团公司率先引进大功率电牵引采煤机组，大面积成功推广煤巷锚网索支护新工艺，有效提高了采煤效率，控制了巷道顶板质量。应用自动遥控瓦斯监测技术装备，对采掘工作面及主要回风点进行全方位监控，重大危险得以控制。率先在集团公司内部引入并推行了职业健康安全管理体系，进一步促进了矿井安全管理工作的系统化、规范化建设。

创新现场管理手段，营造安全环境。坚持以准军事化管理为手段，强化“三现”、“三事”管理，认真执行安全确认，培养和树立员工的规范意识、执行意识，巩固安全管理基础；健全完善“6s”管理体系，加强点检管理，实行目视化管理和排板管理，明确了工作程序、标准和责任，改善了现场作业环境，提高了现场安全管理效果。

创新防治水工作思路，突出安全防范重点。建立了地面注浆站系统和矿井水文地质动态监测网以及数据库、水文预报、水情预报通讯系统，加强水情预报与监测。广泛开展交流合作，先后利用三维地震、瞬变电磁法和高密度直流电法等先进手段，对工作面进行分步精查，确定了导水陷落柱具体方位，并对异常区进行有效封堵。“工作面底板综合防治水技术研究”荣获了2003年度全国煤炭行业“十大”科技成果奖。

公司梧桐庄矿

生产安全指挥中心

井口安全文化走廊

高架综采工作面

工业广场全景

有限责任公司

华亭煤业集团位于甘肃平凉市华亭、崇信两县境内，南距宝鸡市156公里，北至平凉市58公里，西南距天水市210公里，宝中铁路横穿矿区，集团公司煤炭专用线12.98公里，交通十分便利。矿区煤田总面积134平方公里kin′(包括华亭、安新、赤城三个煤田)，拥有地质储量33.7亿吨。华亭煤炭品质优良，具有“三高三低”(高挥发分、高化学活性、高发热量，低灰、低硫、低磷)的特点，是优质的动力、化工和气化用煤。已注册的“桦亭”、“砚北”牌天然洁净煤享誉全国，深受广大用户青睐，并出口日本，孟加拉等国家。是目前西北地区资源丰富、开采条件好、机械化程度高、发展前景广阔的大型煤炭能源基地。是一个以煤为主、多业并举，具有煤炭生产销售、建筑安装、机械制造、科研设计、多种经营、铁路运输、煤炭洗选加工等综合配套的大型企业集团。

党委书记、副董事长　李人志

华亭煤业集团储运系统

网址：//www.htmy.com.cn　　电子信箱：webhtcoal@163.com

淄博矿业集团

全国企业500强、山东大型重点企业之一的淄矿集团，是于2002年4月由原淄博矿务局改制而成的国有独资公司。企业横跨山东、陕西、贵州三省五个地市，有全资公司、参股公司、控股子公司等30余个基层单位，员工3万余人。淄矿集团是集煤炭生产、生物化工、新材料、光电子器材、机械制造、煤炭综合利用等多个产业为一体的大型现代企业集团。2004年原煤产量1258万吨，销售总收入62亿元，企业资产总额94亿元。

淄矿集团高度重视安全生产工作，始终坚持“安全第一，预防为主”和“以人为本，科技兴安”的指导思想，坚持管理、装备、培训并重和党政工团齐抓共管。不断深化安全生产基层、基础建设和安全教育制度化，安全基础工作进一步务实，安全管理水平进一步提升。目前，已形成集团公司自上而下的二、三、四级安培体系，对16种特殊作业人员和新入矿人员进行规范培训，对现职人员进行定期复训。同时积极推进具有淄矿特色的安全文化建设，提高职工的安全意识和安全素质，着力打造以培养本质安全人为支撑的本质安全型现代化矿区。2004年百万吨死亡率0.16，创历史最好水平。现在，淄矿集团正以提升矿井整体装备水平和本质安全保障水平为突破口，突出“人才、科技、装备”三大重点，瞄准国内外先进水平，向生产管理科学化、采掘装备现代化、辅助设施自动化、监测监控数字化、工程质量精细化、操作技能规范化、行为环境文明化、安全文化系统化、经营运作市场化和后勤服务社会化的“十化”目标迈进，全面推动矿区现代化建设，努力创建以“优而特、富而强”为发展方向的具有循环经济优势的现代化企业集团。

对煤矿安全生产实施全过程监控

职工参观安全教育展览

现代化综采工作面

依靠科技、高起点、高质量建设本质安全型现代化矿井。图为在建的设计能力为300万吨的超千米深矿井——唐口煤矿。

淄博矿业集团许厂煤矿

许厂煤矿矿长 侯宇刚

许厂矿是淄矿集团在济北矿区建设的第一座现代化矿井，现有职工1200人，核定能力300万吨。在集团公司的正确领导下，许厂矿全方位推行精细化控制管理，持续深化“双基”建设和企业文化建设，大力发展非煤产业，规范运行环境ISO19001、质量ISO14001和职业安全健康OHS18001三个管理体系，为形成循环经济模式，实现可持续科学发展，打造本质安全型现代化矿井奠定了坚实基础。同时，认真落实以人为本的管理理念，全心全意为职工改善工作和生活条件，以高度的责任感和使命感实践了“三个代表”的要求。至今已多次被中国煤炭工业协会命名为高产高效矿井，2003年被评为煤炭工业科技进步“十佳矿井”、全省煤炭行业“十佳煤矿”；2004年被评为全国煤炭系统文明煤矿，并被省授予“富民兴鲁”劳动奖状；2005年被评为全矿煤炭工业“企业文化示范矿”，在安全程度评估中被评为A级矿井。

集团公司马董事长陪同上级领导来许厂矿视察

按照实现精益生产和精细化管理的要求，持之以恒推行REC精细控制管理，不断完善标准、流程、质量保证三大体系，严格走动式管理，引入积分制考核和绩效考核机制，做到软指标硬化，硬指标量化，定性与定量相结合，定性的标准化，定量的数据化，实现三工并存，动态转换，不断提升整体管理水平，努力打造安全质量管理的新亮点，推动“双基“建设向纵深发展。

按照发展循环经济、实现可持续发展的要求，积极探索煤炭深加工新路子，现具有自主知识产权的精制沥青和碳纤维中试已取得成功，正在实施规模化生产，初步走出了一条科技含量高、经济效益好、资源得到充分利用的可持续发展的新路子。

井下精细化管理配电室

许厂煤矿煤炭深加工碳纤维生产车间一角

邯郸矿业集团阳邑矿业有限公司

董事长兼党委书记　班士杰

经营理念

坚持诚信经营

追求最佳效益

邯矿集团阳邑矿业有限公司位于邯郸市西部，东距邯郸市70公里，紧邻邯长铁路及309国道，交通条件比较便利。公司前身为邯郸矿务局阳邑煤矿，矿井于1969年建井，1971年简易投产，设计生产能力为21万吨/年，服务年限45年。后经几次技术改造，矿井生产能力逐步提高，最高年产曾达到48.5万吨（1997年）。

多年来，公司认真贯彻“以安全生产为中心，以质量标准化为重点”的安全生产方针，截止到2004年底，已连续安全生产4700多天，质量标准化工作连续18年零5个月保持了水平，累计安全出煤400余万吨。先后荣获了“省厅安全生产先进单位”、“全国煤炭工业现场管理先进单位”、“河北省安康杯优胜单位”等荣誉称号。

近年来，公司进一步制订完善了《安全生产奖惩细则》、《安全行政责任追究制度》、《重大事故统计报告制度》等4大系列16项工作制度，使安全责任做到了公司、单位、班组、个人“四级”落实。多年来，公司在采掘工作面深入开展“标准化一条线”和“质量精品工程”创建工作，使采掘工程始终处于动态达标状态；在生产辅助系统长期开展“一通三防”会战、机电运输会战、顶板会战等专项安全整治活动，对操作和维护人员落实包机责任制，严格推行持证、挂牌上岗，使大型固定设备完好率维持在100%，小型机运设备完好率维持在95%以上。为提高矿井质量标准化水平，2004年，公司安全投入累计达360余万元，在采掘头面配备了对旋风机、瓦斯断电仪、瓦斯报警仪等先进的“一通三防”设备。生产系统20多部皮带全部上齐了防跑偏、烟雾报警、防淤煤等六大保护系统，为矿井实现安全生产提供了可靠保证。

淄博矿业集团岱庄煤矿

岱庄煤矿隶属淄博矿业集团有限责任公司，是集团公司的骨干现代化大型矿井。建矿 5 年多来，始终坚持以安全工作为重点，突出人本战略，夯实安全基础，以安全促进产量提高，以安全拉动经济增长。2004 年原煤产量再创历史新高，完成 364 万吨，原煤效率 8.19 吨／工，实现销售收入 118639 万元，实现利润 22333 万元，人均创效 122.23 万元／人，工程质量保持了一级矿井标准，截止到 2004 年底已实现安全生产 1627 天。

矿井从实际出发，大力实施科技兴安战略，按规定足额提取维简资金和安全技措资金，2004 年投入维简费 5316 万元，保证了矿井的持续投入，提升了矿井的安全保障水平。先后对矿井主提升机、井下运输系统、安全调度系统、矿井水处理及综合应用等重点工程进行了升级改造。围绕矿井“一通三防”、顶板管理、提升运输以及矿井延深和薄煤层开采等环节大搞技术创新，为矿井可持续发展奠定了基础。连续 4 年实现了百万吨死亡率为零、重伤事故率为零。先后荣获山东省煤炭系统安全生产先进集体、煤矿安全程度评价 A 级矿井、“十佳”矿井、全国特级“高产高效”矿井、煤炭工业科技创新矿井、全国煤炭系统“文明煤矿”等荣誉称号，其中，“复合软岩顶板锚网索（喷）支护技术的实践与优化”项目获得国家安全生产监督管理部门和国家煤矿安全监察部门举办的第二届安全生产科技三等奖；“一全六制”管理方法在煤炭企业中的实践与应用获省经贸委科技创新及优秀应用一等奖、国家企业管理二等奖。

结合企业发展，实现了人人有标准、事事有标准、时时有标准，事事有落实、有考核的闭合管理。全面整合规范完善各项管理制度，重新整理印制了《岱庄煤矿安全生产责任制》；围绕安全质量标准化标准，大力推行“三高四严”工作法，即：高境界、高起点、高标准和严干部、严自己、严流程、严小事；制定推行了管理干部、班长工作落实百分制考核，管理人员下井“三、三”制班次及八个下井时段安全督查，特种作业人员下井签到，工程质量精细化标准及样板区队考核办法，安全信息闭环运行管理等安全生产管理制度。同时，坚持推行了“三三四”结构工资分配办法和“三违”比率考核，将安全质量和班组、职工的切身利益紧密联系在一起，考核奖惩到班组；重视通过“三关”和“五关”教育等形式，对“三违”人员的转化，并辅以安全质量仲裁制度和“三违”申诉制度及对职工有违章行为和危险经历自觉申报进行奖励制度。形成了安全工作事事有人管、层层有人抓、件件有落实的良好局面，逐步实现了由“人治”向“法治”的转变。

扎实推行了以“一三五”安全教育、案例教育、“三违”帮教、党员安全责任区、青年安全监督岗为主要内容的安全教育“五项制度”，并以教育培训、声像宣传、文字宣传三大阵地建设为依托，建立完善了安全教育网，构建了安全教育展示区。以区队班前班后会为教育主阵地，按照“631”培训模式要求，狠抓职工安全教育培训坚持矿领导每周上一次全员安全大课，区队队长、技术员负责每周上一次安全技术业务课，着力在职工的安全行为养成、技术技能的提高上下功夫，全员培训率达到了 100%，提高了职工队伍的安全素质，营造了多层次、全方位的安全文化环境和氛围。

岱庄煤矿采煤工作面

职工班前安全教育

岱庄煤矿文化广场一角

中国海运集团

中海集团　李克麟总裁

中国海运集团（简称中海集团）是中央直接管理的国有重要骨干企业之一，是一家跨地区、跨行业、跨所有制和跨国经营的特大型航运集团。

中海集团以中国海运（集团）总公司为核心企业，现有总资产560多亿元。麾下由集装箱运输、油运、货运、客运、特种货运输等五大专业船公司组成的主营船队，拥有各类船舶400多艘，近1280万载重吨，年运量超过2.7亿吨。并拥有船舶管理、综合物流、码头经营、金融投资、工程劳务、供应贸易、信息技术等陆岸多元产业及70余家境外企业。

中海集团的集装箱运输实现了跨越式发展，已形成近120艘船，超过31万标准箱位的集装箱船队规模，拥有目前世界上最大的8500TEU集装箱船，开辟40多条内、外集装箱班轮航线，年运量重箱超过500万TEU。

中海集团党政领导班子高度重视安全生产工作，坚决贯彻"安全第一、预防为主"的方针，在集团及所属各单位都设置了健全的安全管理机构，配备了高素质的安全管理干部，建立了"横向到边、竖向到底"的安全管理网络。

中海集团着力建设并不断完善安全生产长效管理机制，8家专业船舶公司已按照《国际安全管理规则（ISM）》建立了安全管理体系（SMS），并有效运行了9年，在集团的陆岸企业中，积极推进职业健康安全管理体系（OSHMS），已有多家企业实施OSHMS。

集团每年与各专业公司、各专业公司与下属单位都签定安全生产责任书，各基层单位与一线员工都签定安全承诺书，落实各级安全生产责任制，建立了安全生产责任制体系。

中海集团重视并加强对重点事故源的监控和管理，强化各级安全检查和现场监管，加强安全隐患的排查治理工作，严格事故处理和责任追究制度。

中海集团高度重视安全投入，近5年来，共处置老旧船舶59艘，加装惰性气体系统的老旧油轮10艘，新造和购入船舶66艘，集团船队迅速实现了大型化、现代化和远程化，极大提高了船舶的本质安全度。

中海集团高度重视培育企业安全文化，以人为本，严管善待，重视员工的安全教育培训，着力提高员工综合素质，船舶事故逐年下降，已连续3年保持在较低水平，实现了安全生产形势的总体平稳。

淄博矿业集团岭子煤矿

上级领导参观

岭子煤矿是淄博矿业集团有限责任公司的骨干生产矿井，辖一井、宝山井、营销公司3个煤炭生产及加工单位，以及热电公司、东泰公司、宝川公司3个非煤生产单位，其中一井为高瓦斯、高承压水、高地温、高矿压显现井口。全矿现有从业人员5600多人。矿井于1959年建成投产，原设计能力42万吨，经过不断的技术改造，2004年核定生产能力89万吨。矿井先后被授予质量标准化矿井、现代化矿井等荣誉称号，2004年被山东省煤炭工业部门命名为“双基”建设先进单位和科技兴煤优秀矿井，在煤矿安全程度评估中被评为A级矿井，荣获全国煤炭系统环保优秀企业。

2004年，岭子煤矿认真贯彻落实党的安全生产方针，以“双基”建设为总抓手，不断加强精细化管理，深入开展标准化建设，大力实施科技兴安战略，积极开展安全管理创新，推动了安全生产的健康和谐发展。

狠抓职工安全教育培训，规范安全教育“五项制度”，实施“631”培训模式，开展全员安全教育培训，加强职工培训中心软硬件建设，形成了提高职工安全意识与实际操作技能相结合的教育培训机制。围绕管理重点，制定和完善了各项安全管理制度，构建了安全监督监控体系。加强区队长、班组长、安监员队伍建设，充分发挥了“三大员”的现场把关作用，促进了安全责任重心下移、关口前移。牢牢坚持了“先抽后采，监测监控，以风定产”十二字方针，加强通风技术管理，积极优化通风系统，进一步完善监测监控系统，杜绝了各类通防事故。坚持“有疑必探、先探后掘”的原则，加大对底板含水层勘探范围，有针对性地疏水降压，杜绝了重大水患事故的发生。大力实施科技兴安战略，加大安全投入力度，积极引进新设备、新工艺、新技术，提高安全生产科技含量。先后投资2000多万元，引进了薄煤层综采设备，新上了大功率掘进机，结束了淄矿老区建局以来无综采综掘的历史。积极与中国矿业大学联合开展岩巷控制爆破理论与高效掘进施工技术研究。紧紧依靠科技支撑，强化瓦斯治理，对回风立井进行技术改造，新上了瓦斯抽放泵站，引进了通防智能化监测监控系统。坚持以环境培育人、以文化熏陶人，积极开展安全文化建设，投资建立了矿区安全文化一条街、井口安全文化通道、矿区安全画廊、井下安全宣传大巷，营造了浓厚的安全氛围。全面加强职业卫生防治，强化职工健康监护，严格危害因素监测治理，认真执行职业危害忠告制度，维护了职工的合法权益。

多媒体职工安全教育培训教室

现代化调度中心

职工家属

枣庄矿业（集团）公司蒋庄煤矿

枣庄矿业（集团）公司蒋庄煤矿是一座年设计生产能力 150 万吨的国有大型机械化矿井，1989 年 6 月建成投产。矿井煤种为 1/3 焦煤，可洗选加工 1～3 号精煤等 5 个类别 12 个等级的产品。建矿 16 年来，累计生产煤炭 2850 万吨，洗精煤 1000 多万吨，连续 8 年上缴利润过亿元，成为枣矿集团支柱矿井之一。

党委书记 王庆德

在长期的煤炭生产实践中，该矿不断探索、提炼并形成了以基层、基础、基本功为特色的“三基”安全管理模式。首先是关口前移抓基础。把安全质量标准化作为安全工作的基础工程，持续深化安全隐患专项治理，强化质量动态达标和文明生产，积极创建“样板头面、流程精品、示范硐室”，为职工创造了和谐的作业环境。其次是重心下移抓基层。对生产一线的班组长实行“两证”（任命证、上岗资格证）管理、台阶递进式风险抵押奖励并优先入党提干；积极开展“六有、六无”班组竞赛，建成了一大批讲效率、高品位、低成本、重安全的学习型班组。第三是以人为本抓基本功。提炼、宣贯“三基、四化、五精”等特色安全文化，营造温馨和谐的安全文化氛围；制定安全质量管理等制度100余项，健全安全制度体系；每年都开展大规模、不间断的“全员学习、岗位练兵、技术比武”活动，切实提高了全体员工的业务素质。

矿 长 赵厚选

通过持续强化“三基”建设，矿井连续 2 次实现安全生产 1000 天，先后荣获了全国“依法生产先进煤矿、特级质量标准化矿井、煤炭科技进步十佳矿井”和全省“安全生产先进矿、通防示范化矿井、双基建设矿井先进单位、煤矿安全程度评估 A 级矿井”等荣誉称号。

矿办公大楼

地址：山东省滕州市西岗镇

邮编：277519

电话：0632—4063733

传真：0632—2100295

毫厘不差

科技创新

温馨家园

团结拼搏 艰苦奋斗 科技兴矿 争创一流

——邯郸矿业集团云驾岭煤矿

矿领导班子（左四为矿长徐玉良、右四为党委书记刘和平）

邯郸矿业集团有限公司云驾岭煤矿，是1992年投产的国有重点煤矿，现有职工2300名，矿井设计能力60万吨/年无烟煤，实际生产能力达到150万吨/年，拥有90万吨/年的新型选煤厂，60万吨/年的扩大区，发电量7.5亿千瓦时/年的电厂。荣获全国煤炭系统文明煤矿、省级高产高效矿井、河北省安康杯竞赛优胜单位。

坚持"安全第一，预防为主"，打造"以人为本，争创一流"的强势安全文化，印发了《安全文化手册》和《安全制度汇编》。安全文化主要由安全管理思想、管理方式、群体意识和行为规范等13个部分组成。导入"一举一动，规章至尊"的安全理念，6S行为规范和走动式四卡管理。形成了"管理理论科学，责任目标明确，内部控制到位，管理效果明显"的安全精细责任目标管理，使安全管理由经验型向文化型高层次管理跨跃。

通过安全文化管理，牢固构筑安全思想、安全管理和安全监察三道防线，安全质量标准化、管理精细化、装备现代化，确保了安全生产，促进了全面、协调、可持续发展。截至2005年4月底，已实现安全生产800多天，安全生产原煤300万吨。2004年，销售收入3亿元，利税2亿元；商品煤产量140.71万吨，跻身邯郸矿业集团第一家大型现代化矿井；全国首创5米以下综放100.2306万吨采煤队。2005年计划销售收入3.5亿元，利税2.5亿元；商品煤产量150万吨，人均收入3万元。

电话：0310-7756042　7756043　传真：5696552　邮箱：hkzhq@163.com

有关领导到矿区视察安全工作

有关领导在主井车房视察安全工作

矿区领导与职工共同商讨安全事宜

矿区文化一条街

山东枣矿集团柴里煤矿

山东枣矿集团柴里煤矿是枣矿矿区的西部老矿，现有职工10000多人，家属师生3万多人。柴里煤矿建矿之初年设计生产能力仅为30万吨，经过3次改扩建，年设计生产能力提高了8倍，达到240万吨。由于历史上几经改扩建，先天不足，井下条件较差，隐患威胁严重，安全生产受到严重制约，管理难度和风险很大。近年来，柴里煤矿按照集团公司的工作部署，优化了采掘接续关系，减轻了安全管理的压力；坚持以人为本、从严治企的基本方略，以安全环境改变人，以安全氛围影响人，以安全理念引导人，以安全政策激励人，深、严、细、实抓管理，依靠创新促提升，巩固了安全基础。在安全管理中突出抓了六个重点：

高标准综放工作面

一是精心组织了质量标准化、“亮点工程”、“精品工程”创建活动。实现了“严把毫米关口，打造精品工程”和“头头面面创精品，条条线线都达标”的创建目标。

二是实施了质量管理升级竞赛、“四级质量”动态检查验收和“四个质量”工程责任追究。强化了对工程质量、工作质量、服务质量、产品质量的监督管理。

三是立足从严管理，严格坚持“三违”人员升级处理、过六关、首例重罚、层级追究和特殊时期的安全监察。

四是强化了五个专项整治，严抓了过程与行为控制，加强了薄弱环节监控预警体系，形成了八个安全管理工作体系。

五是夯实了安全根基，强化了基层、基础和基本技能“三基”建设，严格考核兑现，狠抓了责任落实。

六是持续推进安全管理创新，探索实施了安全系统工程建设，积极构建安全管理的长效机制。

通过强化质量标准化和 “三基”建设，改善了安全生产环境，夯实了安全管理基础，促进了安全生产形势的稳定好转。

各项工作均呈现出良好的发展势头。企业先后被授予“全国文明煤矿”、“全省煤炭系统双基建设先进单位”、“山东省企业创新先进单位”、“枣庄市文明单位”、“文明煤矿”等荣誉称号。

安全文化剪影

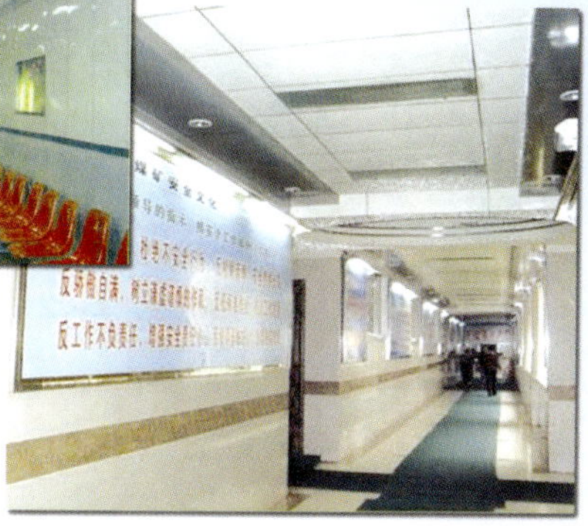

济宁矿业集团有限公司

公司概况

济宁矿业集团有限公司是济宁市政府授权经营国有资产，以煤炭为主业，集煤电、煤化工、冶金、新型建材、机械制造、医疗器械、水陆运输于一体，享有自营进出口权的大型企业集团。

董事长 王彦伦

目前，集团公司拥有全资、控股及参股子、分公司24家，职工8000余人，资产总额35.3亿元。2004年，公司生产煤炭539万吨，实现销售收入19.45亿元，利税10.11亿元，利润7.68亿元，名列全国煤炭工业企业第50强，荣登全国煤炭行业“效益十佳”企业榜。同时，集团公司还被山东省确立为全省200家重点企业之一。

工厂全景图

发展成果

自2001年分设以来，集团公司资产总额增长17亿元，销售收入增长11.9亿元，利税、利润年增长率分别达到73.04%和94.3%，达到了同行业资产利税率的较高水平。

资源开发：投入5000万元的勘探资金，获得了近十亿吨的煤炭地质储量，实现潜在价值1000多亿元。

三大基地：近3年将投资30亿元，着力打造“阳城煤电化、金乡煤化工和工业园高科技产业”三大产业基地。园区内的阳城煤矿、花园煤矿、肖云煤矿、山东瑞通医疗器械项目正在快速建设中，与其中相联的洗煤厂、新型建材厂等项目将同煤矿平行建设，同步投产。筹建中的阳城电厂等一批项目也即将开工。

有关领导来矿考察

招商引资：与山东鲁能集团合资成立济矿鲁能煤电公司，打造济宁第一个煤电化项目；与山东地质勘查开发局联手走出省界，勘探开发内蒙古的煤炭资源；与中国重汽集团合资组建了中国重汽济宁商用车公司，生产重型商用车；同台湾等客商合资组建了山东瑞通高分子医疗器械公司，生产自毁式注射器等医疗产品；同济宁供电公司等合资建设花园煤矿；还有一批煤电化工项目正在深入论证中……

骨干企业运河煤矿

安全生产

济宁矿业集团始终坚持把安全生产工作放到各项工作的首位，以建设本质安全型矿井为目标，突出以人为本，着力在加大安全投入、建立健全安全管理机制上卓有成效的开展安全工作，实现了安全、效益双丰收。根据国家、省、市政府的统一部署和所属企业现场实际，按照“挤水升标、高位达标”工作思路，济矿集团把安全专项整治活动作为提高质量标准化的有效途径，认真学习和借鉴兄弟单位的先进管理经验，对照先进找差距，扭住质量不放松。形成了“以质量保安全、以安全促生产”的良好格局。采煤工作面形成了支架（支柱）一条线、电缆吊挂一条线、超前支护一条线、物料码放一条线；掘进工作面形成了巷道两帮一条线、临时轨道平直一条线、电缆悬挂一条线、风筒吊挂一条线、风水管路吊挂一条线、掘砌水沟一条线的“十条线”验收标准，每旬组织检查验收工作。迅速形成了“以点带面、由表及里、各个击破、全面推进”的良好格局，彻底改变了井下脏、乱、差的不良现象。

花园煤矿

通过认真开展安全质量标准化和“双基”建设活动，集团连续3年被济宁市安委会评为“安全生产先进单位”；所属矿井都获得了“部级质量标准化矿井”称号，其中落陵煤矿获得“部特级质量标准化矿井”，曾获得煤炭行业最高荣誉奖项——金石奖。2004年度，济矿集团所属企业杜绝了重伤及其以上的人身事故和二类非人身事故，实现了安全生产，在省安全评价和质量标准化验收中得到了专家组的认可，所属矿井安全评估得分均达到了95分以上，取得了“安全程度A级矿井”荣誉称号，极大地促进了济矿集团整体管理水平的提高。

郭二庄矿业有限公司

公司领导班子成员

董事长袁聚良（左五）党委书记郝彦芳（左六）总经理王怀田（左四）

郭二庄矿业有限公司认真贯彻落实上级安全生产指示精神，把“三个代表”的重要思想和保持共产党员先进性教育活动与安全生产有机结合起来。坚持“安全第一、预防为主、综合治理、总体推进”的安全生产方针，加强对安全技术和安全装备的投入，狠抓安全质量标准化工作，强化职工安全培训教育，提高了职工的安全意识和安全素质。

公司领导经常深入现场，深入一线，靠前指挥，现场办公，及时解决安全生产中遇到的急、难、险问题。公司把安全工作列入职工代表大会的重要议事日程，定期审议安全生产重大决策，征集和处理安全提案及群众安全合理化建议，建立健全了安全监督体制。

公司坚持用“四铁”（铁手腕、铁面孔、铁心肠、铁纪律）精神抓安全，严肃查处各类违章行为和事故隐患。为职工创造了一个安全、舒适的生产环境。为提升精细化管理水平创造了有利的条件，公司努力营造浓厚的安全氛围，以形成企业安全文化。为全面建设和谐的小康矿区，提供了强有力的保障。

山东里能里彦矿业有限公司

山东里能里彦矿业有限公司是一个以煤炭生产为主的国有企业，位于“孔孟桑梓之邦，文化发祥之地”的孟子故里——山东省邹城市太平镇。矿井地质储量 10901 万吨，可采储量 6000 万吨，设计年产 60 万吨。

自 1995 年 10 月 6 日矿井破土动工以来，公司以“三个代表”的重要思想和科学的发展观为指导，牢固树立“安全为天，责任重于泰山”的安全生产意识，始终坚持“安全第一，预防为主，综合治理，总体推进”的安全生产工作方针，全面执行《安全生产法》，克服施工队伍新、技术力量薄弱和地质条件复杂等诸多不利因素，加强领导，完善制度，落实责任，强化管理，全方位加强安全生产工作，有效地杜绝了死亡和二级以上非人身伤亡等重大安全事故。截止到今年 6 月 1 日，公司顺利实现安全生产 3000 天，成为济宁地区安全生产周期最长的单位。自 2000 年投产以来，公司累计生产原煤 445 万吨，完成掘砌进尺 6.86 万米，创利税 6 亿元。公司取得的显著工作成绩，得到了各级领导部门的充分肯定，先后被司法部、省政府、省煤炭安全生产监察部门等授予省级文明单位、山东省司法行政重建 20 周年先进集体、山东省设备管理先进集体、全省煤炭系统安全生产先进集体等多种荣誉，并荣记二等功 3 次、三等功 1 次。

先进的生产监控系统

职工教育培训中心

优美的生产环境

邯郸矿业集团有限公司陶一煤矿

党委书记　魏岭

矿长　胡海江

陶一煤矿隶属邯郸矿业集团有限公司，位于邯郸、武安两市交界处，邯长公路、邯长铁路从矿区穿过，建有专门的铁路专用线，交通十分便利。

矿井1976年投产，设计年产量为30万吨，井田面积8.36平方公里。由于历史原因，矿井曾被列为关闭对象。近几年，在集团公司做大做强、跨越式发展目标激励下，陶一煤矿积极谋划企业发展，积蓄后劲，树立以人为本、科技兴矿思想，从强化基础管理入手，实现了采煤、掘进机械化，安全监测自动化，管理微机化，矿区建设花园化。通过矿井技术改造，2004年煤炭产量达到63万吨，销售收入2亿元，跨入了中型矿井的行列。为提高煤质、增加品种，洗煤厂完成了配套改造，更换为先进的筛分设备，主要品种有洗大块、洗中块、洗小块、精沫煤、拣大块和混煤等7个品种，还可根据用户需要调整品种，产品适用于冶金、建材、化工、电业和民用。

我矿实力雄厚，管理规范，服务周到，连年荣获市“重合同、守信用”单位、“市文明单位”等称号，企业净资产7133万元，现有员工1537人。

矿长胡海江、党委书记魏岭携全体员工愿竭诚为新朋老友提供真挚、优质的服务，期待着与您的真诚合作。

电话：0310—7754506　7754674　　邮编：056300

陶一煤矿调度室

陶一煤矿居民区

陶一煤矿广场

云南煤矿安全监察局

云南煤矿安监局党组书记、局长 邹立生

云南煤矿安全监察局属国家安全生产监督管理总局、国家煤矿安全监察局的直属机构，实行国家垂直管理，为正厅级机构。省局现下设曲靖监察分局、大理监察分局、红河监察分局和昭通监察站。

省局机关内设办公室、安全监察处、行政复议处、安全技术装备保障处、人事培训处、纪检监察室（机关党委）、离退休干部工作处以及信息调度中心、后勤服务中心和《中国煤炭报》、《中国安全报》驻云南记者站。全局行政编制115名。

省局直属事业单位有云南煤矿安全技术培训中心、云南煤矿矿用设备检测中心。

云南煤矿安全监察局成立5年来，依据国家安全生产法律法规和规章、规程，按照国务院赋予的监察职责，代表国家行使监察职能，在全省煤炭行业开展了严格的安全执法监察和督察工作。在监察执法实践中不断创新监察工作方法，实施了专项监察、重点监察和定期监察，不断加强制度建设，规范行政执法工作，先后建立了安全监察人员责任考核制度、安全事故汇报制度、重大事故调查处理和批复结案制度、煤矿安全监察举报制度、重大事故通报制度以及《煤矿安全监察干部廉洁自律若干规定》、《煤矿安全监察廉洁执法回执卡制度》等一整套工作制度和办法，做到了严格执法、公正执法和廉洁执法，逐步规范了煤矿安全监察执法程序，加大了行政处罚力度和事故调查处理力度，提高了煤矿安全监察执法的权威性。5年来，关闭、取缔了一批不具备基本安全生产条件和布局不合理的矿井，淘汰了一批破坏资源、污染环境、生产方式落后的小煤矿，各类煤矿的办矿水平和管理水平有了明显提高，办矿秩序逐步规范，正在逐步走上依法办矿、依法治矿的法制化轨道。全省煤矿安全形式呈现出相对稳定、趋于好转的态势。

2004年，全省煤矿安全生产实现了“一增四降”，即煤炭产量增加，比上年增长27.85%；事故总死亡人数、重大事故和特大事故起数、百万吨死亡率比上年分别下降8.7%、6.4%、22.2%和31.8%，较好地完成了国家局和省政府下达的控制指标，促进了云南煤矿安全状况的稳定好转。

有关领导视察云南后所煤矿坑口电厂

云南煤矿安全监察局领导班子共同研究煤矿安全监察工作思路（右起：副局长张春生、蒋建忠，局长邹立生，纪检组长刁登才，助理巡视员裘兴荣）

云南煤矿安全监察局

党组书记、局长 邹立生

电话：（0871）3152084

地址：云南省昆明市白塔路329号

邮编：650011

云南煤矿安全监察局曲靖监察分局

分局长：杨华 书记：宁波功

电话：（0874）6123901 邮编：655000

地址：曲靖市胜峰小区胜峰路胜峰花园旁

云南煤矿安全监察局大理监察分局

分局长：刘朝明 书记：段永泰

电话：（0872）2280336 邮编：671000

地址：大理市下关镇泰安桥北小关邑村大丽路旁

云南煤矿安全监察局红河监察分局

分局长：朱勇 书记：白平清

电话：（0873）3721314 邮编：661100

地址：蒙自县文萃路北段

云南煤矿安全监察局昭通监察站

站长：傅在勇 书记：张坤

电话：（0870）2237466 邮编：657000

地址：昭通市青年路市邮政局内附三楼

邯郸矿业集团有限公司陶二煤矿

党委书记、矿长
贾寅明

现代化的调度指挥系统

紧张筹建中的改扩建工程项目

陶二煤矿全景

陶二煤矿位于邯郸市以西15公里处，是邯郸矿业集团有限公司一个集煤炭生产、洗选加工于一体的国有企业二级单位。矿井投产于1982年，年设计无烟煤生产能力90万吨。经过几年的技术改造，年生产能力核定达到了149.7万吨。目前，企业固定资产原值23170万元，净值12036万元，现有在册职工2700人，煤炭生产全部采用综采机械化。煤种具有低硫、中灰、低磷、低挥发分、高机械强度、热稳定性好、活性高等特点，是冶金、电力、建材、化工、造气、陶瓷等行业和城乡居民生活的理想用煤。陶二煤矿交通条件便利，邯长（邯郸——长治）铁路和309国道横穿井田中部。

近年来，陶二煤矿牢固树立和落实科学发展观，实施"科技兴企"、"科技兴安"战略，现有9名矿级领导，组织机构设有矿行政、党委、纪委、工会。2003年、2004年，矿井年产量均达到了100万吨，职工年均收入达到了15000元以上，年上缴国家利税3000多万元，企业被授予邯郸矿业集团公司红旗单位、邯郸市文明单位、河北省重合同守信用单位等多项殊荣。

陶二煤矿经济技术实力雄厚，发展前景广阔。2003年开始了陶二改扩建工程建设，陶二改扩建工程总概算3.32亿元，计划2006年四季度投产，届时陶二煤矿将增加可采储量7000万吨，延长服务年限50.8年，年产量可稳定在120–150万吨。陶二煤矿正在向管理科学、技术先进、文明程度高、经济效益好的规模效益型企业发展。

燃气—蒸汽发电——济钢大力发展循环经济，不断加大技术创新力度，实现经济效益、社会效益、环境效益三统一，在更高层次上利用余热、余能发电

济南钢铁集团总公司

济南钢铁集团总公司是国家特大型钢铁企业，现有职工 3.8 万人，资产总额 228 亿元。主要工艺有焦化、烧结、炼铁、炼钢、轧钢。主要产品有：中板、中厚板、圆钢、螺纹钢、角钢、槽钢、球墨铸管、化工产品等。已发展成为全国中厚板生产、出口的龙头企业，产品出口比例、中厚板的产量、成本、市场占有率、出口量等多项指标位居全国前列。2004 年生产钢 687 万吨，比上年增钢 182 万吨，进入了全国十大钢行列。全年生产铁 545 万吨、钢材 556 万吨，分别比上年提高 31%、26%；实现销售收入 274 亿元、利税 31.4 亿元、利润 20.5 亿元，分别提高 84%、50%、101%；出口钢铁产品 117 万吨，创汇 4.4 亿美元，进出口贸易总额 9.4 亿美元，分别提高 85%、180%、160%。并成功上市，是山东省目前 A 股首发募集资金和流通股均居前列的上市公司。

有关领导视察济钢

济钢建成了国家技术中心和国家实验室，设立了博士后科研工作站。通过了质量、安全、环境管理国际认证，并在全行业率先实现三体系整合和营销服务体系认证。造船板获得了九国十个船级社认证。造船板、碳结中板、热轧带肋钢筋和球墨铸管获得了中国钢铁协会“实物质量金杯奖”。产品出口 20 多个国家和地区。加快信息化建设，实现了办公自动化和 ERP。连续 3 年被评为全国质量效益型先进企业，并获特别奖，2003 年荣获全国质量管理奖，成为设此奖项以来全国冶金行业获此殊荣的 3 家钢铁企业之一。

济钢 120 吨转炉

关注社会责任，推行清洁生产，发展循环经济，利用工艺结构调整节余的副产煤气，成功实施了燃气—蒸汽联合发电，该项目比常规煤电机组效率提高 50%，年发电量达 9.9 亿千瓦时。1995～2004 年，济钢年产钢从 170 万吨增加到 687 万吨，增加了 3 倍，年耗新水总量不仅没有增加，而且减少 280 万立方米，累计节约标准煤 1300 万吨，节能效益达 90 亿元左右。主导产品中厚板成本连续保持全行业领先，在激烈的市场竞争中保持了低成本竞争优势。节能降耗不仅增加了效益，而且改善了环境，全公司整体建成了省级清洁文明工厂。

中厚板生产线

干熄焦工程－干熄焦技术是济钢发展循环经济技术的一项标志性工程，节能、环保和自动化控制等均达到国内一流

法人代表：李长顺

地址：济南市工业北路 21 号　邮编：250101

电话：（0531）88869748　传真：（0531）88982126

网址：http://www.jigang.com.cn

潞安矿业（集团）公司王庄煤矿

潞安矿业（集团）公司王庄煤矿是闻名全国的一座特级高产高效现代化矿井，年产能力达700万吨以上。多年来，一直被誉为“中国煤炭战线上的一盏明灯”、“矿井现代化建设的排头兵”和“中国煤矿全面发展的典范”。曾经受到国家领导人的高度评价。

该矿以科学的安全观为指导，坚持以人为本，管理、装备、培训并重，大力推广企业安全文化建设，把安全质量标准化建设作为矿井的“命脉工程”、“基石工程”来抓，进入1998年以来，坚持树立“大安全”的观念，始终把安全当作企业的“天安号”工程来抓，不断探索安全生产的发展规律，创造了许多新方法、新经验、新措施，创立了“金字塔安全系统管理法”，形成了自上而下逐级落实责任、自下而上逐级倒挂钩考核的闭合管理系统，促进了安全工作的持续稳定发展。在安全质量标准化建设方面走出了一条精品矿井建设的新路子，以实现安全零伤亡、生产零事故、全员零三违、质量零次品、工作零缺陷的“五个零”为目标，更新观念，确立了“干一辈子煤矿，抓一辈子质量标准化”、“质量就是工作量、质量就是效益”的理念；坚持动态达标和正规循环作业，推行了安全质量标准化计划管理、包保联管理、“四位一本”现场评估管理、重大事故隐患一票否决制管理、事故赔偿管理、隐患“三定”分级限时整改管理和质量标准化专项评估考核管理等一系列特色管理方法；建立了矿、科、队、班级四级安全质量标准化预警管理体系，编制了全矿上下各类事故、事件的应急预案，提高了安全应变能力和抗灾救援能力，进一步建立健全了安全警示和提示教育体系，在井上、井下分别设立了安全文化长廊，以图文并茂、活泼生动的形式，详细展示了安全生产的政策、法规、专业安全知识；在各工作现场均设立了安全禁区，建立并完善了安全“第二道防线”，提高了对工人薄弱环节和特殊作业环节的安全管理。

特别是在安全投入方面，该矿牢固树立科技兴安、科技保安的观念。始终坚持一条原则，资金再紧，不紧安全生产，不断加大对安技措施工程的资金投入，对综采工作面监控系统，主斜井提升及胶带运输系统、瓦斯防治系统、选煤厂监控系统、矿井的排水、通风、压风系统、电力监控系统、安全生产监测系统进行了环节系统改造，建成并投运了62风井和皮带集中控制系统，推广应用了高分辨率多频道三维数字地震技术、巷道掘进超前综合物探技术、通风系统网络解算和降阻改造技术、顶板离层监测系统、J型通风系统治理综放面瓦斯技术等先进技术，进一步增强了矿井的整体防灾抗灾能力。大力进行装备升级，引进推广符合国家安全标准的设备和仪器，装备了MXG300/700电牵引采煤机、ZFS—6000型液压支架、SGZ—830/800型前后运输机、SZZ—960/250型转载机，掘进机由AM—50升级为EBJ—120，井下主运输系统全部实现皮带集中控制，皮带增容提速并配套使用进口CST可控起动传输系统，胶带由7级升级为8级，采区主运输传动部改为弗兰德减速器，托滚选用进口轴承等。1998～2004年，百万吨死亡率始终保持在0.2人以下，其中，1998、2000、2002、2003年四年实现了百万吨死亡率为“0”的目标，安全生产保持了健康、稳定的发展态势。

现代化超长壁高效综放工作面

国内领先的矿井皮带集中控制系统

近年来，该矿还先后荣获了“煤炭工业科技创新型矿井、全国双十佳煤矿、全国模范职工之家、全国安康杯竞赛优胜企业、中国能源化学工会功勋矿井、中国煤炭业知名出口企业、山西省文明单位、山西省创名牌优秀企业”等多项荣誉称号。

昆明铁路局

蓝天映衬下的新昆明站，大气、敞亮、舒适，服务设施现代化

按照党中央、国务院对安全生产工作的一系列重要指示精神，昆明铁路局全体干部职工认真贯彻落实《安全生产法》，坚持“规范管理、强基达标”不动摇，全面落实安全生产责任制，进一步强化“三基”工作，明确安全重点，抓好关键环节控制，落实客车安全措施，狠抓防洪抗灾工作，积极开展对规对标和安全大检查活动。针对运输安全工作中存在的薄弱环节和突出问题，在全局范围内开展了营业线施工安全、非正常情况下行车安全、车辆防溜安全、危险品运输安全、货物装载加固及超限货物运输安全、道口安全、消防安全等10项专项整治。全年共发现安全隐患1667件，已整改1627件，整改率达97.6%。投资1849万元对257项防洪预抢工程进行了整治，对78处危险处所派人24小时死看死守。全年水害拦停、扣停列车82列，中断行车时间同比减少59小时44分。进一步巩固了道口安全，增加了5处监护道口，在3处监护道口安装预警设备，取缔非法通道和无人看守道口36个，对3个道口实施平改立。进一步加大了南昆线危岩落石整治力度，目前工程已经顺利竣工。截至2004年12月31日，昆明铁路局实现无责任行车重大、大事故395天。

星级服务吸引中外乘客

昆明铁路局机关，朴实的外表，严谨的作风

背景图为云南省境内的百年米轨——滇越铁路（左）与从高原通向大海的南昆铁路（右），一条已经承载了滇东南人民100多年的希望，另一条则正在加速带领云南人民走向富裕，它们是云南经济腾飞的必经之路，保障它们的安全一刻也不能松懈。

乌鲁木齐铁路局

提速会战

科学调度

南疆通车

战风雪

精检细修

斗严寒

乌鲁木齐铁路局属全国铁路网末端边缘，管辖着兰新线东起甘肃省境内的疏勒河站，西至与哈萨克斯坦接壤的阿拉山口站，南疆铁路从吐鲁番站至喀什站。下设乌鲁木齐、哈密两个分局和南疆铁路临管处、北疆铁路公司。路局管辖干线两条：兰新线和南疆线。

2004 年，乌鲁木齐铁路局完成货物发送量 5083.2 万吨，为年计划的 102.7%，比上年增长了 10.5%；旅客发送量完成 1022.8 万人，为年计划的 105.4%，同比增加 16.4%；发送行包 48.1 万吨，同比增长 42.5%；货运机车日产量完成 98.1 万吨，为年计划的 103.3%，同比提高 1.5%；运输收入完成 75.6 亿元，为年上调计划的 113.5%，同比增长 17.5%；阿拉山口口岸过货 930.6 万吨，完成年调整计划的 101.2%，同比增长 23.7%。多元经营共完成营业收入 70.7 亿元，实现利润 1.15 亿元。

2004 年，乌鲁木齐铁路局投资 6.45 亿元，更换无缝线路 350 千米、Ⅲ型枕 53 万根、提速道岔 47 组，建设达标线 575 千米；购置道岔捣固车、轴温检测车、各系统动态监测装置，更换机车车辆走行部大件，夯实了硬件基础；完善安全管理长效机制，促进了责任、监控、考核的互动和统一；开展适合本局的专项整治活动，消除诸多安全薄弱环节，杜绝了行车险性及以上事故。至 2004 年 12 月 13 日，实现安全生产 1000 天，实现了第二个自然安全年。

乌鲁木齐铁路局在强化兰新线提速区段线路改造的同时，加强线路整修和大机作业，保证了信号设备移设、大风监测体系补强、无线列调补盲、红外线探测网络加密等配套工程顺利竣工，改造区段如期达到提速标准；精心制定列车新旧交替计划和行车组织过渡方案，全面清理行车规章和作业标准，培训职工 1.4 万人次；坚持运输管理部门联合集中办公，组织了 25 个督导组深入开展动态监控，整治 29 类 238 件问题，确保了提速平稳过渡。2004 年，乌鲁木齐铁路局获自治区科学技术进步奖 4 项，评定局级科学技术进步奖 33 项。

2004 年，国家铁道部和乌鲁木齐铁路局投入基本建设、更新改造资金 13.1 亿元，保证了兰新线防风提速、乌鲁木齐站客运设施改扩建、北疆铁路扩能改造、哈密至鄯善信号配套改造工程迅速收尾，完成了乌西站站场和哈密变电所改扩建、乌鲁木齐机务段改造、客车检修基地建设等重点项目，南北疆新开车站 6 个，为运输发展创造了有利条件。精伊霍铁路于 2004 年 11 月 22 日开工。兰新线第六次提速改造、疏勒河至哈密的信号四显示改造等工程相继展开。

乌鲁木齐铁路局落实国家铁道部推进主辅分离的工作部署，完成了涉及 11 个地州市、全部 52 个单位、5836 名从业人员、资产总额 4.94 亿元的社会职能移交工作。以运输资源合理配置、专业系统明确分工、生产布局精干高效为目标，撤并了 9 个运输生产站段，生产布局和资源配置更趋合理。

2004 年，新建住宅 1196 户、14.4 万平方米；对 26 个站区实施集中供暖，改善了职工的生产条件和工作环境；启动职工基本医疗保险、大额医疗补助、补充医疗保险等六大险种，保证职工病有所医；推进“五助”工程，解决了短期合同制职工的基本养老保险问题，筹集发放困难补助和“送温暖”资金 1728 万元，为职工排忧解难；丰富业余文化生活，成功协办了全国铁路汽车拉力赛，全民健身服务体系基本形成。

长江三峡通航管理局

长江三峡通航管理局是交通部设在长江干线负责三峡—葛洲坝水利枢纽水域（全长59公里）通航行政管理的事业单位，具有负责辖区内船闸运行、船舶调度、水上安全监督、航道维护管理、通信及锚地维护等综合管理职能。辖区内有2座大型水利枢纽、3段不同特色的航道、3座单级船闸、2座五级连续船闸、一座升船机（待建）、8条过闸引航道、4个交通管制区、4个禁航区、7个锚地、4个港区和4座桥梁。

黄柏河滚装船码头

枢纽运行管理　三峡船闸是三峡工程重要的组成部分，为双线五级连续船闸，总水头113米，单级最大运行水头45.2米。船闸主体段结构总长1621米，单级闸室有效尺寸为280米×34米×5米。三峡船闸自2003年6月18日开始试运行，2004年6月18日开始正式运行。

翻坝转运组织　由于沿江经济的迅猛发展，通过三峡坝区的滚装船、集装箱船、油品运输船、旅游船增长迅速，尤其是滚装船每年成倍增长，已达到每天1200余台的运输能力。在三峡船闸通过能力有限的情况下，三峡局与三峡开发总公司等各个方面积极研究提高三峡综合通过能力的措施，其中实施船舶翻坝转运，有效地缓解了船闸通航压力。

船闸运行　三峡船闸试运行中，三峡局切实加强船闸设备维护保养，积极配合处理了历次故障检修，圆满完成了预定的三峡船闸南线、北线2次排干检查。承担的北线船闸顶门项目是三峡船闸第一次人字门顶门。

船舶重点监管　严格实施水上交通管制，切实加强船舶安全检查，主动开展防止船舶撞击大坝和群死群伤等事故预防预控和应急处置演练，积极推行长效管理机制和开展专项整治，确保了辖区水上交通安全形势的稳定，为船舶安全、畅通、有序、高效通过三峡河段提供了强有力的保障。

航道维护　三峡航道局针对三峡河段梯级航道状况，加强航道观测和演变分析，及时调整布设航标和相关航道设施，科学组织航道测量和疏浚，保障了枢纽航道畅通，为船舶航行提供了安全、快速通道。

三峡船闸顶门

五级船闸

客货滚装船、集装箱船通过三峡五级船闸

海南中化船务有限责任公司

SINOCHEM SHIPPING CO.,LTD.(HAINAN)

海南中化船务有限责任公司是中化国际控股股份有限公司的全资子公司，其上级母公司—中国中化集团公司是享有世界声誉的中国四大国家石油公司之一，也是化肥进口商和磷复肥生产商，已先后15次入围《财富》全球500强企业排名，在2004年发布的排行榜中列第270位。

海南中化船务有限责任公司成立于1994年，主要从事远、近洋国际航线及国内沿海航线的货物运输、代管船舶及保护代理业务，具有丰富的液体化工品船舶经验和管理经验，拥有一支高素质、专业化的团队。

公司在长期的业务中与国际国内各大石化用户建立了紧密的业务关系，目前拥有14艘载重吨在1000～14000吨的IMO Ⅱ/Ⅲ型散装液体化工品船队，总载重吨近10万吨，承运各种成品油、液体化工品、酸类、动植物油、食用油和其他特种产品，航线遍及欧洲、美洲、中东、印度洋，年总运量达200万吨。截止到2004年10月，海南中化船务注册资本为2.44亿元人民币，总资产为5.96亿元人民币。

展望未来，公司将通过国内新造和租赁相结合，扩大船队规模，提高管理水平，以满足客户需求。

主要承运货物

公司船舶能够载运多种散装液体货物，包括散装液体化学品、成品油、食用油和植物油等。以下是我公司承运过的部分货种：苯类，苯乙烯，甲醇，辛醇，乙二醇，二甘醇，烷基苯基料，冰醋酸，苯酚，丙酮，丁醇，二氯乙烯，二甲基二酰氨，氯仿，环己酮，丙烯腈，四氯乙烯，煤焦油，环氧丙烷，苯胺，棕榈油，牛羊油，液体石蜡，重芳烃，糖蜜等等。

质量政策

服务和硬件设施将符合所有已生效的法规和行业标准。经事先计划的维护和良好的内部管理将确保安全、可靠及高效，使我们成为一个更受客户青睐的服务供应商。

- 拥有经认证的安全、质量管理体系（SQMS）；
- 确保所有的行为符合SQMS的要求；
- 持续提升SQMS业绩，并基于实践反馈改进SQMS程序；
- 定期召开高级质量会议。

合资项目

为迅速提高经营管理水平，满足未来大型合资石化项目对液体化工品物流高标准的服务需求，2003年4月，海南中化船务与全球该行业领先的美国思多尔特运输集团联合成立了中外合资的船舶管理公司—上海傲兴国际船舶管理有限公司。同时，合资船务公司也将成立。

安全、健康及环保政策

作为一个负责的参与者，高度优先考虑安全、健康及环保政策的问题。

- 坚持遵守已生效的法律、法规和要求；
- 设立并保持公司HSE文化目标，积极地探知可能出现的威胁，采取防护措施；
- 系统性地记录事故并从中吸取教训；
- 参与官方委员会和组织，以积极地影响行业中HSE方面的事务；
- 拥有一个优秀的HSE业绩，以赢得客户、员工和社会的最大信任。

客户服务政策

作为一家以确保客户满意度为已任的服务供应商，我们将：

- 按时、无事故地以一种可靠、负责的方式操作客户的货物；
- 以一种满足客户的需要和期望的方式进行服务。

上海市浦东新区世纪大道88号金茂大厦2508室
邮　编：200121
电　话：86-21-50470180　50498899
传　真：86-21-50470175
E-mail:shipping@sinochem.com

江西省宜春市安全生产监督管理局

宜春市管辖10个县、市、区。现有地方煤矿182处，从业人员2.2万人；有烟花爆竹生产企业600余家，从业人员12.5万人；有烟花爆竹引线加工企业450家，从业人员2.7万人；有非煤矿山企业597家，从业人员近2万人；有建筑施工企业460家，从业人员2.6万人。

近年来，市委、市政府高度重视安全生产工作，采取一系列强有力措施，出台了有关煤矿、花炮、消防等方面的一系列行之有效的规范性文件，深入开展安全生产专项整治，关闭了一大批隐患严重、管理混乱的矿山、花炮厂、加油站等高危企业，进一步完善企业安全生产设备设施，大力加强安全教育培训，安全生产整体水平有较大提升。2003年，全市工矿企业发生事故20起，死亡26人，同比分别下降42.9%和55.2%，杜绝了特大生产安全事故；道路交通发生事故1125起，死亡350人，同比分别下降34%和12%；水上交通连续16年无死亡事故；防火安全态势平稳。全市生产、交通、防火三大安全取得了近11年来最好成绩，被评为2003年度全国安全生产监督管理先进单位。

其中，上高县安全生产监督管理局求真务实，真抓实干，2001年、2002年连续荣获"全国安全生产监督管理先进单位"，2003年，上高县安监局局长黄明同志荣获人事部、国家授予的"全国安全生产监督管理先进工作者"光荣称号。2004年初，黄明同志又获得了国家人事部、国家安监局授予的"安全生产监督管理先进工作者"荣誉称号。

宜春市安全生产监督管理局鄢清芳局长（左一）、刘华正副局长（右一）检查煤矿安全生产工作

上高县安全生产监督管理局
黄明局长（中）在部署安全生产工作

国家安全生产重庆矿用设备检测检验中心
国家矿山安全计量站
国家煤矿防尘通风安全产品质量监督检验中心

国家安全生产重庆矿用设备检测检验中心（2004 年 5 月挂牌）、国家矿山安全计量站（1992 年 7 月成立）、国家煤矿防尘通风安全产品质量监督检验中心（1987 年 8 月成立）、重庆科盾煤矿矿用安全产品检验有限公司、煤炭工业重庆电气防爆检验站、煤炭工业重庆安全仪器检验站、重庆市煤矿安全装备产品质量监督检验站与煤炭科学研究总院重庆分院安全仪器装备实验室是一个机构、八块牌子（简称检测中心），是一个具有第三方公正地位、不以盈利为目的、相对独立的法定国家级检测机构和实验室。其挂靠单位为煤炭科学研究总院重庆分院，业务上接受国家安全生产监督管理部门、国家质量技术监督检验检疫部门、国家煤矿安全监察部门、重庆煤矿安全监察部门的领导。

该检测中心被授权承担安全标志检测、监督检测、仲裁检测、认证检测、委托检测、国家级科技成果检测鉴定、计量器具新产品定型鉴定和 4 大类全国矿山安全计量（标准）器具的强制检定和量值传递任务。同时开展检测检定技术、装置的研发，提供检测检定（标准）装置，为企业（社会）培训检测检定技术人员提供检测检定技术服务。承担上级主管部门下达的事故调查、安全标志技术审查及现场评审、安全技术标准和计量检定规程制定等工作。近几年，还根据煤矿安全主管部门委托，参加了 25 次重特大事故的调查。该检测中心奉行“创一流服务，促四方平安”的方针，为社会各界提供技术服务和技术支撑。

地　　址：重庆市沙坪坝区上桥三村 55 号
邮　　编：400037
联 系 人：徐三民
联系电话：023－65239403 / 65239405
传　　真：023－65239406
电子邮件：gjzj@vip.163.com

检测中心风筒试验室

检测中心防爆试验室的防爆罐

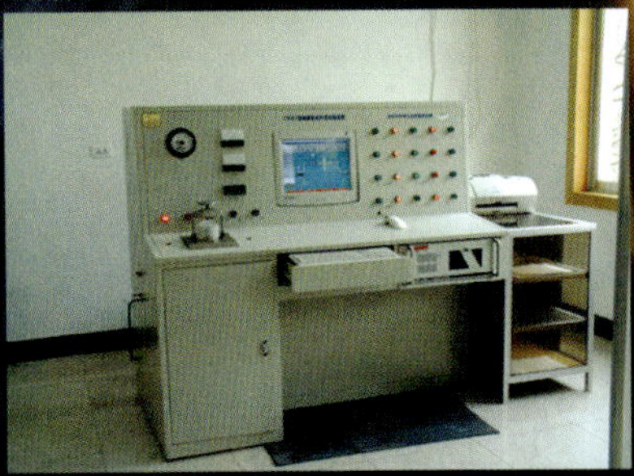
检测中心本质安全火花实验装置

检测中心通风机试验室

检测中心粉尘测量仪表实验室

检测中心风速仪表实验室

甘肃聚源矿业有限责任公司

总经理　王志忠

总经理和副总经理及总工程师研究矿井生产布局

甘肃聚源矿业有限责任公司是原崇信县新寨煤矿改制后组建的民营煤炭企业。矿井筹建于1958年2月，1987年10月投产，初设生产能力3万吨/年。通过20年的不断改造和完善，生产规模逐步扩大，2002年被市煤炭主管部门核定生产能力为6万吨/年，2004年7月核定为15万吨/年。现有职工330人，其中管理干部12名，各类技术人员9名，拥有固定资产1100万元。建矿至今，生产原煤96万吨，为地方经济发展做出了一定成绩，多次受到市、县主管部门的表彰奖励。

县总工会、县煤炭局、县安监领导和参加竞赛获奖的单位及个人合影

矿井2004年生产原煤12.6万吨，实现工业产值1038万元，收入1323万元，完成安全投资230万元，在全市乡镇煤矿行列率先安装了安全监测监控系统，建成了安全质量标准化矿井。2004年6月“安全生产月”活动期间，成功地举办了“安康杯”竞赛活动，通过逐级选拔和决赛，22名参赛选手分别获得了公司设置的特等奖、一等奖、二等奖和三等奖，全公司掀起了“学安全知识、用安全知识、保安全生产”的安全知识学习普及热潮。被全国工会主管部门和国家安全生产监督管理部门授予“全国‘安康杯’竞赛优胜企业”荣誉称号。

2004年，修订企业内部安全生产管理制度共6章45节216条，作为日常安全管理的保证措施。我们将以饱满的工作态度，求真务实的工作作风，严格的安全管理措施和足够的资金投入，推进企业经营管理和经济效益再上新台阶，实现安全高效型矿井水平，为经济发展构建和偕社会做出新贡献。

监控中心一角

聚源宾馆外景

繁忙有序的煤炭销售场面

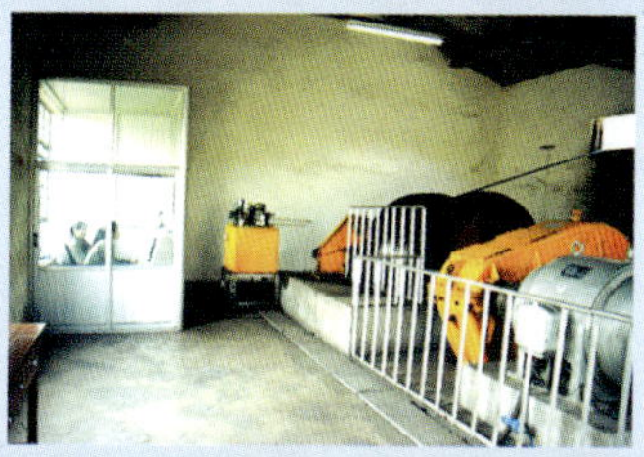

标准化主提升运输机房

湖北省煤矿安全仪器仪表检验站

湖北省煤矿安全仪器仪表检验站是2003年2月经原湖北省煤炭行办批准恢复成立，同年7月1日通过湖北省质量技术监督部门计量考核论证并授权对全省矿山仪器仪表进行计量检定的单位。2004年12月通过国家安全生产监督管理部门煤矿安全产品检测检验资质验收并授予乙级检测检验资质。检验站现有员工10人，其中高级以上职称人员有5人，中级职称2人，助工及技术员3人，是一支检测检验经验丰富和高素质的技术队伍。本站现占地9600平方米，其中实验室用地4600平方米，拥有光学瓦斯检定室、催化燃烧甲烷报警器检定室、矿用风速表检定室、粉层采样器检定室和高、低浓度甲烷传感器检定室，以及固定式、移动式断电仪检定室，新配备了矿山通风机、提升机和水泵安全性能检测检验设备，可进行现场检测。

检验站接受中南财经政法大学和湖北省安监部门领导，业务上接受省质量技术监督部门、省煤矿安全监察部门指导。独立承担湖北省煤矿日常的仪器仪表、机电产品检测检验工作，承担湖北省煤矿安全培训、安全技术咨询工作，配合省安监局进行事故调查工作。

检验站的宗旨是 不以赢利为目的，是一个具有第三方公正性的事业团体，科学、公正、廉洁、高效地为煤炭企业提供技术服务。

检验站法人代表：陈宝安
联 系 人：王小娟　辛斌
电　　话：027-87012767
传　　真：027-87012767
邮政编码：430200
地　　址：武汉市江夏区纸坊大街983号

检验站站长、法人代表 陈宝安

领导班子

检验站办公大楼

传感器、催化燃烧检定室

风表检定室 全自动检测设备

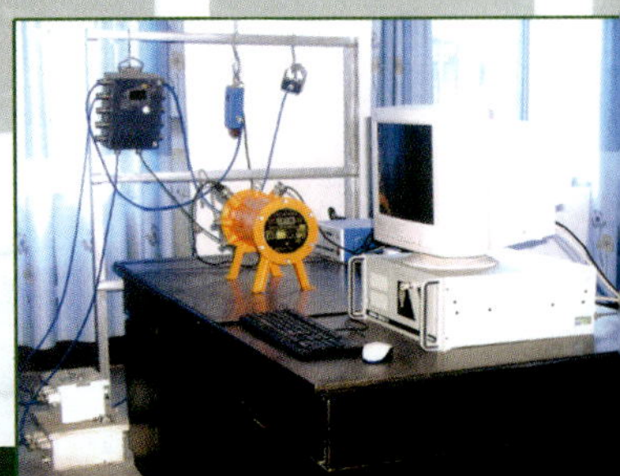

断电仪检定室

国家安全生产太原矿用设备检测检验中心
国家煤矿掘进机械质量监督检验中心

国家安全生产太原矿用设备检测检验中心(国家安全生产监督管理部门认可授权)、国家煤矿掘进机械质量监督检验中心成立于1988年，位于山西省太原市并州南路108号，设在煤炭科学研究总院太原分院，是通过国家质量监督检验检疫部门和中国实验室国家认可委员会认可并正式授权的国家检验中心和实验室。中心下设煤炭科学研究总院太原分院测试中心实验室、国家进出口商品检验部门采煤机械认可实验室、科技成果检测鉴定国家检测机构、山西省质量技术监督局煤机产品监督检验站、煤炭科学研究总院太原分院测试中心等机构。

掘进机整机检验室

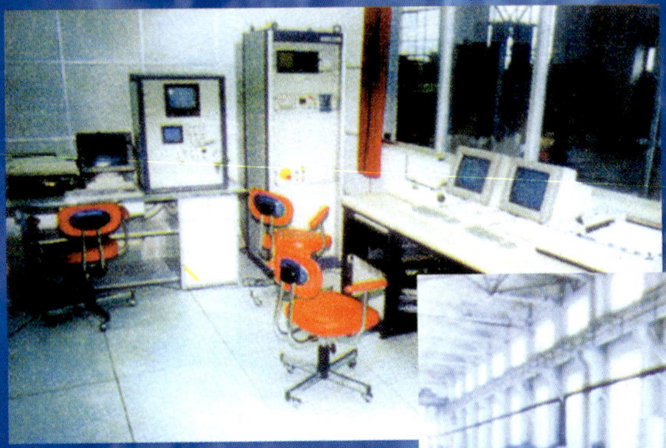

材料检验室

液压检验室

传动检验室中央控制室

中心承担煤矿刮板输送机、掘进机、乳化液泵站等整机及其元部件产品的质量监督抽查检验、安全标志产品检验、生产许可证检验、科技成果检测鉴定检验、质量认可检验、仲裁检验、进出口商品检验和委托检验。此外，还研究开发新的检测技术和方法，从事检验技术咨询、试验台的设计制造、标准制修订和有关标准的试验验证及专业技术人员培训等项业务。

中心坚持“质量第一，客户至上”的原则，奉行“科学公正，廉洁高效”的宗旨，以其严格的管理、完善的质量保证体系、先进的检验设备和方法，遵守“为客户保密并提供优质服务”的承诺，热情、竭诚欢迎国内外客户光临。

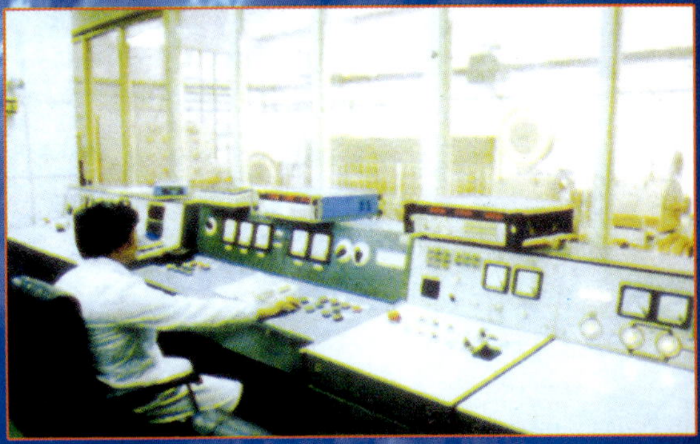

传动检验室

刮板输送机整机检验室

地　址：山西省太原市并州南路108号　　邮　编：030006
联系人：庄占斌　　韩俊玲
电　话：0351—7685030　7685522
传　真：0351—7041314
E-mail：tybccri@public.ty.sx.cn

珲春紫金矿业有限公司

总经理　林钦权

曙光金铜矿办公大楼

2004年，珲春紫金矿业有限公司认真贯彻执行“安全第一、预防为主”的安全生产方针，严格按照国家有关法规及行业标准制定落实各项安全生产责任制。在完善各项安全管理基础工作的同时，结合生产工作实际建立了科学的安全生产“制度保证”、“组织”、“预防”、“监督”和“奖惩”等安全管理机制：

一、制度保证机制

公司制定了以《安全生产责任制》、《安全生产绩效考核办法》为核心的20余项安全管理规章制度，做到了安全生产与经营管理同时研究、同时部署、同时检查、同时考核。公司各工种、岗位的“岗位职责”和“操作规程”全部贴到墙上，并编印成册，下发到员工手中，形成严密的安全生产制度约束机制。

二、组织管理机制

总经理为公司安全生产第一责任人，安全生产委员会为公司安全生产最高权利机构，安全委员会由公司领导、各基层主要领导以及专职安全管理人员组成。安全环保处为公司安全监督管理职能部门，下设安全科、环保科、环境监测站、车辆管理科。各基层单位、部门一把手为本单位、部门的安全生产第一责任人，公司与各基层单位签订了《安全生产责任书》做到责任、目标明确，形成了安全生产管理组织网络。

三、预防机制

在安全生产工作中把“预防”放在首位，建立了以宣传教育、培训和应急处理计划为主的预防机制。在宣传工作方面以张贴安全标语、悬挂牌匾、板报、有线电视等形式进行安全生产知识宣传，大力弘扬“以人为本、安全第一”的安全生产理念，倡导“三不伤害”、“以人为本、生命至上”等企业安全文化，广泛深入地开展安全知识竞赛、法律法规教育和观看事故典型案例等系列宣传教育活动。在员工安全培训工作上坚持员工岗前“三级”培训、专业技能培训、特种作业培训和管理干部定期培训、班组安全教育等培训制度。安全管理人员和特种作业人员执行持证上岗制度。在应急处理方面公司根据实际生产需要制定了切实可行的火灾、防洪、危化品、井巷、露天采场、尾矿库等危险源的事故应急处理预案，建立有严密组织领导、人员和设施配备齐全救援组织机构，并进行模拟演练，做到遇警不惊、处险不变。

四、监督检查机制

加大安全监管力度，严格执行安全生产一票否决制。日常性的安全监督管理与定期检查相结合。公司明文规定每月的旬初为主要生产单位的安全自检日，每月的22日为公司“安全、环保、消防”大检查日，对检查出的事故隐患形成会议纪要，由安全环保处、监察审计处负责纪要落实情况，在隐患整改过程中做到责任到人，措施、监督、反馈、核查及时到位。

五、奖惩机制

公司制定《安全工作奖惩条例》和《安全、环保、治安、消防责任经济奖惩办法》，根据《安全生产绩效考核办法》的考核成绩发放安全奖。做到奖罚分明，有力地推动了公司安全生产工作的开展。

一年来，在全公司范围内营造了良好的安全生产氛围，有效地遏制了各类事故的发生。2004年珲春紫金矿业有限公司4000t/d选矿厂顺利竣工并达产达效（实现销售产值9692.6万元、利润3000万元），杜绝了死亡、重伤事故，轻伤率为2.06‰。企业在稳步发展的同时，得到了社会各界的赞同，取得了显著的经济效益和社会效益，谱写了中国黄金行业发展史上新的篇章。

4000t/d选矿厂

曙光金铜矿北山全景图

矿区宣传标语

职工居住区宣传标语

天津化工研究设计院安全评价中心

天津化工研究设计院安全评价中心于2005年4月成立，是以天津化工研究设计院标准理化所、石油和化学工业电器产品防爆质量监督检验中心为依托，具有独立开展业务权利的安评中心。

中心现有2名教授级高级工程师、7名高级工程师、5名工程师和1名助理工程师。其中10人取得了国家安全生产监督管理部门、国家煤矿安全监察部门联合颁发的“安全评价人员资格证书”（APR），5人取得了国家化学品登记注册中心颁发的“危险化学品专项安全评价培训证书”（WPJ）。为了加强中心的技术力量，更好的服务于各企业和社会，特聘请了60余名土木建筑、化学工程、防爆、生产工艺、工程设计、电工电气等方面的专业资深人士为中心的专家。

此外，本中心具有气相色谱仪、发射光谱仪、原子吸收分光光度仪、X-射线衍射仪、红外光谱仪、热谱分析仪、甲醛测定仪，熔点、沸点、闪点测定仪，以及燃烧速度测定仪、自燃测定仪等国内外先进测定仪器，可为安全评价提供可靠的实验数据和理论依据。

中心将遵循“科学公正、恪守诚信、优质服务、客户至上”的质量方针，竭诚为企业服务企业！

中心技术负责人（教授级高工）：刘幽若

中心质量负责人（教授级高工）：纪烈孔

地址：中国天津市红桥区丁字沽三号路85号　　邮政编码：300131

电话：(022)26689263 26689268　　传真：（022）26689270

PCEC 中国PCEC检验机构

中国石油和化学工业电气产品防爆质量监督检验中心(PCEC)，即国家安全生产天津防爆电气检测检验中心，是经中国实验室国家认可委员会（CNAL）和国家安全生产监督管理部门认可，隶属于中国石油和化学工业行业，从事危险化学品场所（易燃易爆、化学腐蚀、海洋盐雾等）电气安全技术研究、产品监督检验和安全生产检测检验的全国重点实验室。PCEC具有一批高素质、高技术水平的检测研究人员。PCEC检测范围覆盖世界10多个国家和地区，以及国内24个省、市近500家企业，检测的产品种类包括特殊环境（易燃易爆、化学腐蚀、海洋盐雾等）用的所有电气设备。

随着研究和检测事业的持续发展，PCEC已经获得国际电工委员会IECEx检测实验室和中国船级社（CCS）验证试验机构、法国国际检验局/中央实验室（BV/LCIE）和德国联邦物理技术研究院（PTB）的认可。

多年来，PCEC为中国石油和化学工业等行业做了大量的安全技术服务工作。

PCEC愿为国家安全生产作出更大的贡献。

实验室主任（高级工程师）：徐刚

地址：中国天津市红桥区丁字沽三号路85号　　邮政编码：300131

网址：www.pcece.com　　www. sinocecex.com

电话（传真）：(022)26541594　26689240

Email: cec@sinocecex.com　　cec@pcece.com

宝源集团

BAOYUAN

董事长 总经理 蔡维金

团结战斗、锐意创新的领导集体

湖北宝源集团是2000年7月底经荆门市同意改制的国有相对控股企业，国有股占总股本的19.8%。现有7对原煤生产矿井，生产能力40万吨；1对石膏生产矿井，生产能力15万吨。改制后于2003年建成了一条5万立方米的高中密度纤维板生产线和一条100万平方米的强化木地板生产线。另外，一条从德国引进的10万立方米的高中密度纤维板生产线正处于调试中，2005年11月份可投入生产。集团组建以来，我们针对煤炭开采、人造板制造等高危行业的实际，始终将煤矿的安全生产摆在首要位置来抓，从领导力量、安全培训、责任制落实到安全生产投入，现场管理等方面多管齐下，整体推进，改善了矿井安全装备水平，提高了矿井抗灾能力，促进了集团经济的快速健康发展。1992年以来，经济效益连续13年保持了30%的增长幅度。2005年1月至8月，集团生产原煤22.68万吨，同比下降10.36%，生产中纤板4.2万立方米，同比上升4.19%，实现销售收入11578万元，同比上升20.83%，实现利税2146万元，同比上升0.7%，其中利润1544万元，同比上升17.33%。我们的主要做法是坚持“五个强化”，夯实安全管理基础。

年产原煤10万吨的安团煤矿

年产原煤6万吨的部级质量标准化矿井

煤炭筛选

集团办公大楼

地址：湖北省荆门市漳河镇
电话：0724–8621999　　传真：0724–8621331

包头市劳动培训中心

办公楼

信念：安全第一，以人为本，关爱生命，关注安全；

宗旨：服务社会，造福人类；

目标：热爱事业恪尽职守的敬业精神，不记名利公正无私的奉献精神，不怕困难吃苦耐劳的奋斗精神，解放思想与日俱进的创造精神，求真务实团结协作的团队精神；

职责：依法开展生产经营单位主要负责人、安全生产管理人员、特种作业人员和其他从业人员的安全培训，精心培育岗位技能熟练、全面掌握安全管理知识、安全操作技能和安全法规的企业职工。

包头市劳动培训中心的前身是“包头市劳动保护教育中心”，于1984年成立。当时定编8人，事业单位，隶属包头市劳动局，是一家从事安全技术培训和考核的机构。中心设有办公室、安全培训科，安全考核科，有各类专职、兼职教师36人，研究生2名、副教授5名及高工10名、讲师3名、工程师16名。

中心领导班子和安全培训考核科室的同志们在一起商讨安全教育培训工作

1984年至今，中心对全市生产经营单位负责人和安全管理干部培训考核了6000多人，培训复审特种作业人员170000人次；实行“IC卡”以来，换卡人数已达16000人；征订、发放安全生产宣传品、标志牌9000多套，培训安全生产信息人员150多人，组织安全生产宣传教育讲座30余次；并承担过“全区安全生产监察员培训班”。与国家安全生产监督管理部门下属的安科院共同举办“重大危险源辨识评价与监控培训班”、“事故应急救援预案编制与演练培训班”，来自全国各省市的100多人参加了培训。

电工实验室

2001年中心经包头市、自治区安全生产监督管理部门认定为三级培训机构以来，进一步加强管理，提高质量，先后建立了计算室、焊工和电工实验室、图书资料室、安全生产宣传教育展览室，购置了大屏幕投影仪等必备的现代化教学设施。建立了局域网，与安全生产监督管理部门实现了网上互联，及时方便查询有关政策信息，初步实现了办公自动化管理。

经过20多年的发展建设，包头市劳动培训中心已经成为自治区、包头市安全培训教育体系中设备较为完善、手段较为先进的专门机构，为包头市的经济建设和安全生产培训工作作出了积极的贡献。

学员认真听课

地址：内蒙古自治区包头市钢铁大街52号

邮编：014010

电话：0472-5152085

传真：0472-5122726

中海石油南海西部安全技术培训中心

中海石油南海西部安全技术培训中心是一所以海洋石油作业安全技术培训为主的综合性职业培训机构。始建于1984年，占地面积110亩，建筑面积21435平方米，固定资产2373万元。

中心成立后，先后引进了国际上先进的钻井井控模拟机、稳性压载、救生艇筏、直升机水下逃生模拟器、海洋平台油气消防和PLC及其网络控制实验设备、电工及电力拖动实验设备、制冷实验设备等一系列海洋石油作业安全培训和技术技能培训的设备及器材，开设了井控、压载、修井、硫化氢防护、海上求生、海上急救、救生艇筏操纵、直升机遇难水下逃生和海上平台油气消防钻井监督、机电仪岗位技术和特种作业人员安全技术等培训项目。

中心拥有一支从事多年海上石油安全培训和特种作业人员安全技术培训经验的教师队伍，还聘用了一批具有现场实践经验的专家为兼职教师，并常年聘请外籍教师任教。

近20年来，中心共培训各类人员近5万人次。培训范围覆盖了海洋石油作业安全生产和管理岗位及所有在中国海域作业的外国石油公司、合作机构（包括美国菲利普斯、英国BP石油公司、CACT作业者集团、日本JHN石油公司、挪威国家石油公司、壳牌、丹文能源等）及其它行业公司（如中石油、中石化、香港直升机公司、南方航空公司等）。

●井控技术培训

1984年，引进了钻井、油气处理、修井、稳性压载四套模拟装置。开始海洋石油钻井工程安全培训——井控技术培训等。1988年获得原能源部授权的井控技术培训资格。

2004年底开始对井控模拟机进行全面升级改造。

●海洋石油作业安全救生培训

1987年，开设了“海上石油安全救生”和硫化氢培训项目，1988年建成了面积为687平方米，内设13X9X4救生培训池的水下训练中心、一定海域范围的密闭艇训练场地和急救实操室，并购置了直升机模拟救生器、救生筏、呼吸器、密闭艇操作和急救等实操训练。为了加强教师队伍建设，中心还选派了6名教师赴美国、加拿大进行为期3个月的海上安全救生教学培训。

潞安环保能源开发股份有限公司王庄煤矿

潞安环保能源开发股份有限公司王庄煤矿是一座闻名遐迩、享誉全国的特级高产高效现代化矿井。多年来，一直被誉为“中国煤炭战线上的一盏明灯”、“矿井现代化建设的排头兵”和“中国煤矿全面发展的典范”，曾受到党和国家领导人以及山西省、全国能源化学工会领导的高度评价。

王庄煤矿矿长**郭金刚**

矿井建成投产于1966年12月，实际生产能力达700万吨以上，企业现有职工7000余人，拥有两支单产能力达500万吨以上的高效综采队、两支单进能力达12000米的高效综掘队、一支岩巷开拓能力达1000米以上的高效开拓队和一座配套的“全国十佳优质高效选煤厂”，先后通过质量、环境和职业安全健康体系认证，目前的主导采煤工艺——综采放顶煤一次采全高技术，在国际上趋于领先水平。主导产品14级混煤和11级洗精块，属低灰、低磷、高热值的优质动力煤，均为“全国质量信得过产品”、“全国质量服务信誉双保障产品”、“山西省优质产品”，其中，14级混煤被首批认定为“山西省标志性名牌产品”，产品远销湖南、湖北、福建、上海等十余个省市，并出口日本、韩国、香港等十余个国家和地区，受到国内外用户的高度赞誉。

近年来，该矿按照建设“中国潞安”能化大集团的战略部署，坚持以科学发展观统领企业的改革发展，先后制定实施了“三五六跨世纪腾飞纲要”和建设“更高、更大、更强、更富、更美的新型工业化王庄煤矿发展战略”，矿井的核心竞争力明显增强，经济效益大幅度提高，特别是2004年矿井实现了八个历史性突破：矿井年产量实际达到680.6689万吨、同比增加75余万吨，综采单产达到553.3967万吨、综掘单进达到10018米，折合进尺达到14025米，全员工效率达到25.5吨/工、同比增长9.8吨工，煤炭主业实现销售收入12.08亿元，煤炭主业利润实际达到2.47亿元，多种经营销售收入达到4.5亿元、同比增长2.09亿元，主业职工人均收入达到3.48万元、同比增长9800元，多经系统职工人均收入突破1.5万元、同比增长3000元，九项科技成果荣获煤炭行业和山西省科技进步奖。

团结奋进、勇争一流的矿领导班子

在经济效益不断提升的同时，该矿不断探索安全生产规律，以构建长效机制、打造本质安全型矿井、实现“管理无漏洞、现场无隐患、行为无三违、安全无事故”为目标，先后创立了“金字塔安全系统管理法”、“五环安全系统管理法”，形成了全员、全方位、全过程、全时段“四全”安全管理模式，安全生产保持了健康、持续、稳定的发展态势，1998～2004年，百万吨死亡率始终控制在0.2以下，其中1998年、2000年、2002年、2003年四年实现了事故为“0”的目标。

企业先后荣获全国企业管理最高奖——“金马奖”、“全国五一劳动奖状”、“中国煤炭工业知名出口企业”、煤炭工业科技创新型矿井、全国双十佳煤矿、全国安康杯竞赛优胜企业、全国质量服务消费者满意企业、中国能源化学工会功勋矿井、山西省文明单位、山西省模范集体等荣誉称号，两次被山西省劳动竞赛委员会荣记集体一等功。

现代化的调度指挥系统

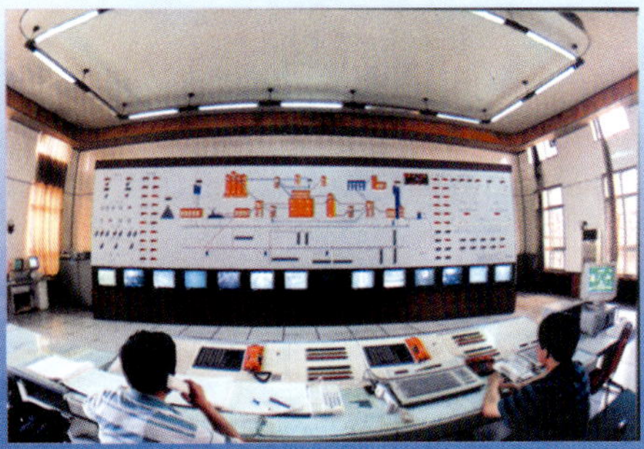

安全生产月活动启动仪式现场

云南煤矿矿用安全产品检验中心

云南煤矿矿用安全产品检验中心是经过国家煤矿安全监察部门批准成立的煤矿矿用安全产品检测检验的中介机构，成立于2003年，主要为云南省煤矿的矿山机电产品进行性能测试，主要业务有煤矿钢丝绳试验、无损检测、机械性能试验等。

中心主任 熊文家

试验所下设五个部门：

检测检验科：负责对煤矿的绞车、水泵、抽风机、压风机等“矿山四大件”的电气性能试验，主要包括机械性能试验、钢丝绳检验、井下杂散电流测试、接地电阻测试、变电站电容电流测试和煤矿井下防爆电气设备检测。

计量监测站：负责云南省煤矿的仪器仪表检定。

质量技术监督科：负责检验中心质量体系维护、内部审核、投诉处理。

财务室：负责财务管理、劳资管理、社会保险业务、统计等工作。

综合室：负责检验中心档案管理、设备管理。

法人代表：熊文家

联系电话：0871-5893119

传　　真：0871-5892892

山东鲁新矿山安全技术有限公司

山东鲁新矿山安全技术有限公司位于山东省济南市堤口路141号，是一家股份制科技公司。

公司具有国家安全生产监督管理部门颁发的煤矿专项安全评价、安全预评价、安全验收评价资质，以及矿用安全产品检测检验乙级机构资质，是一家集安全评价和检测检验为一身的综合性中介机构。

山东鲁新公司服务的主体是煤矿企业。公司技术力量雄厚，技术人员既有长期在煤矿一线从事安全技术工作的工程师，也有从集团公司、矿两级总工程师岗位上退居二线的安全管理实践经验丰富的专家以及高等院校、科研院所从事理论教学、研究的教授，人员结构合理。

公司具有标准化的实验室，能够进行实验室检测和分析，同时配备了进行现场检测的便携式检测检验仪器仪表，可以承接大型固定设备、阻燃胶带、阻燃电缆、钢丝绳、窄轨车辆连接器等设备和材料的检测检验以及金属材料探伤、理化性能分析、金相组织分析和力学性能的试验工作，具有多年的检测检验工作经验。

[工作开展情况]

鲁新公司严格按照国家有关法律法规及行业标准的要求在资质范围内开展业务，2004年完成了40多个矿井的安全评价工作，完成了162台提升机等大型设备的测试工作，完成了3000余件钢丝绳、在用连接链及插销的检验工作，还完成了360余个阻燃电缆、阻燃胶带和800余个理化检验项目。在工作中，凭借雄厚的技术力量优势和丰富的实践经验，在开展检测检验和安全评价的同时，对煤矿存在的安全隐患和技术缺陷，提供了大量切实可行的建议措施及解决方案，帮助煤矿解决实际问题，取得了良好效果，得到了用户的认可。

[企业精神]

诚信为本，科技创新，服务至上，争创一流

[质量方针]

靠信誉赢得用户，靠科技打造市场，靠质量求得发展，靠实力争创一流。

[质量目标]

持续有效控制，确保安全评价结论客观、公正、准确。

电话：0531-5686190　5686191

传真：0531-5686191　0538-7830846

重庆市消防培训基地

重庆市消防培训基地位于重庆市北部新区人和汪家桥新村119号，交通方便。基地始建于1998年，1999年12月投入使用，共占地84亩，建筑面积为18725平方米，由教学综合楼、体育场、消防教育馆、训练塔、模拟训练场、招待所等构成。图书资料达4万余册，拥有用于教学和实验的模拟化工装置、烟热训练装置等设施设备，目前的教学仪器设备总值已约800万元。根据基地现有设施及条件，能够满足一次性培训500人以上的要求。

重庆市消防培训基地是面向全市群众进行消防安全教育、培训的基地，是提高市民消防安全意识、普及消防知识的主阵地。2004年，基地共承办各类培训班23个，培训人员1900余人次，收到了良好的经济效益和社会效益。消防教育馆开放以来，观众络绎不绝，已达5万余人次。

培训基地2002年被市政府命名为“重庆市全民消防教育基地”，2003年被国家安全生产管理监督部门授予“国家一级安全培训机构”，2004年被公安部消防部门、中国科协、中国消防协会联合命名为“全国消防科普教育基地”。

电话：023-67315708　传真：023-67640667

桂林技术交流站

桂林技术交流站位于山水甲天下的风景旅游、历史文化名城桂林市，与火车客运站仅一道之隔，离长途客运站600米，距民航售票大厦约800米，交通十分便捷，地域环境优越。

我站于2003年4月由国家安全生产监督管理部门授予国家二级安全生产培训机构资质，归桂林市经济委员会直接领导，属于自收自支事业单位，培训业务由桂林市安全生产监督管理部门直接指导。

我站拥有较好的培训办学基础。现有专用教室4间360平方米；电脑教学室1间120平方米，配设40套计算机；大型会议室2间360平方米；图书资料室1间40平方米。相应配套的多媒体教学设备及特种作业教学器材、教具较为齐全。另外与其培训教学配套的饭店有客房100余间，大小餐厅各1个，可同时安排200人食宿。

我站现有在册教师30名，能承担16个专业的培训教学工作。其专业分别是：厂矿长、企业负责人安全生产管理；危险化学品；烟花爆竹营业员；电工；焊工；空调制冷工；登高架设；厂内机动车辆驾驶；绞车工；水泵工；通风工；尾矿工；石油成品油加油站站长、安全员、加油员；事故应急救援等等。

作为国家二级安全生产培训机构，我站的宗旨是：强化责任意识和服务意识，严格执行国家有关政策和规定，努力实现全面增强生产经营单位从业人员安全素质的最终目的；服务方向是：立足桂林，服务广西，面向全国。

两年多来，我站紧紧的围绕安全生产这一工作中心，积极、认真、务实地开展安全生产培训工作，取得了一定的成效，受到了国家局、自治区局、桂林市局的好评。仅2004年，我站就开办了76期培训班，培训各类人员3800余名。

为了更好地开展和促进安全生产教育培训工作，我站热忱地希望与全国各地的大专院校、科研机构、厂矿企业建立广泛的联系，加强安全生产培训业务的合作与交流。

地　址：广西桂林市中山南路35号

邮　编：541002　电子邮箱：glaqpx@163.com

电　话：0773-3835795/3832252　传真：0773-3837279

联系人：马良智　郑莉

内蒙古煤矿安全培训中心

内蒙古煤矿安全培训中心位于内蒙古包头市昆区阿尔丁大街，与包头钢铁学院遥遥相对，是理想的学习场所。

内蒙古煤矿安全培训中心创建于1984年，是隶属于内蒙古煤矿安全监察局的事业单位，国家二级安全生产培训机构、国家二级煤矿安全培训机构。

培训中心设有教学实验综合楼、招待所、食堂、教室、阶梯教室、实验室。院内环境优雅，文体活动设施齐全，是实力雄厚的煤矿安全培训基地和召开各种中小型会议的理想场所。培训中心现共有职工54人，配备各类专业教师30人，其中专职教师12人，外聘教师18人，教师队伍中高级职称教师20人，中级职称教师3人。2001年经自治区人事部门审核批准，培训中心又成为自治区西部煤炭系统的技术职称再教育基地。

培训中心坚持为煤矿安全内生产筑基础。十几年来，共培训各类人员69800人，其中2003～2005年3月底就培训29020余人。培训中心曾获原煤炭部标准化煤矿安全培训中心和标准化安全实验室的称号。

随着改革的不断深入和国家对煤矿安全监察体制的确立，内蒙古煤矿安全培训中心已进入了全新的发展时期，特别是新的领导班子成立之后，调整工作思路，不断强化管理，拓宽培训渠道，整体工作呈现出了新的生机和活力。内蒙古煤矿安全培训中心决心以崭新的姿态迎接挑战，并取得更大的成绩。

培训中心综合教室

培训中心综合教育楼

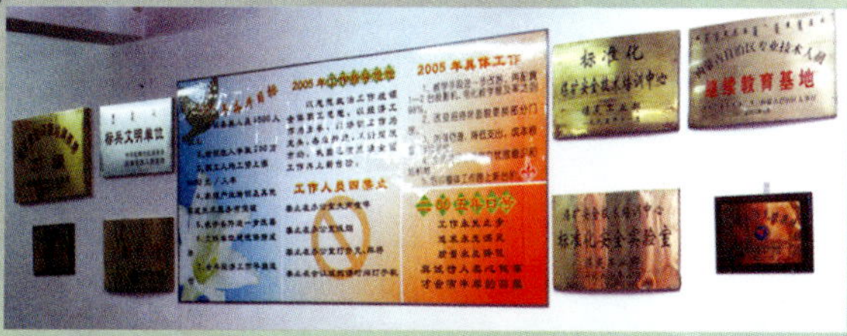
取得的荣誉

整洁舒适的招待所

地址：内蒙古包头市阿尔丁大街8号（钢铁学院对面）
邮编：014000
电话：0472-5312834；5312839
传真：0472-5312834

吉林省安全生产宣传教育中心

2004年，吉林省安全生产宣传教育中心在吉林省安全生产监督管理部门的正确领导下，始终以重安全、抓安全工作为主线，通过落实和完善各项规章制度，完成了中心机构组建，明确了机构职责，确定了机构负责人和人员分工；完成了二级资质申报和国家评估验收工作。为进一步开展工作，宣教中心还加强基础建设，完成了中心工硬件设施的购进。以内强素质、外树形象为基本点，配合省局安全生产许可证的发放，开展了扎实有效的安全培训、考核工作。2004年是安全生产许可证发放的初始期，中心为满足企业对安全生产许可证的需要，积极主动地为企业进行安全生产培训。为加快办证速度，减少企业等候时间，中心全体员工加班加点工作。许可证发放工作开展以来，共培训、考核特种作业人员16153人，危险化学品作业人员792人；非煤矿山工作人员1722人。此外还完成了安全专业学历教育的前期准备工作，基本完成了教师库建设工作，在全省统一教材及教材编写出版工作方面也取得了显著成果，并成功举办了全省监察员培训班和注册安全工程师考前培训班，充实和完善了中心工作所需的软硬件设施及软环境建设，认真完成领导安排的各项工作。通过有效的工作，进一步加强了中心的基础建设，提高了对外服务能力，明确了发展方向。

地址：吉林省长春市南关区永发胡同98号
邮编：130022
电话：0431-8919919
传真：0431-8919919

中国安全生
China Academy Of Sa-

中国安全生产科学研究院（以下简称安科院）前身为1980年5月成立的原劳动部劳动保护科学研究所。该所于1996年经中编办批准加挂劳动部事故调查分析技术中心牌子。1998年国务院机构调整改革，原劳动管理部门负责的安全生产综合监督管理职能划归国家经贸管理部门，以劳保所为主体更名组建成立国家经贸委安全科学技术研究中心。2000年12月，将安科中心由国家经贸委划转国家安全生产监督管理部门直接管理，更名为国家安全生产监督管理局安全科学技术研究中心，2004年9月经国务院领导批准，中编办批复更名组建中国安全生产科学研究院。

安科院是面向全国的安全生产领域综合性和社会公益型科研事业单位，是国家安全生产监督管理的主要科技支撑。以开展安全生产领域基础性、综合性、前瞻性科学研究和解决重大事故预防、监控、预警与应急响应重大技术关键为主要方向。主要工作任务是：承担国家下达的各类重大科研任务；以科研为先导，为总局宏观决策提供技术支持，承担与监管工作密切相关的技术服务性工作；在研发基础上，完善科技成果转化机制，整合优秀科技成果，促进安全科技产业化；引领安全科学技术学科建设，成为联系和协调我国安全生产领域中行业或地方科研单位的桥梁与纽带。

近十年来，安科院先后承担并完成了大量安全生产领域国家重点科技项目的研究与开发。这些项目的完成，对于推动安全生产领域的立法、政府安全生产监管及企业安全生产管理，提供了重要技术支持。近年来，取得科研成果100余项，其中30余项获得国家和省部级科技进步奖，多项技术获得国家专利。

受有关部门委托，组织和参与了原国家经贸委《安全生产十五科技发展规划》、科技部《安全工程十五科技攻关计划》、国家安全监管部门《国家安全生产规划纲要（2004—2010）》、《国家安全生产科技发展规划》、国家发改委《国家重大技术装备研制和重大产业技术开发专项规划——安全生产关键技术》和科技部组织的《国家中长期科学和技术发展规划战略研究——公共安全科技问题研究》等大型科技发展战略与规划研究编制工作。

在圆满完成国家科研任务和有关部门委托的工作的同时，安科院利用取得的科研成果积极为地方政府、国有大型企业、大型建设项目提供安全生产工作的技术支持，积极实现成果产业化。近年来，广泛开展安全评价、职业危害评价、检测检验、职业安全健康认证、安全规划、应急体系建设与预案编制和企业安全管理咨询、培训等工作。例如应急救援体系建设的研究成果，在柳州、南宁、青岛和宁波等城市的应急救援体系建设中发挥了重要的作用；指导帮助鲁中矿业、烟台万华、惠州大亚湾开发区等企业建立了应急预案；完成了深圳清水河油气库区、宁波化工区、广州地铁、秦山核电站等单位或项目的安全评价和安全规划；为南水北调，长江三峡等国家重大工程在安全管理机制和制度方面提供了技术支持；利用取得的重大危险源研究成果，协助北京、江苏、河北、辽宁、甘肃等10多个省市安全监管部门建立了重大危险源安全管理信息系统。

国家安全生产监督管理部门的有关领导来我院参观实验室

2005年1月18日安科院正式揭牌

刘铁民院长就有关科研项目进行报告

科研人员工作现场

安科院举办业务培训及学术讨论现场